Ein brüderliches Volk

ÖSTERREICHISCHE BIBLISCHE STUDIEN
Herausgegeben von Georg Braulik

BAND 52

PETER LANG

Johanna Friedl

Ein brüderliches Volk

Das ‚Bruder'-Konzept im Heiligkeitsgesetz und deuteronomischen Gesetz

PETER LANG

Bibliografische Information der Deutschen Nationalbibliothek
Die Deutsche Nationalbibliothek verzeichnet diese Publikation in der Deutschen Nationalbibliografie; detaillierte bibliografische Daten sind im Internet über http://dnb.d-nb.de abrufbar.

ISSN 0948-1664
ISBN 978-3-631-84950-7 (Print)
E-ISBN 978-3-631-85010-7 (E-PDF)
E-ISBN 978-3-631-85011-4 (EPUB)
E-ISBN 978-3-631-85012-1 (MOBI)
DOI 10.3726/b18174

Peter Lang – Berlin · Bern · Bruxelles · New York · Oxford · Warszawa · Wien

Diese Publikation wurde begutachtet.

www.peterlang.com

Für P. Georg
zum 80. Geburtstag

Vorwort

Diese Arbeit wurde im Sommersemester 2018 an der Katholisch-Theologischen Fakultät der Universität Wien im Fach Altes Testament als Dissertation angenommen und für die Publikation leicht überarbeitet. Ich danke den Mitgliedern der Prüfungskommission, em. Univ.-Prof. P. DDr. Georg Braulik OSB, o. Univ.-Prof. Dr. Ludger Schwienhorst-Schönberger, o. Univ.-Prof. Dr. Ingeborg Gabriel sowie o. Univ.-Prof. Dr. Hans Ulrich Steymans OP (Fribourg) für ihre überaus wertvolle Begleitung und ihren Einsatz sowie für ihre geschätzte Freundschaft und den Austausch auch nach Abschluss der Arbeit.

Mein Dank gilt auch Herrn Dr. Hermann Ühlein vom Verlag Peter Lang für die kompetente Begleitung des Publikationsprozesses und meinem Mann, Dr. Alfred Friedl, für die überaus gründliche Korrektur des Manuskripts. Auch die technisch oft sehr mühsame Formatierung des Textes ist sein Verdienst. Ich danke dem Herausgeber em. Univ.-Prof. P. DDr. Georg Braulik OSB für die Aufnahme der Arbeit in die Reihe *Österreichische Biblische Studien.*

Dieses Buch widme ich meinem sehr geschätzten Doktorvater em. Univ.-Prof. P. DDr. Georg Braulik OSB zu seinem 80. Geburtstag.

Inhaltsverzeichnis

Einleitung

Für eine katholische Alttestamentlerin, die jahrelang die Verwendung des Wortes ‚Bruder' in zwei Rechtskorpora des Alten Testaments untersucht hat und dazu eine Monographie veröffentlicht, kann es wohl keinen besseren PR-Apparat geben, als dass ein Papst wenige Monate vor der Publikation eine Enzyklika zur Brüderlichkeit aller Menschen promulgiert. Die päpstliche Enzyklika *Fratelli tutti* vom 3. Oktober 2020 folgt beim ersten Hinblick einem universalistischen Ansatz. Die vorliegende Untersuchung befindet sich im Spannungsfeld zwischen Universalismus und Partikularismus. Die untersuchten Texte des Deuteronomiums und des Heiligkeitsgesetzes sprechen ein innerisraelitisches ‚Du' an, einen Vollbürger, der alle Rechte und Pflichten, die mit seiner Volkszugehörigkeit einhergehen, besitzt. Diese Richtlinien führen in jene Bereiche, die wir heute unter ‚Wirtschaft' und ‚Politik' subsumieren würden. Diesem ‚Du' werden Anleitungen gegeben, wie es seinen sich in unterschiedlichen gesellschaftlichen Lagen befindenden ‚Bruder', oft einen (wirtschaftlich) hilfsbedürftigen Mitisraeliten, zu behandeln hat. Diese Anleitungen handeln auch von der Handhabung der gesellschaftlichen Ordnung, wenn sie die vier Ämter in Israel, nämlich König, Priester, Prophet und Richter, thematisieren. Wo diese Texte die Idee des Fremden berühren, differenzieren sie zwischen schutzbedürftigen Fremden und solchen, die sich in einer wirtschaftlich vorteilhaften Position befinden. Die exegetisch-theologischen Ergebnisse der Untersuchung wollen bewusst mit der christlichen Sozialethik ins Gespräch treten, die sich mit den heutigen Äquivalenten der damals beschriebenen Situationen befasst. Die heutige Gesellschaft befindet sich massiv im Umbruch – ein Faktum, das *Fratelli tutti* in die Überlegungen einbezieht.[1]

„In Krisenzeiten schlägt die Stunde des Theoretikers". So urteilte bereits 1977 Norbert *Lohfink* in einem Beitrag über Pluralismus, den er im Rahmen eines gedanklichen Rückblickes auf seine in Rom verbrachte Zeit von 1966 bis 1970 verfasste.[2] In diesen bewegten Jahren, von denen das Jahr 1968 genau in der Mitte liegt, erlebte Lohfink, dass die Jugend aufbegehrte: man entwarf „die neue Universität, die neue Gesellschaft, die neue Kirche"[3]. In der Gesellschaft kursierten plötzlich neue Wörter, die, auch wenn sie vielleicht vordergründig, auf sprachlicher Ebene, keine Unbekannten waren, auf Bedeutungsebene für sich neu entfaltende Begriffe standen. Lohfink empfand diese neuen Wörter als ‚große fremde Tiere', die es „in den Netzen des Alten Testaments zu fangen"[4] galt. Dies gelang ihm mithilfe des Buches Deuteronomium. In diesem

---

[1] Vgl. hierzu einige weitere Bemerkungen u. Kap. 8.

[2] Vgl. *Lohfink*, *Wörter*, 3f.24ff.

[3] *Lohfink*, *Wörter*, 3.

[4] *Lohfink*, *Wörter*, 3.

biblischen Buch erkannte er die Anfänge der Theologie überhaupt, d. h., die aufkeimende Systematisierung von altbekanntem Material, angeregt durch die Begegnung mit Ereignissen innerhalb Israels, welche diesem Volk sich seiner gewohnten Sicherheiten beraubten. Er bezeichnete Theologie als die „Antwort auf Plausibilitätskrisen in aufkommenden pluralistischen Situationen“[5].

Norbert *Lohfink* verknüpfte seinerzeit in vielen thematisch orientierten Beiträgen biblische Inhalte mit tagesaktuellen Themen, während er das zeitgenössische Denken über die jeweiligen Themen am Zollstock der Bibel maß und oft auch relativierte.[6] Seinen Ansatz fand er in der Wissenssoziologie, welche vor allem Peter L. *Berger* und Thomas *Luckmann* in ihrer grundlegenden Arbeit *The Social Construction of Reality. A Treatise in the Sociology of Knowledge* (1967) darlegten. Dieses Werk zeigte die gesellschaftliche Wirklichkeit als *Denkkonstrukt* der Teilnehmer an dieser Gesellschaft. Die Wirklichkeit, so *Berger & Luckmann*, wird denkend strukturiert und umstrukturiert. Dazu tragen (a) die *Erwartungen* der Gesellschaftsmitglieder sowie (b) die festgelegten *Theorien über institutionalisiertes Handeln* in der Gesellschaft, aber auch (c) die unter ihnen herrschende *symbolische Sinnwelt* bei. Diese symbolische Sinnwelt muss sich jede Generation aufs Neue selbst aneignen. Bedrohlich wird es vor allem, wenn eine fremde, argumentativ bzw. emotiv stärker wirkende symbolische Sinnwelt die bestehende Realität einer Gesellschaft durchdringt und mit dem status quo zu konkurrieren beginnt. Die höchste Gefahrenstufe wird erreicht, wenn die fremde Sinnwelt ihre *Überlegenheit durch Macht und Erfolg unter Beweis stellt*. Theologie dient dazu, die herrschende symbolische Sinnwelt *theoretisch-systematisch durchzuformulieren*.

Die vorliegende Untersuchung entstand zu einer Zeit, als die Welt zur Einsicht kam, dass sie gespalten ist. Vermehrt sprach man im gesellschaftlichen Diskurs von einem ‚sie‘ und einem ‚wir‘, und je nach Gesichtspunkt konnten ‚sie‘ die anderen sein, die Flüchtenden, die Gutmenschen, die Politiker, die Eliten, die Wirtschaftstreibenden und Liberalen, und ‚wir‘ das Volk, der kleine Mann, der ehrliche Arbeitende, der trotzdem nicht genug zum Leben und seinen Platz und Halt in der bekannten Welt verloren hat – oder umgekehrt. Die Publikation wurde abgeschlossen, als in der Gesellschaft und in der Politik an zahlreichen Stellen Unruhe und Verunsicherung herrschte und die Weltwirtschaft von den Folgen einer seit mindestens einem Jahrhundert nicht mehr in einem solchen Ausmaß gekannten Pandemie gezeichnet wurde.

Auch Theologen setzten sich in dieser Zeit vermehrt mit der Frage nach dem ‚wir‘ und dem ‚sie‘ auseinander, übersahen dabei aber manches Mal, dass bereits das deuteronomische Gesetz und das Heiligkeitsgesetz von einem ‚Du‘ und einem ‚er‘, der dein Bruder ist, sprechen.

---

[5] *Lohfink*, *Wörter*, 24.

[6] Vgl. *Lohfink*, *Wörter*; *ders.*, *Das Jüdische*; *ders.*, *Schatten*; vgl. weiters *Schwienhorst-Schönberger*, „Exeget“, 18.

Daher präsentiert diese Untersuchung exegetische und bibeltheologische Überlegungen zum Thema ‚Bruder' im Heiligkeitsgesetz und Deuteronomium. Die Exegese dient als Basis der Untersuchung und genießt eine primäre Stellung in der Anordnung des Stoffes. Der exegetische Prozess wiederum vollzieht sich primär auf der synchronen Ebene. Allfällige historische Beobachtungen beziehen sich weniger auf die Texthistorie als auf die Frage nach dem sozialen Hintergrund des Textes. Für diese Nachfrage wird an jenen Stellen, an denen es sinnvoll erscheint, sowohl Archäologisches als auch Epigraphisches aus dem Umfeld des Alten Testaments bzw. Israels berücksichtigt. Auf die Diachronie wird dort eingegangen, wo sie dem Verständnis auf der Textebene dienen kann.

Es wird hier die These vertreten, dass die Anwendung des deuteronomischen Bruderbegriffs *innerhalb* des Volkes Israel seinen Platz hat und besonders *für* das Volk Israel gilt. In der Fragestellung geht es zunächst um die Identifizierung jener Stellen, an denen der Begriff ‚Bruder' überhaupt im Alten Testament (Kapitel 1) und dann insbesondere im deuteronomischen Gesetz und Heiligkeitsgesetz (Kapitel 2) vorkommt. Als Vorbereitung auf die Exegese werden in Kapitel 3 einige Grundmotive, die für das Verständnis des Deuteronomiums eine Rolle spielen, erforscht. Ferner werden gewisse historisch-kritische Probleme beschrieben, welche die Entscheidungen im Laufe der durchgeführten Textvergleiche beeinflussen. Die Herkunft des Wortes ‚Bruder' überhaupt, d. h., die Erforschung der Gründe für die Wahl des Wortes ‚Bruder' als Träger einer israelspezifischen Ethik, wird mithilfe von altorientalischen Vergleichstexten untersucht. Eine themenspezifische Exegese der zu den Gesetzeskorpora gehörenden Bibelstellen erfolgt in den Kapiteln 4 bis 6, wobei die Frage nach der Existenz einer gedanklichen ‚Brücke' zwischen den Textblöcken, in denen der ‚Bruder' im deuteronomischen Gesetz auftritt, ein Leitmotiv bildet. Diese Frage kann erst im Schlusskapitel beantwortet werden. Davor erfolgt allerdings noch als Kapitel 6 abschließender Exkurs ein Vorschlag für eine relative zeitliche Anordnung der unterschiedlichen Textblöcke, in denen das Wort ‚Bruder' vorkommt, verbunden mit Überlegungen zu den Implikationen einer solchen Anordnung. Kapitel 7 formuliert einige aus der Textexegese gewonnene theologisch-ethische Einsichten, während Kapitel 8 nach der ideellen Wirkung bzw. Nachwirkung des Bruderbegriffs außerhalb der Bibel fragt. Im letztgenannten Abschnitt wird daher ein von den klassischen exegetischen Untersuchungen abweichender Weg beschritten, indem dieser von der Formulierung rein exegetischer Einsichten weitergeht, um auf die *Ideengeschichte* des Bruderbegriffs zu achten. Dadurch weitet er notwendigerweise den Blick über die Grenzen der Disziplinen hinaus auf die Bereiche der Philosophiegeschichte, Ethik, Wirtschaftswissenschaften und Literaturgeschichte aus.[7]

---

[7] Vgl. zu diesem Ansatz *Hoeschen*, „Ideengeschichte", 320-322.

Die relevanten Textstellen des Deuteronomiums begegnen in fünf Gruppen, die thematisch in zwei Blöcke eingeteilt werden können. Davon bilden sozialethische Rechtstexte den ersten wichtigen Block, wobei der Begriff ‚Rechtstext' oder ‚Gesetz', wie wir sehen werden, mit Vorsicht zu verwenden ist. Der zweite Themenblock beinhaltet die ‚klassischen' deuteronomischen Ämtergesetze und thematisch damit verwandte Texte. Die Schaffung einer Verbindung zwischen den sozialrechtlichen Brudertexten und den Ämtergesetzen ist, wie erwähnt, eine der beiden zentralen Herausforderungen dieser Studie und gleichzeitig der Schlüssel zur Formulierung einer Bruderethik, nach der in einem darauf folgenden zweiten Schritt gefragt wird. Im untersuchten Stoff zeigen sich immer wieder unterschiedliche Zweiteilungen, etwa der soeben erwähnte Zweierblock Sozialgesetz – Ämtergesetz. Ferner ist ein Wechsel im Hintergrund der untersuchten Texte zu beobachten: einmal ist ein agrarischer, ein anderes Mal ein eher städtischer oder handelsorientierter Hintergrund zu erkennen. Die Zweiteilung Natur – Kultur spielt also hier eine Rolle. Wenn abschließend ein skizzenhafter Überblick über die spätere Wirkung des Bruderterminus in der Antike, Scholastik, Renaissance und späteren Neuzeit gemacht wird, kann dieser letzte interpretative Schritt unter den beiden Stichworten ‚Gesellschaft' und ‚Politik' zusammengefasst werden.

Eine persönliche und durchaus bewusste Entscheidung besteht darin, von einem geschlechtsdifferenzierenden Sprachgebrauch Abstand zu nehmen, um einen ungezwungenen Umgang mit dem grammatischen wie realen Geschlechtsaspekt nicht nur des Bruderthemas, sondern auch der Theologie generell zu ermöglichen. Die Exegese von Dtn 15,12 zeigt deutlich, wie dies bereits auch andere thematisiert haben, dass das Deuteronomium den Bruderbegriff ohnehin geschlechtsinklusiv versteht[8], weshalb das Wort ‚Geschwister (ethik)' kaum und die Formulierung ‚Bruder und Schwester' in unserem Zusammenhang überhaupt nicht zum Einsatz kommt. Gegenstand dieser Studie ist das Wort אח und nicht אחות. Es ist Aufgabe der gesamten Arbeit, die daraus resultierenden Implikationen klarzumachen. In dieser Arbeit werden Texte stets ausschließlich auf ihren Zusammenhang im Kontext der Bruderethik untersucht. Die Exegese eines jeden Textes fällt mitunter ‚unvollständig' aus, insofern sie nicht jeden Aspekt, sondern in jedem einzelnen Fall nur dessen brüderlichen Aspekt beleuchten will.

---

[8] Vgl. *Braulik*, „Menschenrechte", 22; *ders.*, „Frauen", 245 Anm. 90; zuletzt *Otto*, *Deuteronomium 1-4*, 359.

1 Das Vorkommen des Terminus אח, ‚Bruder', im Alten Testament

1.1 Untersuchungsprinzipien

Für statistische Zwecke reicht die Bestimmung der Häufigkeit des Wortes אח im gesamten Text des Alten Testaments. In diesem Kapitel wird jedoch nicht nur gezählt, sondern auch interpretiert: Für das Verständnis des Terminus ‚Bruder' ist es notwendig zu hinterfragen, wie er angewendet wird, wie häufig er angewendet wird, und somit, wie wichtig er für die verschiedenen Teile des Alten Testaments und der Bibel überhaupt ist. Die Tabelle in Anhang 1 gibt einen Überblick über die Ergebnisse dieses Teiles der Studie. Sie verzeichnet nicht nur die absolute Häufigkeit der Verwendung des Wortes אח in jedem Buch der hebräischen Bibel, sondern auch ihre relative Dichte (pro 100 Wörter des jeweiligen Buches), ferner, wie oft das Wort in jedem Buch für die Bezeichnung eines leiblichen Bruders oder eines Volksgenossen (oder unter Umständen eines Mitmenschen) verwendet wird. Eine dritte Alternative, als Unterkategorie der Bedeutung ‚Volksgenosse' (oder ‚Mitmensch'), findet sich in der geprägten Formulierung אחיו ... איש, mit oder ohne Präposition vor אחיו. Diese Wendung wird in den Bibelübersetzungen normalerweise mit ‚einander' oder Ähnlichem wiedergegeben.

Dieses Kapitel dient hauptsächlich dazu, das Verständnis der folgenden Kapitel aufzuhellen. Es geht zunächst darum, das Vorkommen des Begriffs ‚Bruder' in den oben genannten Gesetzessammlungen systematisch zu beschreiben sowie dessen Semantik und Sprachgebrauch in den Büchern Levitikus und Deuteronomium rund um dieses Thema zu untersuchen. Eine Einbettung der Beobachtungen in den gesamtalttestamentlichen Kontext darf dabei nicht fehlen.

1.2 Der Terminus ‚Bruder' innerhalb des Pentateuchs

1.2.1 Der leibliche Bruder

Die spontane Assoziation mit dem Wort ‚Bruder' wäre die Bezeichnung eines Mannes oder eines Knaben (im deuteronomischen inklusiven Sinne aber auch einer Frau[1]), welcher mit einer bestimmten zweiten Person dieselben Eltern

---

[1] Siehe unten im exegetischen Teil zu Dtn 15,12. In dieser einleitenden Untersuchung sowie in der Exegese des Hauptstoffes wird אחות allerdings nicht in Betracht gezogen.

(oder nur einen Elternteil) gemeinsam hat.[2] In diesem Sinne verwendet es das Buch Genesis 151-mal[3], wovon sich zahlreiche Belege vor allem in der Josefsgeschichte finden. Ausgeschlossen von der Berechnung dieser Zahl sind jene Belege, in denen eine allgemeingültige Aussage über einen Mann oder seine Nachkommen gemacht wird, die also weniger narrativ als deklarativ ist.[4] In dieser zweiten Gruppe von Textverweisen wird ‚Bruder/Brüder' im Kontext der Stammes- oder Volksverwandtschaft verwendet. Diese Aussagen deuten auf eine demographische Situation (d. h., wie die Stämme sich in der geographischen Landschaft situieren) hin, obwohl sie auf den ersten Blick auf die leiblichen Brüder des genannten Stammvaters zu verweisen scheinen.

In anderen Fällen bedeutet ‚Bruder' in unserem Sinn eigentlich ‚Neffe', und zwar in Gen 13,8; 14,14.16, wo Lot Abrahams ‚Bruder' genannt wird, und in Gen 29,12.15, wo Jakob und Laban den jeweils anderen als ‚Bruder' bezeichnen.

Im Exodusbuch wird achtmal auf den leiblichen Bruder hingewiesen,[5] während er im Buch Numeri siebenmal erwähnt wird.[6]

In Levitikus[7] kommt der leibliche Bruder achtmal vor.[8] In 16,2 geht es um Aaron, Moses Bruder. In die Kategorie der leiblichen Verwandtschaft gehören aber auch andere Textverweise: In 10,4 werden Nadab und Abihu, die eben verstorbenen Söhne Aarons, Brüder (Pl.) von Mischaël und Elizafan, den Söhnen von Aarons Onkel Usiël, genannt. Fast unmittelbar darauf werden in 10,6 die Volksgenossen Eleasars und Itamars, der beiden am Leben gebliebenen Söhne Aarons, als deren Brüder bezeichnet, wobei dieser Sprachgebrauch bereits zur nächsten Kategorie (der ‚Bruder' als Stammes- oder Volksgenosse) gehört. Alle sonstigen Belege des Buches Levitikus, welche auf den Bruder hinweisen, finden sich im Heiligkeitsgesetz.

---

[2] Vgl. Gen 42,32: „Wir waren zwölf Brüder, Söhne ein und desselben Vaters", oder Dtn 13,7: „dein Bruder, der dieselbe Mutter hat wie du".

[3] Gen 4,2.8-11$^{(7x)}$; 4,21; 9,22; 10,21; 12,5; 14,12.13$^{(2x)}$; 20,13.16; 22,21.23; 24,15.27.29.48.53.55; 25,26; 27,6.11.23.30.35.40-45$^{(6x)}$; 28,2.5; 29,10$^{(3x)}$; 32,4.7.12.14.18; 33,3.9; 34,11.25; 35,1.7; 36,6; 37,2.4$^{(2x)}$.5.8-30$^{(17x)}$; 38,1.8$^{(2x)}$.9$^{(2x)}$.11.29.30; 42,3.4$^{(2x)}$.6.7.8.13.15.16.19-21$^{(4x)}$.28$^{(2x)}$.32.33.34.38; 43,3-7$^{(6x)}$.13.14.29$^{(2x)}$.30; 44,14.19.20.23.26$^{(2x)}$.33; 45,1.3f$^{(4x)}$.12.14-17$^{(5x)}$.24; 46,31$^{(2x)}$; 47,1-6$^{(5x)}$.11.12; 48,6.19.22; 49,5.8.26; 50,8.14.15.17.18.24.

[4] Vgl. z. B. Gen 25,18.

[5] Ex 1,6; 4,14; 7,1f; 28,1f.4.41.

[6] Num 6,7; 20,8; 27,9.10$^{(2x)}$.11.13.

[7] In beiden Abschnitten der Besprechung des Bruders im Pentateuch (über den leiblichen Bruder sowie über den Bruder als Volksgenossen) wird Levitikus nach Numeri und vor Deuteronomium behandelt. Dies ergibt sich aus der Fragestellung dieser Arbeit, da so Heiligkeitsgesetz und Deuteronomium übersichtlicher miteinander verglichen werden können.

[8] Lev 10,4; 16,2; 18,14.16$^{(2x)}$; 20,21$^{(2x)}$; 21,2.

Dort wird der leibliche Bruder (Sg.) in vier Gesetzen erwähnt: eines davon regelt Trauerbräuche in der Familie (Lev 21,2), die restlichen drei regeln sexuelle Beziehungen innerhalb der Familie (Lev 18,14.16; 20,21). Von leiblichen Brüdern (Pl.) ist im Heiligkeitsgesetz überhaupt nicht die Rede.

Das Deuteronomium erwähnt einen leiblichen Bruder (Sg.) bzw. leibliche Brüder (Pl.) neun Mal.[9] Dtn 13,7-12 behandelt den Fall, in dem ein nahestehendes Familienmitglied oder besonders enger Freund einen Israeliten zum Abfall vom Jahweglauben anstiftet. Die Phrase „dein Bruder, der dieselbe Mutter hat wie du“[10] in 13,7 definiert den Bruder eindeutig als leiblichen Bruder. Dtn 32,50 erwähnt Aaron als Bruder Moses, und in 33,9.16.24 stehen alle Belege im Kontext von Moses Segnung der Stämme Israels.

1.2.2 Der ‚Bruder' als Stammes- oder Volksgenosse

Eine erweiterte Bedeutung hat der Terminus ‚Bruder', wenn er auf das Gottesvolk Israel ausgedehnt wird. Dieser Sprachgebrauch könnte in der Vorstellung wurzeln, dass die Stämme und das Volk einen gemeinsamen Stammvater hatten.[11] In den von agrarischen Aktivitäten getragenen kleineren Siedlungen im

---

[9] Dtn 13,7; 25,5.6.7.9; 32,50; 33,9.16.24.

[10] Vgl. *Perlitt*, „Volk“, 53f. Vgl. ferner *Levinson*, “Textual Criticism”, 224 Anm. 44, zu einem textkritischen Vorschlag von G. Seitz, welcher zwar aus textkritischer Sicht nicht mehr haltbar ist, aber dennoch den Kontrast zwischen der Verwendung des Bruderterminus in Dtn 13,7 und jener ab Dtn 15 unterstreicht. Levinson erklärt, dass jene Textzeugen, die hier die Phrase „Sohn deines Vaters“ einfügen (allen voran die LXX, aber auch der Samaritanische Pentateuch, die Peschitta und nicht zuletzt jene Qumran-Manuskripte, die den Vater hinzufügen [vgl. ebd., 211.214]), zwar auf eine Tradition zurückgreifen, die augenscheinlich älter als die masoretische Texttradition ist, aber dass der Masoretentext dennoch die authentischere Tradition repräsentiert: “The argument ... is that the attestation of a Hebrew text corresponding to a LXX variant does not and should not suffice to determine the originality of that variant. The issue is rather how to understand and interpret the meaningfulness, and originality of the variant readings relative to one another. Although the LXX, SP, and 4QDeut[c] point clearly to an ancient non-Masoretic Hebrew *Vorlage*, I believe that tradition to be secondary: it is ‘post-Masoretic’ rather than pre-Masoretic. It derives from and depends on the textual tradition witnessed by the MT” (ebd., 214; vgl. ähnlich deutlich zusammenfassend ebd., 242). *Levinson* liefert eine interessante Erklärung der textkritischen Probleme, die 4QDeut[c] und auch 11QT weiterhin verursachen anstatt lösen, die aber für unsere Zwecke jetzt nicht von direkter Bedeutung sind (vgl. ebd., 219-223). Für den neuen textkritischen Apparat der BHQ gründet C. *McCarthy* (vgl. BHQ, 91*) ihre Ablehnung der in SP, 4QDeut[c] und 11QT[a] (sowie fragmentarisch 11QT[b]) erhaltenen diesbezüglichen Expansion besonders auch auf die Argumente von *Levinson*.

[11] Vgl. *Ringgren*, אח, 206.

Landgebiet Israel-Juda dürften fast alle Bewohner miteinander verwandt gewesen sein. *Dever* beschreibt die Situation folgendermaßen:

> In the villages, several such extended families and household clusters, all sheltering blood relatives, would make up the entire population of a few hundred people. Within walking distance there would be other such villages, also kin-based and claiming descent from the same tribal ancestor, real or imagined. This pattern produces an extremely close-knit society, based on family ties, commonly shared traditional values, and loyalty to the clan and to tribal sheiks rather than to any external authority such as the state.[12]

Der Bruderbegriff ist also auch im Folgenden um einiges mehr buchstäblich zu verstehen, als unser modernes Gespür uns spontan erlauben will. Es handelt sich zwar in den jetzt zu besprechenden Fällen stets um eine erweiterte Bruderbezeichnung, doch sind nach *Dever* in nicht wenigen Fällen tatsächlich noch Blutsverwandtschaften im Spiel, auch dort, wo wir sie nicht sofort vermuten. ‚Bruder' benennt manchmal auch einen Verwandten, den wir als Cousin oder entfernten Cousin bezeichnen würden.[13]

Zunächst werden Textverweise im Buch Genesis besprochen, die diese erweiterte Bedeutung des Wortes haben.[14] אח fungiert als rhetorisches Mittel (vgl. Gen 19,7) oder tritt bloß deklarativ-deskriptiv auf (Gen 25,18; 27,29.37). Interessant ist die Funktion der Brüder (hier: Verwandte, Mitglieder eines Clans) in Gen 31, indem sie verschiedene Rollen im Verlauf eines Rechtsverfahrens übernehmen. Sie begleiten Laban auf eine Verfolgungsjagd (V. 23.25), treten als Zeugen während eines Untersuchungsverfahrens auf (V. 32.37) und vollziehen kultische Handlungen während eines Bundesschlusses (V. 46.54).[15]

Diese Vielfalt an Bedeutungsmöglichkeiten fehlt im Buch Exodus. Es bleibt bei einer (neunfachen) deskriptiven Funktion des ‚Bruders' als Stammesgenosse.[16] Dasselbe gilt größtenteils auch für das Buch Numeri.[17] Allerdings wird dessen Gebrauch in Num 18,2.6 im Lichte der Exegese von Dtn 18,1-8 doch in

---

[12] *Dever, Lives*, 186f.

[13] Dieser Sprachgebrauch ist bis heute z. B. noch in afrikanischen Kulturen geläufig: Menschen westlicher Herkunft haben lange nicht begriffen, dass in traditionellen Großfamilien auch Tanten als Mütter, Großtanten als Großmütter, Onkel und Großonkel als Väter und Großväter sowie Cousins und Cousinen als Brüder und Schwestern bezeichnet und entsprechend behandelt werden.

[14] In Gen wird אח insgesamt zweiundzwanzig Mal so verwendet: 9,5.25; 13,8.11; 14,14.16; 16,12; 19,7; 25,18; 26,31; 27,29.37; 29,4.12.15; 31,23.25.32.37(2x).46.54.

[15] Vgl. weiter unten die ausführlichere Besprechung des Kapitels.

[16] Ex 2,11(2x); 4,18; 10,23; 16,15; 25,20; 32,27.29; 37,9 (in 10,23, 16,15, 25,20 und 37,9 in der Bedeutung ‚einander').

[17] Sechzehn Mal kommt diese Verwendung in Numeri vor: 8,26; 14,4 (in der Bedeutung ‚einander'); 16,10; 18,2.6; 20,3.14 (in V. 14 bezeichnet אח [Sg.] zwei Völker); 25,6; 27,4.7.9-11(4x); 32,6; 36,2.

ein paränetisches Licht gerückt.[18] Die Verwendung des Wortes ‚Bruder' in Levitikus und im Deuteronomium schließlich steht seiner paränetisch-rhetorischen Funktion im Genesisbuch am nächsten. Da diese Arbeit sich mit ebendiesem Gebrauch befasst, wird im ersten Kapitel darüber nur ein Überblick geboten.

In Gen 19,7 redet Lot die Männer von Sodom, also weder seine Verwandten noch seine Stammesgenossen, sondern seine Mitbewohner in derselben Stadt, als ‚Brüder' an. Er tut dies in einem Kontext, in dem er versucht, sie umzustimmen und auf sein Plädoyer, seine Gäste zu verschonen, zu hören. „Diese Anrede »will eine Situation der Rechtsgleichheit andeuten«, sie appelliert an ihre Verantwortung und warnt vor dem Frevel."[19] Die Anredeform dient also hier als rhetorisches Mittel.[20]

Allgemeiner, nicht appellativ wie in den vorigen Beispielen, wird ‚Brüder' verwendet, wenn es in Gen 25,18 von Ismael bzw. seinen Nachkommen heißt: „östlich von allen seinen Brüdern ließ er sich nieder".[21] Gemeint sind die mit

---

[18] Da eine ausführlichere Besprechung der Problematik von Num 18 den Rahmen dieser Untersuchung sprengt, genügt es, hier auf den paränetischen Charakter des Gebrauchs des Bruderwortes in 18,2.6 aufmerksam zu machen. *Seebass*, *Numeri II*, 224, erklärt: „Nach verbreiteter und gut begründeter Auffassung … gehört die Prophetie Maleachis in die gleiche Zeit wie das Dokument von Num 18. In der Einheit Mal 1,6-2,9 werden die Priester (2,4-9) auf Jahwes Bund mit *Levi* zur Erteilung angemessener Opfer und rechter Tora angeredet. Dies sieht (abgesehen vom ‚Bund') ganz nach Anlehnung an die levitischen Priester von Dtn 18,1-8 aus".

[19] *Westermann*, *Genesis II*, 368, mit Bezug auf von Rad.

[20] Vgl. auch Gen 29,4 für ‚Brüder' als Anrede, sowie Ri 19,23 als Parallele zur Sodomgeschichte (dazu ausführlich *Westermann*, *Genesis II*, 364-369), ebenso mit ‚Brüder' als flehendem Vokativ.

[21] Für die Übersetzung von על־פני mit ‚östlich von' vgl. *Gesenius/Donner*, 1063. Eine Konnotation mit Aggression, wie sie, wahrscheinlich unter dem Einfluss von Gen 16,12, noch in vielen Übersetzungen gegeben ist, trifft aufgrund des deutlichen Parallelismus על־פני 18aα//18b sowie der eine Inclusio bildenden Korrelation von שׁכן mit נפל nicht zu. Die Ausgabe der deutschen Einheitsübersetzung von 1980 gibt על־פני כל־אחיו נפל noch mit „Über alle seine Brüder fiel er her" wieder, und ועל־פני כל־אחיו ישׁכן in Gen 16,12 mit „Allen seinen Brüdern setzt er sich vors Gesicht", während man 2016 Gen 25,18 mit „Im Angesicht aller seiner Brüder fiel ihm sein Wohngebiet zu" übersetzt. Gen 16,12 lautet in der EÜ2016: „Allen seinen Brüdern gegenüber wird er wohnen". Generell gilt in der vorliegenden Arbeit für Zitate aus der deutschen Einheitsübersetzung der Bibel: Wenn eine Formulierung in der Ausgabe von 2016 nicht von jener von 1980 abweicht, wird ein solches Zitat nur mit „EÜ" ausgewiesen. Handelt es sich um eine Umformulierung gegenüber 1980, wird die Angabe mit „EÜ2016" markiert. Analog gilt dies für die letzten beiden Versionen der Lutherbibel: Formulierungen, die in den Überarbeitungen von 1984 und 2017 identisch sind, werden mit „NLB" gekennzeichnet, Korrekturen in der letzten Revidierung mit „NLB2017".

den Ismaelitern verwandten Stämme. Isaak segnet Jakob, um Herr über seine ‚Brüder' zu sein (Gen 27,29.37). Weitere Segenssprüche bzw. Texte, die über eine Person oder ihre Nachkommen eine allgemeingültige Aussage machen und ‚Bruder/Brüder' formelhaft verwenden, finden sich in Gen 9,25 (Ham/Kanaan), Gen 48,6 (Efraim und Manasse) und Gen 48,22 (Josef).

In Gen 31 treten die Brüder Labans als Streitkräfte oder zumindest als Unterstützung bei einer Konfrontation sowie als Richter und Zeugen auf.[22] Jakob zieht mit seinen Frauen von Laban fort, der sich darüber empört und seine ‚Brüder' mitnimmt, als er Jakob und seinen Töchtern nachjagt (Gen 31,23.25). Bei der Untersuchung des Diebstahls von Labans Hausgöttern müssen dieselben Brüder[23] als Zeugen und Richter auftreten (Gen 31,32.37)[24]. Die Brüder wohnen dem Bundesschluss zwischen Laban und Jakob am Ende der Geschichte bei und werden auch zum abschließenden Opfermahl eingeladen (Gen 31,46.54). *Westermann* deutet diesen Text ganz im Sinne eines Rechtsverfahrens, das mit den Prinzipien eines gerechten Zusammenlebens zu tun hat:

> J bringt damit erzählend zum Ausdruck, dass im Miteinander (Bruder – Brüder) die Normen des Rechts eine für das Zusammenleben bestimmende Bedeutung erhalten.[25]

Seine weitere Deutung der Erzählung geht in die Richtung eines Gottes auf Seiten der Armen:

> Wo das Recht der Gewalt weichen muß ... setzt das Wirken Gottes ein; es ist in dieser Situation immer, ohne Ausnahme, ein Eintreten Gottes für den Schwächeren. ... Dabei ist zu beachten, daß es bei der Anklage, die Jakob gegen Laban erhebt, um die unrechtmäßige Ausnützung der Arbeitskraft eines Untergebenen durch einen Mächtigen geht. ... Es ist

---

[22] Ein epigraphisches Zeugnis für den Bruder in seiner Funktion als Zeuge wurde in Meṣad Ḥăšavyāhū, an der südlichen Mittelmeerküste zwischen Aschkelon und Jaffa, gefunden. Dieser kleine Ort war lediglich zwei Jahrzehnte lang in der zweiten Hälfte des 7. Jhs besiedelt und könnte in dieser Zeit als Festung Joschijas gedient haben. Die Fragmente des Ostrakons mit der in unserem Zusammenhang interessanten Inschrift wurden im Bereich des Stadttores gefunden. Es handelt sich um die Bitte eines Erntearbeiters an einen Kommandanten, dass dieser eine (Rechts-)Angelegenheit des Arbeiters überprüfen möge. Er fühle sich unrechtmäßig behandelt und rufe seine ‚Brüder', d. h., diejenigen, die mit ihm geerntet und zugesehen hätten, wie ihm sein Unglück zugestoßen sei, als Zeugen herbei, dass er schuldlos sei (vgl. *Renz/Röllig*, *Epigraphik I*, 315ff; *Keel/Küchler*, *Landschaften*, 32f). Die Fragmente zeigen nicht nur interessante Vergleichsmöglichkeiten mit Gen 31, sondern vor allem auch mit Dtn 24,10ff (vgl. zum Inhalt des Ostrakons in der Exegese zu Dtn 24,10-15).

[23] Es werden auch die Brüder Jakobs erwähnt (vgl. 31,32.37.46.54); für beide Protagonisten sind in diesem Zusammenhang wahrscheinlich die Begleiter, etwa die Söhne, Sklaven und Knechte, gemeint.

[24] Vgl. dazu *Crüsemann*, *Tora*, 86f.

[25] *Westermann*, *Genesis II*, 611.

erstaunlich, daß schon hier in den Vätergeschichten der Gott der Väter der ist, der den Schwachen beisteht, und der, an den sie sich in ihrer Bedrängnis durch Mächtige halten können.[26]

In Gen 31 stehen die Brüder einerseits für die Machtträger,[27] andererseits für die Beschützer bzw. als Verkörperung des Rechtssystems.[28] Schließlich symbolisieren die Brüder das Miteinander, sind also noch einmal Figuren, die eine emotive und appellative Konnotation tragen.

Neunmal erscheinen der ‚Bruder' bzw. die ‚Brüder' als Volksgenosse(n) im Buch Exodus: in der Geschichte vom Goldenen Kalb wird z. B. jedem Leviten aufgetragen, „seinen Bruder, seinen Freund, seinen Nächsten" zu erschlagen (Ex 32,27). In Ex 32,29 wird jeder dafür gesegnet, dass er „gegen seinen Sohn und seinen Bruder" vorgegangen ist. Im Plural wird auf die Brüder des Mose, d. h. seine Volksgenossen, welche die Fronarbeit des Pharaos verrichten, hingewiesen (Ex 2,11; 4,18).

Im Numeribuch finden sich zwölf Hinweise auf den ‚Bruder' als Volksgenossen.[29] Zelofhad wird im Numeribuch, nach der ursprünglichen Geschichte in Kap. 26-27, wieder erwähnt, als seine Stammesgenossen, die ihn als ihren ‚Bruder' bezeichnen, Moses darum bitten, dessen Töchter nicht außerhalb des Stammes heiraten zu lassen (Num 36,2). Sie begründen ihre Bitte damit, dass ab dem nächsten Jobeljahr ihr Erbbesitz dann dem Stamm zukommen werde, in den sie eingeheiratet haben. Der Verweis auf das Jobeljahr (Num 36,4) deutet darauf hin, dass hier ein späterer Zusatz zum Numeribuch vorliegt. Nicht nur V. 4, sondern das ganze Kapitel 36 gilt als später Nachtrag.[30]

Indem in Num 20,14 im Singular in einem Wort an Edom von „deinem Bruder Israel" die Rede ist, werden nicht Individuen innerhalb eines Volkes, sondern zwei Völker als Brüder bezeichnet.[31] Die Leviten sind einander Brüder (Pl.) innerhalb ihres Stammes (Num 8,26; 16,10), und Aaron wird speziell aufgefordert, seine Brüder, die Leviten, beim priesterlichen Dienst mithelfen zu

---

[26] *Westermann*, *Genesis II*, 611.

[27] Vgl. *Westermann*, *Genesis II*, 602.

[28] Vgl. *Westermann*, *Genesis II*, 604.

[29] Num 8,26; 14,4 (im Sinne von „einander"); 16,10; 18,2.6; 20,3.14; 25,6; 27,4.7; 32,6; 36,2.

[30] Vgl. *Noth*, *Numeri*, 183.222: „Der Hinweis auf das Jobeljahr in V. 4 ist literarisch und sachlich nicht am Platze. Er stört den Zusammenhang und lässt im Jobeljahr alles unverändert bleiben; man möchte für das Jobeljahr eher eine Wiederherstellung der ursprünglichen Besitzverhältnisse erwarten, obwohl der hier vorliegende konkrete Fall in 3. Mos. 25 nicht berücksichtigt ist. Es handelt sich bei V. 4 um einen unsachgemäßen Zusatz." Auch *Budd*, *Numbers*, 302, rechnet mit einem Zusatz. Zum Jobeljahr vgl. ferner unten die Exegese von Lev 25, bes. Lev 25,8-13.

[31] Vgl. auch Dtn 2,4f; 23,8; Am 1,11; Obd 10.12. Zur Bruderschaft Israels und Edoms vgl. *Anderson*, *Brotherhood*, 161ff, sowie 173f.

lassen (Num 18,2.6).[32] Das Volk beklagt sich bei Moses und verweist auf seine bereits verstorbenen Brüder, Volksgenossen also (Num 20,3); die Gaditer und Rubeniter werden daraufhin angesprochen, dass sie ihre Brüder, ihre anderen Stämmen angehörenden Volksgenossen, alleine in den Krieg ziehen lassen wollen (Num 32,6).

Im Buch Levitikus finden sich die Texte, in denen es um den ‚Bruder' als Stammes- oder Volksgenossen geht, hauptsächlich im Heiligkeitsgesetz, besonders häufig in Kapitel 25.[33] In Lev 19,17 wird der אח gleich als עמית, d. h. als Volksgenosse, umschrieben.[34] Das von der Wurzel[35] רוע oder רעה abgeleitete[36] Nomen רע, die gewöhnliche Bezeichnung für den Nächsten,[37] bezieht sich in der Regel nur auf den Volksgenossen. Im Heiligkeitsgesetz sowie im deuteronomischen Gesetz aber wird אח in bestimmten Fällen anstelle von רע verwendet.[38] Weil also der רע in der Regel auch gleichzeitig ein Volksgenosse ist, der אח den רע ersetzen kann, ist daraus für das Heiligkeitsgesetz sowie für das deuteronomische Gesetz zu folgern, dass auch der אח Volksgenosse ist, auch wenn er nicht immer, wie es in Lev 19,17 (bzw. Dtn 15,2) der Fall ist, explizit als solcher definiert wird.

In der gesamten deuteronomischen Einzelgesetzsammlung (Dtn 12-26) kommt das Wort אח insgesamt 35-mal (5x7), gebündelt in fünf Großgruppen von Texten sowie in vier einzelnen Gesetzesparagraphen, vor:[39]

---

32 Zu 18,2 vgl. *Levine*, *Numbers*, 440.

33 Die Gesamtliste der betreffenden fünfzehn Hinweise umfasst Lev 7,10 (hier in der Bedeutung ‚der eine wie der andere'); 10,6; 19,17; 21,10; 25,14.25(2x).35.36. 39.46(2x).47. 48; 26,37 (in der Bedeutung ‚einander').

34 Vgl. *Milgrom*, *Leviticus 23-27*, 2177; vgl. ausführlich unten in der Exegese von Lev 19,17f.

35 Mit *Lewandowski*, *Wörterbuch III*, 1272, wird ‚Wurzel' folgendermaßen verstanden: „Ein Konstrukt der deskriptiven Analyse, das Basis- oder Grundmorphem bzw. der Teil der Wortform, der nach Ablösung aller Präfixe, Ableitungs- und Flexionssuffixe verbleibt ... Nach Saussure ... ist die Wurzel der Bestandteil (bzw. das Bedeutungselement) des Wortes, der morphologisch nicht weiter auflösbar und allen Wörtern der gleichen Familie gemeinsam ist – bei der synchronen Zerlegung der Bestandteil, in dem der allen verwandten Wörtern gemeinsame Sinn den höchsten Grad der Abstraktheit und Allgemeinheit erreicht."

36 Vgl. *Gesenius/Donner*, 1251.

37 Auch: Freund, Gefährte, Genosse, Nächster, Letztgenannter vor allem in Lev 19,13. 16.18; vgl. *Koehler/Baumgartner* 2004 II: s. n. רע II.4, 1169f.

38 Vgl. z. B. Lev 19,16-18; vgl. auch *Ringgren*, אח, 207. Nur zweimal treten אח und רע gemeinsam im Deuteronomium auf: 13,7; 15,2.

39 Die Bruderbelege mit der Bedeutung des Bruders als Volksgenosse im gesamten Deuteronomium umfassen Dtn 1,16(2x).28; 2,4.8; 3,18.20 (vgl. Jos 1,12-15); 10,9; 15,2.3.7(2x). 9.11.12; 17,15(2x).20; 18,2.7.15.18; 19,18.19; 20,8; 22,1(2x).2(2x).3.4; 23,8.20.21; 24,7.14; 25,3.11; 28,54.

Dtn 15,1-18: Sozialgesetzgebung, die sich mit dem Schutz armer Volksgenossen, Brüder genannt, beschäftigt. אח kommt hier *siebenmal* vor.

Dtn 17,14-18,22; 19,15-21; 20,1-9: Die Ämtergesetze[40]. Dtn 17,14-18,22 enthält eine *Siebenergruppierung* von אח-Wörtern. Werden 19,15-21; 20,1-9 zusammen betrachtet, so ist dort eine *Dreiergruppe* desselben Wortes zu finden. Die Perikope Dtn 19,15-21 schließt thematisch an Dtn 16,18-17,13 an. Die Kriegsgesetzgebung von Dtn 20,1-9 kann mit dem Ämtergesetz assoziiert werden, weil ihr Thema als zum Bereich des Königs gehörend gelten kann und der Hinweis auf den Priester (V. 2) auch die Verbindung zu den Ämtern im Allgemeinen verstärkt.

Dtn 22,1-4: Über das Verhalten dem Nachbarn und seinem Besitz gegenüber. אח kommt *sechsmal* vor.

Dtn 23,20-24,22: Daraus insbesondere Dtn 23,20-21; 24,7; 24,10-15: Sozialgesetzgebung, die wiederum die Armen und sozial Schwachen in Schutz nimmt. אח ist *viermal* belegt.

Dtn 25,5-10: Die Schwager-/Leviratsehe. אח kommt *viermal* vor, allerdings in der Bedeutung eines leiblichen Bruders – dies bildet eine Ausnahme für das deuteronomische Gesetz.

Von diesen fünf Textgruppen gehören vier[41] der Gattung der Sozialgesetzgebung[42] an. Die im Lesegefälle an zweiter Stelle kommende Textgruppe ist jene der Ämtergesetzgebung (Dtn 16,18-18,22) mit 19,15-21 und dem Kriegsgesetz (Dtn 20,1-9).

Außerhalb dieser größeren bzw. wichtigeren Textblöcke wird der ‚Bruder' auch in vier weiteren Gesetzesparagraphen genannt:

Dtn 13,7-12: Warnung vor dem Abfall vom Glauben.

Dtn 23,2-9: Eine Bestimmung, wer in die Gemeinde aufgenommen werden darf. Wie in Dtn 2,4 werden auch in 23,8 die Edomiter als Brüder des Volkes Israel bezeichnet.

Dtn 25,1-3.11-12: Strafrechtliche Bestimmungen.

---

[40] Vgl. *Braulik*, *Deuteronomium 16-34*, 121: „Die Ämtergesetze behandeln alle Funktionsträger des Staates: Richter (16^{18}-17^{13}), König (17^{14-20}), Priester (18^{1-8}), Prophet (18^{9-22})."

[41] Dabei handelt es sich um ein vorläufiges Fazit. Die genaue Zuordnung von Dtn 25,5-10 erfolgt unten in der Einzelexegese.

[42] Die Sozialgesetzgebung nimmt im Deuteronomium überhaupt eine wichtige Position ein. *Crüsemann*, „Hand", 87, beschreibt das Geflecht der Sozialgesetzgebung folgendermaßen: „Daß das Deuteronomium, gelesen als Gesetzessystem mit sozialpolitischer Abzweckung, zentral auch auf die Wirklichkeit der bäuerlichen Arbeit seiner Zeit zielt, ist nicht nur vom Inhalt vieler Gesetze her evident, sondern wird darüber hinaus explizit gesagt. Mit einer Reihe von eng verwandten Sätzen wird im Anschluß an die wichtigsten Sozialgesetze auf das Verhältnis von göttlichem Segen, menschlicher Arbeit und sozialem Verhalten reflektiert."

Auffällig abwesend ist der ‚Bruder' in innerisraelitischen kultischen Situationen.[43] In der deuteronomischen Festordnung Dtn 16,1-17 wäre er zu erwarten, da diese sich besonders mit der Verpflegung von sozial Schwachen und deren Einbeziehung in die Festlichkeiten des gesamten Volkes beschäftigt. Dies ist aber nicht der Fall; jedoch erscheint hier eine andere Personengruppe: die der Fremden, Waisen und Witwen.[44] Im Deuteronomium treten גר, יתום und אלמנה als Dreiergespann nie in Verbindung mit den sonst den Armen bezeichnenden Termini אביון und עני auf.[45] Demgegenüber kommen אביון und עני gehäuft vor allem in den beiden für das Bruderthema wichtigen Textblöcken Dtn 15,1-18 sowie Dtn 23,20-25,4 vor.[46] Hieraus folgt, dass auch גר, יתום und אלמנה nie gemeinsam mit dem ‚Bruder' auftreten. Eine Ausnahme bildet Dtn 24,14: dort erscheinen אח und גר (allerdings ohne יתום und אלמנה) im selben Vers.

Wenn der Terminus ‚Bruder' einen Armen oder Elenden bezeichnet, bedeutet dies, dass von einem sich in Not befindenden Menschen nicht herablassend gesprochen wird, sondern dass er als dem Rest des Volkes ebenbürtig erachtet wird. Vor allem in der (außerbiblischen) Briefliteratur wird eine gleichrangige Person mit ‚Bruder' adressiert, während jemand von einem geringeren Rang als ‚Sohn' angesprochen wird.[47]

1.3 Der Bruder im deuteronomistischen Geschichtswerk

Jos 1,14f erwähnt die ‚Brüder' als Stammesgenossen zweimal.[48] Die beiden Verse bilden eine Ermahnung oder Paränese an jene Stämme, die ihren Grundbesitz im Ostjordanland erhalten haben, unmittelbar nach der Ansiedlung ihrer Frauen, Kinder und Viehbestände durch den Jordan hinüberzuziehen, um ihren Brüdern zu helfen, die noch ihren zugeteilten Besitz jenseits des Jordan erobern müssen.[49] Sie dürfen erst dann zu ihrem Besitz zurückkehren, wenn der Herr den Brüdern Ruhe verschafft hat. In sechs deuteronomischen Gesetzesparagraphen kommt der Begriff ‚Brüder' gemeinsam mit dem Thema

---

43 Vgl. *Braulik, Deuteronomium*, 112f.

44 Vgl. Dtn 16,11.14.

45 Vgl. *Lohfink*, „Entwurf", 30.

46 Dtn 15,4.7.9.11 (hier v. a. אביון; עני nur in 15,11); 24,12.14.15 (hier עני allein in den V. 12.15 und gemeinsam mit אביון in V. 14).

47 Vgl. *Renz/Röllig, Epigraphik I*, 379 Anm. 1. Beispiele für den hebräischen Briefwechsel des beginnenden 6. Jhs sind nachzulesen bei *Renz/Röllig, Epigraphik I*, 378f.

48 Die insgesamt dreizehn Bruderverweise im Buch Josua sind: 1,14.15; 2,13.18; 6,23; 14,8; 15,17; 17,4(2x); 22,3.4.7.8.

49 Vgl. Num 32,6; Dtn 3,12-20. אח und ארץ spielen in Dtn 3,18.20 dieselbe wichtige Rolle wie in der Parallele Jos 1,14f.

Land(gabe bzw. -nahme) vor.[50] Das Land bzw. dessen Gabe durch JHWH oder dessen Inbesitznahme durch das Volk wird jedes Mal als Verstärkung der jeweiligen Paränese des Gesetzes erwähnt.

Im Richterbuch wird 29-mal auf den ‚Bruder' (neunmal im leiblichen, zwanzigmal im volksgenössischen Sinn) hingewiesen.[51] Zwölf Vorkommen stehen in Ri 9, der Geschichte des blutig erworbenen Königtums Abimelechs. Dieser erwarb seine Position in Sichem dadurch, dass seine Verwandten ein Argument anwandten, das mit dem aus Dtn 17,15 einigermaßen übereinstimmt: *Nur aus der Mitte deiner Brüder darfst du einen König über dich einsetzen.* Wenn sie auf Abimelechs Vorschlag, ihn allein als König über sich zu setzen, eingehen, geht es ihnen um eine Absicherung des Königtums eines direkten Blutsverwandten, während Dtn 17,15 bereits den ‚Bruder' im erweiterten Sinn (eines Israeliten, also eines Volksgenossen) kennt. Allerdings sind die begrifflichen[52] Übereinstimmungen zwischen Dtn 17,15 und Ri 9,2f begrenzt: *Redet doch vor den Ohren aller Bürger von Sichem und sagt: Was ist besser für euch: wenn siebzig Männer über euch herrschen, alle Söhne Jerubbaals, oder wenn nur ein Mann über euch herrscht? Denkt auch daran, dass ich euer Fleisch und Bein bin. Da redeten die Brüder seiner Mutter seinetwegen vor den Ohren aller Bürger von Sichem all diese Worte, sodass sich ihr Herz Abimelech zuwandte. Denn sie sagten sich: Er ist unser Bruder.*[53] Die Übereinstimmungen sind auch deshalb begrenzt, weil Dtn 17,15 auf positive Folgen für die Königsherrschaft abzielt, während die Erzählung von Ri 9 negativ verläuft, Abimelechs Berufung auf Bruderschaft seinen eigenen Zwecken dient und er schließlich noch ein Massaker unter seinen Blutsbrüdern verübt.

Nach Ri 9,26 kommt Gaal, der Sohn Ebeds, nach einer dreijährigen Pause in der Erzählung, nach Sichem. Sein Auftreten ist das Resultat eines als Strafe gedachten, von Gott gestifteten Unfriedens zwischen Abimelech und den Sichemiten. Gaal kommt richtend und wird von ‚seinen Brüdern' begleitet. Die

---

[50] Vgl. unten Anhang 2.

[51] Ri 1,3.13.17; 3.9; 8,19; 9,1.3$^{(2x)}$.5.18.21.24$^{(2x)}$.26.31.41.56; 11,3; 14,3; 16,31; 18,8$^{(2x)}$.14; 19,23; 20,13.23.28; 21,6.22.

[52] Hier lassen sich höchstens begriffliche, nicht jedoch direkte sprachliche Ähnlichkeiten identifizieren, denn in Ri 9,2 wird das Verbum משל und nicht מלך für ‚herrschen' verwendet. Dtn 17,14-20 verwendet מלך allerdings nur in nominaler Form. *Gross, Richter*, 498, hierzu: „Abimelech ... wählt mit משל dasjenige Herrschaftsverb, das dem königlichen Herrschen am nächsten kommt ... [S]ein Hauptargument [lautet], Monarchie sei besser als Oligarchie 2bc. Da er dies lediglich behauptet, nicht begründet, der Erzähler aber dieses Argument für einsichtig hält, kann dieser Passus nur von einem Autor und für Adressaten formuliert sein, die das Königtum als Herrschaftsform kennen und mit Oligarchie keine oder keine guten Erfahrungen haben."

[53] EÜ2016.

Anwesenheit von Brüdern während einer Strafhandlung erinnert somit durchaus an die Situation in Gen 31, besonders V. 23.25, wonach Laban seine ‚Brüder' auf die Verfolgungsjagd gegen Jakob und seine Familie nach deren Diebstahl seiner Hausgötter und anschließenden Flucht mitnimmt. Auch in Gen 31 treten, wie wir gesehen haben, die Brüder als Streitkräfte bzw. als Unterstützung in der Konfrontation zwischen den Parteien auf.

Im Buch Rut erscheinen die Brüder zweimal in Kapitel 4 (V. 3.10) im Kontext eines Lösevorgangs, der nur hier im Alten Testament auch mit der Leviratsehe verbunden wird.[54] Die Beschreibung der Verhandlung bezüglich der Leviratsehe, die zwischen Boas und dem Löser Naomis im Stadttor stattfindet, stimmt inhaltlich stark mit Dtn 25,5-10 überein.[55] In Rut wird der unwillige Verwandte allerdings nicht mit Schande und Schmach beladen, wie in Dtn 25,9f gefordert wird, weil sein Unwille Boas zum Vorteil gereicht. Das Schuh-Ritual am Schwager (Dtn) bzw. des Lösers (Rut) steht in Dtn 25,9f symbolisch für die Schande, die der Schwager mit seinem Unwillen über sein Haus bringt. Bei Rut wird das Ausziehen des Schuhs als Bestätigung der Rechtsgültigkeit eines Tauschgeschäfts gedeutet und somit neutral behandelt. Sowohl in Dtn 25 als auch in Rut 4 sind die ‚Brüder' dieses Mal keine Zeugen, sondern das Wort ‚Bruder' bezeichnet hier den Verstorbenen, dessen ‚Haus' es zu ‚bauen' gilt. Dennoch treten Zeugen (in Dtn 25,9f sind sie זקנים, während sie in Rut 4,9.11 als זקנים וכל־העם bezeichnet werden) in einer Rechtsverhandlung auf, ähnlich den ‚Brüdern' in Gen 31.

In 1 Samuel kommt der leibliche Bruder elfmal[56], der ‚Bruder' als Stammes- oder Volksgenosse nur einmal[57] vor. In 2 Samuel erscheint der leibliche Bruder 28-mal[58] – davon zwölfmal allein in Kap. 13, das die Amnon-Tamargeschichte und deren Folgen beschreibt; der ‚Bruder' als Stammes- oder Volksgenosse begegnet in 2 Samuel sechsmal[59].

In 1 Könige wird der leibliche Bruder sechsmal[60] erwähnt, der ‚Bruder' als Stammes- oder Volksgenosse fünfmal[61].

---

[54] Vgl. *Braulik*, „Kanonizität", 120.

[55] Vgl. *Braulik*, „Kanonizität", 121f, sowie 114f für eine Zusammenfassung sprachlicher Übereinstimmungen zwischen beiden Perikopen.

[56] 1 Sam 14,3; 16,13; 17,17(2x).18.22.28; 20,29(2x); 22,1; 26,6.

[57] 1 Sam 30,23.

[58] 2 Sam 2,22; 3,8.27.30(2x); 4,6.9; 10,10; 13,3.4.7.8.10.12.20(4x).26.32; 14,7(2x); 18,2; 20,9 (technisch war Amasa der Cousin von Joab; vgl. 17,25).10; 21,21; 23,18.24.

[59] 2 Sam 1,26; 2,26.27; 15,20; 19,13.42.

[60] 1 Kön 1,9.10; 2,7.15.21.22.

[61] 1 Kön 9,13; 12,24; 13,30; 20,32.33.

Nur zweimal[62] erscheint das Wort אח, auf den leiblichen Bruder deutend, in 2 Könige, und dies im selben Vers. Der ‚Bruder' als Stammes- oder Volksgenosse tritt dreimal[63] auf; in einem Fall gehört der Beleg zu einer geprägten Formel, die mit ‚einander' übersetzt wird. Für die Exegese des Priestergesetzes Dtn 18,1-8 ist das Vorkommen des Terminus in 2 Kön 23,9 interessant, da hier gerade das Entgegengesetzte von dem passiert, was in der Regelung im Deuteronomium vorgesehen ist: in 2 Kön 23 wird den Landpriestern ihr Recht, nach Belieben auch in Jerusalem Opferdienst leisten zu dürfen, abgesprochen, während ebendieses Recht in Dtn 18,6f gewährt wird. Spannend ist dabei, dass an beiden Stellen die ‚Brüder' miteinbezogen werden.[64] Auch bezüglich der ihnen zustehenden Nahrung sind die Priester in 2 Kön 23 eingeschränkt: während sie nach Dtn 18,8 von allem[65] essen dürfen, mit Ausnahme dessen, was der Darbringer eines Opfers aus dem Verkauf seines Erbes opfert, essen sie in 2 Kön 23,9 lediglich von den ungesäuerten Broten mit.[66]

1.4 Die Chronik, Esra und Nehemia

Im 1. Chronikbuch kommt der leibliche Bruder sechzigmal[67] vor, während der ‚Bruder' als Stammes- oder Volksgenosse vierzigmal[68] auftritt. Das Wort begegnet somit genau hundertmal im Singular und Plural – die Frage bleibt offen, ob diese Zahlen Zufall sind.

Im 2. Chronikbuch werden der leibliche Bruder oder mehrere leibliche Brüder elfmal erwähnt,[69] als Stammes- oder Volksgenosse tritt er bzw. treten

---

[62] 2 Kön 10,13$^{(2x)}$.

[63] 2 Kön 7,6 (in der Bedeutung „einander"); 9,2; 23,9.

[64] Dtn 18,6-8 (EÜ2016): *Wenn ein Levit aus einem deiner Stadtbereiche irgendwo in Israel, in dem er als Fremder gewohnt hat, zu der Stätte kommt, die der Herr erwählen wird, und zwar, wann immer er möchte, und wenn er dann wie alle seine levitischen Brüder, die dort vor dem Herrn stehen, im Namen des Herrn, seines Gottes, Dienst tut, sollen alle die gleiche Zuteilung erhalten, ohne dass man berücksichtigt, wie groß sein väterliches Vermögen ist.* 2 Kön 23,9: *Doch durften die Höhenpriester nicht an den Altar des Herrn in Jerusalem treten, sondern nur von den ungesäuerten Broten inmitten ihrer Brüder essen.*

[65] Vgl. Dtn 18,3f für eine Liste von Lebensmitteln, die den Priestern von den Opfern des Volkes zustehen.

[66] Für eine redaktionsgeschichtliche Erklärung dieser Unterschiede vgl. *Lohfink*, „Gewaltenteilung", 68.

[67] 1 Chr 1,19; 2,32.42; 4,9.11.27; 5,2.7.13; 6,24.29; 7,16.22.34.35; 8,14.39; 11,20.26.38.45; 13,7 (hier ist die Lesung unsicher und kann entweder als Eigenname oder als ein Bruder bzw. mehrere Brüder gedeutet werden); 19,11.15; 20,5.7; 24,25; 25,7.9-31 (insgesamt 24-mal in Kap. 25); 26,7-9.11.22.25f.28; 27,18.

[68] 1 Chr 6,33; 7,5; 8,32$^{(2x)}$; 9,6.9.13.17.19.25.32; 12,2.30.33.40; 13,2; 15,5-10.12.16.17$^{(2x)}$.18; 16,17.37-39; 23,22.32; 24,31$^{(2x)}$; 26,12.22.30.32; 28,2.

[69] 2 Chr 11,22; 21,2.4.13; 22,8; 31,12f; 35,9; 36,4$^{(2x)}$.10.

sie fünfzehnmal[70] auf. Insgesamt gibt es also 26 Vorkommen des Wortes im 2. Chronikbuch – etwa ein Viertel des Vorkommens im 1. Chronikbuch.

Auffällig häufig werden die Priester oder Leviten als einer Brudergruppe zugehörig beschrieben: mehr als die Hälfte der Bruderworte (22 von 40) im 1. Chronikbuch steht im Kontext von Angaben über Priester oder Leviten. Im 2. Chronikbuch steht knapp die Hälfte (7 von 15) der Bruderverweise in einem priesterlichen bzw. levitischen Kontext. Zwei dieser Bruderangaben betreffen allgemeine Paränesen, und die restlichen fünf stehen in einem Kriegskontext.

Im Buch Esra begegnet der leibliche Bruder gar nicht, der ‚Bruder' als Stammes- oder Volksgenosse dagegen zwölfmal[71] – und dies ausnahmslos ebenfalls in einem priesterlich-levitischen Kontext. Im Nehemiabuch werden leibliche Brüder zweimal erwähnt[72], während der ‚Bruder' in seiner Funktion als Stammes- oder Volksgenosse 26-mal auftritt[73], in elf von diesen Fällen wieder in einem priesterlich-levitischen Kontext. Neh 5 ist ein wichtiges Kapitel, in dem aus dem deuteronomischen Sozialrecht bekannte Themen (wirtschaftliche Not, Verpfändung, Schulden, Sklaverei, Wucher, Schuldenerlass) in einer Erzählung mit wiederholtem Gebrauch des Bruderterminus wieder aufgegriffen werden.

Von allen Entstehungsmodellen der Bücher Esra und Nehemia, und damit verbunden, von allen Modellen zur Erklärung des Verhältnisses zwischen Esra-Nehemia und den Chronikbüchern, scheint das von A.H.J. *Gunneweg* vorgeschlagene am hilfreichsten zu sein. Ihm zufolge wären Esra-Nehemia eine Fortführung des Deuteronomistischen Geschichtswerkes, während die Chronikbücher seines Erachtens erst später entstanden.[74] Dass sowohl Esra-Nehemia als auch die Chronikbücher einen langen Werdeprozess durchlaufen haben, scheint bei allen Entstehungsmodellen außer Zweifel zu stehen. *Gunnewegs* Modell ist aber das einzige von den von G. *Steins* besprochenen Modellen[75], das eine Verbindung mit dem Deuteronomisten in Betracht zieht – eine Möglichkeit, die im Lichte der offensichtlichen Intertextualität zwischen Neh 5 und dem deuteronomischen Sozialgesetz[76] auf jeden Fall Erwähnung

---

[70] 2 Chr 5,12; 11,4; 19,10[(2x)]; 28,8.11.15; 29,15.34; 30,7.9; 31,15; 35,5f.15.

[71] Esra 3,2[(2x)].8.9[(2x)]; 6,20; 7,18; 8,17-19.24; 10,18.

[72] Neh 4,8; 7,2.

[73] Neh 1,2; 3,1.18.34; 4,13 (im Sinne von ‚einander').17; 5,1f.7.8[(2x)].10.14; 10,11.30; 11,12-14.17.19; 12,7-9.24.36; 13,13.

[74] Vgl. *Steins*, „Esr/Neh", 341. Vgl. auch, etwas abgewandelt, doch in Ansätzen ähnlich, die von *Steins* selbst vertretene Sicht: „Beide Werke sind getrennt, aber nicht völlig unabhängig voneinander entstanden", wurden aber „in einem späteren Entwicklungsstadium von den gleichen Händen bearbeitet" (ebd., 342).

[75] Vgl. hierzu *Steins*, „Esr/Neh", 336-342.

[76] Einige Autoren sehen in Lev 25 den Ausgangstext der Erzählung von Neh 5, darunter *Williamson*, *Ezr/Neh*, 238-240; *Becker*, *Esr/Neh*, 78f, sieht die Intertextualität differenzierter und geht von starken Verbindungen zu Jer 34 aus, erwähnt aber auch u. a. Ex 21f,

verdient. Aufgrund seiner synchronen Analyse des Bruderbegriffs im Buch Nehemia, besonders in Neh 5,1.5.8, resümiert *Vogt*, dass der Bruderbegriff „ohne jeden Unterschied sowohl auf die Armen als auch auf die Reichen angewandt“[77] wird. Alle jüdischen Volksmitglieder „hätten als Brüder gleiche Rechte, soziale Unterschiede dürfe es unter Brüdern nicht geben.“[78] Wie im Laufe der vorliegenden Studie noch deutlich werden wird, hat *Vogt* hiermit das Wesentliche der deuteronomisch-sozialrechtlichen Bruderethik erfasst.

1.5 Die Weisheitsbücher und Psalmen

Im Buch Ester wird אח einmal verwendet, und zwar in Est 10,3, dem letzten Vers des Buches, im Sinne von ‚Volksgenosse‘. In Ijob findet sich das Wort ‚Bruder‘ neunmal: viermal im Sinne des leiblichen Bruders und fünfmal, um einen Mitmenschen oder Volksgenossen zu bezeichnen.[79] Eindeutig weist das Wort auf leibliche Bruderschaft in 1,13.18, wenn von den Kindern Ijobs erzählt wird, die miteinander feierten, als sie starben. In Ijob 6,15 beklagt sich Ijob über die eigenen trügerischen Brüder. Hier ist es bereits vom Wortlaut her nicht mehr vollkommen klar, ob leibliche Brüder, Verwandte oder vielleicht im übertragenen Sinne doch Volksgenossen, Freunde oder sonstige Mitmenschen gemeint sind. Auch in 19,13 ist der Gebrauch ähnlich doppeldeutig und kann אח sowohl als leiblicher Bruder als auch als Nahestehender aus dem Verwandten- oder Freundeskreis interpretiert werden. Somit kommen alle vier eindeutig auf den leiblichen Bruder bezogenen Verwendungen in der Rahmenerzählung vor.[80] Die Aktanten[81], die mit den Brüdern von 19,13 in den

---

Dtn 15.23f sowie Lev 25 als Bezugstexte und spricht vom „Pathos israelitischer Brüderlichkeit“, das sowohl von Jer 34 als auch Neh 5 geatmet werde. *Vogt, Studie*, 113-115, bespricht zwar das Brudervorkommen in Esra/Neh, besonders in Neh 5, ausführlich, stellt aber überhaupt keine innerbiblischen Bezüge fest. Seine Beobachtungen treffen sich größtenteils mit vielen, die auch bezüglich des Brudervorkommens im deuteronomischen Sozialrecht gemacht werden können, wohl auch deshalb, weil er seinen Zugang über den Gemeinde- und Volksbegriff wählt (vgl. auch unten Kap. 3).

[77] *Vogt, Studie*, 113.

[78] *Vogt, Studie*, 113.

[79] Vgl. Ijob 1,13.18; 6,15; 19,13; 22,6; 30,29; 41,9; 42,11.15.

[80] Ijob 1,13.18; 42,11.15.

[81] Nach der Definition von *Luz, Hermeneutik*, 154, der sich dafür auf die strukturale Semantik von A. J. Greimas beruft, ist der ‚Aktant‘ „nicht etwa eine handelnde Person, sondern das Ensemble der Träger einer bestimmten Rolle in einer Geschichte, z.B. des »Opponenten«“. Das bedeutet beispielsweise für Lev 19,17f, einem zentralen Brudertext, dass nicht die erwähnten Personen: Bruder, Volksgenosse und Nächster, die Handelnden dieser Verse sind, sondern ausschließlich das zum Handeln aufgerufene (nicht zu hassen; sich nicht zu rächen; keinen Groll zu hegen, sondern zu lieben) ‚Du‘ innerhalb Israels als Akteur – als Handelnder – bezeichnet werden kann. Dieselbe Übung

V. 13f auftreten, sind nicht die typischen, die mit dem ‚Bruder' im Deuteronomium verbunden sind. In Ijob 19,13f sind es die ידעים (Bekannte; Qal Part. von ידע), קרובים (Nahestehende) und die מידעים (Vertraute [ZB]; Freunde [LUT]; Gäste des Hauses [EÜ]; Pu. Part. von ידע). Bis hierher handelt es sich im Buch Ijob um keine inhaltlich mit dem Deuteronomium vergleichbare Verwendung von אח. Assoziativ führen die קרובים in Ijob 19,14 zusammen mit dem גאל im bekannten Vers Ijob 19,25 (allerdings kein Brudertext!) zur Verbindung גאלו הקרב („sein ihm nahestehender Löser") in Lev 25,25. In diesem Vers kommt die typische ‚Bruder'-Verarmungsformel „Wenn dein Bruder verarmt …" erstmals in Lev 25 vor. Der erste inhaltlich wirklich mit dem deuteronomischen Brudergedanken zu verbindende Brudervers im Buch Ijob findet sich in Ijob 22,6: „Du pfändest ohne Grund deine Brüder, ziehst Nackten ihre Kleider aus" (EÜ; vgl. Ex 22,25f; Dtn 24,10-13; ferner auch Ijob 24,3b.7.10[82] [ohne Bruderbezug]). ‚Bruder' steht in Ijob 30,29 und 41,9 (hier: ‚einander') in einem poetischen Kontext, während das Wort in 42,11.15 schließlich wieder auf leibliche Bruderschaft hindeutet. Von den neun Bruderreferenzen im Ijobbuch ist somit nur eine inhaltlich der Verwendung im Deuteronomium ähnlich.

Trotz ihres großen Umfangs enthalten die Psalmen insgesamt nur sieben Bruderreferenzen: Der leibliche Bruder erscheint fünfmal[83] und der ‚Bruder' als Volksgenosse zweimal.[84] In den Psalmen dienen die ‚Bruder'-Hinweise auf emotiver Ebene dazu, um Relationen zu beschreiben, die von Vertrauen, Vertrautheit, Anteilnahme, Nähe, Frieden und Harmonie geprägt sind bzw. geprägt sein sollten, es aber nicht sind. Darin stehen sie generell der Verwendung im Ijobbuch nahe.

Im Buch der Sprichwörter werden leibliche Brüder neunmal[85] und ‚Brüder' als Mitmenschen oder Volksgenossen kein einziges Mal erwähnt. Bei ihnen handelt es sich aber nicht, wie etwa in den Erzvätererzählungen oder Chronikbüchern, um namentlich genannte leibliche Brüder, sondern um zusammenlebende Blutsverwandte, die eng miteinander verbunden sind. Diese wiederholte, bildhafte Beschreibung enger zwischenmenschlicher Verbundenheit entspricht der Verwendung des Bruderwortes bei Ijob und in den Psalmen. Es scheint also ein Charakteristikum weisheitlicher Literatur zu sein, das Wort

---

kann für jeden im exegetischen Hauptteil dieses Werkes besprochenen Brudertext durchgeführt werden: es bleibt durchgehend ausschließlich das jeweils im Text angesprochene ‚Du', das handelt. Alle anderen Personen, allen voran der Bruder, bilden eine Handlungskulisse für die Aktivitäten des ‚Du'.

[82] Vgl. *Braulik*, „Kanonizität", 66-90, für ausführliche Beobachtungen zum Ijobbuch und seinen Bezügen zum deuteronomischen Sozialrecht.

[83] Ps 35,14; 50,20; 69,9; 122,8; 133,1 (vgl. hierzu unten zur Exegese von Dtn 25,5).

[84] Ps 22,23; 49,8.

[85] Spr 6,19; 17,2.17; 18,9 (im übertragenen/bildhaften Sinn); 18,19.24; 19,7; 27,10[(2x)].

‚Bruder' einzusetzen, um eine hohe emotive Wirksamkeit zum Ausdruck zu bringen. Die abstrakte Verwendung des Wortes in Spr 18,9 bildet in diesem Zusammenhang eine Ausnahme: *Wer lässig ist bei seiner Arbeit, ist schon ein Bruder dessen, der zerstört* (EÜ2016). In Ps 50,20 und Ps 69,9 findet sich jeweils die genaue Formulierung, die auch in Dtn 13,7 begegnet: an diesen drei Stellen wird der ‚Bruder' als ‚Sohn derselben Mutter' definiert.[86] Spr 18,9 rückt somit massiv von der zumindest zur Zeit der Abfassung von Dtn 13,7 gültigen geprägten wörtlichen Bedeutung des Bruderwortes ab und eröffnet – historisch gesehen möglicherweise zum ersten Mal im Alten Testament[87] – den Weg zu einem übertragenen Verständnis des Bruderbegriffs.[88]

Auch bei Kohelet ist die Verwendung ähnlich: nur einmal wird ein leiblicher Bruder erwähnt (4,8), um auf eine jemandem besonders nahestehende Person zu deuten. Die einmalige Verwendung des Wortes im Sinne eines leiblichen Bruders im Hohenlied (8,1) ist zugleich die letzte im Korpus hebräischer Dichtung und Weisheitstexte.[89] Hld 8,1 greift die aus Dtn 13,7, Ps 50,20 und 69,9 sowie aus dem altorientalischen Umfeld[90] bekannte buchstäbliche Definition des Bruders als des Sohnes derselben Mutter auf (vgl. auch Hld 1,6), führt aber die mit dem Bruderwort auch sonst in der alttestamentlichen Weisheitsliteratur assoziierte Idee der Nähe, Harmonie und Vertrautheit zu einem sonst nirgendwo erreichten Höhepunkt.

1.6 Die Propheten

Beim Propheten Jesaja kommt das Wort ‚Bruder' im Sinne des Blutsverwandten ersten Grades zweimal vor[91], während der ‚Bruder' als Volksgenosse viermal[92] Erwähnung findet. In drei[93] von den sechs Belegen bilden die Brüder bei

---

[86] Vgl. hierzu ausführlich unten Kap. 3.4.3.

[87] Für die postulierten Entwicklungsphasen des Buches der Sprichwörter und die historische Einordnung jenes Abschnittes, zu dem auch Spr 18,9 gehört, vgl. *Schwienhorst-Schönberger*, „Sprichwörter", 462f.

[88] Diese Einsicht geht aus einem persönlichen Gespräch mit Professor H. U. Steymans, Universität Fribourg, hervor.

[89] Der Begriff ‚Bruder' kommt in den Klageliedern nicht vor.

[90] Vgl. unten Kap. 3.4.3.

[91] Jes 3,6; 19,2 – hier als erstes Element in einer Liste, die den Zweck hat, sich erweiternde Wirkungskreise zu schildern: Brüder bilden den engsten Kreis. Die nächsten Kreise verlaufen über Freunde, Städte und Reiche in sich rasant ausbreitenden geographischen Gebieten.

[92] Jes 9,18; 41,6; 66,5 (hier vielleicht die Volksgrenzen sprengend und auf Mitmenschen außerhalb des Volkes, jedenfalls außerhalb der engsten Glaubensgemeinschaft deutend); 66,20.

[93] Vgl. Jes 9,18; 19,2; 66,5.

Jesaja eine negativ belastete Kontrahentengruppe. Sie deuten auf eine Menschengruppe, die den Angesprochenen eigentlich nahestehen sollten, diesen Anspruch aber wider Erwarten nicht erfüllen.

Bei Jeremia erscheint der leibliche Bruder viermal[94] und der ‚Bruder' als Stammes- oder Volksgenosse zwölfmal[95]. Somit gibt es insgesamt 16 Bruderreferenzen im Buch Jeremia. Der negativ belastete ‚Bruder' kommt, wie bei Jesaja, auch in Jer 9,3, 12,6 sowie 13,4 vor. Wie in den Weisheitsbüchern und bei Jesaja ist die Nuance bei der Verwendung des Bruderbegriffs in der leiblichen und mitmenschlichen Bedeutung bei Jeremia bis Kapitel 23 ebenfalls vernachlässigbar klein, manchmal ist sogar schwer festzustellen, welche Art von ‚Bruder' tatsächlich gemeint ist. Es geht in den genannten Versen beim leiblichen Bruder nicht um die Benennung von individuellen Personen, die miteinander blutsverwandt sind (wie in den narrativen Texten etwa Kain und Abel oder Jakob und Esau), sondern stets um ein (nahezu beliebiges) Naheverhältnis und dessen Bedeutung, ob positiv oder negativ, für die in der Aussage intendierte Sache (etwa bei den Propheten: Gottes Strafe für Ungerechtigkeit, die sich in der Entfremdung zwischen einander üblicherweise nahestehenden Personen konkretisiert). Ab Jer 25 wird die Verwendung des Wortes wieder allgemeiner, indem es immer öfter neutral mit ‚einander' übersetzt werden kann, oder in Kap. 34 dem deuteronomischen Gebrauch gleich kommt.

Im Prophetenwort Jer 34,8-22 kehrt ein Thema wieder, das in den Brudertexten von Levitikus und Deuteronomium eine sehr wichtige Rolle spielt. Es handelt sich hier um die Freilassung hebräischer Sklaven, wobei אח insgesamt dreimal[96] gebraucht wird. Die Sprache von Jer 34,14 spielt stark auf mehrere Formulierungen in Dtn 15 an. Jer 34,14 beginnt genau wie Dtn 15,1: מקץ שבע שנים. Anders als in der Sklavenfreilassungsparallele Lev 25,41, in der יצא מעמך verwendet wird, um den Freilassungsvorgang zu beschreiben, verwendet Jer 34,14 wie Dtn 15,12 das Verbum שלח + חפשי מעמך. Auch die sonst eher ungewöhnliche Bezeichnung des ‚Bruders' als Hebräer, אחי(ך\ו) העברי, ist in Jer 34,14 (mit dem Suffix der 3. Sg. m.) sowie in Dtn 15,12 (hier aber mit dem Suffix der 2. Sg. m.) zu finden. Jer 34,8-22 teilt das texthistorisch interessante Wort דרור (Freilassung) z. B. mit Lev 25,10, wo eine Freilassung für die Bewohner des Landes im Rahmen des Jobeljahres angekündigt wird.

---

[94] Jer 12,6; 13,4; 22,18; 35,3.

[95] Jer 7,15; 9,3(2x); 23,35; 25,26 (in den letztgenannten zwei Fällen jeweils im Sinne von ‚einander'); 29,16; 31,34; 34,9.14.17; 41,8; 49,10.

[96] Jer 34,9.14.17.

Beim Propheten Ezechiel gibt es einmal[97] einen Hinweis auf den leiblichen, achtmal[98] auf den ‚Bruder' in der weiter gefassten Bedeutung. Insgesamt ist die Verwendung des Wortes bei Ezechiel sehr allgemein gehalten und haftet in über der Hälfte der Fälle (in fünf von neun) an jener festen Wendung „אחיו + Präposition + איש", die, abhängig von der verwendeten Präposition, mit *einander, zueinander, miteinander, gegeneinander* usw. übersetzt werden kann. Generell verdichtet sich die Häufigkeit dieser ‚einander'-Formel in den prophetischen Büchern. Im Pentateuch kommt sie in 16 von 285 Fällen (und somit in 5,6% der ‚Bruder'-Verwendungen) vor. Im Enneateuch sinkt dieser Prozentsatz weiter: dort kommt sie insgesamt in nur 17 von 389 Fällen (4,4%) der Verwendungen des Wortes אח vor. In den Büchern Jesaja bis Maleachi erscheint demgegenüber die ‚einander'-Formel in 19 von 46 אח-Verwendungen. Das ergibt einen Anteil von 41% der ‚Bruder'-Worte bei den Propheten, die somit im reziproken Sinn zu übersetzen sind.

Im Danielbuch fehlt das Wort אח überhaupt. Bei Hosea bezeichnet es einmal[99] den leiblichen Bruder, zweimal[100] den Stammes- oder Volksgenossen.

Im Buch Joël wird der Terminus nur in 2,8 in der festen Wendung ‚einander' verwendet.

Die beiden Verse Amos 1,9.11 nehmen jeweils Vergehen gegen den ‚Bruder' als Grund eines Urteilsspruchs auf.

Im selben Sinn verwendet auch Obadja 10 das Wort, während es in V. 12 in einer strengen Ermahnung vorkommt.

Sachgemäß fehlt bei Jona der ‚Bruder', während das Wort in Micha 5,2 und 7,2 im allgemeinen Sinn verwendet wird, einmal wiederum mit der Bedeutung ‚einander'.

Nahum, Habakuk und Zefanja verwenden es nicht, Haggai nur in 2,22 im Sinne von ‚einander'.

In Sacharja 7,9f kommt der Bruder zweimal vor: in V. 9 in einer Ermahnung, dem Bruder Güte und Erbarmen zu erweisen, und in V. 10 in einer Wortreihe, in der auf die Bezeichnungen Witwe, Waise, Fremder und Elender (ואלמנה ויתום גר ועני) das Wort אח folgt. Darin unterscheidet sich dieser Vers vom durchgehenden Wortgebrauch im Deuteronomium, wo אח zwar oft gemeinsam mit עני, nie aber mit גר, יתום oder אלמנה auftritt. Allerdings ist

---

[97] Ez 44,25.

[98] Ez 4,17 (im Sinne von ‚einander'); 11,15; 18,10 (hier findet sich אח in einer textkritisch problematischen Verwendung: er deutet nicht auf die Verwandtschaft zu einem Menschen, sondern zu einer Sache: ועשׂה אח מאחד מאלה „und er tut eines dieser Dinge …" / „und er tut so etwas Ähnliches"; möglicherweise handelt es sich um eine Dittographie – vgl. ebenso 18,18). In diesen vier Fällen steht אח jeweils im Sinne von ‚einander': 24,23; 33,30; 38,21; 47,14.

[99] Hos 12,4.

[100] Hos 2,3; 13,15.

bei den beiden Verwendungen in Sach 7,9f Vorsicht geboten: der Form nach steht in beiden Fällen איש (את־)אחיו – gleich also der bereits bekannten Formel, die mit ‚einander' übersetzt wird. Der Sache nach übersetzt etwa die Einheitsübersetzung in V. 9 sehr wohl mit ‚Bruder': *Haltet gerechtes Gericht, erweist Güte und Erbarmen, ein jeder gegenüber seinem Bruder*, während in V. 10 dann ‚einander' für die Formel eingesetzt wird. Somit ist diese bekannte Wendung in Sach 7,9f bedeutsamer als in manchen anderen Situationen, in denen die ‚einander'-Formel nicht unbedingt theologisches Gewicht trägt.

Maleachi schließlich kennt das Wort in 1,2 und 2,10. Wie im Fall von Sacharja gilt dieselbe Beobachtung zur theologischen Bedeutung der ‚einander'-Formel auch in Mal 2,10: Obwohl sie technisch in die Kategorie der mit ‚einander' zu übersetzenden Vorkommen fällt, wirkt das Bruderwort hier nicht beliebig, sondern gezielt eingesetzt, zumal es in einer dringlichen Paränese steht, den „Bund unserer Väter" einzuhalten, die mit der Frage beginnt: „*Haben wir nicht alle denselben Vater?*" Der letzte Brudervers in den Prophetenbüchern stellt somit eine theologisch bedeutende Frage, die zum weiteren Nachdenken einlädt.

2 Die Textlandschaft der untersuchten Bruderbelege

Auf den einleitenden Überblick über die Verwendung des Wortes אח in der gesamten hebräischen Bibel folgt jetzt eine erste Erkundung der entsprechenden Gesetzesparagraphen im deuteronomischen Gesetz sowie im Heiligkeitsgesetz. Dabei geht es zunächst um strukturelle Beobachtungen, daher die Bezeichnung „Textlandschaft“. Mit den Fragen nach einer begrifflichen wie historischen Einbettung des Wortes אח in seinen Kontext innerhalb dieser Gesetzeskorpora beschäftigt sich Kapitel 3.

2.1 Das Sozialgesetz Dtn 15,1-18; 23,20f; 24,7.(10-13).14f; 25,1-3

Die für unsere Untersuchung relevanten Bruderbelege im deuteronomischen Gesetz werden – abgesehen von der Verwendung des Begriffes in 13,7 – mit einer der beiden wohl wichtigsten Textgruppen, nämlich mit Dtn 15,1-18, eingeleitet. Dieser Passus behandelt drei Themen aus dem sozialen Bereich: das Erlassjahr (V. 1-6), die Kredithilfe für in Armut geratene Israeliten (V. 7-11) sowie die Freilassung eines Selbstverknechteten (V. 12-18). Diese drei Paragraphen stimmen darin überein, dass ihnen inhaltlich das Schema x / x+1 zugrunde liegt.

Im Textblock 23,20-25,3 ist אח insgesamt fünfmal vertreten, wobei die Belege sich gleichmäßig über den gesamten Block verteilen. Von den sechzehn Gesetzesparagraphen, die diesen Block bilden, handelt es sich bei zehn[1] um reine Sozialgesetzgebung. Inhaltlich schließen sich diese sozialethischen Gesetze Dtn 15,1-18 an. Obwohl nicht schon in 24,10-13, sondern erst in 24,14f der Terminus ‚Bruder‘ vorkommt, wird in die Übersetzung und Kommentierung dieses Textes auch 24,10-13 einbezogen, da dieser Abschnitt 24,14f thematisch nahesteht. Themen, die in diesem Block im Zusammenhang mit dem ‚Bruder‘ besprochen werden, sind das Zinsverbot (23,20f), der Menschenraub (24,7), die faire Behandlung eines Schuldners bei einer Pfandnahme (24,10-13) und auch eines Tagelöhners (24,14f) sowie eine Einschränkung der Prügelstrafe (25,1-3). Nicht unter dem Sozialrecht berücksichtigt wird hier der Abschnitt Dtn 25,5-10, welcher, aus rein brüderlicher Sicht gelesen, zum Familienrecht gehört und daher in Assoziation mit dem Richter unter dem Ämtergesetz behandelt wird.

---

[1] Für die Einteilung der Gesetzesparagraphen nach EÜ[1], vgl. unten Anhang 2. Die erwähnten sozialrechtlichen Regelungen finden sich in diesem Textblock in 23,20f; 23,25f; 24,6; 24,7; 24,10-13; 24,14f; 24,17f; 24,19; 24,20-22; 25,1-3. 24,5 gehört einer Mischgattung an, die aus Eherecht, Kriegsgesetz und Sozialrecht zusammengesetzt ist.

Im Sozialgesetz steht das Bruderwort überwiegend im Singular: vierzehn Mal begegnet die Singularform[2], drei Mal die Pluralform[3]. Der Singular hebt den Bruder hervor, indem dieser einem israelitischen Volksgenossen, einem privilegierten bzw. wohlhabenden ‚du' als Unterstützungsbedürftiger gegenübergestellt wird.

2.2 Das Ämtergesetz Dtn 16,18-18,22; inkl. 19,16-21; 20,1-9; 25,5-10

Wenn im Folgenden vom ‚Ämtergesetz' (Sg.) die Rede ist, ist dies ein Sammelbegriff für eine Reihe von thematisch verwandten Bestimmungen, die sich über vier aufeinanderfolgende Kapitel des Dtn erstrecken. Es handelt sich um Regelungen und Bestimmungen für die Institutionen des Königs (17,14-20), der Priester (18,1-8) und der Propheten bzw. des Propheten wie Mose (18,9-14. 15-22). In Kap. 19 folgen verschiedene Gesetze, die inhaltlich mit dem Richteramt, das bereits in 16,18-20 eingeführt wurde, zusammenhängen. Auch Dtn 20 soll thematisch zu diesem Textblock gerechnet werden. Dieses Kapitel, welches das sogenannte ‚Kriegsgesetz' enthält, erwähnt ebenfalls eine Reihe von ‚Beamten', die in der Aufstellung des Heeres eingebunden sind. Auffallenderweise fehlt gerade hier der König.

Der Ablauf der redaktionellen Prozesse, die zum Zusammenwachsen dieses großen Textblockes geführt haben, ist, wie dies auch sonst für viele Abschnitte des dtn Gesetzes gilt, in der Literatur umstritten. In einem 1971 erschienenen wegweisenden Beitrag zu den Ämtergesetzen argumentiert N. *Lohfink* für eine assoziative Einheit dieser Gesetze[4] und dass Dtn 16,18-18,22 als „zusammengehöriger Verfassungsentwurf" gelesen werden soll.[5] Gegen diese beiden Ideen *Lohfinks* polemisiert L. *Perlitt* 1994 in einem an sich spannenden Beitrag, der ob seiner ausufernden und teilweise in der Wortwahl unsachgemäßen Kritik an *Lohfink* leider an Qualität einbüßt, scharf.[6] Die von *Lohfink* vorgeschlagene Idee eines Verfassungsentwurfs wird aber nur ein Jahr später von C. *Schäfer-Lichtenberger* und 2006 auch von B. *Levinson* zustimmend rezipiert.[7]

Eine mögliche Lösung für die Frage nach der Texthistorie liegt darin, das Ämtergesetz mindestens in seinem Kernbestand der Exilszeit zuzurechnen.[8] Zunächst aber einige strukturelle Beobachtungen zum Ämtergesetz.

---

2 Dtn 15,2.3.7.9.11f; 22,1^(2x).2^(2x).3f; 23,20f.

3 Dtn 15,7; 24,7.14.

4 Vgl. *Lohfink*, „Sicherung", 145.

5 So *Lohfink*, „Sicherung", 147f.

6 Vgl. *Perlitt*, „Staatsgedanke".

7 Vgl. *Schäfer-Lichtenberger*, „Verfassungsentwurf", sowie *Levinson*, "Constitution".

8 Vgl. *Lohfink*, „Sicherung", 149; ähnlich *Otto*, *Ethik*, 196f. *Ders.*, *Deuteronomium 23,16–34,12*, 2010, lässt aber auch Raum für eine nachexilische Revision des Königsgesetzes.

In den Brudertexten des Ämtergesetzes kommt אח überwiegend im Plural vor: sieben Mal[9] stehen die Brüder als Gruppe für den Kreis des gesamten Volkes, aus dem der jeweilige Amtsträger (König, Priester oder Prophet) gewählt oder erstehen wird (vgl. bes. Dtn 17,15; 18,15.18). Die plurale Form führt auch vor Augen, dass der Amtsträger und der Rest des Volkes miteinander zusammenleben. Das ist etwa die Aussage von Dtn 17,20: der König liest täglich die Tora, damit sich sein Herz nicht über seine Brüder erhebt. Ebenso gilt für das Priestergesetz: der Stamm Levi soll inmitten seiner Brüder leben (18,2), und ein Levit darf seinen Dienst wie alle seine Brüder verrichten (18,7). Das Kriegsgesetz verordnet, dass jemand, der sich fürchtet, sich zum Erhalt des Mutes seiner Brüder entfernen darf (20,8). Auch hier betont die Pluralform also ein brüderliches Zusammenleben. Im Singular begegnet das Wort ‚Bruder' in den Ämtergesetzen nur drei Mal.[10] In 17,15 ergänzt die Singularform den Plural im selben Vers: ein Ausländer darf nicht König werden, weil er kein Bruder ist, d. h., weil er nicht aus der Mitte der Brüder stammt. Das Richtergesetz (19,18f) verwendet die Singularform zwei Mal, um die Bedeutung ‚einander' auszudrücken: ein Mann beschuldigt seinen Bruder falsch und soll folglich so behandelt werden, wie er an seinem Bruder handeln wollte.

D. *Christensen*[11] skizziert die Makroeinteilung des Deuteronomiumbuches entlang einer von C.J. Labuschagne ‚Menora-Muster' genannten[12] Linie: Im Zentrum des gesamten Buches stehen die Kapitel 11,26-26,19 – grob gesehen, der Gesetzesteil des Deuteronomiums. Dieses Zentrum zeigt seinerseits eine weitere chiastische Struktur in den Kapiteln 16,18-21,9 – jenem Textblock, welcher das Ämtergesetz enthält – als Zentrum, X- oder Drehpunkt. In seinem Zentrum wiederum befindet sich nach Ansicht von *Christensen* Dtn 18,1-8, das Priestergesetz. Somit steht das Gesetz der levitischen Priester für ihn nicht nur im Zentrum der Ämtergesetze (16,18-21,9) und auch nicht nur im Zentrum des Gesetzesteils des Dtn (11,26-26,19), sondern im Zentrum des ganzen Deuteronomiumbuches überhaupt.[13]

In beiden Fällen betont er den utopischen Charakter dieser Bestimmung (mehr dazu im exegetischen und im theologischen Abschnitt zu diesem Gesetz). Für die Exilszeit rechnet *Otto*, *Ethik*, 196, mit einer scharfen Kritik des Königsgesetzes an der neuassyrischen sowie neubabylonischen Königsideologie. Mehr zu einer möglichen Datierung der Ämtergesetzgebung in Abschnitt 3.6.

[9] Dtn 17,15.20; 18,2.7.15.18; 20,8.

[10] Dtn 17,15; 19,18f.

[11] Vgl. *Christensen*, *Deuteronomy 1-21*, 393f.

[12] Vgl. zum Folgenden *Christensen*, *Deuteronomy 1-21*, xiv.

[13] Vgl. *Christensen*, *Deuteronomy 1-21*, 394.

Makrostrukturelle Beobachtungen, welche das Gewicht des Ämtergesetzes in die Mitte rücken, allerdings mit Unterschieden in den genauen Abgrenzungen, bringt auch D. *Markl*.[14] Für ihn steht das Prophetengesetz Dtn 18,15-22 und nicht das Priestergesetz in der absoluten Mitte des Gesetzeskorpus Dtn 12-25. Seine Einteilung des deuteronomischen Gesetzeskorpus in zwei Hauptteile, Dtn 12-18 und 19-25, beruht auf ausführlichen strukturellen Beobachtungen, die lexemische Elemente (etwa das Vorkommen der Zentralisationsformel), Umrahmungen ganzer Textblöcke und thematische Schwerpunkte in Betracht ziehen. Weiters berücksichtigt er Phrasen- und Formelwiederholungen, auch über Texteinheiten hinweg, Chiasmen, Parallelismen und gattungsbestimmende Elemente.[15] Seine soliden Strukturanalysen überzeugen und dienen dazu, Licht auf die strukturelle Positionierung des Ämtergesetzes innerhalb des gesamtdeuteronomischen Gesetzeskorpus zu werfen.

Theologisch wie rechnerisch aber gäbe es auch die Möglichkeit, den Abschluss des Königsgesetzes Dtn 17,18-20 als Mitte des Buches Deuteronomium zu betrachten.[16] Wenn nun Dtn 17,18-20 oder Dtn 18,15-22 als Mitte des deuteronomischen Gesetzeskorpus angesehen werden, ist theologisch zu beachten, dass es sich bei diesen Gesetzesparagraphen um die Selbstmitteilung Gottes (und die Reaktion seines Volkes darauf) handelt. Geht es, wie unten aus der Besprechung des Königsgesetzes zu ersehen ist, um das Studium des Gesetzes seitens des Königs als Vertreter eines ebenfalls studierenden Volkes und somit um die Kommunikation zwischen Gott und seinem Volk, so handelt es sich bei Dtn 18,18, in den Worten J. Tigays, auch um Gottes Kontaktaufnahme zu seinem Volk:

> According to Verse 18, the role established for Moses as a result of the people's request is the precedent for making prophecy the permanent channel of God's communication with Israel.[17]

Der Bruderbegriff fehlt in keinem der drei deuteronomischen Ämtergesetze, die eines von zwei Standbeinen bilden[18], auf denen die deuteronomische Bruderethik überhaupt ruht.

---

[14] Vgl. *Markl, Volk*, 25-27; *ders.*, „Prophetenrolle", 56f.

[15] Vgl. *Markl, Volk*, 25-32.

[16] Vgl. unten zum Königsgesetz, bes. zu 17,18-20.

[17] Zitiert bei *Markl*, „Prophetenrolle", 57 Anm. 22.

[18] Das zweite bildet, wie oben angedeutet, die deuteronomische Sozialgesetzgebung, die sich verteilt über die Kap. 15.22-25 findet. Die Bruderthematik fehlt in den liturgischen, auf die Zentralisation ausgerichteten Kapiteln 12, 14, 16 und 26, aber das Anliegen der Sozialgesetzgebung, nämlich die Sorge um Personen, denen eine eigene finanzielle oder auch machtpolitische Basis fehlt, ist auch in diesen Kapiteln gegeben. Obwohl der Bruderterminus im erweiterten Sinne auch dort fehlt, schließt sich Kap. 13 thematisch dem Prophetengesetz an. Zwar kommt אח in 13,7 vor, bezieht sich dort aber auf den leiblichen Bruder, der als solcher durch die Formulierung „dein Bruder,

2.3 Das Heiligkeitsgesetz Lev 17-26

2.3.1 Lev 18,14.16; 20,21; 21,2.10; 26,37

Vollständigkeitshalber werden hier noch einmal die Textverweise innerhalb des Heiligkeitsgesetzes aufgelistet, welche das Wort ‚Bruder' enthalten. Die oben genannten Texte spielen allerdings in der weiteren Exegese keine besondere Rolle, zumal sie alle in einem Sinn verwendet werden, die dem sonst in dieser Untersuchung vorherrschenden nicht entsprechen. Während es in den großen hier untersuchten zusammenhängenden Textblöcken stets um den ‚Bruder' als Mitmensch und Volksgenosse geht, handelt es sich in Lev 18,14.16, 20,21 und 21,2.10 um den leiblichen Bruder, und dies in einem sexualrechtlichen und zugleich auch familienrechtlichen (18,14.16; 20,21) bzw. kultischen (21,2.10) Kontext. In 26,37, dem großen Segens- und Fluchkapitel des Heiligkeitsgesetzes (vgl. Dtn 28), kommt das Wort in dem uns bereits aus Kapitel 1 dieser Untersuchung bekannten Sinn von ‚einander' – wörtlich, ‚ein Mann seinem Bruder' – vor.

2.3.2 Lev 19,17f

Aus einem ethischen[19] Gesichtspunkt betrachtet, liegt Lev 19,17f strukturell in der Mitte der Tora. Innerhalb des Buches ist nach der Analyse von M. Douglas

---

der Sohn deiner Mutter" definiert wird. Zur Rolle dieses Verses in der Entwicklung des deuteronomischen Brudergedankens vgl. unten Abschnitt 3.4.3.

[19] Eine Alternative aus kultischer Sicht bestünde darin, Lev 16 mit den Regelungen für den Versöhnungstag als Mitte des Buches Levitikus (und der Tora) zu sehen – vgl. auch *Zenger/Frevel*, „Tora", 85. Auf die Möglichkeit eines doppelten – kultischen oder ethischen – Blicks auf das Buch Levitikus überhaupt mit gleicher Berechtigung bzw. Gültigkeit, machte im Gespräch Prof. T. *Hieke* (der ebenfalls die Zentralität von Lev 16 betont und somit vor allem die kultische Sichtweise hervorhebt) aufmerksam; vgl. ferner dazu *Hieke*, *Levitikus 16-27*, 702f. Er weist, aufgrund der Vielzahl der Lev 19 prägenden Einzelbestimmungen, auf die Probleme in der Bestimmung einer Struktur des Kapitels hin (vgl. ebd., 703f). Allerdings zitiert er hierzu eine Beobachtung von A.A. Diesel, welche eine Überbewertung des Mischcharakters des Kapitels relativiert: „Möglicherweise ist aber eine ›Struktur‹ … nicht beabsichtigt gewesen. Der Gedanke, dass durch die Vielfalt der Gebote die Vielfältigkeit der Lebenswirklichkeit in den Blick kommen soll … entspräche auch sonst der im AT und im Alten Orient an vielen Stellen zu beobachtenden Eigenart, durch das Nebeneinanderstellen einzelner uns mitunter unzusammenhängend erscheinender Aspekte das Bild eines Ganzen zu vermitteln" (Zitat bei *Hieke*, *Levitikus 16-27*, 704).

eine Ringkomposition erkennbar.[20] Für eine solche Ringkomposition ist der Mittelpunkt sehr wichtig, um den herum sich die konstitutiven Elemente der Ringe anordnen.[21] Der Mittelpunkt des Buches Levitikus findet sich nach *Douglas/Milgrom* in Kapitel 19. Für die Komposition der Tora können programmatisch drei Erklärungsmöglichkeiten geboten werden: die Tora kann als Mosebiographie, als Erzählung von Israels Weg ins verheißene Land oder als chiastisch geordnete literarische Struktur rund um das Buch Levitikus als ihrem Zentrum gelesen werden. Die zentrale Position des Buches wird dann exakt erarbeitet, indem der äußere und innere Ring (Gen/Dtn; Ex/Num) von ihrer Länge und ihren Themen her aufeinander abgestimmt werden.[22] Wenn der kurze einleitende V. 1 außer Acht gelassen wird, bleiben 36 inhaltlich gefüllte Verse im ganzen Kapitel 19. Die V. 17f bilden den Abschluss der ersten Hälfte des Kapitels.[23] Auf V. 18 folgen noch genau 18 weitere Verse.

2.3.3 Lev 25

Es hat sich als herrschender Fachkonsens etabliert, dass Lev 25 in sich eine Einheit bildet.[24] Dennoch sind in diesem Kapitel verschiedene Themen zu erkennen, deren Herkunft für erhebliche Diskussionen zur Frage des Verhältnisses des Kapitels zum Bundesbuch und zum deuteronomischen Gesetzeskorpus führte. Welche Themen lassen sich nun identifizieren?

Die Logik der Gliederung von Lev 25 liegt für *Milgrom* im in der rabbinischen Literatur herausgearbeiteten Prinzip, dass in diesem Passus die schrittweise Verarmung eines Israeliten beschrieben und kommentiert werde.[25] Der erste Teil des Kapitels (V. 1-13), so Rabbi Samuel ben Gedalja, formuliere die Bedingungen für das Sabbat- und Jobeljahr, deren Missachtung zur im zweiten

---

[20] Vgl. *Douglas*, "Structure", 247ff. *Milgrom*, *Leviticus 17-22*, 1364-1367, orientiert sich stark an ihrer Arbeit.

[21] Vgl. *Douglas*, "Structure", 251f, ebenso ihr etwas von *Milgrom* abgewandeltes Strukturdiagramm bei *Milgrom*, *Leviticus*, 1365.

[22] Vgl. *Zenger/Frevel*, „Tora", 79-81.

[23] Vgl. auch *Milgrom*, *Leviticus 17-22*, 1656; ebenso *Gerstenberger*, *Leviticus*, 242.246: „die beiden letzten Verse des ersten Hauptstückes sind ein krönender Abschluß alles dessen, was zum Wohl des Mitmenschen in der Gemeinschaft gesagt worden ist".

[24] Vgl. *Nihan*, *Torah*, 522, für eine Übersicht über die Diskussion der letzten Jahre. Für die Ordnung bzw. Strukturierung weithin als einheitlich anerkannter Texteinheiten wie Lev 25 oder der deuteronomischen Ämtergesetze als ‚Verfassungsentwurf' (Lohfink) weist *Ruwe*, *Heiligkeitsgesetz*, 344f, auf das literarische Stilmittel der *Attraktion* hin. Diese definiert er als das „Ineinandergreifen von thematisch verschiedenen Abschnitten oder Paragraphen" (ebd., 344).

[25] Vgl. *Milgrom*, *Leviticus 23-27*, 2150, der *Midr. Tanḥ.* B.2 zitiert.

Teil (V. 14-55) beschriebenen Verarmung führe. Nur durch Anerkennung dieses Prinzips, das sich nicht nur auf logischer, sondern auch auf theologischer Ebene auswirke, werde klar, warum scheinbar nicht miteinander verwandte Themen in diesem Kapitel nebeneinander stünden.[26] Aus dem deuteronomischen Sozialgesetz bekannte Themen werden der Reihe nach in einem einzigen Kapitel aufgelistet: ein siebenjähriger Zyklus des Wirtschaftens[27], das Zinsverbot[28] und die Selbstverknechtung eines Israeliten[29]. Themen, die in Lev 25, aber nicht im deuteronomischen Sozialgesetz vorkommen, sind ein fünfzigjähriger Wirtschaftszyklus[30], Regelungen für Geschäfte zwischen Stammesgenossen[31] sowie Regelungen für das Lösen von Immobilien in Not geratener Israeliten durch einen verwandten Löser[32]. Aufgrund lexemischer, semantischer und thematischer Überlegungen lässt sich das Kapitel folgendermaßen gliedern:[33]

i. V. 1-7 *Die Sabbatruhe im Land*
ii. V. 8-13 *Allgemeine Einleitung zum Jobeljahr*
iii. V. 14-17 *Geschäfte zwischen Stammesgenossen*
iv. V. 18-22 *Eine Frage zum Sabbatjahr*
v. V. 23-24 *Ein privilegrechtliches Prinzip*
vi. V. 25-34 *Der Erwerb von Immobilien und das daraus resultierende Vorgehen im Jobeljahr*
vii. V. 35-38 *Das Verbot von Zins und Wucher*
viii. V. 39-43 *Die Selbstverknechtung des Bruders*
ix. V. 44-46 *Verbot der dauerhaften Versklavung eines Israeliten*
x. V. 47-55 *Regelungen für den Loskauf eines Israeliten*

Die Strukturanalyse des Kapitels wird deutlich machen, dass Lev 25 stark strukturiert und ebenmäßig durchkomponiert ist. Es beginnt mit aus dem Bundesbuch bekanntem, altem, landwirtschaftlich geprägtem Material, wechselt allmählich zu wirtschaftlichen Themen und verwendet schließlich eine Brücke

[26] Vgl. *Milgrom*, *Leviticus 23-27*, 2150.
[27] Lev 25,1-7; vgl. Dtn 15,1-6.
[28] Lev 25,35-38; vgl. Dtn 23,20f.
[29] Lev 25,39-46; vgl. Dtn 15,12-18.
[30] Lev 25,8-13.
[31] Lev 25,14-17.
[32] Lev 25,25-34.
[33] Vgl. hierzu unten Anhang 4; vgl. ferner die Gliederung bei *Milgrom*, *Leviticus 23-27*, 2148f. Auch *Ruwe*, *„Heiligkeitsgesetz“*, 343ff, kommt aufgrund von eigenen Strukturmerkmalen zu ähnlichen Ergebnissen. Aus Bruderperspektive sehr zu unterstreichen ist seine genaue Beachtung der כי־ימוך אחיך-Formel (vgl. *ebd.*, 349), welche sachgemäß in der vorliegenden Studie eine überaus wichtige Stellung einnimmt.

(V. 23f), um zum zweiten Teil des Inhalts zu gelangen. Dieser zweite Teil behandelt den Fall eines nach und nach in Armut geratenen Hilfsbedürftigen, ‚Bruder' genannt. Eine Reihe von wiederkehrenden Formeln, allen voran eine vierfache ‚Bruderformel' כי־ימוך אחיך („wenn dein Bruder verarmt"), kennzeichnet die stets von wirtschaftlichen Termini geprägten Bruderparagraphen in Lev 25.

Die Gliederung sowie das Vorkommen der Formeln werden schematisch in Anhang 4 geboten. Dieser verzeichnet auch die häufigsten Stichwörter des Kapitels, die sich je nach aktuellem Thema in den unterschiedlichen Paragraphen bündeln, aber auch leitmotivartig in den darauf folgenden Paragraphen vertreten sind. Übrigens werden im zweiten Teil keine neuen Stichwörter eingeführt. Das Kapitel bleibt innerhalb des relativ strengen Rahmens, welcher bereits durch die Stichworte des ersten Teils (etwa ארץ, שׁנה, יובל, יד, מכר, קנה, גאל, עבד) vorgegeben wurde.

3 Vorbemerkungen zur Exegese der Brudertexte des Heiligkeitsgesetzes und des deuteronomischen Gesetzes

Dieses Kapitel widmet sich der Beschreibung des Umfeldes des zu untersuchenden Stoffes nicht nur auf der textuellen, sondern auch auf der ideellen Ebene. Dabei beachten wir das Paradigmenwort עם, *Volk*, welches das Wort אח in dieser Untersuchung im Hintergrund begleitet. Warum die Wahl auf אח und nicht auf eine synonyme Bezeichnung gefallen ist, um das Ideal innerisraelitischer Mitmenschlichkeit im Deuteronomium zu verkörpern, ist eine der Leitfragen dieser Studie. Ihre Beantwortung führt in den Bereich verschiedener altorientalischer Texte. Drei generell bei Untersuchungen zum Buch Deuteronomium wichtige Begriffe, welche auch die Bruderthematik berühren, sind das *Privilegrecht*, die *Kultzentralisation* und das theologisch bedeutende Motiv *Ägypten*. Auf die Beschreibung dieser drei Aspekte folgt eine Bestandsaufnahme zu einigen Datierungsfragen nicht nur innerhalb des Deuteronomiums, sondern auch hinsichtlich seines Verhältnisses zum Heiligkeitsgesetz.

3.1 Das Wort עם im Deuteronomium und Heiligkeitsgesetz[1]

Ausführlich wurde der Volksbegriff im Deuteronomium zuletzt von G. *Braulik* untersucht und theologisch ausgewertet.[2] Obwohl עם als Bezeichnung für Israel in keinem der sozialrechtlichen Brudertexte in Dtn 15 und 22-25 vorkommt, gilt der Begriff als paradigmatisch für das Deuteronomium und für die Einbettung des Bruderbegriffs in die Theologie des Deuteronomiums.[3] Im Rahmen des Gottesvolkes vollzieht sich das kultische wie soziale Leben Israels.[4] Der Begriff soll allerdings nicht vordergründig politisch, sondern vielmehr theologisch verstanden werden.[5]

---

[1] *Joosten, Holiness Code*, 79-92, behandelt das Vorkommen von עם speziell im Heiligkeitsgesetz.

[2] Vgl. *Braulik*, „Theologie des Gottesvolks".

[3] Vgl. *Braulik*, „Theologie des Gottesvolks", 163 Anm. 14, zu G. von Rads Auseinandersetzung mit dem Volksbegriff im Deuteronomium sowie zum wertvollen Beitrag als Weiterführung dieser Linie von *Markl*, *Volk*.

[4] Vgl. *Braulik*, „Theologie des Gottesvolks", 163.

[5] Vgl. hierzu J. *Friedl*, "Kingship and 'State'", 233-237.

Für E. *Lipiński* liegt die ursprüngliche Bedeutung des Wortes עם generell im semantischen Feld einer über die männliche Linie übertragenen Blutsverwandtschaft (Agnatschaft). Er sieht auch eine Verbindung zur konsonantisch identen Präposition und ihrer Bedeutung, die Nähe ausdrückt: ‚mit', ‚bei'.[6] *Lipiński* ortet die Bedeutung des Nomens in Lev 26,12 (mit der klassischen Bundesformel) noch im verwandtschaftlichen Sinn und meint, dass והתהלכתי בתוככם auf ein familiäres Zusammenleben deute. (Ähnliches wird dann wohl für das parallele ונתתי משכני בתוככם in Lev 26,11 gelten.) Er begründet sein Verständnis dieser Phrase im blutsverwandtschaftlichen Sinn mit dem Fehlen eines Pronominalsuffixes der 1. P. Sg. bei עם in V. 12. Diese würde nach *Lipińskis* Interpretation zur Übersetzung „Ihr werdet mir zur Familie werden" führen, wobei es nicht unbedingt einleuchtet, warum „Ihr werdet mir zum Volk werden" grammatikalisch nicht genauso möglich wäre, ohne dass ein Pronomen in der Übersetzung hinzugefügt werden muss.[7] Ohne ein Verständnis des Begriffs als Relationsterminus grammatikalisch erzwingen zu müssen, kann aus והתהלכתי בתוככם und ונתתי משכני בתוככם eine Atmosphäre der Nähe und Zusammengehörigkeit abgeleitet werden – und um diese Nähe und Zusammengehörigkeit dürfte es sich auch in der Verwendung des (noch viel deutlicher) Verwandtschaft bezeichnenden Bruderterminus im Deuteronomium handeln.[8]

In einer späteren Entwicklung scheint sich die Verwandtschaftsbezogenheit des Wortes עם zugunsten einer in städtischen Situationen vorgefundenen Konnotation der Kollektivität und Ganzheitlichkeit abgeschwächt zu haben.[9] Analog wird sich dieselbe Entwicklung, die *Lipiński* für עם beobachtet, für אח herausstellen: In der Exegese der sozialrechtlichen Brudertexte des Deuteronomiums sowie von Lev 25 wird deutlich werden, dass der Kontext dieser

---

[6] Vgl. *Lipiński*, עם, 180, sowie *Lohfink*, עם, 277.

[7] Vgl. *Lipiński*, עם, 187. Wörtlich heißt es bei ihm: „... der Text Lev 26,12 spricht lediglich von einem *'am* ohne Suff., was sich nur bei der Bedeutung ‚Agnat' oder ‚Blutsverwandter', die neu begründet wurde, verstehen läßt." Absolut zwingend muss diese Schlussfolgerung allerdings nicht sein.

[8] Vgl. ähnlich *Schwienhorst-Schönberger*, „Fremde", 110: „... in zahlreichen antiken Gesellschaften [wird] Solidarität zunächst einmal nur gegenüber den eigenen (realen oder fiktiven) Verwandten geübt ... Solidarisches Handeln war abgestuft nach den Graden der Verwandtschaft auf der agnatischen, d.h. männlichen Linie: Bruder – Vatersbruder – Vatersbruderssohn". Direkt daran anschließend folgt ein Kippenberg-Zitat: „Der Austausch von Frauen, Gütern und Diensten ist relativ zur agnatischen Gruppe: Zum Haushalt hin wird er intensiver, zu den entfernten Verwandten des Clans hin schwächer. Die Gegenseitigkeit ist relativ zum Verwandtschaftssystem, woraus resultiert, daß die Begriffe der Verwandtschaft eine Erwartung solidarischen Verhaltens implizieren". Vgl. auch *Lohfink*, עם, 285. Noch stärker arbeitet *Lohfink* die Verwandtschaftsidee theologisch heraus in „Gottesvolk", 115-124.

[9] Vgl. *Lipiński*, עם, 189.

Texte (ländlich/überwiegend städtisch) in der Tat eine bestimmende Rolle in der Entfaltung einer dort vorzufindenden Bruderethik spielt. *Lipiński* erwähnt Situationen, in denen der Begriff עם nun begegnet: etwa „Truppenerhebung, Generalversammlung, Bevölkerung, Gemeinde der Gläubigen und religiöse Gemeinschaft".[10] Auch diese Gruppen bzw. ihre Konnotationen sind den deuteronomischen Brudertexten nicht fremd. Besonders in der deuteronomisch/deuteronomistischen Literatur[11] deutet עם oft lediglich auf eine (Volks-)Versammlung, eine (Menschen-)Menge oder eine Gruppe von Nicht-Priestern, also das ‚gewöhnliche' Volk[12], hin. Die einen Propheten umgebende (Volks-)Menge wird ebenfalls mit diesem Wort benannt.[13]

Für das Buch Nehemia beobachtet *Vogt*, dass das Wort עם spezifisch für die Armen eingesetzt wird[14] (während der ‚Bruder' alle Juden, Reich und Arm, inkludiert[15]). Das trifft auf jeden Fall für Neh 5 zu, aber er bezieht seine Beobachtung auf das gesamte Buch und begründet dies mit der Auflistung der Personen in Neh 4,8.13 und 7,5: dort werden jeweils die ‚Edlen und Vorsteher' (החרים והסגנים) getrennt vom ‚Volk' erwähnt.[16] Allerdings gibt es Ausnahmen, welche die Pauschalität seiner Idee der absoluten Identifikation von ‚Volk' und ‚Armen' in Frage stellen. Er gibt selbst zu, dass עם in Neh 8 „geradezu ein terminus technicus für die zur Festfeier versammelte Kultgemeinde ist".[17] Bereits Neh 8,1 lässt in seiner Formulierung nicht mehr ausschließlich auf eine Armenschicht schließen: der Vers spricht vom „ganzen Volk", das sich versammelt, und kennt die Zweiteilung der Kapitel 4, 5 und 7 nicht mehr. Es ist schwer vorstellbar und jedenfalls mit dem Ideenkomplex des Deuteronomiums überhaupt nicht vereinbar, dass Nehemia eine religiöse Feier ausschließlich für Arme konzipieren würde.[18]

---

[10] *Lipiński*, עם, 189. Ähnlich auch *Lohfink*, עם, 277f, u. a. in Anschluss an R. Smend.
[11] Vgl. hierzu *Lipiński*, עם, 191.
[12] Vgl. Dtn 18,3.
[13] Vgl. 1 Kön 19,21. Für jene Stellen, an denen die Untertanen eines Königs als עם bezeichnet werden, bzw. für die Fälle, in denen das Wort im Kriegskontext auftritt, vgl. *Lipiński*, עם, 191f, sowie *Lohfink*, עם, 281ff.
[14] Vgl. *Vogt*, *Studie*, 108.
[15] Vgl. *Vogt*, *Studie*, 113f.
[16] Vgl. *Vogt*, *Studie*, 108.
[17] *Vogt*, *Studie*, 108.
[18] Darin liegt auch die Schwäche der Arbeit von Vogt: dadurch, dass er intertextuelle Bezüge außer Acht lässt, isoliert er seinen Text und übersieht dabei einige theologische Implikationen seiner Beobachtungen. Seine Arbeit ist auf synchroner Ebene stark, historisch jedoch etwas schmal geraten.

In einem auf Israel als Volk Gottes und somit als Adressat des Deuteronomiums verweisenden Kontext kommt die Bezeichnung עם 63-mal im Deuteronomium vor,[19] während sie 23-mal im Heiligkeitsgesetz begegnet, davon aber nicht ausschließlich Israel als Adressaten des Heiligkeitsgesetzes im Sinn hat, sondern auch auf andere Völker hinweist oder in ihrem älteren verwandtschaftsbezogenen Kontext auftritt.[20] Außerhalb des deuteronomischen Gesetzes, in den es einrahmenden Eröffnungs- und Schlusserzählungen und -reden, besonders häufig in Kapitel 2 und 28, wird sie oft auch für die sonst mit גוי bezeichneten Nationen verwendet. Von den acht Vorkommen in Dtn 7 verweisen nur zwei auf das Volk Israel[21] und sechs auf die anderen Völker.[22] Dennoch sind diese Verse zentral für die Entwicklung einer Theologie des Volkes Gottes. Ebenfalls theologisch von Bedeutung (und lexemisch mit Kapitel 7 verbunden[23]) ist Dtn 14 mit seinen gehäuften Bemerkungen zur Absonderung und Erwählung des Volkes.[24] Dtn 14,2.21 bilden eine Inclusio, da V. 21 thematisch zur Absonderung bzw. Heiligung Israels als Volk zurückkehrt: כי עם קדוש אתה.[25]

In der Festordnung Dtn 16 begegnet das Wort wie auch im Sozialgesetz nicht, wohl aber findet es sich im Ämtergesetz, und zwar ab 16,18 in den Regelungen für die Ämter Richter[26], König[27] und Priester[28], nicht jedoch für den Propheten. Die Paränese, in der immer wieder auf Israels Identität als Volk Gottes hingewiesen wird, wird im Schlussteil des deuteronomischen Rahmens fortgesetzt.[29]

---

[19] Zu den 359 gesamtalttestamentlichen Hinweisen auf עם in irgendeiner Verbindung mit dem Gottesnamen oder mit einer auf ihn deutenden Präposition vgl. *Lohfink*, עם, 276 Anm. 3-9.

[20] Vgl. *Joosten, Holiness Code*, 79.

[21] Dtn 7,6[(2x)].

[22] Dtn 7,6.7[(2x)].14.16.19.

[23] Vgl. *Markl, Volk*, 28.

[24] Dtn 14,2[(2x)], mit darauf folgenden, die Absonderung bestätigenden Speisevorschriften V. 3-21.

[25] Hierzu bemerkt *Lipiński*, עם, 192, im Anschluss an A.R. Hulst: „Es handelt sich dabei nicht um eine inhärente Eigenschaft, sondern um Zugehörigkeit zu JHWH." Ähnlich weist *Otto, Deuteronomium 12-23*, 1318, im Kontext dieser Verse auf den „Zusammenhang von Heiligkeit und Bruderethos", die für ihn die zwei Seiten einer Medaille bilden, hin.

[26] Dtn 16,18; 17,7.13.

[27] Dtn 17,16.

[28] Dtn 18,3; 20,2 (im Kriegsgesetz, und dort weiter auch in 20,5.8[ein Brudertext].9[(2x)]; stets das ‚Kriegsvolk' bezeichnend).

[29] *Lohfink*, עם, 279f, beobachtet, dass im Deuteronomium der Ausdruck עם יהוה vor allem in ‚paränetischen Begründungen' (Dtn 14,2.21) und auch in Gebetsformeln (21,8; 26,15) vorkommt: „עם יהוה gehört also … nicht in die Gesetzessprache, doch ist der

Exkurs: Zutritt zur Versammlung des Herrn. Dtn 23,8 und der Bruderbegriff

Dtn 23,8 fällt als Brudertext aus dem Rahmen der sonst für diesen Begriff zu beobachtenden Struktur. Nur hier wird eindeutig ein ganzes (anderes) Volk der ‚Bruder' Israels genannt: die Edomiter. Es geht in der Perikope Dtn 23,2-9 (dem sogenannten ‚Gemeindegesetz' des Deuteronomiums) um Personen, die aufgrund von körperlichen Makeln aus der Versammlung des Herrn (קהל יהוה) ausgeschlossen sind (23,2f), und ferner um Völker, die aus historischen Gründen ausgegrenzt werden (23,4-7). V. 8 enthält dann überraschende positive Aussagen über die Edomiter und die Ägypter, die Israel nicht ablehnen (תעב) soll.

Der Hinweis auf den Ägypter geht mit einem formelhaften Verweis auf Israels Fremdsein in Ägypten einher. Dieser Halbvers spielt für N. *Lohfink* eine Schlüsselrolle in der Bestimmung des Verhältnisses von Bundesbuch und Deuteronomium. Er ortet zwei Zeitabschnitte innerhalb des Deuteronomiums: einen, in dem die Israeliten positive Erinnerungen an Ägypten hatten, als sie dort als גרים erfolgreich waren, und einen nächsten, in dem sie die negative Erfahrung gemacht hatten, als עבדים unterdrückt gewesen zu sein.[30] Für ihn hängt der Verweis in Dtn 23,8 mit dem kleinen historischen Credo und mit Dtn 10,19 zusammen und hat die Entwicklung der Verwendung der Begriffe גרים und עבדים sich innerdeuteronomisch möglicherweise unter Einfluss des Bundesbuches vollzogen, während er umgekehrt keinen Einfluss des Deuteronomiums auf das Bundesbuch erkennt. Dieser Zugang bietet interessante Möglichkeiten für die Auseinandersetzung mit diesem texthistorischen Verhältnis und mit der Frage nach der Verwendung der beiden Ägypten-Formeln[31] in den drei Gesetzeskorpora der Tora. Diese Diskussionen sprengen allerdings den Rahmen unseres Problems. Wenden wir uns vielmehr den Edomitern in ihrer Bruderbeziehung zu Israel zu.

Als Nachkommen Esaus sind die Edomiter mit den Israeliten, den Nachkommen Jakobs, blutsverwandt.[32] Die Frage nach der historischen Identität der ‚Edomiter' in diesem Gesetz wurde in der Exegese mit vielen unterschiedlichen Vorschlägen beantwortet.[33] Eine interessante Lösung bietet C. Bultmann an, diejenigen, die danach trachten, in die ‚Versammlung des

Ausdruck den Verfassern von Gesetzen als Element der Gebetssprache bekannt, und er kann auf dem Umweg über paränetische Erweiterungen sekundär in Gesetze eindringen" (ebd.).

[30] Vgl. *Lohfink*, "Bearbeitung", 104.

[31] Vgl. hierzu weiter u. Kap. 3.4.

[32] Vgl. Gen 25,19-26; 36,1ff, bes. V. 1 und V. 43.

[33] Vgl. *Awabdy, Immigrants*, 66-88 für eine umfassende Exegese des Gemeindegesetzes in seinem Zusammenhang mit der גר-Fragestellung sowie für forschungsgeschichtliche Hinweise.

Herrn' aufgenommen zu werden, kategorial nicht als גר, sondern vielmehr als נכרי zu betrachten.[34] Streng genommen müsste er aber nicht in der Kategorie des נכרי, sondern vielmehr des זר denken, denn während der נכרי als ausländischen Handelspartner bezeichnet werden kann, ist der זר der ‚kultische' Ausländer, der keinen Zutritt zu den liturgischen Feiern Israels hat.[35] Dies gilt aber nicht für den (Ägypter und den) Edomiter. M. *Awabdy* löst das Problem dadurch, dass er vorschlägt, dass das Deuteronomium innovativ zwischen den Klassen *foreigner* und *immigrant* unterscheidet, wobei der *foreigner* exklusiv, der *immigrant* aber inklusiv zu behandeln ist.[36] Die ‚Bluts'verwandtschaft mit Edom setzt diese Gruppe daher in den Rahmen der inklusiv zu behandelnden Personen. Wichtig ist ferner, dass das Wort ‚Bruder' eigentlich hier über eine familiäre Beziehung hinaus deutet und eine „Bekenntnisgemeinschaft" (G. *Braulik*) postuliert.[37]

3.2 Zur Verwendung der Begriffe ‚Gesetz', ‚Paränese', ‚Recht' und ‚Ethik' im Kontext der Rechtssammlungen des Pentateuchs

Das sonst nahezu problemlos ‚Gesetzgebung' Genannte, das grob mit den nicht-narrativen Teilen des Pentateuchs übereinstimmt, wirkt im Falle der deuteronomischen Sozialgesetzgebung stark paränetisch.[38] Der in dieser Studie

---

[34] Vgl. *Awabdy, Immigrants*, 76.

[35] Vgl. hierzu die Exegese von Dtn 23,20f (Kap. 4.3) sowie von Dtn 25,5-10 (Kap. 5.5).

[36] Vgl. *Awabdy, Immigrants*, 77.

[37] Vgl. *Braulik*, „Theologie des Gottesvolks", 178.

[38] Vgl. *Lohfink*, „Entwurf", 37f, der zu Dtn 15,4.11 meint: „Das eigentliche Recht gerät hier allerdings an seine Grenze. Es wird hier wie nirgends sonst im deuteronomischen Gesetz zur Paränese. Der einzelne wird angesprochen, in dessen Umkreis Armut aufkommt. Er soll eingreifen, und zwar mit eigenem Vermögensrisiko, ja -verlust". Auch *Halbe, Privilegrecht*, 78, schreibt in seinem Vergleich von Ex 34,10aβb-11a mit der deuteronomischen Gebotsparänese: „Der unmittelbare Anknüpfungspunkt für die Gebotsparänese liegt darin, daß sie den Hörer nicht blind einem oktroyierten Willen unterwerfen, sondern ihm – mahnend, verwarnend, erläuternd, erinnernd – die Gründe zeigen will, die in ihm die Bereitschaft zum geforderten Verhalten wecken." *Braulik*, „Gesetzesparänese", 21, weist darauf hin, dass S.R. Driver in seinem Deuteronomiumkommentar für den deuteronomischen Diskurs deutlich zwischen Geschichte, Gesetz und Paränese unterscheidet, von den drei Elementen aber die Paränese als wichtigstes identifiziert und hervorhebt. *Milgrom, Leviticus 23-27*, 2179, spricht im Hinblick auf Lev 25,17, einem Brudertext, in dem die Formel „fürchte deinen Gott" vorkommt, von einem ‚ethischen und somit nicht erzwingbaren Gesetz' („an ethical and, hence, un-

häufig wiederkehrende Begriff ‚Paränese' wurde zuletzt für das Deuteronomium von *G. Braulik* untersucht und beschrieben.[39] Eine ‚Paränese' kann im exegetischen Sinne wesentlich als eine ‚Ermahnung' verstanden werden, oder erweitert, als eine Ermutigung, ein Aufruf oder Zuspruch.[40] Die Paränese, sofern sie, zunächst sehr allgemein formuliert, sich mit dem richtigen Tun beschäftigt, hat also eine ‚ethische Konnotation'.[41] Mit J. Searle präzisiert *Braulik* anhand der Sprechakttheorie: eine Paränese möchte den Hörer zum Tun animieren, das aber auf ermahnende Weise. Weitere Umschreibungen für Paränese schließen demzufolge ein: Anordnungen, Befehle, Anträge, Gesuche und Ratschläge.[42] In der Paränese will man *argumentieren* und *motivieren*, *überzeugen* und *gewinnen*.[43] Unter ‚gewinnen' ist hier wohl ‚für eine Sache gewinnen' im Sinne von ‚zur Überzeugung führen' zu verstehen und kein ‚schlagendes' Gewinnen eines Argumentes.

B. *Schüller* nähert sich dem Thema der Paränese nicht aus einem exegetischen, sondern aus einem ethischen Blickwinkel. Er unterscheidet Paränese von der normativen Ethik und erreicht somit eine Trennung zwischen Paränese und Argumentierung.[44] Er weist darauf hin, dass die moderne Exegese diese Unterscheidung im Allgemeinen nicht vornimmt.[45] Normative Ethik, so *Schüller*, beschäftigt sich mit der Bestimmung des Inhalts einer Handlungsvorschrift, d. h. mit der „Begründung sittlicher Vorschriften"[46], oder vereinfacht gesagt, mit der Frage, *was* zu tun ist. Paränese zielt demgegenüber auf die *Implementierung* ebendieser ethisch normierten Bestimmungen. Er betont wiederholt, dass Paränese nicht gelingen kann, solange kein Konsens über Handlungsrichtlinien besteht.[47] Wo es kein gegenseitiges Einverständnis über Handlungsanweisungen gibt, ist „Argumentation und nicht Paränese am Platz".[48]

R. Kessler wiederum unterscheidet in seiner 2017 erschienenen Ethik des Alten Testaments zwischen den Ebenen der „präsittlichen Verhaltensnormen", bei denen es um das praktisch Gelebte in der Form von Regeln des guten

---

enforcable law"). Es wird in manchen Brudertexten klar werden, dass stets wiederkehrende Formeln und Phrasen genau darauf hinzielen, dieses ‚nicht erzwingbare Gesetz' dem Hörer nahezubringen.

[39] Vgl. *Braulik*, „Gesetzesparänese".

[40] Vgl. *Braulik*, „Gesetzesparänese", 21.

[41] Vgl. *Braulik*, „Gesetzesparänese", 21, W. Popkes zitierend.

[42] Vgl. *Braulik*, „Gesetzesparänese", 22.

[43] Vgl. *Braulik*, „Gesetzesparänese", 24.

[44] Vgl. *Schüller*, *Urteile*, 15ff.33ff.

[45] Vgl. *Schüller*, *Urteile*, 16 Anm. 1.

[46] *Schüller*, *Urteile*, 17.

[47] Vgl. *Schüller*, *Urteile*, 16: „Paränese kann nur gelingen, wenn ihre Voraussetzung erfüllt ist, wenn das Einverständnis aller Beteiligten über das, was sittlich und/oder rechtlich gefordert ist, tatsächlich besteht".

[48] *Schüller*, *Urteile*, 17.

Verhaltens (er erwähnt Etikette, Konvention, Brauch und Sitte) geht, und der Formulierung normativer Gedanken, welche als Ethos oder Moral bezeichnet werden kann und wozu sowohl rechtliche als auch weisheitliche Inhalte zählen, während er Ethik als „Reflexion auf das gelebte Ethos" erachtet.[49]

Es besteht also ein Nuancenunterschied zwischen dem exegetischen und dem ethischen Zugang zur Paränese. So lässt *Braulik* für die Paränese zusätzlich zum Ermutigungsaspekt bei bereits gegebenem Konsens auch Raum für Argumentation, die zum Konsens führen soll, während für *Schüller* die Paränese sich ausschließlich zwischen Parteien mit harmonisiertem ethischem Verständnis abspielt und somit auf das rein Ermutigende reduziert ist.

Für das Deuteronomium unterscheidet *Braulik* zwischen Hauptgebotsparänese und Gesetzesparänese, wobei er letztere wiederum in eine allgemeine und eine konkrete Gesetzesparänese unterteilt.[50] Bei unseren Texten handelt es sich also um konkrete Gesetzesparänese, zumal wir uns hier mit Einzelbestimmungen, etwa Erlass oder Sklavenfreilassung, befassen.[51] Ferner begegnen in den hier zu behandelnden Texten die sogenannten „gesprochenen" oder „direkten"[52] Paränesen. Diese lassen sich daran leicht erkennen, dass in den Brudertexten des deuteronomischen Sozialrechts ein ‚Du' als Gegenüber des Bruders angesprochen wird.[53] Das ist gleich in Dtn 15,1 der Fall: *Wenn sieben Jahre vorbei sind, sollst* du *einen Erlass durchführen.*

Perlitt spricht davon, dass „das Gesetz in Predigt verfließt" und meint, man könne aus diesem Verfließen lernen, „warum und mit welchem Klange אח den ganzen Zusammenhang bestimmt."[54] In 15,7-11 mache der Verfasser „eine nachgerade schwärmerische Werbung für Darlehensgewährung. ... Mit diesem Überschwang gibt man kein Gesetz, sondern macht der Liebe Beine."[55]

Bereits diese ersten Beobachtungen deuten darauf hin, dass ‚Bruder' ein emotionskonnotierter Terminus sein dürfte, welcher der Paränese dienen soll. Im Hinblick auf das Heiligkeitsgesetz und konkret auf Lev 25 werden wir auch sehen, dass dieser Begriff bewusst in einer sich wiederholenden Formel vorkommt, welche einerseits dazu dient, das Kapitel zu strukturieren, andererseits aber auch eine ermahnende bzw. paränetische Funktion hat.

---

[49] Vgl. *Kessler*, *Weg zum Leben*, 53f.
[50] Vgl. *Braulik*, „Gesetzesparänese", 23.
[51] In den Einzelgesetzen des deuteronomischen Gesetzeskorpus Kap. 12-26 ist von allgemeinen Gesetzesparänesen keine Rede: vgl. *Braulik*, „Gesetzesparänese", 27.
[52] Vgl. *Braulik*, „Gesetzesparänese", 23.
[53] Vgl. hierzu unten Abschnitt 7.1.
[54] *Perlitt*, „Volk", 55f.
[55] *Perlitt*, „Volk", 56.

3.3 Die Wurzel des deuteronomischen Bruderbegriffs und ihr Verhältnis zu den deuteronomischen Brudertexten

Woher stammt die Idee, gerade dem Wort ‚Bruder‘ und nicht Worten wie etwa ‚Nächster‘ (רע erscheint achtmal im deuteronomischen Gesetzeskorpus[56]), ‚Freund, Weggefährte‘ (חבר erscheint nirgendwo im deuteronomischen Gesetzeskorpus in der Bedeutung ‚Freund‘), ‚Einheimischer‘ (אזרח[57]) oder vor allem ‚Volksgenosse‘ (עמית[58]) eine, wie wir sehen werden, so zentrale Rolle innerhalb des Volksbegriffs des Deuteronomiums zu geben?

3.3.1 Hethitische Vertragstexte

Aufgrund der großen zeitlich-räumlichen Distanz zum hethitischen Kulturraum ist zu bezweifeln, ob jene hethitischen Vertragstexte, die das Wort ‚Bruder‘ als vertragsbestätigend führen, in der Wortwahl der deuteronomischen Autoren eine wesentliche unmittelbare Rolle gespielt haben.[59] Das Wort wird in diesem Korpus aus der Zeit von 1400-1300 v. Chr. primär dafür eingesetzt, um eine blutsverwandtschaftlich-familiäre Beziehung zu bezeichnen.[60] In den älteren hethitischen Verträgen erfüllt das Wort ‚Bruder‘ nicht als einziges diese

---

[56] Dtn 15,2(2x).9; 19,4.5(2x).11; 22,24.26.

[57] Das Wort erscheint nirgendwo im Deuteronomium, wohl aber sechsmal im Heiligkeitsgesetz, beispielsweise in Lev 19,34; allerdings nicht in Lev 25. *Weinfeld*, *Deuteronomy*, 229 Anm. 5, beschreibt das Wortpaar אח – גר als eine soziale Polarität im Deuteronomium, die bei P als אזרח – גר vorkommt und dort stark mit einer Zugehörigkeit zum Land verbunden ist (vgl. Ex 12,19.48; Num 9,14; Ps 37,35). Demgegenüber wird der אח nicht mit der Verwurzelung im Land, sondern mit Blutsverwandtschaft assoziiert.

[58] Diese Bezeichnung kommt ausschließlich im Heiligkeitsgesetz vor, davon fünfmal in direkten Bruderkontexten: Lev 19,17; 25,14(2x).15.17. Der einzige sonstige Verweis auf den עמית im gesamten Alten Testament findet sich in Sach 13,7, sodass *Gerstenberger*, *Leviticus*, 260, darin eine „eigene, reichlich künstliche Schöpfung einiger ‚priesterlicher‘ Überlieferer“ vermutet. In seiner Vermutung wird er durch die Beobachtung gestärkt, dass das Wort auch keine Äquivalente in sonstigen semitischen Sprachen hat. Die Vermutung liegt nahe, dass עמית etymologisch-semantisch mit עם zusammenhängen könnte und somit als ‚Volksgenosse‘ wiedergegeben werden darf; vgl. dazu auch *Joosten*, *Holiness Code*, 83.

[59] Ähnlich argumentiert generell *Stackert*, *Torah*, 22f: “... while there are several more or less significant parallels between biblical and Hittite laws, both thematically and in terms of legal formulation, the considerable geographical, chronological, and linguistic distance between these compositions argues against a theory of direct literary dependence to explain their correspondence ... it is unlikely that an Israelite author would have been able to read Hittite legal texts or would even have had access to them”.

[60] Vgl. z. B. *Beckman*, *Texts*, 27, 45(§ 7).60(§ 4).61(§ 8). Zum Vorkommen in einer historischen Einleitung vgl. ebd., 74f(§§ 2.7).82(§ 1).

Funktion. Parallel, wenn nicht sogar stärker, fungiert der ‚Sohn' als eine die Rhetorik verstärkende Figur.[61] Dies ist im Deuteronomium nicht der Fall: dort tritt vielmehr der ‚Bruder' paradigmatisch auf (mit vereinzeltem Gebrauch von Synonymen wie רע). Ein Beispiel, das der deuteronomischen Verwendung des Begriffs nahekommt, findet sich im Vertrag zwischen Arnuwanda I. von Ḫatti und den Männern Ismerikas. Der Text ist allerdings lückenhaft:

> If [a fugitive comes to you] from a neighboring land, [that] fugitive – [be he some] person's [relative by marriage], or either someone's father [or mother, or someone's brother, or] someone's [sister] – furthermore, [if] he comes as a fugitive, then he will take(?) [...] But no [one] shall take him for himself (as a slave).[62]

Ebenfalls im übertragenen Sinn erscheinen die Brüder in § 7 des Vertrages zwischen Šuppiluliuma I. von Ḫatti und Aziru von Amurru, in dem es um eine Ermahnung geht, wie sich Alliierte untereinander zu verhalten haben:

> [Because] they will go up to your cities, protect [them]. Treat them in a gracious(?) manner. They shall walk like brothers before [you].[63]

Ab 1300 v. Chr. kommt, soweit wir Belege haben, dem Bruderbegriff erstmals die Funktion einer Gleichstellung zweier Vertragspartner zu, und zwar in einem Vertrag zwischen Ramses II. von Ägypten und Ḫattusili III. von Ḫatti:

> [The treaty which] Ramses, [Beloved] of Amon, Great King, King [of Egypt, Hero, concluded] on [a tablet of silver] with Hattusili, [Great King], King of Hatti, his brother, in order to establish [great] peace and great [brotherhood] between them forever.[64]

Auch hier sprechen Kontext und Tenor des Textes deutlich gegen eine Beeinflussung der deuteronomischen Verwendung des Bruderbegriffs. Der Ramses-Ḫattusili-Vertrag benutzt die Brudersprache allerdings ausführlich und in einem poetischen Stil, der einen höheren literarischen Wert aufweist als jener der älteren Vertragstexte.[65] Auch in anderen Klauseln des Vertrags, etwa in der Festlegung einer militärischen Allianz, wird weiterhin auf die Bruderschaft der beiden Könige verwiesen (§ 7). Anders als im oben erwähnten Vertrag zwischen Arnuwanda I. und Ismerika, in dem Flüchtlingen Unterkunft im Land und Schutz gegen Sklaverei gewährt wird, setzt der Ramses-Ḫattusili-Vertrag den Bruderbegriff wiederholt ein, um ein gegenseitiges Auslieferungsabkommen zu bekräftigen. Im Rahmen dieses Abkommens wird ein gegenseitiges

---

[61] Vgl. *Beckman*, *Texts*, 28: "You, Huqqana, benevolently protect My Majesty ... And I, My Majesty, will benevolently protect you. Later, I will protect your sons, and my son will protect your sons. ... I, My Majesty, will later act favourably in regard to your sons, and my son will benevolently protect your sons." Vgl. auch ebd., 61(§ 8).66(§ 4).

[62] *Beckman*, *Texts*, 15.

[63] *Beckman*, *Texts*, 39. Dieselbe Formulierung kommt vor ebd., 56(§ 5).

[64] *Beckman*, *Texts*, 96(§ 1).

[65] Vgl. *Beckman*, *Texts*, 97f (§§ 3-6).

Verbot der Mutilation von Ausgelieferten ausgesprochen, stets unter Verwendung des auf die Könige bezogenen Bruderbegriffs.[66] Eine direkte thematische Verbindung zum Deuteronomium lässt sich allerdings nicht erkennen.

Spätere hethitische Verträge verwenden den Bruderbegriff wieder zurückhaltender, in einer Art, die eher mit denen des 14. Jhs vergleichbar ist, indem sie vor allem schlicht auf familiäre Beziehungen innerhalb des hethitischen Königshauses hinweisen.[67] Eine interessante Abweichung findet sich in einem Vertrag zwischen Tudḫaliya IV. von Ḫatti und Kurunta von Tarḫuntassa (um 1250 v. Chr.). In einer Erklärung gegenseitiger Loyalität begegnen Formulierungen, die zwar wesentlich knapper ausfallen als bei Ramses-Ḫattusili, im Tenor aber mit deren Erklärungen übereinstimmen. Begründet wird die Loyalität zwischen Tudḫaliya und Kurunta allerdings mit einem anderen Wort: Freundschaft.[68]

3.3.2 Neuassyrische Texte

Seit den späten fünfziger Jahren des vorigen Jahrhunderts wird innerhalb der Deuteronomiumforschung eingehend diskutiert und weithin akzeptiert, dass die assyrischen Verträge einen Einfluss auf das Deuteronomium ausübten.[69] Den zentralen Kontext, in dem das Wort ‚Bruder' in den Loyalitätseiden (*adê*) Asarhaddons (VTE)[70] erscheint, bildet die Einsetzung seines Sohnes

---

[66] *Beckman*, *Texts*, 99(§§ 15.18f).

[67] Vgl. *Beckman*, *Texts*, 100-106.

[68] Vgl. *Beckman*, *Texts*, 117(§ 13). Vgl. aber das Plädoyer für eine *generelle* Beeinflussung des Deuteronomiums durch die *Form* hethitischer (und auch assyrischer) Verträge bei *Berman*, "Alliance", 85ff.

[69] Vgl. *Dion*, "Deuteronomy 13"; *Steymans*, *Deuteronomium 28*, sowie *ders.*, "Tayinat"; *Levinson*, "Textual Criticism", 236ff; auch *Koch*, „Bundestheologie", 43-45.

[70] *Watanabe*, "Innovations", 173 Anm. 2, betont, dass diese Dokumente *Loyalitätseide* sind und nicht Vasallenverträge, weshalb sie für die Abkürzung ESOD – "Esarhaddon's Succession Oath Documents" plädiert. *Lauinger* (vgl. "EST") spricht von "Esarhaddon's Succession Treaties" – eine Bezeichnung, welche die Abkürzung EST erfordern würde. Nach *Steymans*, *Deuteronomium 28*, 1, besteht die Grundfrage darin, ob es sich bei diesen Dokumenten um *innenpolitisch* bedeutende Eide oder um *außenpolitisch* ausgerichtete Verträge handelt. Für die Zwecke unseres Themas wäre die innenpolitische Interpretation zweifellos die interessantere, jedoch wäre es ein Fehlschluss, diese aufgrund eines subjektiven Vorteils auch restlos anzunehmen. Allein die geographische Verbreitung der Fundorte dieser Texte deutet darauf hin, dass sie zumindest *auch* für eine ausländische Leserschaft gemeint waren (vgl. dazu *Lauinger*, "EST", 87.90). Ferner wäre es durchaus möglich, dass mit diesen Dokumenten beiden politischen Zwecken gleichzeitig gedient gewesen wäre, wie *Watanabe*, "Innovations", 174, nahelegt: "ESOD had legal, political, religious, and other functions and effects, which were extremely interconnected and it is almost impossible to examine them separately" – vgl. auch ebd., 206:

Assurbanipal als seines Nachfolgers.[71] Diese geschieht in der Gegenwart seiner (leiblichen) Brüder, die ihm fortan auch Loyalität schulden.[72] *Watanabe* erachtet die zwischenbrüderliche Konfliktvermeidung sogar als das Hauptmotiv für das Entstehen der VTE:

> The main purpose of the ESOD was obviously to avoid any conflicts that the disaffected brothers of Assurbanipal might cause, and especially, to contain 'the brother' Šamaš-šumu-ukīn and the Babylonians under him, and to place Babylonia in the position of puppet-state under him.[73]

Ähnlich formuliert *Otto* sowohl für die (jung)hethitischen als auch neuassyrischen Treueeide:

> »Sitz im Leben« der junghethitischen und der neuassyrischen Treueide, die in Aufbau und Sprache verwandt sind, ist die Herausforderung durch irreguläre Thronfolge, was unterstreicht, dass ein traditionsgeschichtlicher Zusammenhang besteht.[74]

Das Wort ‚Bruder' bildet in beiden Textkorpora ein wiederholtes literarisches wie rechtliches Motiv. Im Falle der neuassyrischen Texte kommt zum Terminus *aḫu*, ‚Bruder', allerdings an manchen Stellen ein für unsere Zwecke besonders interessantes Adjektiv hinzu, sodass vielfach das Verhältnis zwischen Assurbanipal und seinem Bruder Šamaš-šumu-ukīn als *aḫu talīmu*-Beziehung bezeichnet wird.[75] Die Bedeutung von *talīmu* ist zwar umstritten, aber es deutet

"(E)ach *adê* document is written according to its specific purpose, and the formula varies according to each situation". In der vorliegenden Arbeit, die diese Fragen nur am Rande berührt und über die feinen Unterschiede in der Wahl der Bezeichnung der Dokumente nicht entscheiden soll, wird die Abkürzung VTE beibehalten, jedoch mit deutlicher Kenntnisnahme der im Folgenden erläuterten innenpolitischen Geschehnisse.

[71] Zum Folgenden vgl. *Wiseman*, *VTE*, 3-8; zum Loyalitätseid Asarhaddons generell und dessen theologischer Umgestaltung im judäischen Schrifttum vgl. zusammenfassend zuletzt *Otto*, *Deuteronomium 12-23*, 1270f. Zur Nachfolgeregelung und deren Auswirkung auf die Brüderlichkeit innerhalb der Familie Asarhaddons/Assurbanipals vgl. ebd., 1239ff, bes. 1246f. Ausführlich bespricht *Frahm*, „Brüder", 34ff, die Nachfolgeregelungen, die über drei Generationen hinweg Sanherib, Asarhaddon und Assurbanipal betrafen; ferner zusammenfassend: *Levinson*, "Textual Criticism", 237 Anm. 75.

[72] *Frahm*, „Brüder", 36, sieht hier keinen Hinweis auf Brüder Assurbanipals, sondern interpretiert die Verweise auf ‚Brüder' als Rückverweise auf die Konfliktgeschichte zwischen Asarhaddon und seinen eigenen Brüdern, die sich sogar bis zum Vatermord zuspitzte.

[73] *Watanabe*, "Innovations", 208. Zur Abkürzung ESOD vgl. o. Anm. 58.

[74] *Otto*, *Deuteronomium 12-23*, 1249. Vgl. ebd., 1244-1249, für direkte diesbezügliche Textvergleiche und -zitate.

[75] Vgl. etwa § 7:86 bei *Watanabe*, *adê*, 148f, sowie *dies.*, "Innovations", 186. Dieser Paragraph fehlt in der Tayinat-Version – vgl. *Lauinger*, "EST", 91-113. Das Wort *talīmu* wurde zuletzt besonders von *Bartelmus*, "*Talīmu*", sowie von *May*, "Comeback", untersucht. *Bartelmus* entscheidet sich schließlich für die Bedeutung: "entrusted/endowed

offensichtlich auf eine enge Beziehung[76]: entweder auf Gleichheit oder auch auf jene Beziehung, die ein Zweitgeborener eines Zwillingspaares zu seinem (geringfügig) älteren Bruder hat. Früher wurde *aḫu talīmu* in den Wörterbüchern sowie in den Übersetzungen der VTE gerne mit ‚bevorzugter Bruder', ‚Lieblingsbruder' oder ähnlich wiedergegeben[77], während *Watanabe* sich später aufgrund neuerer Forschungen bewusst für die Betonung der Gleichheit in dieser Bruderbeziehung entschied.[78] *Wiseman* findet bereits früh eine elegante Lösung, wenn er Šamaš-šumu-ukīn als "twin-brother" bezeichnet, wobei er "twin" durch Anführungszeichen hervorhebt.[79]

Vor allem *May*[80] macht darauf aufmerksam, dass bei diesem Terminus besonders die diachrone Entwicklung seines Gebrauchs beachtet werden muss. In altakkadischen sowie altbabylonischen Texten ist für *talīmu* ein erstaunlich breites Bedeutungsspektrum, meist jedoch ohne eine Konnotation der *menschlichen* Brüderlichkeit, belegt.[81] In ihnen deutet der Terminus auf eine Verwandtschafts- oder Freundschaftsbeziehung hin, wobei Götter untereinander

---

(with)" bzw. "proxy, deputy, representative", weil diese Bedeutung für die meisten Kontexte der Verwendung des Wortes passe. Allerdings räumt sie ein, dass manche Besonderheiten des Wortgebrauchs noch ungeklärt bleiben, weshalb sie sich auf eine Bedeutung, die auf Reziprozität und Gleichheit deutet, nicht festlegen will, weil aus den Texten nicht hervorgeht, ob der *aḫu talīmu* nicht doch einen niedrigeren Status als der Bruder, der als Referenzperson gilt, innehat (vgl. *Bartelmus*, "*Talīmu*", 298). Gegen diese Unsicherheit und für eine Festlegung auf einen gleichwertigen Rang würde allerdings das Faktum sprechen, dass nicht nur Assurbanipal von Šamaš-šumu-ukīn als *talīmu* spricht, sondern dass Šamaš-šumu-ukīn seinen Bruder Assurbanipal ebenso bezeichnet (vgl. ebd., 298 Anm. 77.79; 299 Anm. 80, für diesbezügliche Stellenangaben). Schließlich argumentiert *Bartelmus*, "*Talīmu*", 299, dafür, dass *talīmu* auf den ranghöchsten Königsverwandten deutet, aber nicht Gleichheit, sondern Unterordnung impliziert. Sie versteht die genannten Šamaš-šumu-ukīn-Inschriften als politische Aussagen und eine gegen Assurbanipal gerichtete Provokation.

[76] Diese Bezeichnung bezieht sich in den hier besprochenen Texten auf jeden Fall auf eine leibliche Bruderbeziehung, zumal es ausschließlich um Assurbanipal und Šamaš-šumu-ukīn geht.

[77] Vgl. *AHw*, 1310; *May*, "Comeback", 154.

[78] Vgl. *Watanabe*, "Innovations", 186. In ihrer früheren Übersetzung (vgl. *adê*, 149) gibt sie die Formulierung zunächst mit „Lieblingsbruder" (Anführungszeichen von ihr) wieder, während sie in der späteren Überarbeitung (vgl. "Innovations", 186) mit "his equal brother" übersetzt. *Bartelmus*, "*Talīmu*", 288, hält die in der früheren Sekundärliteratur hervorgehobene Alternative der Gleichrangigkeit nicht zuletzt wegen ihrer politischen Implikationen für problematisch. Sie räumt aber gleichzeitig ein, dass gerade dieses Problem auch interessante Möglichkeiten in sich birgt (vgl. oben Anm. 63).

[79] Vgl. *Wiseman*, *VTE*, 36.

[80] Vgl. *May*, "Comeback", 158-161, für die frühe Verwendung, ebd.,161ff, für die neuassyrische Zeit.

[81] Vgl. hierzu ausführlich *May*, "Comeback", 158-161.

oder auch Götter und Menschen in einer *talīmu*-Beziehung zueinander stehen können.[82] So werden etwa Ištar und ihr Bruder Šamaš des Öfteren in einem reziproken *talīmtu* bzw. *talīmu*-Verhältnis zueinander beschrieben, allerdings ohne das Nomen *aḫu*. Auch die Verwandtschaftsbeziehung zwischen Marduk und Ištar sowie Marduk und Šamaš wird mit *talīmu* beschrieben.[83] *May* fasst die Entwicklung folgendermaßen zusammen:

> When I started this research I was astonished by the discrepancy in the meaning of *talīmu* between the early Old Akkadian through Old Babylonian texts, in which *talīmu* designates a member of household and kinship, and its usage during the Neo-Assyrian period, especially concerning the relationship Assurbanipal and Šamaš-šumu-ukīn, when it is summoned to describe some special kind of a brother. The gap of usage in Middle Babylonian and Middle Assyrian periods was also conspicuous.[84]

Später[85] bespricht sie doch eine als sicher geltende mittelbabylonische Ausnahme, in der *talīmu* wohl vorkommt. Diese steht in einer Fluchformel, in der beschworen wird, dass der *talīmu*-Bruder des Verfluchten für ihn zum entfremdeten Bruder werden soll.

Das Verhältnis zwischen Šamaš-šumu-ukīn und Assurbanipal scheint siebzehn Jahre lang gut und harmonisch gewesen zu sein, bis es 651 v. Chr. zu einer Revolte Šamaš-šumu-ukīns gegen seinen Bruder kam. Der Vertragstext Asarhaddons sicherte Assurbanipal den assyrischen, Šamaš-šumu-ukīn den babylonischen Thron zu, wobei Assurbanipal deutlich die stärkere Position innehatte. Von einer Unterdrückung seines Bruders durch Assurbanipal ist in den historischen Quellen keine Spur zu finden, vielmehr deuten aus babylonischer Sicht alle Indizien auf eine Gleichberechtigung der beiden: beide Brüder galten als „die Könige, unsere Herren".

Dort, wo die VTE das Wort ‚Bruder' verwenden, deutet es häufig auf leibliche Brüder Assurbanipals bzw. auf ihn *als* leiblichen Bruder. So ermahnt etwa § 28:335: *aḫūkunu kabbidā napšātēkunu uṣ[r]ā* („Ehrt euren Bruder! Rettet euer Leben!").[86] Ferner versprechen alle, die sich auf die Loyaltitätseide verpflichten, unter anderem, nicht böswillig gegen Assurbanipal oder seine Brüder zu handeln, treu gegenüber den Brüdern Assurbanipals zu handeln, jede Verschwörung gegen Assurbanipal und seine Brüder bekannt zu machen, sich aber auch nicht mit den Brüdern Assurbanipals zu verbünden, um gegen die

---

[82] Vgl. auch *Bartelmus*, “*Talīmu*”, 292-297.

[83] Vgl. *Bartelmus*, “*Talīmu*”, 293f Anm. 52.

[84] *May*, “Comeback”, 153 Anm. 1.

[85] Vgl. *May*, “Comeback”, 160.

[86] Vgl. *Watanabe*, *adê*, 158f, die übersetzt: „Haltet (deshalb) euren Bruder in Ehren (und) schützt euer Leben!"

adê zu handeln.[87] Auch diese Verwendungen deuten auf eine positive Einstellung zur Brüderlichkeit.

Exkurs: Ein aramäischer Vergleichstext in demotischer Schrift

In einem literarisch schön gestalteten und historisch relativ vertrauenswürdigen[88] Paralleltext zu den uns aus den VTE bekannten Informationen rund um Assurbanipal und Šamaš-šumu-ukīn findet sich eine gehäufte Verwendung des Begriffes ‚Bruder'. Der Text ist in aramäischer Sprache abgefasst, jedoch in demotischer Schrift überliefert. Diese Version steht auf einem zweiseitig beschrifteten, über dreieinhalb Meter langen Papyrus, der sich jetzt in der New Yorker Pierpont Morgan-Bibliothek (Amherst Egyptian 63) befindet.[89] Die Kolumnen I-XIV enthalten den liturgischen Text des Neujahrsfestes einer in Oberägypten lebenden aramäischsprachigen Gemeinschaft des 3. Jhs v. Chr. Obwohl nicht gesichert, besteht die Theorie, dass Assurbanipal diese Gruppe zunächst aus ihrem Land zwischen Babylonien und Elam, Rashu (oder Arashu) genannt, nach Samarien deportierte. Die Gruppe zog von dort nach Bet-El und schließlich nach Oberägypten. Während ihres Aufenthalts in Samarien und Judäa vermischten sich jedoch Elemente ihrer Religion mit Elementen aus dem JHWH-kult (vgl. 2 Kön 17,33). Der liturgische Text enthält einige Beispiele eines solchen Synkretismus: So erscheint der Name Adonai (siebenmal) und Yaho (einmal) gemeinsam mit den Götternamen Mar, Baal und Horus (Kol. XI, ferner auch in Kol. XII). In Kol. XI.3-6 begegnet die Bezeichnung ‚Bruder' in einem liturgischen Zusammenhang zum ersten Mal. Kol. XVI, die auf Soldaten aus Samaria und Judäa verweist, bildet zugleich den Wendepunkt des Textes: von hier an trägt er keinen primär liturgischen Charakter mehr, sondern behandelt eine politische Thematik, allerdings stets in poetischer Form. In Kol. XVII beginnt dann der lange Abschnitt, der die Geschichte der Revolte Šamaš-šumu-ukīns (Sarmuge) gegen Assurbanipal (Sarbanabal) erzählt. Dabei versuchen verschiedene Protagonisten, Sarmuge unter Berufung auf die Brüderlichkeit dazu zu bewegen, seine widerwillige Haltung gegen Sarbanabal aufzugeben. Nicht nur Sarbanabal selbst, sondern auch deren Schwester Šeru'a-eṭerat[90] (Saritra) und schließlich ein General Sarbanabals, der in Verbindung mit dem Auftrag, gegen Babylon vorzugehen, aber das Leben des Bruders zu schonen, als letzter zu ihm gesandt wird, appellieren diesbezüglich an Sarmuge. Im literarischen Geschehen schlägt Saritra Sarmuge vor, sich mit seinen Kindern und seinem wichtigsten Ratgeber selbst zu verbrennen, sollte er nicht auf ihren Rat hören wollen. Dazu kommt es schließlich tatsächlich, worauf ganz Assyrien

[87] Vgl. *Wiseman*, *VTE*, 23f, sowie 34ff für genauere Text- und Zeilenangaben.
[88] So *Frahm*, „Brüder", 41.
[89] Vgl. *Steiner*, "Aramaic Text", 309. Zum Folgenden vgl. ebd., 309-327.
[90] Vgl. *Wiseman*, *VTE*, 6.

mit großer Trauer reagiert. Durchgehend wird kein anderes Motiv als jenes der Brüderlichkeit für die wiederholten Appelle an Sarmuge verwendet. Der lange Text schließt mit einer rückblickenden Wiederholung der Worte Sarbanabals an seinen General: „Let them smite Babylon, but let them keep my brother alive".[91] In diesem Text findet sich also eine literarisch hochwertig gestaltete, positive Sicht auf die Brüderlichkeit, in der sich der Wunsch nach Harmonie mit der harten Realität einer nicht gelösten Rivalität vermischt.

Rein als Rivalen verhalten sich jedoch die ‚Brüder' in Asarhaddons „Ninive A"-Inschrift (Fundort: Ninive/Kuyunjik). Diese befindet sich auf einem um 673-672 v. Chr. zu datierenden hexagonalen Tonprisma, dem sogenannten ‚Asarhaddon-Prisma'.[92] Der gut erhaltene Text erzählt ebenfalls eine Sukzessionsgeschichte aus dem Hause Asarhaddons, nämlich die seiner eigenen Nachfolge auf seinen Vater Sanherib. Asarhaddon beschreibt, dass er der jüngste aller Brüder war, jedoch auf Anregung von Assur, Sin, Šamaš, Bel, Nebu und Ištar durch seinen Vater zum Nachfolger erhoben und durch ein Orakel als solcher bestätigt wurde. Seine Brüder treten als Gegner auf, die sich gewaltsam gegen den Beschluss erheben wollen, jedoch erfolglos bleiben, weil er in seiner Position durch die Götter beschützt wurde. Die Genauigkeit, mit der Asarhaddon wiederum seine Nachfolge in den VTE regelt, entspringt wahrscheinlich den Problemen, die er nach dem Tod seines Vaters Sanherib mit seinen eigenen Brüdern hatte.[93]

Zusammenfassend lässt sich sagen, dass der Kontext der Thronfolgeregelungen Asarhaddons in den VTE und den besprochenen Paralleltexten mit jenem der hethitischen Verträge vergleichbar ist. Sowohl in den hethitischen als auch in den assyrisch-babylonischen wie aramäisch-demotischen Textkorpora geht es um politisch-strategische Formulierungen, denen die Verwendung des Begriffs ‚Bruder' im Deuteronomium nicht vollkommen gleicht. Die außerbiblischen Vertragstexte verbinden Loyalität und Treue häufig mit dem Bruderbegriff, worin ihnen das Deuteronomium sehr wohl folgt. Ferner verbinden die VTE den Bruderbegriff vor allem im Fluchteil stets mit anderen Verwandtschaftstermini (Söhne, Töchter, Enkelkinder, Mutter). Logischerweise fehlt in den Klauseln die Erwähnung des Vaters (d. h. des Urhebers der Vertragsregelung) in direkter Verbindung mit dem Bruderwort. Auch im Fluchteil, in dem

---

[91] So die Übersetzung bei *Steiner*, "Aramaic Text", 327.

[92] Das 33 cm große Original befindet sich heute im British Museum (vgl. https://www.britishmuseum.org/collection/object/W_1929-1012-1 [Stand: 6.10.2020]). Das British Museum stellt auf dieser Seite auch die Umschrift des Textes sowie dessen Übersetzung ins Englische zur Verfügung. Vgl. ferner *Frahm*, "Brothers", 48, sowie *ders.*, „Brüder", 27f.

[93] Vgl. hierzu auch *Frahm*, "Brothers", 45ff, bes. 47.

die Verwandtschaftstermini oft auch auf die Verwandtschaft der Verpflichteten deuten können, wird der Vater nicht erwähnt.

3.3.3 Die Formulierungen אחיך בן־אמך und רעך אשר כנפשך in Dtn 13,7

In Dtn 13,7 weist eine weitere auffällige Verwandtschaftsliste das Merkmal des ‚abwesenden Vaters' auf. Dort erscheinen der ‚Bruder', präzisiert als „der Sohn deiner Mutter", sowie der eigene Sohn und die eigene Tochter, die Frau „deiner nächsten Nähe" und der Freund, „der so wie deine eigene Seele ist". Insgesamt teilt diese Liste mit den VTE drei Eigenschaften: die Abwesenheit des Vaters sowie die beiden Formulierungen „Söhne seiner Mutter"[94] und „der so wie deine eigene Seele ist".[95]

Watanabe illustriert das in den VTE angewandte Prinzip der Liebe zu den Herrschenden wie für sich selbst anhand von § 30. Sie übersetzt die betreffenden Zeilen 355f (*kī ramānīkunu ṣâli lā tagarri᾽āšunūni [/tagarri᾽āšanūni, tagarrâšunūni]*)[96] zunächst wie folgt: „solltet ihr sie nicht, *wie zu [eurer] Selb[st(verteidigung)]*, bekämpfen"[97]. Später formuliert sie aber "(if, unlikely though it may be) you should (then) not fight against them, *as (if it were) for yourself*".[98] Dem biblischen Text Dtn 13,7 (רעך אשר כנפשך) sowie der Formulierung in Dtn 13,4 (אהבים את־יהוה אלהיכם בכל־לבבכם ובכל־נפשכם) zur Liebe mit dem ganzen Herzen noch näher steht jene in § 24[99], Z. 268: *kī napšātēkunu lā tara᾽amāni (tarammāni)*. Gemeinsam mit dem Anfang dieses Satzes (Z. 266) gelesen, übersetzt *Watanabe* folgendermaßen: „Solltet ihr Assurbanipal … *nicht wie euer Leben lieben*"[100]. Derselbe Paragraph (Z. 270) enthält die Phrase *aḫḫēšu mar᾽ē ummīšu* („seine Brüder, die Söhne seiner Mutter").[101]

---

[94] Vgl. hierzu *Levinson*, "Textual Criticism", 225, für Textbeispiele aus den VTE sowie ebd., 227 Anm. 50, und ebd., 240 Anm. 85, für die vollständigen Angaben zu diesem Wortgebrauch in den VTE, der ein Spezifikum der VTE bildet; die genaue Formulierung fehlt in allen anderen neuassyrischen Vertragstexten (vgl. ebd., 240). Die Phrase „Sohn deiner Mutter" erscheint in den VTE in Zeilen 94, 103, 171f, 270, 285, 341, 343, 496 (*Levinson*, "Textual Criticism", 227 Anm. 50; 240 Anm. 85, gibt dagegen Z. 497 an; vgl. aber *Watanabe*, *adê*, 166), 504, 515 (*Levinson*, ebd., gibt Z. 516 an; vgl. aber *Watanabe*, *adê*, 168) und 633a (vgl. *Watanabe*, *adê*, 172).

[95] Vgl. hierzu *Watanabe*, "Innovations", 210f, zu VTE § 30, bes. Z. 356.

[96] So die Transkription bei *Watanabe*, "Innovations", 210. In ihrer früheren Transkription (vgl. *dies.*, *adê*, 160) fehlt *ṣâli* (*ṣâlu*, streiten).

[97] *Watanabe*, *adê*, 161.

[98] *Watanabe*, "Innovations", 210 (Hervorhebung JF).

[99] Vgl. *Hieke*, *Levitikus 16-27*, 732.

[100] Zu Transkription und Übersetzung vgl. *Watanabe*, *adê*, 156f (Hervorhebung JF).

[101] Zu Transkription und Übersetzung vgl. *Watanabe*, *adê*, 156f.

In VTE § 18, Z. 206f, begegnet mit der Formulierung *adi issēn ina libbīkunu ša bēlšu ir'amūni* („bis einer von euch, der seinen Herrn liebt“)[102] das Motiv der Liebe mit ungeteiltem Herzen, das sich, wie oben erwähnt, auch in Dtn 13,4 findet.

Somit bieten sich hier einige mögliche textuelle Bezüge an. Zunächst die eben erwähnten Formulierungen in VTE § 24, Z. 268 und 270, welche die Liebe wie jene zum eigenen Leben (bzw. zur eigenen Seele) hervorheben und auch die Brüder, die Söhne derselben Mutter, erwähnen. Diese beiden Wendungen finden sich in Dtn 13,7 wieder. Ferner entsprechen einander die Formulierungen der Herzensliebe in VTE § 18, Z. 207, und Dtn 13,4. *Dion* und *Levinson* haben auf die Bezüge zwischen den VTE, Dtn 13 und Dtn 17,2-7 hingewiesen.[103] Über die Bezüge von Dtn 13,7 zu den erwähnten Phrasen aus VTE § 24 hinaus bestehen auch Verbindungen zwischen Dtn 13,7-10 und VTE § 10.[104] In diesem Fall geht es um eine Liste von Personen, die in feindlicher Haltung über den Großprinzen Assurbanipal sprechen und somit mangelnde Loyalität zeigen. Nicht nur Familienmitglieder[105] des Prinzen (Brüder [Z. 113], Onkel, Vettern, noch entferntere Verwandte väterlicherseits), sondern auch Mitglieder des angesprochenen Volkes (eure Brüder [Z. 115], eure Söhne, eure Töchter) und Feinde (Z. 111) wie Freunde (Z. 112) des Prinzen finden Platz auf dieser Liste. Schließlich werden auch Propheten („Orakelpriester“[106]), Ekstatiker und Söhne der Befrager des Gotteswortes („Traumdeuter“[107]) (*rāgimi maḫḫê mār šā'ili amāt ili*) als mögliche Widersacher des Prinzen erwähnt (Z. 116f)[108], was an den illoyalen „Propheten oder Traumseher“ (נביא או חלם) von Dtn 13,2.4.6 erinnert. Hierzu schreibt *Steymans*:

> As regards the use of specific and distinctive words or phrases from the source, it can be argued that the two terms *prophet* or *dream-diviner* in Deut 13:6 render the Assyrian terms *prophet*, *ecstatic*, and *inquirer of oracles* in a semantically correct way. The Akkadian words *raggimu* and *maḫḫu* are a word-pair combining the colloquial and literary equivalents for prophet … The Akkadian term *inquirer of oracles* employs the word *šā'ilu*, which is usually connected with dream interpretation. … A Judaean scribe could not render *šā'ilu* (inquirer) with the etymologically related

[102] Vgl. *Watanabe*, *adê*, 152f; *dies.*, “Innovations”, 189.210.
[103] Vgl. *Dion*, “Deuteronomy 13”, 159-162.198-203; *Levinson*, *Deuteronomy*, 98ff, bes. 118-123.
[104] Vgl. *Levinson*, “Textual Criticism”, 236ff, mit Textzitaten ebd., 237-239.
[105] Formen im Singular werden hier im Plural wiedergegeben, zumal es sich um eine generalisierte Situation handelt: Einzelpersonen treten im Text stellvertretend für Personengruppen auf.
[106] *AHw*, 942.
[107] *AHw*, 1134.
[108] Vgl. *Watanabe*, *adê*, 148f.

participle of *š'l*, because the latter one does not have the semantic range of dream interpretation. He had to abandon the etymological link and use the root *ḥlm* instead in order to be semantically correct.[109]

Diese Beobachtung ist wichtig für ein generelles Verständnis der Dynamik der Übertragung von Inhalten aus dem Assyrischen (hier: aus den VTE) ins Hebräische (hier: ins Deuteronomium). Die biblischen Autoren bzw. Schreiber arbeiteten nicht bloß an einer wörtlichen Übersetzung, sondern vor allem an einer begrifflichen Übertragung der Inhalte – sie arbeiteten somit vor allem ‚hermeneutisch'.

Bei einer Gesamtbetrachtung von Dtn 13 fällt auf, dass

(a) dieses Kapitel die Kultzentralisation nicht erwähnt;[110]

(b) das Kapitel lexemische wie semantische Übereinstimmungen mit VTE § 10, § 18 und § 24 aufweist (Söhne derselben Mutter; [Herzens-]Liebe zum anderen wie zu sich selbst; Propheten bzw. Orakelpriester sowie Traumdeuter als Loyalitätsverweigerer);

(c) es sich um Warnungen vor der Anstiftung zum Abfall handelt, die sich an einzelne, Familiengruppen und ganze Städte richten. Dass eine ganze Stadt ihre Loyalität aufkündigt und rebelliert, war ein bekanntes Motiv im levantinischen Raum, das in Dtn 13 mit den assyrischen Motiven des durch Propheten und Traumseher angestifteten Abfalls einerseits und mit der Anstiftung zum Abfall durch engste Vertraute und Familienmitglieder andererseits kombiniert wurde.[111] *Steymans* legt dar, wie sehr diese Motive und die Verbindlichkeit des Vertrags überhaupt in der ‚JHWH allein'-Ideologie des 8. und 7. Jhs verwurzelt sind.[112]

Hieraus lässt sich ableiten, dass die Bruderreferenz in Dtn 13,7 wohl die älteste Verwendung des Bruderterminus im Deuteronomiumbuch darstellt.[113] Von hier aus dürften alle weiteren mit dem Bruderbegriff verbundenen innerdeuteronomischen Entwicklungen erfolgt sein. Diese haben sich in zwei Richtungen entfaltet: das Wort fand seinen Weg in das deuteronomische Ämtergesetz und in das deuteronomische Sozialgesetz. Wir werden beobachten, dass er im jeweiligen Korpus grammatikalisch wie semantisch unterschiedlich eingesetzt wurde. Eine theologische Zusammenführung der beiden Hauptverwendungsarten, zusammen mit einer dritten, allgemeineren Verwendung, findet sich am Ende dieser Untersuchung.

---

[109] *Steymans*, "Review Crouch", 6.

[110] Vgl. *Dion*, "Deuteronomy 13", 156.

[111] Vgl. *Steymans*, "Deut. 13", 1.

[112] Vgl. *Steymans*, "Deut. 13", *passim*.

[113] Vgl. auch *Levinson*, *Deuteronomy*, 118.

3.4 Die Motive Privilegrecht, deuteronomische Kultzentralisation und Ägypten in Bezug auf die Bruderthematik

Um die kulturhistorische Einordnung unserer Texte zu verstehen, ist es notwendig, sowohl die Bedeutung des Begriffs *Privilegrecht*[114] im Kontext der hier zu untersuchenden sozialrechtlichen Texte als auch die deuteronomische *Kultzentralisation*[115] näher zu beleuchten. Diese beiden Begriffe sind auch für unser Thema von theologischer Bedeutung.

Halbe sieht in Ex 20,24aα.26a (Altargesetz); 22,27-29 (Respekt Gott und den Fürsten gegenüber, Teilung des Reichtums und Abgabe der Erstlinge); 23,10-12a (Brache, Sabbat); 23,14-19 (Festordnung; Regelungen für das Schlachten und Opfern; Abgabe der Erstlingsfrüchte) die älteste Schicht oder Grundschicht des Bundesbuches.[116] Diese liest *Halbe* als unterschiedlich angeordnete, weiter entwickelte, jüngere, literarisch jedoch nicht abhängige Parallele zum ‚Privilegrecht' Ex 34,10-26.[117]

---

[114] Der Begriff „Privilegrecht" wurde von Friedrich Horst aus dem mittelalterlichen Lehensrecht für die Bezeichnung eines bestimmten Aspekts des israelitischen Rechts eingeführt (vgl. *Halbe*, *Privilegrecht*, 227 Anm. 15; auch *Otto*, *Deuteronomium*, 303). Dieser Begriff wurde in der Alttestamentlichen Wissenschaft früher allgemein als Verweis auf die Bestimmungen von Ex 34,10-26 verwendet. *Halbes* – von *Otto* und Zenger (vgl. *Otto*, *Deuteronomium*, 303 Anm. 443) aufgrund einer späteren Datierung von Ex 34,10-26 sowie eines fehlenden Bezugs zur Landgabe kritisierte – Verwendung der Analogie zwischen der Beziehung des (Lehens-)Herrn zu seinen ihm Verpflichteten und JHWHs zu Israel erklärt, warum die in der Alttestamentlichen Wissenschaft allgemein verwendeten Begriffe ‚Privilegrecht' und ‚Bundesschluss' einander nahestehen: Auch die mittelalterlichen Lehensherrn schlossen eine Art ‚Bund' oder Vertrag mit ihren Vasallen, in dem beide Parteien sich zur gegenseitigen Treue und Einhaltung bestimmter Vereinbarungen verpflichteten.

[115] Vgl. hierzu *Lohfink*, „Zentralisationsformel", sowie zusammenfassend *Dion*, "Deuteronomy 13", 156.

[116] Vgl. *Halbe*, *Privilegrecht*, 448; *Schwienhorst-Schönberger*, *Bundesbuch*, 13.

[117] Vgl. *Halbe*, *Privilegrecht*, 449; *Schwienhorst-Schönberger*, *Bundesbuch*, 13f. Zum Begriff ‚Privilegrecht' vgl. vor allem *Halbe*, *Privilegrecht*, passim; auch *Preuss*, *Theologie I*, 90.100, sowie *ders.*, *Theologie II*, 203. Es geht um folgende Themen: Israels Abgrenzung von den Völkern, deren Göttern und Kultbräuchen (Ex 34,11-17), Ermahnungen zum Feiern der Feste JHWHs (34,18.22f), Übergabe der Erstlinge an JHWH (34,19f), Ruhe am siebenten Tag (34,21), Schächtung (34,25), Übergabe der Erstlingsfrüchte an JHWH (34,26a) sowie ein vielleicht kultisch geprägtes Verbot, das Fleisch eines Zickleins in der Milch seiner Mutter zu kochen (34,26b). Diese Bestimmungen finden sich auch in Teilen des Deuteronomiums wieder: Dtn 13; 14,21b; 15,19-23; 16,1-10; 26,1-11. Äußerst verschwommen fällt die Definition des Privilegrechts von *Morrow* aus: "A[*sic!*] *Privilegrecht* is a series of prescriptions and prohibitions which are given to the people in direct

Den Gesetzesblock Dtn 12,2-16,17, zu dem Dtn 15,1-18 gehört, nennen jedoch *Lohfink* und *Braulik* ebenfalls ‚Privilegrecht JHWHs'.[118] Auch *Otto* spricht von einem „sozialen Privilegrecht" Dtn 14,22-15,23*; 26,2-13*.[119] Die Abgrenzung, die *Otto* wählt, zeigt zwar einige Unterschiede zu jener von *Lohfink* und *Braulik*, wobei beide Möglichkeiten durchaus begründet sind,[120] doch stimmt ihr Grundverständnis des Begriffs ‚Privilegrecht' in jenen Bereichen überein, die auch für das Verständnis der Bruderthematik entscheidend sind.

Weder *Braulik* und *Lohfink* noch *Otto* verwenden den Terminus, der besonders seit Wellhausen auch für den ‚kultischen Dekalog' steht,[121] im traditionellen, d. h. engen Sinn. *Braulik* erweitert die Definition um den Begriff der ‚Sozialregelungen' und versteht so das Privilegrecht als ein „von Sozialregelungen durchwobenes liturgisches Recht"[122]. Das ‚Privilegrecht' kann nach *Braulik* ferner auch Regelungen bezeichnen, die anerkennen, dass JHWH ausschließlicher Eigentümer des Landes sowie des Menschenlebens ist, wie es auch in der klassischen Definition vorgegeben ist, und somit der menschlichen Macht über Mitmensch und Natur Grenzen setzen.[123] Damit wird er dem sozial-ethischen Aspekt des ‚von Sozialregelungen durchwobenen liturgischen

address either by Yahweh or his representative" (*Center*, 210). Zwar bezeichnet er ‚Privilegrecht' als "a pre-Dtn row of festival regulations" (ebd., 210), jedoch wären laut dem zuerst zitierten Satz seiner Definition große Teile der Tora als Privilegrecht einzustufen.

[118] Vgl. *Lohfink*, „Zentralisationsformel", 325; *Braulik*, „Buch", 157.

[119] Vgl. *Otto*, *Deuteronomium*, 303ff; *ders.*, *Ethik*, 181ff.

[120] Um nur zwei von diesen verschiedenen, teilweise höchst differenzierten und ineinander verflochtenen möglichen Begründungen herauszugreifen: (a) Als Ordnungsprinzip bzw. Systematisierungsmuster für Dtn 12,2-16,17 nennt *Braulik* das erste bis dritte Gebot des Dekalogs (vgl. *Braulik*, *Gesetze*, 23ff; *ders.*, „Buch", 168). In diesen Geboten gehe es um JHWHs Privileg vor allen anderen Göttern. (b) *Otto* behandelt den Passus 16,1-17 separat als ‚Festordnung' (vgl. *Otto*, *Deuteronomium*, 324ff), dies aber aus der Perspektive von dessen Rezeption des Abschnitts Ex 34,18-26*, der einen Teil des ‚klassischen' Privilegrechts Ex 34,10-26 (das er aber nicht als solches bezeichnet) bildet. Wenn *Braulik* sich mit 16,1-17 als Festordnung auseinandersetzt, geschieht dies unter dem Motto „Kult und ‚Bruderschaft' in heiligem Rhythmus" (vgl. *Braulik*, *Gesetze*, 35ff; *ders.*, „Buch", 168), was wiederum zu seiner Definition von „Privilegrecht" (vgl. *ders.*, „Buch", 157) passt. Dadurch zeigt sich, dass die Festordnung für *Braulik* durchaus privilegrechtlichen, d. h. kultischen, aber auch sozialen Charakter hat.

[121] Vgl. *Halbe*, *Privilegrecht*, 13ff, wobei er die Bezeichnung ‚Dekalog' durch Wellhausen und andere frühe Stimmen für diesen Text als Kompensierung für „fehlende Einsicht in innere Gestaltzusammenhänge" (ebd., 14) kritisiert und ablehnt.

[122] *Braulik*, „Buch", 157.

[123] *Braulik*, *Deuteronomium 1-16*, 111: „Sein Privilegrecht sichert nun menschlichem Vertragsrecht die soziale Dimension: Gott befreit den Armen so, daß er wieder teilhabender Bruder wird." *Otto*, *Deuteronomium*, 303 (vgl. auch *ders.*, *Ethik*, 181, sowie zuletzt *ders.*, *Deuteronomium 4-11*, 738-741), definiert das Privilegrecht als „Aussonderungen für JHWH mit dem Ziel, die Herrschaft Gottes über den Bereich der Aussonderung zum

Rechts' gerecht. Dem engeren sowie dem erweiterten Verständnis des Privilegrechts möglichst entgegenkommend, wäre also vom Privilegrecht *des kultischen Dekalogs* bzw. vom Privilegrecht *im Deuteronomium* zu sprechen. Die Bedeutung, die besonders aus diesem zweiten Verständnis des Begriffs von *Braulik* und auch *Otto* hervorgeht, bildet die Grundlage für die weitere Verwendung des Terminus in dieser Arbeit.

Wie funktioniert das privilegrechtliche Konzept im deuteronomischen Denkschema und wie begegnet es darüber hinaus im Heiligkeitsgesetz? In der Geburtsstunde des Buches Deuteronomium begegnen einander, so *Braulik*, zum ersten Mal das für die deuteronomische Theologie zentrale Konzept der Kult- bzw. Opferzentralisation und der Privilegrechtsbegriff.[124] Aus der textkritischen Situation der Zentralisationstexte resultiert,

> daß die deuteronomische Zentralisationsformel offenbar theologisch hochbrisant war und zu tiefgehenden interpretatorischen und vielleicht auch textlichen Eingriffen Anlaß gegeben hat – mehr als der normale Textbestand des Buches.[125]

Die oben beschriebenen Besonderheiten dieses ‚Privilegrecht' genannten exegetischen Denkkonstrukts sollen aber seine theologische Bedeutung nicht verschleiern: Es handelt sich, wie die oben geschilderte Entwicklung zeigt, bei ‚privilegrechtlichen' Aussagen und Regelungen[126] um die Hervorhebung der Autonomie und Entscheidungsgewalt JHWHs über die im Privilegrecht berührten Bereiche.[127] Das Heiligkeitsgesetz hat dieses Denken übernommen

---

Ausdruck zu bringen". *Veijola*, *5. Buch Mose*, 311, interpretiert Dtn 15,2 ähnlich: „die privilegrechtliche Begründung ...: Für die Armen einzutreten, ergibt sich als soziale Konsequenz aus dem Herrschaftsanspruch Jahwes".

124 *Braulik*, „Buch", 163: „Vom Dtn wird man zum ersten Mal reden können, als das Privilegrecht mit der Forderung verbunden wurde, den Opferkult für JHWH auf einen einzigen Ort, die ‚Stätte, die JHWH auswählen wird', zu beschränken". Auf historischer Ebene ist zu bemerken, dass Hiskija (725-687 v. Chr.) wohl aus politischen bzw. strategischen Gründen eine solche Zentralisation durchführte, Joschija (640-609 v. Chr.) hingegen erstmals seine Zerstörung fremder Heiligtümer im Land mit dem im Privilegrecht gegebenen Auftrag zur Zerstörung von Heiligtümern (vgl. Ex 34,13 par.) verband (vgl. auch *Halpern*, "Lineages", 25ff.68.77f). Eine Zentralisation, wie sie Hiskija durchführte, musste zwar nicht gleich zur Zerstörung fremder Heiligtümer führen und auch nicht unbedingt privilegrechtlich legitimiert sein, hatte jedoch ein polemisches Element und wurde daher auf eine religiöse, man könnte auch sagen: privilegrechtliche Ebene gerückt.

125 *Lohfink*, „Zentralisationsformel", 303.

126 Der synthetische Charakter dieses Begriffs, seine interpretative Eintragung durch Exegeten soll hier erneut betont werden.

127 So hebt *Otto*, *Deuteronomium 4-11*, 740, hinsichtlich der stets von ihm betonten 6/7-Struktur privilegrechtlicher Regelungen und bezüglich des Sabbatgebotes Dtn 5,12-15

und in formelhafter Sprache weitergeführt. Ein zentrales Beispiel dafür findet sich in Lev 25,23: *Das Land darf nicht endgültig verkauft werden, denn das Land gehört mir und ihr seid nur Fremde und Halbbürger bei mir.*[128] Dass das Privilegrechtsprinzip nicht nur im Bundesbuch und im Deuteronomium, sondern auch in Levitikus generell eine wichtige Rolle spielt, formuliert *Douglas*, ohne den Terminus zu verwenden:

> By the time we have read the whole book, these two ideas, the holiness of things that have been dedicated to the Lord and the respect due to things that already belong to the Lord, will have been enlarged upon and reiterated with heavy statutory warnings.[129]

Später umschreibt sie dasselbe Prinzip noch einmal, wenn sie auf die Abgaben für die Priester (ein Thema, das sich auch als Brudertext im Deuteronomium wiederfindet) zu sprechen kommt:

> The food reserved for the priests ... is ... shown to be a small, concrete example of an abstract theological idea, the things of the Lord, which includes the people of Israel and their land.[130]

Ein dritter die Bruderthematik prägender Begriff begegnet im Kontext der Herausführung Israels aus Ägypten. Wir sahen, dass E. *Otto* den Privilegrechtsbegriff für einen dritten Bereich hervorhob: nicht nur Land und Menschen, sondern auch Zeit und Zeitrhythmen sind von diesem Prinzip betroffen. *Otto* weist auf den im Bundesbuch begegnenden „6+1“ Sabbatrhythmus hin und

---

hervor: „Mit der Strukturierung der Zeit im 7-Tagesschema wird, und das ist das privilegrechtliche Erbe der 6/7-Struktur, das Herrsein JHWHs über alles Geschehen in der Zeit ausgedrückt, was mit dem überlegenen Wirken JHWHs in der Geschichte in Gestalt der Befreiung aus der Knechtschaft in Ägypten begründet wird“ (ebd.).

[128] Vgl. ausführlich hierzu unten Kap. 6.3: *Ein privilegrechtliches Prinzip: Lev 25,23-24* zur Positionierung dieses Textes innerhalb von Lev 25 sowie zu seinem Zusammenhang mit dem Bruderthema, wie es im gesamten Kapitel erarbeitet wird. *Douglas*, “Structure”, 250, stellt Lev 25 überhaupt unter ein ‚privilegrechtliches‘ Vorzeichen, wenn sie meint, in Lev 25 handle es sich um die Voraussetzungen, unter denen das Land verkauft werden dürfe. Damit klammert sie den für diese Arbeit interessanten menschlichen Aspekt, besonders jenen der Verarmung des Bruders, der quer durch die zweite Hälfte des Kapitels formelhaft wiederholt wird, gewissermaßen aus. Allerdings beobachtet sie zu Recht, dass dieses Prinzip, das sie primär mit dem Sabbat verbindet, für Land *und* Menschen gilt. In der Exegese von Lev 25 wird aber deutlich werden, dass die Formulierung „für Land *und* Menschen“ mit Vorsicht zu verwenden ist.

[129] *Douglas*, “Structure”, 249.

[130] *Douglas*, “Structure”, 249. Vgl. die ähnliche Formulierung für das Deuteronomium bei *Otto*, *Deuteronomium 12-23*, 1318, wo es ebenfalls um Speiseabgaben, nämlich jene am Stadttor für die Fremden, Waisen und Witwen (Dtn 14,28f) geht – bei ihm kommt hier dann sehr wohl das ‚göttliche Privilegrecht‘ zur Sprache.

erinnert an dessen Bezug zur Befreiung aus Ägypten.[131] Ähnlich dem Privilegrecht berechtigt dieses Ereignis Gott, Israel als sein Eigentum zu behandeln, denn der im Deuteronomium hauptsächlich für das Geschehen verwendete Terminus ‚herausführen' (יצא Hiph.) – anstelle von ‚herausziehen' (יצא Qal) – ist zugleich auch *terminus technicus* für die Sklavenbefreiung.[132] Derjenige, der die Herausführung bewirkte, wurde zum neuen Eigentümer des befreiten Sklaven.[133] Dreimal[134] in den insgesamt 16 nicht-kultischen Bruderparagraphen des Deuteronomiums sowie dreimal in Lev 25[135] wird an Ägypten im Zusammenhang mit der Bruderparänese erinnert.[136] Nicht nur in direktem Zusammenhang mit dem ‚Bruder', sondern auch in weiteren sozialrechtlich-paränetischen Kontexten des Deuteronomiums, des Buches Levitikus sowie des Bundesbuches gilt das Fremdsein bzw. das Sklavendasein Israels in Ägypten als mahnende Erinnerung.

In dieser Studie kommen die exegetischen Details rund um die Ägyptenformeln im deuteronomischen Gesetz sowie im Heiligkeitsgesetz, dort wo sie mit Brudersätzen verbunden sind, nur ansatzweise unter die Lupe. Diese Formeln belegen ein eigenes Forschungsfeld und müssen präzise beachtet werden.[137] Lev 19,34 (ein Text, der über Lev 19,33 mit den Formulierungen des Brudertextes Lev 19,17f verbunden ist) etwa enthält den Hinweis auf Israels Fremdsein in Ägypten:

כאזרח מכם יהיה לכם הגר הגר אתכם ואהבת לו כמוך
כי־גרים הייתם בארץ מצרים אני יהוה אלהיכם:

In diesem Vers ist der Hinweis auf Ägypten eine Gebots*begründung* (כי) und nicht eine Gebotseinschärfung mit זכר („denke daran"), und er enthält die Präzisierung von Israel als Fremde (גרים) und nicht als Sklaven ([עבד[ים) in Ägypten.[138] Eine andere Wortwahl, etwa die von Dtn 15,15; 24,18, hätte andere Implikationen: וזכרת כי עבד היית ב[ארץ]מצרים.[139] Die וזכרת כי עבד-Formeln haben einen *heilsgeschichtlichen* Hintergrund.[140] Sie erinnern besonders

---

[131] Vgl. oben Anm. 115.

[132] Vgl. *Schulmeister, Befreiung*, 159f.

[133] Vgl. *Braulik*, „Menschenrechte", 11f.

[134] Dtn 15,15; 17,16; 20,1.

[135] Lev 25,38.42.55.

[136] Vgl. unten Anhang 2 und Anhang 4.

[137] Ausführlich wurden sie zuletzt von *Schulmeister, Befreiung*, untersucht. Bei ihr kommen selbstverständlich neben der deuteronomischen Sozialethik auch viele andere Aspekte zu Wort.

[138] Zu diesen Unterschieden vgl. *Schwienhorst-Schönberger, Bundesbuch*, 339.347-353. Die Formulierung כי ... גר findet sich über Lev 19,34 hinaus noch in Ex 22,20; 23,9 und Dtn 10,19; 23,8.

[139] Herausgearbeitet etwa von *Schulmeister, Befreiung*, 261-284. Die weiteren Belege für diese Variante der Ägyptenformel im Dtn sind 5,15; 16,12; 24,22.

[140] Vgl. *Schwienhorst-Schönberger, Bundesbuch*, 348f.

an Israels Errettung aus Ägypten. Die כי־גרים הייתם-Formeln hingegen *argumentieren nach dem Muster der Goldenen Regel.*[141] Der Sache nach stehen die „Fremden"-Formeln somit der Bruderethik im Heiligkeitsgesetz und im deuteronomischen Gesetz näher, weil sie sich mit den Identitäten von Fremden und Mitgliedern des Volkes Israel auseinandersetzen und ethisch argumentieren. Die „Sklaven"-Formeln erscheinen jedoch im direkten Zusammenhang mit wichtigen sozialrechtlichen Brudertexten und sind somit ebenfalls beachtenswert.

3.5 Zur relativen Datierung der Brudertexte innerhalb des deuteronomischen Gesetzes und im Heiligkeitsgesetz: Problembeschreibung

Ein Vorschlag der relativen Datierung der Brudertexte sowie von Texten, die sie thematisch berühren, wäre folgender:[142]

(a) Die Zentralisationsgesetzgebung Dtn 12* und 14* sowie die Kultgesetzgebung Dtn 16, welche die Trias גר, יתום und אלמנה sowie den Leviten – jedoch nicht den Bruderterminus – enthalten, können als vorexilisch betrachtet werden.[143] Die hier formulierten Schutzbedingungen für bestimmte

---

[141] Vgl. *Schwienhorst-Schönberger*, *Bundesbuch*, 347.349. Es liegen also „zwei unterschiedliche ethisch-theologische Argumentationsfiguren vor" (ebd., 347). Vgl. früher auch *Braulik*, „Menschenrechte", 19, auf F.L. Hossfeld verweisend.

[142] Der hier gebotene Datierungsvorschlag orientiert sich am Subkapitel *Entwurf einer literarischen Geschichte des Dtn (nach G. Braulik u. a.)* in *Braulik*, „Buch", 163 ff, und entspricht dem sogenannten ‚Blockmodell' der literarischen Entwicklung des Deuteronomiums nach *Lohfink*; vgl. hierzu ferner *Levinson*, *Deuteronomy*, 8. Die literarhistorischen Probleme rund um die Bruderthematik im Heiligkeitsgesetz und Deuteronomium werden auch von *Fabry*, „Deuteronomium 15", 93ff.110f, besprochen.

[143] Vgl. auch *Kratz*, "Idea", 123ff, der, wie allgemein in der Forschung vertreten, Gesetze, die die Zentralisation regeln, als Basis des Deuteronomiums erachtet. Er inkludiert hier allerdings bereits Kap. 15 und Teile des Ämtergesetzes (vgl. ebd., 123 Anm. 11), sofern sie die Zentralisation erwähnen. Darin weicht er von Lohfinks Blockmodell ab. Ferner orientiert er sich an den Einsichten von *Otto*, der seinerseits die Ideen von *Dion* und *Steymans* zum Verhältnis zwischen den VTE und Dtn 13; 28 aufgreift (vgl. hierzu oben Kap. 3.3.2 und 3.3.3). Jedoch stellt *Kratz* an *Otto* einige kritische Fragen. In seinen Ausführungen bespricht *Kratz* die möglichen Alternativen zur Verbindung zwischen der Zentralisations- und Vertragsthematik. Sein Zweifel an der vor allem von *Otto* vertretenen These, dass die deuteronomische *Zentralisation* von altorientalischen Parallelen abhängt (vgl. ebd., 125), dürfte berechtigt sein. Es ist in der Tat so, dass, wie *Kratz* (ebd.) formuliert, Ähnlichkeiten noch nicht zwingend auf Abhängigkeiten deuten müssen. Dass er die *literarische Abhängigkeit* von Dtn 13 und 28 von den VTE anzweifelt (vgl. ebd.), ist allerdings problematisch (vgl. hierzu *Steymans*, "Tayinat"). Die

Randgruppen stimmen sachlich mit jenen der sozialrechtlichen Brudertexte überein.[144]

(b) Die Ämtergesetzgebung Dtn 16,18-21; 17-18 stammt aus der Exilszeit[145], während

(c) die Brudertexte der Sozialgesetzgebung Dtn 15,1-18; 24 und 19ff zur spätesten, nachexilischen Schicht des deuteronomischen Gesetzes gehören.[146]

Dieser Einteilung gemäß und unter Berücksichtigung der oben beschriebenen Textlandschaft der deuteronomischen Brudertexte käme die Bruderidee in der Exilszeit im Block der Ämtergesetze zum Inhalt des Deuteronomiums hinzu. Diese zeitliche Einordnung kann, so wird die Exegese von Lev 25 zeigen, auch daran abgelesen werden, dass die Bruderthematik in rein agrarischen Kontexten (sowohl im Deuteronomium als auch in Lev 25) fehlt, aber mit dem Wechsel in einen eher urbanen Kontext aufscheint. Obwohl sich der Wechsel

---

deuteronomische Zentralisation dürfte in der Tat, wie *Kratz* (aber auch *Otto*) formuliert, jene der assyrischen an Bedeutung überstiegen haben: "The programmatic consequence" [of] "the Deuteronomic, pre-Deuteronomistic conception of the sacrificial centralization moves significantly beyond the Assyrian concept" ("Idea", 125). Im Falle von Assur war keine organisierte Zentralisation notwendig, zumal Gottheit und Stadt von Anfang an zentral miteinander verbunden waren. Konfrontationen, die als Auseinandersetzung zwischen Assur, Marduk und Enlil geschildert wurden, waren keine echte Zentralisationen, sondern politisch-strategische geographische Bewegungen zwischen bereits bestehenden städtischen Räumen (vgl. ebd., 126).

[144] Vgl. die von *Braulik* formulierte Zusammenfassung bezüglich der von Israel liturgisch gestalteten Feste: „Weil alle Glieder Israels beisammen sind, ohne dass es soziale Unterschiede gibt, verwirklicht sich realsymbolisch bereits eine geschwisterliche Gesellschaft“ (*ders.*, „Buch“, 177).

[145] Vgl. hierzu *Lohfink*, „Gewaltenteilung“, 149. *Otto*, *Ethik*, 196, versteht das Ämtergesetz ebenso als in die Exilszeit zu datierende *Verfassung*, die auch Utopisches als neues Gut für eine Zeit nach dem Exil einführt. Allerdings ist die Einsetzung des Wortes „utopisch“ unter Umständen *missverständlich*: keine der Regelungen der Ämtergesetze ist endgültig unerfüllbar. Es ist vor allem das Königsgesetz (s. u.), das in der Literatur für utopisch gehalten wird (vgl. etwa die [allerdings nuancierte] Darstellung bei *Levinson*, "Constitution", 1857.1885); die ultimative Forderung, dass der König sich in seinem Studium wie seiner Lebensführung nach der Tora richten soll, ist durchaus realisierbar, obwohl es zur wahrscheinlichen Abfassungszeit dieses Gesetzes politisch schwer umsetzbar war, erneut einen König einzusetzen (s. u.). Auf theologischer Ebene ist die Möglichkeit des täglichen Torastudiums sogar für alle Israeliten gegeben. Das Denken über diese Wirklichkeit soll deutlich von der (schwer beantwortbaren) Frage nach der tatsächlichen *Umsetzung* der Forderung des deuteronomischen Königsgesetzes getrennt werden. Wesentlich schwieriger sind die Forderungen der deuteronomischen Sozialgesetzgebung zu erfüllen, die unter Umständen die Bezeichnung „utopisch“ (und trotzdem ebenso: nicht unbedingt unerfüllbar) verdienen könnten – siehe unten zu Dtn 15,4.6.

[146] Vgl. hierzu *Braulik*, „Redaktion“, 1f.

in eine städtische Situation für Israel/Juda (spätestens seit Hiskija und Joschija) bereits vorexilisch abzeichnete, wurde das Volk besonders durch das Exil aus seiner Verwurzelung im Lande gerissen. Dafür könnte das Bruderwort als Kompensation und Erinnerungszeichen an frühere Werte eingesetzt worden sein. Eine ähnliche Bewegung ist im Sprichwörterbuch zu beobachten:

> Der Grundstock des Buches dürfte in den beiden Teilen II (10-22,16) und V (25-29) vorliegen und aus vorexilischer Zeit stammen. In der eigenständigen Teilsammlung 10,1-15,32 ... wird eine vorwiegend ländliche, durch Ackerbau und Viehzucht geprägte Lebenswelt vorausgesetzt. In 16,1-22,16 verschiebt sich der Akzent etwas stärker auf den städtischen Lebensbereich, Handwerk und Handel finden Erwähnung, vor allem wird der Gegensatz von arm und reich reflektiert und die Bedeutung des Rechts hervorgehoben.[147]

Von den neun Bruderverweisen im Sprichwörterbuch[148] finden sich acht im erwähnten ‚Grundstock‘ des Buches, und davon wiederum sechs im städtisch geprägten Abschnitt 16,1-22,16. Wichtig sind im oben angeführten Zitat die abmildernden Phrasen „*vorwiegend* ländlich“ und „verschiebt sich der Akzent *etwas stärker* auf den städtischen Lebensbereich“. Genauso verhält sich die Kontextverschiebung auch in den sozialrechtlichen Brudertexten des Deuteronomiums. Während etwa Ex 23,10f sich mit תזרע את־ארצך oder mit der darauf folgenden Phrase ואספת את־תבואתה eindeutig im rein agrarischen Bereich bewegt, ist in Dtn 15,1 das תעשׂה שׁמטה in Kombination mit der Redewendung שׁמוט כל־בעל משׁה ידו in 15,2 doppeldeutig: weder ein agrarischer, noch ein wirtschaftlicher Hintergrund ist hier absolut ausgeschlossen.[149]

Obwohl אח im Bundesbuch durchgehend und somit auch in jenen Teilen, die unsere sozialrechtlichen Brudertexte thematisch berühren, fehlt, ist es notwendig, die bestehenden Zusammenhänge kurz zu erwähnen:

> Das Dtn setzt von Anfang an das »*Bundesbuch*« (und zwar auch in dessen scheinbar dtr Schichten) oder eine damit verwandte Gesetzessammlung voraus. Das zeigt das Verhältnis des Altargesetzes Ex 20,24-26 zu den äl-

---

[147] *Schwienhorst-Schönberger*, „Sprichwörter“, 462f.

[148] Spr 6,19; 17,2.17; 18,9.19.24; 19,7; 27,10$^{(2x)}$.

[149] *Nihan*, *Torah*, 524, spricht für Dtn 15,1ff von einer “purely socio-economic instruction”. Nuancierter formuliert dagegen *Stackert*, *Torah*, 125f, in seiner Analyse dieses Wandels. Für ihn wird שׁמט in Dtn 15,1-11 zwar im Kontext des Schuldenerlasses wieder aufgegriffen, jedoch mit Erhalt der Grundbedeutung des Wortes: “stripping” oder “dropping”. *Gesenius/Donner*, 1377, führen für שׁמט Qal u. a. „loslassen“, „sich selbst überlassen“, „etwas unbenutzt lassen“, „auf etwas verzichten“, „brach liegen lassen“, aber auch „Handdarlehen“ an. Mehr dazu im Abschnitt zur Exegese von Dtn 15,2.

testen Texten in Dtn 12. Die eigentliche Reform des Bundesbuches erfolgt aber erst in 15* und 19-25, die von der spätesten Redaktion des Dtn stammen.[150]

Im Hinblick auf das Deuteronomium geht diese Studie historisch von folgendem Postulat aus: Ein präexilischer, kultisch-liturgischer Gesetzeskern, der das Altargesetz Ex 20,24-26* unter dem Aspekt der Kultzentralisation bearbeitet (Dtn 12*; 14*; 16), wird in einer zweiten Bewegung exilisch um den kohärenten Gesetzesblock der im Deuteronomium einzigartigen Ämtergesetze (Dtn 17-18) erweitert. Aus nachexilischer Zeit stammt die darauf folgende sozialrechtliche Erweiterung (Dtn 15,1-18; 19ff; 24). Wie sich die Bruderethik innerhalb von Bewegung zwei und drei entfaltet, muss separat bedacht werden.[151]

Nicht zuletzt wegen des in ihm geregelten Sabbatjahres (V. 2-7) und des Jobeljahres (V. 8-22) wurde Levitikus 25 in der Literatur vielfach beachtet.[152] Wie bereits oben beobachtet,[153] handelt es sich hier nicht nur um die Sabbats- und Jobeljahrregelungen, sondern entfaltet sich im zweiten Teil des Kapitels eine Reihe von Regelungen für Vorgänge im Falle der schrittweisen Verarmung eines Bruders. Ab V. 25 wird jeder Abschnitt mit einer Variante der Formel כִּי־יָמוּךְ אָחִיךָ („Wenn dein Bruder verarmt ...") eingeleitet. Obwohl man sich in der Forschung über die interne Einheitlichkeit des Kapitels relativ einig ist, wird die Frage nach seinem Verhältnis zu parallelen Inhalten im Bundesbuch und Deuteronomium noch diskutiert.[154] Weitgehend einig ist man sich in der Forschung auch darüber, dass das Bundesbuch nicht nur vor dem Deuteronomium, sondern auch vor dem Heiligkeitsgesetz zeitliche Priorität genießt.[155] Während ein Teil der Exegeten argumentiert, dass das Heiligkeitsgesetz (wobei es hier um das Verhältnis von Lev 25 zu seinen Parallelen geht) vom deuteronomischen Rechtskodex abhängt und diesen gedanklich weiterentwickelt (z. B. E. *Otto*, B. *Levinson*, J. *Stackert*, C. *Nihan*), halten andere dagegen, dass das Deuteronomium die Inhalte von Lev 25 (und 19) verarbeitet haben könnte (z. B. J. *Milgrom*, G. *Braulik*, B. *Kilchör*). In unserem Zusammenhang ist es wichtig, auf die jeweils eigene textliche Situation von Lev 19 und 25 zu achten, da das Brudermotiv in diesen beiden Kapiteln sehr unterschiedlich gestaltet bzw. ausgeprägt ist. Die Autoren bzw. Redaktoren der beiden

[150] *Braulik*, „Buch", 162.

[151] Vgl. unten den Exkurs: *Gewonnene Einsichten zur relativen Datierung der untersuchten Brudertexte aus Heiligkeitsgesetz und Deuteronomium*, sowie Kapitel 7: *Theologische Grundlagen einer deuteronomischen Bruderethik.*

[152] Vgl. z. B. *Albertz*, „Tora Gottes"; *Bianchi*, „Jobeljahr"; *Gross*, „Gesetze"; *Lefebvre*, *Jubilé*; *Bergsma*, *Jubilee*; auch *Nihan*, *Torah*, 520-535.

[153] Vgl. oben Kap. 2.3.2. zur inneren Struktur von Lev 25.

[154] Vgl. hierzu *Nihan*, *Torah*, 522ff, *Stackert*, *Torah*, 113f, sowie *Kilchör*, *Mosetora*, 126ff.

[155] Eine Ausnahme bildet hierin J. van Seters, vgl. *Nihan*, *Torah*, 523 Anm. 505.

Kapitel müssen nicht identisch sein und müssen sich auch nicht zeitgleich mit dem Bruderthema befasst haben.

Zu den wichtigsten Argumenten für die zeitliche Priorität des deuteronomischen Sozialgesetzes vor Lev 25 zählen:

(a) Die Jobeljahrgesetzgebung Lev 25,8-13 fehlt sowohl im Bundesbuch als auch im Deuteronomium.[156]

(b) Die Formulierung ואף לאמתך תעשה־כן in Dtn 15,17b. Für *Nihan*[157] stellt ואף (‚und auch') eine direkte Revision der unterschiedlichen Regelungen für männliche und weibliche Sklaven in Ex 21,2-6.7-11 dar. Demgegenüber verwendet das Heiligkeitsgesetz in Lev 25,44 die Formulierung ועבדך ואמתך und sondert die Sklavin nicht mehr mittels ואף aus. Männliche und weibliche Diener werden in einem Atemzug erwähnt, die weibliche Dienerschaft bekommt keinen angehängten Nachsatz mehr.

(c) Das in Ex 21,5f und in Dtn 15,16f beschriebene Pfriemritual fehlt in Lev 25.

Die Argumente, dass Lev 25 älter sei und das Deuteronomium seine Inhalte verarbeite, schließen ein:[158]

(a) Die inhaltliche Nähe von Lev 25,2-7 zu Ex 23,10f,[159] wobei für beide Texte eindeutig ein ländlicher Hintergrund anzunehmen ist. Der zum agrarischen Hintergrund hinzugekommene wirtschaftliche Kontext von Dtn 15,1-11 könnte hier in der Tat dafür sprechen, dass der letztgenannte Abschnitt der jüngste von den genannten drei Abschnitten ist. Dies würde aber gegen die innere Einheitlichkeit von Lev 25 sprechen, wobei eine angenommene einheitliche Komposition dieses Kapitels die Benützung von bekanntem Material nicht verbietet.[160]

Für J. *Joosten*[161] liegt der Ursprung von H eindeutig im ländlichen Bereich. Er vergleicht diesen mit dem deutlich mehr urbanen Kontext des Deuteronomiums, ohne direkte historische Ableitungen daraus zu machen. Für ihn musste die städtische also nicht unbedingt auf eine ländliche Phase gefolgt sein, sondern könnten beide Milieus auch nebeneinander bestanden haben. Eine Ausnahme bildet aber der Hinweis in 25,29(-34) auf eine ummauerte

---

[156] Vgl. *Nihan*, *Torah*, 524 Anm. 506; *Stackert*, *Torah*, 126.

[157] Vgl. *Nihan*, *Torah*, 524 Anm. 506.

[158] Vgl. zuletzt *Kilchör*, *Mosetora*, 126-155.

[159] Gründlich untersucht dies *Kilchör*, *Mosetora*, 126ff, und argumentiert dabei u. a. gegen *Stackert*, *Torah*, 120ff. Auch *Nihan*, *Torah*, 525, muss in seiner Besprechung dieser beiden Abschnitte das Deuteronomium notwendigerweise zunächst ausklammern.

[160] Bei *Hieke*, *Levitikus 16-27*, 994f, ist dann in der Tat eine Argumentation nachzulesen, die beschreibt, wie man in Lev 25 aus Ex 23,10f abgeschrieben und theologisch weitergearbeitet habe. Auch er zieht hierbei nicht zugleich auch Dtn 15 in Betracht, sondern arbeitet zunächst mit den beiden einander nahestehenden Textabschnitten Ex 23,10f und Lev 25,2-7.

[161] Vgl. *Joosten*, *Holiness Code*, 154ff.

Stadt, für den er einräumt, dass es sich um eine spätere Hinzufügung handeln könnte – eine Möglichkeit, aber keine zwingende Notwendigkeit, vor allem nicht, weil die Einheitlichkeit des Kapitels dadurch in Frage gestellt wäre.

(b) B. *Kilchör* antwortet auf das Argument des fehlenden Jobeljahres im Deuteronomium: „Das Fehlen einer Wiederholung dessen, was vorausgesetzt wird, bedeutet in keiner Weise, dass dieses zurückgewiesen wird."[162] Wollte man in diesem Punkt als gedankliches Experiment umgekehrt argumentieren, könnte einem auffallen, dass etwas, von dem es in einer gegebenen historischen Situation noch gar keine Vorstellung gibt, gar nicht „zurückgewiesen" werden *kann*. In einer Fußnote formuliert *Kilchör* dann verständlicher: „Nichterwähnung bedeutet nicht automatisch Unkenntnis".[163] Für unsere Zwecke ist aber ein Vergleich jener Teile von Lev 25, die das Bruderwort enthalten, mit den parallelen deuteronomischen Inhalten aussagekräftiger.

(c) Die Sklavenfreilassungsgesetze Ex 21,2-11, Dtn 15,12-18 und Lev 25,39-46 sind Schauplatz intensiver vergleichender Diskussionen.[164] *Kilchör* führt hier, wie auch sonst in seiner hier zitierten Monographie, die lexemischen Übereinstimmungen und Unterschiede dieser drei Texte tabellarisch an.[165] Er identifiziert „eine große sprachliche Nähe ... zwischen Ex 21,2 und Dtn 15,12",[166] listet aber auch die Übereinstimmungen zwischen Lev 25,39 und Dtn 15,12 auf. Nur Dtn 15,12 überschneide sich mit den beiden anderen Texten, während Dtn 15,13f deuteronomisches Sondergut sei.[167]

Ein dritter, im Großteil der Literatur zu Lev 25 und seinem Verhältnis zum deuteronomischen Gesetz im Grunde nicht erwogener Lösungsvorschlag bestünde darin, analog zur neutestamentlichen Hypothese zur Lösung des synoptischen Problems, die entsprechenden Inhalte des Bundesbuches in die Rolle einer Quelle ‚Q' zu setzen und dem Heiligkeitsgesetz sowie deuteronomischen Gesetz die Positionen der Evangelien von Matthäus und Lukas zuzuweisen. Zurzeit befindet sich die Pentateuchforschung in einer Umbruchsituation: die klassische Vierquellenhypothese bzw. Neuere Urkundenhypothese, die von den Quellen *J*, *E*, *Dtn* und *P* ausging, gilt bereits seit Jahren als weithin überholt, hauptsächlich im Hinblick auf die Quellen *J* und *E*.[168]

---

[162] *Kilchör, Mosetora*, 135.

[163] *Kilchör, Mosetora*, 135 Anm. 255.

[164] Vgl. hierzu besonders *Levinson*, "Manumission". Ausführlich die Angaben weiterführender Literatur bei *Kilchör, Mosetora*, 137 Anm. 261.

[165] Vgl. *Kilchör, Mosetora*, 138f.

[166] *Kilchör, Mosetora*, 138.

[167] Vgl. *Kilchör, Mosetora*, 140.

[168] Vgl. etwa *Zenger/Frevel*, „Theorien", 112: „Während die beiden späteren »Quellen« dieses Modells (Deuteronomium und Priesterschrift) immer noch einen relativ breiten Forschungskonsens (mit gewiss unterschiedlichen Einzelakzenten in Bezug auf Abgrenzung und Datierung) haben ... sind die ersten beiden »Quellen« (Jahwist und Elohist) höchst fragwürdig geworden bzw. werden in der jüngeren Forschung bezweifelt und

Ein stark vereinfachtes Modell, das mit sich *parallel zueinander* entwickelnden Quellen rechnet, könnte die im aktuellen Gespräch um Lev 25 bestehende Pattsituation etwas entschärfen. Oft findet der Leser, der sich um einen offenen und einigermaßen unvoreingenommenen Zugang zum Text bemüht, am Ende keinen schlüssigen Beweis in eine bestimmte Richtung. Auch die lexemischen Untersuchungen, die etwa *Kilchör* oder auch *Stackert* zur Lösung ebendieses Problems mit bewundernswerter Genauigkeit durchführen, bleiben nicht selten, wenn die Autoren miteinander ins Gespräch treten, in ihrer endgültigen Interpretation offen.[169]

Damit soll nicht gegen lexemische Untersuchungen polemisiert werden – im Gegenteil! Die Resultate der von *Kilchör* durchgeführten synoptischen Vergleiche können höchst fruchtbar eingesetzt werden. Ertragreicher sind sie allerdings eher im Kontext einer synchronen Textlektüre. Zu einem sich von einer Verstrickung in Einzelheiten loslösenden Vorschlag, wie er hier geboten wird, könnte folgende Beobachtung passen:

> Während die »klassische« Pentateuchkritik vor allem auf divergierende Einzelheiten im Pentateuch achtete, registriert die neuere Pentateuchforschung viel stärker unterschiedliche Gesamtkonzepte und theologische Vorstellungswelten.[170]

Die soeben gemachten Bemerkungen beziehen sich ausschließlich auf das Verhältnis von *Levitikus 25* zu den Parallelen im deuteronomischen Gesetz und im Bundesbuch. Anders aber gestaltet sich die Einschätzung des einzigen Bruderhinweises in *Levitikus 19* in seinem Verhältnis zum deuteronomischen Sozialgesetz.[171]

Sollte jetzt, wiederum als Gedankenexperiment, angenommen werden, dass unterschiedliche Autoren- oder Schreiberkreise mehr oder weniger zeitgleich ähnliche Themen (etwa die innerisraelitische Brüderlichkeit) in Angriff

---

z.T. kategorisch abgelehnt". Dennoch will neuerdings eine nordamerikanische Denkschule gerade diese These wieder neu reflektieren und bleibt dabei auch mit Kollegen aus Europa im Gespräch. Ein mit knapp 1200 Seiten sehr umfassendes Werk hierzu ist der von J. C. Gertz, B. Levinson, D. Ron-Shiloni und K. Schmid herausgegebene, 2016 erschienene Sammelband *The Formation of the Pentateuch: Bridging the Academic Cultures of Europe, Israel and North America*. Darin erscheinen Beiträge von den wichtigsten Vertretern dieses Gesprächs – neben den Herausgebern schließt die Gruppe u. a. auch D. P. Wright, D. M. Carr, A. Lange, J. Stackert, J. S. Baden, J.-P. Sonnet, S. Gesundheit, J. Joosten, W. M. Schniedewind, T. Römer, R. G. Kratz und B. D. Sommer mit ein. Vgl. *Gertz/Levinson* et al., *Formation*.

[169] Vgl. etwa die Kritik von *Kilchör* an *Stackert* in *Kilchör*, *Mosetora*, 122-125.132-135.

[170] *Zenger/Frevel*, „Theorien", 101.

[171] Vgl. hierzu die umfangreiche Untersuchung von *Braulik*, „Redaktion", 4ff. Mehr hierzu im Lichte der Exegese von Lev 19,17f im Exkurs: *Gewonnene Einsichten zur relativen Datierung der untersuchten Brudertexte aus Heiligkeitsgesetz und Deuteronomium*.

genommen und jene Texte verfasst haben, die wir jetzt als die hier untersuchten Brudertexte des Heiligkeitsgesetzes und deuteronomischen Gesetzes kennen, wird der Blick frei für jene texthistorischen Züge, die sich als eindeutig und am ehesten unumstritten herausstellen könnten. So etwa helfen uns außerbiblische Vergleichsmaterialien,[172] Dtn 13,7 als relativ sicheren Anfangspunkt für das theologische Nachdenken über die Brüderlichkeit anzunehmen.[173]

Die Entwicklung einer eigenständigen Bruderethik müsste sich von dort aus etappenweise vollzogen haben.[174] Dass eine einseitige Sicht der gedanklichen Entwicklungen zwischen Heiligkeitsgesetz und (nachexilischem) deuteronomischem Material zu kurz greift, hat jüngst E. *Otto* beschrieben:

> Der exegetische Befund der literarischen Relation zwischen Deuteronomium und Heiligkeitsgesetz ist komplexer und entspricht vielmehr dem zwischen Bundesbuch und Deuteronomium. Zwar wird das vordeuteronomische Gesetzeskorpus des »Bundesbuches« im deuteronomischen Deuteronomium rezipiert und revidiert … Zwar rezipiert das postpriesterschriftliche Heiligkeitsgesetz das deuteronomistische Deuteronomium, doch die Autoren der nachexilischen Fortschreibungen des Deuteronomiums suchen mit der Integration des Deuteronomiums in den nachexilisch-postpriesterschriftlichen Pentateuch den Ausgleich mit dem Heiligkeitsgesetz …[175]

Nach diesem Zitat bringt *Otto* Beispiele verschiedener solcher Verknüpfungen, u. a.: „Die Jobeljahrgesetze in Lev 25 [knüpfen an] die Erlassjahrbestimmungen in Dtn 15,1-11“[176] an. Bei den Bruderworten in Dtn 15,1-11 unterscheidet er zwischen einem Abschnitt, der dem „deuteronomischen Deuteronomium“ zuzurechnen ist, d. h. Dtn 15,2f,[177] und einem, der zur nachexilischen Fortschreibung des Deuteronomiums gehört: Dtn 15,4-6.[178] Er weist auch darauf hin, dass der Wortschatz im Heiligkeitsgesetz teilweise einen deuteronomischen Einfluss verrät. So etwa deutet die Formulierung ושמרתם מצותי ועשיתם אתם in Lev 22,31 auf eine Verbindung zum Deuteronomium.[179] Ähnlich der Satz in Lev 25,18: ועשיתם את־חקתי ואת־משפטי תשמרו ועשיתם אתם – dass

[172] Vgl. oben Kap. 3.3, besonders Abschnitt 3.3.3.

[173] Damit wird eine Antwort auf die (eher beiläufige) Feststellung von *Fabry* (vgl. „Deuteronomium 15“, 111) angeboten, dass die Herkunft der von ihm Geschwisterethik genannten Bruderethik nicht mehr eruierbar sei. Selbstverständlich bildet Dtn 13,7 nur die Keimzelle einer Sache, die von diesem Anfangspunkt aus eine lange Entwicklungsgeschichte vor sich hat.

[174] Vgl. hierzu *Otto, Deuteronomium 12-23*, 1352-1354.

[175] *Otto, Deuteronomium 12-23*, 1112f.

[176] *Otto, Deuteronomium 12-23*, 1113.

[177] Vgl. *Otto, Deuteronomium 12-23*, 1352.

[178] Vgl. *Otto, Deuteronomium 12-23*, 1353f.

[179] Vgl. *Otto, Deuteronomium 12-23*, 1113.

hier deuteronomische Sprache vorliegt, ist unübersehbar. Im Grunde gehört jedes Wort bzw. jede Phrase dieses Satzes zur deuteronomischen Formelsprache.

Es ist aber theoretisch ebenfalls möglich, dass es sich hier auch um eine umgekehrte Situation handeln kann. G. *Braulik* weist nämlich darauf hin, dass die deuteronomischen Formeln oft auch Anspielungen auf Textteile aus den Büchern Genesis bis Numeri oder aus anderen Korpora, z. B. den Psalmen, den Propheten oder gar den Chronikbüchern sein können. Wo diese dann in den ersten vier Büchern des Pentateuchs begegnen, muss es sich nicht unbedingt um Imitationen des deuteronomischen Sprachgebrauchs handeln, sondern könnten sie durchaus die ‚Originale' sein, die vom Deuteronomium aufgegriffen wurden. *Braulik* spricht in diesem Zusammenhang von „proto- bzw. prädeuteronomisch[en]" Redeweisen.[180] Im Hinblick auf die Beziehung zwischen dem Heiligkeitsgesetz und dem deuteronomischen Gesetz, die er insbesondere anhand der auch für uns interessanten sozialrechtlichen Kapitel Lev 19 und 25 sowie Dtn 15; 19-25 untersucht hat,[181] formuliert er:

> Die Abhängigkeitsrichtung zwischen Deuteronomium und Heiligkeitsgesetz ist von Text zu Text zu prüfen und dürfte mehrmals gewechselt haben.[182]

In den späteren exegetischen Abschnitten dieser Studie wird immer wieder auf das Wechselspiel zwischen einem wahrnehmbaren rein agrarischen und einem auf Handel ausgerichteten Texthintergrund hingewiesen. Dieser Unterschied kann zwar hilfreich sein, darf aber nicht verabsolutiert werden. So wird sich etwa in der synchronen Analyse von Lev 25 herausstellen, dass das Bruderwort in den rein ‚ländlichen' Textabschnitten des Kapitels stets fehlt, in Abschnitten mit einem vom Handel geprägten Wortschatz aber sogleich aufscheint. Dennoch bedeutet dies für Lev 25 nicht notwendig, dass die Textabschnitte mit rein agrarischem Wortschatz[183] separat entstanden oder besonders alt sein müssen. So beobachtet T. *Hieke* mit E. Meyer:

> Insbesondere das Thema des »Landes« spricht stark für eine nachexilische Entstehungszeit: »this text was generated amongst people who lost that land, who returned to it and who were scared of losing it again«.[184]

Ein weiteres textliches Indiz für eine zeitliche Nähe und eine parallele – vielleicht teilweise miteinander verbundene – Entwicklung beider brüderlichen Texttraditionen könnte das in Lev 25,23 angeführte ‚privilegrechtliche' Prinzip sein, dass das Land Gott allein gehört. Dieses Prinzip stimmt sowohl mit dem priesterlichen als auch deuteronomischen Gedankengut überein.

---

[180] Vgl. *Braulik*, „Buch", 161f.249.

[181] Vgl. dazu *Braulik*, „Redaktion", sowie *ders.*, „Weitere Beobachtungen".

[182] *Braulik*, „Redaktion", 3 Anm. 13.

[183] V. 2-7.8-13.18-22; vgl. Anhang 4.

[184] *Hieke*, *Levitikus 16-27*, 988.

So stehen zwei plausible Aussagen hinsichtlich der Chronologie der besprochenen Texte nebeneinander: ‚Die deuteronomische Sozialgesetzgebung kann einem nachexilischen Zeitrahmen zugeordnet werden' und ‚das Motiv des Landes deutet für Lev 25 auf eine nachexilische Entstehungszeit hin'. Dass diese Aussagen und somit die Arbeit der in ihrem Hintergrund stehenden Autoren zeitlich, eventuell auch geographisch und gedanklich nebeneinander stehen und einander naheliegen, ohne dass der eine Korpus vom anderen aufgegriffen wurde, sondern dass beide sich des Bundesbuches als Quelle bedient haben, ist *ausschließlich* ein Vorschlag zur Beantwortung der Frage der literarischen Relation *zwischen den Brudertexten in Lev 25 und im deuteronomischen Sozialgesetz*. Es ist nicht das Ziel der vorliegenden Studie, weitere Aussagen über die generelle Pentateuchtheorie zu machen.

Nach diesen wenigen Bemerkungen zur Diachronie der Brudertexte ist erneut die Wichtigkeit auch der synchronen Lektüre dieser Texte zu betonen. Warum gilt dies besonders für das Bruderthema? Weil es zur Eigenart des Deuteronomiums gehört, dass seine Theologie den Textinhalt so durchdringt, dass diese Verwobenheit für eine gründliche „Schlussbearbeitung"[185] des Textes spricht. Wie sehr diese Beobachtung gerade auf die Bruderthematik zutrifft, zeigt sich in einer Bemerkung zur generellen Pentateuchtheorie, in der die drei Gesetzeskorpora des Pentateuchs zusammenfassend nebeneinander gestellt werden:

> Die Makrostruktur der drei Korpora ist im Einzelnen unterschiedlich ausgestaltet, entsprechend der theologisch-rechtlichen Hauptidee, die dem jeweiligen Gesetzeskorpus zugrunde liegt (Bundesbuch: Schutz der Freiheit; Heiligkeitsgesetz: Heiligung des Alltags und der Welt; Deuteronomisches Gesetz: Verwirklichung geschwisterlicher Solidarität).[186]

---

[185] *Braulik*, „Buch", 161: „Ferner gibt es noch zu wenige *synchrone* Untersuchungen der Rechtstexte des Dtn. Sie sind gefordert, da das Dtn offenbar in einer Art Schlussbearbeitung juristisch systematisiert und sprachlich poliert worden ist."

[186] *Zenger/Frevel*, „Theorien", 100.

4 Die Sozialgesetzgebung des Deuteronomiums aus dem Blickwinkel der Brüderlichkeit[1]

Im Folgenden werden die Themen Schuldenerlass, Sklavenfreilassung und Zinsverbot in ihrer deuteronomischen Ausführung untersucht. In allen drei Fällen finden sich auch im Bundesbuch und im Heiligkeitsgesetz (Lev 25) Parallelen zum Deuteronomium. Die möglichen historischen Zusammenhänge der themenverwandten Abschnitte im Heiligkeitsgesetz sowie im deuteronomischen Gesetz werden hier und im Exkurs am Ende von Kapitel 6 noch einmal zusammenfassend aufgegriffen. Zunächst folgt hier aber eine synchrone Untersuchung der zutreffenden Texte im Deuteronomium. Zum deuteronomischen Sozialgesetz werden auch die Bestimmungen über die Pfandnahme und Auszahlung des Lohnes eines Tagelöhners gezählt, ebenso der Abschnitt über die Hilfe für den ‚Bruder' in der Form der Sorge um seinen aufgefundenen Besitz und eine Bestimmung gegen den Menschenraub.

4.1 Der Schuldenerlass

4.1.1 Exegese von Dtn 15,1-6

Übersetzung

1 Wenn sieben Jahre vorbei sind, sollst du einen Erlass durchführen. 2 Folgendes ist die Regelung für den Erlass: Jeder Schuldherr soll das erlassen, was er seinem Nächsten als Darlehen gegeben hat. Seinen Nächsten und seinen Bruder soll er nicht drängen, weil er einen Erlass vor JHWH ausgerufen hat. 3 Den Ausländer darfst du drängen, aber dem, der für dich ein Bruder ist, sollst du erlassen, 4 damit es bei dir keinen Armen gebe. Dann wird dich JHWH gewiss segnen in dem Land, das JHWH, dein Gott, dir als Erbteil gibt, um es in Besitz zu nehmen. 5 Nur musst du aufrichtig hören auf die Stimme JHWHs, deines Gottes, um dieses ganze Gebot zu bewahren und auszuführen, auf das ich dich heute eidlich verpflichte. 6 Dann wird JHWH, dein Gott, dich segnen, wie er dir versprochen hat, und du wirst gegen Pfand ausleihen an viele Nationen, selbst wirst du aber nichts zu verpfänden brauchen. Auch wirst du über viele Nationen herrschen, doch über dich werden sie nicht herrschen.

---

[1] Eine detaillierte Einführung in die wichtigsten der hier zu behandelnden Texte und ihre Thematik bietet *Gross*, „Gesetze".

In den zu behandelnden Abschnitten dieser gesamten Untersuchung haben wir durchgehend mit handelnden Personen oder Hauptakteuren zu rechnen, allen voran mit dem ‚Du' des Deuteronomiums, ebenso aber auch mit den Aktanten, welche eine rahmende oder unterstützende Rolle spielen: hier der Nächste (רע), der Ausländer (נכרי) oder der Arme (אביון). Diese Wörter vermitteln in den verschiedenen Texten immer wieder einen Mikrokosmos von Mächtigen und Ohnmächtigen, Nahestehenden und Fernbleibenden.

Dtn 15,1 Wenn sieben Jahre vorbei sind: Wie sich Dtn 15,1 zum gesamten Abschnitt 15,1-18 verhält, wird am eindrucksvollsten im folgenden Zitat erklärt:

> Dtn 15,2-18 besteht aus einer Reihe von Weiterführungen und Auslegungen des sie alle stimulierenden Grundgebotes am Kopf des Kapitels: „Nach Ablauf von (je) sieben Jahren sollst du eine שְׁמִטָּה veranstalten." Dieser Satz verhält sich wie der verlesene Text zur folgenden Predigt, die dann thematisch weit über den ursprünglich agrarischen Bezug des Gebotes hinausführt.[2]

Der Siebenjahreszyklus begegnet bereits in Ex 23,10f. In 23,11 wird eine Ackerbrache unter Verwendung des Verbes שמט angeordnet. Der Ertrag des Brachjahres soll den „Armen in deinem Volk" zugutekommen. Diese Anordnung wird auf zweierlei Weise im Deuteronomium aufgegriffen: als Schuldenerlassregelung in Dtn 15,1-6 und, der Sache nach, ohne Verwendung der Wurzel שמט, als Ermahnung in Dtn 24,19-21, eine auf dem Feld vergessene Garbe oder auch die Nachlese von Ölbaum und Weinberg den Fremden, Waisen und Witwen zu überlassen.

Dtn 15,1 sollst du einen Erlass durchführen: Das hebräische שמטה, hier mit ‚Erlass' übersetzt, bedeutet in den semitischen Sprachen ‚entgleiten', ‚entfernen', ‚losreißen' oder transitiv ‚loslassen', ‚losmachen', ‚ablösen'.[3] Die Aktionen, bei denen ein Joch von einer Schulter abgeschüttelt wird oder eine Hand sich öffnet, können beide mit Hilfe dieses Verbes beschrieben werden.[4] Der Wandel des Begriffs ‚Erlass' von einem rein agrarischen zu einem sozialrechtlichen Ter-

---

[2] *Perlitt*, „Volk", 54. Er fügt hinzu: „... auch im Anhang zum Bundesbuch ist die Anordnung der agrarischen Brache bereits sozial begründet und auf die אֶבְיֹנֵי עַמֶּךָ als Nutznießer zugespitzt – auf eben jene ‚Armen', deren Schäden dann (und darum) in Dtn 15,7-11 geheilt werden." In seinem Artikel fokussiert *Perlitt* stark auf die Beziehung zwischen אח – רע, während er das Zusammenspiel zwischen אביון – עני und dessen Koordination mit dem Bruderterminus innerhalb des Deuteronomiums (vgl. im Folgenden zu 15,1 sowie zu 15,7 und später in Kapitel 4.4) nur kurz erwähnt (vgl. *ders.*, „Volk", 56 Anm. 23; zu אביון – עני ausführlich *Lohfink*, „Entwurf", 33f).

[3] Vgl. *Mulder*, שמט, 199; *Gesenius/Donner*, 1377.

[4] Vgl. *Weinfeld*, "Sabbatical Year", 54 Anm. 65.

minus lässt sich nur im Kontext von Israels Vorgeschichte verstehen. In vorstaatlicher Zeit setzte sich die Gesellschaft vor allem aus Kleinbauern und Hirten zusammen, war somit mehr oder weniger egalitär aufgebaut.[5] Jede Familie hatte eine נחלה, ihren unverkäuflichen Erbbesitz. Unverkäuflich war die נחלה deshalb, um zu verhindern, dass das Land in die Hände einzelner Familien von Großgrundbesitzern gelangte. Prinzipiell war sein eigentlicher Eigentümer JHWH selbst.[6] Das Verbot, das Land endgültig zu verkaufen, ist somit ein privilegrechtliches Verbot, das die Macht der einzelnen Erfolgreichen einschränken will, insofern ihr wachsender Landbesitz die sozial Schwachen zu Grunde gehen lässt.

Seit dem 8. Jh. war dieses Prinzip aber immer mehr missachtet worden. Eine Schicht von Beamten, Offizieren und Kaufleuten war zunehmend zu Großgrundbesitzern und Schuldherrn geworden, während jene Kleinbauern, die aufgrund von Missernten und anderen persönlichen oder natürlichen Katastrophen in Schuld geraten waren, immer häufiger zu den Schuldknechten ihrer Kreditgeber wurden.[7] Dtn 15,12-18 verhilft denjenigen, die bereits ihr Hab und Gut, ihre Kinder und schließlich sich selbst auf diese Weise verkaufen mussten, zu einem selbständigen Neubeginn. Die Situation derjenigen, die zwar noch nicht so sehr in die Zwänge des gängigen Kreditrechts geraten waren, jedoch bereits ihre ersten Schulden gemacht hatten, wird in Dtn 15,1-11 angesprochen.[8]

Relativ unumstritten ist in der Literatur die primäre zeitliche Positionierung von Ex 23,10f.[9] Das fünfmal in Dtn 15,1-3 verwendete Wort שמט deutet ursprünglich auf die im agrarischen Kontext beheimatete Ackerbrache (vgl. Ex 23,10f).[10] Bereits die Bestimmung im Bundesbuch enthält ein Element, das darauf hindeutet, dass die Ausbeutung des Bodens durch Überbewirtschaftung aufgrund der ‚Bioethik' JHWHs vermieden werden soll. Zu dieser ‚Bioethik' wird eine Sozialethik hinzugefügt: im Brachjahr haben die Armen im Volk und nach ihnen die Tiere des Feldes das Nutzungsrecht des Wildwuchses. שמט findet sich nicht in dem Ex 23,10f thematisch viel näheren Abschnitt Lev 25,2-7.[11] In Dtn 15,1-3 wird שמט allerdings in übertragener Bedeutung verwendet,

---

[5] Vgl. *Albertz*, „Tora Gottes", 290f.

[6] Vgl. oben Kapitel 3.4.

[7] Vgl. hierzu ausführlich *Kessler*, „Wirtschaftsrecht", *passim*.

[8] Vgl. *Lohfink*, „Entwurf", 31ff.

[9] Vgl. hierzu *Stackert*, *Torah*, 115, der Chirichigno, Paran und Milgrom, die diese Position vertreten, zitiert. In seiner Auflistung steht lediglich Van Seters für die Gegenmeinung; vgl. ferner auch *Kilchör*, *Mosetora*, 126.

[10] Vgl. *Mulder*, שמט, 200.

[11] Vgl. auch *Kilchör*, *Mosetora*, 126ff. Umgekehrt argumentiert *Stackert*, *Torah*, 126: "To suggest that D here borrows from H also requires the assumption that the D author divorces the concepts of Sabbath and release that are so firmly wedded in Lev 25, discards Sabbath completely, and reintroduces the root *שמט, understood literally, into

da es sich in diesem Passus nicht mehr, wie in Ex 23,10f und Lev 25,2-7, um eine physische Brache bzw. Sabbatruhe für das Land handelt[12], sondern um einen Erlass der Kredite, welche die Armen in Israel ihren Schuldherren gegenüber verpflichten. So wie also der Boden nicht ausgebeutet werden darf, weil er JHWH gehört, dürfen auch JHWHs Menschen nicht ausgebeutet und schließlich als billige Arbeitskräfte ausgenützt werden.

Dtn 15,2 Jeder Schuldherr: Die Bedeutung der Phrase שָׁמוֹט כָּל־בַּעַל מַשֵּׁה יָדוֹ ist bereits vielfach diskutiert worden. Schon die Zuordnung des Wortes מַשֵּׁה erscheint problematisch: ist בַּעַל מַשֵּׁה oder מַשֵּׁה יָדוֹ[13] zu lesen?

W. *Morrow* geht davon aus,[14] dass בַּעַל nicht, wie häufig angenommen, von מַשֵּׁה näher bestimmt wird, sondern absolut steht. Die Übersetzung würde somit buchstäblich lauten: ‚Jeder Herr lässt das Darlehen seiner Hand los'. *Morrow* übersetzt jedoch: "every creditor must remit his personal loan"[15]. Wenn er diese Übersetzung verteidigen will, muss er beweisen können, dass das Wort בַּעַל allein auch "creditor", Schuldherr, bedeuten kann. Diesen Beweis erbringt er aber nicht. Als Beleg dafür, dass בַּעַל selbständig stehen kann, wenn klar ist, worauf es sich bezieht, erwähnt er Lev 21,4.[16] Es ist zwar so, dass בַּעַל in Lev 21,4 absolut steht, allerdings ist keineswegs klar, wofür das Wort dort steht. In den Übersetzungen finden sich unterschiedliche Wiedergaben: ‚Ehemann' (*as getroude man*) (AB1933), ‚Hauptmann' (*a chief man [among his people]*) (NKJV), oder בַּעַל wird, inhaltlich an 21,3 anschließend, in einen verwandtschaftlichen Kontext eingetragen (EÜ).[17]

---

his conception of release. Moreover, this hypothesis requires the D author to reject completely H's legislation on the Jubilee, which is so intimately related to seventh-year release in Lev 25".

[12] Umgekehrt betrachtet auch dies *Stackert*, *Torah*, 125f. Für ihn stellt שׁמט in D einen wörtlichen Gebrauch dar, während שׁבת in H als anthropomorph und metaphorisch gilt. Dennoch erkennt er auch an, dass שׁמט in Dtn 15 in einem fiskalischen Kontext neu eingekleidet wird und somit nicht mehr auf die konkrete Landbrache hindeutet. Unmittelbar darauf präzisiert er wieder, dass die Wurzel hier ihre Grundbedeutung "stripping, dropping, releasing" behält und kontextuell wörtlich zu verstehen ist.

[13] So *Gesenius/Donner*, 749.854.

[14] Vgl. *Morrow*, *Center*, 92f.

[15] *Morrow*, *Center*, 91.

[16] לֹא יִטַּמָּא בַּעַל בְּעַמָּיו לְהֵחַלּוֹ׃

[17] Bei der ähnlich angelegten Wiedergabe von *Milgrom*, *Leviticus 17-22*, 1791.1800, ist zunächst nicht eindeutig, ob das Wort sich auf den Priester selbst oder auf den Ehemann seiner Schwester bezieht. Nachdem er vier mögliche Erklärungsversuche aus der Tradition aufgelistet hat, entscheidet er sich mit M. Paran für eine Lösung, die בַּעַל in Lev 21,4 als (partielle) Dittographie versteht und daher gelöscht werden soll. Er findet die Lösung gerade deshalb attraktiv, weil בַּעַל nicht absolut, sondern bevorzugt in einer

Das Wort בעל wird in den drei Gesetzeskorpora des Alten Testaments auf drei Weisen verwendet: als Teil eines Eigen- bzw. Ortsnamens[18], als Nomen, das im *status constructus* in einer Genitivkonstruktion steht und somit entweder von einem zweiten Nomen oder von einem unselbständigen Personalpronomen näher bestimmt wird[19], oder als absolut gebrauchtes Nomen.[20] Die absolute Verwendung von בעל betrifft in den Gesetzestexten und auch sonst im Alten Testament ausschließlich die Ehe:[21] nur ein Ehemann kann mit absolut gebrauchtem בעל bezeichnet werden.[22] Wo sonst im Alten Testament von Schuldherrn die Rede ist, wird stets das Qal-Partizipium von נשׁה/נשׁא verwendet und nie ein selbständig stehendes בעל.[23] Ein weiteres Argument gegen *Morrows* Interpretation des absoluten Gebrauchs von בעל besteht darin, dass Berufe, Beschäftigungen oder Personenbezeichnungen mit בעל in einer Genitivkonstruktion ausgedrückt werden können.[24] Die Bezeichnung eines Schuldherrn nicht mit dem Qal-Partizipium von נשׁה/נשׁא, sondern mit der Kombination בעל משׁה, ist also durchaus plausibel, wenn auch nicht allgemein üblich.

Constructusverbindung auftritt. Auch *Gesenius/Donner*, 162, bieten dafür keine eindeutige Übersetzung. *Koehler/Baumgartner* 2004 I, 137, schlagen „Eheherr“ vor.

[18] Vgl. z. B. Gen 36,38f; Ex 14,2.9; Num 22,41; Dtn 4,3.

[19] Vgl. z. B. Gen 37,19; Ex 21,34; 22,7; 24,14. בעל kann also entweder von konkreten (בית, בור) oder von abstrakten Nomina (חלמות, דברים) näher bestimmt werden.

[20] Vgl. Gen 20,3; Lev 21,4; Dtn 22,22. In Gen 20,3 und Dtn 22,22 steht בעל zwar im *status absolutus*, jedoch in beiden Fällen als *nomen rectum* in der Genitivkonstruktion בעלת־בעל. Wie wir bei J. *Milgrom* gesehen haben (vgl. o. Anm. 18), ist auch der absolute Gebrauch in Lev 21,4 umstritten.

[21] Mehr zum בעל als Ehemann bei *Schäfer-Lichtenberger*, „Beobachtungen“, 97.

[22] בעל in einer Genitivkonstruktion mit אשׁה kann jedoch ebenfalls den Ehemann bezeichnen (vgl. Ex 21,3.22). In Joël 1,8 steht בעל grammatikalisch gesehen zwar in einer Genitivkonstruktion, das näher bestimmende Nomen hat aber eine temporale Bedeutung mit einer implizit adverbialen Wirkung. Dieser בעל ist also ein selbständiges Nomen und einfach auch als Ehemann (in diesem Fall: Bräutigam) zu verstehen.

[23] Vgl. z. B. Ex 22,24; 2 Kön 4,1; Ps 109,11; Jes 24,2.

[24] Vgl. z. B. Jer 37,13 (בעל פקדת, Wachhabender); Jes 50,8 (בעל משׁפט, Gegner im Rechtsstreit); Esra 4,8.9.17 (בעל־טעם, Befehlshaber). Auch im Akkadischen (die hier angeführten Beispiele stammen aus dem Neuassyrisch-Neubabylonischen) ist dieser Gebrauch zahlreich belegt, etwa das in den VTE verwendete *bēl qin'i / qi''i* (Eifersüchtiger, Neider; wörtl. „Besitzer von Eifersucht“) oder *bēl dabābi* (Gerichtsgegner; wörtl. „Herr des Streits“); vgl. dazu *Frahm*, „Brüder“, 36. *Frahm* (vgl. ebd., 44f) zitiert auch den *bēl rīdi*, der in einem assyrischen rituellen Beschwörungstext als Verfolger, Rebell und Lästerer auftritt – eine Verwendung, in der die Substantivierung unter einem Begriff zweier in einer Genitivkonstruktion auftretender Nomina, bei der das erste stets *bēl* ist, bereits weit fortgeschritten ist und als gegeben akzeptiert werden kann.

Aufgrund seines Arguments, dass בעל absolut stehen könne, sowie aufgrund von Textverweisen wie Dtn 16,17, Jer 34,1 und Ps 95,7 liest *Morrow* die Phrase משה ידו als Einheit.[25] Demgegenüber ist aber eher שמוט ... ידו zu verstehen. Ein vergleichbarer Sprachgebrauch wäre das akkadische *qātam nadû* (die Hand loslassen) und später das lateinische *manu mittere* (freilassen) oder auch *manu capere* (ergreifen).[26] Die hier verwendete grammatikalische Konstruktion wird so mehrfach im Alten Testament verwendet.[27] Die Interpretation dieser Phrase durch E. *Otto* führt auch zu einer Kombination von בעל mit משה. Für ihn entspricht בעל משה dem akkadischen *bēl ḫubulli(m)*, „Gläubiger".[28] Dieser soll, entsprechend dem grammatikalisch in diesem Satz „übriggebliebenen" שמוט ... ידו die Hand „ruhen lassen": *aḫa(m) nadû(m)/nadāʼu*, während diese Assoziationen noch einmal dadurch verstärkt werden, dass das akkadische *nadû* auch mit dem Feld oder Erdboden als Subjekt auftreten kann: *qaqqara(m)/eqla(m) nadû*, ein Ausdruck, der wie שמט mit „brach liegen lassen" wiedergegeben werden kann.[29] Dem *infinitivus absolutus* (שמוט) als Stellvertreter des finiten Verbes werden sowohl das Subjektsnomen (כל־בעל משה) als auch das Objektsnomen (ידו) beigefügt. Diese grammatikalische Form wird vor allem in Gesetzen mit dem Charakter eines Edikts oder einer Proklamation verwendet.[30]

In Lev 25,14 ist יד in einer ähnlichen, jedoch nicht identischen Konstruktion anzutreffen. In der Phrase קנה מיד עמיתך fungiert der *infinitivus absolutus* (קנה) als Ersatz für das finite Verb, dieses Mal nicht mit יד als Objekt, sondern in einer präpositionalen Dativkonstruktion. Der von beiden Texten geteilte wirtschaftliche Kontext verstärkt die Ähnlichkeit der beiden Phrasen in Dtn 15,2 und Lev 25,14. Besonders bemerkenswert ist, dass der ‚Bruder' wie in Dtn 15,2 auch in Lev 25,14 vorkommt.

Zwei weitere Vergleichsmöglichkeiten für den selbständigen Gebrauch von יד bieten die Verse Lev 25,26.28a.c. Hilfreich sind die beiden Stellen deshalb, weil ihr Kontext ebenfalls Dtn 15,2 ähnelt. Ein Mann hat seinen Grundbesitz verkauft, weil er in Schuld geraten ist. Da das Land aber nicht einem Menschen, sondern prinzipiell JHWH gehört, besteht kraft der Verordnung

---

[25] Vgl. *Morrow, Center*, 92. An sich spricht zwar nichts Schwerwiegendes gegen diese Lesung, jedoch ist die dadurch erzwungene Interpretation von בעל nicht mit dem gängigen bibelhebräischen Sprachgebrauch, wie oben diskutiert, zu vereinbaren.

[26] Vgl. *Weinfeld*, "Sabbatical Year", 47.

[27] Vgl. *Gesenius/Kautzsch*, 361, § gg, für Texthinweise auf die Verwendung mit dem *infinitivus absolutus* als Ersatz für das finite Verb mit Subjektsnomen oder Objektsnomen oder auch für beide.

[28] Vgl. *Otto, Deuteronomium 12-23*, 1329, mit Berufung auf CH §§ 48:11; vgl. auch ausführlich ebd., 1339. Entsprechend liest er שמט („das die Grundbedeutung »loslassen« hat" [*ebd.*]) und יד in Verbindung miteinander.

[29] Vgl. *Otto, Deuteronomium 12-23*, 1339, mit dem Hinweis auf CAD N/I, 96.

[30] Vgl. *Weinfeld*, "Sabbatical Year", 47f.

JHWHs das Recht, dass der in Schuld Geratene, sollte er wieder die Mittel dazu bekommen, seinen Besitz zurückkaufen darf, und zwar abzüglich eines Betrags, welcher entsprechend der Anzahl der inzwischen vom Käufer eingebrachten Erträge berechnet wird. Der Fall, in dem der Verkäufer die Mittel zum Rückkauf wieder aufbringt[31] oder auch nicht[32], wird nun folgendermaßen beschrieben:

והשׂיגה ידו ומצא כדי גאלתו (Lev 25,26)

ואם לא־מצאה ידו די השׁיב לו (Lev 25,28a)

Die Verse Lev 25,26.28 gehören zu einem Gesetzesparagraphen, der in Lev 25,25 mit folgender Bestimmung eingeleitet wird: *Wenn dein Bruder verarmt und von seinem Besitz verkauft, soll sein ihm verwandter Löser an seiner Stelle kommen und das, was sein Bruder verkauft hat, auslösen.* Wie Dtn 15,2 und Lev 25,14 stehen also auch diese beiden יד-Verse in direkter Assoziation mit dem ‚Bruder'.

Warum sind nun das Wort יד und die subtilen Möglichkeiten seiner Verwendung in Dtn 15 und Lev 25 für die Interpretation des Bruderbegriffs so wichtig? Die Frage ist sowohl auf der Basis des biblischen Textes als auch aufgrund außerbiblischen Vergleichsmaterials zu beantworten.[33] In den vier hier behandelten Textverweisen[34] werden אח und יד jeweils verwendet, um Vorgänge in Fällen von Verschuldungen und deren Auslösung zu beschreiben. In Lev 25,14.26.28a verweist יד stets auf die Kraft, die dem Schuldner eignet, um an seinem Besitz festzuhalten bzw. auf seinen Besitz zurückzugreifen: man kauft *aus seiner Hand*[35], er bekommt seine finanzielle Situation wieder *‚in den Griff'*[36], oder aber *seine Hand* findet nicht die nötigen Mittel für den Rückkauf (d. h., er verfügt nicht über die notwendige Kaufkraft)[37]. In Lev 25,28c handelt es sich um die Hand des Käufers, weshalb ביד hier einfach mit ‚im Besitz' übersetzt werden kann.

Bezüglich Dtn 15,2 wird immer wieder die Frage gestellt, von wessen Hand die Rede sei: von der des Gläubigers oder der des Schuldners.[38] *North* meint, dass die Hand die Kraft bzw. Macht des Schuldherrn symbolisiere.[39] Als Bestätigung dieser Ansicht und auch der oben vorgeschlagenen Lesung von Dtn

---

[31] Vgl. Lev 25,26.

[32] Vgl. Lev 25,28a.

[33] *North*, "*Yâd*", 198f, bezieht sich für wertvolle Informationen aus dem babylonisch-assyrischen Bürgschaftsrecht auf *Koschaker*, *Bürgschaftsrecht*.

[34] Dtn 15,2; Lev 25,14.26.28a.

[35] Lev 25,14.

[36] Lev 25,26.

[37] Lev 25,28a.

[38] Vgl. *North*, "*Yâd*", 197.

[39] *North*, "*Yâd*", 199: "Lexically, therefore, *yâd* is 'power', referring to the temporary dominion or control exercised by the holder of the pledge."

15,2 kann 15,3[40] auf einfache Weise hilfreich sein. Wieder kommt das Verbum שמט vor, wobei hier eindeutig der Mächtige, d. h. der Schuldherr, aufgefordert wird, seine Hand loszulassen.[41] Obwohl also einerseits die Hand die Kraft, die Macht oder die Kaufkraft des *Schuldners* andeuten kann (vgl. Lev 25,14.26. 28), ist andererseits in Dtn 15,2 darunter wohl die Macht des *Schuldherrn* zu verstehen. Das Schöne an den Levitikustexten besteht darin, dass auch der Schuldner nie gänzlich seiner Kraft beraubt wird. Die Chance auf Befreiung, sei es ‚aus eigener Hand', sei es mit Hilfe eines Lösers, bleibt für ihn ‚zum Greifen nahe'.

Die von *North* in seiner Konklusion verwendete Phrase "the holder of the pledge" eilt dem hebräischen Text aber voraus,[42] denn in Dtn 15,2 bedeutet die dort verwendete Wurzel נשׁה/נשׁא vorerst nur ‚ausleihen'.[43] Erst in Dtn 15,6 erscheint die Wurzel עבט, welche konkret ein Verhältnis der Pfandgabe und Pfandnahme andeutet.[44] Weder im Bundesbuch noch im Heiligkeitsgesetz kommt die Wurzel עבט zum Einsatz. Im Deuteronomium ist sie aber gehäuft in den sozialrechtlichen Abschnitten 15,1-11 und 24,10-13 zu finden.[45] Auch Formen von נשׁה/נשׁא sind fünfmal gerade in diesen beiden Abschnitten und sonst an keiner anderen Stelle im Deuteronomium anzutreffen.[46]

Aufgrund des Fehlens der Erwähnung von Zinsen[47] und unter Berücksichtigung des gesamten Kontextes kann jedoch mit Vorsicht für Dtn 15,2 abgeleitet werden, dass das Geschäft möglicherweise auch durch Pfandgabe dem Gläubiger attraktiv gemacht wurde.

Normalerweise wurde entweder der Boden oder eine Person als Pfand, genauer, als Bürgschaft gegeben.[48] Da aber JHWH letztlich sowohl über das Land als auch seine Bewohner verfügt,[49] kann nie von einer absoluten Macht des Kreditgebers über den Schuldner die Rede sein. Die Beschränkung dieser Macht wird durch die Bestimmungen für das Jobeljahr in Lev 25,8-13.23ff vervollständigt.

Dtn 15,2 Seinen Nächsten und seinen Bruder soll er nicht drängen: Dtn 15,1-6 geht davon aus, dass der Angesprochene auch der Mächtige, der Schuldherr ist.[50]

---

[40] את־הנכרי תגשׂ ואשׁר יהיה לך את־אחיך תשׁמט ידך:

[41] Vgl. *Otto, Deuteronomium 12-23*, 1329.

[42] Diese Übersetzung wurde möglicherweise von *Koschaker, Bürgschaftsrecht*, 17ff.219f, beeinflusst, der den Zusammenhang zwischen *qātu/qâtu* und Bürgschaft hervorhebt.

[43] Vgl. *Gesenius/Donner*, 854.

[44] Vgl. *Gesenius/Donner*, 913.

[45] Insgesamt neunmal, und zwar je zweimal in 15,6.8; 24,10 und je einmal in 24,11-13. Vgl. auch Anhang 3.

[46] 15,2^(2x)^; 24,10^(2x)^.11. Vgl. wiederum Anhang 3.

[47] Vgl. Dtn 23,20f; Lev 25,35-38.

[48] Dtn 15,12; Lev 25,23-25.39.47.

[49] Vgl. Lev 25,23.

[50] Vgl. *Kessler*, „Gôjim", 85f.

V. 2 bildet im gesamten Gesetzesparagraphen eine Ausnahme, indem hier in der 3. Person geredet wird, während sonst durchgehend die Anrede in der 2. Person verwendet wird. V. 2 wird allerdings mit einer Art Überschrift versehen, welche die Verwendung der 3. Person erklären kann: *Folgendes ist die Regelung für den Erlass …* Wenn darin der Schuldherr erwähnt wird, wie soeben auch auf exegetischem Weg genauer untersucht wurde, dann liegt es nahe, dass das ‚Du' des gesamten Gesetzesparagraphen sich auf ebendiesen Schuldherrn bezieht. Damit wird aber nicht geleugnet, dass das ‚Du' im Deuteronomium generell einen kollektiven Charakter hat.[51] Dementsprechend wird in V. 2 zwar eine theoretische Einzelperson, nämlich der Schuldherr, angesprochen, die aber gleichzeitig einer Gruppe angehört: der Gruppe der Wohlhabenden innerhalb Israels.

Für die in (ökonomischer) Schuld stehende Partei werden demgegenüber in den Versen 1-3 drei Bezeichnungen verwendet: רע, אח und נכרי. Letztgenannter bezieht sich auf den Ausländer, welcher allerdings den Bestimmungen dieses Abschnittes nicht unterliegt. Somit ist hier insbesondere der רע sowie sein Verhältnis zum אח von Interesse. Die beiden Wörter, so wird aus dem Kontext Dtn 15,1-18 klar, bezeichnen dieselbe Person.[52] Das Waw in der Wendung את־רעהו ואת־אחיו ist somit am besten als *waw explicativum* zu interpretieren.[53]

Nicht nur אח, sondern auch רע wird, so scheint es, bewusst programmatisch angewendet, denn רע kommt vierzehnmal (= 2x7) im Deuteronomium vor. Allerdings stellt Dtn 15,2 innerhalb des Deuteronomiums die einzige Stelle dar, an der אח und רע dieselbe Person bezeichnen.[54] Gegen die Behauptung, die Kombination von אח und רע diene dazu, jede mögliche wirtschaftliche Beziehung im Lande Israel anzudeuten,[55] spricht die Interpretation der parallel und auf der Ebene der Endredaktion des Deuteronomiums gelesenen sozialrechtlichen Brudertexte. Die Beziehung zwischen den beiden Termini lässt sich folgendermaßen beschreiben:

> ‚Dein Bruder' ist also eine religiös zentrale und durchaus emotional gefärbte Näherbestimmung des Traditionsausdrucks ‚dein Nachbar/Nächster'. Diese Akzentverschiebung ist gerade nicht aus einer ethnischen oder

---

[51] *Ebach, Fremde*, 131-135, untersucht das ‚Du' und legt dessen (kollektive) Identität dar.

[52] Vgl. allerdings unten im Rahmen der Exegese von Dtn 25,5-10 die Bemerkungen zur Textkritik von Dtn 15,2, את־רעהו ואת־אחיו, im Lichte des Gebrauchs des Wortes זר im Sprichwörterbuch im Kontext einer finanziellen Transaktion zwischen verschiedenen Parteien.

[53] Vgl. *Christensen, Deuteronomy 1-21*, 312.

[54] Auch in 13,7 stehen beide Termini im selben Vers, bezeichnen dort jedoch zwei unterschiedliche Personen. In der Exegese von Lev 19,17f wird sich zeigen, dass אח und רע dort in theologisch besonders bedeutungsvoller Weise auf dieselbe Person deuten.

[55] Vgl. *Christensen, Deuteronomy 1-21*, 312; auch *Hamilton, Justice*, 37.

> nationalistischen Intention, sondern aus dem Willen zur Vertiefung der Mitmenschlichkeit derer zu verstehen, die allesamt von der befreienden Liebe Gottes leben.[56]

Hier müssen wir allerdings vorsichtig sein, nicht die heutigen, historisch belasteten Konnotationen rund um den Begriffen ‚ethnisch' und ‚nationalistisch' in die Intention des Textes einzutragen. Aus verständlichen Gründen fällt es uns heute schwer, den Volksbegriff auf ausgeglichener Weise anzuwenden. Allerdings müssen wir uns bewusst sein, dass ‚Volk' für Israel zugleich ‚Zugehörigkeit zur Glaubensgemeinschaft' bedeutete. Es geht also hier kaum um eine allgemeine oder gar universalistische Mitmenschlichkeit, sondern um eine Gemeinschaft derer, die „allesamt von der befreienden Liebe Gottes leben".[57]

Die häufige Kombination von אח mit den Bezeichnungen für einen Armen und Elenden, אביון und עני,[58] scheint aber theologisch sogar noch wichtiger zu sein und deutet darauf hin, dass der אח in den sozialrechtlichen Bestimmungen des Deuteronomiums nicht jeder Israelit schlechthin, sondern der *arme*, der *hilfsbedürftige* Israelit ist.[59] In Dtn 15,2 erfüllt אח also eine paränetische Funktion:[60]

> Die beiden Termini אביון und עני stehen im Deuteronomium nur in jenen Gesetzen, die dem Problemfeld »Verschuldungsvorgang« zugeordnet sind. Das ist ein erstaunliches Faktum.[61]

Für den Terminus אח gilt weiters, dass er, da er in Dtn 15 und 24 in Übereinstimmung mit den beiden den Armen bezeichnenden Termini auftritt, in einem wirtschaftlichen Kontext aufscheint, aber immer genau dort, wo landwirtschaftlicher Sprachgebrauch vorherrscht, fehlt. Dieses Phänomen ist, wie die Exegese des betreffenden Kapitels illustrieren wird, massiv in Lev 25 zu beobachten. Die Gruppe גר, יתום und אלמנה, welche nie gemeinsam mit dem ‚Bru-

---

[56] *Perlitt*, „Volk", 64.

[57] Ebd. Vgl. ferner zum Volksbegriff auch J. *Friedl*, "Kingship and 'State'", 233-237.

[58] אביון erscheint in Dtn 15,4.7$^{(2x)}$.9.11$^{(2x)}$; 24,14; עני in Dtn 15,11; 24,12.14.15 (vgl. *Lohfink*, „Entwurf", 30) und אח u. a. in Dtn 15,7$^{(2x)}$.9.11; 24,14. Diese Texte gehören alle dem deuteronomischen Sozialrecht an.

[59] *Perlitt*, „Volk", 56, hält fest: „In Dtn 15 ist der Bruder also nicht der Blutsverwandte, Freund oder Kollege, sondern der Nächste, der Arme, der Hebräer, kurz: der Mitmensch." In Dtn 15 *ist* der Bruder der Arme schlechthin; er steht selbständig als *terminus technicus* in einer ausgedehnten Paränese, die gezielt von der Hilfe für Arme handelt. Wiederum gilt aber auch hier die Nachfrage, ob es der deuteronomischen Intention entspricht, den Bruder mit dem Mitmenschen (im Allgemeinen) zu identifizieren. Es bleibt die Rahmenbedingung der Zugehörigkeit zum Volk, d. h. zur Glaubensgemeinschaft, aufrecht.

[60] Vgl. weiters zu Dtn 15,7 sowie unter den Kapiteln „Der Bruder als Armer" I und II (zur Exegese von Dtn 24,10ff sowie von Lev 25,25-34).

[61] *Lohfink*, „Entwurf", 33.

der' auftritt, jedoch ähnlich wie der אח ein sozialethisches Signal setzt, ist wiederum im (agrarischen) Kontext des in jedem dritten Jahr ins Heiligtum zu bringenden Zehnten, des Wochen- und Herbstfestes sowie der Ernte anzutreffen.[62]

Dtn 15,3 Den Ausländer darfst du drängen, aber dem, der für dich ein Bruder ist[63], *sollst du erlassen:* Der Kontrast zwischen dem ‚Bruder', der geschont werden soll, und dem Ausländer[64], der genötigt werden darf, bestätigt für Dtn 15,1-6, dass der ‚Bruder' ein Volksgenosse ist. Dieser Satz kommt in fast genau derselben Weise auch in Dtn 23,21 vor: *Einem Ausländer darfst du Zinsen auflegen, aber deinem Bruder darfst du keine Zinsen auflegen*, und die für Dtn 15,3 gültigen Prinzipien gelten ebenso für 23,21. Die Frage, ob die Erlaubnis, den Ausländer im Unterschied zum eigenen ‚Bruder' zur Kasse zu bitten, ein Indiz für eine entstehende unterschiedliche Außen- und Binnenmoral ist, die sich dann später im Judentum ausbreitete, wie der Vorwurf Max Webers lautet, wurde ausführlich von H.-J. *Fabry* behandelt und entschärft.[65] D. *Christensen* argumentiert ebenfalls gegen eine Diskriminierung von Ausländern und zitiert dabei Y. Gitay:

---

[62] Vgl. *Lohfink*, „Entwurf", 34; ferner auch für den breiteren Kontext der Armenbestimmungen in Dtn 15 und 24 *Braulik*, „Gesellschaft", 569-573.

[63] Eine Übersetzungsalternative wäre, dass nicht dem, der „für dich" (לך) *ein Bruder ist* (את־אחיך) (etwas) erlassen wird (so interpretiert es die NLB: *dem, der dein Bruder ist, sollst du es erlassen* – d. h., bei diesem Verständnis wird את als Akkusativpartikel gelesen), sondern dass das, was „dir gehört" (לך) *bei deinem Bruder* (את wird hier als Präposition ‚mit', ‚bei' gelesen), erlassen werden soll. In diese Richtung deutet die Wiedergabe der Einheitsübersetzung: *Wenn es sich aber um deinen Bruder handelt, dann lass deinen Vermögensteil brachliegen!* NLB2017 weist hier eine Änderung auf, die das Verständnis von את in die Richtung der Einheitsübersetzung umpolt. Man liest jetzt: ... *was du deinem Bruder geborgt hast, sollst du ihm erlassen*. (Darin weichen die Überarbeiter von NLB2017 vom lutherschen Wortlaut ab, denn original heißt es bei Luther schlicht, wie noch in der NLB zu lesen ist: *dem, der dein Bruder ist, solltu es erlassen* [WA 8, 607].) Nach dem präpositionalen Verständnis übersetzt eindeutig *Otto, Deuteronomium 12-23*, 1328: *Was aber bei deinem Bruder dir gehört, soll deine Hand erlassen*. Präpositional wird את bereits in der LXX verstanden: ὅσα ἐὰν ᾖ σοι παρ' αὐτῷ τοῦ ἀδελφοῦ σου. Die Motivierung für die Interpretation von את als Akkusativpartikel findet sich in der parallel gestalteten Formulierung in Dtn 23,21: לנכרי תשיך ולאחיך לא תשיך. Hier wird dem ‚Bruder' eindeutig etwas gegönnt bzw. wird er von etwas verschont. Die Zinsen werden ihm ‚erlassen', und zwar nicht in einem zeitlich rhythmischen Ablauf, sondern grundsätzlich, für alle Zeit. Die ל-Partikel fungiert hier im Grunde gleich wie die akkusativisch verstandene את-Partikel in 15,3.

[64] Der נכרי ist vom Fremden (גר), vom Halbbürger (תושב) sowie vom Lohnarbeiter (שׂכיר) zu unterscheiden; vgl. z. B. Lev 25,35.40.47; Dtn 14,21; 17,15; 23,21.

[65] Vgl. *Fabry*, „Deuteronomium 15", 92ff. Er zieht den Schluss: „Es hat sich herausgestellt, daß Webers Unterscheidung in Binnen- und Außenmoral so erheblich reduziert

> ... since foreigners were normally present in a country for purposes of trade, goods or money given to them on credit were usually investments or advance payments on goods, not loans because of poverty.[66]

Bezüglich des Zinsverbots wird in der Literatur die Frage diskutiert, ob Israel zur Zeit der Entstehung dieser Regelung überhaupt eine auf den Handel gegründete Wirtschaft kannte oder ob es nicht ausschließlich von der Landwirtschaft lebte.[67] Vom Standpunkt eines Exegeten in dieser Frage hängt dann auch seine Interpretation von Dtn 15,3 bzw. 23,21 ab. Im Falle einer angenommenen rein agrarischen Struktur wäre Israel in Sachen Schulden und Zinsen (abgesehen von seinem ‚Bruttoinlandsprodukt') fast zur Gänze der Schicht der ausländischen Handelsleute ausgeliefert gewesen, wobei die Israeliten unter sich Schulden nur als Hilfsmaßnahme für die Armen gekannt hätten.[68]

Sicher ist, dass die sozialrechtlichen Regelungen Dtn 15,1-18 sowie 23,20f, welche die Folgen von Schulden behandeln, auf die Linderung der Armut israelitischer Volksgenossen zielen. Dies bedeutet aber noch lange nicht, dass der (israelitische) Wohlhabende, der in den Brudertexten stets daraufhin angesprochen wird, seinem ‚Bruder' zu helfen, nicht auch im Handel tätig gewesen sein konnte. Die Texte sagen darüber nichts aus und lassen eine eindeutige Entscheidung über die Quellen des vorhandenen Reichtums nicht zu.

---

werden muß, daß ihre Brisanz weitgehend verlorengegangen ist" (ebd., 110), fügt allerdings hinzu, es sei „aber auch ausgeschlossen, daß hinter der Geschwister-Ethik eine ethnische Theorie etwa zur Stützung einer Ausländerfeindlichkeit steht, sondern zuerst nur der dringende Appell an den Israeliten, im Nächsten – besonders dann, wenn er arm ist – seinen Bruder zu sehen und entsprechend zu handeln" (ebd., 110f).

[66] Vgl. *Christensen*, *Deuteronomy 1-21*, 312. Genauso argumentiert *Kessler*, „Erlassjahrgesetz", 17: „Dies hat nichts mit Fremdenfeindlichkeit zu tun. Die Ausnahme hängt vielmehr damit zusammen, dass es sich bei Krediten an Armen nicht um Notdarlehen, wie beim Nachbarn und Bruder, handelt, sondern um reine Handelskredite zum Erzielen von Gewinn."

[67] Vgl. *Neufeld*, "Prohibitions", 359-362.377. Eine dritte Möglichkeit, nämlich die eines Handels mit landwirtschaftlichen Produkten, ist eher auszuschließen, da in Palästina zunächst die Fruchtbarkeit des Bodens nicht ausreichte und die klimatischen Bedingungen auch nicht günstig genug waren, einen Überschuss in der Agrarwirtschaft zu produzieren. Dass die Landwirtschaft auch in Zeiten, in denen die biblischen Texte Indizien von Handelseinflüssen liefern, dennoch in Israel weiterhin eine Rolle spielte, spricht jedoch von selbst. *Dever*, *Lives*, 169ff, beschreibt detailliert die Vorgänge der Produktion und des Verzehrs von Nahrung im Alten Israel. Zur Dauersituation der drohenden Hungersnot sagt er (ebd., 173): "Despite the wide variety of foods available in theory, variable rainfall and frequent droughts (perhaps once every five or six years) meant that famine, and even starvation, was a constant threat." Ausführlich beschreibt *Richardson*, "Hunger", das Problem für den mesopotamischen Raum generell.

[68] So z. B. die Sicht von Heinisch, Beer und vor allem Rosenbaum, dargestellt bei *Neufeld*, "Prohibitions", 361f.

Dtn 15,4 Dann wird dich JHWH gewiss segnen: Der ‚Bruder' ist verletzbar, weshalb sein Gegenüber aufgefordert wird, ihn zu schonen. Dtn 15,2 kann den Schuldherrn aber nicht dazu zwingen, dem ‚Bruder' die Zahlung seiner Schulden zu erlassen. Es wird nicht unter Strafe gestellt, sollte der Schuldherr auf sein – stets bestehendes – Recht auf Zurückzahlung der Schulden drängen. Vielmehr wird er zum Erlass motiviert, indem ihm JHWHs Segen versprochen wird. Diese Zusage geschieht feierlich und in festen formelhaften Wendungen:[69]

> 15,4 *Dann wird dich JHWH gewiss segnen in dem Land, das JHWH, dein Gott, dir als Erbteil gibt, um es in Besitz zu nehmen.*
> 15,6 *Dann wird JHWH, dein Gott, dich segnen, wie er dir versprochen hat …*

Bezüglich des in 15,4 erwähnten Landes sehen wir, dass ארץ und אח sechsmal gemeinsam in den Gesetzesparagraphen im Deuteronomium vorkommen[70], dabei dreimal auch in Verbindung mit dem Verbum ברך.[71] Ein weiteres Mal sind nur אח und ברך miteinander verbunden (15,12-18), wobei ein anderes wichtiges Motiv, nämlich jenes von Israels Sklavendasein in Ägypten (15,15), zusätzlich dort aufscheint. Insgesamt begegnen in 15,1-18 viermal ארץ sowie ebenfalls viermal ברך.[72] Nirgendwo sonst in den Brudertexten sind diese beiden für das Deuteronomium zu Programmwörtern gewordenen Begriffe[73] dermaßen gehäuft zu finden.

Einige weitere synchrone Beobachtungen bestätigen, dass nicht nur der Abschnitt Dtn 15,1-18 semantisch wohl durchdacht ist, sondern dass auch die sonstigen paränetischen Gesetzesteile des Deuteronomiums versuchen, durch ihre Wortwahl ihre Aussagekraft zu verstärken. Für das Verbum ברך gilt zum Beispiel:

> Eine zukunftsorientierte Segenszusage (mit ברך Piel) wie in 15,18 für die Beobachtung eines einzelnen Gesetzes wird im Korpus des deuteronomischen Gesetzes sieben mal formuliert: viermal, wo es um den Umgang mit Verschuldungs- und Verarmungsprozessen geht, dreimal, wo es um die Versorgung von Fremden, Waisen und Witwen geht. Hier dürften systematische Zuordnungen vorliegen …[74]

---

[69] Zum ähnlichen Sprachgebrauch im Deuteronomium vgl. u. a. 14,29; 15,10.18; 23,21; 24,19; 30,16; vgl. auch Anhang 2.

[70] Dtn 15,1-6.7-11; 17,14-20; 18,9-22; 23,20f; 24,14f.

[71] Dtn 15,1-6.7-11; 23,20f.

[72] Diese Beobachtungen sind noch einmal in Anhang 2 tabellarisch dargestellt.

[73] Vgl. *Weinfeld*, *Deuteronomy*, 341-343.345.

[74] *Lohfink*, „Fortschreibung", 153.

In jedem der vier von *Lohfink* hervorgehobenen Fälle,[75] in denen es um „den Umgang mit Verschuldungs- und Verarmungsprozessen“[76] geht, handelt es sich auch um Brudertexte.

4.1.2 Exegese von Dtn 15,7-11

Übersetzung

7 Wenn es bei dir einen Armen gibt, einen unter deinen Brüdern in einem deiner Stadtbereiche in deinem Land, das JHWH, dein Gott, dir gibt, sollst du dein Herz nicht verhärten und deine Hand nicht verschließen gegen deinen armen Bruder. 8 Öffne ihm unbedingt deine Hand und leihe ihm gegen Pfand, was ihm fehlt, zur Erfüllung seines Bedarfs. 9 Hüte dich, dass in deinem Herzen ein nichtswürdiger Gedanke aufkommt: ‚Das siebente Jahr ist nahe, das Jahr des Erlasses‘ und du deinen armen Bruder finster anblickst und ihm nicht gibst, damit er zu JHWH rufen muss gegen dich und es für dich als Sünde gilt. 10 Gib ihm doch, und sei nicht böse in deinem Herzen! Wenn du ihm aufgrund dieser Ermahnung gibst, wird dich JHWH, dein Gott, in allem, was du tust, und bei allen Unternehmungen deiner Hand segnen. 11 Wahrlich, der Arme wird nicht aufhören, in deinem Land zu sein. Deshalb verpflichte ich dich eidlich und sage: ‚Öffne deine Hand für deinen Bruder, für deinen Elenden und deinen Armen in deinem Land!‘

Der zweite Teil des dreigliedrigen Textblockes Dtn 15,1-18, V. 7-11, bildet eine Brücke zwischen dem ersten und dritten Teil. Stilistisch lässt sich die Brückenfunktion des Textes daran erkennen, dass feste Formeln und Redewendungen, Stichwörter sowie Paränesen aus V. 1-6 und V. 12-18 aufgegriffen werden.

Dtn 15,7 Wenn es bei dir einen Armen gibt, einen unter deinen Brüdern: אח kommt in 15,7-11 viermal vor: zweimal im ersten Vers (V. 7), einmal im mittleren (V. 9) und einmal im letzten Vers (V. 11). Bei unserer Fragestellung bildet dieses Vorkommen natürlich die wichtigste Verbindung zwischen den drei Abschnitten. אח steht auch zweimal am Beginn von 15,1-6 sowie einmal am Anfang von 15,12-18, aber anders als in diesen beiden Paragraphen wird der אח in V. 7-11 jedes Mal als אביון, als Armer, präzisiert: zweimal in V. 7, einmal in V. 9 und zweimal in V. 11. Daneben kommt das Wort עני (der Elende) einmal in V. 11 vor. In V. 1-6 und V. 12-18 wird aus dem Kontext deutlich, dass der ‚Bruder‘ auch dort als Armer gilt, aber die genaue Strukturierung von אח und אביון, wie sie sich in V. 7-11 findet, dort fehlt.

---

[75] Dtn 15,4.10.18; 23,21.

[76] *Lohfink*, „Fortschreibung“, 153.

In den wichtigsten kultischen Texten des Deuteronomiums fehlt der direkte ‚Bruder'-Hinweis, obwohl er der Sache nach, als Mitglied des Volkes Israel, durchaus präsent ist.[77] Die deuteronomische Festordnung sieht vor, dass die Fremden, Waisen und Witwen, die im Deuteronomium jedoch nie als Arme bezeichnet werden[78], am gemeinsamen Mahl des Wochen- sowie Laubhüttenfestes teilnehmen.[79] Dtn 16,16 verweist auf jene drei Feste, an denen die männlichen Israeliten teilnehmen müssen. Die Sprache der Perikope Dtn 16,1-17 ist fest im Boden Israels und in dessen guten Gaben verankert: es ist die Rede von Schafen, Ziegen und Rindern, von Brot und Sauerteig, vom Schlachten und vom Fleisch, von der Sichel, welche die Halme aberntet, vom Korn und von der Tenne, vom Wein und von der Kelter. Kein einziges Mal wird das Geld erwähnt, und auch alle sonstigen wirtschaftlichen Termini fehlen vollkommen.

Sobald die Terminologie aber eine wirtschaftliche wird, wie es in Dtn 15,1-18 der Fall ist,[80] erscheinen plötzlich der ‚Bruder' und ebenso die Bezeichnungen für den Armen. אביון und עני stellen auch eine Verbindung zu den ebenfalls vom Bruderterminus geprägten wirtschaftlichen Bestimmungen von Dtn 24,12-15 her.[81]

Dtn 15,7 in einem deiner Stadtbereiche in deinem Land, das JHWH, dein Gott, dir gibt: Im Buch Deuteronomium finden die שׁערים des Landes insgesamt 34-mal Erwähnung. An diesen 34 Stellen erscheint das Wort שׁער viermal im Singular[82] und dreißigmal im Plural.[83] Von den 30 Pluralverwendungen stehen 29 mit dem Pronominalsuffix der 2. P. Sg. m., die dreißigste (12,12) mit dem Pronominalsuffix der 2. P. Pl. m. In 22 Fällen bezieht sich die pluralische Verwendung mit singularem Suffix der zweiten Person innerhalb des deuteronomischen Gesetzeskorpus (Kap 12-26, einmal in 5,14) auf die ‚Stadtbereiche' (d. h. die ‚Verwaltungsbereiche') des Landes. Einmal (31,12) wird das Wort auch in diesem Sinne außerhalb des Gesetzesteils des Deuteronomiums so verwendet.[84] Zweimal, nämlich in Dtn 6,9 und 11,20, weist dieser Wortgebrauch

---

[77] Vgl. *Braulik*, „Leidensgedächtnisfeier", 350f; ferner bes. *ders.*, „Freude", 40-47.

[78] Vgl. *Lohfink*, „Entwurf", 30.

[79] Vgl. Dtn 16,11.14.

[80] Vgl. die Wendungen ‚Schuldherr' (בעל משה), ‚Darlehen' (נשה), ‚gegen Pfand ausleihen', ‚verpfänden' (עבט), ‚(sich) verkaufen' (מכר), ‚loskaufen' (פדה), ‚Lohn' (שׂכר) in Dtn 15,2.6.8.12.15.18.

[81] Vgl. *Lohfink*, „Entwurf", 30.

[82] Dtn 21,19; 22,15.24; 25,7. Diese Verwendungen stehen jeweils im Kontext der Rechtssprache bzw. des Justizvollzugs.

[83] Dtn 5,14; 6,9; 11,20; 12,12.15.17f.21; 14,21.27-29; 15,7.22; 16,5.11.14.18; 17,2.5.8; 18,6; 23,17; 24,14; 26,12; 28,52(2x).55.57; 31,12.

[84] Die Einheitsübersetzung gibt diese grammatikalische Konstruktion in diesem Zusammenhang durchgehend mit „Stadtbereiche" wieder. Vgl. dazu grundlegend *Braulik*,

auf physische Stadttore hin, während diese Wortform im Fluchkapitel Dtn 28 viermal[85] als *pars pro toto* für ‚Städte' eingesetzt wird.[86] Insgesamt fällt auf, dass das Vorkommen dieses Wortes sich vor allem in den kultischen Teilen des Gesetzeskorpus ballt, und dort spezifisch in den Zentralisationskapiteln 12 und 14 sowie in der Festordnung Kap. 16.

Frese legt deutlich dar, dass שערים im Deuteronomium im Grunde ein Bundesterminus und somit vor allem von theologischer Bedeutung ist.[87] *May* listet neun altorientalische Funktionen physischer Stadttore auf, von denen der deuteronomische Gebrauch über die Bezeichnung eines Verwaltungsbezirkes hinaus nur zweien entspricht. Sie erwähnt die Stadttore als[88]

(a) heiliger Raum
(b) Raum für die Installation königlicher Monumente
(c) Raum für die Durchführung von militärischen Ritualen
(d) Ort des Auftritts des Königs
(e) Ort öffentlicher Zusammenkünfte
(f) Ort der Rechtshandlungen (der Anhörung von Gerichtsprozessen, der Schließung von Verträgen und der Promulgation von Rechtsentscheiden)
(g) Ort des Vollzugs juristischer Urteile
(h) Marktgebiet
(i) Raum der Kontrolle.

Wie wir sahen, treffen nur die Funktionen (f) und (g), die sich auf den juristischen Bereich beziehen, sowie eventuell Funktion (e), explizit auch für die Stadttore des Deuteronomiums zu. Was mit dem ‚Stadttor als Raum der Kontrolle' gemeint ist, bleibt in *Mays* Beitrag einigermaßen undefiniert. Sie spricht in diesem Zusammenhang vor allem von Amtsträgern, welche die Aufsicht über sämtliche sonstige Funktionen haben.[89] Anders als *Frese* in seiner Untersuchung, konzentriert sich *May* vor allem auf die *Räumlichkeit*, die im Zusammenhang mit den Stadttoren wahrnehmbar ist.[90]

„Karriere", 142f. Vgl. auch *May/Steinert*, "Topography", 7: "It has been noted that in many languages the word for 'town, city' also designates the hinterland around the urban centre or the territory controlled by a ruler".

[85] Dtn 28,52$^{(2x)}$.55.57.

[86] Vgl. ähnlich *May/Steinert*, "Topography", 8 Anm. 16: "Note also the well known Biblical metaphor, which uses gates as a synonym, *pars pro toto*, to describe the city".

[87] Vgl. *Frese*, "Gates", *passim*.

[88] Vgl. *May*, "Gates", 78.

[89] Vgl. *May*, "Gates", 106-108.

[90] Vgl. *May*, "Gates", 108: "In Mesopotamia and in the Bible the gate was a public place ... it was a place of publicity, be it royal, as well as of any other kind". Weitere Auskünfte über die physische Beschaffenheit und Funktionen von Stadttoranlagen liefert *Zenger*, *Ruth*, 78-80.

Für die Bruderthematik ist es notwendig, zwischen einer Beschreibung des Stadttores in seiner rein pragmatischen Funktion und der theologisch nuancierten Bedeutung dieses Wortes (welche die Stadttore als geistigen Raum im Leben des Gottesvolkes hervorhebt [so *Frese*]) zu unterscheiden. Wenn etwa in Dtn 14,28f geregelt wird, dass der Zehnte für die Fremden, Waisen und Witwen im Dreijahreszyklus ‚an den Stadttoren' abgeliefert und eingelagert werden soll, hat diese Regelung einerseits eine physische Dimension, nämlich die räumliche Aufbewahrung physischer Nahrungsmittel für Personen, die abseits des zentralen Wirtschaftsgeschehens des Volkes leben; andererseits aber sagt dieser Vorgang auch einiges über die sozialethische Qualität der Zugehörigkeit zum Gottesvolk aus, nämlich über die göttlich verordnete Fürsorge, die am Stadttor bzw. ‚in den Stadtbereichen' Israels vollzogen werden soll.[91]

Das nächste Element, das eine Verbindung von diesem Paragraphen aus nach außen bildet, ist die Formel „in deinem Land, das JHWH, dein Gott, dir gibt" (vgl. V. 4.7). Diese Formel beinhaltet wiederum zwei wichtige Elemente, die auch separat voneinander als Strukturträger[92] fungieren. Es sind dies das Nomen ‚Land' (ארץ) sowie das Verb ‚geben' (נתן). ארץ kommt einmal in V. 7 und zweimal in V. 11 vor und rahmt somit den Gesetzesparagraphen 15,7-11. Es steht optisch zentral in 15,1-6, und zwar in V. 4b, als Teil einer von V. 3b-6 reichenden Paränese, die zum Erlass der Schuld des ‚Bruders' anregen will. Die Formulierung in V. 4b lautet:

> *Dann wird dich JHWH gewiss* segnen (ברך) *in dem* Land (ארץ), *das JHWH, dein Gott, dir als Erbteil* gibt (נתן), *um es in Besitz zu nehmen.*

In V. 12-18 findet sich ארץ nur im Rahmen eines formelhaften Verweises auf das Land Ägypten, der sich von der Sklaventhematik des Paragraphen her erklärt. Allerdings muss auch beachtet werden, dass die Exoduserzählung sich wohl mit dem Armutsbegriff auseinandersetzte, worauf G. *Braulik* hinweist:

> Das Buch Exodus lässt erkennen, dass JHWH die Hebräer, das heißt praktisch: die ganze Unterschicht Ägyptens, aus ihrer Armut herausführte ... Nicht einmal die moderne Befreiungstheologie, der das Verdienst zukommt, die sozialen und ökonomischen Dimensionen der Exodus-Botschaft deutlich gemacht zu haben, hat die radikale Dynamik der Herausführung Israels aus Ägypten auf eine Gesellschaft ohne Arme hin erkannt, wie sie ihren Niederschlag im Recht des Deuteronomiums gefunden hat.[93]

---

[91] Theologisch wertet z. B. *Otto*, *Deuteronomium 12-23*, 1318, den Abschnitt Dtn 14,22-29 aus.

[92] Mit ‚Strukturträger' sind Wörter gemeint, die so häufig und so offensichtlich planmäßig in einer Textstelle vorkommen, dass sie in der synchronen Analyse als Merkmale dienen, an denen der Exeget die Struktur des Textes ablesen kann. Für Dtn 15,1-18 sind dies etwa die Wörter אח, ארץ, ברך, שׁבע, אביון, לבב und יד.

[93] *Braulik*, „Gesellschaft", 567f.

JHWH *gibt* (נתן) dem Angesprochenen sein Land (V. 7). Dieser wird ermahnt (V. 9), sich nicht zu weigern, dem armen ‚Bruder' zu *geben* (נתן). Darauf folgend wird in V. 10 mit einer *figura etymologica* sowie mit einem weiteren Infinitiv der Angesprochene dazu gedrängt, dem ‚Bruder' zu geben, sodass die fünfmalige Verwendung der Wurzel נתן den Paragraphen auf der Ebene seiner Formulierungen weiter zu einer Einheit zusammenbindet. Auch in 15,12-18 (nämlich in V. 14) wird der Angesprochene, indem er an JHWHs Segen erinnert wird, ermahnt, dem ‚Bruder' zu *geben*.

Dtn 15,7 sollst du dein Herz nicht verhärten und deine Hand nicht verschließen: Der Abschnitt 15,7-11 bedient sich der Bildsprache aus dem Bereich des menschlichen Körpers und ordnet die Körperteile so an, dass sie nicht nur den Text rahmen (V. 7.11), sondern auch wie ein roter Faden den Text durchziehen:

Dtn 15,7c: לא תאמץ את־לבבך – verhärte *dein Herz* nicht!
Dtn 15,7d: ולא תקפץ את־ידך – und verschließe *deine Hand* nicht!
Dtn 15,8: פתח תפתח את־ידך – öffne *deine Hand*!
Dtn 15,9b: פן־יהיה דבר עם־לבבך בליעל – dass *in deinem Herzen* kein nichtswürdiger Gedanke aufkommt
Dtn 15,9e: ורעה עינך באחיך – und du deinen armen Bruder finster *anblickst* (wörtlich: und *dein Auge* böse auf deinem Bruder [ruht])
Dtn 15,10b: ולא־ירע לבבך – sei nicht böse *in deinem Herzen!*
Dtn 15,10f: ובכל משלח ידך – bei allen Unternehmungen *deiner Hand*
Dtn 15,11: פתח תפתח את־ידך – öffne *deine Hand*!

Insgesamt wird das Bild des Herzens, der Hand oder des Auges achtmal verwendet: viermal (V. 7c.d.8.11), um den Angesprochenen zur Großzügigkeit zu ermuntern, dreimal (V. 9b.e.10b), um ihn von einer üblen Gesinnung dem ‚Bruder' gegenüber abzuhalten, und einmal (V. 10f) als Teil einer Segensformel. In 15,1-6 wird die Hand zweimal erwähnt (V. 2.3), dort aber nicht als Teil einer poetischen Bildersprache, sondern als *terminus technicus*, mit dem der Vorgang des Erlasses beschrieben wird. V. 18 schließt sowohl den Paragraphen 15,12-18 als auch den ganzen Block 15,1-18 mit einer Paränese ab, die, ähnlich wie diejenige in V. 7-11, den Angesprochenen mit der Aufforderung „lass es aber nicht schwer sein in deinen Augen" zum Einhalten der Bestimmungen für die Freilassung des Schuldsklaven ermahnt.

Dtn 15,8 leihe ihm gegen Pfand, was ihm fehlt, zur Erfüllung seines Bedarfs: Das Verb עבט, ‚gegen Pfand ausleihen', das in V. 8 innerhalb einer *figura etymologica* vorkommt, verweist auf V. 6, in dem formelhaft an Dtn 28,12 anknüpfend und als Teil eines Segensspruchs vom Ausleihen gegen Pfand (עבט) an viele Nationen die Rede ist. Von der Thematik von 15,12-18 her fehlt die Verbindung von V. 7-11 mit V. 12-18 unter dem Aspekt der Pfandleihe. Nur bedingt kann der Begriff der Verdingung der Arbeitskräfte in V. 12-18 im übertragenen

Sinn mit der Wurzel עבט in Verbindung gebracht werden. עבט bildet aber, genauso wie אביון und עני, eine wichtige Verbindung zu Dtn 24,10-15.[94]

Dtn 15,9 Hüte dich, … ‚Das siebente Jahr ist nahe …‘: Eine wichtige Brücke von V. 7-11 aus in beide Richtungen bildet die Zeitangabe ‚sieben Jahre‘. In V. 7-11 findet sie sich als Verweis im fiktiven Selbstgespräch des Angesprochenen:

> *Hüte dich, dass in deinem Herzen ein nichtswürdiger Gedanke aufkommt: ‚Das siebente Jahr ist nahe, das Jahr des Erlasses‘ …*

Nicht nur die Wiederholung einer Zeitangabe[95], sondern auch das Vorkommen der in V. 1-3 fünfmal verwendeten Wurzel שמט bestätigt die enge Verbindung zwischen den Versen 1 und 9. Auch V. 12 enthält einen Hinweis auf das siebente Jahr in der Formulierung „sechs Jahre … im siebenten Jahr“.

Aus diesen strukturellen Beobachtungen geht hervor, dass V. 7-11 einerseits einen stark stilisierten Charakter aufweisen und andererseits auch eine Brückenfunktion zwischen V. 1-6 und V. 12-18 einnehmen. V. 7-11 sind zwar mit V. 1-6 enger verbunden als mit V. 12-18, jedoch besteht insgesamt eine Kohärenz zwischen allen drei Paragraphen, die aus der Wortwahl deutlich wird.

4.2 Die Sklavenfreilassung: Dtn 15,12-18

Übersetzung

12 Wenn dein Bruder, ein Hebräer oder eine Hebräerin, sich dir verkauft, soll er dir sechs Jahre lang dienen. Im siebenten Jahr sollst du ihn als Freigelassenen von dir wegschicken. 13 Wenn du ihn als Freigelassenen von dir wegschickst, sollst du ihn nicht mit leeren Händen wegschicken. 14 Von deinen Herden, von deiner Tenne und aus deiner Kelter sollst du ihm großzügig mitgeben. Von dem, womit JHWH, dein Gott, dich gesegnet hat, sollst du ihm geben. 15 Und du sollst daran denken, dass du Knecht warst im Land Ägypten und JHWH, dein Gott, dich losgekauft hat. Deshalb verpflichte ich dich heute eidlich hierauf.

16 Sollte er aber zu dir sagen: „Ich will von dir nicht weggehen, denn ich liebe dich und dein Haus“, weil es ihm gut geht bei dir, 17 so nimm einen Pfriem und stich ihn durch sein Ohr und an die Tür. Und er wird dir ein Knecht auf Dauer sein. Auch gegenüber deiner Dienstmagd sollst du so vorgehen. 18 Lass es aber nicht schwer sein in deinen Augen, ihn als Freigelassenen von dir fortzuschicken, denn doppelt wäre der Lohn eines Lohnarbeiters gewesen, hätte dieser dir sechs Jahre lang dienen müssen. Und JHWH, dein Gott, wird dich segnen in allem, was du tust.

Historisch lautet eine Erklärung dafür, dass es im Alten Orient überhaupt zum Phänomen der Schuldsklaverei, die Dtn 15,12-18 behandelt, kommen konnte,

---

[94] Vgl. *Lohfink*, „Entwurf“, 31 Anm. 12.

[95] שבע־שנים in V. 1; שנת־השבע in V. 9.

dass die wirtschaftliche Möglichkeit des Konkurses nicht vorhanden war. Dieses Fehlen war wiederum dadurch verursacht, dass es in der Mathematik keinen Nullfaktor gab.[96] Eine Person konnte sich also nie in einem Zustand der Besitzlosigkeit befinden, denn auch wenn der Besitz in die Hände eines anderen übergegangen war, blieb dieser dennoch mit dem ursprünglichen Besitzer verbunden.

Dtn 15,12 Wenn dein Bruder, ein Hebräer: Dtn 15,12 entspricht Ex 21,2 darin, dass der Sich-Verkaufende als Hebräer, עברי, bezeichnet wird. Dieses Wort geht möglicherweise auf das akkadische *hapiru* / *'apiru* zurück[97], welches vom 15. bis zum 13. Jh. v. Chr. auf eine an den Rand der Gesellschaft gedrängte, in der syro-palästinischen Halbwüste lebende Gruppe von sozial Schwachen deutet. Die Gruppe setzte sich aus in Schuld geratenen, geflohenen Sklaven und denjenigen zusammen, die dem vom Palast geforderten Frondienst entfliehen wollten.[98] In diesem frühen Zeitabschnitt ist *hapiru/'apiru* keine ethnische Bezeichnung, vielmehr könnten dieser Gruppe auch Menschen aus verschiedenen Bevölkerungsgruppen angehört haben. Obwohl עברי im Deuteronomium wohl ein Mitglied des Volkes der Israeliten bezeichnet, könnte es sein, dass das Wort in Ex 21,2-6 noch nicht seine ethnische Bedeutung hat.[99]

Das Wort עברי findet sich weder in Lev 25,39-43 noch sonst in Lev 25 oder im übrigen Buch Levitikus, wohl aber in Jer 34,14, einer prophetischen Applikation des deuteronomischen Sklavenfreilassungsgesetzes.

Dtn 15,12 oder eine Hebräerin: Dtn 15,12 ist der *locus classicus* für den Beweis des inklusiven deuteronomischen Sprachgebrauchs.[100] Hier steht eindeutig, dass unter dem Wort ‚Bruder' auch Frauen subsumiert werden: „*Wenn dein Bruder, ein Hebräer* oder eine Hebräerin, *sich dir verkauft* ..." In der Exodusparallele wird anscheinend nur für männliche Sklaven eine Regelung getrof-

---

[96] Vgl. *Olivier*, "Edicts", 274f.

[97] Vgl. z. B. *Bianchi*, „Jobeljahr", 78f.

[98] *Stager*, "Archaeology", 5, verwendet, mit Rowton und Chaney, die Termini "fugitives and malcontents", "guerrilla" und "social bandits" mit Bezug auf die *'apiru* der Spätbronzezeit. 1 Sam 14,21 bietet für die biblische Situation einen interessanten Einblick in das frühe Verhältnis zwischen den Gruppen der ‚Hebräer' und der Israeliten.

[99] Vgl. *Bianchi*, „Jobeljahr", 79; *Braulik*, „Menschenrechte", 16. *De Vaux*, *Institutions*, 83, sieht עברי in allen biblischen Vorkommen als Synonym für ‚Israelit', wohl mit Spuren des archaischen Elements der (potentiellen) Unfreiheit.

[100] Vgl. z. B. *Braulik*, „Menschenrechte", 22. Dass die Personalpronomina 2. Sg./Pl. m. אתם/אתה generell in den Gesetzestexten inklusiv, d. h., sich sowohl auf männliche als auch weibliche Personen beziehend, verwendet werden, wurde von *Schäfer-Lichtenberger*, „Beobachtungen", 96, nachgewiesen. Vgl. ferner *Braulik*, „Frauen", 245 Anm. 90.

fen. Allerdings war der zeitlich befristete Verkauf der Arbeitskraft einer Familientochter durchaus üblich,[101] ja sogar die häufigste Form der Schuldsklaverei, da bei einem solchen Verkauf zuerst die Tochter, dann die Mutter, danach der Sohn und als letzter der Vater an die Reihe kam. Liest man Ex 21,2-11 als eine Einheit,[102] zeigt sich, dass der Fall, in dem die Arbeitskraft einer Frau verkauft wird, implizit behandelt wird. Die beiden Paragraphen Ex 21,2-6.7-11 bilden einen Merismus, indem zwei Extremfälle angesprochen werden, von denen die Lösung aller möglichen Variationen dieser beiden Fälle abgeleitet werden kann.[103] Ex 21,7-11 enthält Regelungen zum Schutz eines Mädchens, das von seinem Vater verkauft wurde, um die Frau des Käufers bzw. seines Sohnes zu werden. Diese Bestimmungen haben mit der Situation, in der sich der verarmte ‚Bruder' im Buch Levitikus bzw. Deuteronomium und auch der männliche oder weibliche עבד in Ex 21,2-6 befindet, weniger zu tun, da in Ex 21,7-11 kein befristetes Verhältnis eingegangen wird, das von der körperlichen Arbeit als verkaufter Dienstleistung des ‚Sklaven' abhängt, vielmehr die Frau inklusive ihrer Heiratsfähigkeit auf Dauer in die Macht des neuen Herrn übergeht.[104]

In Ex 21,4 findet sich die uns heute befremdende Verordnung, dass eine Frau, die der Herr dem Sklaven in eine Ehe gegeben hat, sowie alle Kinder, die in einer solchen Ehe geboren wurden, nach sechs Jahren nicht zusammen mit dem hebräischen Sklaven freigelassen werden sollen, sondern das Eigentum des Herrn bleiben. Es handelt sich bei ihnen um einen ursprünglichen Besitz des Herrn, der bloß weiterhin in seinem Besitz bleibt und nicht aus Gründen, die wir heute als ‚humanitär' bezeichnen würden, die Freiheit erlangt. Ex 21,3 bestimmt, dass eine Frau, mit welcher der Sklave zum Zeitpunkt seines Kaufs bereits verheiratet war, auch wieder mit ihrem Mann weggehen darf. Das Buch Levitikus redet zwar nicht von einer Ehefrau des verkauften ‚Bruders', sieht aber explizit vor, dass Kinder mit ihrem Vater frei zur Sippe zurückkehren dürfen (Lev 25,41).

Die Möglichkeit, dass sich eine Hebräerin selbst verkauft, wie dies das Deuteronomium formuliert, kommt weder im Buch Exodus noch Levitikus zur Sprache. Aus allen oben besprochenen Beispielen kann abgeleitet werden, dass die Bezeichnung einer Frau als ‚Bruder', die noch dazu das Recht hat, selbst über ihr Los zu verfügen, indem sie sich selbst dafür entscheidet, sich zu verkaufen, eine deuteronomische Innovation darstellt. Dass dies jedoch wirklich auch auf eine wesentliche Veränderung der sozialen Stellung der Frau im Deuteronomium deutet, steht allerdings nicht unbedingt fest.[105] Zwar kann sich

---

[101] Zum Folgenden vgl. *Lohfink*, „Fortschreibung", 155-158.
[102] Vgl. *Lohfink*, „Fortschreibung", 155-158.
[103] So *Lohfink*, „Fortschreibung", 155f.
[104] Vgl. *Lohfink*, „Fortschreibung", 156.
[105] Vgl. *Lohfink*, „Fortschreibung", 157f.

ihre Position im Deuteronomium gegenüber der im Bundesbuch beschriebenen wohl verbessert haben, doch lässt sich dies nicht einfach aus der Klausel ‚oder eine Hebräerin' ableiten. Vielmehr liegt der Grund für die Erwähnung der Hebräerin in der Auslassung eines Ex 21,7-11 entsprechenden Teiles in Dtn 15,12-18. Ohne sein Gegenstück Ex 21,7-11 hätte das Original Ex 21,1-6 eine nur eingeschränkte Bedeutung, weshalb für die Beibehaltung einer gewissen Balance in der Komposition Dtn 15,12-18 das Femininum hinzugefügt wurde, ohne dabei notwendig eine sozialethische Aussage machen zu wollen. Es geht dem Deuteronomium nämlich nicht darum, die verschiedenen implizit oder explizit in der Exodusversion aufgelisteten Fälle zu wiederholen. Das eigentliche Gewicht der deuteronomischen Innovation liegt in den Bestimmungen Dtn 15,13f[106] – der Segen des Herrn soll dem freigelassenen Sklaven in der Form einer materiellen ‚Starthilfe' für sein neues Leben weitergegeben werden.

Dtn 15,12 sich dir verkauft: In der Exodusparallele deutet das Verbum קנה (kaufen, Qal), welches das hier thematisierte wirtschaftliche Handeln bezeichnet, darauf hin, dass die Initiative zum Kauf vom Herrn, der sich einen Sklaven kauft, ausgeht.[107] Dtn 15,12 und Lev 25,39 verwenden beide die Wurzel מכר (verkaufen) im Niph'al.[108] In der Sekundärliteratur wird über diese beiden Vorkommen des Verbes מכר (Niph.) debattiert, ob die Verwendung jeweils passiv oder reflexiv ist. Geht also die Initiative des Verkaufs vom Verschuldeten aus, ist sie gar freiwillig, oder steht dahinter ein Zwangsverkauf, der von einem Schuldherrn ausgeht? Für das Deuteronomium entscheidet sich etwa *Braulik* (ebenso *Nielsen* und *Veijola*) für eine autonome Handlung seitens des ‚Bruders': „Er tritt als Rechtssubjekt mit eigener Würde auf."[109] *Christensen*[110] übersetzt zwar passiv, handelt aber die ganze Fragestellung ohne weitere Argumentation in einem Satz ab, der besagt, dass man das Zeitwort entweder passiv oder reflexiv übersetzen könne. Bereits *Driver* lässt allerdings die Frage der Passivität bzw. Reflexivität des Verbs aufgrund der Ambivalenz bewusst offen,[111] während *Craigie*[112] offenbar unreflektiert passivisch übersetzt und kommentiert.

---

[106] Vgl. *Lohfink*, „Fortschreibung", 157f.

[107] Ex 21,2: כי תקנה עבד עברי.

[108] Der Niph. dieser Wurzel kommt ebenfalls in einer Parallele in Jer 34,14 vor. Eine ausführliche Besprechung der beiden Lexeme קנה und מכר erfolgt unten bei Lev 25,14.

[109] *Braulik*, „Menschenrechte", 16; vgl. *ders.*, *Deuteronomium 1-16*, 113f; ferner *Nielsen*, *Deuteronomium*, 163, und *Veijola*, *5. Buch Mose*, 319.

[110] Vgl. *Christensen*, *Deuteronomy 1-21*, 317.320.

[111] Vgl. *Driver*, *Deuteronomy*, 183.

[112] Vgl. *Craigie*, *Book*, 235.238.

Für Lev 25,39 will *Milgrom*[113] mit A. Schenker die passive Bedeutung aller Vorkommen von מכר (Niph.) im Alten Testament betonen und verweist auf Dtn 28,68 für einen echten reflexiven Gebrauch von מכר im Hitpa'el. *Koehler/Baumgartner* 2004 I[114] nennen eine Selbstversklavung als Option sowohl für den Niph'al als auch für das Hitpa'el. Allerdings werden dabei Dtn 15,12 und Lev 25,39 unter einen passiven Gebrauch des Verbums eingeordnet, während die Verwendung (Niph.) in Lev 25,47f.50 wie in Neh 5,8 als reflexiv gilt.[115] Gründlich setzt sich *Levinson* mit dieser Fragestellung und ihrer Abhandlung durch Sarah Japhet auseinander.[116] Da zumindest im Deuteronomium nur von zwei Personen die Rede ist, nämlich vom ‚Bruder' und dem vom Gesetz Angesprochenen, der zu den großzügigen Freilassungsmaßnahmen ermuntert wird, spricht dies für eine reflexive Verwendung des Verbs (in 15,12); ein passiver Gebrauch würde einen dritten Aktanten implizieren, nämlich den Verkäufer des ‚Bruders', auf den im vorliegenden Text allerdings kein direkter Hinweis zu finden ist. Somit impliziert מכר (Niph.) in Dtn 15,12, dass der sich verkaufende ‚Bruder' selbst die Initiative ergreift und das Geschäft nicht hilflos und passiv als Objekt miterlebt, sondern dass er bzw. sie sozusagen als ‚Handelspartner' fungiert.

Beim (Selbst-)Verkauf des ‚Bruders' handelt es sich sowohl im Deuteronomium als auch in Levitikus nicht um einen ‚Verkauf' der eigenen Person (und daher bei Frauen nicht des sexuellen Potentials), sondern ausschließlich um den Austausch der eigenen Arbeitskräfte gegen Geld und Verpflegung.[117]

Dtn 15,12 soll er dir dienen: Ex 21,2-6, Lev 25,39 und Dtn 15,12 verwenden alle die Wurzel עבד. In jedem der drei Texte deutet die verbale Form der Wurzel an, dass der Verkaufte dem Käufer Arbeit leisten soll. Die Nominalform der Wurzel vermeidet das Deuteronomium vorerst und Levitikus überhaupt, um

---

[113] Vgl. *Milgrom, Leviticus 23-27*, 2219f.
[114] S. v. מכר I.2, 551.
[115] Diese in *Koehler/Baumgartner* 2004 I gebotenen Interpretationen beruhen u. a. auf dem französischen Original von *De Vaux, Institutions*, 82, sowie auf Arbeiten von Noth, Elliger und Speiser. Aus heutiger Sicht sind diese Begründungen für alle drei Textverweise also reichlich offen für eine Neuinterpretation oder wenigstens für neuerliche Überlegungen aus exegetischer Sicht. Für das Deuteronomium findet die Diskussion bereits, wie oben angedeutet, zumindest im deutschen Sprachraum statt.
[116] Vgl. *Levinson*, "Manumission", 285ff. Seine Bemerkung zu den grundsätzlichen Interpretationsmöglichkeiten des Niph'al ist dabei hilfreich: "The semantic bifurcation – active/passive – fails to do justice to the semantic range of the *nip'al* stem. It is essential to distinguish between *morphology* (the *nip'al* stem) and *mood* (active/passive). In effect, Japhet reduces the *nip'al* conjugation to a passive. ... The *nip'al* [in Exod. 21:22] expresses the reciprocal/reflexive idea that is the original semantic function of the conjugation; the passive represents a secondary development" (vgl. ebd., 286f. Anm. 16).
[117] Vgl. unten zu Lev 25,14.

den ‚Bruder' nicht explizit als Sklaven zu bezeichnen.[118] Das Bundesbuch spricht gleich zu Beginn der Verordnung, in Ex 21,2, von einem *„hebräischen Sklaven"* (עבד עברי). Dtn 15,12 verwendet an dieser Stelle die für uns interessante Formulierung אחיך העברי, *„dein hebräischer* Bruder". Dies bleibt er auch bis zu dem Punkt, an dem der Bruder die Dauerversklavung eingeht, d. h., nach dem Vorbild von Ex 21,5f ein *„Knecht auf Dauer"* (עבד עולם) wird.[119]

In den sogenannten ‚biblischen Sklavengesetzen' handelt es sich beim Wort עבד nicht um Sklaven im gewöhnlichen Sinn, sondern um Israeliten, Volksgenossen also, die nur für eine bestimmte Zeit (Schuldsklaven-)Arbeit zu leisten haben.[120] Das Alte Testament kennt aber auch einige Arten von Sklaverei, die nicht an die Einschränkungen von zeitlicher Frist und Brüderlichkeit gebunden sind. So war etwa der Krieg eine Quelle für Sklaverei,[121] die Zwangsarbeit war nicht unbekannt, und die Israeliten waren auch am herkömmlichen Sklavenhandel beteiligt.[122] Um eine Verwirrung zwischen der letztgenannten Art von Sklaverei und der Schuldsklaverei zu vermeiden, unterscheidet etwa E. *Neufeld* zwischen 'bondage' und 'slavery', wobei 'bondage' auf die Schuldsklaverei deutet.[123] Im Deutschen gibt es außer der Übersetzung mit ‚Knechtschaft' kein genaues Äquivalent zu 'bondage', weshalb das Vorgehen, nach dem die Arbeitskräfte einer Person für eine bestimmte Zeit als Wiedergutmachung angesammelter Schulden dienen müssen, am besten mit ‚Schuldsklaverei' bzw. ‚Schuldknechtschaft' wiedergegeben werden kann.

Analog zur Vermeidung des Wortes ‚Sklave' vermeidet das Deuteronomium ebenfalls dessen Pendant, den Terminus אדון,[124] der sonst für den Herrn des Sklaven verwendet wird. Im Bundesbuch steht er hingegen sechsmal. Im

---

118 Auch die vordeuteronomischen Exodusvorstellungen in den erzählenden Abschnitten des Buches Exodus enthalten עבד in verbaler, nicht jedoch in nominaler Form: vgl. *Schwienhorst-Schönberger, Bundesbuch*, 350.

119 Vgl. Dtn 15,17: והיה לך עבד עולם. Die Ausgabe der Einheitsübersetzung von 1980 brachte das Wort ‚Sklave' bereits in V. 16, was nicht dem Original entspricht. Auch formulierte sie in 15,12: „er soll dir … *als Sklave* dienen"; dies stellt eine nominale Übersetzung des Qal Perf. 3. Sg. m. der Wurzel עבד dar und entspricht auch nicht der hinter der Bezeichnung אחיך העברי liegenden Ethik. In EÜ2016 findet sich in beiden Fällen eine neutrale Formulierung. In 15,12 heißt es jetzt nicht mehr: „er soll dir … *als Sklave* dienen", sondern schlicht: „[er soll] dir sechs Jahre dienen". Ebenso wurde 15,16: „Wenn dieser Sklave dir aber erklärt …" richtig in: „Wenn er dir aber erklärt …" geändert.

120 Vgl. *Cardellini, „Sklaven"-Gesetze*, 3f.

121 Vgl. *De Vaux, Institutions*, 80f.

122 Vgl. *Cardellini, „Sklaven"-Gesetze*, 357 Anm. 1, für eine ausführliche Liste von Belegen und Beispielen.

123 Vgl. *Neufeld*, "Prohibitions", 379.

124 Vgl. *Lohfink*, „Fortschreibung", 162, sowie *Weinfeld, Deuteronomy*, 283.

Deuteronomium erscheint er erst in 23,16[125], einem Vers, der die Auslieferung von geflüchteten Sklaven verbietet. Dort handelt es sich beim אדון auch nicht um den Angesprochenen, d. h., um den, der dem Flüchtling Hilfe leisten soll, sondern um den Herrn, von dem der Sklave weggelaufen ist.

Somit zeigt das Deuteronomium in der Wahl der Terminologie sein Interesse, im Falle eines Selbstverkaufs eines Verschuldeten ein Herr-Sklaven-Verhältnis zu vermeiden und stattdessen ein auf dem Brüderlichkeitsprinzip basierendes gerechtes Arbeitsverhältnis zu regeln.[126]

Dtn 15,12 soll er dir sechs Jahre lang dienen. Im siebenten Jahr: Dtn 15,12 und Ex 21,2 weisen beide die Formel „sechs Jahre … im siebenten Jahr" für die Periode der zu leistenden Arbeit und für den Freilassungstermin auf. Levitikus dehnt die Arbeitszeit bis zum Jobeljahr aus: anstatt sechs muss der Verkaufte neunundvierzig Jahre lang seinen Dienst leisten. Im Alten Orient, etwa nach KH § 117, wurden Schuldsklaven (im Gegensatz zu Eigentumssklaven) grundsätzlich nur auf drei Jahre verpflichtet.[127]

Dtn 15,12 sollst du ihn als Freigelassenen von dir wegschicken: Diese Klausel entspricht der Exodusparallele nur mehr in ihrer grammatikalisch-lexikalischen Grundbedeutung. Ex 21,2 und Dtn 15,12 formulieren übereinstimmend (EÜ):

> Ex 21,2: ובשׁבעת יצא לחפשׁי (im siebten Jahr soll er ohne Entgelt als freier Mann entlassen werden).
>
> Dtn 15,12: ובשׁנה השׁביעת תשׁלחנו חפשׁי מעמך (Im siebten Jahr sollst du ihn als freien Mann entlassen).

Die Levitikusparallele Lev 25,41 bestimmt die Klausel, die das Weggehen des ‚Bruders' regelt, am knappsten: ויצא מעמך (*und er soll von dir weggehen*). In ihr fehlt חפשׁי, ein *terminus technicus* für die Entlassung aus der Sklaverei als freier Mann, der sowohl in Ex 21,2 als auch in Dtn 15,12 vorkommt. Sklavenbefreiungsvorgänge, die mithilfe von יצא formuliert werden (Ex 21,2; Lev 25,41),

---

[125] Vgl. *Lohfink*, „Fortschreibung", 162.

[126] Vgl. auch *Braulik*, „Menschenrechte", 15.

[127] Vgl. *Chirichigno*, *Debt-Slavery*, 145. Vgl. auch *Otto*, *Deuteronomium 12-23*, 1363f, der aber hierzu erklärt: „Die Einbindung der Sklavenbefreiung in Bundesbuch und Deuteronomium in einen Siebenjahreszyklus ist nicht als sozialpolitischer Rückschritt gegenüber dem altbabylonischen Recht mit einem Vierjahresrhythmus zu interpretieren, sondern zeigt nur, dass der Zyklus von 6/6+1 Jahren in Dtn 15,12-14 und im *šᵉmiṭṭāh*-Gebot seinen Ursprung im Privilegrecht JHWHs hat im Unterschied zum altbabylonischen Vierjahressystem …" (*ebd.*, 1364). Ursprünglich wurden im altbabylonischen Rechtssystem solche Freilassungen in unregelmäßigen Abständen durchgeführt, wobei KH § 117 innerhalb dieses Systems wiederum eine (versuchte) Erneuerung darstellt. Es gibt Indizien dafür, dass diese Erneuerung aber praktisch nicht umgesetzt wurde, sondern „gelehrte Theorie geblieben ist" und „nicht praktiziertes Recht wurde" (*ebd.*, 1364).

beschreiben den Entlassungsvorgang aus der Perspektive des Freigelassenen, während Formulierungen mit שלח, wie sie in Dtn 15,12 vorzufinden ist, den Blickwinkel des Herrn repräsentieren.[128] Die kurze Formel ohne חפשי wird in Lev 25,41 von einer Personenliste, welche diejenigen auflistet, die den ‚Bruder' in die Freiheit begleiten dürfen, ergänzt: „er und seine Kinder" dürfen zu ihren Verwandten zurückkehren.[129]

Dtn 15,13-15 Wenn du ihn als Freigelassenen von dir wegschickst … Deshalb verpflichte ich dich heute eidlich hierauf:[130] Die in Ex 21 und Dtn 15 unmittelbar auf die Freilassungsklausel folgenden Formulierungen sind einander diametral entgegengesetzt. Während es in Ex 21,2b heißt: יצא לחפשי חנם (*er soll als Freigelassener fortgehen, ohne Nachvergütung*), schreibt hingegen Dtn 15,13f (dazu mit einer formelhaften Paränese in V. 15) dem Arbeitgeber vor, mit welcher Entlohnung er den ‚Bruder' nach sechs Jahren wegschicken soll: Er soll mit lebendigen Tieren und auch mit Lebensmitteln unterstützt werden, kurz, mit all dem, was er für einen finanziellen Neubeginn benötigt. Hier liegt der Kern der deuteronomischen Innovation gegenüber Ex 21,2-6: Gerade darin kommt das wahrhaft Brüderliche ans Licht, dass der Arbeitgeber laut dieser Verordnung mehr leisten muss, als bisher je von ihm verlangt worden war.[131] Die Paränese, mit der er zum Vollzug dieser ihn möglicherweise sogar beeinträchtigenden Maßnahmen aufgefordert wird, beruht sowohl auf JHWHs Segen seiner Person als auch auf dem Loskauf (seiner Väter) aus der Knechtschaft im Lande Ägypten (V. 15). Diese Paränese wird in V. 18 von einer zweiten Segensverheißung ergänzt.

Dtn 15,16f Sollte er aber zu dir sagen … sollst du so vorgehen: Die Verse Dtn 15,16f haben ihre Vorlage in Ex 21,5f und regeln den Fall, dass der Sklave bzw. ‚Bruder' auf seine Freilassung verzichten sollte. Die Frage, warum dieser Verzichtskasus denn überhaupt noch aus Ex 21,5f übernommen wurde, wo es sich doch eigentlich um die Erreichung einer außergewöhnlichen Großzügigkeit bei der Freilassung eines Schuldsklaven handelt, lässt sich damit beantworten,[132] dass bewiesen werden muss, dass jede Handlung sich in vollkommener Freiheit vollzog, also der Sklave auch nicht zum Weggehen aus jenem Haushalt, in dem er gedient hatte, gezwungen worden war.

Der Grund für diesen Verzicht unterscheidet sich im Deuteronomium von jenem im Bundesbuch darin, dass der Sklave laut der Regelung des Bundesbuches durch die Liebe nicht nur zu seinem Herrn, sondern auch zu seiner Frau

---

[128] Vgl. *Lohfink*, חפשי, 126.
[129] Vgl. hierzu zusammenfassend *Lohfink*, חפשי, Abschnitt IV, 127.
[130] Zu dieser Wiedergabe vgl. *Braulik*, „Verpflichtungsformel", *passim*, bes. bereits 29f.
[131] Vgl. *Braulik*, „Menschenrechte", 17.
[132] Vgl. *Lohfink*, „Fortschreibung", 158.

und seinen Kindern, die laut Ex 21,4 im Hause des Herrn bleiben müssen, dazu bewogen wird, die Dauersklaverei einzugehen. Im Deuteronomium gilt die eigene Familie nicht mehr als eine solche Motivation, und zwar nicht nur deshalb, weil ihre Mitglieder, falls sie ihre Arbeitskraft ebenso wie der Vater verdingen müssen, auch gleichsam als ‚Brüder' zu behandeln wären und also hier keine Sonderfälle mehr bildeten, sondern auch, weil ihre Erwähnung vom eigentlich Wichtigen ablenken würde.[133] Das Wichtige, das Zentrum des Paragraphen, ist im Wort ‚Bruder' verschlüsselt: die Person, die ihre Kräfte verkaufen musste, bleibt menschenwürdig und hat das Recht darauf, in jeder Situation als Gleicher, als ‚Bruder', behandelt und ernst genommen zu werden.

Dtn 15,18 Lass es aber nicht schwer sein in deinen Augen … Und JHWH, dein Gott, wird dich segnen in allem, was du tust: Sowohl in formelhafter paränetischer Sprache als auch mit logischen Argumenten kehrt das Deuteronomium jetzt wieder zum Thema der Freilassung zurück. Vers 18 atmet denselben Geist wie die Paränese von 15,7-11.

Exkurs: Intertextuelle Verbindungen zwischen Dtn 15,12-18, Lev 25 und Gen 29-31

Verschiedene Textelemente deuten darauf hin, dass eine gewollte Verbindung zwischen Dtn 15,1-18, aber auch 23,20f; 24,10-13.14f (und den parallelen Themen in Lev 25) einerseits und Gen 29-31 andererseits bestehen könnte.[134]

Die Geschichte von Jakob, seinen Ehefrauen und Kindern und seinem Schwiegervater Laban ist mit einigen Stichwörtern durchsetzt, die auch das Thema Sklavenfreilassung in der Tora prägen. Eine Untersuchung auf Wortebene wird in der folgenden Tabelle wiedergegeben.

Dtn 15,1-18.23,20f.24,10-13.14f; Lev 25		**Gen 29-31**	
		29,4	אחי (als Anrede)
		29,10	לבן אחי אמו (3x)
		29,12	אחי אביה (hier: Neffe)
		29,13	בן־אחתו
משנה שכר שכיר עבדך	15,18	29,15	אחי ועבדתני חנם מה־משכרתך

[133] Vgl. *Lohfink*, „Fortschreibung", 158.

[134] Zur Verbindung zwischen Dtn 15,12-18 und Gen 29-31 vgl. auch *Chirichigno*, *Debt-Slavery*, 287f.

ועבדך שש שנים ובשנה השביעת תשלחנו חפשי	15,12	29,18 29,20	אעבדך שבע שנים ויעבד יעקב ... שבע שנים
		29,25	עבדתי
		29,27	בעבדה אשר תעבד ... עוד שבע־שנים
		29,30	ויעבד ... עוד שבע־שנים
שכר שכיר	15,18	30,16	שכר שכרתיך
		30,18	שכרי ... (יששכר)
תשלחנו חפשי מעמך וכי־תשלחנו חפשי מעמך לא תשלחנו ריקם	15,12 15,13	30,25	שלחני ואלכה
בשלחך אתו חפשי מעמך	15,18		
לא־תעבד בו עבדת עבד	Lev 25,39	30,26	עבדתי ... את־עבדתי אשר עבדתיך
אשר ברכך יהוה אלהיך תתן־לו וברכך יהוה אלהיך בכל אשר תעשה	15,14 15,18	30,27	ויברכני יהוה בגללך
כשכיר כתושב יהיה עמך ... יעבד עמך כי־עבדי הם ... לא ימכרו ממכרת עבד כימי שכיר יהיה עמו כשכיר שנה בשנה יהיה עמו	Lev 25,40 Lev 25,42 Lev 25,50 Lev 25,53	30,28 30,29	שכרך עבדתיך
		30,30	ויברך יהוה אתך
		30,32	שכרי
		30,33	שכרי
העניק תעניק לו מצאנך ומגרנך ומיקבך אשר ברכך יהוה אלהיך תתן־לו:	15,14	30,43	ויפרץ האיש מאד ויהי־לו צאן רבות ושפחות ועבדים וגמלים וחמרים:
ושבתם איש אל־אחזתו ואיש אל־משפחתו תשבו תשבו איש אל־אחזתו ויצא מעמך ... ושב אל־משפחתו ואל־אחזת אבתיו ישוב	Lev 25,10 Lev 25,13 Lev 25,41	31,3 31,13	שוב אל־ארץ אבותיך ולמולדתך קום צא מן־הארץ הזאת ושוב אל־ארץ מולדתך
		31,6	עבדתי
לא־תעשק שכיר ... ביומו תתן שכרו ...	24,14 24,15	31,7	והחלף את־משכרתי עשרת מנים

		31,8	שׂכרך ... שׂכרך
נחלה והתנחלתם	15,4 Lev 25,46	31,14	חלק ונחלה
את־הנכרי תגשׂ לנכרי תשׁיך	15,3 23,21	31,15	הלוא נכריות נחשׁבנו
לא ימכרו ממכרת עבד	Lev 25,42	31,15	כי מכרנו
		31,23	ויקח את־אחיו עמו
		31,25	ולבן תקע את־אחיו בהר הגלעד
		31,32	נגד אחינו הכר־לך מה עמדי
		31,37	שׂים כה נגד אחי ואחיך ויוכיחו בין שׁנינו
		31,41	עבדתיך
			ארבע־עשׂרה שׁנה בשׁתי בנתיך ושׁשׁ שׁנים בצאנך
	(24,14f)		ותחלף את־משׂכרתי עשׂרת מנים
לא תשׁלחנו ריקם	15,13	31,42	כי עתה ריקם שׁלחתני
		31,46	ויאמר יעקב לאחיו ...
		31,54	ויקרא לאחיו לאכל־לחם

Textuelle Verbindungen zwischen Dtn 15,12-18, Lev 25 und Gen 29-31

Gen 29-31 wird vom Stichwort אח umrahmt: In Gen 29,4-15 spielt dieses eine Rolle, als Jakob die Hirten auf dem Feld trifft, sie begrüßt und nach seinen Verwandten fragt. Auch als er Rahel und seinen Onkel Laban kennenlernt, drückt אח die enge Verwandtschaft und seine Zuneigung zur Familie Labans aus. Siebenmal kommt אח in diesem Eröffnungskapitel der Geschichte zum Einsatz. In Gen 31,23-54 treten die Brüder als Zeugen in der Auseinandersetzung zwischen Laban und Jakob nach dessen Flucht auf.[135] Auch im Schlusskapitel 31 wird אח siebenmal gesetzt.

Weitere Begriffe, die sich mit der Thematik der Sklavenfreilassung überschneiden, sind עבד[136], שׂכר[137] und das Zahlenschema x / x + 1 mit x = 6: Jakob dient Laban jeweils sieben Jahre für jede seiner Töchter und weitere sechs Jahre für den Viehbestand, den er für sich aufbaut. Das ergibt zwanzig Jahre Dienst (Gen 31,41). Dass Laban in dieser Zeit seinen Lohn beliebig oft ändert, ist ein

---

[135] Vgl. oben 1.2.2.

[136] 29,15.18.20.25.27^(2x).30 (somit 7-mal in Kap. 29); 30,26^(3x).29.43 (5-mal in Kap. 30); 31,6.41 (2-mal in Kap. 31).

[137] 29,15; 30,16^(2x).18.28.32.33 (1-mal in Kap. 29 + 6-mal in Kap. 30); 31,7.8^(2x).41 (4-mal in Kap. 31).

großer Kritikpunkt, den Jakob in der abschließenden Auseinandersetzung gegen ihn vorbringt. Thematisch dürfte Dtn 24,14f („Du darfst einen Lohnarbeiter nicht unterdrücken …") diese Kritik unterstreichen.

Die Phrase תשלחנו חפשי beschreibt in Dtn 15,12f.18, dass die Person, die sechs Jahre lang Dienst geleistet hat, als Freigelassener weggeschickt oder entlassen werden soll, d. h., dass sie selbst keine weitere Leistung erbringen muss, um die Freiheit zu erlangen. Mit der Formulierung שלחני ואלכה („entlasse mich und ich will gehen") bittet Jakob seinen Schwiegervater in Gen 30,25 im Wesentlichen um dasselbe: um ohne weitere Verpflichtung fortziehen zu dürfen. Erst in Gen 31 gelangt er durch Flucht in die Freiheit, beschuldigt Laban dann aber, dass er ihn mit leeren Händen weggeschickt hätte (Gen 31,42): כי עתה ריקם שלחתני – wäre der Gott seiner Väter nicht für ihn eingetreten. Jemanden ‚leer ausgehen zu lassen', d. h., mit leeren Händen wegzuschicken, wird mit derselben Formulierung in Dtn 15,13 verboten: לא תשלחנו ריקם.

Das Motiv des Segens Gottes wird in Dtn 15,14.18 angesprochen: Die Person, die frei weggeschickt wird, muss mit dem ausgestattet werden, womit JHWH den Angesprochenen *gesegnet* hat (V. 14). Wenn er den Freigelassenen so behandelt, wird JHWH ihn auch weiterhin in allem *segnen*. In der Jakob-Laban-Geschichte wird Laban anfangs von Gott gesegnet, gerade weil Jakob bei ihm dient (Gen 30,27.30). Ob die Tatsache, dass Jakobs Schafe und Ziegen sich hervorragend vermehren (Gen 30,37-43), während für Laban nur schwache Lämmer und Ziegen geboren werden, direkt dem Segen Gottes bzw. dessen Entzug zuzuschreiben ist, wird in Gen 30 nicht ausdrücklich gesagt. Als der still ausgetragene Streit um das Vieh eintritt (Gen 31,2) und Laban beginnt, Jakob sein Wohlwollen zu entziehen, interpretieren Jakob und auch Labans Töchter den Erfolg Jakobs in der Viehzucht allerdings sehr wohl als Gottes Wirken (Gen 31,7-9.16.42). Die thematisch-lexemischen Übereinstimmungen zwischen dem Jakob-Laban-Zyklus und dem Sozialrecht des Pentateuchs lassen sich auf theologischer Ebene folgendermaßen zusammenfassen:

> Es geht ... um Familie, Eigentum, Arbeit. Für all diese Gebiete gibt es Rechtsbestimmungen, die von beiden Parteien anerkannt werden ... J bringt ... erzählend zum Ausdruck, daß im Miteinander (Bruder – Brüder) die Normen des Rechts eine für das Zusammenleben bestimmende Bedeutung erhalten. Sie dienen dazu, daß der Geschädigte zu seinem Recht kommen kann ... Wo das Recht der Gewalt weichen muß ..., setzt das Wirken Gottes ein; es ist in dieser Situation immer, ohne Ausnahme, ein Eintreten Gottes für den Schwächeren. ... Dabei ist zu beachten, daß es bei der Anklage, die Jakob gegen Laban erhebt, um die unrechtmäßige

Ausnutzung der Arbeitskraft eines Untergebenen durch einen Mächtigen geht.[138]

4.3 Das Zinsverbot: Dtn 23,20f

Übersetzung

20 Du sollst von deinem Bruder keine Zinsen verlangen, weder Zinsen auf Geld noch Zinsen auf Lebensmittel noch Zinsen auf sonst etwas, wofür man Zinsen verlangen kann. 21 Einem Ausländer darfst du Zinsen auferlegen, aber deinem Bruder darfst du keine Zinsen auferlegen, damit JHWH, dein Gott, dich segnet bei allen Unternehmungen deiner Hand in dem Land, in das du jetzt kommst, um es in Besitz zu nehmen.

Wie Dtn 15,1-18 bedient sich auch Dtn 23,20f, zum Thema Zinsnahme, der Wirtschaftssprache. Die Wendung in Dtn 23,21, die einerseits untersagt, von einem ‚Bruder' Zinsen für ein Darlehen zu verlangen, andererseits jedoch die Zinsnahme von einem Ausländer erlaubt, entspricht jener in Dtn 15,3, die anordnet, dass der ‚Bruder' nicht, der Ausländer aber sehr wohl zur Rückzahlung seiner Schulden auch im Erlassjahr gedrängt werden darf.[139] In beiden Fällen geht es zum einen um eine Art Darlehen und zum anderen um eine Art Zwang, der dem Verschuldeten auferlegt bzw. von dem er befreit wird.[140] Auch die rhetorischen Formeln von 15,4 und 23,21, welche den Schuldherrn zur Schonung des ‚Bruders' ermuntern, ähneln einander.[141]

Woher stammt nun das Verbot, Zinsen vom ‚Bruder' zu fordern? Es gibt Hinweise aus Mesopotamien, vor allem aus dem 2. Jtd v. Chr., dass Zinsen einerseits erlaubt waren, andererseits jedoch unter bestimmten Umständen

[138] *Westermann, Genesis II*, 611. Für die Zwecke dieser Arbeit wird bewusst auf eine relative Datierung der Genesis- und Deuteronomiumtexte zugunsten einer synchronlexemischen Untersuchung verzichtet.

[139] Dtn 15,3: את־הנכרי תגש ואשר יהיה לך את־אחיך תשמט ידך (*Den Ausländer darfst du drängen, aber dem, der für dich ein Bruder ist, sollst du erlassen*); Dtn 23,21: לנכרי תשיך ולאחיך לא תשיך (*Einem Ausländer darfst du Zinsen auferlegen, aber deinem Bruder darfst du keine Zinsen auferlegen*). Vgl. auch oben zu Dtn 15,3.

[140] In Dtn 15,2f wird der Akt der Darlehensgabe mit dem Hiph'il der Wurzel נשא bezeichnet, das Drängen zur Zurückzahlung mit dem Qal von נגשׂ. In 23,20f bezeichnet die siebenmal in der Nominal- sowie Verbalform belegte Wurzel נשך die Forderung von Zinsen für ein Darlehen jeglicher Art.

[141] Dtn 15,4: כי־ברך יברכך יהוה בארץ אשר יהוה אלהיך נתן־לך נחלה לרשתה (*Dann wird dich JHWH gewiss segnen in dem Land, das JHWH, dein Gott, dir als Erbteil gibt, um es in Besitz zu nehmen*); Dtn 23,21: למען יברכך יהוה אלהיך בכל משלח ידך על־הארץ אשר־אתה בא־שמה לרשתה (*… damit JHWH, dein Gott, dich segnet bei allen Unternehmungen deiner Hand in dem Land, in das du jetzt kommst, um es in Besitz zu nehmen*).

verboten wurden. M. *Hudson* untersuchte die Ursprünge zinstragender Schulden und kam zum Ergebnis, dass sie nicht, wie eine anthropologische Perspektive es gerne hätte, in einem gegenseitigen Schenken und Beschenkt-Werden zu finden sind,[142] sondern gleichzeitig sowohl im Handels- als auch im Agrarbereich liegen, jedoch jeweils unterschiedliche Gestalten annehmen.[143] Bereits in Sumer und Babylon kannte man den Unterschied zwischen Produktivkredit und unproduktivem (bzw. von ‚kommerziell-investivem' und ‚konsumptivem'[144]) Darlehen.[145] Im mesopotamischen Kontext wären Produktivkredite etwa Händlern gewährte Vorschüsse von Silber oder Handelswaren, um gegen Gewinn kaufen und verkaufen zu können. Naturgemäß hätte ein Lehensherr, den man in diesem Fall heute eher als Investor bezeichnen würde, dann Anteil am Gewinn, indem er Zinsen auf sein Darlehen verlangen würde.

Andererseits gab es im agrarischen Bereich zinstragende Schulden, die der Schuldner kaum wieder zurückzahlen konnte, da es sich, wo eine Familie von der Existenzlandwirtschaft abhing und einmal einen Rückschlag erlitten hatte, um schnell verbrauchte Basislebensmittel und Gebrauchsartikel handelte, welche zwar noch in ihrer Landwirtschaft verwendet wurden, jedoch aus anderen Bezugsquellen aufgebracht werden mussten und einen Schuldner bei etwaigen weiteren Katastrophen wie Dürren oder Krieg rasch in den Ruin treiben konnten.[146]

Eine Untersuchung M. Finleys[147] ergab, dass in Mesopotamien Darlehen auf zwei Weisen vergeben wurden: entweder als Produktivkredite im Handelsbereich oder als unproduktive Kredite an Kleinbauern. Entgegen den Erwartungen der meisten Wirtschaftstheoretiker, die sich in diesem Forschungsbereich betätigen, wurden kaum Belege dafür gefunden, dass Produktivkredite je im Agrarbereich vergeben wurden. Es sind also die (stets zinstragenden) unproduktiven Kredite im Agrarbereich, die später etwa von den biblischen Propheten kritisiert wurden.[148] *Hudson* verweist auch auf die prägnante Formulierung B. Nelsons: "in contrast to the brotherhood of mutual aid, the essence of usury is 'otherhood'".[149] Dazu bemerkt er ferner, dass die Motivation für das

---

[142] Vgl. *Hudson*, "Origins", 9f.

[143] Vgl. bereits die erste Formulierung seiner Hypothese: "to create a plausible hypothesis of how rural usury evolved alongside of commercial credit in the third and second millennia BC" (*Hudson*, "Origins", 8).

[144] Vgl. *Otto*, *Deuteronomium*, 375.

[145] Vgl. *Braulik*, *Deuteronomium 1-16*, 111; *ders.*, *Deuteronomium 16-34*, 174; *Hudson*, "Origins", 52.

[146] Vgl. die Beschreibung eines solchen Verarmungsprozesses bei *Hudson*, "Origins", 26ff.50f.

[147] Vgl. *Hudson*, "Origins", 18.

[148] Vgl. *Hudson*, "Origins", 28; *Olivier*, "Restitution", 96.

[149] *Hudson*, "Origins", 10. Der Terminus 'usury', den *Hudson* stets für Zinsen im Agrarkontext verwendet, wird manchmal im Englischen – auch in der bibeltheologischen

Verlangen von Zinsen im unpersönlich-sachlichen sowie im standardisierten (d. h. nicht-willkürlichen) Bereich liegt.[150]

In Altbabylonien pflegte ein neuer König bei seinem Amtsantritt einen Erlass *der unproduktiven Schulden* zu verordnen. So steht im Edikt Ammi-Ṣaduqas[151] zu lesen:

> *[§1] [...] Weil der König gerechte Ordnung dem Lande geschaffen hat, ist es erlassen; der Eintreiber geht nicht (mit Zwangsmaßnahmen) gegen (sein ‚Haus') vor. [§2] Wer Gerste oder Silber einem Akkader oder Amurräer [...]* auf Zins *oder als [...] ausgeliehen hat und sich eine Urkunde (darüber) hat ausstellen lassen – weil der König gerechte Ordnung dem Lande geschaffen hat, ist seine Urkunde ungültig (wörtlich: zerbrochen), Gerste oder Silber (kann) er sich aufgrund der Urkunde nicht (zurück)geben lassen.*[152]

Das Motiv des (altbabylonischen) Staates bzw. Königs, die so entstandenen Schulden gelegentlich ganz zu annullieren, war aber (in Mesopotamien noch) kein religiöses. Im Gegenteil: der Tempel diente anfangs als finanzielles Zentrum, welches organisiert beim Eintreiben der Schulden mithalf bzw. selbst von

---

und historischen Fachliteratur – ein wenig verwirrend gebraucht. 'Usury' entspricht dem deutschen ‚Wucher', wird aber im Englischen ab und zu einfach als Synonym für ‚Zinsen' verwendet. *Hudson* will wahrscheinlich damit eine emotive Konnotation hineintragen, nämlich, dass die Kreditgeber die Zinsen für unproduktive Kredite zu Unrecht verlangen. In seiner Konklusion (ebd., 51) präzisiert er erstmals seine Wortwahl, indem er zusammenfasst: "Most early agrarian debts probably stemmed from sharecropping or other leasing arrangements with the large institutions that advanced seeds, water and draught animals as well as land. Such erstwhile productive advances became usurious in the classical sense of the term as impoverished cultivators were charged the same rate of interest for advances of food or other emergency needs as they paid for the advance of land." Rein sachlich sind diese Zinsen jedoch kein Wucher im Sinne von unrechtmäßig überhöhten Zinsen, sondern normale Zinsen, die zu einer ökonomisch ungünstigen Zeit verrechnet wurden. Auch Ammi-Ṣaduqa nennt sie nicht Wucher, sondern lediglich Zinsen (Sum. [*ma-áš*] *máš* / Akk. *ṣibtu*; vgl. *AHw III*, 1098).

[150] Vgl. *Hudson*, "Origins", 11. Diese Unterscheidung zwischen der persönlich-zwischenmenschlichen Qualität einer finanziellen *Hilfeleistung* und der unpersönlich-sachlichen Ebene eines *kommerziellen* Darlehensvorgangs bereits in Mesopotamien bietet auch den Schlüssel zum Verständnis des späteren deuteronomischen Zinsverbots. Mit dem (armen) ‚Bruder' sind keine Geschäfte zu machen, während der Ausländer als mündiger Handelspartner fungiert. Letzterer ist imstande, Zinsen ohne persönlichen Schaden zurückzuzahlen (vgl. auch ebd., 27, sowie *Kessler*, *Weg zum Leben*, 254-256).

[151] Dieses Edikt des vierten Nachfolgers von Hammurapi wurde um 1647/1646 v. Chr. verfasst und ist die uns heute am besten erhaltene Schrift ihrer Gattung.

[152] Übersetzung von *Kraus*, *Edikt*, 27. Auslassungspunkte in eckigen Klammern deuten auf eine Lücke im Text. Auslassungspunkte ohne Klammern bedeuten eine Weglassung eines für unser Thema nicht aktuellen Textteiles. Wörter oder Phrasen in runden Klammern sind erläuternde Umschreibungen des Übersetzers.

den Einnahmen aus vergebenen Krediten profitierte.[153] Dass dies auch in Israel der Fall war, lässt sich aus biblischen Zeugnissen nicht direkt ableiten. Aus Gegebenheiten wie etwa dem relativ großen Einkommen der Priester oder dem Wert von zum Tempel gebrachten und in ihm dargebrachten Geschenken und Opfergaben sowie unter Berufung auf eine Stelle im Talmud[154] leitet E. *Neufeld* ab, dass es auch in Israel Tempelkredite gegeben haben müsse.[155] Seine Argumente beruhen allerdings auf Postulaten und nachbiblischen Quellen, sodass seine Aussage: "then the existence of Temple loans in Israel becomes a certainty"[156] keineswegs als so sicher gelten kann.

Für das altbabylonische Königtum wäre eine Entwicklung, der zufolge das Gros der Bauernbevölkerung zu Abhängigen einzelner reicher Machthaber geworden wäre,[157] geradezu katastrophal gewesen, da so das Heer seine tragenden Mannschaften verloren hätte. Ein Erlass verschiedener unproduktiver Schulden sowie von Steuern und Zinsen hat es also nicht geschädigt, sondern vielmehr in seinem Kern gesund erhalten,[158] nicht zuletzt deshalb, weil die Schicht der selbständigen Existenzbauern, aus der die Soldaten sich rekrutierten, dadurch geschont wurde.[159] Diese durchaus vernünftige Regelung bestätigten die Forschungsergebnisse von *Otto*, wenn er im Hinblick auf das mesopotamische Keilschriftrecht, so etwa im Kodex Ešnunna, zwischen zinstragenden *Geschäftsdarlehen*[160] mit einem Zinssatz von 20% (für Gelddarlehen) bzw. 33% (bei Naturaldarlehen) einerseits und zinsfreien *Notdarlehen*[161] andererseits unterscheidet.[162]

Zinsnahme wurde in Mesopotamien zugelassen, allerdings kontrolliert. Der Zinssatz war jahrhundertelang fixiert[163] und somit nicht, wie heute, von

---

[153] Vgl. *Hudson*, "Origins", 10.12.17ff. In Sumer waren allerdings die Anfänge der Tempelkredite durchaus auf Hilfeleistung abgestimmt: Witwen und Waisen arbeiteten in Tempelwerkstätten. Von ihnen gewebte Textilien wurden Handelsreisenden als Kredite mitgegeben, um sie gegen Rohstoffe oder auch Getreide einzutauschen. Somit wurde die Gründung einer gesunden mesopotamischen Handelswirtschaft von Seiten der Tempel abgesichert.

[154] Baraita Baba Metsia 57b.

[155] Vgl. *Neufeld*, "Prohibitions", 381f.

[156] *Neufeld*, "Prohibitions", 382.

[157] Mehr zu dieser (tatsächlich auch mehrfach stattgefundenen) ökonomischen Entwicklung und der damit verbundenen sozialen Stratifikation in Mesopotamien bei *Chirichigno*, *Debt-Slavery*, 49ff, bes. 50f.

[158] Vgl. *Olivier*, "Restitution", 95f; *ders.*, "Edicts", 266.

[159] Vgl. *Hudson*, "Origins", 29f.

[160] Vgl. CE § 18a.

[161] Vgl. CE § 19.

[162] Vgl. *Otto*, *Deuteronomium 23-34*, 1792f.

[163] In Mesopotamien betrug er 20% (bzw. 33%), im antiken Griechenland 10% und in Rom 8,3% (vgl. *Hudson*, "Origins", 24; *Otto*, *Deuteronomium 23-34*, 1792).

einer Fluktuation des Marktes abhängig. Obwohl der Zeitpunkt, zu dem in Mesopotamien Zinsen erstmals verrechnet wurden, nicht mehr genau feststellbar ist,[164] lässt sich erkennen, dass dieser wahrscheinlich mit mehreren wirtschaftlichen Innovationen zusammenfiel. Diese schließen die Einführung standardisierter Gewichte und Maße, die zentrale Verwaltung von Preiskontrollen, Rationen und sonstige Lohnauszahlungen sowie die Einführung von Silber und Gerste als Zahlungsmittel ein.[165]

Wie stellt sich die Situation im alten Mesopotamien allerdings im Vergleich zu der in Dtn 23,20f beschriebenen dar? Was die produktiven Schulden angeht, so verlangt das Edikt Ammi-Ṣaduqas zwar deren Rückzahlung, jedoch nicht die ihrer Zinsen:

> *[§6] Ein Akkader oder Amurräer, welcher Gerste, Silber oder Waren als (Pränumerando-) Kaufpreis, für eine (Geschäfts)reise, als Gesellschaft(seinlage) oder [...] entliehen hat, dessen Urkunde wird nicht für ungültig erklärt (wörtlich: zerbrochen), er gibt gemäß seinen Abmachungen (seine Schulden zurück). [§7] Wer Gerste, Silber oder Waren als (Pränumerando-) Kaufpreis, für eine (Geschäfts)reise, als Gesellschaft(seinlage), als [...] einem Akkader oder Amurräer ausgeliehen und sich eine Urkunde (darüber) hat ausstellen lassen, in (diese) seine Urkunde, welche er (sich) hat ausstellen lassen, (die Klausel) „verstreicht der (scil. für die Rückzahlung) festgesetzte Termin, so trägt das Silber Zinsen“ [...] hat schreiben lassen oder zusätzliche Abmachungen vereinbart hat – gemäß den Abmachungen gibt er (scil. der Akkader oder Amurräer das Entliehene) nicht zurück. Gerste oder Silber, die er entliehen hat, gibt er [...] zurück, aber die (zusätzlichen) Abmachungen sind dem Akkader oder Amurräer erlassen.*[166]

In § 1 und § 2 des Ammi-Ṣaduqa-Edikts werden also die nicht-produktiven Schulden (und in einem *argumentum e silentio* muss abgeleitet werden: inklusive allfälliger Zinsen), wie in Dtn 15,1-3, gänzlich erlassen.[167] In § 6 und § 7 bleiben zwar die Schulden für Produktivkredite erhalten, jedoch entfallen ihre Zinsen. Ein Zinsverbot ähnlich dem in Dtn 23,20f gibt es generell für Mesopotamien nicht und ist auch in Ammi-Ṣaduqas Edikt nicht erhalten geblieben. Da diese Art von Erlass nur gelegentlich, beim Amtsantritt des neuen Königs, ausgerufen wurde, konnten Jahre vergehen, ohne dass Schuldner in den Genuss einer Schuldenerleichterung kamen.

---

[164] Vgl. *Hudson*, "Origins", 11.

[165] Vgl. *Hudson*, "Origins", 13.

[166] *Kraus*, *Edikt*, 31.33.

[167] Vgl. z. B. *Olivier*, "Edicts", 274, zu Dtn 15,1ff: "The *šĕmiṭṭa* concerns the cancellation of debts as well as of the arrears on interest bearing loans. These debts were of noncommercial nature and were incurred in times of need and in terms of consumption (food and seed corn)."

Den Übergang von den vorhandenen keilschriftlichen Rechtsquellen zu der von der Bruderethik bestimmten biblischen Situation fasst E. *Otto* folgendermaßen zusammen:

> Rechtshistorische Wurzel des deuteronomischen Zinsverbots ist die Institution des nachbarschaftlichen Notdarlehens, wie sie in der Rechtssammlung von Ešnunna vorausgesetzt und in der Rechtssammlung des Hammurapi in vertragsrechtliche Bahnen gelenkt ist, indem stipuliert wird, dass im Falle einer Naturkatastrophe durch Überschwemmung oder Dürre ein auf Zins gewährter Kredit mit einem Zinsmoratorium versehen und eine Rückzahlung ausgesetzt werden soll. Die Autoren des deuteronomischen Reformprogramms knüpfen an die Institution des nachbarschaftlichen Notdarlehens an und verallgemeinern es, indem alle Formen von Darlehen einschließlich der investiven Geschäftsdarlehen im Geltungsbereich des Bruderethos zinsfrei gestellt und in Verbindung mit Dtn 15, 1–10* auch von der Rückzahlungspflicht befreit werden sollen. Im Geschäftsverkehr mit dem »Ausländer« *(năqrî)* sollen dagegen die internationalen Regeln von Darlehensgeschäften gültig bleiben.[168]

Otto betont ferner die Allgemeingültigkeit des deuteronomischen Zinsverbots im Rahmen des Bruderethos – das heißt: es ist in seiner uns überlieferten Form nicht auf Arme oder auf Notsituationen beschränkt, sondern gilt pauschal innerhalb des Volkes Gottes für alle, die als ‚Brüder' definiert werden: für alle Israeliten.[169] Die Exodusparallele (22,24) bezeichnet den Schuldner jedoch explizit als Elenden (עני): *Leihst du meinem Volk Geld, einem Elenden bei dir, so gehe gegen ihn nicht vor wie ein Geldverleiher: verlange ja keine Zinsen von ihm!*[170] In der Septuagintaversion des Bundesbuches, die das Wort ‚Bruder' nicht enthält, steht allerdings in Ex 22,24 anstelle des עַמִּי des Masoretentextes τῷ ἀδελφῷ. Für *Neufeld* ist dies die ‚möglicherweise originellere und authentischere' Lesart.[171] Da aber der ‚Bruder' im Masoretentext des Bundesbuches fehlt, sich diese Lesung in der LXX auch bei den sonstigen Parallelen zu den sozialrechtlichen Brudertexten im Bundesbuch nicht mehr wiederholt und *Neufeld* nicht begründet, warum er diese für die möglicherweise bessere Lesart hält, gibt es keine Gründe, dies zu akzeptieren. *Neufeld* dürfte in seiner Wahl von seinem Programm einer ‚theokratischen Brüderlichkeit' als Basis für das Zinsverbot beeinflusst worden sein.

---

[168] *Otto, Deuteronomium 23-34*, 1793.
[169] Vgl. *Otto, Deuteronomium 23-34*, 1794.
[170] EÜ übersetzt hier: *Leihst du einem aus meinem Volk, einem Armen, der neben dir wohnt, Geld, dann sollst du dich gegen ihn nicht wie ein Wucherer benehmen. Ihr sollt von ihm keinen Wucherzins fordern*. EÜ2016 hat demgegenüber „Gläubiger" statt „Wucherer" für נשה (Qal Part.) und „Zins" statt „Wucherzins" für נשך.
[171] Vgl. *Neufeld*, "Prohibitions", 366.

4.4 Der Bruder als Armer I: Dtn 24,(10-13).14f

Spekulativ, jedoch interessant, scheint die Vermutung, dass ein Fund (IAA-B 469) aus dem späten 8. Jh. v. Chr. in einer Grabstätte in Bet Schemesch direkt auf den verarmten ‚Bruder' hindeuten könnte. Dort wurde eine Schale gefunden, welche die Konsonanten אחך auf der Innenseite knapp unter dem Rand aufweist. Sollte der Konsonantentext als אָחִךָ vokalisiert werden, könnte es sich um eine Schale handeln, die beispielsweise im Lokalheiligtum stand und in der Spenden für die Armen gesammelt wurden.[172] Dieser Spekulation gegenüber kann natürlich gefragt werden, wieso die *mater lectionis* im Konsonantentext fehlt, warum keine ל-Präposition vorhanden ist[173], und ob es nicht vielleicht eine andere Erklärung, etwa die eines vollständigen bzw. zum Teil erhaltenen Eigennamens,[174] für die drei Buchstaben gibt.

Wie schwierig oft die Zuordnung einer Inschrift sein kann, wird am Beispiel einer Bronzeschale aus Nimrud (Nim[8]:4; 1. H. d. 8. Jhs) deutlich. Die verzierte Schale wurde gemeinsam mit anderen Metallgegenständen im Nordwestpalast Nimruds gefunden und wird der Zeit Sargons II., spätestens jedoch Sanheribs zugeordnet. Sie trägt die Inschrift לאחיו, die *Renz* als Zugehörigkeitsformel mit dem nordisraelitischen Eigennamen Aḫiyau bezeichnet.[175] Theoretisch könnte die Inschrift aber genauso gut mit ‚für seinen Bruder' bzw. ‚seinem Bruder gehörend' übersetzt werden, vom Konsonantentext her wäre auch die Pluralform ‚für seine Brüder' möglich. Die den Bruder bezeichnende Form אחיו (Sg.) kommt nämlich 224-mal im Alten Testament vor, באחיו (Sg.) 12-mal, לאחיו (Sg.) 17-mal. Den Eigennamen Aḫiyau hingegen kennt das Alte Testament nicht. Ähnliches gilt für die am selben Ort gefundene Bronzeschale

---

[172] Vgl. *Barkay*, "Brother", 240f; *Milgrom*, *Leviticus 23-27*, 2193 (sich auf *Barkay* berufend).

[173] *Barkay*, "Brother", 240, erachtet die Präposition ל nur im Falle einer (Besitz andeutenden) Zugehörigkeitsformel in Verbindung mit einem Eigennamen als notwendig: ‚X gehörend'. Die Möglichkeit, dass ל ‚für X' bzw. ‚X gewidmet' bedeuten könnte, bespricht er in diesem Zusammenhang nicht.

[174] Vgl. dagegen *Barkay*, "Brother", 240. Sehr ähnlich argumentiert *Deutsch*, "Seals", bes. 60f, in seiner Besprechung von sechs ihrer Herkunft nach unidentifizierten neu aufgetauchten Siegeln. Die meisten dieser Artefakte befinden sich in privater und gleichzeitig anonymer Hand, doch spricht sich *Deutsch* am Anfang seines Beitrags für den Wert ihrer Bekanntgabe für die Fachwelt aus. Die Authentizität aller von ihm besprochenen Gegenstände ist weitgehend gesichert. Besonders die ersten zwei Siegel, die *Deutsch* (vgl. ebd.) bespricht, sind für unsere Zwecke interessant. Es handelt sich dabei um die Inschriften אדניו und לאחיא. Die Namen ‚Adoniyau' und ‚Aḫiya' sind epigraphisch nicht häufig belegt. Für beide Namen konnotiert *Deutsch* eine Zugehörigkeitsformel: im ersten Fall ohne, im zweiten mit ל. Ähnlich wie früher *Barkay* liest er ausschließlich X ‚gehörend': „belonging to" X (vgl. ebd.).

[175] Vgl. *Renz/Röllig*, *Epigraphik I*, 77f.

mit der Inschrift למלכיו.[176] Diese könnte entweder als Eigenname Malkiyau oder als ‚für seinen König' gelesen werden. Die frühe Datierung (Mitte des 8. Jhs) sowie der assyrische Fundort (waren die Schalen Teil einer Tributzahlung?[177]) erschweren allerdings genauere Interpretationsversuche.

Eine Schale aus Tel el-Azi (Asi[8]:2), gleich jener aus Bet Schemesch dem späten 8. Jh. zuzurechnen und ebenfalls in einem Grab gefunden, bietet eine Vergleichsmöglichkeit zu derjenigen aus Bet Schemesch. Auf dieser Schale steht die nur teilweise erhaltene einzeilige Inschrift [..]▪לאח.[178] Hier sind also die im ersten Beispiel fehlende Präposition ל und möglicherweise auch ein י als *mater lectionis* vorhanden. Der Fundort stellt in beiden Fällen jedoch ein Problem dar, insofern eine mit einer Dedikationsformel versehene Schale eher in einem Heiligtum als in einem Grab zu erwarten gewesen wäre.[179] *Barkay* leitet für den Bet Schemesch-Fund die Zugehörigkeit zum Heiligtum daraus ab, dass es eine (eisenzeitliche) Gattung von sogenannten קדש-Schalen gibt, mit denen die אחך-Schale in ihrer Ausführung zu vergleichen sei. Die קדש-Schalen hätten als Sammelbehälter für den Priestern zukommende Opfergaben und Geschenke gedient.[180] Analog dazu könnte die אחך-Schale somit eine Art ‚Opferstock' für die Armen gewesen sein. Dies setzt allerdings voraus, dass der אח unmittelbar mit dem Armen gleichzusetzen wäre und das Wort bereits im 8. Jh. als *terminus technicus* fungiert hätte. Gerade diese Hypothese versucht dieser Abschnitt der Untersuchung über die sozialrechtlichen Brudergesetze auf exegetischem Wege aufzuweisen, obwohl die frühe Datierung der archäologischen Funde nicht mit der vorgeschlagenen Datierung der Verschriftlichung der Idee des *armen* ‚Bruders' übereinstimmt. Ideengeschichtlich spricht nichts gegen einen bereits mündlichen bzw. epigraphischen Niederschlag dieser gedanklichen Entwicklung. Allerdings ändert diese – sehr hypothetische – Einsicht nichts an der wichtigeren in dieser Arbeit erreichten Konklusion, dass die Brudervorstellung des Ämtergesetzes älter als jene des Sozialgesetzes ist.[181]

---

[176] Vgl. *Renz/Röllig, Epigraphik I*, 78f.

[177] Vgl. dazu *Renz/Röllig, Epigraphik I*, 78 Anm. 1.

[178] Vgl. *Renz/Röllig, Epigraphik I*, 167f. Das Zeichen ▪ deutet auf einen nicht mehr genau lesbaren Buchstabenrest (in diesem Fall möglicherweise ein י); Punkte in eckigen Klammern deuten auf gänzlich zerstörte Stellen innerhalb des Textes.

[179] Vgl. *Renz/Röllig, Epigraphik I*, 217 Anm. 1. *Barkay*, “Brother”, 241, erklärt den Fundort damit, dass eine solche Schale eine ‚sekundäre Verwendung' als Behälter für Grabbeigaben gefunden habe.

[180] Vgl. *Barkay*, “Brother”, 241; *Renz/Röllig, Epigraphik I*, 127f.171f; ausführlich *ebd., II/1*, 27f.

[181] Vgl. hierzu oben Kap. 3 sowie unten den Exkurs in Kap. 6: *Gewonnene Einsichten zur relativen Datierung der untersuchten Brudertexte im Heiligkeitsgesetz und Deuteronomium.*

Barkay verwendet dieselben sozialrechtlichen Brudertexte, um seine Interpretation der Bet Schemesch-Inschrift zu untermauern.[182] So gesehen fehlt beiden Hypothesen, sowohl jener bezüglich der sozialrechtlichen Brudertexte als auch jener bezüglich der Bet Schemesch-Inschrift, ein eindeutiger und ausschlaggebender dritter bzw. ‚externer' Beweis. Damit bleiben sie in einem geschlossenen Argumentationskreis haften. Die אח-Inschriften sind also (vorerst) nichts mehr als eine interessante Ergänzung zum biblischen Material.

In der frühen Literatur aus dem Umfeld des Alten Testamentes gibt es aber weitere Indizien dafür, dass die Verbindung zwischen ‚Bruder' und ‚Armer' nicht beliebig ist. S. *Richardson*[183] untersucht das Motiv des Hungers in alten mesopotamischen Texten und findet dabei bereits frühe motivische Verbindungen. Zunächst legt er dar, dass die Prävention von Hungersnöten eine zentrale Funktion des Staates darstellte. Mehr noch: man dachte nicht vordergründig an die Krise einer Hungersnot, sondern versuchte, „Hunger" an sich zu verhindern. Diesen definiert er als etwas, das weniger als eine Hungersnot, jedoch mehr als nur eine vorübergehende Lästigkeit war. Es ging also um etwas, das in der heutigen Sprache mit ‚Nahrungssicherheit' (engl. 'food security') umschrieben wird. Man erreichte dies durch die Zentralisation von Vorräten und die Regulierung von Überschüssen[184] – Bibelkundige werden hierbei an Gen 41,37-57 erinnert. Diese Passage knüpft aber ihrerseits wiederum an Dtn 14,28f an, wobei es sich im letztgenannten Fall nicht um eine politisch motivierte Staatsmaßnahme, sondern um eine theologisch motivierte und im religiösen Rahmen organisierte Maßnahme handelt.[185]

Richardson führt Textbeispiele für eine Identifikation des ‚Bruders' mit einem Hungrigen oder Notleidenden an. Aus der mesopotamischen Literatur zitiert er nur ein Beispiel, in dem das Wort ‚Bruder' verwendet wird. Dieses kommt in einem an Dtn 28,54 („Der weichlichste und verwöhnteste Mann blickt dann bei dir mißgünstig auf seinen Bruder, auf die Frau, mit der er schläft, und auf den Rest der Kinder, die er noch übriggelassen hat" [EÜ]) erinnernden Wort der Šulgi-Prophetie vor:

> In that reign, brother will devour his brother, people will sell their children for silver.[186]

In altbabylonischen Texten kommt das Wort ‚Bruder' wesentlich häufiger in Verbindung mit Armut und Hunger vor. Während die Hungerthematik allgemein in mesopotamischen Texten selten, und wenn, dann hauptsächlich in

---

[182] Vgl. *Barkay*, "Brother", 241.
[183] Vgl. zum Folgenden *Richardson*, "Hunger", *passim*.
[184] Vgl. *Richardson*, "Hunger", 751-753.
[185] Vgl. *Christensen*, *Deuteronomy 1-21*, 303f; A. *Friedl*, "Reception", 192f.
[186] *Richardson*, "Hunger", 767.

Flüchen, Orakeln und Prophetien im Kontext von echten Hungersnöten vorkommt,[187] sind die altbabylonischen mit Hunger konnotierten Bruderreferenzen vor allem in der Briefliteratur anzutreffen.[188] *Richardson* macht auf "the social marginality of the hungry"[189] aufmerksam. Viele Bittbriefe um Hilfe sind erhalten, in denen es hauptsächlich um Hilfe für Frauen, Kinder, Sklaven und Tiere geht. Männer und Mitglieder von Elitegruppierungen werden kaum erwähnt. Dabei kommen nicht selten *Familienmetaphern* zum Einsatz. Dafür bringt *Richardson* zwei Beispiele: "Let me see your brotherly attitude in this" und: "Who is your sister but me? ... I must not grow weak, please!"[190] Eine letzte und für das Verständnis unseres Themas sehr wichtige hier zu erwähnende Beobachtung von *Richardson*:

> [A]ll the writers bellyaching about hunger were people *who by arrangement were supposed to get grain anyway* – and not simply any institutionally unaffiliated person who happened to be in need.[191]

Dazu passt, dass auch der deuteronomische ‚Bruder', um *Richardsons* Formulierung zu verwenden, ‚institutionell affiliiert' war: er war von Beginn an programmatisch in das Volk Israel vollkommen eingegliedert, und das mit allen damit verbundenen Vorteilen und Verpflichtungen.

Übersetzung Dtn 24,10-15

10 Wenn du deinem Nächsten etwas als Darlehen leihst, darfst du sein Haus nicht betreten, um sein Pfand abzuholen. 11 Du sollst draußen stehen bleiben, und der Mann, dem du leihst, soll zu dir herauskommen und das Pfand herausbringen. 12 Und wenn der Mann ein Elender sein sollte, darfst du dich auf sein Pfand nicht hinlegen. 13 Du sollst ihm sein Pfand unbedingt zurückgeben, wenn die Sonne untergeht, und er wird sich auf seinem Mantel hinlegen. Dann wird er dich segnen, und für dich wird es als Gerechtigkeit gelten vor JHWH, deinem Gott.

14 Du darfst einen Lohnarbeiter nicht unterdrücken: einen Elenden und Armen unter deinen Brüdern oder unter den Fremden, die in deinem Land, innerhalb deiner Stadtbereiche, weilen. 15 Am selben Tag sollst du ihm seinen Lohn geben – die Sonne soll über ihm nicht untergehen, denn er ist ein Elender, und er hält sehnlich Ausschau danach. Sonst wird er gegen dich zu JHWH schreien, und es wird dir zur Sünde werden.

---

[187] Vgl. *Richardson*, "Hunger", 761.
[188] Vgl. *Richardson*, "Hunger", 752.774ff.
[189] *Richardson*, "Hunger", 774.
[190] *Richardson*, "Hunger", 774.
[191] *Richardson*, "Hunger", 777.

Die beiden Paragraphen, Dtn 24,10-13 und 24,14f weisen einige Parallelen auf. Die bereits bekannten Aktanten רע (Nächster), עני (Elender), שׂכיר (Lohnarbeiter), אביון (Armer), אח (Bruder, hier allerdings im Plural verwendet) und גר (Fremder, ebenfalls im Plural) treten der Reihe nach auf.

Anders als in Dtn 15,1-18 ist der ‚Bruder' hier nicht direkt der Arme bzw. der Hilfsbedürftige, sondern verkörpert die Gruppe der eigenen Landsleute parallel zu den Fremden. Sowohl die ‚Brüder' als auch die Fremden können aber die Gruppe darstellen, aus welcher der hilfsbedürftige Arme bzw. Elende stammt. Vergleicht man den Wortgebrauch in Dtn 24,10ff mit jenem in 15,1-18, so ist die Assoziation des ‚Bruders' mit der Hilfsbedürftigkeit auch hier durchaus gegeben, wenngleich in etwas abgewandelter Form. Diese geringe Abwandlung mit gleichzeitiger Einhaltung der Stichwort- sowie Themeneinheit könnte auf eine programmatische Anwendung des Terminus ‚Bruder' deuten.

Dtn 24,10 Wenn du deinem Nächsten etwas als Darlehen leihst, darfst du sein Haus nicht betreten, um sein Pfand abzuholen:[192] In der Exegese von Dtn 15,2 wurde bereits deutlich, dass רע und אח spätestens auf endredaktioneller Ebene in einem engeren Zusammenhang stehen und sogar miteinander identifiziert werden dürfen. Obwohl der אח in 24,10-13 nicht explizit vorkommt, wird dieser Paragraph aufgrund semantischer und struktureller Parallelen zusammen mit 24,14f behandelt: In beiden Paragraphen wird jeweils ein Verbot erlassen, das mit der gerechten Behandlung eines Schutzlosen zu tun hat, nämlich dass ein Schuldherr bzw. Pfandnehmer ein Pfand nicht über Nacht behalten[193] bzw. ein Arbeitgeber den Lohn eines Tagelöhners nicht über Nacht zurückhalten darf.[194] In beiden Gesetzen wird erwähnt, dass die Sonne darüber nicht untergehen darf. Beide Stipulationen schließen mit ähnlichen Formeln: In 24,10-13 wird der Elende den Pfandnehmer segnen und seine Tat ‚vor JHWH als Gerechtigkeit gelten'. In 24,14f wird der Elende, falls der Arbeitgeber gerecht handelt, nicht zu JHWH schreien; somit wird ihm (d. h. dem Arbeitgeber) keine Sünde angerechnet werden.[195]

Das Wort Pfand (עבט) deutet in diesem Zusammenhang auf etwas Sachliches und nicht auf eine Person. Dass der Pfandnehmer sich auf das Pfand „nicht hinlegen" darf (V. 12), weist bereits auf den in V. 13 erwähnten Mantel (שׂלמה) voraus. Nicht nur das Nicht-Betreten des Hauses des Schuldners

---

[192] Zu den Pfandnahmeregelungen des Deuteronomiums vgl. ausführlich *Schulmeister, Befreiung*, 275ff.

[193] Vgl. Ex 22,25f.

[194] Vgl. Lev 19,13.

[195] Zum Motiv des Schreiens zu JHWH bzw. Segnens von Seiten des Hilfsbedürftigen sowie der Anrechnung als Sünde bzw. Gerechtigkeit vgl. ferner Ex 22,22.26; Lev 19,17; Dtn 15,9.

(V. 10), sondern auch die Verordnung der zeitlichen Rückgabe des Pfandes (V. 13) bestätigt die Humanität dieser Regel. Wesentlich härter und bedingungsloser wurde etwa im Falle eines mesopotamischen *nipûtum* (Schuldhäftling)[196] gehandelt. Hierbei wurde ein Schuldner zur Zahlung gezwungen, indem der Schuldherr entweder in einer Art ‚Selbstbedienung' agierte oder jemanden beauftragte, für ihn ein menschliches bzw. lebendiges Pfand zu ergreifen.[197] Dieses Pfand war ein Mitglied im Haushalt des Schuldners, wurde aber normalerweise nicht länger als einige Tage entweder im Hause des Schuldherrn oder ausnahmsweise in einem Gefängnis eingesperrt.[198] Auch bei einem *nipûtum* wurde aber – ähnlich Dtn 24,12f – festgelegt, dass ein lebensnotwendiges Element des Schuldnerhaushalts, etwa ein Ochse oder ein Sklave, der dort wichtige Arbeit verrichtete, nicht als *nipûtum* genommen werden durfte. Die Garantie, dass die normalen Aufgaben im Haushalt und auf den Feldern des Betroffenen unbeeinträchtigt bleiben, ist also durch diese Bestimmungen gegeben.[199]

Dtn 24,13 Du sollst ihm sein Pfand unbedingt zurückgeben, wenn die Sonne untergeht:[200] In Kapitel 1 wurde bereits eine Inschrift (MHas[7]:1) aus der Zeit von Joschija erwähnt, die auf sieben Fragmenten eines Ostrakons in M^{e}ṣad Ḥăšavyāhū entdeckt wurde.[201] Der Vollständigkeit halber wird dieser Text[202] hier wiedergegeben:

> (1) Es möge mein Herr, der Kommandant, hören (2) die Angelegenheit seines Knechtes: Dein Knecht (3) ist Schnitter. Als dein Knecht in (4) Ḥaṣar 'Āsām war, da erntete dein Knecht, (5) maß ab und häufte in den Speicher wie jeden Tag, vor dem (6) Arbeitsende. Gerade als dein [Kn]echt <seine> Ernte abmaß (7) und aufhäufte wie jeden Tag, da kam Haušaʿyāhû, der Sohn des (8) Šōbay und nahm das Kleid deines Knechtes, gerade als ich (9) meine Ernte abmaß; nun schon einige Tage hat er das Kleid deines Knechtes genommen. (10) Und alle meine Brüder sprechen für mich, die mit mir ernteten in der Hitze (11) (?) der Sonne; meine Brüder sprechen für mich. (?) Wahrlich, ich bin frei von Schu[ld]; (12) [laß doch] mein Kleid [zurückgeben]. Wenn (ich) aber nicht (schuldlos bin), so liegt es beim Komman-

---

[196] Vgl. *AHw II*, 792.
[197] Akk. Verbum: *nepûm* (vgl. *AHw II*, 779), vgl. z. B. KH §114-116.
[198] Vgl. *Chirichigno*, *Debt-Slavery*, 63.
[199] Vgl. *Chirichigno*, *Debt-Slavery*, 65f.
[200] Vgl. zur Auslegung dieses Textes bes. *Braulik*, „Lohnverweigerung", 15-19.
[201] Vgl. oben 1.2.2. Anm. 22 für historische und geographische Angaben zur Festungssiedlung M^{e}ṣad Ḥăšavyāhū. Vgl. ferner *Crüsemann*, „Hand", sowie *Dobbs-Allsopp*, "Ostracon", für Überlegungen zum Sitz im Leben sowie zur Interpretation des Textes.
[202] In der Übersetzung von *Renz/Röllig*, *Epigraphik I*, 315ff.

danten, (13) [das Kleid seines] Knechtes zurück[geben] zu lassen; [und erwei]se ihm Erbar[men] (14) [(?) und hö]re die [Angelegenheit] deines [Kn]echtes und (?) bleibe nicht untätig [..] (15) [...]

Den Kontext dieser Inschrift bildet wahrscheinlich die Bitte eines Erntearbeiters an den Militärverwalter der Siedlung, in seine Rechtsangelegenheit einzugreifen. Aufgrund der Tatsache, dass das Bittschreiben im Bereich des Stadttores, des Ortes der Rechtsprechung, gefunden wurde, aus dem formelhaften Aufbau des Schreibens[203], der Wortwahl des Bittenden[204] sowie der Verbindung zur Pfandnahmepraxis[205] ist abzuleiten, dass es sich wohl um eine formelle Rechtsangelegenheit handelt. Dem Arbeiter wurde sein Oberkleid (בגד) genommen, während er damit beschäftigt war, seine Tätigkeiten kurz vor ‚Feierabend' abzuschließen. Auf dem בגד wollte er sich abends niederlegen, wie auch aus Dtn 24,13 mit Bezug auf die שַׂלְמָה (den ‚Mantel') eines Pfandgebers zu erfahren ist.[206] Wäre der Erntearbeiter zum genannten Zeitpunkt ein Schuldner des Hauša'yāhû ben Šōbay gewesen,[207] so wäre der Schuldherr berechtigt gewesen, ein Pfand von ihm zu erhalten, jedoch hätte er dieses weder selbst nehmen[208] noch einige Tage lang bei sich behalten dürfen.[209] Der Erntearbeiter beteuert jedoch, dass er frei von Schuld sei (נקתי מאשם). Sowohl נקה (frei, ausgenommen sein [von einer Verpflichtung]; unschuldig, nicht bestrafbar sein) als auch אשם ([ethisch-moralische] Schuld) begegnen im Alten Testament primär in nicht-wirtschaftlichen Kontexten. Trotzdem kann bei נקה,

---

203 Vgl. *Renz/Röllig, Epigraphik I*, 320 Anm. 2.

204 Vgl. etwa אמן נקתי מאשם (Z. 11); (י)שמע(ת) את דבר עבד(ה)(ך) (Z. 1f.14); אחי יענו לי (Z. 10f).

205 Vgl. *Renz/Röllig, Epigraphik I*, 321.

206 Vgl. auch *Renz/Röllig, Epigraphik I*, 326 Anm. 5. *Richardson*, "Hunger", 775, führt Beispiele aus altbabylonischen Briefen an, welche illustrieren, dass Nacktheit und Hunger oft miteinander in Verbindung standen. Davon nur eines: "This season, there is no barley in my field ... As to my garment, that is still with you – I go around naked; send me a piece of clothing" (ebd.). Hier muss im Auge behalten werden, dass Menschen oft nur ein einziges Kleidungsstück besaßen. *Richardson* (ebd.) ferner: "In a culture in which garments were synecdochic to identity, the co-occurrence of nakedness and hunger signaled not only the economic marginality of the hungry, but that the very social identity of the hungry person was thereby compromised".

207 Dies war er aller Wahrscheinlichkeit nach, zumindest eine Zeit lang: vgl. dazu *Renz/Röllig, Epigraphik I*, 321.

208 Vgl. Dtn 24,11 – obwohl hier vom (unrechtmäßigen) Betreten eines Hauses die Rede ist, wäre aus dem Kontext des Bittschreibens abzulesen, dass Hauša'yāhû ben Šōbay gegen den Willen des Erntearbeiters vorgegangen ist und sein Vorgehen, obwohl es unter freiem Himmel stattgefunden hat, dem Betreten des Hauses des Schuldners gleichkommt. Auf jeden Fall hat der Erntearbeiter ihm sein Oberkleid nicht freiwillig überreicht, wie Dtn 24,11 es vorschreibt.

209 Vgl. Dtn 24,13a.

von einer Verpflichtung frei zu sein,[210] die Konnotation in Kombination mit אשם auf finanzielle Schuldenfreiheit ausgeweitet werden.[211]

Sowohl F. *Crüsemann*[212] als auch B. *Halpern*[213] sehen in dem Bittsteller keinen Verschuldeten, sondern einen zur Fronarbeit Verpflichteten. Haušaʿyāhû wäre dann ein sogenannter Aufseher über die Fronarbeiter gewesen (אשר על המס), der dafür sorgen sollte, dass die vorgeschriebene Arbeitszeit eingehalten wurde. Für diese These könnte sprechen, dass der Bittsteller betont, dass er noch, wie gewohnt, mit seiner Arbeit beschäftigt war, als ihm sein Kleid genommen wurde. Trotzdem bleibt auch diese These ein Postulat, genauso wie die seiner Verschuldung. Die thematische Verbindung des Bittschreibens aus Meṣad Ḥăšavyāhū zu Dtn 24,10ff scheint aber auf jeden Fall gegeben zu sein, da es im zweiten biblischen Rechtsparagraphen um die rechtmäßige Behandlung eines (Lohn-)Arbeiters geht.

Welche Rolle spielen aber die ‚Brüder' des Erntearbeiters bzw. Bittstellers? Es wurde bereits darauf hingewiesen, dass sie, ähnlich wie in Gen 31, als Zeugen in einer Rechtsangelegenheit fungieren.[214] Jedoch können die ‚Brüder', die hier die Arbeitskollegen des Bittstellers sind (Z. 10) und lediglich darüber Auskunft geben können, *dass* Haušaʿyāhû ben Šōbay das Kleid unter den beschriebenen Umständen genommen hatte, nicht wesentlich dazu beitragen, die Unschuld des Bittstellers selbst zu beweisen. Sie dienen also wahrscheinlich hauptsächlich dazu, der Bitte einen formellen, fast feierlichen Charakter zu verleihen. Ihr Auftreten in diesem Schreiben ist nichtsdestotrotz bemerkenswert, da sie hiermit auch außerbiblisch in einem sowohl agrarischen als auch wirtschaftlichen, jedenfalls sozialrechtlichen Kontext vertreten sind, der darüber hinaus direkt mit einem (deuteronomischen) Rechtsparagraphen[215] assoziierbar ist, an den wiederum unmittelbar ein sozialrechtlicher Brudertext[216] anschließt. *Crüsemann*, den Bittsteller als „X" bezeichnend, bemerkt treffend:

> Vielleicht ... hat die Skala der Interpretationsmöglichkeiten zugleich den sozialen Kontext deutlich gemacht, in dem sich überhaupt landwirtschaftliche Arbeit in dieser Zeit vollzieht. „Was du mit deiner Hand mühevoll erarbeitet hat[*sic!*], das darfst du (selbst) essen" – so lautet ein Segensspruch in Israel (Ps 128,2). Wie wenig das selbstverständlich war, und wie wenig damit gar eine Idylle bezeichnet ist – das zeigt sich beispielhaft an unserem X. Er steht stellvertretend für die vielen, die nicht oder nur teilweise das essen konnten, was ihre Hände erarbeiteten. Der

[210] Vgl. etwa Gen 24,41; Dtn 24,5.
[211] Vgl. *Renz/Röllig, Epigraphik I*, 328 Anm. 2f.
[212] Vgl. *Crüsemann*, „Hand", 85.
[213] Vgl. *Halpern*, "Lineages", 63.
[214] Vgl. oben 1.2.2. Anm. 22.
[215] Dtn 24,10-13.
[216] Dtn 24,14f.

Zugriff auf die Produkte wie auf die Arbeitenden selbst war intensiv und mannigfaltig. An diesem X und seinen Brüdern ist zu messen, was wir lesen und erfahren über die Arbeit im Alten Testament.[217]

4.5 Hüter des Besitzes des Bruders: Dtn 22,1-4

Übersetzung

1 Du sollst nicht zusehen, wie das Rind deines Bruders oder sein Schaf sich verläuft, und dich (untätig) von ihnen abwenden. Bringe sie unbedingt zu deinem Bruder! 2 Wenn aber dein Bruder nicht in der Nähe von dir ist oder du ihn nicht kennst, sollst du (das Tier) in dein Haus aufnehmen, und es soll bei dir sein, bis dein Bruder es sucht. Dann sollst du es ihm zurückgeben. 3 So sollst du es auch tun mit seinem Esel, mit seinem Mantel und mit allem Verlorenen deines Bruders, mit dem, was ihm abhandengekommen ist und was du findest. Du kannst dich (dem) nicht entziehen. 4 Du darfst den Esel oder das Rind deines Bruders nicht am Weg gestürzt sehen und dich ihnen entziehen. Gewiss sollst du sie aufrichten, gemeinsam mit ihm!

In diesem Text wird ein Aspekt beleuchtet, der bis jetzt noch nicht angesprochen wurde. Der Inhalt lässt sich nämlich weder direkt der Armutsfrage noch der Ämterfrage zuordnen.[218] Für unsere Zwecke wird er sachgemäß dennoch dem Sozialgesetz zugeordnet, weil er über den Umgang mit dem ‚Bruder', und zwar in Form des Umgangs mit dem Besitz des ‚Bruders', Anweisungen gibt.

---

[217] *Crüsemann*, „Hand", 86.

[218] Es ist hier notwendig, neben diesen einleitenden, rein auf synchroner Basis beruhenden Bemerkungen den Text mit seiner Parallele Ex 23,4f in dessen Kontext Ex 23,1-9 zu vergleichen. Dass die Exodusparallele die ältere Version des Textes ist, steht generell nicht in Frage. *Schwienhorst-Schönberger*, *Bundesbuch*, 388, ordnet Ex 23,4f einer Zwischenschicht im Wachstumsprozess der Perikope Ex 23,1-9 zu. Eine genauere Unterscheidung der sonstigen möglichen Entwicklungsschichten ist für unsere Zwecke nicht notwendig. Jedenfalls ist in unserem Zusammenhang von Interesse, dass die V. 4f vordeuteronomisch sind. Ebenso argumentiert *Barbiero*, *L'asino*, 133ff.196, dass Ex 23,4f als Quelle für Dtn 22,1-4 gilt. Der unmittelbare Kontext, in den Ex 23,4f eingebettet ist, berührt aber, im Unterschied zum Umfeld von Dtn 22,1-4, sowohl die Armutsfrage (Ex 23,3.6; vgl. hierzu auch *Dohmen*, *Exodus 19-40*, 181) als auch einen ‚ämtergesetzlichen' Bereich, nämlich jenen der Rechtsprechung (Ex 23,1-3.6.7f.9; vgl. *Schwienhorst-Schönberger*, *Bundesbuch*, 388: dass hier gar von einem ‚Richterspiegel' geredet wird, gilt allerdings erst für eine deuteronomistisch überarbeitete Endgestalt der Perikope). Insofern befindet sich Ex 23,4f in einem Umfeld, welches dem Gedankengut der deuteronomischen Bruderethik (Armenrecht wie Ämterrecht) näherliegt, als dies für unseren Text selbst der Fall ist.

In seiner Endgestalt ist der Text von höchstem sozialethischen Wert[219]: Nicht nur dem armen ‚Bruder', nicht nur dem in Not geratenen *Menschen* soll geholfen werden, sondern auch dem verlaufenen (V. 1) oder gestürzten (V. 4) *Tier* eines ‚Bruders', weil dies eine ethisch korrekte Verhaltensweise ist. Der Text spricht vom Respekt sowohl dem Tier als auch dem Menschen gegenüber, denn nicht nur ein Tier, sondern auch etwas Nicht-Lebendiges, etwa der zum Schutz dringend gebrauchte Mantel[220], soll für den ‚Bruder' aufbewahrt werden.[221]

Ohne aus diesen Regelungen eine zeitgenössische ‚grüne' Ethik machen zu wollen, kann im Deuteronomium dennoch ein Wort über den menschlichen Umgang mit der erschaffenen Welt vernommen werden. Eine sinngemäß vergleichbare und ebenfalls ethisch höchst anspruchsvolle Bestimmung findet sich anschließend in Dtn 22,6f im Hinweis auf das Auffinden eines Vogelnests: eine Mutter mit Jungvögeln darf nicht aus dem Nest genommen werden. Die Jungvögel dürfen genommen werden (ebenso wie das Tier in Dtn 22,1-4 ein Nutztier ist und sich nicht zwecklos als Haustier im Besitz des ‚Bruders' befindet, dienen diese Vögel dem Menschen zu seinem Nutzen als Nahrung[222]), aber die Mutter soll, zur Erhaltung der Art, frei wegfliegen dürfen (V. 7). Die ‚baupolizeiliche' Bestimmung von Dtn 22,8, dass das Flachdach eines neugebauten Hauses mit Schutzgeländern versehen werden soll, passt thematisch und emotiv ebenfalls hierher: menschliches Leben wird durch diese Sicherheitsmaßnahme sorgfältig in Schutz genommen. Die Mischverbote Dtn 22,9f muten befremdend an, da auf den ersten Blick nicht klar ist, warum zweierlei Pflanzen nicht im Weingarten wachsen oder zweierlei Stoffe nicht zusammengewoben werden dürfen.[223] Das Verbot, Rind und Esel zusammen pflügen zu

---

[219] Den hohen ethischen Wert des unserer Perikope zugrundeliegenden Abschnitts Ex 23,3-6 belichtet auch *Dohmen*, *Exodus 19-40*, 182, in Anlehnung an *Schwienhorst-Schönberger*, *Bundesbuch*, 382, der diese Verse zu den „Spitzenaussagen alttestamentlicher Ethik" zählt. *Schwienhorst-Schönberger* (vgl. *ebd.*) betont in diesem Zusammenhang die von dieser Ethik geforderte juristische Unparteilichkeit etwas stärker, während *Dohmen* (vgl. *ebd.*) seine Fokussierung etwas mehr auf den sozialen Aspekt richtet.

[220] Vgl. Ex 22,25f; Dtn 24,12f.

[221] Für *Barbiero*, *L'asino*, 133, liegt sowohl in Dtn 22 als auch in der Bundesbuchversion die Betonung gerade nicht auf dem Tier oder dem verlorenen Objekt, sondern auf dem Menschen.

[222] Vgl. hierzu auch *Braulik*, *Gesetze*, 76.

[223] Eine sexuell konnotierte Lesung (vgl. *Braulik*, *Gesetze*, 77f, und in geringerem Maße auch *Tigay*, *Deuteronomy*, 202) dieser Mischverbote muss nicht *zwingend* notwendig sein. Werden die Gesetze in 22,1-11 unter dem hier beschriebenen Aspekt der Sanftheit gegenüber Mensch und Schöpfung gelesen, ist der innere Zusammenhang der Gesetze auch deutlicher, als allgemein anerkannt wird. (Literaturbeispiele einer solchen Interpretation eines mangelnden inneren Zusammenhangs führt *Braulik*, *Gesetze*, 72 Anm.

lassen, ist aber wohl intuitiv nachvollziehbar: der weniger kräftige Esel würde sich in diesem Fall schwer tun, körperlich mit dem kräftigeren Rind mitzuhalten.[224] In diesen Versen waltet eine Mischung aus nüchternem Pragmatismus und besonderer Schonung des Menschen und der Schöpfung.[225]

Es ist notwendig, die Entwicklung zwischen dem Quelltext Ex 23,4f und Dtn 22,1-4 zu beachten, zumal gerade beim Bruderwort zwischen den beiden Texten ein großer Unterschied besteht: Im Bundesbuch ist vom *„verirrten Rind oder Esel deines Feindes"* und vom *„Esel deines Widersachers / Gegners"* (wörtlich: *„von dem, der dich hasst"*) die Rede, während die Tiere im Deuteronomium dem ‚Bruder' gehören. Was ist hier, vor allem theologisch, geschehen? Die wohl ausführlichste Antwort auf diese Frage kam bislang von G. *Barbiero*.[226]

Seine erste Beobachtung besteht darin, dass in Ex 23,4f die Wiedergabe des ursprünglichen רע mit איבך und שׂנאך auf den ersten Blick die Beschreibung eines normalen Verhaltens zwischen Nachbarn auf einer höheren ethischen Stufe zu sein scheint. In Vergleich zu dieser Version steht Dtn 22,1-4, indem es diese beiden Termini durch אחיך ersetzt, dem postulierten Original scheinbar näher. Folglich gibt es Autoren, die der Meinung sind, dass hier das Deuteronomium nicht von Exodus abhänge, sondern dass beide Texte von einer gemeinsamen Quelle stammen, zu der die Deuteronomiumversion ein näheres Verhältnis aufweise. *Barbiero* zufolge sind jedoch אחיך und sein vermutliches Original רעך im Vergleich zu den beiden im Bundesbuch verwendeten Termini sekundär, weil אחיך durch vielfache Wiederholung[227] emphatisch unterstrichen werde.[228]

Für *Barbiero* ist es entscheidend, die jeweilige generelle Verwendung von איב im Bundesbuch und im gesamten Deuteronomium zu beachten. Er vermutet in Ex 23,4f die älteste Forderung der Feindesliebe im Alten Testament, mit deutlichen Parallelen zur altorientalischen und israelitischen Weisheitsliteratur.[229] Nicht zuletzt aufgrund dieser von ihm beobachteten weisheitlichen Spuren ist für *Barbiero* auf der letzten Redaktionsstufe des Textes dem Feind wie einem Armen zu begegnen, weil er sich in einer Notsituation (das Zusammenbrechen seines Tieres) befindet.[230] Als Vergleichstexte führt er Spr

---

22, an. Rabbinische Belege für eine spürbare thematische Ambivalenz bringt *Tigay*, *Deuteronomy*, 202; vgl. auch *ebd.*: "The reason for these laws is uncertain.").

[224] *Tigay*, *Deuteronomy*, 202, liest Dtn 22,10 eindeutig in diesem Sinn.

[225] Freilich kann die vorgeschlagene Möglichkeit, die Texte bloß aus einer ‚Naturschutzperspektive' zu lesen, weder ihre Fremdheit erklären noch die Möglichkeit einer sexuellen Konnotation von 22,9.11 leugnen. Eine gewisse Verzahnung mit einer sexuellen Thematik führt zu den Bestimmungen 22,13-23,1 (vgl. hierzu *Braulik*, *Gesetze*, 74).

[226] Vgl. *Barbiero*, *L'asino*, 183ff.

[227] Sechsmal wörtlich in der kurzen Perikope, weitere achtmal in Pronominalform.

[228] Vgl. *Barbiero*, *L'asino*, 133.

[229] Vgl. *Barbiero*, *L'asino*, 125.

[230] Vgl. unten die radikal andere Interpretation von *Cooper*, "Plain Sense", *passim*.

24,17f; 25,21 an.[231] Jedenfalls ist der Terminus איב texthistorisch auch schon früher im Bundesbuch auf innerisraelitischer und daher auf persönlicher Ebene zu lesen. Im Lichte der Sicht von *Barbiero* sowie des Kontextes der Verse Ex 23,4f scheint die Interpretation von *Schwienhorst-Schönberger*[232] plausibel, dass mit איב hier wahrscheinlich der Prozessgegner gemeint ist. Seine Lesung von שׂנא unterstreicht den *persönlichen* Charakter der Feindschaft *im Bundesbuch*.

> Mit der Variation des Ausdrucks soll offensichtlich deutlich gemacht werden, daß keine wie auch immer eingefärbte Form von Feindschaft oder Abneigung ein Hinderungsgrund für die in einer alltäglichen Notsituation geforderte Hilfe ist.[233]

In Ex 23,4f besteht für *Barbiero* aufgrund der direkten Nebeneinanderstellung der beiden Feindestermini איב (V. 4) und שׂנא (V. 5) mit אבין (V. 6) und aufgrund der Kombination mit גר in V. 9 eine Verbindung zwischen dem Fremden und dem Armen. Die Hilfsbedürftigkeit sowie die geleistete Hilfe bauen somit interne Feindschaft ab.[234]

Demgegenüber hat im Deuteronomium der איב eine ganz andere Funktion, indem er eindeutig für den *außerisraelitischen* Feind steht, besonders jenen, dem man im Krieg begegnet (Dtn 20). Er ist somit kein persönlicher Feind innerhalb des eigenen Volkes, sondern ein von außen kommender Volksfeind.[235] Diese Bedrohung durch einen Feind von außen verbindet innerlich, schweißt ‚brüderlich' zusammen und verstärkt das Bedürfnis nach innerem Zusammenhalt.[236] Im Zuge der deuteronomischen Reform wird die Feindesterminologie in diesem Text jetzt durch jene der Brüderlichkeit ersetzt, da die deuteronomische Utopie bzw. der deuteronomische Gesellschaftsentwurf keinerlei Feindschaft innerhalb Israels erlaubt. So wird auf dieser Redaktionsstufe zwar eine größere Radikalität erreicht, allerdings tritt dabei auch eine Ambivalenz als Charakteristikum des Deuteronomiums zu Tage: Indem das Prinzip der Brüderlichkeit zu Staatsrecht und folglich auch erzwingbar wird, findet eine Vermischung von Solidarität und Rigidität statt.[237]

---

[231] Vgl. *Barbiero, L'asino*, 129.

[232] Vgl. *Schwienhorst-Schönberger, Bundesbuch*, 384.

[233] *Schwienhorst-Schönberger, Bundesbuch*, 384.

[234] Vgl. *Barbiero, L'asino*, 122f. Hierin weicht die Interpretation *Barbieros* von jener von *Schwienhorst-Schönberger, Bundesbuch*, 384, ab, indem *Barbiero* den sozialethischen, *Schwienhorst-Schönberger* den juristischen Aspekt betont. Da beide Werke ungefähr zeitgleich erschienen sind, findet hinsichtlich dieser Auslegung keine Rezeption zwischen den Autoren statt.

[235] Vgl. *Barbiero, L'asino*, 183f.

[236] Vgl. *Barbiero, L'asino*, 185.

[237] Vgl. die Einleitung N. Lohfinks in *Barbiero, L'asino*, x.

Die Behandlung dieses Abschnitts durch B. *Kilchör*[238] lässt in zentralen Punkten nicht alle Argumente *Barbieros* zu ihrem Recht kommen. Bezüglich der Wortwahl איב - שׂנא - אח erwähnt er *Barbiero* weder zustimmend noch ablehnend. *Kilchörs* Überzeugung, dass Dtn 22,4 eine Ex 23,5 diametral entgegengesetzte Bedeutung habe, indem in Ex 23,5 eine Negierung der Notsituation des Tieres des Widersachers gefordert werde, ist diskutierbar. Er greift damit die Meinung von A. *Cooper*[239] auf, verweist aber lediglich auf den Anfang dieses Artikels. *Cooper* räumt bereits im ersten Satz seines Artikels ein, dass er bei seiner Interpretation die beiden Partikeln לו und עמו gezielt ignoriert.[240] Nach *Kilchör* beruhe die gängige Lesung von Ex 23,5 auf einer "postulierte[n] Emendation von עזב zu "עזר".[241] Dieses Argument übernimmt er ebenfalls von *Cooper*, der behauptet, dass das Verb עזב *normalerweise* ("usually") dieser Emendation unterzogen werde.[242] Ferner findet man bei *Kilchör* ein Zitat *Coopers*: "Exodus 23:5 describes a situation in which one must *avoid* any contact with an enemy's animal", zu dem er anschließend hinzufügt: „Der Text gibt ohne Emendation Sinn."[243] Die von *Cooper* selbst erwähnte Ignorierung der Partikeln לו und עמו stellt wohl eine Emendation in die umgekehrte Richtung dar. Bereits in seinen einleitenden Sätzen betont *Cooper* mehrmals, dass seine Meinung dem Forschungskonsens vollkommen widerspreche.[244] Sein Vorschlag wurde, in seinen eigenen Worten, "since antiquity" und "from the dawn of biblical exegesis"[245] sonst nicht angeboten.[246]

---

[238] Vgl. *Kilchör*, *Mosetora*, 245-249, bes. 248f. Zur qualitativen Einschätzung dieser Arbeit vgl. *Markl*, „Rezension Kilchör", 302ff.
[239] Vgl. *Cooper*, "Plain Sense".
[240] Vgl. *Cooper*, "Plain Sense", 1.
[241] *Kilchör*, *Mosetora*, 248.
[242] Vgl. *Cooper*, "Plain Sense", 1. In einem Appendix (vgl. ebd., 20-22) bespricht er allerdings fünf verschiedene Lösungsvorschläge für das Problem von Ex 23,5, von dem die besagte Emendation nur eine ist, die er mit mittelalterlicher rabbinischer Literatur (Raschi, etwa fünfhundert Jahre später Isaak Abravanel) sowie mit neuzeitlichen Kommentatoren (Bochart/Rosenmüller, 1793; Baentsch, 1892; Driver, 1895; Dillmann, 1897; Ehrlich, 1908, und Driver, 1937/38) belegt. Ferner gibt es diesen Vorschlag noch im textkritischen Apparat der BHK (die Vorbereitung von Exodus wurde 1931 abgeschlossen). Der letzte diesbezügliche Hinweis findet sich bei *Koehler/Baumgartner* in der Edition von 1958. *Coopers* Literaturangaben sind zwar relativ ausführlich, man beachte allerdings ihre Publikationsdaten.
[243] *Kilchör*, *Mosetora*, 248.
[244] Vgl. *Cooper*, "Plain Sense", 1.
[245] Vgl. *Cooper*, "Plain Sense", 1f.
[246] *Cooper*, "Plain Sense", 4, wundert sich darüber, dass Ex 23,5 dem Feind gegenüber positiv eingestellt sein sollte: "Now that is a strange idea in view of the general biblical attitude towards enemies, but it is an idea that is firmly rooted in the history of interpretation".

Welche andere Interpretationsmöglichkeit gibt es für Ex 23,5? Eine sinnvolle Lösung könnte darin bestehen, die Präposition mit Suff. 3. Sg. m. לו nicht auf den Esel, der (nicht) im Stich gelassen werden soll, zu beziehen, sondern auf den שׂנא, so dass die Widergabe von V. 5a lautet: *„Du sollst davon absehen, (es) ihm zu überlassen“.*[247]

Kilchör argumentiert, „dass Dtn 22,1-4 von Ex 23,4 her entfaltet ist“[248], und nicht umgekehrt. Doch handelt es sich hier um einen mehr oder weniger

---

[247] Vgl. *Gesenius/Donner*, 943. *Dohmen*, *Exodus 19-40*, 183-185, geht auf die sprachlichen Komplexitäten dieses Verses ein. Er beleuchtet zwar die Doppeldeutigkeit von לו in V. 5ab, entscheidet sich aber für einen Bezug auf den Esel. Auch bei seinem Vorschlag kommt man für eine sinnvolle deutsche Übersetzung kaum ohne Emendation aus: „dann sollst du (die Last) mit ihm (dem Eigentümer) unbedingt entfernen / losmachen“ (*ebd.*, 184f).

[248] Vgl. *Kilchör*, *Mosetora*, 249. Auch *Cooper*, “Plain Sense”, 4, bemüht sich, die Abhängigkeit des Deuteronomiums vom Bundesbuch in dieser Hinsicht zu beweisen und meint, Dtn 22,4 sowie die Septuagintaversion von Ex 23,5 hätten das Verständnis dieses Textes verdunkelt: “As far as I know, no one has seriously questioned the correctness of Deuteronomy’s interpretation of Exodus. My view is that on all four of the abovementioned points, Deuteronomy has either misunderstood or purposely transformed the law in Exodus” (ebd.). Auch spricht er an derselben Stelle dem Exodustext (in 23,5) ab, “that it is an ethical prescription that commands benevolence towards a personal enemy”. Eine Aussage von hohem ethischem Gehalt bei Philo (*Virt.* 116f.160), die dem (Exodus-)Gesetz Sanftheit und Humanität zuschreibt und von ‚echter Güte‘ spricht, ist in seiner Sicht bloß von christlichen Verteidigern des Alten Testaments an eine kraftvolle jüdisch-hellenistische Apologie gekettet (vgl. ebd., 5). Auch die Lesart des Exodusgesetzes in Mt 5,44 und in ‚jedem‘ patristischen Kommentar zu Ex 23,5 (vgl. ebd., 6f, mit der Angabe zahlreicher Beispiele) ist seiner Meinung nach nichts anderes als antimarkionitische Apologie. *Cooper*, “Plain Sense”, 7, *verbatim*: “The conclusion is, I hope, no less astounding for being obvious. It is that the interpretation of Exodus 23:5 as an expression of Feindesliebe (‘love of enemy’) comes from a Christian anti-Marcionite adaptation of an apologetic Jewish-Hellenistic interpretation. And all of this is based on the Greek mistranslation of the law!” Die nächsten Interpreten dieses Textes, die er ins Visier nimmt, sind, in einem Atemzug genannt, J. Calvin und H.W. Wolff (ebd., 7f). Seine Lösung: (a) der Esel von Ex 23,5 befindet sich nicht in Not, sondern ruht lediglich ‘gemächlich’ (“in comfortable repose” [ebd., 14]) unter seiner Last; (b) fast die gesamte Nachwelt (mit Ausnahme einiger rabbinischer Interpreten), angefangen vom Autor des Deuteronomiumtextes, über die Septuagintaübersetzer und Philo bis hin zu allen Kirchenvätern, wird zugunsten einer irrationalen Feindesliebe in die Irre geführt: “The Septuagint’s mistranslation of *rōbēṣ* misled Philo and the Church Fathers, and the rabbis’ misunderstanding of the word engendered a great debate about the legal status of animal distress. The error has been perpetuated by nearly all subsequent commentators” (ebd., 14). Auf alle hier besprochenen Argumente bei *Cooper*, “Plain Sense”, 2-20, geht *Kilchör*, *Mosetora*, 248f, nicht mehr ein. Es ist also schwer zu beurteilen, ob er in den genannten Aspekten auch mit *Coopers* Exegese in Einklang steht.

unbestrittenen Konsens der wissenschaftlichen Forschung.[249] Was bei *Kilchör* aber wohl zu beachten ist, ist seine richtige Hervorhebung der *Bedeutung* der Verbindung zwischen Ex 23,4 und Dtn 22,1 in Übereinstimmung mit den Beobachtungen von *Braulik*:

> Während man auf den ersten Blick daraus schliessen könnte, dass Ex 23,4 das Gebot aus Dtn 22,1 auf den Feind ausweitet, findet man in Lev 19,15-18 den hermeneutischen Schlüssel, um zu verstehen, warum Dtn 22,1 zwar Ex 23,4 rezipiert, aber nicht mehr vom Feind, sondern vom Bruder redet. Denn auch Lev 19,15f. knüpft an Ex 23,3.6.7 an und gebietet anschliessend in V.17, den אח nicht zu hassen (לא־תשׂנא). Dtn 22,1-4 kennt nicht nur Ex 23, sondern auch Lev 19 und befolgt Lev 19,17 dahingehend, dass im Unterschied zu Ex 23,4f nicht vom איבך und nicht vom שׂנאך, sondern eben vom אחיך die Rede ist.[250]

Interessant für unser Thema sind besonders die von *Barbiero* beobachteten Bewegungen im Verständnis der verschiedenen Personenbezeichnungen.[251] In Lev 19 und 25 ruft der Terminus ‚Bruder' zur Solidarität auf und fordert ein Verhalten, das nicht auf Befehlen bzw. Gesetzen oder Direktiven beruht, sondern seine Wurzel in einer brüderlichen Verbindung hat.[252]

4.6 Der Menschenraub: Dtn 24,7

Übersetzung

7 Wenn ein Mann dabei ertappt wird, dass er einen seiner israelitischen Brüder verschleppt, ihn misshandelt und ihn verkauft, soll der Dieb sterben. So sollst du das Böse aus deiner Mitte wegschaffen.

---

249 Vgl. z. B. *Braulik*, „Redaktion", 11: „Daß Ex 23,4-5 die Vorlage von Dtn 22,1-4 bildet, kann als gesichert gelten".

250 *Kilchör*, *Mosetora*, 246f. Er verweist auf *Braulik*, „Redaktion", 11f. Ferner kommentiert *Kilchör* das Verhältnis von Lev 19,17f und Dtn 22,1-4, wie es von *Barbiero* herausgearbeitet wurde, vgl. *Kilchör*, *Mosetora*, 247. Allerdings ist an der hier von *Kilchör* referierten Stelle (*Barbiero*, *L'asino*, 196f) nicht von diesem Verhältnis die Rede, sondern geht es dort zunächst um die Beziehung Bundesbuch – Deuteronomium. *Kilchörs* Hinweise auf jenen Teil, in dem die von ihm angesprochene Beziehung tatsächlich von *Barbiero* behandelt wird (*Barbiero*, *L'asino*, 330f), sind spärlich.

251 Vgl. *Barbiero*, *L'asino*, 318-324. Die mehrfach untersuchte und kommentierte dekalogische Anordnung der deuteronomischen Gesetze (aber auch unter Umständen des Bundesbuches) wird in der vorliegenden Arbeit bewusst ausgeklammert. Vgl. diesbezüglich für verschiedene Varianten dieses Modells *Braulik*, *Gesetze*; *ders.*, „Redaktion", bes. 2f; auch *Schwienhorst-Schönberger*, „Verhältnis"; zuletzt vor allem *Kilchör*, *Mosetora*, und *Otto*, *Deuteronomium 12-23*, 1108-1112.

252 Vgl. *Barbiero*, *L'asino*, 324.

Erstmals wird der ‚Bruder' nun unmissverständlich als einer, der aus dem Volk Israel stammt, definiert: מֵאֶחָיו מִבְּנֵי יִשְׂרָאֵל.

Dtn 24,7 gehört der Hauptgattung Sozialgesetzgebung an, da mit diesem Gesetz grundsätzlich die Rechte eines Schutzlosen bzw. einer hilfsbedürftigen Person geschützt werden. Jedoch enthält dieses Gesetz auch Elemente des Strafrechts[253]: der Entführer, im Hebräischen schlichtweg Dieb genannt, weil er die Person (נֶפֶשׁ)[254] seines ‚Bruders' ‚stiehlt'[255], erhält die Todesstrafe. *Otto* versieht den Abschnitt Dtn 24,6-25,19 mit der Überschrift: *Das Familien- und Strafrecht in einer Fachwerkstruktur mit Geboten des Bruderethos.*[256] Manche Übersetzungen geben עמר (Hit.) mit ‚als Sklave kennzeichnen' oder ‚bezeichnen' wieder.[257] *Otto* weist darauf hin[258], dass diese Bedeutung mit der zusammengebundenen Getreidegarbe (עֹמֶר) zusammenhängt und bevorzugt sie gegenüber der Bedeutung ‚Misshandlung', die aus der Septuaginta stammt (vgl. Ex 21,17[LXX]; Dtn 21,14; 24,7). Wie in Dtn 21,14 steht auch in 24,7 das Verbum עמר (Hit.) mit מכר (verkaufen) in Verbindung, weshalb beide Verben zur Handelssprache gehören.[259] Ferner sind die Gebote Dtn 24,6 und Dtn 24,7 miteinander verknüpft, indem sie untersagen, den נפשׁ als Pfand zu nehmen (כי־נפשׁ הוא חבל [V. 6]) bzw. zu stehlen (גנב נפשׁ [V. 7]).[260]

Dtn 15,1-11 ordnet an, dass demjenigen, der in finanzielle Not geraten ist, mittels der Institution des Erlassjahres Hilfe geleistet wird. Kommt es trotz aller Versuche, seine Kapitalkraft wiederherzustellen, dennoch so weit, dass der verschuldete ‚Bruder' seine Arbeitskräfte verkaufen muss, um überleben zu können, regelt Dtn 15,12-18 die Bedingungen seiner Arbeitsleistung und ermöglicht seine Rückkehr in ein freies, von Schulden unbelastetes Leben. Im Lichte dieser recht umsichtigen Maßnahmen, welche alle darauf hinzielen, die Menschenwürde zu schützen und die Freiheit zu ermöglichen, verwundert es nicht, dass der Menschenraub und ein möglicher daraus folgender Menschenhandel kurz und bündig in einem Satz verboten und unter schwere Strafe gestellt werden.

---

[253] Vgl. *Otto, Deuteronomium 23-34*, 1822.
[254] Oder im übertragenen Sinn: die Freiheit.
[255] גנב, hier mit ‚verschleppt' übersetzt.
[256] *Otto, Deuteronomium 23-34*, 1808.1822f.
[257] Vgl. z. B. EÜ: „ihn als Sklaven kennzeichnet"; NRSV, NAB: "enslaving"; NIV: "treats him as a slave"; ZB: „ihn als Sklaven kennzeichnet"; NAV: "hom as slaaf gebruik". NLB liest demgegenüber: „ihn gewalttätig behandelt"; auch NASB hat: "deals with him violently", und NKJV verwendet "mistreats". LEI übersetzt zwar sinngemäß, jedoch eher im übertragenen Sinn: "hem als een rechtloze behandelt".
[258] Vgl. *Otto, Deuteronomium 23-34*, 1820.
[259] Vgl. *Otto, Deuteronomium 23-34*, 1820.
[260] Vgl. *Otto, Deuteronomium 23-34*, 1822.

5 Das deuteronomische Ämtergesetz

Die folgende Untersuchung intendiert nicht, das deuteronomische Ämtergesetz in allen Facetten zu analysieren, sondern festzustellen, ob, und wenn ja, welche theologische Brücke das Wort ‚Bruder' zwischen dem Ämterthema und der Thematik der sozialrechtlichen Brudertexte bildet.[1] Über die klassische Dreiteilung König – Priester – Prophet hinaus kommen hier auch das Richteramt als viertes Amt und das Kriegsgesetz in seinem (fehlenden) Zusammenhang mit dem Amt des Königs unter die Lupe. Wie es auch bei den Gesetzen über den König und den Propheten der Fall ist, findet sich keine direkte Parallele außerhalb des Deuteronomiums zur Regelung für die sogenannte Levirats- oder Schwagerehe in Dtn 25,5-10. Diese wird thematisch höchstens im Buch Rut erzählerisch aufgegriffen. Die Regelung zur Leviratsehe erfüllt für unsere Zwecke eine Brückenfunktion, zumal die Zuordnung der deuteronomischen Brudertexte entweder zum Sozialgesetz oder zum Ämtergesetz für jede Texteinheit eine wichtige Frage bildet. Für die Leviratsehe ist die Frage nach der Zuordnung nicht leicht zu beantworten: der Text erfüllt, je nach Interpretationszugang, Kriterien für die Zuordnung zu beiden Textblöcken. Wir werden sehen, dass die Leviratsehe thematisch vordergründig wohl zum Sozialgesetz passt, auf einer tieferen Ebene jedoch auch dem Ämtergesetz zugeordnet werden kann (und darum auch unter diesem Abschnitt behandelt wird), drittens aber schlicht zur Gattung ‚Familiengesetzgebung' gerechnet werden könnte. Das dem Gesetz zu Grunde legende Bruderthema wird sich als für diese Fragestellung ausschlaggebend erweisen.

5.1 Das Königsgesetz: Dtn 17,14-20

Übersetzung

14 Wenn du in das Land kommst, das der Herr, dein Gott, dir gibt, und du es in Besitz nimmst und du dich dort niederlässt und du sagst: „Ich will einen König über mich setzen wie alle Nationen, die um mich herum sind", 15 dann sollst du jenen König über dich setzen, den JHWH, dein Gott, auswählen wird. Aus der Mitte deiner Brüder sollst du einen König über dich setzen. Es ist dir nicht erlaubt, einen Ausländer über dich zu setzen, der nicht dein Bruder ist.

16 Nur darf er sich nicht zu viele Pferde zulegen, und er darf das Volk nicht nach Ägypten zurückkehren lassen, um mehr Pferde anzuschaffen, denn JHWH hat euch gesagt, dass ihr auf diesem Weg nicht mehr zurückkehren dürft. 17 Auch darf er nicht

---

[1] Einige einleitende synchrone bzw. strukturelle Beobachtungen zu diesem Textblock erfolgten in Abschnitt 2.2, während historische Fragestellungen in 3.5 angesprochen wurden.

viele Frauen haben, damit sein Herz nicht abweicht. Von Silber und Gold darf er ebenfalls nicht zu viel haben.

18 Nach seiner Thronbesteigung soll er für sich eine Schriftrolle schreiben, eine Kopie dieser Tora, die bei den levitischen Priestern ist. 19 Sie soll bei ihm bleiben, und er soll darin (laut vor-)lesen alle Tage seines Lebens, damit er lernt, JHWH, seinen Gott, zu fürchten, alle Worte dieses Gesetzes zu bewahren und diese Regel auszuführen, 20 damit sein Herz sich nicht über seine Brüder erhebt, er nicht rechts oder links abweicht von dem Gebot, und damit er lange König bleibt, er und seine Söhne, inmitten Israels.

Das Königsgesetz Dtn 17,14-20 weist sprachlich-thematisch drei Gliederungsabschnitte auf: V. 14-15.16-17.18-20.

V. 14-15 enthalten eine *enthistorisierende*[2] Einleitung sowie eine Anleitung zur Einsetzung des Königs. Enthistorisierend ist die Einleitung laut L. *Perlitt* deshalb, weil sie in die Mose-Fiktion eingebettet ist und somit keine näheren geographischen oder auch historisch-politischen Angaben zum vorgestellten Königreich macht. Obwohl *Perlitt* dafür plädiert, dass das Königsgesetz keinen Staatsgedanken enthält, ist auch ihm, wie es bei G. *Braulik* der Fall ist,[3] der Volksgedanke wichtig. Das Israel des Königsgesetzes ist bei *Perlitt* ein „,Volk ohne Raum' und ohne Zeit"[4] oder auch „ein heiliges Volk ohne ,Bodenberührung', immer nur auf kultische Zeiten und Praktiken ausgerichtet"[5].

V. 16-17 bestimmen, welche politischen, diplomatischen und fiskalen Maßnahmen der König nicht ergreifen darf, während V. 18-20 positiv seine Lebensführung anhand der Richtlinien der Tora vorschreiben.

Obwohl *Perlitt* feststellt, dass „V. 14 … von V. 15 nicht trennbar ist"[6], erwähnt er nicht sofort, dass dies nicht nur literargeschichtlich, sondern auch semantisch gilt. Er liest nämlich die Phrase שׂוֹם תָּשִׂים עָלֶיךָ מֶלֶךְ in V. 15a als ,nacktes Gebot'[7], klammert dabei aber אשר יבחר יהוה אלהיך aus. Damit entsteht eine Reihe von Problemen. Er muss nach breit angelegten Begründungen suchen, warum die von ihm gewählte Phrase doch nicht so zu verstehen ist, dass sie einen expliziten Auftrag zur Einsetzung eines Königs bedeutet. Das „nackte Gebot שׂוֹם תָּשִׂים עָלֶיךָ מֶלֶךְ" sei „in der gesamten Religions- und Staatsgeschichte Israels als unvorstellbar, ja als unsinnig zu bezeichnen."[8] Er interpretiert Dtn 17,14f „im Kontext der verschiedenen dtr Schichten und

---

[2] Vgl. *Perlitt*, „Staatsgedanke", 192.
[3] Vgl. *Braulik*, „Buch", 176-178.
[4] *Perlitt*, „Staatsgedanke", 192.
[5] *Perlitt*, „Staatsgedanke", 194.
[6] *Perlitt*, „Staatsgedanke", 189.
[7] Vgl. *Perlitt*, „Staatsgedanke", 189.
[8] *Perlitt*, „Staatsgedanke", 189.

geschichtstheologischen Urteile von I. Sam. 8“[9]. Für das Verständnis der Phrase שׂום תשׂים עליך מלך genügt es auch, zusätzlich אשׁר יבחר יהוה אלהיך zu lesen. Nicht: ‚Du sollst einen König über dich einsetzen‘ ist gemeint, sondern: ‚Du sollst nur einen König, *den der Herr, dein Gott, auswählen wird*, über dich einsetzen‘.

Dass Gott, historisch gesehen, überhaupt jemals einen König *ausgewählt* hat, wird von R. *Müller* bezweifelt. Er begründet seinen Zweifel damit, dass alle Belege für בחר in Verbindung mit der Einsetzung eines Königs den Untergang der jeweiligen Monarchie bereits voraussetzen.[10] Ob die von *Müller* erwähnten Texte einen Untergang *bereits voraussetzen*, kann erst angenommen werden, wenn eine ausführliche Exegese den Beweis erbringt, die in seinem Beitrag jedoch fehlt.

Einfach und textbezogen argumentieren demgegenüber einige Exegeten aus dem angelsächsischen Raum: Obwohl V. 14 mit einer Skepsis dem Königskonzept gegenüber beginnt, polt Gottes Erwählung diese in V. 15 um. Wo menschliche Entscheidung zu kurz kommt, bringt der Gottesentscheid Segen in die Situation.[11]

Ganz anders als im Falle der Königserwählung verhält es sich für *Müller* bei der Verwendung von בחר in Bezug auf die Kultstätte.[12] Dieser Gebrauch von בחר ist naturgemäß eng mit dem Konzept der Kultzentralisation verbunden, und gemeinsam mit dem Stichwort מקום erscheint die Wurzel בחר ausnahmslos in jedem Beleg der deuteronomischen Zentralisationsformel.[13] Diese Verwendung des Erwählungsbegriffs dürfte dessen älteste Form darstellen, während die Erwählung Israels oder auch der Priester und Leviten als Motiv wiederum jünger sein dürfte.[14] Eine Kontrolle dieser Aussage wäre nur im Rahmen einer genauen literargeschichtlichen Untersuchung jedes einzelnen Textbelegs möglich. Für die uns hier interessierende, theologisch überaus wichtige deuteronomische Zentralisationsformel ist diese Vorarbeit bereits vielfach gemacht worden, wobei die Aussage bezüglich ihres Alters wohl stimmen dürfte.[15]

Für das deuteronomische Königsgesetz ist auf literarischer Ebene zu beobachten, dass die Antwort auf die Frage, ob בחר dort ‚ernst‘ gemeint ist, in der Verwendung des Wortes את liegt. Mit dem Wissen um die historischen

---

[9] *Perlitt*, „Staatsgedanke“, 189. Vgl. auch die konkludierende Bestätigung dieser Wahl gegen eine Spätdatierung des gesamten (Königs-)Gesetzes ebd., 197.

[10] Vgl. *Müller*, „Theologie“, 15 Anm. 65, sowie *ders.*, *Königtum*, 165, bes. Anm. 87.

[11] Vgl. *Grant*, *King*, 196f, der Schafer, Gerbrandt und McConville zitiert.

[12] Vgl. *Müller*, *Königtum*, 166.

[13] Eine Wortstudie zur Zentralisationsformel ist bei *Lohfink*, „Zentralisationsformel“, 300ff, zu finden. Deren Resultate sind dort in Tabellenformat übersichtlich dargestellt.

[14] Textbelege bei *Müller*, *Königtum*, 166.

[15] Vgl. zusammenfassend *Braulik*, „Buch“, 163-165.

Unebenheiten, wie sie etwa *Perlitt* oder *Müller* artikulieren, können die Bestimmungen von Dtn 17,14f folgendermaßen paraphrasiert werden:

> *Wenn du in das Land kommst … und die Nationen um dich beobachtest, und wenn du dann partout auch wie sie einen König haben möchtest, dann nimm dir einen, aber doch nur einen, den der Herr, dein Gott, auswählen wird. Aus der Mitte deiner Brüder sollst du über dich einen König setzen. Es ist dir nicht erlaubt, einen fremden Mann über dich zu setzen, der nicht dein Bruder ist.*

Dieses Verständnis würde emotiv auch zur immer wieder erwähnten Parallelstelle 1 Sam 8,1ff passen.[16] Dass in Dtn 17 dann ein König ‚aus der Mitte der Brüder' genommen werden soll, kann als eine Art Schadensbegrenzung verstanden werden. Wenn Israel auf seinem Wunsch nach einem König besteht, kann nur einer aus den Brüdern die möglichen Folgen der Einsetzung dieser nicht gerade idealen Institution in Schach halten, und dann auch nur, wenn der Erwählte sich stets daran erinnert, dass er ‚einer unter Brüdern' ist. Ob und wann dieses ‚Zwiegespräch' historisch stattgefunden hat, wird dann immer unwichtiger: nicht die geschichtlichen Fakten hinter der Aussage, sondern ihre Implikationen für die Bruderethik Israels sind ausschlaggebend. Die tatsächliche Geschichte Israels hat wahrscheinlich wohl eine gewisse Rolle in der Ausformulierung dieses Kompromissvorschlages gespielt. Dadurch, dass das Volk seine Erfahrungen mit der Institution der Monarchie gemacht hat, wurde allmählich deutlich, wie dieses Amt idealerweise zu gestalten wäre.[17]

Perlitts Streben, sich an sein Thema zu halten (nämlich, nach dem ‚Staatsgedanken'[18] in den Ämtergesetzen zu fragen), leitet ihn zu einer Kommentierung des in V. 15b verwendeten Bruderbegriffs hin, die man jedoch kritisch hinterfragen muss: „das Gebot, keinen Ausländer, sondern einen מקרב אחיך zu krönen, ergeht zum Fenster hinaus: Selbst die – nach dtr Urteil – übelsten Burschen auf dem Jerusalemer Thron kamen aus bestem judäischem Stall".[19]

---

[16] Vgl. hierzu *Braulik*, *Deuteronomium 16-34*, 128.

[17] Vgl. auch *Grant*, *King*, 197f: "The central issue, in fact, is not the question, 'Should there be a king in Israel?' This is taken somewhat for granted in the text. Rather the key question is, 'What should Israel's king be like?'" Und weiter: "The Law of the King is typically Deuteronomic in its content, i.e. it is more concerned with the worldview, humility and piety of the king as a leader of the covenant people and facilitator of covenant obedience, than it is with an abstract discussion of the pros and cons of monarchic rule" (ebd., 198 Anm. 28).

[18] Nach *Oswald*, „Gesetz", 97, ist das „Problem an Rüterswördens Entwurf … die Identifikation von Monarchie und Staat" und erliegt *Perlitt* „wie fast alle anderen Autoren dem Missverständnis, dass mit dem Untergang der Monarchie in Juda auch der Staat untergegangen sei" (ebd., 100).

[19] *Perlitt*, „Staatsgedanke", 189. Mit der Problematik der von der heutigen Exegese über das Königsgesetz ins Deuteronomium eingetragenen, anachronistischen ‚Staats'idee setzt sich Kap. 7 auseinander. An dieser Stelle ist allerdings bereits festzuhalten, dass in *Perlitts* Beitrag eine Art Ambivalenz herrscht: einerseits fragt er nachdrücklich nach

Wenn der König, laut *Perlitt*, in Dtn 17 schon nicht als staatstragend gelten kann, welche Funktion kommt ihm dann im Königsgesetz zu?[20] Im Alten Orient war der Monarch der Erhalter (jedoch nicht der Urheber!) von Recht und Gerechtigkeit. Zudem handelte er militärisch[21] bzw. diplomatisch der Außenwelt gegenüber und führte kultische Handlungen für die Gottheiten durch.[22] Ferner sind Texte bekannt, in denen eine dem König in den Mund gelegte Rhetorik seine praktische Fürsorge für die Versorgung der Bevölkerung mit Wasser und Nahrung preist.[23] Die Exegese des Königsgesetzes, besonders von Dtn 17,16f, und der Vergleich mit dem Rest des Ämtergesetzes wird deutlich machen, dass diesen Gesetzen zufolge dem israelitischen Bruderkönig keine der genannten Funktionen zusteht.

In der Literatur wird des Öfteren erwähnt, dass die Herkunft des Königs aus den Reihen der Brüder eine gleichmachende bzw. *demokratisierende* Funktion hat. Die Macht des Herrschers wird laut der gängigen exegetischen Einsicht eingeschränkt, und er wird als *primus inter pares* dargestellt.[24] Eine hieraus entwickelte, in der Sekundärliteratur vertretene Position besagt, dass das deuteronomische Königsgesetz den König nicht nur mit seinen Brüdern *gleichsetzt*,

---

einem Staatsgedanken im Deuteronomium und äußert sich dabei gelegentlich in einer Weise, die, wie im oben angeführten Zitat ersichtlich, missverständlich sein kann. Seine Wortwahl scheint von der Idee einer idealen deuteronomischen Bruderethik wegzuführen. Er kritisiert den König in einer Terminologie, die heutiger politischer Kritik entlehnt ist und so im Text nicht vorkommt. Andererseits äußert sich *Perlitt* unmittelbar vor seiner Aussage über die „übelsten Burschen auf dem Jerusalemer Thron" wiederum apolitisch: „Schon mit V. 15b ist die politische Welt der judäischen Monarchie gänzlich verlassen" (*Perlitt*, „Staatsgedanke", 189).

20 Dieser Frage ging zuletzt *Markl* erneut nach: vgl. zusammenfassend und mit gutem Literaturüberblick "Anti-King", bes. 168ff.

21 Vgl. *Otto*, *Deuteronomium 12-23*, 1269, zur Beschreibung eines Feldzuges in Ägypten durch Asarhaddon. Für das Gelingen militärischer Aktivitäten war besonders der Gott Ninurta zuständig. Die Schaffung bzw. *Handhabung von Ordnung* (akk. *taqānu* im D-Stamm) durch kriegerische Aktivitäten galt als zur Schöpfungsdynamik gehörend und daher als unanfechtbar (vgl. *ebd.*).

22 Vgl. *Oswald*, „Gesetz", 76ff; ferner *Otto*, *Deuteronomium 12-23*, 1268, für ein Beispiel der hymnischen Entfaltung eines altorientalischen Königsbildes im Krönungshymnus Assurbanipals aus dem 7. Jh. v. Chr.

23 Vgl. *Richardson*, "Hunger", 762f.

24 Vgl. z. B. *Grant*, *King*, 286f. Er spricht von einem "democratising criterion", von "equality" und sagt: "the king is not greater than the people, but is essentially part of the body corporate." *Craigie*, *Book*, 253, argumentiert ähnlich: "... the legislation given here makes certain that the king would remain aware both of his human status as a man among his brethren, and also of his status in relation to the kingship of God." Auch *Braulik*, „Weisheit", 178; *ders.*, *Deuteronomium 16-34*, 127, verwendet in diesem Kontext das Wort ‚demokratisieren'. Vgl. knapp zusammenfassend *Markl*, "Anti-King", 171.

sondern ihn eindeutig *entmachtet* oder *schwächt*.[25] Es ist normalerweise logisch, die Interpretation des Königsgesetzes aus der Perspektive des Königs zu beschreiben. Die Fragestellung der vorliegenden Untersuchung ermöglicht und verlangt aber, sie von den Bedeutungsmöglichkeiten des Bruderbegriffs und somit aus Volksperspektive zu beschreiben. G. *Braulik* zufolge[26] zeigt sich die Position des Königs darin, dass er „weder an der Legislative, der Judikative noch am Militärwesen beteiligt“[27] ist. Eindeutig ist dies in der Regelung der Rechtsprechung (Dtn 16,18-17,13) der Fall: dort werden die entsprechenden Aufgaben auf drei Ämter aufgeteilt, während der König von der Rechtsprechung ausgeklammert wird. Die Ämter, die hier namentlich genannt werden, sind die der Richter (שׁפטים [16,18; 17,9.12]), der listenführenden Beamten[28] (שׁטרים [16,18]) und der levitischen Priester (הכהנים הלוים [17,9]) bzw. des Priesters (כהן [17,12]). Der König (מלך) fehlt in diesem Kontext, und die Aufgaben im Bereich der Judikative werden den genannten Ämtern zugeteilt (vgl. bes. 16,18; 17,9-12). Das Volk wird auch zum Gehorsam ihnen gegenüber verpflichtet (17,10-12).

Dass das Königsgesetz nicht explizit von Kriegsführung berichtet, darf nicht ohne genauere Untersuchung zu einem *argumentum e silentio* führen. Gerade die Erwähnung von Pferden und die Klausel, er dürfe *‚das Volk nicht nach Ägypten zurückkehren lassen, um mehr Pferde anzuschaffen‘*, rücken den König doch in ein Feld der militärisch-strategischen Tätigkeit. U. *Rüterswörden* beobachtet zu Dtn 17,16f, dass es sich hier nicht um absolute Verbote, sondern

---

[25] So etwa *Rüterswörden*, *Buch*, 120: „Dem König wird eine schwache Position zugemessen, die nicht zu vergleichen ist mit der der Israel umgebenden altorientalischen Großreiche, aber auch nicht mit dem in Israel und Juda real existiert habenden Königtum“; ähnlich *ders.*, *Gemeinschaft*, 95; vgl. bes. auch *Levinson*, “Kingship”, 527; *Lohfink*, „Sicherung“, 150: „Denkt man daran, wie mächtig der König von Jerusalem in Jerusalem und Juda in der vorexilischen Zeit war, und vergleicht damit das Königsgesetz des Deuteronomiums, dann ist es eindeutig: Hier wird das mächtige System depotenziert.“ *Grant*, *King*, 192f, zitiert McConville: “Deuteronomy evidently intends somehow to circumscribe or restrict the powers of the king.”

[26] Ohne allerdings ‚Demokratisierung‘ wörtlich mit ‚Schwächung‘ gleichzusetzen.

[27] Vgl. *Braulik*, *Deuteronomium 16-34*, 127: „Die Ämtergesetze des Dtn entheben den König dieser beiden traditionellen Funktionen [d. h. Rechtsprechung und Heeresleitung] und »demokratisieren« sie.“ Diese Formulierung enthält im Kern die ursprünglich von N. *Lohfink* konzipierte Idee einer Gewaltenteilung bereits für Israel (vgl. *Lohfink*, „Sicherung“, sowie *ders.* „Gewaltenteilung“).

[28] Vgl. *Schunck*, שׁטר, 1256: „Vielmehr muß das Wort *šoṭer* als Titel für einen Beamten verstanden werden, für dessen Tätigkeiten die Fähigkeit des Schreibens eine wesentliche Voraussetzung war ... Genauer ist das Wort *šoṭer* so als Bezeichnung für einen Unterbeamten bzw. Beauftragten zu verstehen, wobei dessen Aufgabe unterschiedlichen Bereichen gelten konnte und so auch von unterschiedlicher Art war.“

um Einschränkungen handelt, vor allem im Bereich Geld und Finanzen.[29] ‚Pferde' ist auch ein Stichwort, das gleich am Anfang des Kriegsgesetzes Dtn 20 steht. Sowohl im Königsgesetz (17,16) als auch im Kriegsgesetz (20,1) symbolisieren sie martialische Macht – im Königsgesetz die eigene, im Kriegsgesetz die Macht eines feindlichen Gegenübers.

Exkurs: Exegese von Dtn 20,1-9: Das Kriegsgesetz

Übersetzung

1 Wenn du gegen deine Feinde in den Krieg herausziehst und Pferde und Streitwagen siehst, ein großes Volk gegen dich, fürchte dich nicht vor ihnen! Denn JHWH, dein Gott, ist mit dir, der dich aus Ägypten heraufgeführt hat. 2 Und wenn ihr zum Krieg ausrückt, dann soll der Priester herantreten und zum Volk sprechen. 3 Und er soll zu ihnen sagen: „Höre, Israel! Ihr seid heute diejenigen, die zum Krieg gegen eure Feinde ausrücken. Lasst euer Herz nicht verzagen, fürchtet euch nicht, flüchtet nicht, und seid nicht schreckerfüllt vor ihnen! 4 Denn JHWH, euer Gott, geht mit euch, um für euch gegen eure Feinde zu kämpfen und um euch zu retten." 5 Dann sollen die listenführenden Beamten zum Volk sagen: „Gibt es einen Mann, der ein neues Haus gebaut hat und es noch nicht eingeweiht hat? Er soll gehen und in sein Haus zurückkehren, damit er nicht im Krieg stirbt und ein anderer es einweiht. 6 Und wer hat einen Weinberg gepflanzt hat und ihn noch nicht angeschnitten? Er soll gehen und in sein Zuhause zurückkehren, damit er nicht im Krieg stirbt und ein anderer ihn anschneidet. 7 Und wer hat sich mit einer Frau verlobt und sie noch nicht geheiratet? Dieser soll gehen und nach Hause zurückkehren, damit er nicht im Krieg stirbt und ein anderer kommt und sie heiratet." 8 Und die listenführenden Beamten sollen ferner zum Volk sagen: „Wer fürchtet sich und hat ein verzagtes Herz? Er soll nach Hause zurückkehren, damit das Herz seines Bruders nicht weich wird genauso wie seines." 9 Und wenn die listenführenden Beamten zum Volk zu Ende geredet haben, sollen sie Befehlshaber des Heeres an die Spitze des Volkes bestellen.

Im Kriegsgesetz treten der Priester (כהן [20,2]) und die listenführenden Beamten (שׁטרים [20,5.8f]) in führenden Positionen auf. Dtn 20,8 ist auch ein Brudertext: einer, der sich fürchtet, könnte mit seinen Gefühlen der Furcht oder Mutlosigkeit das Herz seiner ‚Brüder' negativ beeinflussen und darf sich daher von den Kampfvorbereitungen zurückziehen. Diese Bestimmung verkörpert die Bruderethik auf besondere Weise: Jemand, der sich fürchtet, wird nicht dafür bestraft, sollten seine Mitkämpfer seine innerliche Verfassung zu spüren bekommen. Er wird sanft aus dem Dienst entlassen, wodurch nicht nur jener, der sich fürchtet, sondern auch die anderen Soldaten beschützt werden. Indem

[29] Vgl. *Rüterswörden*, *Buch*, 121.

die Furcht aus ihren Reihen entfernt wird, bleibt ihnen ein allfälliges Übergreifen dieser Furcht auf sie erspart.[30] Ein solches Überspringen der Furcht auf alle Soldaten hätte eine verheerende Wirkung auf den Ausgang der Schlacht, beruht ihr Erfolg doch darauf, dass sich das Heer eben *nicht* fürchtet, sondern auf JHWH vertraut. Trotzdem bleibt eine Sanktion gegen den sich fürchtenden ‚Bruder' aus. An dieser Stelle ist, wie auch sonst im Ämtergesetz, die Brüderlichkeit reziprok: der Mutlose und die Tapferen gelten gleichrangig als *‚Brüder'*.

Gegen die entlassenen sich fürchtenden Brüder werden zwar keine Sanktionen verhängt, jedoch dient ihre Angst als hintergründiges Ausschließungskriterium, ähnlich dem in Ri 7,3 geschilderten Angebot, dass alle, die sich vor der bevorstehenden, von Jerubbaal/Gideon angeführten Schlacht gegen die Midianiter fürchten, nach Hause zurückkehren dürfen.[31]

Ein adäquates Verständnis dieses Kriteriums setzt das vom deuteronomischen Kriegsgesetz entworfene Kriegsmodell voraus. In Dtn 20,1-20 handelt es sich nicht primär um eine Vernichtungsweihe (חרם), wie sie in der deuteronomischen Rahmenerzählung thematisiert wird. Dieser Begriff erscheint im Kriegsgesetz nur in einem Vers: in einer *figura etymologica* in V. 17. Vielmehr folgen dem Szenario der Kriegsvorbereitung (20,1-9) die Regelungen für den Kampf, der nur im Falle eines vom Feind abgelehnten Friedensangebots (20,10-13) stattfindet. Auch die Einforderung von geplündertem Gut (שלל [20,14f]) und der Einsatz der Vernichtungsweihe (חרם [20,16-18]) werden hier geregelt. Schließlich gibt es auch Richtlinien im Falle einer länger dauernden Belagerung (מצור [20,19f]). Alle in Dtn 20 aufgelisteten Aktionen stehen unter dem Vorzeichen der Verse 1-4:

---

[30] *Otto*, *Deuteronomium 12-23*, 1578, versteht die Vergeblichkeitsflüche Dtn 28,30 als Hintergrund für die Befreiungsregeln vom Kriegsdienst. Er sieht in den Dienstbefreiungsregeln eine Verhinderung nicht so sehr der Verbreitung der Furcht als des Fluches, welcher das Heer kontaminieren würde. Mit der sonst von ihm sehr beachteten Bruderethik verbindet er diese Regelungen nicht direkt. Er verweist *ebd.*, 1580, u. a. auch auf A.C. Hagedorns Interpretation, die Dienstbefreiungsregelungen zielten darauf, die Zahl der funktionierenden Hauswirtschaften zu maximieren, indem das Kriegsgesetz nicht nur für eine Schicht von Kämpfern Raum lässt, sondern auch für eine der Erhalter (des Volkes wie der ‚Volkswirtschaft'). *Otto* kritisiert an Hagedorns Verständnis, dass „Ursache und Wirkung der Vergeblichkeitsflüche … verwechselt" (*ebd.*) werden. Hagedorn sieht das Eintreten einer in Dtn 28,30 beschriebenen Situation als Folge der Nichtbeachtung der Befreiungsregeln, während *Otto* eine Mangelsituation im Volk als Folge der Wirksamkeit der Vergeblichkeitsflüche versteht. Nach *Otto* wollen die Dienstbefreiungsregelungen auf jeden Fall den Tod von anderswo einsetzbaren Kriegern verhindern, damit der Vergeblichkeitsfluch nicht im Volksleben ‚greifen' kann (vgl. *ebd.*).

[31] *Christensen*, *Deuteronomy 1-21*, 436, weist auf Carmichaels Beobachtung zu dieser Ähnlichkeit hin, wobei Carmichael das deuteronomische Gesetz als Vorlage für die Erzählung von Ri 7 sieht.

Wenn du in den Krieg gegen deine Feinde herausziehst und Pferde und Streitwagen siehst, ein großes Volk gegen dich, *fürchte dich nicht*[32] *vor ihnen! Denn JHWH, dein Gott, ist mit dir … Lasst euer Herz nicht verzagen, fürchtet euch nicht, flüchtet nicht, und seid nicht schreckerfüllt vor ihnen! Denn JHWH, euer Gott, geht mit euch, um für euch gegen eure Feinde zu kämpfen und um euch zu retten.*

Die Zusagen von JHWHs Gegenwart, seinem Einsatz für das Kriegsvolk und seiner versprochenen Hilfe bzw. Rettung (√ ישׁע [V. 4]) sind es, die dem Volk Zuversicht geben sollen und die Männer, die sich in Sondersituationen befinden (Hausbau, erste Weinlese, Verlobung / Heirat, große Furcht), vom Kriegsdienst freistellen und ihnen freies Geleit nach Hause verschaffen. Diese Zusagen prägen auch die sonstigen Kriegsregelungen (V. 10ff) und ermöglichen ein verhältnismäßig ‚faires' Kriegshandeln.

Die שׁטרים bringen die nächsten Aktanten ins Spiel: in Dtn 20,9 setzen sie die שׂרי צבאות ein. Diese treten als kurzfristig eingesetzte Oberste des Kriegsvolkes auf, die vor Ort von den שׁטרים ausgewählt und in ihrer Position bestätigt werden. Die שׂרי צבאות sind hier, wo es am ehesten zu erwarten wäre, nicht mit dem König zu identifizieren, zumal sie in der Mehrzahl auftreten, der מלך aber eindeutig eine einzelne Figur ist. Im gesamten Abschnitt Dtn 20,1-20 wird der König nicht erwähnt, vielmehr erfüllen in diesem Kontext die eben genannten (anderen) Aktanten seine nach altorientalischer Praxis zu erwartende Funktion.

Diesen lexemischen Beobachtungen gemäß herrscht für die traditionellen Tätigkeiten eines Monarchen im Deuteronomium um den König große Stille.[33] Dies führt zur Frage, welche Funktion ihm dann überhaupt noch bleibt. U. *Rüterswörden*[34] beantwortet diese damit, dass er als Volksvertreter nach außen auftreten darf: Da für den König im Deuteronomium keine Einforderung von Steuern vorgesehen ist[35], bleibt als Quelle seines (zu

---

[32] Die einmal in V. 1 und vierfach in V. 3 formulierte Ermunterung, sich nicht zu fürchten, gehört zur Kriegssprache; vgl. *Christensen*, *Deuteronomy 1-21*, 438, und *ebd.*, cxii: "YHWH's Holy War is the epic journey of Israel from slavery in Egypt to freedom in the promised land. That epic story was made present for each new generation by way of cultic reenactment." Das Kriegsmotiv ist also durchaus theologisch geladen und nuanciert zu verstehen. Deshalb ist es nicht unmöglich, es mit dem der Brüderlichkeit zu kombinieren: ein Mensch in Not bzw. in einem praktischen oder emotionalen Sonderzustand braucht nicht zur Kriegsteilnahme genötigt zu werden, da der Kriegserfolg nicht von der Truppenzahl abhängt, sondern von der Zuversicht des Kriegsvolks, dass sein Gott es begleitet.

[33] Vgl. auch *Levinson*, "Kingship", 527ff; *Oswald*, „Gesetz", 94; *Richardson*, "Hunger", 762f.

[34] Vgl. zum Folgenden *Rüterswörden*, *Buch*, 120f.

[35] Anders als etwa in 1 Sam 8,11-17.

begrenzenden) Reichtums nur der internationale Handel. Sein Fazit: „Die Monarchie ist die Repräsentanz Israels in der Gruppe der es umgebenden Völker."[36] Diese Sicht kritisiert W. *Oswald* scharf. Die Repräsentanz nach außen hin im Wirtschaftsbereich steht für ihn „gelinde gesagt auf schwachen Füßen".[37] Auch hier besteht die Gefahr, auf ein *argumentum e silentio* zurückzufallen: *Oswald* erwartet, dass eine etwaige positive Funktion des deuteronomischen Königs explizit formuliert sein sollte. Er lehnt auch *Rüterswördens* oben erwähnten Vorschlag, es handle sich im Königsgesetz nicht um absolute Verbote, sondern lediglich um Einschränkungen seiner Tätigkeiten,[38] als „eigenwillige Auslegung"[39] ab. Dass *Rüterswörden* diese Tätigkeiten explizit auf den Handelsbereich beschränkt, erwähnt *Oswald* zwar, nicht aber, dass *Rüterswörden* gleichzeitig formuliert: „Im Deuteronomium ist der König weder an der Legislative, Judikative, noch am Militärwesen beteiligt."[40] Dies weicht von der gängigen Meinung nicht ab, weshalb seine Auslegung nicht die Bezeichnung „eigenwillig" verdient.[41]

Die von *Rüterswörden* vorgeschlagene Vertretungsfunktion des Königs im Handelsbereich, die nicht mit der vom Königsgesetz abgelehnten Konkubinendiplomatie verwechselt werden darf, liegt einerseits auf der internationalen Handelsebene, auf der er auch begrenzt ist, indem er nicht zu viel Reichtum ansammeln darf (V. 17), andererseits auf der internen Ebene als Volksrepräsentant in seinem Studium der Tora. Wäre *Rüterswördens* These über den König als oberstem Kaufmann zu akzeptieren, folgten daraus zwei Konsequenzen:

(i) Der Handel mit Gütern wie etwa Lebensmitteln (und militärischen Gütern[42]) führt in ein semantisches Feld zurück, das wir aus der Exegese der sozialrechtlichen Brudertexte kennen: jenes von Kauf und Verkauf. Wird der Gegentext 1 Sam 8,10ff dazugelesen, bewegt sich die Thematik noch tiefer in dieses Feld hinein, denn dann kommen die Bereiche der Arbeitsverhältnisse, der Verwendung von Arbeitskräften und auch der Landwirtschaft hinzu. Der König wird vom deuteronomischen Königsgesetz diszipliniert und in seinem Umgang mit den ihm zur Verfügung stehenden Mitteln begrenzt, sowohl was sein ‚Humankapital' (vgl. 1 Sam 8,11-18) als auch sein Finanzkapital (vgl. Dtn 17,17) betrifft.

---

[36] *Rüterswörden, Buch,* 120f.
[37] *Oswald,* „Gesetz", 96.
[38] Vgl. *Rüterswörden, Buch,* 121; *ders., Gemeinschaft,* 91.
[39] *Oswald,* „Gesetz", 95.
[40] *Rüterswörden, Gemeinschaft,* 91.
[41] Ähnlich geht *Oswald* mit den anderen Autoren, die er bespricht, vor. Anstatt die angebotenen Möglichkeiten ihrer Vorschläge öfters kritisch-positiv oder zumindest neutral analytisch aufzunehmen, kritisiert er häufig scharf.
[42] Diese zweite Option wird aber vom Text (Dtn 17,16) direkt abgelehnt.

(ii) Die zweite Konsequenz betrifft die Idee der königlichen Repräsentationsfunktion nach außen. Obwohl das Deuteronomium das Volk gegen Fremdeinfluss beschützen will, lässt es doch Raum für den Austausch Israels mit den es umgebenden Völkern, wenn auch nur implizit, wie die Bestimmung Dtn 15,3 zeigt: *den Ausländer darfst du drängen, aber dem, der für dich ein Bruder ist, sollst du erlassen.* Der Ausländer ist im Deuteronomium als Handelspartner vorstellbar und geduldet.[43]

So viel zu den dem König auferlegten Beschränkungen. Welche Möglichkeiten bleiben ihm noch offen? Die ihm vorgeschriebene Tätigkeit (Dtn 17,18-20) bildet das Herzstück des gesamten Buches. Sie wird als Schluss des zentralen Kapitels des Deuteronomiums (Kapitel 17 von 34) angeboten und lautet: Der König soll die Tora studieren,[44] *damit sein Herz sich nicht über seine Brüder erhebt.* Das ‚Studieren' der Tora wird von drei Lexemen bestimmt: כתב (V. 18), קרא und למד Qal (beide V. 19) – vom Schreiben, (laut Vor-)Lesen[45] und Lernen[46]. Diese drei Vorgänge sind vom König *persönlich* zu vollziehen: er soll „für sich" (לו) eine Gesetzeskopie schreiben[47] (כתב Qal).

Das Schreiben und Studieren des Gesetzes sowie die dauernde Nähe des Gesetzestextes zum königlichen Thron und deren Folge, nämlich das Nicht-Erheben des königlichen Herzens, erinnern an eine Formulierung aus dem Epilog des Kodex Hammurapi:

> Damit der Starke den Schwachen nicht unterdrückt, um der Waise und der Witwe zu ihrem Recht zu verhelfen, habe ich … in Esagila, dem Tempel … meine überaus wertvollen Worte auf meine Stele geschrieben und (sie) vor der Statue von mir, dem ‚König der Gerechtigkeit' aufgestellt … um dem Unterdrückten Recht zu verschaffen.[48]

Verschriftlichte Texte, die im Bereich des Sakralen (im Tempel) und des Royalen (am Königsthron) aufbewahrt und verwendet wurden, können für den Al-

---

[43] Vgl. oben die Exegese von Dtn 15,3.

[44] Vgl. zu dieser einzigen Aufgabe des deuteronomischen Königs auch *Levinson*, "Kingship", 522; nach *Schäfer-Lichtenberger*, *Josua*, 81f, verlangen die „Bestimmungen von V. 18f nicht nur eine Anerkennung der Verfassung durch den König, sondern auch Kenntnis, Beachtung und Ausführung der Verfassung".

[45] Zu dieser Übersetzung von קרא vgl. *Fischer/Lohfink*, „Worte", 68, sowie detailliert *Schäfer-Lichtenberger*, *Josua*, 82 Anm. 288.

[46] Vgl. *Braulik*, „Gedächtniskultur", bes. 9-16.24-26.28f.

[47] EÜ gibt וכתב לו את־משנה התורה הזאת in Dtn 17,18 mit „eine Zweitschrift anfertigen *lassen*" wieder. Auch NLB, LEI und NRSV übersetzen kausativ. Demgegenüber übersetzen ZB, AB1933, STA, NASB, NAB und NKJV aktiv.

[48] Zitiert bei *Lohfink*, „Armut", 242.

ten Orient generell als „Handlungssysteme eines Macht sichernden, geheimnisumwitterten Wissens elitärer Gruppen“[49] beschrieben werden. Das deuteronomische Königsgesetz sprengt den in seinem außerisraelitischen Umfeld vorgegebenen Rahmen des Wirkungskreises der von ihm erwähnten Gesetzeskopie: während altorientalische Gesetzes- oder auch Eidestexte für eine gebildete Elite verfasst wurden und vom Volk im Kontext des Tempelbereichs ehrfürchtig gehört und betrachtet werden sollten[50], hat der deuteronomische König selbst die Worte des (auch) von ihm zu beobachtenden Gesetzes nicht verfasst, sondern lediglich kopiert. Auch liest er dieses wiederholt selbst aktiv und ist darin für das Volk repräsentativ tätig.

Der für unsere Thematik zentrale Satz: „*damit sein Herz sich über seine Brüder nicht erhebt*“ ist in Dtn 17,19f in eine Reihe von typisch deuteronomischen Redewendungen eingebettet:[51]

> *... damit er lernt* (למען ילמד), *den Herrn, seinen Gott, zu fürchten* (ליראה
> את־יהוה אלהיו), *alle Worte dieses Gesetzes* (את־כל־דברי התורה הזאת) *zu*
> *bewahren* (לשמר) *und diese Regel* (ואת־חקים האלה) *auszuführen* (לעשתם),
> *20 damit sein Herz sich über seine Brüder nicht erhebt* (לבלתי רום־לבבו
> מאחיו), *er nicht abweicht von dem Gebot* (לבלתי סור מן־המצוה), *rechts oder*
> *links* (ימין ושמאול), *und damit die Tage [seiner Königsherrschaft] verlängert*
> *werden* (יאריך ימים), *für ihn und seine Söhne inmitten Israels.*

---

[49] So *Steymans*, „Vertragsrhetorik“, 92. Er unterscheidet zwischen einer demokratisch ausgerichteten, im griechisch-römischen Westen praktizierten Rhetorik und einer monarchisch ausgerichteten, im mesopotamischen Osten praktizierten Schreibkunst.

[50] Vgl. *Steymans*, „Vertragsrhetorik“, 92, die VTE betreffend: „Selbstverständlich wurde den Vereidigten während der Vereidigung klar gemacht, worauf sie sich verpflichteten. Doch diese Botschaft erreichte sie nur zum Teil durch Worte, die gelesen wurden, mehr durch den rituellen Handlungskomplex, in welchen der Text und seine Verlesung eingebunden war“. Ferner: „Die Tafel ist ein Gegenstand, ein Götterbild, beschrieben mit nur von Fachleuten zu entziffernden Zeichen, magisch aufgeladen durch Namensnennung der Vereidigten und Flüche und damit mächtig, Heil und Wehe zukünftigen Geschicks zu entscheiden“ (ebd., 93 Anm. 13). Es wird deutlich, dass das Deuteronomium nicht nur die Demokratisierung des Machtbereichs des Königs, sondern auch des Bereichs der Bildung anstrebt.

[51] Vgl. *Weinfeld*, *Deuteronomy*, 320-365, für eine ausführliche Angabe der typisch deuteronomischen Phraseologie mit Verweisen auf Parallelen aus der altorientalischen Literatur, vor allem der Vertragsliteratur. *Braulik*, „Buch“, 161, beschreibt die Sprache des Deuteronomiums als „[h]ochrhetorische Kunstprosa“, die mit „aufeinander abgestimmten Wortmengen, geprägten Wendungen und häufigen Assonanzen“ (ebd.) arbeitet. Weiters funktionieren „Stichwortwiederholungen und Leitwortsysteme“ (ebd.) strukturierend im Text und verklammern einzelne Textteile miteinander. „Regelmäßig wiederkehrende Formeln“ (ebd.) tragen dazu bei, dem Leser wichtige theologische Themen einzuschärfen.

Die Kernaussagen dieser למען-Kette treten in derselben Reihenfolge im für das Thema ‚Lernen' wichtigen Text Dtn 31,12 auf. Sie werden dort anfangs um einen Begriff erweitert: למען ישמעו.[52] Die darauf folgende lexemisch identische Kette למען + ירא → שמר → עשה kommt nur an diesen beiden Stellen (17,19 und 31,12) vor.[53]

Fischer & Lohfink[54] betrachten Dtn 17,19f im Licht von Dtn 6,6-9. Eigenschaften der königlichen Toralektüre, die hier besonders hervortreten, sind unter anderem, dass sie *täglich* geschehen soll und darauf abzielt, beim König Gottesfurcht zu wecken. Die Furcht Gottes ist „die schaudernd-numinose Erfahrung des ... seinen gesellschaftlichen Weltwillen proklamierenden Gottes Israels."[55] Sie ist Produkt des israelspezifischen, täglich wiederholten, meditativen Vorlesens des Toratextes, die als Vermittler zwischen dem Text und seiner Realisierung fungiert. Die Gottesfurcht ist von einer in der Gesellschaft gelebten Realität nicht zu lösen. In Israel entsteht Mystik[56] nicht aus einer rein privat geübten Meditationspraxis, sondern bleibt der sozialen Handlung verbunden. Hier zeigt sich die „konstruktive Kraft sozialen Handelns, das konstituierend wirkt".[57] Die Logik besteht darin, dass die sozialen Gesetzesinhalte, die vom König rezitiert und meditiert werden, sein Handeln prägen sollen. Dieses Handeln wiederum verstärkt die Identität des Volkes Gottes – eines Volkes, das im Deuteronomium *Gott zu lieben lernt* (*Braulik*).

Aus der Perspektive unserer Studie bildet in Dtn 17,19f die Bestimmung, der König solle sich nicht über die Brüder erheben, eine zentrale und wichtige Aussage. Möglich gemacht wird diese *égalité* durch das Wort, das die lange Reihe von Folgesätzen einleitet: למד. In einer Untersuchung der Wurzel למד geht G. *Braulik* von den Beobachtungen J. *Assmanns* zum Deuteronomium als „Paradigma kultureller Mnemotechnik"[58] sowie von N. *Lohfinks* Bezeichnung

---

[52] „Dem Lernen geht jeweils das Hören voraus, und entsprechendes Handeln folgt aus ihm" (*Markl, Volk*, 64). Im Lexem קרא, im lauten Vorlesen, ist ein Hören bereits impliziert.

[53] Vgl. *Braulik*, „Gedächtniskultur", 18f.21f, und nach ihm auch *Markl, Volk*, 63, die beide die Verbalfolge rund um למד im Deuteronomium untersucht und die gesamte Abfolge nur hier gefunden haben. An allen sonstigen Stellen sind dieselben Elemente zu finden, jedoch jeweils in verschiedenen Teilkombinationen. Vgl. ferner zur sonst zu beobachtenden Abfolge dieser Verben, die von *Lohfink* als typisch für die allgemeinen Gesetzesparänesen des Deuteronomiums erkannt wurde, *Braulik*, „Gesetzesparänese", 29-32, bes. 31.

[54] Vgl. *Fischer/Lohfink*, „Worte", 68-70.

[55] *Fischer/Lohfink*, „Worte", 68.

[56] *Fischer/Lohfink*, „Worte", 68f, identifizieren ‚Gottesfurcht' mit ‚Mystik'.

[57] Vgl. *Berlejung*, „Volk", 413.

[58] Vgl. *Assmann, Gedächtnis*, 212ff.

des „Gottesvolk[es] der Bibel als Lerngemeinschaft" aus.[59] Um jetzt die Bemerkungen zur ‚meditativen Praxis' (*Lohfink*), wie sie laut Königsgesetz vom König bezüglich der Tora gepflegt werden soll, und ihre identitätsschöpfende Kraft mit dem Lernbegriff zu verbinden, hilft es, die Bemerkung *Lohfinks* zu beachten, dass das ‚Glauben'-Lernen (wobei ‚Glauben' für ihn das neutestamentlich-christliche Pendant zur alttestamentlichen ‚Gottes'- bzw. ‚Jahwe'-Erkenntnis ist) in Israel viel mehr praxisorientiert und weniger informationsbezogen ist als in der christlichen Tradition.[60] Da das Lernen vom sozialen Handeln nicht losgekoppelt werden kann, findet sich auf diesem Weg eine Brücke zwischen dem deuteronomischen Sozialrecht und dem deuteronomischen Ämtergesetz: der lernende König soll zugleich der (sozial) handelnde König sein. Sein Lernen soll anregen, sich mit allen seinen ‚Brüdern' auf eine Ebene zu begeben.

Die Frage nach einer eventuellen Musterfigur des im Ämtergesetz abgebildeten Königs, ob im positiven (Hiskija [Levinson], Joschija [Lohfink]) oder negativen Sinn (Salomon, Ahab [Nicholson], Manasse [Levinson]), wurde noch nicht eindeutig beantwortet. Zwar finden sich hierzu zahlreiche Vorschläge in der Literatur,[61] aber es bleibt hauptsächlich bei mehr oder weniger gut begründeten Spekulationen über dessen Identität, zumal kein König im Ämtergesetz namentlich genannt wird. Im deuteronomischen Prophetengesetz ist dies nicht der Fall: dort ist eindeutig Mose die Musterfigur. Für den König hingegen dürfte keine einzelne Figur allein Pate gestanden haben. Im Lichte der Betonung seines Torastudiums scheint dennoch Joschija (vgl. 2 Kön 22f) bei der Prägung des Bildes eines idealen Königs eine gewisse Rolle gespielt zu haben.

Weinfeld beobachtet, dass der Deuteronomist die Tora überall dort erwähnt, wo von Königen und führenden Persönlichkeiten die Rede ist. In der Richterzeit konnte die Tora nicht organisatorisch eingesetzt werden, da sie auf eine Zentralregierung abgestimmt ist, d. h. auf die Regierung durch einen König.[62] Auch darin liegt ein Vorsichtshinweis gegen ein allzu überspitztes Hineinlesen einer Entmachtung des Königs. Das Bedürfnis nach der Funktion der Einhaltung der Ordnung, welche ein König typisch ausübt, bleibt gesellschaftlich bestehen.

Mit der Bezeichnung *idealer* König ist zugleich ein Aspekt angesprochen, der eine literarische Verarbeitung des historisch geprägten Königsbildes darstellt: der König des deuteronomischen Königsgesetzes ist eine Idealfigur ohne

---

[59] Vgl. *Braulik*, „Gedächtniskultur", 9ff, der das Thema der Lernkultur Israels diachron bearbeitet, während *Lohfink*, „Glaube", diesem synchron nachgeht (vgl. ebd., 11).
[60] Vgl. *Lohfink*, „Glaube", 145f.
[61] Vgl. z. B. *Weinfeld*, *Deuteronomy*, 168; ausführlich *Nicholson*, *Diaspora*, 110ff; zu Joschija als Modellkönig vgl. *Lohfink*, „Worte", 68; *Levinson*, "Kingship", 527f.
[62] Vgl. *Weinfeld*, *School*, 171.

eindeutige historische Anknüpfung – er gehört in den Bereich der exildeuteronomischen Utopie.[63] Dass die Konzipierung eines Idealtypus als Königsfigur für Israel möglich ist, dass sie utopische Charakterzüge trägt und die Königsidee mit der Volksidee Israels zusammenhängt,[64] muss nicht zwingend bedeuten, dass damit eine gänzliche Loskoppelung von einer geographischen wie historischen Realität angedeutet ist.[65] *Perlitt* spricht von einer „Scheidung von Geistlichem und Weltlichem“[66], eine Formulierung, zu der man sich zurückblickend im Lichte der Diasporasituation leicht verleiten lassen kann. Sie entspricht aber nicht der Theorie hinter der Volksidee, nach der die „Grenzziehungsprozesse durch Gruppen ... Ergebnis der konstruktiven Kraft sozialen Handelns“[67] sind. Dass Geistliches und Weltliches in Israel eben *nicht* getrennt waren, weder im Exil, und viel wichtiger, noch danach, zeigt auf der narrativen wie theologischen Ebene die Esra-Nehemia-Geschichte mit ihren Mauer- und Tempelbauprojekten und ihre Anbindung an das deuteronomische (Sozial-) Gesetz (Neh 5). Sobald sozial gehandelt wird, entsteht innerhalb einer Gemeinschaft auch ein Bedürfnis nach Ordnungsprinzipien, nach einer Organisierung dieses Handelns, das unter Umständen bald staatsähnliche Züge annehmen kann und sich auch geographisch (‚weltlich‘) ausdrückt.[68]

---

[63] Vgl. *Braulik*, „Reform“, 174.

[64] Mehr hierzu unten in Kapitel 7; vgl. auch die starke Entwicklung einer gemeinde- oder gar kirchenähnlichen Idee hinter dem Ämtergesetz bei *Perlitt*, „Staatsgedanke“, 196f.

[65] Vgl. hierzu zuletzt differenzierend *Markl*, “Anti-King”, 178-180, der im Königsgesetz sowohl eine Ätiologie für die im deuteronomistischen Geschichtswerk geschilderten Geschehnisse als auch ein ideales, zukunftsorientiertes politisches Programm erkennt. Er zitiert aus einer persönlichen Kommunikation mit J.-P. Sonnet: “At the same time the rare figures of rightful kings are a proof that the portrait of the king is not just utopia; and they are historical prototypes of royal figures that could come after the exile. Josiah is not only the typological counterpart of Joshua, he is also the prototype of kings (hopefully) to come” (ebd., 180).

[66] *Perlitt*, „Staatsgedanke“, 197.

[67] *Berlejung*, „Volk“, 413.

[68] Ein Beispiel dieses Prinzips lässt sich in der jungen Geschichte der reformatorischen und später evangelikalen Kirchen leicht ablesen: was anfangs als *Bewegung* sehr freie und dynamische Züge aufweist, bedarf früher oder später einer Art Organisation und entkommt schließlich kaum der *Institutionalisierung*. Sobald der Prozess der Institutionalisierung beginnt, entsteht daraus wiederum das Bedürfnis, über deren Form nachzudenken – und so tritt die *Theoretisierung* auf den Plan. In einem letzten Schritt tritt aus einem solchen Nachdenken unter Umständen dann auch noch eine Regelungsstruktur (eine Art Kirchenrecht, und sei dieses noch so frei gestaltet) hervor. Geistliches und Weltliches lässt sich eben schwer bis gar nicht trennen.

5.2 Das Priestergesetz: Dtn 18,1-8

Übersetzung

1 Es soll für die levitischen Priester, für den ganzen Stamm Levi, keinen Teil des Erblandes gemeinsam mit Israel geben. Die Brandopfer JHWHs, sein Erbbesitz [das ist, die Portion, die ihm zukommt], diese sollen sie essen. 2 Ein Erbe soll es für ihn inmitten seiner Brüder nicht geben; JHWH ist sein Erbbesitz, wie er es ihm gesagt hat.

3 Und dies ist das Recht der Priester beim Volk, bei denjenigen, die ein Schlachtopfer schlachten: ob es ein Rind oder ein Schaf ist, dem Priester soll man die Schulter sowie beide Kinnbacken und den Magen geben. 4 Den ersten Ertrag deines Korns, deines Mosts, deines Olivenöls und das Erste der Schur deines Kleinviehs sollst du ihm geben. 5 Denn ihn hat JHWH, dein Gott, auserwählt aus allen deinen Stämmen, um zu stehen, um zu dienen im Namen JHWHs, er und seine Söhne alle Tage.

6 Und wenn ein Levit aus einem deiner Stadtbereiche aus ganz Israel kommt, wo er als Fremder wohnt – und er kann ganz nach seinem Wunsch kommen –, zur Stätte, die JHWH erwählen wird, 7 dann kann er dienen im Namen JHWHs, seines Gottes, wie alle seine Brüder, die Leviten, die dort stehen vor dem Angesicht JHWHs. 8 Portion für Portion [= in gleichen Anteilen] sollen sie essen, außer von dem, was jemand aus dem Verkauf seines väterlichen Besitzes hat.

Auf der Suche nach einer allfälligen Brücke vom Ämtergesetz zur sozialrechtlichen Bruderthematik liefert das Priestergesetz interessante Möglichkeiten zum Thema der Kultzentralisation. In Dtn 18,1-8 berühren einander die Themen Kultzentralisation (V. 6) und Brüderlichkeit (V. 2.7) im Deuteronomium zum einzigen Mal direkt. Eine sekundäre Annäherung der beiden Themenblöcke ist höchstens noch in 17,8-13 zu finden, indem die Kultzentralisation in 17,8.10 im Kontext einer Richterregelung erwähnt wird, auf die unmittelbar danach das (brüderliche) Königsgesetz folgt. Eine Verbindung zum Sozialrecht wird assoziativ erreicht, da alle Kultzentralisationsgesetze sich naturgemäß in kultischen Kontexten finden, die allerdings nirgends explizit brüderliches Sozialrecht inkludieren.[69]

[69] Vgl. die thematische Verbindung von Kult und Sozialrecht in den Arbeiten von *Braulik*, etwa *Deuteronomium 16-34*, 131: „Wie sehr das Dtn den Kult unter sozialem Aspekt sieht, wird besonders an der Ernährung der levitischen Priester durch den »Erbbesitz Jahwes« deutlich. … Doch leben auch die Leviten in den Städten (zusammen mit den anderen sozial Versorgten) von einer Abgabe, die eigentlich Jahwe gehörte, dem Zehnten)“. Die Vergleichstexte hierzu sind Dtn 14,27.28f; Num 18,20-32. Vgl. auch *ders.*, „Lust“, 102ff.

Der gesamte Abschnitt Dtn 18,1-8 präsentiert sich als Kombination von Regelungen, die auch an anderen Stellen angesprochen werden.[70] Lexemisch begegnen hier zugleich einige theologisch wichtige Begriffe. Beide Aspekte, inhaltliche Schichtung wie theologische Stichwortverbindung, werden nun im Folgenden beschrieben.

Dass die levitischen Priester bei der Aufteilung des Landes kein Erbland zugesprochen bekommen (V. 1), wird mit dem Wort ‚Bruder' verbunden (V. 2): *Ein Erbe soll es für ihn inmitten seiner Brüder nicht geben.* Dass die Leviten besitzlos bleiben sollen, wird, soweit es das innerdeuteronomische Lesegefälle betrifft, bereits in Dtn 10,8f angekündigt. Vom Wortlaut her bilden Dtn 18,1f eine fast wörtliche Wiederholung des Inhalts von Dtn 10,9, allerdings mit deutlich erweiterten Formulierungen gegenüber Dtn 10,9. Lexemischen Übereinstimmungen dieser Verse zeigt der folgende Überblick:

Dtn 10,9

על־כן לא־היה ללוי חלק ונחלה עם־אחיו יהוה הוא
נחלתו כאשר דבר יהוה אלהיך לו:

Dtn 18,1f

לא־יהיה לכהנים הלוים כל־שבט לוי חלק ונחלה
עם־ישראל אשי יהוה ונחלתו יאכלון:
ונחלה לא־יהיה־לו בקרב אחיו יהוה הוא נחלתו כאשר
דבר־לו:

Zu beachten ist, dass in Dtn 10,9 vom Stamm Levi, in 18,1 von levitischen Priestern (הכהנים הלוים, präzisiert als כל־שבט לוי) die Rede ist.[71] Dtn 18,3

---

[70] Zur Regelung der Besitzlosigkeit der Leviten vgl. Dtn 10,8f; 12,12; 14,27.29; Num 18,2.6.20-24; 26,62; Jos 13,14.33, und im weisheitlichen Bereich Sir 45,22. Diese Textstellen enthalten allesamt *Rückverweise*. Der einzige Beleg, dem ein echtes Gebot der Besitzlosigkeit zu Grunde liegt, findet sich in Dtn 18,1.2a – vgl. *Dahmen*, *Leviten*, 59 Anm. 226f, der bezüglich aller erwähnten Rückverweise, inklusive jener in Dtn 18,2b, einen „ihnen allen vorausliegenden Text" vermutet (*ebd.*, Anm. 227). Seine Besprechung der möglichen Zuordnung dieses postulierten Textes (*ebd.*, 59ff) fällt außerhalb des Rahmens dieser Arbeit.

[71] *Dahmen*, *Leviten*, 56, spekuliert in seiner Exegese von Dtn 10,9a über eine Unterscheidung von zwei Gruppen: שבט הלוי würde demnach auf die Leviten, möglicherweise als *clerus minor*, deuten, während mit הכהנים הלוים die Priester (mit levitischer Abstammung) gemeint sein könnten. Für die direkte Nebeneinanderstellung beider Bezeichnungen in Dtn 18,1 ergibt diese Unterscheidung aber keinen Sinn, weil es sich hier deutlich um eine klassische Apposition handelt. Vgl. hierzu *Gesenius/Kautzsch*, *Gram-*

spricht nur von Priestern bzw. vom Priester; V. 6 behandelt eine Regelung für den Leviten. Ein Themenwechsel findet jeweils nach den von diesem Stichwortwechsel angedeuteten Nähten statt. Die vorgeschlagene Gliederung wird durch die entsprechende Stellung von Setumot im hebräischen Text bestätigt:

18,1f: Der Erbbesitz der levitischen Priester mit abschließender theologischer Begründung ihrer Besitzlosigkeit.

18,3-5: Eine Auflistung der agrarischen Abgaben an die Priester mit abschließender auf Erwählung beruhender Begründung der Regelung.

18,6-8: Eine Regelung für den Dienst der Leviten aus dem städtischen Bereich.

In 18,1f sind חלק, נחלה(4x), ישראל und אח die wichtigsten Stichwörter. Aufgrund des Listencharakters von 18,3-5 sind Stichwörter dort zwar weniger stark vertreten, allerdings fallen die Begriffe עם, זבח(2x), בחר, עמד und שרת wohl auf. Die abschließende Formulierung: הוא ובניו כל־הימים (eingeleitet von כי בו בחר ... לעמד לשרת) in 18,5 erinnert an den das Königsgesetz abschließenden Finalsatz in 17,20b: למען יאריך ימים ... הוא ובניו בקרב ישראל.

18,6-8 enthält folgende wichtige Stichwörter und Phrasen: אח, גר, שער[72], כל־ישראל, המקום אשר־יבחר יהוה, שרת, עמד und חלק(2x). Obwohl die Perikope also einerseits deutliche Nahtstellen aufweist, wird sie andererseits von einer Stichwortverkettung zusammengewoben: Umrahmt wird das Ganze vom Begriff חלק in V. 1 und V. 8. אח bildet einen inneren Rahmen der Perikope in V. 2 und V. 7. Im Inneren des Gesamttextes werden ישראל, בחר, עמד und שרת über Abschnittsgrenzen hinweg wiederholt.

Auch Num 18,20-24 erhält die Regelung zur Besitzlosigkeit der (Aaroniden und) Leviten. Num 18,20 betrifft Aaron: לא תנחל וחלק לא־יהיה לך, 18,21 die Leviten: הנה נתתי כל־מעשר בישראל לנחלה, ebenso 18,23: ובתוך בני ישראל לא ינחלו נחלה. Dass demgegenüber Lev 25,32f von Häusern in den levitischen Städten spricht, die *ihr Erbbesitz sind*, wird ausschließlich in der EÜ (und bei V. 33 auch in der Herder-Übersetzung) zum Problem, da es sich dort um eine

---

matik, 445 (§ 131h), mit Dtn 18,1 als Fallbeispiel. Die Apposition würde eher implizieren, dass die Leviten hier (noch) problemlos als Priesterstamm gesehen werden. Von einem Klassenunterschied zu anderen (etwa aaronidischen) Priestern, wie er sich in Num 18 findet, ist hier keine Rede. Der Unterschied gilt höchstens (auf Funktionsebene) zwischen Levi und den anderen Stämmen – wobei אח hier wie in Num 18 eingesetzt würde, um allfällige durch Klassenunterschiede entstandene Schäden zu begrenzen. Elegant und ebenfalls funktionsbezogen ist die Lösung von *Braulik*, *Deuteronomium 16-34*, 130: „Nach der Sprachregelung des Priestergesetzes wie des übrigen Dtn ist »Levit« eine rein ethnische Bezeichnung. Vom »Priester« wird gesprochen, wo es um eine priesterliche Funktion geht.“ Ein Überblick über jene Texte, in denen die Unterschiede zwischen Priester, Levit, Stamm Levi usw. eine Rolle spielen, findet sich *ebd.*, 131.

[72] Zur Besprechung des theologischen Gewichts des Terminus שער vgl. *Frese*, “Gates”. Vgl. ferner oben die Exegese von Dtn 15,7.

Fehlübersetzung handelt. In Dtn 18 und Num 18 ist der ‚Erbbesitz' ihre נחלה, während es sich in Lev 25 um ‚Besitz' (אחזה) handelt.[73] Der theologisch geladene Terminus ist also נחלה, der hier in einem ländlich-agrarischen Kontext auftritt. אחזה wird in Lev 25 im städtischen Kontext verwendet.

Eine thematische Variante bietet der Abschnitt Num 35,1-8, der sowohl eine agrarische als auch eine städtische Szene schildert, indem mehrfach von Städten, aber auch von Weideflächen, Vieh, Herden und Tieren die Rede ist. Sowohl נחלה als auch אחזה kommen in diesem Mischkontext vor, und zwar den Inhalt der Perikope umrahmend, je einmal in V. 2 und 8. Die verbale Wurzel נחל begegnet zusätzlich einmal in V. 8.

Wie wir auch für die gesamte Struktur von Lev 25 beobachten können, findet auch in Dtn 18,1-8 ein Wechsel zwischen einem agrarischen und einem urbanen Hintergrund der Textaussagen statt. Wie oben angedeutet, befinden wir uns anfangs in einem ländlichen, in Dtn 18,6-8 dann im städtischen Raum – und hier, in V. 8, begegnet ein aus dem städtisch geprägten Teil von Lev 25 bekanntes Wort: ממכר.[74] In der Exegese des Levitikuskapitels wird deutlich werden, dass es sich beim Wort ממכר um einen Gegenstand handelt, der verkauft oder zum Verkauf freigegeben wird. Auch hier hat ממכר also nicht denselben theologischen Wert wie נחלה. Trotzdem fällt V. 8 etwas aus dem Rahmen, weil hier der Verkauf von väterlichem Besitz thematisiert wird, der synchron im Lichte der in den vorangegangenen sieben Versen geregelten Besitzlosigkeit des ganzen Stammes schwer erklärbar ist.

Das ganze Kapitel Num 18, das den Dienst und Unterhalt der Priester und Leviten behandelt, richtet sich an die Aaroniden. Damit berühren wir ein komplexes Thema, nämlich den Klassenunterschied zwischen Aaroniden und Leviten. Num 18 nennt den Stamm Levi bzw. die Leviten explizit ‚*Brüder*' der angesprochenen Aaroniden.[75] Zugleich stellt sich in Num 18 die Frage, ob אח auf eine gesamtisraelitische oder auf eine innerpriesterliche Gruppe deutet. Während es in Num 18,2.6 deutlich ist, dass אח innerpriesterlich gemeint ist,

---

[73] *Milgrom*, *Leviticus 23-27*, 2201f, übersetzt אחזה mit "holding", נחלה mit "inheritance". Zwei andere Alternativen sind "possession" für אחזה (Lev 25,32f) und "heritage" für נחלה (Num 18,20f [NAB]). *Milgrom* (*ebd.*) erklärt ausführlich, auch anhand von Beispielen aus Mesopotamien, dass die Städte zum Dauerbesitz Gottes (bzw. der Gottheiten) gehörten und somit wie Agrarland gesehen werden sollten. Die levitischen Städte gehören für ihn zur Kategorie der Zehntenabgaben: im Unterschied zu den übrigen israelitischen Städten bilden sie die Basis des Lebensunterhalts der sonst landlosen Leviten. *Hieke*, *Levitikus 16-27*, 986, plädiert für eine Übersetzung von אחזה mit ‚Besitz', um diesen deutlich von ‚Eigentum' zu unterscheiden. ‚Eigentum' definiert er als „die Verfügungsgewalt über eine Sache aufgrund eines Rechtstitels", während ‚Besitz' „die tatsächliche Verfügungsgewalt unabhängig von der rechtlichen Beziehung" ist (*ebd.*).

[74] Vgl. die Exegese von Lev 25,14-17 sowie tabellarisch zusammengefasst Anhang 3.

[75] Vgl. Num 18,2.6.

weil er die Aaroniden ermahnend daran erinnern soll, dass die eindeutig weniger beachteten Leviten ebenfalls faire Chancen für den Dienst im Begegnungszelt, allerdings mit Einschränkungen bezüglich des Herantretens an heilige Geräte und den Altar, bekommen sollen, wird אח in Dtn 10,9 und 18,1.7 auf unterschiedliche Weise verwendet. Es liegt nahe, אח(ים) in עם־אחיו (10,9) sowie in בקרב אחיו (18,2) als Hinweis auf die übrigen Stämme Israels zu verstehen. Die anderen Stämme bekämen חלק ונחלה, und dies עם־ישׂראל bzw. עם־אחיו. In 18,7 hat ככל־אחיו allerdings einen anderen Bezug: der einzelne Levit darf nach Wunsch im Heiligtum dienen, *wie alle seine Brüder, die Leviten, die dort vor dem Angesicht JHWHs stehen*.

Jede einzelne der soeben besprochenen אח-Referenzen hat aber über ihren Ämterkontext hinaus auch einen eindeutig sozialrechtlichen Aspekt. Die in allen genannten Texten angesprochene Besitzlosigkeit führt zu einer Versorgungsbedürftigkeit dieser Gruppe.[76] Am deutlichsten ist der sozialrechtliche Bezug im Abschnitt Dtn 14,27.29, der zu einem Textblock gehört, der lesetechnisch direkt in die weit gefächerte soziale Thematik von 15,1-18 mündet.

Sowohl im Deuteronomium als auch im Buch Numeri wird die Besitzlosigkeit direkt mit dem Dienst[77] der Leviten verbunden,[78] und in Dtn 18,1-8 sowie in Num 18,8-19.21-24 wird deren Lebensunterhalt durch den Erhalt einer Verpflegung aus den Abgaben der im Heiligtum opfernden Israeliten gesichert. Dienst und Opfergaben führen somit nicht nur zur Frage des Sozialrechts, sondern auch zum Thema des (im Deuteronomium zentralisierten) Heiligtums.

Eine Achse zwischen sozialem Recht und Kultzentralisation bildet ferner Dtn 14,22-29, besonders V. 27.[79] Dazu kommt die lexemische Verkettung der Textblöcke Dtn 12; 14,22-27; 15,1-18; 18,1-8; 23,21.[80] Das große Kultzentralisationskapitel des Deuteronomiums ist Kapitel 12.[81] Formulierungen, die dieses

---

[76] Vgl. *Braulik*, *Deuteronomium 16-34*, 130: „18[1-8] kodifiziert nicht die einzelnen Rechte und Pflichten der Priester, sondern sichert die Fundamente ihres sozial-rechtlichen Standes. ... Priesterliche Funktionen wurden bereits in den vorausgehenden Gesetzen über das Zentralgericht und den König genannt".

[77] In Dtn 18,1-8 mit den Wurzeln עמד und שׁרת (V. 5.7) angedeutet. In Num 18,2 steht שׁרת für den Dienst der Leviten den Priestern gegenüber; in V. 4.6.7.21.31 wird ‚Dienst' mit עבד wiedergegeben. In Num 18,4.5.7 wiederum wird der Dienst im Heiligtum mit der Wurzel שׁמר beschrieben.

[78] Diese Verbindung ist besonders deutlich in Num 18,21.

[79] *Otto*, *Deuteronomium 12-23*, 1317, rechnet bereits 14,28 zu den „Gebote[n] des Bruderethos Dtn 14,28-15,18".

[80] Im Folgenden wird auf Beobachtungen von *Halpern*, "Formula", 27, Bezug genommen.

[81] Auf die verschiedenen Varianten der deuteronomischen Kultzentralisationsformel, ihre unterschiedlichen Formulierungen und deren möglichen texthistorischen Impli-

mit dem wichtigen Bruderkapitel Dtn 15 verbinden, sind השמר לך פן (12,13. 19; 15,9) sowie בכל משלח ידך (12,7.18; 15,10). Die letztgenannte Phrase erscheint ebenso in 23,21, also im Kontext eines weiteren Brudertextes, in diesem Fall des Zinsverbots. 12,13 enthält den Auftrag (השמר לך פן), Brandopfer nicht an einer beliebigen Stelle darzubringen (השמר לך פן־תעלה עלתיך בכל־מקום אשר תראה), während 12,19 mit derselben Formulierung davor warnt, die Leviten im Stich zu lassen (השמר לך פן־תעזב את־הלוי). 15,9 warnt davor, unwürdig über den armen ‚Bruder', der um eine Pfandgabe bittet, zu denken (השמר לך פן־יהיה דבר עם־לבבך בליעל), weil sich das Erlassjahr naht und damit die Verpflichtung, ihm seine Schulden zu erlassen. 12,18 gibt den Auftrag, dass alle in V. 17 angeführten Zehnten an der von JHWH ausgewählten Stätte (במקום אשר יבחר יהוה אלהיך) gegessen und dabei auch die Leviten beachtet werden müssen (V. 19). Freude am Schaffen der eigenen Hände (בכל משלח ידך) wird in V. 18 empfohlen, während Segen über das Schaffen der Hände in 15,10 mit derselben Formulierung (בכל משלח ידך) versprochen wird, wenn dem ‚Bruder' trotz nahendem Erlassjahr etwas gegen Pfand gegeben wird.

Der im Endtext Dtn 15 direkt vorangestellte Abschnitt 14,23-29 thematisiert die Zehntenabgaben (V. 22f), die Kultzentralisation (V. 23) sowie (V. 27) die Sorge für die Leviten (והלוי ... לא תעזבנו), die keinen Erbbesitz (נחלה) haben (V. 27.29). Er bildet also eine Brücke sowohl zu Dtn 18,1-8, aufgrund der Erwähnung der besitzlosen Leviten, als auch zu 12,19, aufgrund der Ermahnung לא תעזבנו (פן־תעזב in 12,19). Den Abschluss von 14,22-29 bildet die Formulierung יברכך יהוה אלהיך בכל־מעשה ידך אשר תעשה, eine typische paränetische Ermunterung, sich an die Verordnungen zu halten. Ähnlich motiviert 15,10: יברכך יהוה אלהיך בכל־מעשך ובכל משלח ידך.

Die hier aufgelisteten lexemischen Auffälligkeiten deuten auf eine durchdachte Verkettung von Begriffen. Uns bereits bekannte Themen treffen in verschiedenen Texten aufeinander: das Zusammenspiel zwischen agrarischem und städtischem Kontext sowie die Entfaltung des Begriffs ‚Erbe' in beiden (diese Verflechtung erinnert an die Komposition von Lev 25), ferner das Zusammenspiel zwischen liturgischem und sozialrechtlichem Kontext. Es wird sachgemäß von kultischen Praktiken (Opfer, Tempelabgaben, Tempeldienst) berichtet, deren sozialrechtlichen Folgen (Versorgung der Besitzlosen; die Ermahnung, diese nicht zu unterlassen) mitbedacht werden. Hier ist eine Assoziation mit den Regelungen von Dtn 16 nicht fehl am Platz, denn auch dort

kationen wird hier nicht näher eingegangen, weil eine solche Untersuchung den Rahmen der vorliegenden Arbeit sprengt. Für eine Einführung in diese Thematik vgl. z. B. *Halpern*, "Formula", 23, sowie ausführlich *Lohfink*, „Zentralisationsformel". Eine Zusammenfassung aller Zentralisationstexte im Deuteronomium bietet *Lohfink*, „Zentralisationsformel", 301.

werden liturgische Regelungen mit der Sorge um die Besitzlosen verbunden.[82] Wie beim Königsgesetz ist auch im Priestergesetz der Bruderbegriff tief im gesamttheologischen Gefüge, das sich bisher in der Exegese anderer Brudertexte gezeigt hat, verankert.

5.3 Das Prophetengesetz: Dtn 18,15-22

Übersetzung

15 Einen Propheten aus deiner Mitte, aus deinen Brüdern, wie mich wird JHWH, dein Gott, für dich aufstehen lassen. Auf ihn sollt ihr hören. 16 [Das stimmt überein mit] allem, was du verlangt hast von JHWH, deinem Gott, am Horeb, am Tag der Versammlung, als du sagtest: „Lass mich die Stimme JHWHs, meines Gottes, nie wieder hören, und dieses große Feuer, lass es mich nie wieder sehen, damit ich nicht sterbe!" 17 Und JHWH sagte zu mir: Das, was sie gesagt haben, ist gut. 18 Einen Propheten wie dich will ich aufstehen lassen für sie aus der Mitte ihrer Brüder. Ich will meine Worte in seinen Mund legen, und er wird ihnen alles sagen, was ich ihm befehle. 19 Ich werde den Mann, der nicht auf meine Worte hört, die er in meinem Namen sprechen wird, zur Verantwortung rufen.

20 Jedoch: der Prophet, der dadurch anmaßend auftritt, dass er in meinem Namen ein Wort spricht, das ich ihm zu sagen nicht befohlen habe, oder der im Namen anderer Götter spricht, solch ein Prophet soll sterben. 21 Wenn du in deinem Herzen sagst: ‚Wie können wir das Wort erkennen, das JHWH nicht gesprochen hat?' 22 [dann kannst du es daran erkennen]: Was auch immer der Prophet im Namen JHWHs sagen sollte, das nicht in Erfüllung geht und nicht eintrifft, ist ein Wort, das JHWH nicht gesprochen hat. In Anmaßung hat es der Prophet gesagt, und dann brauchst du dich davor nicht zu fürchten.

Aufgrund der Abfolge der Ämtergesetze sowie der jeweiligen Autorität, welche die Amtsträger Richter, König, Priester und Prophet einsetzt (d. h., Volk, JHWH und Volk oder JHWH allein), meint U. *Rüterswörden*[83], dass das Prophetengesetz das wichtigste der drei Ämtergesetze sei:

> Im Laufe der Gesetze tritt die menschliche Einwirkung bei der Einsetzung in die Ämter immer mehr zugunsten der alleinigen Verfügungsgewalt Jahwes zurück. Deutlich liegt das Achtergewicht auf dem Prophetentum.[84]

---

[82] Hierzu hat *Braulik* („Lust", 103f; „Reform", 174-176; „Frauen", 241-243) sich ausführlich exegetisch wie theologisch im Lichte der Bruderthematik geäußert.

[83] Vgl. hierzu *Rüterswörden*, *Gemeinschaft*, 90-93, der sich besonders auf *Lohfink*, „Sicherung", bezieht.

[84] *Rüterswörden*, *Gemeinschaft*, 92f.

Dieses Schema des sich steigernden Gewichts ist für ihn ein Indiz für eine „planvolle Konzeption“[85], welche der von N. *Lohfink* beschriebene „Entwurfscharakter der Ämtergesetze“[86] bestätigt.

Auch C. *Schäfer-Lichtenberger*[87] geht von *Lohfinks* These eines einheitlich gestalteten Gesetzesblockes aus. Die Kultzentralisation spielt, wie oben bereits deutlich wurde, in den Gesetzesregelungen für die Richter, den König und die Priester eine wichtige Rolle. Das Prophetengesetz passt nicht genau in diesen Rahmen, sondern reguliert „einen anderen gesellschaftlichen Bereich, den der religiösen Alltagspraxis eines jeden Israeliten“.[88] Es wird aber mit dem Königsgesetz durch die diesem ähnliche Einleitungsformel Dtn 18,9 verbunden: „*Wenn du in das Land hineinziehst, das JHWH, dein Gott, dir gibt*“[89]. Wie beim Königsgesetz ist auch beim Prophetengesetz ein Reformgedanke bzw. eine Vereinheitlichung (des ‚religiösen Alltags‘ des Volkes) bestimmend.[90] Es bestehen sogar mehrere Verbindungen zwischen diesen beiden Gesetzen, die auf einen Ursprung ‚aus einer Feder‘ deuten. Inhaltlich geht es darum, dass sowohl die Gewalt des Königs als auch die des Propheten nicht erzwungen werden, sondern für ihre Durchsetzung auf die (freiwillige) Kooperation des Volkes angewiesen sind.

Dtn 18,15 Einen Propheten aus deiner Mitte, aus deinen Brüdern, wie mich: In ihrer Exegese des Prophetengesetzes meint *Schäfer-Lichtenberger*, dass die Adressaten dieses Gesetzes (du; aus deiner Mitte) nicht notwendigerweise mit Israel identisch sein müssen, und begründet dies mit Zitaten aus Num 11,4 und Dtn 29,9f.[91] Ihrer Meinung nach wird der Prophet[92] in „deutlich voneinander abgesetzten, doch konzentrischen Kreisen“[93] umschrieben. Sie unterscheidet zwischen den (nicht unbedingt mit Israel identischen) Adressaten (*aus deiner Mitte*), den Vollisraeliten (*aus deinen Brüdern*) und schließlich dem Propheten, Mose selbst (*wie mich*).[94] Diese Aussagen enthalten einige Probleme.

Dass die Adressaten nicht direkt mit Israel identifiziert werden, begründet *Schäfer-Lichtenberger* zunächst mit einem einzigen Vers aus dem Buch Numeri, dessen Wahl sie nicht näher erläutert. Der das Buch Numeri untermauernde Volksbegriff müsste für eine derartige Begründung jedoch zuerst dargelegt

---

[85] *Rüterswörden, Gemeinschaft*, 93.
[86] *Rüterswörden, Gemeinschaft*, 93.
[87] Vgl. *Schäfer-Lichtenberger*, „Verfassungsentwurf“, 111 Anm. 12.
[88] *Schäfer-Lichtenberger*, „Verfassungsentwurf“, 116.
[89] Vgl. *Schäfer-Lichtenberger*, „Verfassungsentwurf“, 117.
[90] Vgl. dazu und zum Folgenden *Schäfer-Lichtenberger*, „Verfassungsentwurf“, 117f.
[91] Vgl. *Schäfer-Lichtenberger, Josua*, 93.
[92] Vielleicht wäre ‚die Abstammung des Propheten‘ eine präzisere Formulierung.
[93] *Schäfer-Lichtenberger, Josua*, 93.
[94] Vgl. *Schäfer-Lichtenberger, Josua*, 93.

werden. Sowohl in Num 11,4 als auch in Dtn 29,9f geht es *Schäfer-Lichtenberger* zufolge darum, dass Israel sich dort mit anderen Elementen vermischte: *„Das hergelaufene Volk … das unter ihnen war“* (Num 11,4); *„und der Fremde in deinem Lager, vom Holzfäller bis zum Wasserschöpfer“* (Dtn 29,10).[95] Im Hinblick auf die Problematik der von *Schäfer-Lichtenberger* ausgewählten Beweistexte kann exegetisch vorläufig Folgendes bemerkt werden:[96] In Num 11,4 handelt es sich um zwei definitiv voneinander abgegrenzte Entitäten – zunächst um den אספסף, eine in der Tat bunt zusammengemischte Größe, die hier kontrastierend zur von Israel erwarteten und verlangten Verhaltensweise auftritt. Israel ist die zweite erwähnte Entität, die vom אספסף zur Gier und zum Murren verführt wird. Der אספסף befindet sich zwar *„in seiner (Israels) Mitte“* (בקרבו), gleichzeitig ist jedoch eine Abgrenzung zwischen den בני ישראל und dem אספסף bemerkbar. Der Text unterscheidet sich in diesem wichtigen Punkt von Dtn 18,15, wo nicht von zwei Größen die Rede ist. Die genaue Struktur der hebräischen Formulierung von Dtn 18,15a mit ihrem Pronominalsuffix der 2. P. Sg. m. wird für das Verständnis des gesamten Verses hilfreich sein.

Auch im zweiten Beweistext, Dtn 29,9f, spielt das Pronominalsuffix der 2. P. Sg. m. eine wichtige Rolle. In V. 9 begegnet in der Auflistung derjenigen, die vor JHWH treten, ein selbständiges Pronomen bzw. ein Pronominalsuffix der 2. P. *Plural* genau siebenmal. Es folgt die programmatische Phrase כל איש ישראל: *„Ihr* seid heute Hintretende, *ihr alle*, vor JHWH, *euren* Gott, *eure* Hauptmänner *eurer* Stämme, *eure* Ältesten, *eure* Listenführer, *jeder Mann in Israel.*“ Einheitlicher und volksverbindender geht es gar nicht mehr – oder doch? V. 10 führt die Liste weiter: *„eure* Kleinkinder, *eure* Frauen *und dein Fremder*(!), der inmitten *deines* Lagers ist, von *deinem* Holzsammler bis zu *deinem* Wasserschöpfer.“ Diese Erweiterung führt immer tiefer ins Familiäre hinein: Kleinkinder und Frauen sind bei weitem verletzlicher und schützenswerter als Hauptmänner, Älteste und Listenführer, als Männer generell. Zu diesen zu beschützenden Mitgliedern Israels (die immer noch mit dem Pronominalsuffix der 2. P. *Plural* versehen sind) gesellt sich jetzt eine Gruppe, die einerseits von den vorigen Aktanten abgegrenzt, andererseits aber mit einem markanten Signal versehen ist – mit dem Pronominalsuffix der 2. P. *Singular*: ‚dein‘ Fremder.

---

95 Beide Zitate aus ZB. Diese kurzen, bereits vor über fünfundzwanzig Jahren formulierten Bemerkungen *Schäfer-Lichtenbergers* führen in das aktuell diskutierte Feld des soziologischen Identitätsbegriffs. Die 2014 erschienene Studie von *Ebach*, die das *Fremde „im Kontext israelitischer Identitätskonstruktionen“* untersucht, greift z. B. die Grundlagen früherer (soziologisch orientierter) Arbeiten, inklusive jener von *Schäfer-Lichtenberger*, auf und führt sie weiter. Ausführlich diskutiert *Schellenberg*, „Einzelne“, 373-376, die aktuelle Forschungslage; vgl. ebd. für umfassende diesbezügliche Literaturangaben.

96 Hier soll nur skizzenartig angedeutet werden, dass die angesprochene Identitätsfrage komplexer ist, als sie von *Schäfer-Lichtenberger* dargestellt wurde.

Dies erinnert an ‚dein Bruder' in Dtn 15,1-18. Dort bezeichnet das angesprochene ‚Du' den privilegierten Israeliten und der ‚Bruder' den Schutzwürdigen. Dtn 29,10 ist eine von insgesamt vier Stellen im Deuteronomium, welche die Konstruktion ך + גר aufweisen. Die anderen drei sind:

(a) Dtn 5,14, wo es um das Sabbatgebot geht. Der Fremde befindet sich in diesem Vers בשׂעריך[97].

(b) Auch die zweite ך + גר-Stelle ist signifikant: In Dtn 24,14 tritt der גרך als direkte Parallele zu אחיך auf. Der Vers ist überhaupt eine Aneinanderreihung von bedeutsamen Stichwörtern, denen wir bereits im deuteronomischen Sozialrecht begegnet sind: לא־תעשק שׂכיר עני ואביון מאחיך או מגרך אשר בארצך בשׂעריך:. Die Lokalisierung des גר, nämlich בארצך בשׂעריך, bleibt auch hier nicht aus.

(c) Nach Dtn 29,10 findet sich der vierte und letzte ך + גר-Verweis in einem ebenfalls programmatischen Vers des deuteronomischen Rahmens: Dtn 31,12. Hier reihen sich wiederum Stichwörter aneinander: die Verbalform קהל (versammeln), das Volk (העם), präzisiert als האנשים והנשים והטף, und dann ‚dein Fremder' (גרך). Somit finden sich auch hier jene Aktanten, die bereits aus 29,9f bekannt sind: die Männer, Frauen, Kleinkinder und der Fremde – ‚dein' Fremder, der sich nicht irgendwo aufhält, sondern בשׂעריך. Auch der Rest des Verses ist von uns bereits bekannten Begriffen geprägt, denn das (ganze) Volk versammelt sich, um alle Worte der Tora zu hören, zu lernen, zu fürchten, zu bewahren und schließlich auszuführen. Vorgänge, die sich in der Exegese des Königsgesetzes sowohl für den König als auch für das Volk als zentral erwiesen haben, begegnen also noch einmal in diesem vierten ך + גר-Beleg.

Die Kurzexegese der beiden Beweistexte von *Schäfer-Lichtenberger* führte somit insbesondere anhand der Verwendung des Pronominalsuffixes der 3. P. Sg. m. und 2. P. Sg. m. resp. 2. P. Pl. vor Augen, dass das ‚Du' von Dtn 18,15ff sehr wohl auf Gesamtisrael deutet. Damit wird auch *Schäfer-Lichtenbergers* Interpretation der Phrase *„aus deiner Mitte, aus deinen Brüdern, wie mich"*, die sie als konzentrische Kreise bezeichnet,[98] gesprengt. Es kann hier keine Distanz bzw. keinen Entfernungs- oder *Zentralitäts*unterschied zwischen מקרבך und מאחיך geben. Hier handelt es sich vielmehr um einen Chiasmus mit folgenden Elementen:

(a) נביא		מקרבך (b)
	×	
(b') מאחיך		כמני (a')

[97] Dtn 29,10: בקרב מחניך. Das Pronominalsuffix 2. P. Sg. m. des masoretischen Textes ist entgegen dem Pronominalsuffix 2. P. Pl. m. der Septuaginta und des Targum Pseudo-Jonathan beizubehalten. Vgl. ausführlich zu dieser Formulierung in Dtn 15,4 *Braulik*, „Karriere", 142f.

[98] Vgl. *Schäfer-Lichtenberger, Josua*, 93.

Die Logik dieses Musters erleichtert auch die für V. 15a notwendige textkritische Entscheidung. Entgegen den wahrscheinlich von 17,15 wie 18,18 beeinflussten Lesungen der im BHS^4-Apparat erwähnten Versionen des Samaritanischen Pentateuchs, der Septuaginta und des griechischen Textes nach Origenes ist die *lectio difficilior* des Masoretentextes beizubehalten.

Was bedeutet der Unterschied zwischen *„aus deiner Mitte, aus deinen Brüdern"* und *„aus der Mitte deiner Brüder"* exegetisch-theologisch? In einem ersten Vergleich zwischen 18,15a und 17,15 bzw. 18,18 ist der Unterschied nicht besonders groß. Bei genauerer Überlegung aber zeigt sich in der Formulierung *„aus der Mitte deiner Brüder"* (מקרב אחיך) eine etwas größere Distanz zwischen dem ‚Du' und den ‚Brüdern' als beim parallel formulierten מקרבך מאחיך (*aus deiner Mitte, aus deinen Brüdern*). Im zweiten Fall ist das ‚Du' – typisch für das Ämtergesetz – identisch mit der Gruppe der אחים.[99]

5.4 Die Richter: Dtn 19,15-21

Übersetzung

15 Es darf nicht (nur) ein einziger Zeuge gegen einen Mann aufstehen wegen eines Vergehens, welches auch immer, oder wegen einer Sünde, welcher auch immer, oder wegen eines Fehlers, welches auch immer, den man begehen kann. Aufgrund der Aussage von zwei oder drei Zeugen soll [die Gültigkeit] einer Rechtsangelegenheit zu Stande kommen.

16 Wenn ein übelgesinnter Zeuge gegen einen Mann aufsteht, um gegen ihn ein Zeugnis des Gesetzesungehorsams abzulegen, 17 sollen die zwei Männer, zwischen denen der Rechtsstreit besteht, vor JHWH treten, vor die Priester und Richter, die es in jenen Tagen geben wird. 18 Und die Richter sollen [den Rechtsstreit] gründlich untersuchen, und siehe, sollte ein falscher Zeuge ein falsches Zeugnis gegen seinen Bruder abgelegt haben, 19 so sollt ihr genauso an ihm handeln, wie er vorhatte, an seinem Bruder zu handeln. So sollst du das Böse aus deiner Mitte ausrotten. 20 Die Übrigen werden es hören und sich fürchten und nie mehr dieses Böse in deiner Mitte tun. 21 Dein Auge soll nicht mitleidvoll schauen: Leben für Leben, Auge für Auge, Zahn für Zahn, Hand für Hand, Fuß für Fuß.

[99] Vgl. auch die im Sinne der Bruderethik formulierte Einschätzung von *Braulik, Deuteronomium 16-34*, 135: „[D]ie Propheten als Nachfolger des Mose … kommen aus keiner bestimmten Gruppe, sondern werden jeweils »mitten unter ihren Brüdern« von Gott eingesetzt. Sie sind also weder dem Hof noch dem Kult, sondern der gesamten geschwisterlichen Gesellschaft zugeordnet".

Gerechtigkeit im Gerichtsverfahren ist eines der zentralen Themen des Deuteronomiums, das sich in den deuteronomistischen Erweiterungen des Bundesbuches Ex 22,20-26 und 23,1-9 niedergeschlagen hat.[100] Der ‚Bruder'-Text Dtn 19,15-21 (vgl. V. 18f) hängt somit inhaltlich mit einer Reihe von Texten, die das gerechte Gerichtsverfahren thematisieren, zusammen, auch wenn der ‚Bruder' darin nicht explizit vorkommt: Dtn 1,16-18 (ein Text aus der Rahmenerzählung, der den ‚Bruder' in einer Weise erwähnt, die mit dem Gebrauch des Wortes im deuteronomischen Gesetz stark übereinstimmt); 10,16-19; 16,18-20; 24,17f; 27,25. Die beiden expliziten Bruderverse Dtn 19,18f sind inhaltlich noch einmal enger mit der Perikope in Dtn 16 verbunden. Wenn es in Dtn 16,19 heißt: „*Du sollst kein Ansehen der Person kennen*" (לא תכיר פנים), und in V. 20: „*Gerechtigkeit, Gerechtigkeit – ihr sollst du nachjagen, damit du Leben hast*" (צדק צדק תרדף למען תחיה), dann erinnert die letzte Phrase aus V. 20 an die למען-Reihe aus Dtn 17,19f. Beide Deuteronomiumperikopen schließen inhaltlich an Ex 23,1-3.6-8 an (oder umgekehrt). Dtn 1,16f greift alle genannten Texte sowie den Bruderterminus auf:[101] שׁמע בין־אחיכם ושׁפטתם צדק בין־אישׁ ובין־אחיו ובין גרו.

E. *Otto* ordnet diesen Text der spätvorexilischen Zeit zu und meint, dass es bereits in dieser Zeit eine ‚Geschwisterethik' gegeben habe, zumal das Wort ‚Bruder' an dieser Stelle bereits keine direkte Verwandtschaftsbezeichnung mehr sei, sondern als Reaktion auf die Zerstörung der Großfamilie gelte.[102] Ungeachtet der tatsächlichen Datierung dieses Verses deuten auch andere im Zuge dieser Arbeit deutlich gewordene exegetische Beobachtungen, insbesondere zu Lev 25, darauf hin, dass der Bruderbegriff genau mit dieser Funktion eingesetzt wurde: Er sollte nach der Zerstörung aller Sicherheiten und Loyalitäten, die im ländlichen Kontext durch die Großfamilie und durch ihre religiöse Einbettung geboten worden waren, diese in einem kulturell umgebildeten, jetzt auf Handel und nicht mehr ausschließlich auf Agrarwirtschaft ausgerichteten Kontext im Zuge einer großen inneren Reform erneut vor Augen stellen.

V. 18f sollte ein falscher Zeuge ein falsches Zeugnis gegen seinen Bruder abgegeben haben, so sollt ihr genauso mit ihm handeln, wie er vorhatte, an seinem Bruder zu

---

[100] So *Schwienhorst-Schönberger*, *Bundesbuch*, 331-359.378-388.

[101] Vgl. hierzu auch *Otto*, *Deuteronomium*, 244f; *ders.*, *Deuteronomium 1-4*, 358f.

[102] Vgl. *Otto*, *Deuteronomium 1-4*, 359, sowie ausführlich *ders.*, *Deuteronomium 12-23*, 1350f. In Bezug auf Letzteres beruft er sich auf die Sicht von Baruch Halpern. *Braulik*, „Buch",166, sowie *ders.*, „Theorien", 246f, assoziiert mit N. Lohfink Dtn 1,6-3,29 mit der Landeroberungserzählung (DtrL) aus der joschijanischen Zeit. Allerdings könnte es in dieser Schicht auch einzelne Hinzufügungen gegeben haben (vgl. *Braulik*, „Theorien", 247, der von „wenigen späteren Zusätze[n]" spricht; vgl. ferner auch die Ausführungen von *Lohfink*, „Darstellungskunst und Theologie" sowie *ders.*, „Individuum – Gemeinschaft").

handeln: Die beiden Bruderverse dieses Textabschnittes beschreiben eine Art *lex talionis*, wobei *Otto* die Talionsfunktion der Bestimmung von 19,18f gegenüber jener von V. 21, in dem er erst ein echtes Talionsprinzip erkennen will, einschränkt.[103] Problemlos ordnet J. *Tigay* bereits V. 18f der Talion zu.[104] Er sieht V. 21 als Präzisierung von V. 18f, wobei auch die Formulierung in V. 21 laut talmudischem Verständnis lediglich eine monetäre Vergütung für zugefügtes Leid vorschreiben würde. Er will dennoch für die Talionsgesetze in Ex 21,23f und Lev 24,17-21 ein literales Verständnis vorziehen, was nach dem biblischen Textbestand auch zu stimmen scheint. Die reziproken Strafen dürfen allerdings die Intensität des ursprünglich zugefügten Leides nicht *übersteigen.*[105] Ferner macht *Tigay* darauf aufmerksam, dass die frühesten mesopotamischen Talionsbestimmungen bereits Geldstrafen für körperliche Schäden vorgesehen haben, diese sich aber später so entwickelten, dass Strafen nur dann bezahlt werden mussten, wenn das Opfer einer höheren gesellschaftlichen Schicht angehörte. Davon unterscheiden sich die biblischen Talionsgesetze deutlich, denn biblisch war unabhängig von der gesellschaftlichen Stellung der involvierten Parteien stets eine Vergeltung in irgendeiner Form zu leisten.[106]

In der Tora werden also für absichtlich oder auch fahrlässig zugefügten körperlichen Schaden[107] mehrere Regelungen getroffen: Ex 21,18-27; Lev 24,17-22; Dtn 19,21. Hier verhält es sich mit der Ausführlichkeit dieser Regelungen umgekehrt zum Regelfall: das Bundesbuch enthält die detailliertesten Angaben zu dem zu leistenden Schadenersatz, das Heiligkeitsgesetz deckt das Mittelfeld, und im Deuteronomium wird die eigentliche Talionsregelung auf die überhaupt knappste Formulierung Dtn 19,21 reduziert.

Im Folgenden ist jetzt im Lichte des oben erwähnten Kontrastes zu den mesopotamischen Regelungen im Hinblick auf die Talionsbestimmungen der Tora besonders auf die gesellschaftliche Stellung aller Betroffenen zu achten. Zwar werden in Ex 21,20f.26f besondere Regelungen für Sklaven gegeben, aber auch diese sollen für in Wut oder als Züchtigung zugefügten körperlichen Schaden gerächt (V. 20) bzw. soll ihnen durch Freilassung (V. 26f) vergolten werden. Es ist in diesem Fall in der Tat der Sklave selbst, und nicht sein Herr, dem persönlich vergolten wird.[108] Laut Ex 20,21 bleibt ein Vollbürger straffrei,

---

[103] Vgl. *Otto, Deuteronomium 12-23*, 1543.
[104] Vgl. *Tigay, Deuteronomy*, 184.
[105] Vgl. *Tigay, Deuteronomy*, 185.
[106] Vgl. *Tigay, Deuteronomy*, 185.
[107] Vgl. im Gegensatz dazu Ex 21,13. Zur Frage nach dem talionischen Charakter der Verse Ex 21,13.23 vgl. *Schwienhorst-Schönberger, Bundesbuch*, 102f.
[108] Vgl. *Schwienhorst-Schönberger, Bundesbuch*, 62: „Es geht hier um den Schutz des Schuldsklaven und um eine klare Einschränkung der Verfügungsgewalt des Herrn über denselben".

wenn ein Sklave von ihm geschlagen wurde, aber erst einige Tage danach sterben sollte. Hierbei handelt es sich um einen Fall, in dem die Todesursache nicht mit der Züchtigung des Sklaven zusammenhängt. V. 21 dient also dem Herrn des Sklaven zum Schutz gegen eine falsche Anklage.[109] Ex 21,20f.26f bilden zudem den Rahmen um den Textbestand Ex 21,22-25, welcher die klassische Talionsformel (V. 24f) enthält.[110] V. 26 schränkt die unter Vollbürgern geltende Regelung „Auge um Auge“ (V. 24) für das Verhältnis zwischen Herrn und Schuldsklaven ein: der Herr büßt für ein verletztes Auge nicht selbst auch sein Auge ein, sondern zahlt Schadenersatz, oder der Sklave erlangt als Wiedergutmachung wieder seine Freiheit – dies bedeutet, dass seine Schulden ihm gutgeschrieben wurden, was also ebenfalls eine Art Wiedervergeltung darstellt.[111]

Auch Lev 24,17-20[112] enthält die Talionsformel („Leben für Leben“ usw.) oder eine Bestimmung zur Wiedervergeltung, und dies in zehn einander ähnelnden Varianten: (a) wer einen Menschen erschlägt, *hat den Tod verdient* (V. 17); (b) wer ein Stück Vieh erschlägt, *muss es ersetzen*; (c) *Leben für Leben* (V. 18); (d) wenn jemand einen Mitbürger (עמית)[113] verletzt, soll man ihm antun, was er getan hat (V. 19); (e) *Bruch für Bruch*; (f) *Auge für Auge*; (g) *Zahn für Zahn*; (h) der Schaden, den er einem Menschen zugefügt hat, *soll ihm zugefügt werden* (V. 20); (i) wer ein Stück Vieh erschlägt, *muss es ersetzen*; (j) wer aber einen Menschen erschlägt, *wird getötet* (V. 21). Aus lexemischen Gründen leitet T. *Hieke* die Abhängigkeit von Lev 24,17(-21) vom Vorgängertext Ex 21,12(-27)

---

[109] *Schwienhorst-Schönberger*, *Bundesbuch*, 69f, versteht Ex 21,21 mit CH § 115 als Beschreibung eines Falles, in dem der vom Herrn im Rahmen einer gängigen Züchtigung geschlagene Schuldsklave unabhängig davon *eines natürlichen Todes stirbt* (vgl. auch die lexemische Begründung dieser Interpretation *ebd.*, 64f). Zur Problematik der Verse 20f.26f und zu den in der Forschungsgeschichte vorgeschlagenen Interpretationen dieser Verse vgl. *ebd.*, 59-79. Für die den Versen 20f analoge Situation einer Schlägerei unter freien Männern mit (V. 12) oder ohne (V. 18f) daraus resultierendem Tod des Geschlagenen vgl. *ebd.*, 52-58.

[110] Vgl. *Schwienhorst-Schönberger*, *Bundesbuch*, 59; zur Talionsbestimmung 21,22-25 vgl. *ebd.*, 79-128, bes. 99ff. In Ex 21,23 geht es nicht um „Todesstrafe (Talion im strengen Sinne des Wortes), sondern um die Zahlung einer dem Wert des zerstörten Lebens … entsprechenden Summe“ (*ebd.*, 100f).

[111] Vgl. *Schwienhorst-Schönberger*, *Bundesbuch*, 75.

[112] Hier zitiert nach EÜ2016.

[113] Hier hat EÜ gegenüber EÜ2016 („Mitbürger“) sowie gegenüber NLB und NLB2017 („Nächster“) mit „Stammesgenosse“ die bessere Übersetzung. In Lev 24,19 handelt es sich um die Dtn 19,19 (*so sollt ihr genauso an ihm handeln wie er vorhatte, an seinem Bruder zu handeln*) am nächsten liegende Formulierung, wobei es in Lev 24,19 um Körperverletzungen geht (ואיש כי־יתן מום בעמיתו), Dtn 19,18f (והנה עד־שקר העד שקר ענה באחיו) aber falsches Zeugnis behandelt.

ab.[114] Die Motivation hinter der Talions- und Wiedervergeltungsreihe Lev 24,17-20 ist für ihn, in Anlehnung an *Milgrom*, anders als in den Bestimmungen des Bundesbuches, wo sie explizit zu finden ist, im Kontext des Heiligkeitsgesetzes eine *schöpfungstheologische*:

> JHWH ist *nicht nur* im Heiligtum präsent, *sondern auch* gegenwärtig in jedem Menschen, der als Abbild Gottes geschaffen ... bzw. gezeugt und geboren ist ... Daher ist die Tötung eines Menschen oder auch nur die Zufügung eines »körperlichen Schadens« ein schwerwiegender Eingriff in die Schöpfungsordnung und eine Verletzung der Heiligkeit Gottes ... Dabei ist nicht jede Verletzung sofort mit der Höchststrafe zu belegen, vielmehr gilt eine vernünftige Verhältnismäßigkeit der Mittel – daher greift der Text auf die bereits bekannten Talionsformulierungen aus dem Bundesbuch zurück.[115]

In Levitikus, so *Hieke*, wird vor allem an eine angemessene *finanzielle* Kompensation für zugefügte Schäden gedacht. Diese soll auch volkswirtschaftlich sinnvoll sein. So muss für ein getötetes Nutztier ein lebendiges gegeben werden, das „aus dem Bestand des Täters in den Besitz des Geschädigten übergeht“[116]. Tötungsdelikte sind von dieser grundsätzlichen Regelung ausgenommen: „Es soll verhindert werden, dass sich ein reicher Mensch so von seinem Kapitalverbrechen loskaufen könnte“[117]. Im Heiligkeitsgesetz wird aber bereits, womit sich der Stoff an jenen des Deuteronomiums annähert, über den „Problemfall Armut“[118] nachgedacht. Dabei geht es um eine Situation, in der der Täter nicht über die finanziellen Mittel verfügt, um sein Vergehen wiedergutzumachen. Mit Milgrom, Dohmen und Nihan versteht *Hieke* eine solche Pattsituation dahingehend, dass dann die wörtliche Interpretation des Gesetzes in Kraft trete: dem Täter werde eine entsprechende körperliche Beeinträchtigung zugefügt, damit kein gesellschaftliches Ungleichgewicht entstehe. Aufgrund der in der Entstehungszeit des Heiligkeitsgesetzes herrschenden sozio-ökonomischen Zustände vermutet *Hieke*, dass die Umsetzung solcher Strafen gar nicht so selten vorgekommen sei.[119] Eine letzte Beobachtung zu den Talionsgesetzen von Lev 24 ist die Betonung von V. 22, der das gleiche Recht für den Fremden (גר) wie für den Einheimischen (אזרח) fordert. Auch diese Bestimmung sei schöpfungstheologisch motiviert und knüpfte an Lev 19,33f an.[120]

---

114 Vgl. *Hieke, Levitikus 16-27*, 966.968f.
115 *Hieke, Levitikus 16-27*, 967.
116 *Hieke, Levitikus 16-27*, 970.
117 *Hieke, Levitikus 16-27*, 971.
118 *Hieke, Levitikus 16-27*, 971.
119 Vgl. *Hieke, Levitikus 16-27*, 971.
120 Vgl. *Hieke, Levitikus 16-27*, 972f.

Schließlich sind jene Bruderverse aus dem Richtergesetz noch einmal zu beachten, die den Ausgangspunkt der Überlegungen zu den Talionsbestimmungen der Tora bildeten: ... *sollte ein falscher Zeuge ein falsches Zeugnis gegen seinen Bruder abgelegt haben, so sollt ihr genauso an ihm handeln, wie er vorhatte, an seinem Bruder zu handeln* (Dtn 19,18f). Zunächst geht es hier anscheinend nicht, wie in den Parallelen Ex 21 und Lev 24, vordergründig um Tötung, Körperverletzung oder Sachschäden, vielmehr liegt das Vergehen dem Bruder gegenüber in einer bösen Absicht, die sich im Ablegen eines falschen Zeugnisses ausprägt und, daraus *resultierend*, durchaus zu körperlichen bzw. sachlichen Schäden infolge einer fälschlich zugefügten Strafe führen kann (vgl. auch Ex 23,1).[121] Darauf folgend wird die klassische Talionsformel (*Leben für Leben, Auge für Auge, Zahn für Zahn, Hand für Hand, Fuß für Fuß* [Dtn 19,21]) zitiert.[122] Spätestens ab V. 21 wird deutlich, warum *Braulik* auch den Abschnitt Dtn 19,16-21 unter das Ordnungsprinzip ‚Leben bewahren' (nach dem fünften Gebot formuliert) einordnet.[123] Bereits V. 18f beugen „einem Justizmord aufgrund falscher Anklage vor".[124] Das in Dtn 19,16-21 angeordnete strenge Verfahren dient nicht nur zur Vergeltung von Unrecht, sondern hat die „erzieherische Funktion"[125], die Schädigung eines ‚Bruders' möglichst zu verhindern. In den bereits angeführten Stellen im Bundesbuch und im Heiligkeitsgesetz bleibt noch unklar, wer das Urteil zu vollziehen hat.[126] Im Deuteronomium

---

[121] Vgl. *Braulik, Deuteronomium 16-34*, 143f, zur Formulierung Dtn 19,16, „als Zeuge ... zu Unrecht": „Er ist ein »falscher Zeuge« (^{18}), der durch eine Beschuldigung vor Gericht »Gewalttat«, nämlich die Hinrichtung eines Unschuldigen, provoziert (vgl. Ps 27^{12}) ... Ein Musterbeispiel böswilliger Zeugenaussage, um jemand Unliebsamen zu beseitigen, bildet der Fall Nabot (1 Kön 21$^{10.13}$) ... Die Regel, daß den Zeugen die Strafe trifft, die er als falscher Ankläger über einen anderen Israeliten bringen wollte, findet sich auch in altorientalischen Gesetzeskorpora, zum Beispiel dem Kodex Lipit Ischtar oder dem Kodex Hammurapi". (Vgl. ferner *Otto, Deuteronomium 12-23*, 1543, zu den genannten altorientalischen Rechtskodizes).

[122] Vgl. hierzu *Otto, Deuteronomium 12-23*, 1545. *Braulik*, „Weitere Beobachtungen", 25, kommentiert: „Konkret läßt sich erstens die syntaktisch isolierte Talionsformel in Dtn 19,21, die im Kontext wie ein Zitat wirkt, methodisch nicht fassen und mit Lev 24,18b-20 vergleichen. Das Abhängigkeitsverhältnis zwischen den beiden Talionsgesetzen muß deshalb offen bleiben".

[123] Vgl. *Braulik, Gesetze*, 63-65.

[124] *Braulik, Gesetze*, 64.

[125] *Braulik, Gesetze*, 64.

[126] Vgl. *Hieke, Levitikus 16-27*, 967.969, der vom „fehlenden Rechtsstaat, ohne staatliches Gewaltmonopol und ohne Kapitalgerichtsbarkeit" (*ebd.*, 969) spricht. *Schwienhorst-Schönberger, Bundesbuch*, 128, ortet den Sitz im Leben der Talionsbestimmungen des Bundesbuches „in der Ausbildung der für die Tradierung und Anwendung von Rechtsnormen zuständigen Autoritäten". Dies würde einer ‚schulischen' Situation, wie man sie auch aus den alttestamentlichen Weisheitsbüchern kennt, gleichkommen. Vgl. zur

aber wird das talionisch formulierte Rechtsurteil eindeutig den Inhabern des Richteramtes (aber auch den Priestern) übertragen.[127] Ferner setzt laut *Braulik* das Deuteronomium die Talionsbestimmungen des Bundesbuches (Ersatzleistungen für Körperverletzungen) außer Kraft und metaphorisiert diese.[128]

5.5 Die Leviratsehe: Dtn 25,5-10

Übersetzung

5 Wenn Brüder gemeinsam wohnen und einer von ihnen sterben sollte, ohne dass er einen Sohn hat, soll die Frau des Verstorbenen nicht nach draußen einen fremden Mann (heiraten). Ihr Schwager soll zu ihr kommen und sie für sich zur Frau nehmen und die Leviratspflicht ihr gegenüber erfüllen. 6 Und der Erstgeborene, den sie gebiert, soll den Namen seines verstorbenen Bruders aufrecht halten, damit sein Name nicht aus Israel ausgelöscht wird. 7 Wenn aber der Mann nicht willig ist, seine Schwägerin zur Frau zu nehmen, soll seine Schwägerin zum Tor hinaufgehen, zu den Ältesten, und sie soll sagen: „Er weigert sich, die Leviratsehe zu vollziehen, um den Namen seines Bruders in Israel aufrecht zu halten. Er ist nicht willig, mit mir die Leviratsehe zu vollziehen." 8 Dann sollen die Ältesten seiner Stadt ihn rufen und mit ihm reden. Bleibt er aber bei seinem Standpunkt und sagt: „Ich möchte sie nicht nehmen", 9 dann soll seine Schwägerin vor den Augen der Ältesten zu ihm nach vorne treten. Sie soll seine Sandale von seinem Fuß nehmen und ihm ins Gesicht spucken und antworten und erklären: „So ergeht es dem Mann, der das Haus seines Bruders nicht baut!" 10 Und sein Name wird in Israel ‚Haus des Unbeschuhten' genannt werden.

Funktion der altorientalischen und biblischen Rechtssammlungen *Braulik*, „Lohnverweigerung", 23f. So erfährt man bei *Braulik*, ebd., 23, wie es in Israel zur Entwicklung weg vom Königsrecht und hin zum Gottesrecht kam: „Als in Israel die alte Ordnung immer mehr ins wirtschaftliche und soziale Chaos glitt, bedurfte das Recht einer neuen, nicht-staatlichen Rechtsbegründung. Dies leisteten in Jerusalem die Priester, die vermutlich den größeren Teil der intellektuellen Elite darstellten. Sie begründeten die Geltung des von ihnen schriftlich verwalteten und weiterentwickelten Rechts direkt im göttlichen Willen. Einer der letzten Könige Jerusalems, Joschija von Juda (640-610 v. Chr.), hat im ausgehenden 7. Jahrhundert die Gottunmittelbarkeit des Rechts sogar zum staatlichen Prinzip gemacht". Es ist aus heutiger Sicht schwer, sich die tatsächlichen Gerichtsvorgänge ohne ‚Staat' – nach unserem Verständnis – vorzustellen. Hier sei noch einmal an die Funktionen des Stadttores als Ort öffentlicher Gerichtshandlungen erinnert (vgl. die Exegese zu Dtn 15,7). Vgl. ferner unten Kap. 7.4 zum *Staats*verständnis des Deuteronomiums.

[127] Vgl. *Braulik, Deuteronomium 16-34*, 143.

[128] Vgl. *Braulik, Deuteronomium 16-34*, 144. *Otto, Deuteronomium 12-23*, 1545, hält bereits die Talionssprache des Bundesbuches für metaphorische Sprache.

In dieser Untersuchung blicken wir für das deuteronomische Gesetz stets auf die Unterschiede und bestehenden Verbindungen zwischen den beiden großen Gesetzesgattungen, dem deuteronomischen Sozialrecht und dem deuteronomischen Ämtergesetz, in denen der Bruderbegriff vorkommt. Die Zuordnung des Gesetzes, welches die Leviratsehe behandelt, ist in dieser Hinsicht nicht einfach: Ist es thematisch eher dem Sozialrecht zuzuordnen, zumal es sich um eine Regelung handelt, die für die Zukunft einer Witwe bestimmend ist, oder gehört es eher zum Themenbereich des Ämtergesetzes (im übertragenen Sinne: des Richtergesetzes), da sich ein Teil seines Vollzugs in den Stadttoren vor den Ältesten abspielt?

Die Einteilung der deuteronomischen Gesetze bzw. die Interpretation ihrer Anordnung wird von den Exegeten jeweils unterschiedlich vorgenommen. So bezeichnen etwa E. *Zenger & C. Frevel* die Kapitel Dtn 19-25 als „[k]ultische und soziale Einzelgebote“[129], G. *Braulik* verwendet die weithin bekannte Klassifizierung „Straf- und Zivilrecht verschiedenen Inhalts“[130], während F. *Crüsemann* Dtn 25,5-10 sinngemäß unter dem Aspekt von „Patriarchat und öffentliche Gewalt – Familiengesetze“ behandelt und dort noch einmal unter dem Subaspekt der „Familien vor Gericht“[131]. Die Bezeichnungen bei *Zenger & Frevel* sowie *Braulik* enthalten ein soziales, privates oder ziviles Element (mit der Konsequenz, dass das Gesetz demnach thematisch eher dem sozialrechtlichen als dem öffentlich-rechtlichen Ämtergesetz zuzuordnen wäre), während *Crüsemann* bereits in seiner Bezeichnung eine Verbindung zwischen dem privaten und dem öffentlichen Bereich herstellt („öffentliche Gewalt“ – „Familiengesetze“ und noch einmal bei „*Familien* vor *Gericht*“). Für E. *Otto* steht der Abschnitt Dtn 24,6-25,19 unter dem Aspekt des „Familien- und Strafrecht in einer Fachwerkstruktur mit Geboten des Bruderethos“.[132] *Otto* ordnet das Gesetz der Schwagerehe in seinem unmittelbaren Kontext dem Familienrecht zu und sieht innerhalb von diesem die Regelung als einen Aspekt der Altersversorgung, da eine kinderlose Witwe davor bewahrt wird, mittellos zu werden.[133]

Diese Aussage kann im Lichte der Bruderethik noch einmal überdacht werden. Laut V. 5 gäbe es die Möglichkeit, ‚nach draußen einen fremden Mann‘ zu heiraten. Eine solche Heirat würde die Witwe genauso vor späterer Mittellosigkeit schützen wie eine mit dem Schwager innerhalb der Familie. Von V. 6 her betrachtet scheint die Regelung eher der Wahrung des Namens des verstorbenen Mannes zu dienen als dem Schutz der Witwe vor Armut. Es geht zwar

---

[129] Vgl. *Zenger/Frevel*, „Theorien“, 100.
[130] Vgl. *Braulik*, „Buch“, 157.
[131] Vgl. *Crüsemann*, „Tora“, 291ff, bes. 296f.
[132] Vgl. *Otto, Deuteronomium 23-34*, 1808ff.
[133] Vgl. *Otto, Deuteronomium*, 272, sowie *ders., Deuteronomium 23-34*, 1822.1849ff.

darum, dass der Verstorbene „im *ungeteilten* Erbe“[134] lebt, aber eine günstige Heirat ‚nach draußen‘ hätte aus der Sicht der Witwe dennoch dieselbe Folge, dass sie finanziell nicht schutzlos bleibt. Wenn der Witwe durch *irgendeine* Heirat geholfen wäre, könnte das Gesetz nicht in erster Linie auf sie abgestimmt sein, sondern müsste dessen Begründung im Interessensbereich des Verstorbenen gesucht werden, wie der Text auch eindeutig aussagt.

Dass der Aspekt der Bewahrung des Namens des Bruders den Vorrang vor dem Schutz der Witwe hat, wird von D. *Christensen*s strukturellen Beobachtungen bestätigt. Er erkennt in den beiden Begriffen אח und שׁם die Schlüsselbegriffe dieses Paragraphen und beschreibt ihre konzentrische Anordnung: Sie kommen in V. 5a (אח), 6a (שׁם, אח), 6b (שׁם), 7b (אח, שׁם) und 9b (אח) vor.[135] Eindeutig resümiert *Christensen* dann:

> The center of the structure states the purpose of the law: ‘that his name may not be blotted out from Israel’ (v 6b).[136]

Mehr noch: Auch bezüglich des Gebrauchs des Namens ‚Israel‘, welcher aus unserer Perspektive für die Situation des Bruders, eingebettet in das Volk, bedeutungsvoll ist, entsteht ein konzentrisches Muster, in dessen Mitte sich noch einmal das Ziel des Gesetzes befindet, dieses Mal in der Formulierung von V. 7b: *„um den Namen seines Bruders in Stand zu halten in Israel“*.[137]

K. *Finsterbusch* stellt ebenfalls die Frage nach der Geltung dieses Gesetzes, ob es ihm (a) um den Erhalt des Namens des Verstorbenen oder (b) um die Rechte der Witwe geht. Sie bestätigt, dass es dem Gesetz seinem Wortlaut nach bloß um Alternative (a) geht und lehnt daher Alternative (b), wie sie von *Otto* angeboten wird, ab.[138] *Otto* vergleicht das Gesetz mit altorientalischem Rechtsmaterial,[139] in dem „der Erbanteil des Verstorbenen an den überlebenden Bruder“[140] fällt. Dieser überlebende Bruder, so *Otto*, hätte keinerlei Motivation zur

---

[134] *Otto, Deuteronomium*, 272. *Christensen, Deuteronomy 21-34*, 608, interpretiert כי־ישׁבו אחים יחדו allerdings nicht im Sinne eines ungeteilten Erbes, sondern mit J. Tigay einfach als ein auf engem Raum geführtes Zusammenleben.

[135] Vgl. *Christensen, Deuteronomy 21-34*, 606.

[136] *Christensen, Deuteronomy 21-34*, 607, sowie *ebd.*, 608: “The purpose of levirate marriage was to avoid the loss of property to the family”.

[137] Vgl. *Christensen, Deuteronomy 21-34*, 607, der hier auch weitere, sehr bildhafte Beispiele anhand von Beobachtungen C. Carmichaels bringt, die alle die Wichtigkeit der Instandhaltung des Brudernamens unterstreichen. Erst in seinem vorletzten Satz zu diesem Gesetzesparagraphen (vgl. *ebd.*, 609) zieht er die Möglichkeit der Versorgung der Witwe in Erwägung. *Gertz, Gerichtsorganisation*, 194, betont ebenfalls, dass „die Geburt eines Erben der Zweck einer Leviratsehe ist“.

[138] Vgl. *Finsterbusch, Deuteronomium*, 143, dort bes. Anm. 303.

[139] Etwa Kodex Ešnunna § 16, Kodex Hammurapi § 165: vgl. *Otto, Kontinuum*, 132; *ders., Gottes Recht*, 264.

[140] *Otto, Kontinuum*, 132.

Leviratsehe, die ihm eigentlich nur Nachteile bringen würde. Textuelle Beweise für eine automatische Übertragung des Erbes an den noch lebenden Bruder gibt es im Deuteronomium nicht. Wäre die biblische Situation mit jener aus dem altorientalischen Umfeld vergleichbar, wäre ein Verbot der Heirat einer Witwe nach außen (V. 5) unnötig, denn die Familie hätte durch ihren Wegzug keinerlei Verlust in Kauf nehmen müssen, da das Vermögen des Verstorbenen beim Bruder gut aufgehoben gewesen wäre. *Ottos* rechtsvergleichende Interpretation widerspricht also sowohl der internen Logik des biblischen Gesetzesparagraphen als auch der expliziten textuellen Aussage, dass der Name des verstorbenen Bruders durch die Schwagerehe gesichert werden soll (V. 6. 7.9).

Josephus Flavius hebt beide Aspekte, Bewahrung des Brudernamens *und* Sorge um die Witwe, hervor:

> So wird es gehalten zum Nutzen des Staates, da so die Familien nicht aussterben, das Vermögen in der Verwandtschaft bleibt, und die Lage der Frau durch Heirat mit dem nächsten Verwandten des verstorbenen Gatten erleichtert wird.[141]

J. *Tigay* bemerkt dazu, dass die Regelung zweifellos diese (von Josephus genannten drei) Konsequenzen nach sich zog, dass aber die biblische Intention bloß die des Namensschutzes des Verstorbenen war.[142]

Die ausführliche Beschreibung des Vorgangs im Stadttor vor den Ältesten (V. 7-10), die allerdings keine bindenden Befugnisse haben, sondern höchstens einen sozialen Druck durch das auf Beschämung zielende Ritual ausüben können,[143] in Kombination mit den gesammelten Beweisen gegen eine primär sozialrechtliche Grundintention des Gesetzes spricht dafür, das Gesetz eher dem Ämtergesetz im weitesten Sinne als dem Sozialgesetz zuzuordnen. Daher steht die Untersuchung dieses Gesetzes in unserem Zusammenhang auch assoziativ direkt nach jener des Richtergesetzes.

Ein wichtiger innerbiblischer Bezug besteht zwischen der Rutnovelle und Dtn 23-25. Rut 4 kann als eine narrative Auslegung von Dtn 25,5-10 gelesen werden, die eine besondere Art von Kanonizität bestätigt, die das Deuteronomium bereits zur Zeit der Abfassung dieser Novelle gehabt haben muss.[144]

---

[141] *Josephus*, *Ant. Jud.* 4.8.23.

[142] Vgl. *Tigay*, *Deuteronomy*, 482.

[143] Vgl. dazu *Otto*, *Gottes Recht*, 264 Anm. 741.

[144] Vgl. hierzu ausführlich *Braulik*, „Ruth"; zusammenfassend *ders.*, „Kanonizität", 120-126. Anders sieht es *Zenger*, *Ruth*, 78-92, der bezüglich des Schuhrituals keinen Bedarf zu „Spekulationen … über den Zusammenhang von Rut 4,8 mit 5. Mose 25,9f" (*ebd.*, 90) erkennen will, während er im breiteren Bereich der Sozialethik einen Vergleich mit Lev 25,47-49 (vgl. *ebd.*, 86) doch für möglich hält. *Zenger* deutet den Zusammenhang mit der Idee der Leviratsehe in Rut 4 lose und eher auf theologischer Ebene. Er beob-

Dtn 25,5 Wenn Brüder gemeinsam wohnen: Das Zusammenwohnen der Brüder wird in der Literatur unterschiedlich gewichtet.[145] Mehrmals spricht etwa E. *Otto* vom ‚ungeteilten Erbe', einer Interpretation des Wortes יחד, die er aus einem Rechtsvergleich mit altorientalischem Material bezieht[146], die aber so im deuteronomischen Text nicht direkt gegeben ist. Für J. *Tigay* ist die Bedeutung des Wortes in diesem Kontext unklar: es kann auf ein Zusammenleben aufgrund eines noch ungeteilten Erbes deuten, aber ebenso gut schlicht auf ein Wohnen "near each other, in the same vicinity".[147]

Exkurs: Brüderlichkeit in Ps 133 und ihr Verhältnis zu Dtn 25,5-10

Der *Rechtstext* Dtn 25,5-10 findet seinen *narratologischen* Niederschlag in Erzählungen außerhalb der Tora. In diesem Zusammenhang werden vor allem Gen 38 (die Erzählungen über Tamar und Onan und danach über Tamar und Juda) und die Rutnovelle erwähnt.[148] Im Bereich der *Poesie* kann Ps 133, ein Weisheitspsalm, welcher über Alltägliches berichten will,[149] in Verbindung mit dem Kontext von Dtn 25,2-10 gelesen werden. Die Anfangsworte der Perikope

---

achtet zu Recht, dass es für die in Rut 4 beschriebene Form der Lösung von Ruts Problemen keinen direkten bzw. eindeutigen biblischen Beleg gibt (d. h., weder Lev 25,47-49 noch Dtn 25,5-10 decken sich exakt mit der in Rut 4 konstruierten Situation [vgl. *ebd.*, 88]). Seine theologische Interpretation beinhaltet, dass „die verwandtschaftliche Solidarität schöpferisch sein muß, wenn es um Tod oder Leben geht" (*ebd.*, 88). Dem Leser bzw. Hörer der Erzählung stellt sich dann die herausfordernde Frage, ob er wie der Löser oder wie Boas handeln würde. Ferner spricht *Zenger* von einem „Ruheplatz der Lebensfülle", den Noomi Rut wünschen würde und Rut allein durch eine echte Ehe und nicht durch eine vorübergehende Lösung finden könne (vgl. *ebd.*, 88f). Diese Interpretation *Zengers* trifft wahrscheinlich für die Rutnovelle zu, wo in der Tat textlich nicht belegt ist, dass die Novelle aus dem Weiterleben des Namens des Ehemannes das Hauptanliegen macht (vgl. allerdings 2,20). Anders als das Deuteronomium betont die Novelle die Sorge um die Existenz der beiden Frauen, Noomi und Rut, doch sehr. Es heißt sogar in 4,14-17, dass Noomi ein Löser gegeben wurde (V. 14), dass der Neugeborene ihr Herz erfreuen und sie im Alter versorgen würde (V. 15), dass Noomi seine Pflegemutter wurde (V. 16), und schließlich, dass Noomi ein Sohn geboren wurde (V. 17).

[145] Eine ausführliche Übersicht über die Behandlung dieser Frage, ausgeweitet auf Ps 133 und die Frage nach seinem Bezug zu Dtn 25,5, bietet *Zenger*, „Psalm 133", 638f.

[146] Vgl. *Otto, Deuteronomium*, 272; *ders., Gottes Recht*, 264.

[147] *Tigay, Deuteronomy*, 231; vgl. die dort zitierte Verwendung der Phrase שבת יחדו in Gen 13,6 und 36,7. In beiden Fällen beschreibt diese Phrase kein (un)geteiltes Erbe, sondern das Wohnen in der Nähe voneinander, das aufgrund eines zu großen Besitzes beider Parteien nicht mehr möglich ist, weil das gemeinsame Weideland für die Viehherden zu klein geworden ist.

[148] Vgl. *Tigay, Deuteronomy*, 483.

[149] Vgl. *Kraus, Psalmen 60-150*, 1067-1069.

Dtn 25,5-10 (כי־ישבו אחים יחדו) erinnern lexemisch an die Eröffnungsworte von Ps 133: הנה מה־טוב ומה־נעים שבת אחים גם־יחד. So formuliert E. *Zenger* in Bezug auf Ps 133:

> V.1 ist eine Art Weisheitsspruch über Wirkmächtigkeit und Faszination der gelebten Brüderlichkeit.[150]

Wertvolle Kommentare zum Verhältnis zwischen Ps 133,1 und Dtn 25,5 finden sich auch bei H.-J. *Kraus* zu Ps 133:

> Wer ist gemeint, wenn es in 1b heißt: שבת אחים גם־יחד? Man hat an die Gemeinschaft der Familie (BDuhm), an die Eintracht der Volksgenossen (HEwald, FHitzig) oder an die Einheit der Kultgemeinde (FBaethgen) gedacht ... Aber richtig wird es wohl sein, an Gegebenheiten der Familienordnung und des Familienrechtes in Israel und der altorientalischen Welt zu denken. In vielen Fällen bleibt das Familiengut nach dem Tod des Vaters im ungeteilten Besitz der Söhne. Auch Weiderechte im Bereich der Transhumanz werden ungetrennt auf die Nachkommen übertragen. So geschieht es denn, daß die Brüder miteinander wohnen und leben müssen ... Diese Situation ist im Rechtssatz Dtn 25,5 klar bezeichnet: כי־ישבו אחים יחדו. Die sich aus dieser Tatsache ergebenden Spannungen, Schwierigkeiten und Zwistigkeiten sind zu erahnen ... Der Weisheitsspruch in Ps 133 aber lobt das (einträchtige) Beieinanderwohnen der Brüder auf gemeinsamem Erbgrund. Er malt in Bildern, die Erquickung und Erfrischung ausstrahlen, das Glück der Lebensgemeinschaft unter den Brüdern.[151]

Diese Beobachtungen führen in einem weiten Bogen bestätigend zur vorher besprochenen These zurück, dass die Regelung der Leviratsehe Dtn 25,5-10 eher auf den Erhalt des Namens (der auch als eine Art ‚Lebensmacht' beschrieben werden kann) des verstorbenen Bruders als auf die Versorgung seiner Witwe zielt. Die Bildsprache von Ps 133,2f weicht von der in V. 1 spürbaren Verwurzelung im Alltag ab, indem sie mit Worten wie ‚Öl' und ‚Aaron' den Bereich des Tempeldienstes vor Augen führt. *Kraus* will hier jedoch nicht an „heiliges Öl ..., sondern an das lindernde, Erquickung spendende Pflegemittel"[152] denken, das gut zum Bild des erfrischenden Hermontaus (V. 3) passen würde. Für *Kraus*, der Abraham und Lot sowie Jakob und Esau als ‚Brüder'-Beispiele nennt, die eng zusammenleben mussten und entsprechende Konflikte in dieser Situation erlebten, verweist das Wort ירד in V. 2f, das sowohl im Kontext des Salböls als auch des Hermontaus vorkommt, „wohl auf die Rolle des ältesten Bruders ..., der sein Vorrecht nicht geltend machen, sondern sich gütig und freundlich den Jüngeren gegenüber erweisen soll".[153] Er bezieht eine

---

150 *Zenger*, „Psalm 133", 635.
151 *Kraus*, *Psalmen 60-150*, 1068.
152 *Kraus*, *Psalmen 60-150*, 1068.
153 *Kraus*, *Psalmen 60-150*, 1069.

solche Lebenshaltung auf die im abschließenden Satz vorkommende ברכה als „»Lebensmacht«, »Lebenssteigerung«, »Lebensüberhöhung«."[154] Ähnlich sieht es H. Gunkel:

> Nun ist allen diesen Bildern gemeinsam, daß etwas von dem Höheren auf das benachbarte Niedere herunterfließt; sie sollen also darstellen, wie lieblich es ist, wenn der besitzende Teil dem ärmeren, der neben ihm wohnt, von seinem Überfluss mitteilt, wie das bei gemeinschaftlicher Wirtschaft der Brüder der Fall sein muss …[155]

Zwar ist *Zenger* nicht einverstanden mit Gunkels Lösung des ‚Bartproblems' (wie dieses Bild zwischen Öl und Tau einzustufen bzw. zu verstehen ist), nämlich, dass es sich in V. 2f nicht um zwei, sondern *drei* Vergleiche handelt (Öl, Bart und Hermontau, die alle drei ‚herniederfließen'),[156] aber ob es jetzt um *in den* Bart fließendes Öl oder *gleichwie* ein Bart fließendes Öl geht, ist für die von *Kraus* und Gunkel postulierte Sachhälfte der Metapher unwichtig. Die Frage ist vielmehr, ob sich das Bild überhaupt auf die von ihnen beschriebene Brüderlichkeit (das ‚Herablassen' einer höher gestellten Gestalt auf eine niedere) bezieht. Mit der deuteronomischen Bruderethik findet dieses Konstrukt eher wenig Übereinstimmung, zumal es sich im Deuteronomium vor allem um die *gleiche Wertschätzung* aller Brüder handelt.[157]

Für eine Lösung der Frage nach der literarkritischen Positionierung des Bart-Bildes stützt sich *Zenger* auf O. *Keel*, der die Brüderlichkeit in einem kultischen Kontext verortet.[158] Damit löst er nicht nur die Frage nach der Stellung des Bart-Motivs innerhalb des Psalms, die *Zenger* anspricht, sondern auch jene nach der Legitimität des von Gunkel wie von *Kraus* gebrachten Vorschlags, dass das Herabfließen auf ein (zwar positives, aber immerhin gestuftes) Bruderverhältnis deutet:

> Die Kumulation von Vergleichen herabfließender Größen zielt auf den entscheidenden Hinweis auf den Segen, den Yahwe nach der letzten Zeile auf den Zion befohlen hat.[159]

Nicht das hier beschriebene Bruderverhältnis ist gestuft bzw. hierarchisch, sondern das Herabfließen (des Öls wie des Taus) ist ein Bild des reichlichen Segens, eines Segens, der ‚von oben', ‚vom Zion' fließt und die Brüderlichkeit damit in seinen Einflussbereich hineinholt.[160]

---

[154] *Kraus*, *Psalmen 60-150*, 1069.
[155] Zitiert von *Zenger*, „Psalm 133", 637.
[156] Vgl. *Zenger*, „Psalm 133", 637.
[157] Vgl. hierzu besonders die theologischen Überlegungen in Kapitel 7.
[158] Vgl. *Keel*, „Brüderlichkeit".
[159] *Keel*, „Brüderlichkeit", 70.
[160] Vgl. auch *Zenger*, „Psalm 133", 643.

In seinem Kommentar zu Ps 133 erwähnt *Zenger* eingangs, ähnlich wie früher schon *Kraus*, die verschiedenen in der Forschung vertretenen Interpretationen des Bruderbegriffs in Ps 133,1: (a) der leibliche Bruder; (b) eine generelle Verwandtschaftsbezeichnung innerhalb der Großfamilie; (c) eine volksübergreifende Bezeichnung der Mitglieder Israels; (d) ein Verweis ausschließlich auf die Priester im Zionsheiligtum. Die Wahl für eine dieser Möglichkeiten hängt von der gewählten Interpretation des gesamten Psalms ab.[161] Zu Beginn seiner Auslegung stellt er nicht weniger als sechzehn aufeinander folgende Fragen, die alle auf mögliche Interpretationen der Phrase שֶׁבֶת אחים גם־יחד hinweisen.[162] In seiner hoch konzentrierten Problematisierung der Interpretation (er nennt die Phrase zu Recht „polyvalent"[163]) spricht *Zenger* auch nahezu alle Elemente der deuteronomischen Brüderlichkeit an: die Verwurzelung des Bruderbildes im familiären Kreis; die Entwicklung von der Kernfamilie über die Großfamilie bis hin zu Dorf-, Stadt- oder Tempelgemeinschaften; die mögliche Beziehung des Bruderbildes zum Konflikt zwischen dem Nord- und Südreich bzw. der Diasporagemeinschaft und den im Lande Zurückgebliebenen. Ferner scheint in *Zengers* Fragenreihe die auch sonst in dieser Studie präsente, auf den Beobachtungen zum Deuteronomium von *Braulik* beruhende Erwähnung einer nicht expliziten ‚kultischen' Brüderlichkeit mit ihrer Transzendenz sozialer Unterschiede im Fest auf. Schließlich spricht er den für die vorliegende Studie paradigmatischen Aspekt der Volkszugehörigkeit und deren Implikationen an:

> Wird hier das deuteronomische Bruder-Ethos evoziert, das dazu ermahnt, dass es im »Volk JHWHs« für alle eine fundamentale Gleichheit von Rechten gibt und dass vor allem die Mächtigen und die Reichen den Schwachen und den Armen in gelebter »Bruderschaft« helfen sollen?[164]

Diese Hervorhebungen sind ein nur für das Bruderthema direkt relevanter Auszug aus den auf knapp eineinhalb Seiten von *Zenger* angesprochenen Fragestellungen. Ein Plädoyer für eine Synthese des ‚polyvalenten' Gedankenguts von Ps 133,1 und Dtn 25,5, das der deuteronomischen Bruderethik entspringt, findet in den die Fragenreihe abschließenden Worten *Zengers* ihren Widerhall:

> Es ist der poetische Reiz des Psalmenanfangs, dass er mit seiner unbestimmten Formulierung alle diese Dimensionen und Ebenen evoziert – und dass der Psalm erst im Fortgang und dann vor allem am Schluss seine Präzisierung vornimmt (V 3cd): Es geht um die in Zion gelebte alltägli-

[161] Vgl. *Zenger*, „Psalm 133", 632.
[162] Vgl. *Zenger*, „Psalm 133", 641f.
[163] *Zenger*, „Psalm 133", 638.
[164] *Zenger*, „Psalm 133", 642.

che *und* vor allem in der Zionsliturgie zu lebende brüderliche/geschwisterliche Gemeinschaft, die JHWH auf dem Zion als seinem Wohnsitz (vgl. den vorangehenden Psalm 132) stiftet.[165]

Zenger liest den Psalm als eine einzige Metapher, in der, vereinfacht gesehen, V. 1 und V. 3cd (brüderliches Zusammenleben; gespendeter Segen auf dem Berg Zion) die Sachhälfte darstellen, V. 2-3b (Salböl auf Aarons Bart; Tau auf dem Hermon) die Bildhälfte. V. 3cd wäre dabei die *theologische Begründung* der Wirkkraft der Brüderlichkeit: weil JHWH auf dem Zion (d. h. in Jerusalem) Segen spendet, sich also Jerusalem zuwendet, gelingt das wohltuende, in V. 1 beschriebene brüderliche Zusammenleben.[166]

Somit wird die Brüderlichkeit von Ps 133 in einem kultischen Kontext verortet,[167] aber beim ersten Hinsehen doch etwas vom im Deuteronomium geläufigen Kontext entfernt, da dort das Kultische, wie bereits erwähnt, gerade derjenige Kontext ist, in dem das Bruderwort nirgends explizit vorkommt.[168] Trifft die Interpretation von *Keel* und, ihm folgend, *Zenger* zu, dass der ganze Psalm auf die gelungene Bruderschaft *aufgrund* von JHWHs Segen im Jerusalemer Tempelkontext hinziele[169], könnte diese eine schöne theologische Zusammenfassung aller im Deuteronomium vorzufindenden Einzelelemente

---

[165] *Zenger*, „Psalm 133", 642.

[166] Vgl. *Zenger*, „Psalm 133", 635.

[167] Damit zweifelt *Keel*, „Brüderlichkeit", 77, den weisheitlichen Charakter des Eingangsverses an: „Diese Einordnung drängt sich weder aus formalen noch aus sachlichen Gründen auf." Umgekehrt kann aber genauso bemerkt werden, dass eine solche Zuordnung auch nicht aus in V. 1 vorzufindenden formalen oder sachlichen Gründen abzulehnen ist. Später argumentiert er aber überzeugend: „Die erste Zeile allein und für sich genommen *kann* man vom Inhalt her als eine Art weisheitlichen Makarismos verstehen. Aber es geht nicht an, aufgrund eines bestimmten Verständnisses der ersten Zeile so massiv in den Text eines Gedichtes einzugreifen, wie Kraus und seine Vorgänger das tun. Für die Intention eines Gedichts ist die letzte Zeile mindestens von ebenso großer Bedeutung wie die erste. Der Einsatz mit einer Feststellung, die eine weisheitliche oder mit anderen Worten allgemein menschliche Erfahrung formuliert, signalisiert die Verbundenheit des Kults mit dem Alltäglichen, das der Kult verklärt und in die Sphäre spürbarer göttlicher Präsenz erhebt. Unter diesem Gesichtspunkt ist die Feststellung eines gewissen weisheitlichen Charakters von V. 1 von Bedeutung" (ebd., 78 Anm. 41).

[168] Die Entfernung vom deuteronomischen Sinn der Brüderlichkeit verstärkt sich noch einmal in der Bemerkung *Keels* („Brüderlichkeit", 78), Artur Weiser würde den Psalm „wohl etwas allzu schwer mit Sozialpolitik" befrachten.

[169] „Daß die sozialen Konsequenzen der Brüderlichkeit, die im dtn und nachexilischen Schrifttum so stark betont werden, ihren letzten Halt und ihre Wurzeln im brüderlichen Beisammensein am Heiligtum haben, zeigt sehr schön Ps 55,14f.", so *Keel*, „Brüderlichkeit", 77. Diese Beobachtung *Keels* stimmt allerdings höchstens sachlich. Lexemisch sind die erwähnten Verse, bis auf das יחדו in V. 15a, mit der Bruderterminologie des Deuteronomiums nicht identisch. Die Idee der Freundschaft und Intimität in Psalm 55 (hier: keine Brüderlichkeit oder Volksverwandtschaft) wird von anderen Lexemen

sein: Eine nur implizit anwesende Brüderlichkeit in der kultischen Praxis wird im deuteronomischen Ämtergesetz ‚promulgiert' bzw. erstmals angeboten, im alltäglichen Leben (deuteronomisches Sozialgesetz) herausgearbeitet und praktiziert und hier, in Ps 133, ins Kultische zurückgeführt. Die Schlussfolgerung *Keels* überrascht dann mit einer hoch theologischen Formulierung, die auch vierzig Jahre nach ihrer Verschriftlichung im Rahmen der hier erarbeiteten, auf die Volksidee fokussierten theologischen Einsichten an Aktualität nichts verloren hat:

> Auf das Zusammensein der Brüder *auf dem Zion* hat Jahwe seinen Segen entboten, nicht auf das bloße Zusammensein der Brüder als solchen, nicht auf den Zion als Ort, sondern auf die brüderliche Versammlung an der von Jahwe erwählten Stätte.[170]

Diese Synthese, noch einmal mit dem lexemischen Bezug zu Dtn 25,5-10 kombiniert, führt zur Frage der literargeschichtlichen Stellung dieses deuteronomischen Gesetzes. Ist Ps 133 (zumindest unter anderem) als krönender Kommentar zu Dtn 25,5-10 gedacht?[171] Ist die Regelung der Leviratsehe, wie sie sowohl in Dtn 25,5-10 als auch in ihren narrativen Gegenstücken (Gen 38, Rutnovelle) geboten wird, als Beschreibung einer historischen Gegebenheit oder überhaupt nur als Midrasch auf die Brüderlichkeit gedacht? Eine parallele Lektüre dieser Texte auf der Endtextebene fruchtet wahrscheinlich mehr als ein Versuch, sie historisch relativ zueinander aufzustellen. Soweit einige Überlegungen zu Ps 133.

Ein lexemisches Detail am Rande, das allerdings Bedeutung für die stets wiederkehrende Frage nach den Begleitern des ‚Bruders' hat, findet sich im Gebrauch des Wortes זר in Dtn 25,5. Dieses Wort,[172] das hier adjektivisch mit ‚fremd' übersetzt wird, genauso gut aber substantivisch mit ‚ein Mann, ein

---

übertragen: אנוש כערכי (ein ʻmir gleicher' Mensch, ein Gefährte), אלופי (ʻmein Vertrauter'), מידעי (ein ʻmir Wohlbekannter').

170 *Keel*, „Brüderlichkeit", 80. Hier tritt die Bedeutung der Kultzentralisation für die Brüderlichkeit hervor.

171 Unproblematisch scheint jedenfalls der Vorschlag *Keels* („Brüderlichkeit", 78), dass dieser Wallfahrtspsalm zum Liederschatz des Zweiten Tempels gehören könnte.

172 In der ungebundenen Form ohne Prä- oder Suffixe. Eine abgeleitete Variante, ממזר, begegnet in Dtn 23,3. Deren Verwendung entspricht aber dem im Folgenden beschriebenen kultischen Kontext des Gebrauchs dieses Wortes. Alle hier genannten Vorkommen des Lexems beziehen sich auf die ungebundene, adjektivische bzw. substantivische Form des Wortes. Verbalformen (√ זור) werden nicht in Betracht gezogen. Die hier beschriebenen Kontexte dieses Wortgebrauchs entsprechen den Kategorien, welche auch *Snijders*, זר, 556, angibt: (a) das Prophetisch-Nationale; (b) die Kultsprache; (c) die Weisheitssprache.

Fremder' wiedergegeben werden könnte, kommt im gesamten Deuteronomium nur an dieser Stelle vor. Ferner findet es sich dreimal in Lev 22.[173] In diesem Kontext handelt es sich um Regelungen für das Essen von Heiligem.[174] Es wird auch die Situation besprochen (Lev 22,12f), in der eine Priestertochter einen זר heiratet, später verstoßen wird und kinderlos oder als kinderlose Witwe in ihr Vaterhaus zurückkehrt. Während sie noch verheiratet ist (V. 12), darf sie von den heiligen Abgaben nicht mehr essen, als kinderlose Witwe oder Verstoßene (V. 13) jedoch schon. Sowohl der sakrale als auch der familienrechtliche Kontext, in dem es sogar um eine kinderlose, ehemalige Frau eines זר geht, fallen hier auf. Num 17,5 bestimmt (wiederum in einem liturgisch-sakralen Kontext), dass ein זר auch kein Weihrauchopfer darbringen darf, und einmal wird das Wort ähnlich in Ex 30,33 verwendet. Über diese sechs Textverweise[175] hinaus kommt das Wort einmal in der Erzählung von den beiden Wöchnerinnen vor König Salomo vor,[176] siebenmal in weiteren weisheitlichen Kontexten,[177] zweimal in den Psalmen[178] und viermal in prophetischen Texten[179]. Lediglich die vier prophetischen Belege fallen aus dem Rahmen der in Ps 133 resp. Dtn 25,5-10 angesprochenen Themenbereiche (alltägliche Weisheit, priesterlicher Dienst, Familienrecht). Sonst weisen die זר-Belege eine auffällige Kohärenz auf. Um den Sinn des Gebrauchs dieses für das Deuteronomium ungewöhnlichen Lexems in diesem Kontext zu verstehen, hilft die theologische Einschätzung von *Snijders*:

> Im übertragenen Sinne liest man aus dem *zûr* in Ps 58,4 und Ez 14,5 die (geistliche) Entfernung aus den eigenen Verhältnissen, das Schaffen einer Distanz zwischen sich selbst und einer vertrauten Wirklichkeit (z.B. einer religiösen Tradition, einer allgemein anerkannten Lebens- und Denkweise). Die gottlosen Leute verlassen die Gemeinschaft des Volkes; die Abtrünnigen schänden die Tradition. Sie sind Fremde geworden und werden von den Frommen als unzuverlässig und gefährlich betrachtet. In weitaus den meisten Fällen, wo *zār* verwendet wird, ist die Verbindung mit diesem זור II einleuchtend ... Diese Konfrontation des Eigenen mit

---

173 Lev 22,10.12.13.

174 Kein זר, d. h. kein Fremder (ZB; NLB), Laie (EÜ) oder Unbefugter (EÜ2016; übertragen auch AB1933) darf davon essen (Lev 22,10).

175 Dtn 25,5; Ex 30,33; Lev 22,10.12f; Num 17,5. Zu diesen Belegen vgl. *Snijders*, זר, 561.

176 1 Kön 3,18; auch hier geht es gewissermaßen um schutzlose Frauen sowie um die Frage einer ungeklärten Nachkommenschaft.

177 Ijob 15,19; 19,27; Spr 11,15; 14,10; 20,16; 27,2.13.

178 Ps 44,21; 81,10 (bezüglich der Anbetung fremder Götter).

179 Jes 17,10; 28,21; 43,12; Hos 8,12.

dem Fremden kann zu einer Auseinandersetzung führen in Stamm, Familie, frommem Kreis oder Tempeln mit ihren Dienern.[180]

Ein weisheitlicher Ratschlag aus Spr 6,1; 11,15 und 20,16 par. 27,13 (vgl. auch 17,17f; 22,26) gegen Bürgschaften für den Fremden (זר) steht dem finanziellen Aspekt des Kontextes von Dtn 25,5 nahe. *Snijders* argumentiert, dass der זר kein Familienangehöriger sein kann, weil mit ihm mittels offiziellem Handschlag gehandelt wird, während solche Gesten innerhalb der Familie unnötig sind.[181] Die Kombination von weisheitlichem und familiärem Kontext wird in Spr 17,17 noch einmal verstärkt: *Der Freund erweist zu jeder Zeit Liebe, als Bruder für die Not ist er geboren.*

Zusammen mit dem in dieser Arbeit beschriebenen deuteronomischen Volksbegriff[182] wird bei diesen Überlegungen zum Wort זר noch einmal deutlich, dass die Regelung der Leviratsehe primär nicht auf den Schutz einer kinderlosen Witwe abzielt, sondern die Volkstheologie, und damit verbunden, die Bruderethik des Deuteronomiums unterstreicht.[183]

---

[180] *Snijders*, זר, 558f. *Gertz*, *Gerichtsorganisation*, 194f Anm. 67, weist darauf hin, dass der זר in Dtn 25,5 nicht auf einen Nicht-Israeliten, sondern auf einen Nicht-Familienangehörigen deutet. Diese Sicht ist weniger radikal als die eher allgemein gehaltene von *Snijders* (ebd.). Die Interpretation von *Gertz* betont den familiären Charakter des Gesetzes, den aber auch *Snijders* nicht leugnet. Wenn *Snijders* generell von Gottlosen spricht, welche die Volksgemeinschaft verlassen, impliziert dies dennoch, dass diese genetisch dem Volk Israel angehören, nur dass ihr Verhalten nicht dem entspricht, das von Volksmitgliedern erwartet wird. *Gertz*, *Gerichtsorganisation*, 194 Anm. 67, bemerkt zu Recht, dass es sich beim זר besonders in Dtn 25 um eine „relationale Größe" handelt, „die erst durch ihren Kontext eine inhaltliche Bestimmung erfährt".

[181] Vgl. *Snijders*, זר, 562f. Allerdings wird Ähnliches in Spr 6,1a; 17,18 bezüglich des רע berichtet: auch im Umgang mit ihm wird der Handschlag praktiziert, und er ist darin nicht, wie es in Dtn 15,2 (und Lev 19,17f) der Fall ist, mit dem אח gleichzusetzen. Im Lichte dieser Beobachtung sollten die in der BHS[4] sowie BHQ angedeuteten textkritischen Gegebenheiten dieses Verses genauer beachtet werden: Im Altgriechischen wird ein Äquivalent für את־רעהו, in 4QDeut[c] werden sowohl את־רעהו als auch ואת־אחיו ausgelassen (so BHQ), so dass der Text liest: לא־יגש כי יקרא (vgl. den Kommentar McCarthys zu 15,2: BHQ, 97*f). BHS[4] erwähnt darüber hinaus auch Weglassungen (als Glosse?) nur von את־אחיו in einigen Manuskripten. Die Verwendung von נגש überhaupt ohne Objekt (4QDeut[c]) ist ungewöhnlich. Die Unregelmäßigkeiten in anderen, ebenfalls frühen Varianten deuten jedenfalls hier auf etwaige Unklarheiten im Verhältnis אח – רע. Spr 22,26 erwähnt den Handschlag, jedoch kein Gegenüber für diese Geste, während 20,16 par. 27,13 den נכרי (vgl. oben die Exegese von Dtn 15,1-11; 23,21) zusätzlich zum זר als Empfänger des Handschlags erwähnen.

[182] Vgl. unten Abschnitt 7.2.

[183] Vgl. auch Ez 16,32.

5.6 Strafrechtliche Bestimmungen

In den beiden kurzen Abschnitten Dtn 25,1-3 und Dtn 25,11f erscheint der ‚Bruder' in einem uns bisher aus der Übersicht in Kapitel 1 dieser Untersuchung bekannten Sinn, nämlich dass der ‚Bruder' hier einfach ein Mitmensch ist, der gegenüber dem Rest des Volkes in keiner Weise höher oder niedriger gestellt ist. Allerdings verdient der ‚Bruder' hier situationsbedingt Schutz, da er in beiden Fällen von strafrechtlich bedingten Bestimmungen betroffen ist.

5.6.1 Exegese von Dtn 25,1-3

Übersetzung

1 Wenn es zwischen Männern einen Streit gibt und sie vor Gericht treten und man sie richtet, soll jenem, der im Recht ist, Recht gegeben werden, und der Schuldige soll schuldig gesprochen werden. 2 Und wenn dem Schuldigen Schläge zukommen, soll man ihn sich hinlegen lassen, und der Richter soll ihn schlagen lassen, so viel wie für seine Schuld angemessen ist. 3 Vierzig Schläge darf er bekommen, nichts darüber hinaus, damit nicht, sollte man ihm noch viele mehr geben, dein Bruder in deinen Augen erniedrigt wird.

In einer Anthologie aller deuteronomischen Brudertexte würden das ein Gerichtsverfahren behandelnde Gesetz Dtn 19,15-21 und Dtn 25,1-3 thematisch zusammengehören. Wegen ihrer Situierung in einem Gerichtskontext sind sie eindeutig dem großen Textblock des Ämtergesetzes zuzuordnen. Ferner haben wir bereits in der Exegese gesehen, dass der anschließende Text über die Leviratsehe (25,5-10), trotz auf den ersten Blick scheinbarer Ambivalenz, aufgrund seines Sitzes im Leben und seiner Fokussierung auf den Schutz des Namens des ‚Bruders' ebenfalls zu diesem Textblock gehört. Dasselbe gilt schließlich für die daran anschließende Perikope 25,11f, die ebenfalls in einem dem Ämtergesetz zuzuordnenden Kontext spielt.

Obwohl Dtn 25,1-3 in der allgemeinen Literatur zur Bruderethik selten besondere Erwähnung findet, bietet dieser Passus eigentlich ein Musterbeispiel deuteronomischer Brüderlichkeit.[184] Die Situation klingt für heutige westliche Ohren brutal, aber gerade die Ausführungen über die Talion haben uns vor Augen geführt, dass eine angemessene Wiedergutmachung nach einer geschehenen Untat durchaus eine Notwendigkeit war und ist. Dennoch atmet der Schlusssatz dieser kurzen Perikope eine gewisse Milde dem ‚Bruder' gegenüber. Auch für den schuldig gewordenen ‚Bruder' gibt es eine Begrenzung der Strafe: er soll nicht maßlos geschlagen werden, damit er nicht vor demjenigen, der im Recht ist, erniedrigt wird.

---

[184] Vgl. auch *Braulik, Deuteronomium 16-34*, 185.

Obwohl dieses Gesetz nicht spezifiziert, welche Art von Vergehen solchermaßen bestraft werden soll, gibt es Andeutungen aus Israels Umfeld, aus Mesopotamien und Ägypten, dass etwa Beschädigungen von Eigentum eines Nachbarn, unrechtmäßige Inanspruchnahme eines Feldes eines Nachbarn, der Verkauf als Sklave eines in Schuld Geratenen, ferner auch Betrug, Diebstahl oder Vertragsbruch gemeint sein könnten.[185] Sollte es sich um solche Straftaten handeln, würden sie durchaus in die Lebenswelt passen, die wir bereits in den Brudertexten des Deuteronomiums kennen gelernt haben und im Heiligkeitsgesetz kennen lernen werden. Auch hier besteht eine lexemisch-thematische Verbindung zu Dtn 1,16: *Damals habe ich eure Richter verpflichtet: Lasst jeden Streit zwischen euren Brüdern vor euch kommen! Entscheidet gerecht, sei es der Streit eines Mannes mit einem Bruder oder mit einem Fremden!*[186]

5.6.2 Exegese von Dtn 25,11f

Übersetzung

11 Wenn zwei Männer, ein Mann und sein Bruder, einander angreifen und die Frau des einen Mannes herantreten sollte, um ihren Mann aus der Hand des Angreifers zu retten, und sie ihre Hand ausstrecken sollte und seine Scham ergreift, 12 so sollst du ihre Hand abtrennen, und dein Auge soll kein Mitleid mit ihr haben.

Synchron gelesen enthält dieser für unser Gespür sogar noch grausamere Text Interessantes sowohl auf der Wort- als auch auf der Bedeutungsebene. Das Wort אח hätte in der oben wiedergegebenen Übersetzung auch lediglich in das reflexive ‚einander' aufgenommen werden können. Diese Art der Verwendung begegnete häufig im lexemischen Durchgang durch das gesamte Alte Testament – allerdings mit Ausnahme dieser Stelle sonst nicht im deuteronomischen Gesetz. Dennoch wurde die Phrase איש ואחיו in Anlehnung an die Einheitsübersetzung mit „ein Mann und sein Bruder" wiedergegeben, da sich bei genauerer Betrachtung auch in diesem kurzen Text bedeutungsvolle Hinweise für unser Thema finden.

Wenn man die Position der V. 11f als Anschluss an die Regelung der Leviratsehe in den V. 5-10 im Auge behält, fallen die thematischen Übereinstimmungen auf: (a) der Kontext ist nach wie vor ein gerichtlicher; (b) es handelt sich auch hier um eine Frau, die sich aktiv einem Mann gegenüber behauptet; (c) es bestehen sexuelle Konnotationen. In beiden Perikopen steht das Wort יחדו im einleitenden Vers: in 25,5 *wohnen* die (leiblichen) Brüder zusammen, in 25,11 werden sie ‚zusammen' – gemeint ist gegeneinander – handgreiflich.

---

[185] Vgl. *Tigay*, *Deuteronomy*, 230.

[186] Vgl. besonders auch Lev 24,22.

Das deutsche Wort ‚handgreiflich' passt hier gut, denn die verschiedenen Verwendungen von ‚Hand' und ‚angreifen' muten fast wie ein Wortspiel an. Die Wurzel נכה, schlagen oder prügeln, die viermal in 25,1-3 vorkommt, erscheint ebenfalls wieder. Ihre Kombination mit נצה (*Niph*, streiten) am Beginn von 25,11 macht deutlich, dass es sich nicht um einen Wortstreit, sondern eben um Handgreiflichkeiten handelt.

Wenn wir uns die Beobachtungen zum Wort יד in der Exegese von Dtn 15,1-11 in Erinnerung rufen, könnte man erwägen, ob יד nicht auch hier auf *Kraft* oder Macht deutet: die Frau setzt ihre Kraft ein, um ihren Mann aus der Macht seines Angreifers zu befreien. Zumal die Frau dafür zu einer *schamlosen* Maßnahme greift, könnte ferner überlegt werden, ob es sich nicht um ein ähnliches Motiv wie in 25,3 handelt: die Verhinderung der *Erniedrigung* des ‚Bruders' resp. beider ‚Brüder', d. h., des Ehemannes und seines Angreifers. Der Ehemann würde dadurch erniedrigt, dass er seinen Streit nicht selbst austragen kann, sondern seine Frau sich ungefragt einmischt. Beim Angreifer ist es eindeutig, dass seine Privatheit verletzt wird. Dieses Verhalten vonseiten der Frau ist also in zweierlei Hinsicht inakzeptabel und strafbar. So gesehen finden sich jene Motive aus V. 1-3 sowie aus V. 5-10 in V. 11f wieder: in allen drei Perikopen wird die Ehre des ‚Bruders' vom Gesetz in Schutz genommen, unabhängig davon, ob dieser nun Verbrecher, Verstorbener, Angegriffener oder Angreifer ist. Ohne ‚Ansehen der Person' (Dtn 16,18f) nimmt das Gesetz den ‚Bruder' in den verschiedensten Lebenslagen in Schutz.

6 Die Brudertexte des Heiligkeitsgesetzes: Lev 19,17f; Lev 25

6.1 Lev 19,17f

Übersetzung

17 Du sollst deinen Bruder in deinem Herzen nicht hassen. Du sollst deinen Volksgenossen[1] *zurechtweisen, aber seinetwegen sollst du keine Sündenlast tragen. 18 Du sollst dich nicht rächen, und du sollst keinen Groll gegen die Söhne deines Volkes hegen. Du sollst deinen Nächsten lieben wie dich selbst. Ich bin JHWH.*

In der Untersuchung der Textlandschaft um Lev 19 haben wir gesehen, dass sich der Wendepunkt der Ringkomposition des Buches Levitikus in diesem Kapitel befindet. Thematisch fällt es ein wenig aus dem Rahmen, denn während die Kapitel 18 und 20 sexuelle und familiäre Angelegenheiten regeln, handelt Kapitel 19 von jener Gerechtigkeit, welche die Mitglieder des Volkes Gottes einander schuldig sind.[2] Ferner haben wir gesehen, dass der Brudervers Lev 19,17 sich im Herzen dieses 36 + 1 Verse langen Kapitels befindet. Der ‚Bruder' wird quer durch das Kapitel von anderen Aktanten umgeben, weshalb es sich lohnt, diese genauer anzusehen.[3] Eine tabellarische Darstellung liefert folgendes Bild:

בני־ישׂראל	עם	עני	גר	עמית	רע	אח	בני עמך
1							
	8						
		10	10				
				11			
					13		
				15			
	16				16		
				17		**17**	
					18		18
			33				
			34(2x)				

Nomina der Kollektivität in Lev 19

---

[1] *Gerstenberger*, *Leviticus*, 237, übersetzt עמית mit „Glaubensbruder". Für analytische Zwecke sollte man aber im Auge behalten, dass dies eine dynamisch-äquivalente Übersetzung ist: עם und nicht אח bildet die Wurzel des Wortes.

[2] Vgl. *Douglas*, "Structure", 251f.

[3] Vgl. auch die (zusammenfassende) ausführliche Besprechung aller Aktanten in Kapitel 19 bei *Gerstenberger*, *Leviticus*, 259f.

Einige weitere für V. 17f bedeutsame Beobachtungen zum gesamten Kapitel sind noch aufzulisten. Der Aufruf zur Heiligkeit in V. 2 wird ähnlich begründet wie der Aufruf zur Nächstenliebe in V. 18,[4] nämlich mit der Formel אני יהוה, die in V. 2 allerdings erweitert wird zu כי קדוש אני יהוה אלהיכם. Das begründende כי von V. 2 fehlt in V. 18. Die Formel wird in kürzerer oder etwas längerer Form auch in V. 3.4.10.12.14.16.25.30.31.32.34.36.37 wiederholt,[5] wo sie jeweils einen Themenwechsel markiert.

Die Sprache des Kapitels zeichnet sich durch die oftmalige Wiederholung von *figurae etymologicae* aus: in V. 5 mit der dreimaligen Verwendung der Wurzel זבח, in V. 7 mit der Wurzel אכל, in V. 9 mit der viermaligen Verwendung von קצר und in V. 17 mit der Wurzel יכח. Nach der *figura etymologica* sowohl in V. 5 als auch in V. 7 werden die verwendeten Wurzeln (זבח, אכל) sofort wieder am Beginn des jeweils darauf folgenden Verses (V. 6.8) aufgegriffen. Lev 19,13 stimmt thematisch mit Dtn 24,14 überein, wobei Dtn 24,14 um das Wort אח (aber auch עני, אביון und גר) erweitert ist. Beide Verse enthalten das Wort שכיר (Tagelöhner), während Lev 19,13 anstatt des ‚Bruders' den Nächsten (רע) erwähnt. In Dtn 24,14 wird nicht der ‚Bruder', sondern der Tagelöhner als Armer und Elender präzisiert, während die ‚Brüder' die Gruppe repräsentieren, aus der der arme und elende Tagelöhner stammt: עני ואביון מאחיך שכיר. Für Lev 19,13f gilt, dass die aufgelisteten individuellen Personen (Tagelöhner, Tauber, Blinder) Spezifizierungen des Kollektivs רע in V. 13a sind.

Auf die große Wende in Lev 19,18 folgt in V. 19-32 eine Unterbrechung im sozial ausgerichteten Gedankenfluss zugunsten von sexualethischen und agrarwirtschaftlichen Themen. Erst ab V. 33 treten einige für die Sozialgesetzgebung typische Aktanten und Inhalte wieder auf. V. 34 ist ein literarisch geladener Vers: (a) גר findet sich gleich dreimal; (b) die zentrale Formulierung aus V. 18 wiederholt sich noch einmal – lexemisch, jedoch nicht inhaltlich abgewandelt: aus ואהבת לרעך כמוך[6] wird ואהבת לו כמוך, wobei לו auf den גר hindeutet; (c) ferner kommt einer von vier für die Gesamtstruktur des Buches wichtigen Ägyptenhinweisen vor;[7] (d) schließlich enthält V. 34 auch eine nochmalige Wiederholung der Formel אני יהוה. Ägypten erscheint in V. 34 begründend (*denn Fremde seid ihr im Land Ägypten gewesen*) und als Teil der אני יהוה-Formel in V. 36.

---

[4] ‚Heiligkeit' und ‚Nächstenliebe' sind dann auch die beiden Elemente, die *Gerstenberger, Leviticus*, 238.256ff, als Kernforderungen des Kapitels identifiziert. Vgl. ferner *Hieke, Levitikus 16-27*, 643ff, der Kap. 18-20 unter der Überschrift „Heiligkeit im Alltag" liest, sowie *Braulik*, „Fremdenliebe", 54. Vgl. ferner auch *Akiyama, Love of Neighbour*, 26: "… the entire chapter is governed by the exhortation to be holy".

[5] Nirgendwo sonst im Alten Testament kommt diese Formel derart konzentriert in einem Abschnitt bzw. Kapitel vor (vgl. *Gerstenberger, Leviticus*, 238).

[6] Zu den fünf Interpretations- bzw. Übersetzungsmöglichkeiten des einleitenden ו von V. 19c vgl. *Gass*, „Problem", 198.

[7] Vgl. dazu *Douglas*, "Structure", 254f.

Viele dieser strukturellen Beobachtungen führen zu textgeschichtlichen, aber auch zu theologisch ausgerichteten Fragen.[8] Lev 19 enthält einige vereinzelte Formulierungen, die eindeutig von einem für das Deuteronomium typischen Wortschatz geprägt sind; besonders V. 10.13.19.37 fallen in dieser Hinsicht auf.

So viel zur Gesamtstruktur von Lev 19. Für V. 17f können jetzt einige Beobachtungen formuliert werden:

Zunächst ist besonders darauf zu achten, dass der עמית, d. h. der Volksgenosse, im selben Vers wie der ‚Bruder' genannt wird (V. 17). V. 18 erwähnt die בני עמך, die *Söhne deines Volkes*, und den רע, den Nächsten. Diese vier Begriffe sind als Synonyme zu lesen.[9] Diese Konsequenz resultiert aus der parallelen Anordnung[10] der Elemente des Verspaares:

Verb + Nomen (–)	לא־תשׂנא את־אחיך	a
Verb + Nomen (+)	הוכח תוכיח את־עמיתך	b
Verb allein (–)	ולא־תשׂא	c
Verb allein (–)	לא־תקם	c'
Verb + Nomen (–)	ולא־תטר את־בני עמך	a'
Verb + Nomen (+)	ואהבת לרעך כמוך	b'

[8] Vor allem letztere werden unten in Kapitel 7 wieder aufgegriffen.

[9] Vgl. *Hieke*, *Levitikus 16-27*, 729.

[10] Vgl. auch die parallele Struktur bei *Hieke*, *Levitikus 16-27*, 728. *Gass*, „Problem", 200-202, verwendet für seine strukturellen Beobachtungen andere Kriterien und kommt daher zu einem anderen Ergebnis: Zunächst liest er lediglich V. 17a-c als Einheit. Er beachtet für seine Struktur die Verwendung von ל + שׂנא sowie von ל + אהב. Das Problem dabei ist, dass er für eine Balance zwischen den beiden den Textabschnitt rahmenden Termini שׂנא und אהב in Kombination mit der Präposition ל für die Verbindung mit שׂנא auf andere Verse, alle ausschließlich aus dem Deuteronomium und einer aus dem Josuabuch, zurückgreifen muss. Diese Vorgehensweise nennt er selbst einen „Umweg" (ebd., 200). Mit der Bemerkung: „Das stereotype Idiom לא־שׂנא betont in all diesen Fällen, dass der Totschläger zuvor sein Opfer nicht gehasst hat" (ebd., 201) verwendet er abermals ein textexternes Zeugnis für ein intrinsisch textinternes Argument, denn die „Fälle", von denen die Rede ist, sind jene Textverweise aus Dtn 4, Dtn 19 und Jos 20, in denen die Kombination ל + שׂנא vorkommt. Eine Balance innerhalb von Lev 19,17f erreicht er auf diesem Weg gerade nicht, und auch wenn man sich von seiner Betonung der beiden Verben in Kombination mit der (in einem Fall textfremden) Präposition überzeugen lassen will, ist damit gerade eine erneute Verbindung der Verse 17 und 18 erreicht, womit er eben nicht seine scharfe Trennung der beiden Verse erklärt. Die Argumentation anhand der synonymen Aktantenliste bietet an dieser Stelle jedenfalls eine einfachere Interpretationsoption. Bei *Gass* folgen die Beobachtungen zur Synonymität der vier Bezeichnungen der Aktanten in V. 17 und 18 erst später (vgl. ebd., 203).

Die vier Aktanten des Verspaares erscheinen in dieser Struktur jeweils im Akkusativ in der gleichen Position am Satzende: dreimal mit der Akkusativpartikel את und abschließend mit der Präposition ל. Die Anordnung von positiven und negativen Aussagen folgt ebenfalls einem Muster: das jeweils zweite Element der beiden rahmenden, aus Verb plus Nomen bestehenden Phrasen enthält eine positive Aussage. Alle anderen Aussagen sind (mittels der Partikel לא) als Prohibitive formuliert.

Lev 19,17 Du sollst deinen Bruder: J. *Milgrom*[11] weist darauf hin, dass durch die Verwendung von אח in CD 8,5-6 die Applikation der dortigen Paraphrase von Lev 19,18a explizit auf die Glaubensgemeinschaft von Qumran beschränkt wird. Er versteht אח in Lev 19,17 im weiteren Sinn, indem er den Terminus auf Gesamtisrael (im Gegensatz zum Clan innerhalb Israels) bezieht. Diese Interpretation entspricht dem in dieser Gesamtuntersuchung gängigen Verständnis des Begriffs.[12] Dass Milgrom die recht frühe Idee eines Clans hier überhaupt in Erwägung zieht, dürfte mit seiner vorexilischen Datierung des Heiligkeitsgesetzes zusammenhängen.[13]

Lev 19,17 in deinem Herzen nicht hassen: Mit dem hier erwähnten ‚hassen' ist kein reiner Gefühlszustand, sondern eine durchdachte geistige Haltung gemeint.[14] E. *Gass* bringt diese Haltung inhaltlich auf den Punkt:

> Das Herz ist nach biblischem Sprachgebrauch nicht der Ort des Gewissens oder der Sitz der Seele, sondern der Sitz des Verstandes bzw. der Vernunft und, damit verbunden, der Ort des menschlichen Planens. Insofern ist hier nicht nur eine innere Einstellung, vielmehr auch das Planen gegenüber dem Bruder im Blick.[15]

K. *Akiyama* betont demgegenüber eine eher gesamtheitliche Perspektive, indem er Stellen aus Tora, Propheten und Schriften anführt, bei denen לב wohl

---

[11] Vgl. *Milgrom, Leviticus 17-22*, 1647.

[12] *Akiyama, Love of Neighbour*, 42, thematisiert auch die feineren Nuancen, die sich aus Lev 19,17f.34 ergeben und formuliert folgendermaßen: "... the stacking of these kinship words signals that vv. 11–18 is not to be facilely read as a universalistic mandate, encompassing everyone in the world. The fact that the text carefully specifies the גר (and only the גר!) as the object of love later in v. 34 further corroborates the point that the levitical[(sic!)] love command is not an all-encompassing, egalitarian command for everyone to love everyone. Rather, it is a pointed demand that mainly concerns intra-Israelite relations, primarily aimed at the socio-economically superior party who ought to look after those of lower socio-economic status in the community. At the same time, Lev 19:18 seems to evidence a trajectory of qualified openness where the Israelites are called to extend their love and care beyond their kinship ties".

[13] Vgl. *Milgrom, Leviticus 17-22*, 1361-1364.

[14] Vgl. *Hieke, Levitikus 16-27*, 728.

[15] *Gass*, „Problem", 200.

auf die Emotionen deutet. *Akiyama* argumentiert, dass es sich in V. 17 um "the totality of one's inner disposition"[16] handelt und schließt damit das Intellektuelle bzw. das Berechnende nicht aus. Er argumentiert mit J. Kugel auch überzeugend für einen weisheitlichen Hintergrund von Lev 19,17.[17]

Die Antwort auf die Ermahnung, nicht zu hassen (der Auftrag in V. 18, ‚keinen Groll zu hegen', entspricht dieser sachlich), liegt in der klaren Aussprache zwischen Konfliktparteien, welche die Erleichterung eines gegenseitigen inneren Spannungsgefühls mit sich bringt. Die Aussprache ist allerdings kontrolliert, kein wütender Streit.[18] Lev 19,17f ist pastoral ausgerichtet. Das Verspaar formuliert einen einzigen Hinweis, wie mit Konflikten innerhalb der Volksgemeinschaft umgegangen werden soll. Keiner der sonst in dieser Untersuchung behandelten Bruderverse erreicht vordergründig[19] eine vergleichbare Abstraktionsebene.[20] T. *Hieke* sieht im Ermahnungsmotiv eine Parallele zur alttestamentlichen Weisheitsliteratur, vor allem zum Sprichwörterbuch.[21]

Zu Recht nennt E. *Gerstenberger* dieses Kapitel „einzigartig im AT"[22], während J. *Milgrom* formuliert, es sei "source and rationale"[23] für das Heiligkeitsthema von Lev 17-27 überhaupt. In diesem ‚einzigartigen' Kapitel bilden V. 17f einen einzigartigen Höhepunkt. Der Mittelpunkt der Tora besagt: *„Du sollst deinen Nächsten lieben wie dich selbst. Ich bin JHWH."* V. 17f deuten an, dass sie Konfliktsituationen ansprechen wollen: nicht zu hassen; zurechtzuweisen; zu vermeiden, eine Last der Sünde zu tragen; sich nicht zu rächen; keinen Groll zu hegen. Diese verbalen Phrasen deuten alle auf eine einzige potentielle Situation hin. Das ‚Du' von Lev 19,17f hat als Gegenüber einen Volksgenossen (Nächsten oder ‚Bruder'), zu dem ein gespanntes Verhältnis besteht. Diesem soll (trotzdem) in Liebe begegnet werden.

---

[16] *Akiyama, Love of Neighbour*, 31.

[17] Vgl. *Akiyama, Love of Neighbour*, 32f.

[18] Vgl. hierzu auch *Milgrom, Leviticus 17-22*, 1646f. Zum Charakter der brüderlichen Zurechtweisung vgl. das Zitat aus der Gemeinderegel 1 QS 5,25-6,1 (*ebd.*, 1650): "To reprove each his fellow *in truth, humility, and lovingkindness ... Let him not speak in anger or complaint or stub[bornly or in passion] (caused) by an evil disposition ...*"

[19] Die lesetechnisch letzten und auch in dieser Untersuchung zuletzt exegetisierten deuteronomischen Bruderbestimmungen in Dtn 25,1-11 erreichen eine ähnliche Tiefe, die allerdings nicht auf den ersten Blick erkennbar ist.

[20] Ihre theologische Tiefe ist auch daran abzulesen, dass sie eine große Nachwirkung im Neuen Testament und in der Theologiegeschichte hatten.

[21] Vgl. *Hieke, Levitikus 16-27*, 729. Er stellt zudem die Frage: „Ist dies nur die gerade in kirchlichen oder klösterlichen Kreisen geübte *correctio fraterna*?", und bemerkt später: „Ehrliche Zurechtweisung in »brüderlicher« Absicht (also doch wieder *correctio fraterna*) lässt echten Hass dagegen gar nicht erst aufkommen" (*ebd.*).

[22] *Gerstenberger, Leviticus*, 236.

[23] *Milgrom, Leviticus 17-22*, 1366.

Liebe kann sowohl im menschlichen als auch im göttlichen Bereich begegnen. In Dtn 6,5 ist menschliche Liebe zu Gott von einer moralischen Betroffenheit ("moral concern") und einer Verbundenheit mit ihm ("commitment") geprägt.[24] G. *Braulik* macht darauf aufmerksam, dass die synoptischen Evangelien im bekannten Doppelgebot (Mt 22,37-39 par Mk 12,30f) zwar Lev 19,18 zitieren und daraus den Kern ihrer Ethik machen, aber nirgendwo umgekehrt von der Liebe Gottes zu seinem Volk sprechen. Er identifiziert dies als Eigenschaft des Deuteronomiums, dass die Liebe Gottes wie nirgendwo sonst im Alten Testament mit der Forderung der ganzheitlichen Liebe (mit ganzem Herzen und ganzer Seele) des Volkes Israel zu ihm verbunden wird.[25]

Zwischen Menschen wird Liebe häufig primär mit zwischengeschlechtlicher Anziehungskraft assoziiert, aber auch mit Vorliebe, etwa jener, die Eltern für ihre Kinder spüren, mit Zuneigung und Loyalität zwischen Freunden oder mit einem sozialethischen Verhalten innerhalb einer vorab definierten Gemeinschaft.[26] Es ist vor allem diese letztgenannte Art von Liebe, die in Lev 19,18 gemeint ist und implizit auch die gesamte Bruderethik durchzieht.[27] Analog zur bereits angesprochenen eher rationalen als emotionalen Ausrichtung des ‚Hassens' in Lev 19,17a beschreibt E. *Gass* die in Lev 19,18c erwähnte Liebe folgendermaßen:[28]

> Es geht somit beim Liebesgebot ... nicht um eine Emotion, sondern um Solidarität, Loyalität und praktische Zuwendung gegenüber dem Nächsten.

---

[24] Vgl. *DeVries*, *I Kings*, 51.

[25] Vgl. *Braulik*, „Liebe", 549.

[26] Dies sind jene Kategorien, die im ThHWAT identifiziert werden – vgl. *Bergman/Haldar/Wallis*, אהב, 105. Vgl. auch *Akiyama*, *Love of Neighbour*, 36-40, für eine ausführlichere lexemische Untersuchung von אהב. Zur Liebe innerhalb einer Gemeinschaft, wie sie im Deuteronomium realisiert wird, vgl. *Braulik*, „Liebe", 550.

[27] So definiert, unterscheidet sich die in Lev 19,18 angedeutete Liebe scharf vom Liebeskonzept des Deuteronomiums. Im Deuteronomium ist für das menschliche Erkennen *nur die Liebe Gottes die Bedingung*. Menschliche (Gottes-)Erkenntnis kann durch menschliche Liebe allein nicht erweckt werden – so *Braulik*, „Gotteserkenntnis", 264. Wo dies scheinbar in der Praxis vorkommt, muss die menschliche Liebe in der Liebe Gottes gegründet sein, davon leben und darauf ausgerichtet sein. Das ist auch die Dynamik, die in Mt 22,35-40 vorherrscht. Dass die Gotteserkenntnis doch einen von Menschen beeinflussten Aspekt aufweist, formuliert andererseits *Lohfink*, *Vernunft*, 125, unter der Überschrift ‚Gesellschaftsentwurf und Gotteserkenntnis': „Sozialordnung und Gotteserkenntnis stehen in einer unauflösbaren Interdependenz". Obwohl die Wörter „Sozialordnung" und „Gesellschaftsentwurf" die Konnotation *menschlicher* Gesellschaft hervorrufen, begründet *Lohfink* seine Formulierung mit dem Hinweis auf die Befreiung aus Ägypten (*ebd.*, 126ff), die ihrerseits eine Gottestat darstellt.

[28] *Gass*, „Problem", 202.

Diese soll sich „durch das entsprechende Handeln zeigen".[29]

In seiner Kommentierung von Lev 19,13f macht *Gerstenberger* eine Bemerkung zum dort erwähnten Tauben und Blinden, die auf viele sozialrechtliche Gesetze (oder Ermahnungen) ausgeweitet werden kann:

> In der Familie würden diese gesellschaftlich Schwachen in der Regel ohne Gewissensschärfung schonend behandelt.[30]

Damit will er den Ursprung des Verses in einem „größeren sozialen Kontext"[31] suchen, weil er meint, eine Verordnung wie jene in Lev 19,14 wäre innerhalb von Familiengrenzen überflüssig gewesen, zumal sie ohnehin spontan eingehalten worden wäre. Seine Bemerkung zur schonenden Behandlung Behinderter innerhalb der Familie bedarf einer genaueren soziohistorischen Untersuchung.

Man braucht für das Alte Testament aber bloß an den Fall Mefiboschets (2 Sam 4,4; 9,1-12) zu denken, um zu erkennen, dass die Aussage *Gerstenbergers* zwar einen Idealfall beschreibt, es aber in der Praxis auch innerhalb der Familie für die Umsetzung des Ideals einer außergewöhnlichen Liebe bedarf, die sich nicht immer an die Grenzen der Blutsverwandtschaft hält.[32] Der Schutz, den Mefiboschet von David genoss, ist dennoch einer, der am ehesten mit familiären Zuständen zu assoziieren ist. Es ist חסד, den David wünscht, an einem Mitglied der Familie Sauls erweisen zu können (2 Sam 9,1.3.7). חסד kann definiert werden als Austausch von lebensfördernden und lebenserhaltenden Taten zwischen

> Frau und Mann, Vater und Sohn, Gastgeber und Gast, ... Verwandten, Freunden und ... Menschen, die sich durch nicht selbstverständliche Freundlichkeiten nähergekommen sind.[33]

David sagte (2 Sam 9,1 [*ZB*]): „Wenn es noch jemanden gibt vom Haus Sauls, werde ich ihm Barmherzigkeit erweisen um Jonathans willen". Man brachte ihm Mefiboschet, der als kleiner Junge auf der Flucht mit seiner Amme gestürzt und seither „an beiden Füßen behindert war" (2 Sam 4,4). Sie waren geflüchtet, als sie gehört hatten, dass die schutzverleihenden Männer seiner Familie, Saul und Jonatan, gestorben waren. Jonatan aber liebte David seit ihrer Jugendzeit „wie sein eigenes Leben" (1 Sam 18,1). Er liebte ihn also „wie sich selbst" (Lev 19,18). Er wollte ihn nicht im Stich lassen, wie er sich selbst nicht gerne im Stich gelassen sehen wollte. Das zeigte er mittels eines Zeichens: Er gab David seine ganze Waffenrüstung und seine Bekleidung (1 Sam 18,4), Symbole des Schutzes, und sagte damit: ‚So wie diese mich beschützen, so wünsche ich dir Schutz, Geborgenheit und Sicherheit'.

---

[29] *Gass*, „Problem", 202.
[30] *Gerstenberger*, *Leviticus*, 244.
[31] *Gerstenberger*, *Leviticus*, 245.
[32] Vgl. hierzu auch *Zobel*, חסד, 52.
[33] *Zobel*, חסד, 57.

Davids ‚nicht selbstverständliche Freundlichkeit' zu Mefiboschet ist aber im Lichte seiner früheren freundschaftlichen Liebe zu Jonatan (vgl. 2 Sam 9,1.7) nach deren Gesetz dennoch ‚selbstverständlich'. Die frühere Symbolhandlung Jonatans an David wurde hier von David an Mefiboschet konkretisiert. Mefiboschet aß an Davids Tisch (2 Sam 9,7.11) und bekam alle Felder, die früher Saul gehört hatten, zurück. Die Rückgabe der Felder seines Großvaters Saul führt die für ihn ergriffenen Schutzmaßnahmen weiter: sie geben ihm Halt und Gehalt, machen ihn zum Grundeigentümer und führen ihn damit aus der Situation, in der sich etwa die Leviten durch ihre Besitzlosigkeit dauerhaft befinden, heraus.

Das gemeinsame Essen bzw. die Versorgung ‚bei Tisch' ist bedeutungsvoll. Bereits Dtn 14,28f beschreibt, wie eine solche Versorgung funktionieren kann: *Nach drei Jahren sollst du den ganzen Zehnten deiner Ernteeinbringung des Jahres herausbringen, und diese sollst du in deinen Stadttoren abgeben. Dann soll der Levit kommen, denn es gibt für ihn keinen Anteil und Erbbesitz bei dir, und der Fremde, die Waise und die Witwe, die in deinen Stadttoren sind, und sie sollen essen und satt werden, damit der Herr, dein Gott, dich segnet in allem, was deine Hand tut.*

G. *Braulik* hat herausgearbeitet,[34] wie sehr das Fest vor Gott, die gemeinsame Mahlzeit, für das Israel des Deuteronomiums zu einer existentiellen Erfahrung wird. Er übersetzt שׂמחה nicht mit der gängigen ‚Freude', sondern mit dem intensiveren Begriff ‚Lust' – eine ‚Lust' bzw. Freude, die Israel als Gemeinschaft vor Gott erlebt. Sie entsteht in der Situation des liturgischen Festmahls, in einem Kontext des Überflusses, und sie wird sogar verordnet. Sie ist nicht von der gesellschaftsethischen Verantwortung abgekoppelt – im Gegenteil: die Einladung zur Teilnahme am Mahl an die klassische Trias גר, יתום und אלמנה zeigt gerade, dass die Sozialethik in der Liturgie verwurzelt ist.[35] In der festlichen Zusammenkunft rund um den Genuss von den Zehntenmahlzeiten (Dtn 14,22-26) ist es das ‚Du' Israels, das sein Geld *für Rinder und Kleinvieh, für Wein*

[34] Vgl. zum Folgenden *Braulik*, „Lust", *passim*.

[35] Auch bei *Braulik*, „Freude", *passim*, bes. 46ff, wird eine Fülle von Gedanken rund um Fest und Mahlzeit detailliert wiedergegeben, so unter anderem: „In diese Bruderschaft sind auch die Personen an den äußersten Rändern der israelitischen Gesellschaft integriert. So ist einerseits der König Bruder unter Brüdern, ja beispielgebender Bruder, andererseits aber ebenso der Sklave … Dieses von Gott begründete brüderliche Verhältnis, das sogar Vorrang vor leiblicher Bruderschaft hat (vgl. 13,7-12), widerspricht zwar einer Ungleichheit, beseitigt aber nicht einfach gesellschaftliche Mehrschichtigkeit. Denn »Brüderlichkeit wächst nicht aus schwärmerischen Ideen sozialer Gestaltlosigkeit, sondern durch die Annahme und den Einsatz der gesellschaftlichen Differenziertheit und Pluralität« [Zitat E. Golomb, Anm. JF] … Diese Brüderlichkeit als Strukturprinzip des Volkes führt auch dazu, das Ethos in das liturgische Leben einzubeziehen, auch wenn die Selbstdarstellung Israels am Fest nicht ausdrücklich als Versammlung von Brüdern bezeichnet wird" (ebd., 46).

und Bier und für alles, wonach deine Seele verlangt, ausgeben und sich gemeinsam mit *deinem Haus*[36] freuen darf (14,26).

Feste finden im Familienverband statt. Auch das Teilen von Lebensmitteln außerhalb der Liturgie (Dtn 14,27-29) verbindet. Dies führt zurück zu Mefiboschet am Tisch Davids. Der Schutz, den Mefiboschet, der aufgrund seiner Behinderung besonders hilfs- und schutzbedürftig war, von David genoss, obwohl er nicht zu Davids Blutsverwandtschaft gehörte, ist dennoch einer, der am ehesten mit der Geborgenheit familiärer Zustände zu assoziieren ist. Er aß an Davids Tisch – etwas, das in gut funktionierenden Familien für deren Mitglieder selbstverständlich ist. Familiengemeinschaft ist *per definitionem* Tischgemeinschaft. *Gerstenberger* arbeitet wohl auf den Höhepunkt Lev 19,17f hin, wenn er zu V. 14 sagt:

> Der Schutz der Mitmenschen in der Gemeinde ist ganz und gar das innerste Anliegen Jahwes. Wer Gott fürchtet oder verehrt, der darf sich nicht heimtückisch und brutal an seinen Mitmenschen vergehen. Alle Menschen seiner näheren Umgebung gehören der Gemeindefamilie an, die wiederum durch den einen Gott konstituiert und geschützt wird.[37]

Exkurs: Über die Wirkung von Lev 19,17f in außerbiblischen jüdischen Texten

Die Texte der Essenergemeinden in Damaskus und Qumran, allen voran die Gemeinderegel und die Damaskusrolle, enthalten Hinweise auf die frühe Wirkungsgeschichte der Brudertexte der Tora. Zitate von Lev 19,17f begegnen besonders häufig.[38]

Bemerkenswert ist etwa in CD 6,20-7,3 eine lexemische Verschiebung gegenüber dem Levitikustext, indem רע durch אח ersetzt wird. Gleichzeitig wird die Liebe in ein praktisches Licht gerückt. Im folgenden Zitat werden das Wort ‚Bruder' sowie Anspielungen auf Lev 19,17f hervorgehoben:

---

[36] Zur Bedeutung des Wortes ‚Haus' vgl. *Braulik*, „Frauen", 242.

[37] *Gerstenberger*, *Leviticus*, 245.

[38] Vgl. *Akiyama*, *Love of Neighbour*, 16f, der, zurückgreifend auf die von Lange und Weigold geleistete Aufstellung in ihrem Referenzwerk *Biblical Quotations and Allusions in Second Temple Jewish Literature* (Göttingen, 2011), einen Überblick über die außerbiblischen jüdischen Zitate und Weiterführungen von Lev 19,18 aus der Zeit des zweiten Tempels bietet. *Akiyama* schließt leider V. 17 nicht explizit in seiner Untersuchung der nachbiblischen Literatur ein, womit der Dublettencharakter des Verspaares in diesen Abschnitten verlorengeht. Er konzentriert sich allerdings, neben Lev 19,18, auf den aus der Perspektive der Frage nach dem Liebesgebot ebenfalls wichtigen Vers 34. Er erwähnt den strukturellen Zusammenhang von V. 17-18 wohl in seinem anfänglichen exegetischen Überblick über Lev 19 (vgl. *ebd.*, 31: "Vv. 17–18 is structurally bound together").

להרים את הקדשים כפירושיהם לאהוב איש את אחיהו כמהו ולהחזיק
ביד עני ואביון וגר ולדרוש איש את שלום אחיהו ולא ימעל איש בשאר
בשרו להזיר מן הזונות כמשפט להוכיח איש את אחיהו כמצוה ולא
לנטור מיום ליום …

(Sie sollen darauf achten), die heiligen Gaben darzubringen entsprechend ihren genauen Bestimmungen; jeder seinen Bruder zu lieben wie sich selbst, des Elenden und des Armen und des Fremdlings sich anzunehmen und ein jeder zu suchen die Wohlfahrt seines Bruders, und daß keiner treulos handle an dem, der Fleisch von seinem Fleisch ist; sich fernzuhalten von den Huren dem Gebot gemäß; jeder seinen Bruder entsprechend dem Gebot zurechtzuweisen und ihm nicht zu grollen von einem Tag auf den anderen …

CD 6,20-7,3[39]

J. *Milgrom* interpretiert diese lexemische Verschiebung mit einer Einengung des Wirkungskreises des Textes: die Forderungen des Levitikustextes gelten jetzt nur noch unter Mitgliedern der Gemeinschaft.[40] Im Lichte des Kontextes der Damaskusrolle und des Abschnitts innerhalb des Gesamttextes dürfte dies zutreffen. Gegen die von *Milgrom* vorgelegte Übersetzung mit “To love each his brother as himself *by* supporting the poor” und für die Interpretation von *Lohse* ist zu bemerken, dass die Präposition ל im Kontext nicht instrumental, sondern schlicht als eine von mehreren sich auf einer Ebene befindenden ל + Infinitiv-Konstruktionen zu lesen ist. Es handelt sich um eine Liste von einzuhaltenden Vorschriften. Jener Abschnitt dieser Liste, der uns hier interessiert und oben zitiert wird, umfasst insgesamt acht Elemente (im Hebräischen kursiv angedeutet). Die ל + Infinitiv-Konstruktion kommt siebenmal vor, davon sechsmal positiv, einmal (mit לא) negativ formuliert. Das achte Element besteht aus der Negativpartikel לא, gefolgt von einem Imperfektum. Auch *Maier* übersetzt wie *Lohse* im Sinne einer gleichrangigen Listenaufführung im Unterschied zur instrumentalen Interpretation von *Milgrom*: „ein jeder seinen Bruder zu lieben wie sich selber, und einen Elenden … zu unterstützen“.[41]

Akiyama liest CD 6,20f nicht primär mit Blick auf den Bruder, sondern fragt vor allem auch, warum die Damaskusschrift Lev 19,34 nicht direkt rezipiert. Diese Frage führt ihn zu einer aus den ‚Bruderversen‘ in CD 6,20ff schwer nachvollziehbaren Konklusion, dass „גר = אחיהו + אביון + עני“.[42] Dies steht in völligem Widerspruch zum biblisch-exegetischen Befund für diese Begriffe. Er leitet seine ‚konzeptionelle Gleichung‘ (‘conceptual equation’) strukturanalytisch daraus ab, dass אח die drei Begriffe עני, אביון und גר in 6,20f umschließt, aber wenn man daraus eine Gleichung ableiten wollte, müsste

[39] Zitiert nach *Lohse, Qumran*, 78f.

[40] Vgl. *Milgrom, Leviticus 17-22*, 1653f.

[41] *Maier, Essener*, 17.

[42] *Akiyama, Love of Neighbour*, 112.

diese wohl eher folgendermaßen aussehen: עני + אביון + גר = אחיהו. Aber auch das wäre eine dem Text fremde, künstliche Konstruktion, denn besagte Verse aus der Damaskusschrift listet in Wahrheit diese Personen(gruppen) lediglich nebeneinander auf. Problematisch ist ebenfalls *Akiyamas* Verwendung der Bezeichnung “the brother גר”.[43] Es bedarf einer genaueren Überlegung der gesamttheologischen und soziologischen Konzeption der Damaskusschrift sowie eines Vergleichs mit jenen Qumrandokumenten, in denen die Gemeindeidentität angesprochen wird, allen voran der Gemeinderegel (*Serech haJachad*, 1QS), aber auch etwa *Pescher Habakuk* (1QpHab), um zu bestimmen, inwieweit seine Aussage gilt:

> CD sets in motion a major paradigm shift. CD abolishes the paradigmatic juxtaposition of בני ישראל or אח as true insiders over and against the גר who is *a quasi-member* in the community. CD no longer treats the גר as the antithesis of the true insider ... CD recasts the “in-between” status of גר as a brother who is to be loved and cared for by the community as a true insider and a full member.[44]

Im bereits erwähnten Abschnitt CD 8,5f[45] ist das Wort רע zwar nicht wie in CD 6,20ff gänzlich von אח ersetzt worden, aber dafür wechseln die beiden Worte innerhalb der Anspielung auf Lev 19,17f ihre Position. אח tritt jetzt als Objekt der Wurzel נטר auf (in Lev 19,18 sind deren Objekt die בני עמך), während es hier der רע und nicht wie im Original der אח ist, der nicht gehasst (שׂנא) werden darf.

Die Gemeinderegel enthält in 1QS 5,24-6,1 eine ähnliche Anspielung auf Lev 19,17f:

> ... להוכיח איש את רעהו בא[מת] וענוה ואהבת חסד לאיש אל ידבר אלוהיהו באף או בתלונה או בעורף [קשה או בקנאת] רוח רשע ואל ישׂנאהו [בערלת] לבבו כי ביום יוכיחנו ולוא ישׂא עליו עוון וגם אל יביא איש על רעהו דבר לפני הרבים אשר לוא בתוכחת לפני עדים
>
> *... man soll zurechtweisen, ein jeder seinen Nächsten in Wahr[heit] und Demut und barmherziger Liebe untereinander. Keiner soll zum anderen sprechen in Zorn oder Murren oder Halsstarrig[keit oder im Eifer] gottlosen Geistes. Und er soll ihn nicht hassen in seinem [unbeschnittenen] Herzen; sondern am selben Tage soll er ihn zurechtweisen, aber nicht soll er seinetwegen Schuld auf sich laden. Ferner soll niemand gegen seinen Nächsten eine Sache vor die Vielen bringen, wenn es nicht vorher zur Zurechtweisung vor Zeugen gekommen ist.*
>
> 1QS 5,24-6,1[46]

---

[43] *Akiyama, Love of Neighbour*, 119.

[44] *Akiyama, Love of Neighbour*, 120.

[45] S. oben zu V. 17.

[46] Zitiert nach *Lohse*, *Qumran*, 20f.

Dieser Text aus der Gemeinderegel weist nicht den Austausch von רע durch אח auf. Der Bruderterminus fehlt trotz des deutlichen Bezugs zu Lev 19,17f sogar ganz. Einiges deutet eher auf die Verwendung des Bibeltextes nach freier Assoziation als auf ein genaues ‚Abschreiben' des Textes. So tritt mit dem Verb יכח nicht עמית, sondern רע auf. Außer רע wird keine alternative Bezeichnung für das Gegenüber des Angesprochenen (איש, welcher durchgehend in der 3. P. Sg. auftritt) erwähnt, sondern es wird häufig auf Präpositionen mit Pronominalsuffix zurückgegriffen. Dies steht in Kontrast zu den zahlreichen Personenbezeichnungen in Lev 19. Der Hinweis, *„seinetwegen nicht Schuld auf sich zu laden"*, folgt in 1QS 5,26-6,1 fast wortwörtlich Lev 19,17, allerdings setzt die Gemeinderegel für ‚Schuld' das Wort עוון anstatt des im Masoretentext verwendeten חטא ein. Der abschließende Hinweis des zitierten Abschnitts erinnert inhaltlich bereits an die ebenfalls an Lev 19,17f angelehnten Prinzipien von Mt 18,15-18.

In CD 9,2 findet sich unter den bisher angeführten ‚Essener'dokumenten zum ersten Mal ein wörtliches Zitat von Lev 19,18. Texthistorisch interessant ist die zweimalige Verwendung von ו als *mater lectionis* in jenen Verben, die in Lev 19,18$^{(MT)}$ als תִקֹּם und תִטֹּר geschrieben werden. Auch CD 9,8 enthält ein Zitat, in diesem Fall von Lev 19,17 – allerdings ohne *figura etymologica*, nur mit dem Impf. 2. P. Sg. m. von יכח. In CD 9,8 ist es ebenfalls der Nächste und nicht der Volksgenosse (MT), der zurechtgewiesen werden soll. Im Unterschied zu 1QS 6,1 steht in CD 9,8 auch, wie im MT, dass man nicht חטא auf sich laden soll.

CD 9,3-7 erläutert die Vorgänge und Prinzipien der Zurechtweisung eines Nächsten. Die bereits erwähnten Berührungen sowohl der hier behandelten ‚Essener'texte als auch von Lev 19,17f mit Mt 18,15-18 sollen im Folgenden untersucht werden. Zunächst zu den Unterschieden zwischen den ‚Essener'-texten und Mt 18,15-18: Ähnlich wie in 1QS 6,1: *Ferner soll niemand gegen seinen Nächsten eine Sache vor die Vielen bringen, wenn es nicht vorher zur Zurechtweisung vor Zeugen* (לפני עדים) *gekommen ist*, heißt es in CD 9,2-4: *Und jeder Mann …, der gegen seinen Nächsten eine Sache vorbringt, ohne ihn vor Zeugen* (לפני עדים) *zurechtgewiesen* (יכח) *zu haben …, der ist einer, der sich rächt und Groll bewahrt* (נוקם הוא ונוטר; [MT] לא־תקם ולא־תטר).[47] Für die Gemeinden in Qumran und Damaskus gilt, dass eine Anklage erst dann vor „die Vielen"[48] gebracht werden kann, nachdem sie vor „Zeugen" behandelt worden ist. Von einer individuellen Aussprache zwischen den Konfliktparteien, wie sie in Lev 19,17 aufgrund der 2. P. Sg. m. vordergründig verstanden werden kann und in Mt

---

[47] Zitiert nach *Lohse*, *Qumran*, 82-85.

[48] Vgl. *García Martínez/Trebolle Barrera*, *People*, 225: "*Rabbim*, «the Many», is a term which denotes the community assembly. It is a more precise technical term in Qumran literature than that of «elders» used in the parallel text from CD. An accusation before the *Rabbim* is, without doubt, a juridical procedure within the community".

18,15 („unter vier Augen" [*ZB*], *zwischen dir und ihm allein*, μεταξὺ σοῦ καὶ αὐτοῦ μόνου) explizit vorgeschrieben wird, ist wohl in 1QS 5,24f (להוכיח איש את רעהו), nicht aber in CD 9 eindeutig die Rede. In CD 9,3-7 gibt es die Alternative (a) des Vorbringens einer Sache (impliziert ist: vor eine Körperschaft, die wohl den „Vielen" von 1QS 6,1 entspricht, [3]), (b) der Zurechtweisung (3) (auch einmal [c] im Zorn [4]) vor Zeugen, (c) des Weitersagens des Problems an die Ältesten (4) und (d) des Redens über den Nächsten (zu Dritten [6]). Lediglich eine Aussprache unter vier Augen bleibt unerwähnt. Der einzige private Austausch zwischen der zürnenden Partei und dem erwähnten Beschuldigten ist die Unterlassung der Kommunikation: das Schweigen ihm gegenüber (6).[49]

Auch im Jubiläenbuch, das in Qumran rezipiert wurde,[50] findet sich ein Verweis auf Lev 19,17f, auch dort mit der Verwendung des ‚Bruders' anstatt des ‚Nächsten'. Der Kontext des Lev 19,18 am nächsten kommenden Bruderzitates Jub 36,4[51] dürfte für die Wortwahl mitbestimmend gewesen sein. Es handelt sich in diesem Kapitel um das Testament Isaaks und hat die Form einer Ermahnung an Jakob und Esau über ihr Verhalten, insbesondere einander gegenüber. K. *Berger*[52] gibt für das Kapitel das Thema „Gottesliebe und Bruderliebe als Unterpfand der Verheißung" an und übersetzt Jub 36,4 folgendermaßen: *Und seid, meine Kinder, untereinander (solche), die ihr eure Brüder liebt gleichwie ein Mensch, der seine Seele liebt, und indem ein jeder für seinen Bruder sucht, womit er ihm Gutes tue, und gemeinsam zu handeln auf der Erde! Und sie sollen sich untereinander lieben wie ihre Seelen.* Die Formulierung *ein jeder für seinen Bruder sucht, womit er ihm Gutes tue* könnte den Hintergrund für die Phrase ולדרוש איש את שלום אחיהו in CD 6,21-7,1 bilden. Zu beachten sind auch die einleitenden Worte, welche die Aufforderung zur Bruderliebe auf die eigene Gemeinschaft begrenzen: *Und seid, meine Kinder,* untereinander *(solche)* …

Die Beschränkung der brüderlichen Liebe auf die Glaubensgemeinschaft (hier besonders jene in Qumran und Damaskus)[53] stimmt mit dem bisherigen

---

[49] Vgl. zu den Berührungen zwischen Qumran und Matthäus auch *Luz*, *Mt 18-25*, 45f. Aufgrund von anderen neutestamentlichen Parallelen (1 Kor 5,4f; 2 Kor 2,5-11; 2 Thess 3,15) sowie von ähnlichen Verfahren bei den Griechen (nach Sokrates [Platon, *Apol.* 26a], vgl. dazu *Luz*, *Mt 18-25*, 46 Anm. 46) argumentiert *Luz* gegen eine Abhängigkeit des Matthäusevangeliums von Qumran.

[50] Vgl. *Tigchelaar*, *"Jubilees"*, *passim*, der mit einer Fortschreibung des Buches in der Qumrangemeinschaft rechnet (zusammenfassend ebd., 593); detailliert zur Frage der Fortschreibung vgl. *Segal*, "Dynamics", 575-577, ferner *Berger*, *Jubiläen*, 295ff.

[51] *Milgrom*, *Leviticus 17-22*, 1655, gibt für dieses Zitat Jub 30,24 als Quelle an.

[52] Vgl. *Berger*, *Jubiläen*, 501.

[53] Vgl. auch *García Martínez/Trebolle Barrera*, *People*, 222, bes. Anm. 344.

Befund im Heiligkeitsgesetz und im deuteronomischen Gesetz überein[54]. Allerdings gibt es eine lexemische Beobachtung, die bisher nicht erwähnt wurde: Nicht umsonst fehlen in den untersuchten Stellen in der Gemeinderegel und in der Damaskusschrift gänzlich jene beiden Begriffe aus Lev 19,17f, die sich auf den Volksverband beziehen, nämlich עמית und בני עם, zugunsten einer ausschließlichen Verwendung der beiden anderen personalen Bezeichnungen in Lev 19,17f, אח und רע. Von dem, was von den Gemeinschaften, die sich hinter den Qumrandokumenten und der Damaskusschrift verbergen, rekonstruiert werden kann,[55] wissen wir, dass es sich um exklusive, sich gerade vom gesamten Volk Israel abgrenzende Gemeinschaften handelte. Eine parallele wirkungsgeschichtliche Strähne findet sich im Neuen Testament, und auch dort bleibt der Befund gleich: die brüderliche Liebe, das ethische Handeln dem ‚Bruder' gegenüber, das brüderliche Zusammenhalten – alle Beschreibungen sind Synonyme für dieselbe Sache – gilt innerhalb der Grenzen der Glaubensgemeinschaft.[56]

Die häufige Verwendung des Bruderterminus etwa in CD 6,20-7,3 zeigt, wie sehr er in der religiösen Umgangssprache zumindest dieser Gruppe verwurzelt war. Aus einer Anspielung auf Mt 22,37-40 und auf die Goldene Regel in der Didache (31,1f) sowie im Targum Pseudo-Jonathan (zu Lev 19,18) wird zudem deutlich, dass diese Verse nicht überall durch die Substitution von ‚Nächster' mit ‚Bruder' überliefert wurden. Sowohl in Mt 22,37ff als auch in der Didache und im Targum Pseudo-Jonathan wurde ‚Nächster' wie im Original Lev 19,18 beibehalten.[57]

---

[54] Und widerspricht der oben zitierten Ansicht von K. *Akiyama* (vgl. oben Anm. 44).

[55] Bisher wurde in unserem Zusammenhang auf diese Gemeinschaften hauptsächlich als ‚die Gemeinschaft in Qumran' und ‚in Damaskus' verwiesen. Diese Wortwahl versucht, eine sachliche Vereinfachung zugunsten der sprachlichen Verständlichkeit zu bieten, die einer Präzisierung bedarf, zumal die neuere Forschung auf andere mögliche Zusammenhänge gestoßen ist (vgl. etwa *García Martínez/Trebolle Barrera*, *People*, *passim*).

[56] Vgl. *Lohfink*, *Gemeinde*, 64f.152ff.

[57] Vgl. die Zitate bei *Milgrom*, *Leviticus 17-22*, 1655.

6.2 Der ‚Bruder' vor dem Hintergrund der Agrarwirtschaft und des Handels

6.2.1 Lev 25,1-7

Übersetzung

1 JHWH sprach zu Mose auf dem Berg Sinai und sagte: 2 „Sprich zu den Israeliten und sage zu ihnen: Wenn ihr in das Land kommt, das ich euch geben werde, soll das Land einen Sabbat vor JHWH haben. 3 Sechs Jahre kannst du dein Feld besäen und sechs Jahre kannst du deinen Weinberg beschneiden und seinen Ertrag einsammeln. 4 Im siebenten Jahr aber soll das Land einen großen Sabbat haben, einen Sabbat vor JHWH. Dein Feld sollst du nicht besäen und deinen Weinberg sollst du nicht beschneiden. 5 Den Nachwuchs deiner Ernte sollst du nicht ernten, und deine wild wachsenden Trauben sollst du nicht einsammeln. Ein Sabbatjahr soll es für das Land sein. 6 Dies soll für euch ein Sabbat des Landes sein, er soll dir Essen sein: dir, deinem Diener, deiner Dienerin, deinem Lohnarbeiter, deinem Halbbürger, der bei dir weilt. 7 Auch deinem Rind und allen Lebenden in deinem Lande soll sein Ertrag als Essen dienen.“

Die Formel: *JHWH sprach zu Mose auf dem Berg Sinai* leitet das Kapitel ein. Abgeschlossen wird es in V. 55 mit: *Ich bin JHWH, euer Gott.* In V. 2-7 lassen sich sechs Themen identifizieren: (a) *Das Land* kommt sechsmal zur Sprache. (b) שׁבת wird siebenmal verwendet. (c) Das Schema ‚sechs plus eins' in V. 3f unterstützt den Sabbatgedanken. (d) *Agrartermini* wie ‚das Feld besäen', ‚den Weinberg beschneiden', ‚den Ertrag einsammeln' und deren Varianten schaffen die Kulisse, vor der die Regelung des Sabbatjahres zu verstehen ist. (e) In V. 6f ist mit diesen Agrartermini das Konzept der *Ernährung* eng verbunden. (f) In der Liste der *Aktanten* (du, dein Diener, deine Dienerin, dein Lohnarbeiter, dein Halbbürger) fehlt der ‚Bruder'.[58]

Lev 25,2 Wenn ihr in das Land kommt, … soll das Land einen Sabbat vor JHWH haben: Der Abschnitt Lev 25,1-7 lässt sich gut mit Dtn 15,1-6 vergleichen. Wenngleich beide Abschnitte sachliche Übereinstimmungen aufweisen (in beiden Fällen geht es um ein siebentes Jahr, in dem eine Pause eingelegt wird), dürfen die Unterschiede nicht übersehen werden.

Das *Land* spielt in Lev 25,1-7 eine vorherrschende Rolle. J. *Joosten* weist darauf hin, dass *Städte* im Deuteronomium als die vorgegebene gesellschaftliche Matrix gelten.[59] Wir haben in der Exegese von Dtn 15,7 bereits gesehen, dass

---

[58] Vgl. auch unten Anhang 4.

[59] Vgl. *Joosten*, *Holiness Code*, 155.

die שׁערים im Deuteronomium hauptsächlich, nämlich in 22 von insgesamt 34 Fällen, für die Stadtbereiche des Landes stehen, und dass das Wort vor allem im Fluchkapitel Dtn 28 viermal auf ganze Städte hindeutet. Demgegenüber herrscht im Heiligkeitsgesetz eine Perspektive vor, die *Joosten* als *provinziell* bezeichnet, in der die Landwirtschaft sowie das Landleben die Kulisse des Geschehens bilden.[60] Lev 25,29-34 und Lev 26,25-35 sind die einzigen definitiv städtisch geprägten Abschnitte des Heiligkeitsgesetzes. Es ist gerade die Abwesenheit der typischen Themen der deuteronomischen Ämtergesetze im Heiligkeitsgesetz sowie die fehlende Erwähnung der Schreibkunst, die *Joosten* zur These der provinziellen Perspektive des Heiligkeitsgesetzes hinführt.[61]

Analog zu den Beobachtungen *Joostens* ist auf lexemischer Ebene zu bemerken, dass Dtn 15,1-3 die Wurzel שׁמט in einem wirtschaftlichen Kontext verwendet, um eine Unterbrechung oder Pause zu bezeichnen, während Lev 25,1-7 die Wurzel שׁבת in einem agrarischen Kontext verwendet. Sprachlich ist Dtn 15,1-3 zwar eher mit dem Grundtext Ex 23,10f verwandt, wo ebenfalls שׁמט, dort allerdings noch im agrarischen Kontext, vorkommt, sachlich entspricht jedoch eher Lev 25,1-7 mit seiner ebenfalls agrarischen Sprache Ex 23,10-12. Außerdem ist in Ex 23,12 auch noch vom Sabbat, allerdings vom wöchentlichen, die Rede.

Lediglich die Einheitsübersetzung hält in Dtn 15,1-6 noch die Balance zwischen den agrarischen und wirtschaftlichen Hintergründen des Textes. Dtn 15,1 wird mit „in jedem siebten Jahr sollst du die Ackerbrache einhalten" übersetzt.[62] In V. 2 lautet die Bestimmung weiter: „Jeder Gläubiger soll den Teil seines Vermögens, den er einem anderen unter Personalhaftung als Darlehen gegeben hat, brachliegen lassen".[63] In diesem wirtschaftlichen Kontext tritt jedoch der ‚Bruder' auf.

Lev 25,4 Im siebenten Jahr aber: Das Zahlenschema ‚sechs plus eins' ist bereits aus Dtn 15,1-18 bekannt. Auch sonst in der Literatur des Alten Orients gilt die

---

[60] Vgl. *Joosten, Holiness Code*, 155.157.

[61] Vgl. *Joosten, Holiness Code*, 156-158.

[62] Wie oben besprochen, steht שׁמט vor allem für ‚(z. B. eine Hand) loslassen'. Die Bedeutung ‚(etwas) verlassen', ‚zurücklassen', ‚hinterlassen' oder ‚überlassen' wird eher durch das in Neh 5,10 ebenfalls im Kontext eines Erlasses verwendete עזב wiedergegeben. Zweifelsohne hat auch die Wurzel שׁמט die Bedeutung ‚brach liegen lassen' (vgl. Ex 23,11), jedoch ist ihre Nuance in Dtn 15,2 durch die eindeutige Verwendung zusammen mit יד bereits im Sinne eines wirtschaftlichen Schuldenerlasses vorgegeben.

[63] Will man diese Stipulation agrarisch verstehen, so muss eine Situation konstruiert werden, in der ein Feld einem Armen als Darlehen gegeben wird, um es für sich selbst zu bearbeiten. In diesem Fall müsste dann der Schuldner ebendieses Feld im siebenten Jahr brachliegen lassen, wodurch er in diesem Zeitraum keine Schulden tilgen und seine Situation sich womöglich noch verschlimmern könnte. Viel einfacher ist also die Erklärung eines herkömmlichen Schuldenerlasses.

Formel ‚im siebenten Jahr aber' als wichtiges rhetorisches Stilmittel. Sie diente sowohl dazu, um Überfluss anzudeuten, als auch dazu, um auf das Ende einer Aktivität bzw. eine Schicksalsänderung gegenüber den vorausgegangenen sechs Jahren hinzuweisen.[64]

Lev 25,6-7 er soll dir Essen sein: dir, deinem Diener, deiner Dienerin, deinem Lohnarbeiter, deinem Halbbürger, der bei dir weilt. Auch deinem Rind und allen Lebenden in deinem Lande soll sein Ertrag als Essen dienen: Lev 25,6f und Ex 23,11 enthalten je eine Bestimmung, wer von der Brache bzw. vom „Sabbat des Landes", d. h. vom Ertrag des brachliegenden Landes, genießen darf. In Ex 23,11 sind es die Armen im Volk sowie die Tiere des Feldes, in Lev 25,6f die oben aufgelistete Reihe von Aktanten sowie das Vieh und die Tiere im Land, die mitessen dürfen. Weder in Ex 23,10f noch in Lev 25,1-7 wird der ‚Bruder' erwähnt.

6.2.2 Lev 25,8-13

Übersetzung

8 Du sollst sieben Sabbatjahre abzählen, siebenmal sieben Jahre, und dies werden für dich sieben Sabbatjahre, neunundvierzig Jahre sein. 9 Im siebenten Monat, am Zehnten des Monats, sollst du das schallende Schofarhorn ertönen lassen. Am Yom Kippur sollt ihr die Schofarhörner in eurem ganzen Land ertönen lassen. 10 Ihr sollt das fünfzigste Jahr für heilig erklären und eine Freilassung im Land ausrufen. Für alle seine Einwohner soll es ein Jobel sein. Es wird eine Rückkehr für euch alle geben: ein jeder kann zu seinem Besitz zurückkehren, jeder von euch kehrt zu seiner Familiengruppe zurück. 11 Ein Jobel ist es, das fünfzigste Jahr. Es soll für euch ein Jahr sein, in dem ihr nicht sät und den Nachwuchs nicht erntet und auch die wild wachsenden Trauben nicht einsammelt. 12 Denn ein Jobel ist es, es ist für euch etwas Heiliges. Vom Feld sollt ihr den Ertrag essen. 13 In diesem Jobel sollt ihr zurückkehren, ein jeder zu seinem Besitz.

In diesem Abschnitt überwiegt jetzt das Zahlensystem, das in einfacherer Form in V. 1-7 vorkam. Knapp hintereinander drängen sich die Zahlwörter ‚sieben', ‚siebenmal sieben', ‚neunundvierzig' (V. 8; allein in diesem Vers findet sich das Zahlwort שׁבע viermal), ‚siebenten', ‚Zehnten' (V. 9), ‚fünfzigste' (V. 10.11). Das Nomen ארץ, das zweimal in diesem Abschnitt vorkommt, bahnt den Weg für ein weiteres wichtiges Motiv: die Rückkehr zum eigenen Grundbesitz (V. 10.13).

Lev 25,10 Ihr sollt … eine Freilassung ausrufen im Lande. Für alle seine Einwohner soll es ein Jobel sein: Erstmals erscheint das Wort ‚Jobel(jahr)' (יובל) in V. 10,

[64] Vgl. *Bianchi*, „Jobeljahr", 58 Anm. 8.

und es folgt noch insgesamt dreimal, je einmal in V. 11.12.13. Mit יובל in V. 10, zentral in der Perikope platziert, erscheint auch ein anderes wichtiges Wort, das in der aktuellen Bedeutung im gesamten Alten Testament nur siebenmal[65] vorkommt: das Wort דרור bedeutet soviel wie ‚Freilassung' und hängt wahrscheinlich mit dem akkadischen *andurārum*, das auf Schuldenerlass, Sklavenfreilassung und sonstige Befreiungen von Lasten und Verpflichtungen hinweisen kann,[66] zusammen. Das akkadische *andurārum* ist, im Gegensatz zu seiner späteren Verwendung in Rechtstexten, wahrscheinlich eine Übersetzung des sumerischen *amargi* und deutet damit weniger auf eine abstrakte politische Befreiung von einer Übermacht, sondern auf die Rückkehr in einen ursprünglichen Zustand. Wortwörtlich kann *amargi* nämlich mit ‚Rückkehr zur Mutter' wiedergegeben werden.[67]

In Mesopotamien wurde – vor allem in der neuassyrischen Zeit[68] – die Freiheit (*andurārum*) angekündigt und ihre Verleihung als formelle Rechtshandlung vollzogen.[69] Diese Praxis wurde vor allem von *Otto* gründlich erforscht.[70] Er arbeitete mit Texten aus Kaniš, Mari, Ḫana und Alalaḫ aus dem 2. Jt. v. Chr. und aus Assyrien aus dem 1. Jt. v. Chr.[71]

---

[65] Lev 25,10; Jes 61,1; Jer 34,8.15.17[(2x)]; Ez 46,17. In Ez 46,17 wird das Erlassjahr, anders als in Ex 23,11 und Dtn 15,1-3 (שמט), mit שנת הדרור bezeichnet. In Ps 84,4 und Spr 26,2 bedeutet דרור ‚Schwalbe' – vielleicht ist die Assoziation zwischen einem Vogel und der Freiheit nicht zufällig. Andere alttestamentliche Belege für דרור sind, ebenso wie Lev 25,10, theologisch interessant: Jes 61,1f leitet die bekannte tritojesajanische Heilsankündigung ein, in der u. a. eine Frohbotschaft für die Armen, ein ‚Gnadenjahr des Herrn' und ein ‚Tag der Vergeltung unseres Gottes' angekündigt werden. *Schotroff*, „Arbeit", 141f, sieht Lev 25,1-55, Ex 21,2-11, 23,10f sowie Dtn 15,1-18 als Hintergrund der beiden Ausdrücke ‚Gnadenjahr des Herrn' und ‚Tag der Vergeltung unseres Gottes' (vgl. auch *Weinfeld*, "Sabbatical Year", 43, der sich für eine ähnliche Bemerkung auf Zimmerli, „Das ‚Gnadenjahr des Herrn'", in: Archäologie und Altes Testament, FS K. Galling, 1970, beruft). Bereits früher (vgl. oben Abschnitt 1.6) wurde darauf hingewiesen, dass im Abschnitt Jer 34,8-22, in dem דרור viermal vorkommt, das Thema Sklavenfreilassung behandelt wird und את dreimal erscheint. Vgl. ferner zum Lexem דרור und seinem alttestamentlichen Vorkommen sowie seinen altorientalischen Wurzeln generell *Grünwaldt*, *Heiligkeitsgesetz*, 313-317.

[66] Vgl. *Schotroff*, „Arbeit", 141.

[67] Vgl. *Hudson*, "Origins", 34, unter Berufung auf Diakonoff.

[68] 1112-609 v. Chr.; vgl. *Keel/Küchler*, 19.

[69] Vgl. *Olivier*, "Edicts", 269; *Otto*, *Deuteronomium*, 369-376. Der erste mesopotamische König, von dem bekannt ist, dass er Privatschulden annulliert hat, war Enmetena aus der frühdynastischen Zeit (um 2400 v. Chr., vgl. *Van de Mieroop*, "History", 63).

[70] Vgl. *Otto*, *Deuteronomium*, 369-376; ausführlich zuletzt *ders.*, *Deuteronomium 12-23*, 1341-1349.

[71] Vgl. *Otto*, *Deuteronomium*, 369.

In altbabylonischer Zeit[72] wurden ähnliche Proklamationen vor allem als Akte[73] der Gerechtigkeit, *mīšarum*[74], seitens des Königs dargestellt. Ein solcher Akt wurde zeremoniell in der Form eines Edikts oder einer Proklamation beim Amtsantritt eines neuen Königs bzw. in seinem ersten vollständigen Regierungsjahr – aber danach auch zu jeder beliebigen Zeit, wenn notwendig – angekündigt.[75] Inhaltlich ging es dabei vor allem um bestimmte Arten von Schuldenerlässen (v. a. im Agrarbereich), den Erlass von gewissen Steuerabgaben oder die Freilassung von Schuldsklaven.[76] Sachlich stimmen die hier besprochenen sozialrechtlichen alttestamentlichen Texte also mit Teilen dieser Edikte überein.[77]

Ein die oben genannten Themen prägender Terminus ist das altbabylonische *wuššuru*[78] (D von *wašārum*), welches im Edikt Ammi-Ṣaduqas eine wichtige Rolle spielt. Ohne die semantischen Nuancen von *wašārum* überzubewerten und sie alle gleichwertig in den Text einzutragen, lohnt sich ein Blick auf deren Zusammenstellung,[79] da sie nahe beieinander liegen, also ein nicht allzu großes Spektrum abdecken:

(a) (eine festgehaltene Person) freilassen;
(b) (eine Person, eine Mannschaft) entlassen;
(c) (eine Schuld) erlassen;
(d) im Dt-Stamm: straffrei ausgehen;

---

[72] 2000-1595 v. Chr.; vgl. *Van de Mieroop*, "History", 69.

[73] *Kraus*, *Verfügungen*, 5, definiert einen königlichen Akt als „eine vom König ausgehende, nur ihm zustehende und nur von ihm zu verrichtende Handlung".

[74] Hergeleitet von der Verbalform *ešēru*, nach *AHw* s.v.: (a) in Ordnung kommen/gedeihen; (b) (Stativ) rechtschaffen sein. (Nach der Ansicht von *Kraus*, *Verfügungen*, 7, ist der Begriff der Ordnung im Wort *mīšarum* nicht enthalten. Er deutet ‚Ordnung' hier als ein ‚planmäßiges Anlegen', was aber sinngemäß durchaus mit der Übersetzung ‚Ordnung' zu vereinbaren ist). Die Bedeutung ihres Št-Stammes kann einschließen: ‚jemandem Recht verschaffen'; ‚den geraden Weg gehen'. Mit dem akkadischen Verbum vergleichbar ist das hebräische ישׁר (vgl. *Borger*, 247f). Diese Form entstammt also der Wurzel *j-š-r* bzw. *'₇-š-r* (vgl. *Borger*, 149; *Caplice*, 70) und darf nicht mit den von der Wurzel *w-š-r* (bzw. *'₆-š-r* [vgl. *Borger*, 149]), ‚freilassen', stammenden Formen verwechselt werden. Demgegenüber unterscheidet *Richardson*, *Laws*, 398.402, zwischen den beiden Formen *ašāru* 1 (*'-š-r*), ‚organisieren', und *ešēru* (*j-š-r*), ‚gerade sein'. Sein *ašāru* 2 (*w-š-r*) bedeutet im Dt-Stamm ‚freigelassen werden'. Wird seine Darstellung gemeinsam mit jener auf dem *AHw* basierenden von *Borger*, 247f, betrachtet, fließen alle Formen der Wurzeln *'₆-š-r* und *'₇-š-r* einigermaßen ineinander. *Kraus*, *Verfügungen*, 6, hält es zu Recht für eine „mühevolle und hinsichtlich ihres Ergebnisses problematische Abgrenzung und Auslotung des Begriffes *mīšarum*".

[75] Vgl. *Olivier*, "Edicts", 266.

[76] Vgl. *Weinfeld*, "Sabbatical Year", 43-45; *Olivier*, "Edicts", 266.

[77] Vgl. *Lohfink*, „Armut", 239-244.

[78] Wurzel *w-š-r*. Wiedergabe der altbabylonischen Form mit w- nach *AHw* s.v.

[79] Vgl. zum Folgenden *Kraus*, *Edikt*, 45f.

(e) mit bestimmten Objekten, etwa Feldern: (von Steuern, der Abgabepflicht usw.) befreien;
(f) mit Dativobjekt der Person und Akkusativobjekt der Sache:
(i) (jemandem etwas) überlassen;
(ii) (jemanden) freilassen;
(iii) (jemandem eine Schuld) erlassen.

In Ammi-Ṣaduqas Edikt wird die Wurzel vor allem im Sinne von (c) und (f.iii) verwendet.

Neben dem Edikt Ammi-Ṣaduqas wurden von F.R. *Kraus*[80] auch andere altbabylonische Texte mit einer Freilassungs- bzw. Erlassthematik bearbeitet. In den von ihm gebotenen Quellen lassen sich keine direkten Verbindungen zu den wesentlich später zu datierenden biblischen sozialrechtlichen Brudertexten feststellen. Ein altbabylonischer Text wird hier jedoch auszugsweise angeführt, um sowohl seine Übereinstimmungen mit als auch seine Unterschiede zu den sozialrechtlichen Brudertexten vor Augen zu führen. Anhand dieses Beispiels soll deutlich werden, dass bei der Abfassung unserer Brudertexte zwar kaum von solchen Texten abgeschrieben wurde, vielleicht aber aus einem Gemeingut an Prinzipien, welche eine Fülle an üblichen Konzessionen steuerten, geschöpft wurde.

In einer Hymne mit einem Selbstlob des Königs Išme-Dagan (ca. 1953 v. Chr.[81]) aus Isin heißt es:

> *Nippur, dem ‚großen Maste von Himmel und Erde', habe ich es stets wohlgehen lassen, habe seine Männer des Frondienstes enthoben, seine Mannschaft außer Waffen(dienst) gestellt. Sein Gold, Silber, Rind, Schaf, den ‚Ertrag' der Nippurer, habe ich abgeschafft.*[82]

Die den sozialrechtlichen Brudertexten und diesem Passus gemeinsamen Elemente sind eine Art Sklavenfreilassung sowie die Abschaffung einer Zahlung, möglicherweise die einer Steuer. Natürlich enthält die Hymne keinen Verweis auf einen ‚Bruder', jedoch beziehen sich die Regelungen auf eine geographisch bestimmte Gruppe: die Nippurer. Das Wort ‚Bruder' deutet bei den sozialrechtlichen Texten ebenfalls auf eine Gruppe, die ursprünglich (auch) geographisch, spätestens ab dem Deuteronomium dann vor allem ethisch-religiös bestimmt war: Israel.[83]

Wie bei den anderen Texten dieser Gattung aus Isin werden die Erlässe auch bei Išme-Dagan von einem König zugunsten eines Gottes sowie der Bewohner einer Stadt durchgeführt. Sowohl Lipit-Ištar (1934 v. Chr.) als auch Ur-Ninurta

---

[80] *Kraus, Verfügungen*, bringt die Texte in übersetzter und kommentierter Form.
[81] Datierungen der Amtsantritte der im Folgenden erwähnten Könige nach *Hallo/Simpson, A.N.E.*, 98f.
[82] Dokument I-D 3 lt. *Kraus, Verfügungen*, 18f.
[83] Vgl. *Braulik*, „Reform", 163.

(1923 v. Chr.), Irra-imitti (1868 v. Chr.) und Enlil-bani (1860 v. Chr.) erwähnen, wenn nicht im Textkorpus selbst, so zumindest in den einleitenden bzw. abschließenden Zeilen ihrer Inschriften, dass sie (indem sie z. B. Sklaven wieder ihre Bürgerrechte zurückgaben bzw. bestimmte Zahlungen abgeschafft haben) die ‚gerechte Ordnung wiederhergestellt' (*mīšaram šakānum*) haben.[84] Diese Maßnahmen dürften für die Bevölkerung eine mehr oder weniger entlastende Wirkung gehabt haben. Es ist jedoch kaum daran zu zweifeln, dass sie vor allem im Hinblick auf ihre politisch-ideologische Wirkung gesetzt wurden.

Lev 25,11 Ein Jobel ist es … ein Jahr …, in dem ihr nicht sät und den Nachwuchs nicht erntet und auch die wild wachsenden Trauben nicht einsammelt: Schließlich finden sich die Agrartermini vom vorigen Paragraphen hier wieder: die Verse 11 und 12 enthalten noch ein Echo der Rede vom Säen, vom Ernten des Nachwuchses und vom Essen des Ertrages. Eine Teilnehmerliste wie jene von V. 6f fehlt hier ebenso wie ein Verweis auf den ‚Bruder'.

6.2.3 Lev 25,14-17

Übersetzung

14 Wenn du deinem Stammesgenossen etwas verkaufst oder aus der Hand deines Stammesgenossen etwas kaufst, dann darf keiner seinen Bruder übervorteilen. 15 Wenn du von deinem Stammesgenossen kaufst, so musst du die Jahre nach dem Jobel berechnen. Er soll, wenn er dir etwas verkauft, auch die Ertragsjahre berechnen. 16 Je mehr Jahre, umso größer die Kaufsumme, und je weniger Jahre, umso kleiner die Kaufsumme, denn die Anzahl der Erträge ist es, die er dir verkauft. 17 Und keiner soll seinen Stammesgenossen übervorteilen, sondern du sollst deinen Gott fürchten, denn ich bin JHWH, euer Gott.

Lev 25,14 Wenn du deinem Stammesgenossen etwas verkaufst oder aus der Hand deines Stammesgenossen etwas kaufst: Mit V. 14 wechselt der Hintergrund des Textes von einem agrarischen zu einem wirtschaftlichen.[85] Den verwendeten hebräischen Worten nach zu urteilen, liegt die Thematik jetzt im Bereich ‚kaufen' und ‚verkaufen'. Damit ist nicht gesagt, dass die Kulisse gleich auch zu einer städtischen wird, da im Heiligkeitsgesetz die Perspektive großteils ländlich bleibt.[86] Wenn aber in Lev 25 von ‚kaufen' und ‚verkaufen' gesprochen

---

[84] Vgl. *Kraus*, *Verfügungen*, 19.21f.24-28.
[85] *Russell*, "Jubilee Laws", 197, erkennt in diesem Abschnitt Übereinstimmungen mit neubabylonischen und persischen wirtschaftlichen Vertragstexten, beispielsweise über die langfristige Verpfändung von Land, und hebt hervor, dass ausgerechnet die Inhalte von V. 13-17 von jenen der beiden anderen biblischen Rechtscodices abweichen.
[86] Vgl. *Joosten*, *Holiness Code*, 154ff.

wird, können diese Vorgänge sich durchaus auch in einem ländlichen Kontext abspielen. Der Text geht nur nicht von einer reinen Subsistenzwirtschaft aus, sondern rechnet mit Handelsvorgängen, die den Austausch von landwirtschaftlichen Gütern (Saatgut, Produkten), das Nutzungsrecht des Bodens und die Arbeitskraft von Menschen einschließen können. Viermal kommt in diesem Abschnitt קנה (kaufen) und ebenfalls viermal מכר (verkaufen) vor. Jedoch entsprechen die in Lev 25 mit קנה und מכר bezeichneten Vorgänge eher jenen des Pachtens und Verpachtens, da der Boden bzw. die Arbeitskraft einer Person immer nur zeitlich befristet einer anderen Person gegen Bezahlung zur Nutzung überlassen wird. Wenn also mit Bezug auf Lev 25 von ‚kaufen' und ‚verkaufen' die Rede ist, so liegt dies lediglich an einer wörtlichen Übersetzung des Hebräischen, heißt aber nicht, dass es sich um genau dieselben Vorgänge handelt, welche die Wörter in der heutigen westlichen Welt bezeichnen.[87] Das hier gemeinte ‚Pachten' und ‚Verpachten' stimmt vor allem wegen seines Objekts (Land, Arbeitskraft) nicht mit dem (Geld) Leihen oder Verleihen (לוה [vgl. Ex 22,24]) oder mit der Pfandnahme und Pfandgabe (עבט [vgl. Dtn 15,6.8; 24,10-13] bzw. חבל [vgl. Ex 22,25; Dtn 24,6.17]) überein. Die beiden letztgenannten Verben beziehen sich eher auf kleinere Mobilien wie Kleidung, Mühlsteine und andere Haushaltsgeräte. Eine Untersuchung verschiedener, zum semantischen Feld ‚leihen, borgen, gegen Pfand ausleihen' gehörender Wirtschaftstermini erweist für Lev 25 insgesamt ein gehäuftes Vorkommen der Wurzeln מכר und קנה. Untersucht wurden die Lexeme מכר (verkaufen), קנה (kaufen), לוה II (borgen; Hiph.: leihen), עבט (gegen Pfand ausleihen, borgen), חבל I (als Pfand annehmen), נשא I / נשה II (leihen) im Bundesbuch und Heiligkeitsgesetz sowie in den Büchern Deuteronomium und Nehemia. Das Gesamtergebnis der Untersuchung wird in Anhang 3 zusammengefasst.

In Lev 25 erscheint מכר insgesamt einundzwanzigmal, im gesamten Bundesbuch nur sechsmal und im Deuteronomium achtmal, davon dreimal in Bruderperikopen. Von den neun Vorkommen von מכר in Nehemia sind drei in Neh 5,8 anzutreffen, einem Brudertext und Teil einer Parallele zu Dtn 15,1-18. קנה findet sich zehnmal in Lev 25, ein einziges Mal im Bundesbuch und

---

[87] Vgl. auch *Milgrom*, *Leviticus 23-27*, 2177, zu תמכרו (V. 14a): "The context implies 'lease', but there is no word for it in Biblical Hebrew. So it was understood by the rabbis who speak of selling the movables – that is, the usufruct of the land". Später erklärt er mit Berufung auf eine 1965 publizierte Vorlesung von Muffs zu ימכר in V. 15b: "Neither the term 'sell' nor even the word 'lease' is accurate, since the seller or renter can always redeem his land" (*ebd.*, 2178). Diese Aussage hilft allerdings nicht weiter, eine Lösung für eine bessere Übersetzung zu finden. Bestenfalls dient sie dazu, die Komplexität des Problems zu unterstreichen. Eine mögliche Alternative zu ‚Kauf' und ‚Verkauf' wäre, etwas altmodisch von einer ‚Verdinglichung' bzw. ‚befristeten Verdinglichung' zu reden. In den meisten Sätzen würde eine solche Umschreibung aber zu sehr umständlichen Formulierungen führen.

auch nur einmal im ganzen Deuteronomium – dort aber nicht in einem Brudertext. Zweimal kommt קנה in Nehemia vor: in 5,8.16. Das Heiligkeitsgesetz verwendet keinen der übrigen untersuchten Wirtschaftstermini.

ממכר, die substantivische Form der Wurzel מכר, wurde in V. 14 mit ‚etwas' übersetzt, womit verschiedene Handelswaren gemeint sind. ממכר kommt in Lev 25,14-50 insgesamt achtmal vor. Nur in 25,14.25.28 hat es auch die Bedeutung ‚Ware' bzw. ‚Handelsware', in den übrigen Fällen bedeutet es ‚Verkauf'.

Lev 25,14 dann darf keiner seinen Bruder übervorteilen: Der wichtigste Aktant der Perikope Lev 25,14-17 ist der Stammesgenosse (עמית), der viermal erwähnt wird. Die meisten Übersetzungen lassen aber nicht klar erkennen, dass bereits in V. 14 der אח erstmals in diesem Kapitel erscheint. Meistens wird der Ausdruck איש את־אחיו nur mit ‚einander' übersetzt.[88] Dieser steht innerhalb einer Formel, die den Abschnitt in V. 14 und V. 17 rahmt: *keiner soll seinen Bruder übervorteilen* (אל־תונו איש את־אחיו).[89] Die Phrase erinnert an die Paränese, nicht „mit Härte" über den ‚Bruder' „zu herrschen".[90] Obwohl auf der semantischen Ebene verwandt, hat diese zweite Paränese eher eine Machtdimension, während die Formulierung V. 14.17 eher eine ökonomische Dimension beinhaltet. Letztendlich stehen Macht und Ökonomie einander sehr nahe, was die beiden Phrasen nochmals enger miteinander verbindet. Sie stehen in Lev 25 auch stets in direkter Verbindung zum Bruderterminus: in V. 14.46, indem אח im selben Vers vorkommt, und in V. 43.53, indem ein pronominales Suffix auf den in der Einleitungsformel am Anfang des Paragraphen (V. 39.47) erwähnten ‚Bruder' zurückverweist (V. 17 bildet eine Ausnahme, indem עמית statt אח verwendet wird).

Die bereits bei der Besprechung von Dtn 15,3 gestellte Frage, ob der Kontrast (israelitischer) ‚Bruder' – Ausländer ein Indiz für eine erst entstehende oder eine bereits vorherrschende unterschiedliche Außen- und Binnenmoral Israels sei, stellt sich implizit auch im Hinblick auf die Phrase אל־תונו איש את־אחיו. J. *Milgrom* kommentiert diesbezüglich:

> This injunction does not imply that one may cheat a non-Israelite. The context deals exclusively with Israelites because Israelites alone possess inherited land.[91]

Die Formel hat etliche Parallelen im Exodus- und Levitikusbuch, die im Wortlaut mehr oder weniger präzise mit unserem Beispiel übereinstimmen. Jeden-

---

[88] Vgl. dazu ausführlich die gesamtbiblische Untersuchung Kap. 1.
[89] In V. 17 wird allerdings statt אח wieder עמית verwendet und kein Vetitiv mit אל, sondern der Prohibitiv mit לא gebraucht.
[90] Lev 25,43.46.53, bes. V. 46: איש באחיו לא־תרדה בו בפרך.
[91] *Milgrom, Leviticus 23-27*, 2177.

falls erheben alle dieselbe Forderung: einen anderen in keiner Weise zu beeinträchtigen.[92] Keine dieser Parallelen steht jedoch in direkter Verbindung zum Terminus ‚Bruder'. Keine von ihnen steht auch in einem derart spezifisch wirtschaftlichen Kontext wie die Sätze von Lev 25,14.17.

Lev 25,15 so musst du die Jahre nach dem Jobel berechnen: Das Jobeljahr wird in diesem Abschnitt nur in diesem Vers erwähnt, und zwar als Fixpunkt, von dem aus der Kauf- oder Verkaufspreis bzw. die Anzahl der den Preis bestimmenden Ertragsjahre berechnet werden soll. Dieser Paragraph formuliert also keine Regelung für das Jobeljahr selbst, sondern eine allgemeingültige Faustregel für alle Geschäfte zwischen Stammesgenossen. Er schließt mit der Formel: *Du sollst deinen Gott fürchten, denn ich bin JHWH, euer Gott.*[93]

6.2.4 Lev 25,18-22

Übersetzung

18 Ihr sollt meine Verordnungen ausführen, und meine Rechtsentscheidungen sollt ihr bewahren und sie ausführen. Dann werdet ihr das Land in Sicherheit bewohnen. 19 Und das Land wird seine Frucht geben, und ihr werdet in Fülle essen können, während ihr in Sicherheit dort wohnt. 20 Und wenn ihr sagen solltet: ‚Was sollen wir im siebenten Jahr essen, da wir nicht säen und unseren Ertrag nicht einsammeln können?', 21 dann werde ich meinem Segen für euch befehlen im sechsten Jahr, und dadurch wird der Ertrag für drei Jahre reichen. 22 Wenn ihr im achten Jahr sät, werdet ihr vom vorigen Ertrag bis zum neunten Jahr essen können. Bis sein Ertrag kommt, werdet ihr vom vorigen essen können.

Der nächste Paragraph beginnt sogleich mit zwei Formeln. Die erste: *Ihr sollt meine Verordnungen ausführen, und meine Rechtsentscheidungen sollt ihr bewahren und sie ausführen* ist – mit ihren Varianten – vor allem für das Heiligkeitsgesetz typisch.[94] Die zweite bringt nochmals das Stichwort ‚Land' und wird zweimal hintereinander variiert zitiert: *Dann werdet ihr im Land in Sicherheit wohnen.*

In diesem Abschnitt wird erneut das Sabbatjahr thematisiert. Er behandelt die Frage: *Was sollen wir im siebenten Jahr essen, da wir nicht säen und unseren Ertrag nicht einsammeln können?* Das Jobeljahr wird nicht erwähnt. Die Sprache

---

[92] Vgl. Ex 22,20-23 (nimmt die Fremden, Witwen und Waisen in Schutz); 23,9 (wieder geht es um den Fremden). In beiden Belegen aus dem Bundesbuch wird in einer paränetischen Formel das Fremdsein in Ägypten als Motivation verwendet, dem anderen nicht zu schaden (vgl. weiters Lev 19,11.13.33f). Im letztgenannten Beleg (Lev 19,33f) ist ebenfalls formelhaft vom Fremden und von Ägypten die Rede.

[93] Vgl. auch Lev 25,36.38.43.55.

[94] Vgl. z. B. Lev 18,4.5.26; 19,19.37; 20,8.22; 26,3.15.43.46.

ist agrarisch: ,Frucht geben', ,säen', ,Ertrag einsammeln', ,(in Fülle) essen'. Auch das bekannte Zahlenschema ,sechs plus eins' findet sich wieder. Der ,Bruder' fehlt in diesem landwirtschaftlich geprägten Kontext.

6.3 Ein ,privilegrechtliches' Prinzip: Lev 25,23f

Übersetzung

23 Das Land darf nicht endgültig verkauft werden, denn das Land gehört mir, und ihr seid nur Fremde und Halbbürger bei mir. 24 Für all euren Grundbesitz sollt ihr auf das Land ein Rückkaufrecht gewähren.

Diese beiden Verse leiten die Bestimmungen Lev 25,25-34, die den (nicht endgültigen) Verkauf des Ackerbodens sowie Geschäfte mit städtischen Immobilien behandeln, ein. Doch erfüllen sie noch eine weitere Funktion: sie dienen auch als Brücke zwischen den V. 1-22, die sich hauptsächlich mit agrarischen Themen befassen, und V. 25-55, welche hauptsächlich wirtschaftliche Themen behandeln. Diese Brückenfunktion wird aus dem dreimaligen Vorkommen des in den V. 1-22 neunmal verwendeten Wortes ארץ sowie den Termini aus dem semantischen Feld ,kaufen' deutlich. So entsteht ein allmählicher Übergang vom Thema ,Land' (= Agrarwirtschaft) zum Thema ,Handel'.

Lev 25,23 Das Land darf nicht endgültig verkauft werden, denn das Land gehört mir: In V. 23f kommt jenes Prinzip zum Ausdruck, das mit der Kurzformel ,Privilegrecht' zusammengefasst werden kann: Sowohl der Mensch als auch der Boden stehen letztlich nicht unter menschlicher Befugnis, sondern gehören JHWH. Dass das Prinzip hier als ,privilegrechtlich' bezeichnet wird, ist ebenso ein Kunstgriff wie die ursprüngliche Bezeichnung des Prinzips in den Büchern Exodus und Deuteronomium.[95] Jedoch soll mit dem Wort lediglich das Prinzip, dass JHWH Eigentümer des Landes ist, zum Ausdruck gebracht werden.[96] T. *Hieke* betont:

---

[95] Vgl. dazu oben Kap 3.4.

[96] Auch *Bergsma, Jubilee*, 95, spricht für Lev 25,23f von einem "Statement of Principle". Dieses besagt: "The only true owner of the land is the LORD". *Nihan*, *Torah*, 521, identifiziert "two essential motivations of the law" in V. 23 ("the *land* belongs to Yahweh exclusively") und V. 55 ("the *Israelites* belong to Yahweh"). Ferner hebt *Hieke*, *Levitikus 16-27*, 984.987.1007f, den Grundsatz der Eigentümerschaft JHWHs für V. 23 mehrfach hervor; ähnlich *Kilchör*, *Mosetora*, 129, sowie *Russell*, "Jubilee Laws", 191: "... the land is Yahweh's and the Israelites are resident aliens with no land claim rooted in autochthony. They receive their rights in land from Yahweh, who expects their faithful service in order to guarantee their continued security on land". *Russell* untersucht vor allem

Auf diesen theologischen Grundprinzipien (JHWH als Eigentümer des Landes, der es den Menschen [Israel, seinem exemplarisch erwählten Volk] zur Nutzung gibt und der die Freiheit und Wohlfahrt der Menschen will) basiert der Gesellschaftsentwurf der priesterlichen Verfasser des Heiligkeitsgesetzes.[97]

Den Mechanismus, durch den der Mensch dann in Beziehung zum Land leben kann, erklärt *Hieke* anhand seiner Unterscheidung zwischen ‚Eigentum' (vertraglich geregelte Verfügungsgewalt aufgrund eines Rechtstitels) und ‚Besitz' (tatsächliche Verfügungsgewalt unabhängig von einer rechtlichen Beziehung):[98]

> JHWH ist und bleibt »Eigentümer« des Landes und hat das volle Recht darauf (V 23). Wenn er das Land den Israeliten zum »Besitz« gibt, überträgt er ihnen die tatsächliche Verfügungsgewalt und das Recht, den Ertrag zu genießen … Damit gibt er aber nicht seinen Rechtstitel auf das Land auf, so dass JHWH anordnen kann, dass das Land nie endgültig verkauft werden darf, sondern dass der ursprüngliche Besitzer immer ein Rückkaufsrecht (eine Möglichkeit der Auslösung) hat. Der Käufer von Landbesitz erwirbt damit zwar das (vorübergehende) Nutzungsrecht, nicht aber einen Rechtstitel auf dieses Land, denn der bleibt dauerhaft bei JHWH.[99]

Thematisch abgewandelt, aber doch auf der Bedeutungsebene mit diesem Satz aus Lev 25,23 vergleichbar, sind die einleitenden Worte des deuteronomischen Priestergesetzes Dtn 18,1f: *1 Es soll für die levitischen Priester, für den ganzen Stamm Levi, keinen Teil des Erblandes gemeinsam mit Israel geben. Die Brandopfer JHWHs, sein Erbbesitz [das ist, die Portion, die ihm zukommt], diese sollen sie essen. 2 Ein Erbe soll es für ihn inmitten seiner Brüder nicht geben; JHWH ist sein Erbbesitz, wie er es ihm gesagt hat.* Auch in diesem Passus geht es um Land, das nicht in die Eigentümerschaft – und hier gar den Besitz – von Menschen übergehen darf: in diesem Fall von einer bestimmten Gruppe von Menschen, die levitischen Priester. Wenn formuliert wird, dass JHWH Erbbesitz des Stammes Levi ist, kann darin die Stilfigur der *Hypallage* (im Sinne einer Vertauschung der

---

Vergleiche mit neubabylonischen und persischen Landverpachtungsverträgen. Allerdings bestehen im Vergleichsmaterial auch wesentliche Unterschiede zur Situation in Lev 25,13-17.23. Einer der Wichtigsten ist jener, dass der Pächter in den neubabylonischen und persischen Vertragstexten die dominante Rolle spielt und de facto als Landherr fungiert, während der Landeigentümer die ‚verlegene' Partei ist (was in Lev 25,23 eindeutig nicht der Fall ist), die wahrscheinlich aufgrund von Schulden schnell auf Bares Zugriff bekommen will. Der Landeigentümer bleibt auf seinem Land und verrichtet dort die Arbeit, während der Pächter als abwesender Herr ('absentee landlord') fungiert (vgl. "Jubilee Laws", 198 Anm. 33).

[97] *Hieke, Levitikus 16-27*, 984.

[98] Vgl. *Hieke, Levitikus 16-27*, 986.

[99] *Hieke, Levitikus 16-27*, 986.

Aktanten)[100] gesehen werden: Nicht JHWH ist der Besitz Levis, sondern Levi wie auch das Land, das er nicht besitzen darf, ist der Besitz (das Eigentum!) JHWHs.

Die Einsetzung dieses Prinzips hat ethische Folgen, indem es das Handeln des Menschen in Bezug auf sich selbst, seinen Mitmenschen und seine Welt beschränkt. Zu Recht urteilt *Hieke* mit A. Marx, insofern es dieses (hier als ‚privilegrechtlich' bezeichnete) priesterschriftliche Prinzip betrifft:

> Dabei steht hier aber weniger der Bereich der Wirtschaft und der Politik im Vordergrund, sondern die Theologie – aus ihr heraus werden die Vorschriften für Schabbatjahr und Jobeljahr entwickelt.[101]

Obwohl die Themen Sabbat- und Jobeljahr in V. 23 bereits abgehandelt sind, wird mit diesem Zitat deutlich, dass das in V. 23 formulierte Prinzip in beide Richtungen greift: nach rückwärts in den V. 1-22, wo es hauptsächlich um die menschliche Beziehung zum Land geht, und auch nach vorne in den V. 25ff, welche die Unverkäuflichkeit menschlichen Lebens betonen. Wenn also jemand in Israel (Grund-)Besitz hatte, war dies stets nur ein bedingter Besitz. Beispiele aus Israels Umwelt belegen, dass die Formel ‚das Land gehört mir' kein israelitisches Sondergut darstellt. Die Götter Kemosch, Enlil und Marduk etwa galten als Eigentümer des Landes. Auch bei Platon ist zu lesen, dass das Land den Göttern heilig ist und Familieneigentum nicht verkauft werden darf.[102] Dass ארץ nicht mehr nur auf das Gelobte Land, sondern auf die ganze Erde deutet, ist eine späte Entwicklung und trifft für den Levitikustext noch nicht zu.[103]

Lev 25,24 ein Rückkaufrecht: Das Wort גאלה, hier mit ‚Rückkaufrecht' übersetzt, leitet bereits thematisch zum Abschnitt Lev 25,25-34 über, der von der Verantwortung des Lösers dem ‚Bruder' gegenüber handelt. Der Löser hatte in drei Situationen seine Pflicht zu erfüllen: (a) nach dem Tod seines leiblichen Bruders sollte er eine Leviratsehe mit dessen Witwe eingehen[104]; (b) im Mordfall musste der גאל הדם sich an dem bzw. den Mörder(n) für das Leben seines getöteten Verwandten rächen; und (c) in einem Fall wie dem in Lev 25,25ff

---

[100] Vgl. *Bühlmann/Scherer*, *Stilfiguren*, 80.

[101] *Hieke*, *Levitikus 16-27*, 984.

[102] Vgl. *Milgrom*, *Leviticus 23-27*, 2184.2189; auch *Weinfeld*, "Sabbatical Year", 60 Anm. 93.

[103] Vgl. Ps 24,1; *Milgrom*, *Leviticus 23-27*, 2184. Vgl. allerdings auch *Grünwaldt*, *Heiligkeitsgesetz*, 319f, zur Herausarbeitung anderer alttestamentlicher Referenzen, die unser ‚privilegrechtliches' Prinzip aufgreifen bzw. enthalten, vor allem aus den Psalmen. Sachlich hat dieses Prinzip Berührungen mit der Schöpfungstheologie (vgl. Ps 89,13) – so *Grünwaldt*, *Heiligkeitsgesetz*, 320.

[104] Dies gilt nur für die in Rut 4 beschriebene Situation, in der ein גאל die Möglichkeit hat, eine Art Schwagerehe (vgl. Dtn 25,5-10) mit Rut einzugehen.

besprochenen, haftete der גאל finanziell für seinen in Schuld geratenen ‚Bruder'.[105]

Im altorientalischen Vergleichsmaterial ist zwar weder direkt von einem גאל die Rede, noch ist eine גאלה vorgesehen, doch gibt es Texte, in denen in bestimmten Fällen nachträglich Änderungen in bestehenden Kaufverträgen für Häuser und Grundstücke vorgenommen wurden. Diese Texte stammen vor allem aus dem Königreich Larsa zur Zeit des Königs Rim-Sin (ab 1822 v. Chr.).[106] In ihnen sind für verschiedene Szenarien königliche Verfügungen vorgesehen:[107] der Verkäufer verlangt, aus nicht angegebenen Gründen, das verkaufte Grundstück zurück und bekommt es auch, oder der Verkäufer bestätigt den Verkauf, greift jedoch zu seinen eigenen Gunsten in die Verkaufsbedingungen ein, indem er eine Nachzahlung in Silber verlangt und auch erhält. Ein dritter Urkundentypus ist in einem Fragment, das nicht allzu viel über die Umstände des Geschäftes verrät, vertreten.[108] Man erfährt lediglich, dass ein Grundstück auf königliche Anordnung hin von einer Gruppe von Männern einem anderen Mann übertragen wird. Dabei ist nicht klar, ob es sich um eine nachträgliche Transaktion handelt, wie dies allerdings von *Kraus* postuliert wird. Falls es sich um eine nachträgliche Regelung handeln sollte, geht aus dem Fragment auch nicht hervor, wer ursprünglich Käufer und Verkäufer waren. R-S 9 enthält aber das für uns interessante Wort ‚Bruder' resp. ‚Brüder', wobei offenbleibt, ob dieses leiblich oder figurativ gemeint ist:

> 1 Quadratrute Hausgrundstück ... haben auf die königliche Maßregel hin Sin-puṭram, sein Bruder Bēlī-iddinam und ihre Brüder, die Söhne des Sasiia, dem Sin-imgura, Sohn des Ipquša, verabreicht.[109]

Andere Texte des Typus 3 erklären eindeutig, dass es sich beim übertragenen Grundstück um eine Ersatzleistung handelt. Jedoch ist diese Art von Transaktion kein Tauschgeschäft, sondern eine – stets königlich verordnete – Wiedergutmachung. Typ 3-Verträge weisen eine den echten Tauschverträgen ähnliche Wortwahl auf;[110] diese Ähnlichkeit beruht jedoch lediglich auf einer Assoziation zwischen dem ‚neuartigen' Typ 3-Geschäft und einem echten Tauschgeschäft. Letzteres erfolgt allerdings auf Wunsch und im gegenseitigen Einvernehmen beider Geschäftsparteien, während das Typ 3-Geschäft von Seiten des Königs verordnet wurde und nicht von den Geschäftsparteien beabsichtigt war.[111]

---

[105] Mehr zum גאל bei *Milgrom*, *Leviticus 23-27*, 2190f.

[106] Vgl. *Kraus*, *Verfügungen*, 31.

[107] Zum Folgenden vgl. *Kraus*, *Verfügungen*, 38f. Zu sonstigen altorientalischen Parallelen finden sich zusammenfassende Hinweise bei *Hieke*, *Levitikus 16-27*, 1010.

[108] Dokument R-S 9 lt. *Kraus*, *Verfügungen*, 36.

[109] Übersetzung von *Kraus*, *Verfügungen*, 36.

[110] Der den Tausch bezeichnende *terminus technicus* ist *ana pūḫat*.

[111] Vgl. *Kraus*, *Verfügungen*, 39f.

Das Recht des Königs, in Immobiliengeschäfte einzugreifen, wie dies von den Urkunden aus der Zeit Rim-Sins bezeugt wird, beruht darauf, dass er inhärent Eigentümer des Landes ist.[112] Es scheint also, als ob der König dem Verkäufer eines Objektes ein unerwartetes und vorher nicht eingeplantes ‚Rückkaufrecht' gewährte.

Über die Beweggründe für den Königsentschluss ist uns wenig bekannt. *Kraus* erwähnt die Möglichkeit, dass ein im Jahre Rim-Sin 25 gegrabener sogenannter ‚Gerechtigkeitskanal' als Denkmal für diese vom König gesetzten Maßnahmen diente. Trifft diese Vermutung zu,

> so wüßten wir, daß die Regierung ihre Maßregel als ‚Wiederherstellung gerechter Ordnung' ansah. Das sagt uns jedoch bitter wenig, so lange andere antike Mitteilungen über die Maßregel fehlen. ... Über die ... ‚Opfer' wüßte ich nichts zu sagen, vor allem aber leider auch nichts über die durch die Maßregel Begünstigten, die ursprünglichen Eigentümer der verkauften Grundstücke. Für den König scheinen sie die wirklichen Opfer der Verhältnisse gewesen zu sein, denen er mit seiner Maßregel helfen wollte. Aus allerlei Anzeichen gewinnt man den Eindruck, daß er nicht mehr und nicht weniger bezweckte, als diese Opfer wieder in den Besitz ihres früheren, veräußerten Eigentums einzusetzen.[113]

Für Israel ist, wie bereits aufgrund des Privilegrechtsprinzips mehrfach erwähnt und zuletzt noch anhand von Lev 25,23 bestätigt, JHWH Eigentümer des Landes. Es ist keinerlei direkte Verbindung zwischen dem von JHWH gewährten Rückkaufrecht und dem von Rim-Sin festzustellen. Einzig das Privilegrechtsprinzip bewährt sich hier als Grund für die göttliche bzw. königliche Verfügung. Auch das Gerechtigkeitsprinzip ist (im Falle von Rim-Sin wahrscheinlich) inhärent anwesend, obwohl natürlich der Terminus *mīšarum* resp. seine hebräischen Äquivalente weder im altorientalischen noch im biblischen Kontext wörtlich zitiert werden. Zusammenfassend lässt sich festhalten, dass das von *Kraus* erwähnte ‚Opfer' (d. h. der ursprüngliche Verkäufer) im Reich Larsa das frühe Pendant des ‚Bruders' in Lev 25 gewesen sein dürfte.

6.4 Der Bruder als Armer II: Lev 25,25-34

Übersetzung

25 Wenn dein Bruder verarmt und von seinem Besitz verkauft, soll sein ihm verwandter Löser an seiner Stelle kommen und das, was sein Bruder verkauft hat, auslösen. 26 Wenn für jemanden kein Löser da sein sollte, er aber seine Situation in den Griff bekommen und ausreichende Mittel für die Auslösung gefunden hat, 27 so soll

[112] Vgl. z. B. *Milgrom*, *Leviticus 23-27*, 2185.

[113] *Kraus*, *Verfügungen*, 40f.

er die Jahre berechnen, während derer der Verkauf gegolten hat, und den Rest dem Käufer rückerstatten, und es wird in seinen Besitz zurückkehren.

28 Wenn er aber nicht die nötigen Mittel für die Rückerstattung findet, soll das, was er verkauft hat, bis zum Jobeljahr im Besitz des Käufers bleiben. Dann kann er hinausgehen und wieder auf seinem Grundstück wohnen.

29 Wenn ein Mann ein Wohnhaus innerhalb einer Stadtmauer verkauft, besteht sein Rückkaufrecht bis zum Ende des Jahres, in dem der Verkauf stattgefunden hat. So viel sind die Tage seines Rückkaufrechts. 30 Wenn er aber diese Ablöse bis zum Jahresende für sich nicht vollzogen hat, gehört ein Haus, das innerhalb einer Stadtmauer steht, endgültig dem Käufer und seinen Nachkommen.

31 Die Häuser in den Dörfern, um die es keine Mauer gibt, werden zu den Feldern des Landes gerechnet. Es gibt ein Rückkaufrecht für sie: im Jobeljahr muss der Käufer von dort weggehen.

32 Für Häuser in den Levitenstädten, welche ihr Besitz sind, gilt: für die Leviten besteht ein ewig geltendes Rückkaufrecht. 33 Ein verkauftes Haus, das heißt, eines in der Stadt seines Besitzes, das einer aus[114] *den Leviten ablöst, soll im Jobeljahr zurückfallen, denn die Häuser in den Städten der Leviten sind ihr Besitz in der Mitte Israels. 34 Aber das Areal für die Pferche*[115] *um ihre Städte darf nicht verkauft werden, denn ein ewiger Besitz ist es für sie.*

Dieser Paragraph bringt komplexe geschäftliche Bestimmungen und behandelt eine Anzahl möglicher Szenarien, die alle mit dem Erwerb und Rückkauf von Immobilien zu tun haben. Im Lichte des Ergebnisses der Untersuchung von V. 14-17 (Geschäfte zwischen Stammesgenossen) überrascht es nicht, dass jetzt, indem die Szene nochmals von einer agrarischen zu einer wirtschaftlichen wechselt, wieder der ‚Bruder' eine Rolle spielt.

Nachdem in V. 25 der ‚Bruder' zum ersten Mal mittels der Formel[116] כי־ימוך אחיך angekündigt wird, verweist das Personalpronomen der 3. P. Sg. m. in V. 26-29 auf ihn zurück. Andere Personen, die ihn begleiten, sind die Fremden (גרים) und Halbbürger (תושבים, die in V. 23 als Metapher verwendet werden, um Israels Situation vor JHWH darzustellen[117]), ferner der Verwandte des ‚Bruders', der als sein Löser auftreten soll (גאלו הקרב, ‚sein nahestehender [verwandter] Löser' [V. 25f]), der Käufer und seine Nachkommen (לקנה אתו לדרתיו [V.30]) sowie die Leviten (V.32f). Das viermalige Vorkommen des Wortes לוים in Lev 25,32f ist der einzige direkte Verweis auf die Leviten im

---

[114] Vgl. *Milgrom*, *Leviticus 23-27*, 2203, für die verschiedenen Übersetzungs- und Interpretationsmöglichkeiten von מן־הלוים.

[115] Vgl. *Milgrom*, *Leviticus 23-27*, 2203f, für eine ausführliche Begründung dieser Übersetzung gegenüber dem eher üblichen ‚Weideland'.

[116] Diese wiederholt sich drei weitere Male im Kapitel, in V. 35.39.47 (leicht abgewandelt) und leitet jeweils einen thematisch neuen Abschnitt ein. Vgl. hierzu Anhang 4.

[117] Vgl. *Hieke*, *Levitikus 16-27*, 1009.

ganzen Buch Levitikus, obwohl in der Forschung häufig die Leviten mit den Priestern im Buch ‚mitverstanden' werden.[118]

Lev 25,25 Wenn dein Bruder verarmt: In Lev 25,25 beginnt ein Abschnitt, in dem die Hilfsmaßnahmen im Falle einer schrittweisen Verarmung des erstmals in V. 14 erwähnten ‚Bruders' beschrieben werden.[119] Merkmal dieses Verarmungsprozesses (und dessen Linderung) ist die Formel כי־ימוך אחיך, welche insgesamt viermal (V. 25.35.39.47) vorkommt. Dieser Vers enthält das erste Beispiel der Verarmungsformel, die jeden folgenden Paragraphen des Kapitels einleitet.[120]

Die Argumentation *Nihans* ist zu hinterfragen, wenn er für Lev 25 pauschal formuliert,

> Lev 25 ... systematically presupposes that the members of the community addressed, who are called 'brothers', are all possessors of land.[121]

In Lev 25 wird, ebenso wie im deuteronomischen Sozialgesetz, genau zwischen dem wohlhabenden, mit ‚Du' angeredeten israelitischen Vollbürger und dem verarmten bzw. sich im Verarmungsprozess befindenden ‚Bruder' (grammatikalisch im Singular) unterschieden. Ausschließlich das deuteronomische Ämtergesetz bezeichnet die gesamtisraelitische *Gemeinschaft* als ‚Brüder' (in der grammatikalischen Pluralform). *Diese* gesamtisraelitische Brudergemeinschaft umfasst wohlhabende und auch nicht-wohlhabende Mitglieder, wird aber im Ämtergesetz nicht anhand von finanzieller Kaufkraft definiert, sondern bezieht sich dort auf politische oder auch kultische Handlungsfähigkeit. Für Lev 25 sowie für das deuteronomische Sozialgesetz ist der ‚Bruder' *der Arme, der Elende* schlechthin und nicht unbedingt ein Landbesitzer. Für Lev 25 ist er es wohl in V. 25-28.29-31.39-43, nicht aber explizit in V. 35-38.44-46.47-55, in denen es um die Arbeitskräfte des armen ‚Bruders' geht.

Auch in Mesopotamien waren Regelungen im Falle fortschreitender Armut offenbar geläufig. Kodex Ešnunna § 39 lautet ähnlich wie Lev 25,25ff:

> Wenn ein Bürger in wirtschaftliche Schwierigkeiten gerät und sein Haus verkauft, so mag, sobald der Käufer bereit ist, es abzustoßen, der Eigentümer des Hauses dieses zurückkaufen.[122]

Beide Texte, sowohl Kodex Ešnunna § 39 als auch Lev 25,25ff, weisen einen (quasi-)kasuistischen Stil auf,[123] da es sich jeweils um jemanden handelt, der

---

[118] Vgl. *Milgrom, Leviticus 1-16*, 1; *Kornfeld, Levitikus*, 5.

[119] Der verarmte ‚Bruder'spielt eine wichtige Rolle in der Analyse von *Ruwe, „Heiligkeitsgesetz"*, 361-364.

[120] Lev 25,35.39: וכי־ימוך אחיך; 25,47: ומך אחיך. Vgl. Anhang 4.

[121] *Nihan*, "Holiness Code", 114.

[122] *TUAT I*, 37.

[123] ‚Quasi' deshalb, weil dieses (biblische) Gesetz nicht verpflichtet, indem im Falle seiner Nichterfüllung eine Strafe angekündigt wird, aber auch nicht paränetisch (teilweise

immer tiefer in die Verarmung gerät und von seinem Eigentum verkauft. In Kodex Ešnunna ist allerdings der Zeitraum, in dem Geschäfte abgewickelt werden können, weder für den (ursprünglichen) Käufer[124] noch für den Verkäufer[125] befristet. Der ursprüngliche Verkäufer bekommt lediglich als erster die Gelegenheit, sein ehemaliges Eigentum zurückzukaufen, wenn der ursprüngliche Käufer sich eigenmächtig für einen Verkauf entscheiden sollte. Ferner ist in Kodex Ešnunna auch keine Art ‚Löser' vorgesehen.

Lev 25,25 und von seinem Besitz verkauft: Vorerst verkauft der verarmte ‚Bruder' nur einen Teil aus seinem Besitz, d. h. nur das Allernotwendigste, um seine sich anhäufenden Schulden tilgen zu können.[126] Spätestens im Jobeljahr aber fällt der befristet verkaufte Teil seines Besitzes wieder ganz an ihn zurück (V. 28).

Lev 25,25 soll sein ihm verwandter Löser an seiner Stelle kommen: Wenn der ‚Bruder' seinen Besitz ohnehin in sieben Jahren wieder zurückerhält, wozu ist dann ein Löser (גאל) aus seiner Verwandtschaft überhaupt notwendig? Die Antwort auf diese Frage liegt gerade im Wort ‚Verwandtschaft'. Obwohl der ‚Bruder' sich (zeitlich befristet) von einem Teil seines Besitzes trennen muss, gewinnt der Löser im gleichen Ausmaß an Besitz. Somit ändert sich nichts an der Summe des Gesamtbesitzes innerhalb der Verwandtschaft.[127] Dass der Besitz trotzdem nach sieben Jahren an den armen ‚Bruder' zurückfällt, ist ein Novum, indem ein früheres Kollektivitätsprinzip[128] zugunsten des Individuums *teilweise* aufgehoben wird.[129] Für seine sogenannte deuteronomische ‚Bruder'-Schicht konkludiert L. *Perlitt* ähnlich:

> Die dtn ‚Bruder'-Schicht setzt also nicht beim Volks- oder Organisationsgedanken überhaupt, sondern beim einzelnen Israeliten und beim je

---

fast poetisch) anmutet, wie es z. B. in Dtn 15,7-12 der Fall ist. Vielmehr gleicht Lev 25,25ff einer pragmatisch-sinnvollen Regelung, die an die Vernunft appelliert, jedoch nicht droht. Auch in Kodex Ešnunna handelt es sich um eine praktische Regelung im ‚wenn ... dann'-Stil.

124 Indem z. B. eine Art Sabbats-, Jobel- oder Erlassjahr verordnet wird (vgl. Lev 25,28).

125 Wie dies bei (israelitischen) Häusern innerhalb von ummauerten Städten der Fall ist, für die nur ein Jahr lang ein Rückkaufsrecht bestand (vgl. Lev 25,29f).

126 Vgl. *Milgrom*, *Leviticus 23-27*, 2193.

127 Vgl. *Milgrom*, *Leviticus 23-27*, 2192.

128 So etwa wurde das Land hauptsächlich eher an Familiengruppen als an einzelne Personen verteilt: vgl. etwa Num 26; Jos 13; 15,1-12.20-60; 16f; 18,11-28; 19-21; aber auch Num 27,1-7; Jos 14; 15,13-19; 17,3f.

129 So *Milgrom*, *Leviticus 23-27*, 2192: “Thus Lev 25 breaks the age-old, time-honored institution of clan ownership of property. Henceforth, the concern of the law is to preserve the property rights of the individual.”

konkreten und besonderen Fall seiner Sozialbeziehung an.[130]
Dem widerspricht die These der vorliegenden Untersuchung, nämlich dass die Anwendung des deuteronomischen Bruderbegriffs eben genau *innerhalb* des Volkes Israel seinen Platz hat und besonders *für* das Volk Israel gilt. A. *Schellenberg* macht darauf aufmerksam, dass generell „die These einer Entwicklung vom Kollektivismus zum Individualismus zu kurz greif[t]".[131] Hilfreich findet sie dabei J. Assmanns Einführung einer dritten Kategorie neben der individuellen und kollektiven Identität, nämlich jene der *personalen* Identität. Vereinfacht gesagt, bezieht sich diese auf die Wahrnehmung des Individuums seiner selbst als Teil eines Sozialgefüges.[132] Zusätzlich leuchtet dabei eine von *Schellenberg* zitierte Formulierung C. Frevels ein:

> Während bei der Kategorie ›Person‹ die Fremdzuschreibungen gegenüber den Selbstzuschreibungen überwiegen, ist es bei ›Selbst‹ genau umgekehrt.[133]

Diese Unterscheidung ist in der Tat auch für unsere Fragestellung hilfreich: das ‚Du' des Deuteronomiums sowie des Heiligkeitsgesetzes ist weder ein reines Individuum noch bloß ein identitätsloser Teil eines größeren Ganzen, sondern eine *Person*, die individuell nach den Prinzipien ihrer Zugehörigkeit handeln soll. *Schellenberg* hebt schließlich hervor, dass im Alten Testament grundsätzlich der Einzelne als Rechtssubjekt gilt, das Volk jedoch „in den jüngeren Gesetzen an theologischer Bedeutung gewinnt"[134].

Es liegt eher thematisch als lexemisch nahe, diesen Satz aus Lev 25,25 mit Dtn 25,7-10, in dem die Leviratsehe bzw. vielmehr das Verfahren bei verweigerter Leviratsehe geregelt wird, zu vergleichen. Die gedankliche Verbindung läuft über einen dritten Text: Rut 3,12-4,14. Es gibt im gesamten Alten Testament vor allem zwei Texte, in denen Formen der Wurzel גאל (lösen, Löser) geballt vorkommt: Lev 25 und Rut 4. In Rut 4 wird auf einer Ebene hoher Intertextualität die Sache der Löserschaft (an erster Stelle des Landes [vgl. Rut 4,3f]) mit jener der Schwagerehe (vgl. Rut 4,5)[135] verbunden. Das Konzept der deuteronomischen Schwagerehe und auch seine Herausarbeitung in der Rutnovelle zielt aber wesentlich auf den *Erhalt des Kollektivitätsprinzips* ab (d. h., Erhalt des Namens und des Eigentums des verstorbenen ‚Bruders' innerhalb der Familiengruppe: es soll nicht ‚nach draußen' geheiratet werden).[136] Es

---

[130] *Perlitt*, „Volk", 72. Vgl. ebd. für weitere Bemerkungen zum Verhältnis Individualität/Kollektivität in der ‚Bruder'-Schicht.
[131] *Schellenberg*, „Einzelne", 374.
[132] Vgl. *Schellenberg*, „Einzelne", 374f., bes. auch 375 Anm. 8.
[133] *Schellenberg*, „Einzelne", 376 Anm. 10.
[134] *Schellenberg*, „Einzelne", 377 Anm. 16.
[135] Vgl. dazu die Exegese von Dtn 25,5-10.
[136] Pace *Perlitt*, „Volk", 72. Seine Sicht, dass Israel für das Deuteronomium kein ‚Volk von Brüdern' *ist*, sondern *werden und sein soll*, mutet etwas anachronistisch und über-

bleibt also die Interpretationsmöglichkeit offen, Lev 25,25ff so zu lesen, dass an dieser Stelle der Individualismus stärker gefördert wird als in Dtn 25,5-10 oder in der Rutnovelle. Würde dies zutreffen, hätte diese Interpretation Folgen für die relative Datierung dieses Kapitels des Heiligkeitsgesetzes dem Deuteronomium gegenüber. Auf die Annahme hin, dass Individualisierung dem Kollektivitätsgedanken zeitlich folgt, müsste Lev 25,25ff als der relativ jüngere Text verstanden werden. Allerdings bleiben sowohl die individualistische Interpretation als auch diese Logik der Abfolge eine *Annahme* und muss der Leser zusätzlich hier stets auch mit einem möglichen zyklischen Vorgang rechnen. Nur deshalb, weil in der Geschichte des Westens die Individualität die Kollektivität so massiv abgelöst hat, heißt es noch nicht, dass dieser Vorgang sich bereits in der Zeit der biblischen Redaktionen genauso vollzogen haben muss. Es könnte auch ein sanfteres Wechselspiel zwischen beiden Ideen gegeben haben, so dass der Individualitätsgedanke sich entfaltete, ohne die Kollektivitätsidee gleich zu zerstören.

Lev 25,30 Wenn er aber diese Ablöse … nicht vollzogen hat, gehört ein Haus, das innerhalb einer Stadtmauer steht, endgültig dem Käufer und seinen Nachkommen: Der Grund für diese offensichtliche Abweichung von dem sonst so eindeutig im Jobeljahrkapitel vorgesehenen Prinzip der Restitution liegt im Übergang von einem agrarischen zu einem urbanen Lebensmodus. In den Städten verschwammen die patriarchal bestimmten Grenzen zwischen den Gruppen. Das in Lev 25,23 formulierte privilegrechtliche Prinzip wurde in den Städten aufgehoben, da die Verbundenheit mit Grund, Boden und Ahnengräbern verlorengegangen war.[137]

6.5 Das Zinsverbot: Lev 25,35-38

Übersetzung

35 Wenn dein Bruder verarmt und seine Hand (das heißt, seine Kaufkraft) schwach wird (nachlässt) neben dir, sollst du ihn – auch einen Fremden oder Halbbürger – stärken, damit er bei dir leben kann. 36 Du darfst von ihm keinerlei Zins und Wucher nehmen. Fürchte deinen Gott, und lasse deinen Bruder bei dir leben. 37 Dein Silber sollst du ihm nicht gegen Zins geben, und gegen Wucher gib ihm nicht deine Nahrung. 38 Ich bin JHWH, euer Gott, der euch aus dem Land Ägypten herausgeführt hat, um euch das Land Kanaan zu geben und euer Gott zu sein.

---

theologisierend an. Einen Kern an gelebter Realität muss es auch bereits ‚damals' gegeben haben, sonst verflüchtigen sich alle vom Deuteronomium angebotenen theologischen Ideen ins Reich des Utopischen. Man könnte deshalb für ein Maß an Realitätsoptimismus bezüglich Israels Lebenspraxen bzw. Lebensrealitäten plädieren.

[137] Vgl. *Weinfeld*, "Sabbatical Year", 59f.

Die V. 35-38 teilen manche Merkmale mit den übrigen Bruderparagraphen des Kapitels: Die wirtschaftlichen Termini (verarmen [מוך], Zins [נשך], Wucher oder Zinseszins[138] [תרבית], Silber [כסף]) überwiegen, wieder treten der Fremde sowie der Halbbürger gemeinsam mit dem ‚Bruder' auf (vgl. V. 23), und wie in V. 17 kommt auch in V. 36 die Formel *fürchte deinen Gott* vor. Der Paragraph schließt mit: *Ich bin JHWH, euer Gott, der euch aus dem Land Ägypten herausgeführt hat, um euch das Land Kanaan zu geben und euer Gott zu sein* – ein ‚Ich bin'-Satz, ein Ägyptensatz, ein Landgabesatz und eine knappe Version der Bundesformel kommen also geballt in einem Vers vor.

Lev 25,35 Wenn dein Bruder verarmt: Nach V. 25 leitet diese Formel nun zum zweiten Mal einen Abschnitt des Kapitels 25 ein. Sachlich stimmen Lev 25,35 und Dtn 15,7 weitgehend überein. In der Wortwahl unterscheiden sich die beiden Verse jedoch marginal voneinander. Dtn 15,7 nennt den ‚Bruder' *einen Armen, einen unter deinen Brüdern* (אביון מאחד אחיך), während er sich nach Lev erst in einem Zustand der allmählichen Verarmung befindet (ימוך אחיך).

Lev 25,35 und seine Hand schwach wird neben dir … damit er bei dir leben kann: Milgrom empfiehlt, in Lev 25 die Präposition עם mit auf den Kreditgeber deutendem Suffix so zu übersetzen, dass klar wird, dass der Kreditnehmer (d. h. der ‚Bruder') sich in der Gewalt des Kreditgebers befindet.[139] Allerdings scheint im Lichte der Bruderethik, die dem ‚Bruder' stets Freiraum schaffen will, der Aspekt der Autorität oder Gewalt der Mächtigen bzw. finanziell Starken gerade nicht im Mittelpunkt zu stehen. Statt *Milgroms* Übersetzung von עם mit ‚unter' dürfte die Übersetzung mit ‚bei' bzw. ‚neben' eher zutreffen. Die Formulierung *damit er bei dir leben kann* hätte eher einen brüderlichen Klang als die von ihm vorgeschlagene "let him subsist under your authority"[140].

Lev 25,35 auch einen Fremden oder Halbbürger: Die Fremden und Halbbürger sind in dieser Bestimmung ausdrücklich in den Vorsorgeregelungen inkludiert, während sie in Dtn 15,7, das inhaltlich Ähnliches verordnet, fehlen. Die Aufforderung, den ‚Bruder' zu „stärken" in Lev 25,35 wie auch „die Hand nicht zu verschließen" in Dtn 15,7 werden zunächst nicht näher bestimmt.

Lev 25,35 bildet einen auffallenden Kontrast zum Abschnitt 25,47-54, der die Selbstverpflichtung eines notleidenden Israeliten einem erfolgreichen Frem-

---

[138] Vgl. *Gesenius/Donner*, 1457.
[139] Vgl. *Milgrom*, *Leviticus 23-27*, 2205.
[140] *Milgrom*, *Leviticus 23-27*, 2147; vgl. auch ebd., 2188, zu "under my authority" sowie ebd., 2208f, zu "let him subsist under your authority".

den gegenüber behandelt. Dort scheint es, als würden die Fremden und Halbbürger ausgegrenzt, da ein dem Schuldsklaven verwandter und somit israelitischer Löser gefunden werden soll.

Die bereits in Dtn 15,3[141] sichtbare Abgrenzung gilt hauptsächlich dem Ausländer, dem נכרי. Auch Dtn 17,15 (Ämtergesetz) und 23,21 (Zinsverbot), zwei weitere Brudertexte, grenzen den נכרי eindeutig aus. Dieser wird aber auch nur im Deuteronomium und nie im Heiligkeitsgesetz erwähnt. Bezüglich des Zinsverbotes Lev 25,35 par. Dtn 23,21f haben wir in der Deuteronomiumexegese gesehen, dass Ausländer als Geschäftsleute in Israel tätig waren und die Zinsforderung ihnen gegenüber daher einen Geschäftsvorgang und keine Verweigerung der Sozialhilfe darstellt. Schließt Lev 25,35 nun Fremde und Halbbürger in sein Hilfsprogramm ein[142], dann ist von einer anderen Personenkategorie die Rede. Zumindest in diesem Zusammenhang sind der גר, der תושב wie auch der אח Hilfsbedürftige.[143] Demgegenüber befinden sich in Lev 25,47ff sowohl der גר als auch der תושב in einer entgegengesetzten Position. Dort sind sie, ähnlich der Situation des נכרי im Deuteronomium, erfolgreiche Geschäftsleute, die keines sozialen Schutzes bedürfen.

Eine Wortstudie bezüglich des Gebrauchs von גר und תושב im Bundesbuch, Deuteronomium und Heiligkeitsgesetz liefert folgendes Gesamtbild[144]: Der גר kommt in allen drei Korpora vor. Im Bundesbuch wird er in drei Versen erwähnt.[145] Diese regeln ausdrücklich, dass der Fremde des Schutzes würdig ist. Zweimal wird dieser Schutz mit Israels Fremdsein in Ägypten begründet.

Der גר erscheint in neunzehn Versen des Deuteronomiums.[146] In elf von ihnen ist der Kontext entweder explizit ein sozialrechtlicher oder ein kultischer mit sozialrechtlicher Färbung. Nur in zweien der neunzehn Verse wird der Fremde aus einer negativen bzw. exklusiven Perspektive betrachtet: in Dtn 14,21 wird verordnet, dass dem Fremden Aas zum Essen gereicht werden

---

[141] Vgl. auch Dtn 14,21, sofern dieser Text nicht positiv als Gewährung der ‚Religionsfreiheit' im Hinblick auf den Fremden betrachtet wird.

[142] Gegen *Joosten*, *Holiness Code*, 71 Anm. 203.

[143] *Lohfink* hat für das Deuteronomium nachgewiesen, dass der גר mit der יתום und der אלמנה ein Recht auf Versorgung hat (allerdings kein Armer [אביון] ist): „... die Trias גר – יתום – אלמנה [wird] vom Armenrecht weggezogen und in einem in seiner Gesamtgestalt neu geschaffenen und breit ausgebauten Versorgungsrecht untergebracht. ... Sie haben vollen Rechtstitel auf eine volle Versorgung" (*Lohfink*, „Entwurf", 36f).

[144] Vgl. *Römer*, „Fremde", 162-166; zu einer hilfreichen Analyse der Fremdenthematik, zunächst zusammengefasst für das gesamte Alte Testament und dann besonders im Deuteronomium, mit weiterführenden Literaturhinweisen vgl. *Ebach*, *Fremde*; ferner auch *Awabdy*, *Immigrants*.

[145] Ex 22,20; 23,9$^{(3x)}$.12: sowohl im Kontext einer festen Ägypten-Formel als auch im Kontext des Sabbatgebots mit seiner typischen „sechs plus eins"-Formulierung.

[146] Dtn 10,18f; 14,21.29; 16,11.14; 18,6; 23,8; 24,14.17.19-21; 26,5.11-13; 27,19; 28,43.

darf,[147] dem Israeliten jedoch nicht, und im Fluchkapitel Dtn 28,43f wird der soziale Aufstieg des Fremden (und gleichzeitige Abstieg des Israeliten) als negatives Ereignis für Israel erwähnt.[148] Sonst spricht das Deuteronomium stets sozialrechtlich inklusiv über den Fremden, etwa indem es ihn zum Fest einlädt, ihm Essen und Kleidung gewährt, auf einem gerechten Lohn für ihn besteht oder ihm Erntereste überlässt.

Profilierter zeigt sich der Gebrauch des Wortes גר in ebenfalls neunzehn Versen des Heiligkeitsgesetzes,[149] in dem vier Textkategorien zu unterscheiden sind:

(a) kultische Gesetzgebung, die den Fremden zur Einhaltung eben dieser Gesetze verpflichtet;

(b) strafrechtliche Sätze, die den Fremden einbeziehen;

(c) soziale Gesetzgebung, in welcher der Fremde, ähnlich den sprachlich und sachlich verwandten Texten im Bundesbuch und Deuteronomium, eine positive Stellung hat;

(d) soziale Gesetzgebung, in welcher der Fremde negativ dargestellt wird.

Sozialrechtliche Aussagen über den Fremden sind im Heiligkeitsgesetz neunmal belegt, von denen ihn nur zwei negativ bewerten. In allen drei Korpora finden sich insgesamt dreiundzwanzig sozialrechtliche Aussagen, in denen der Fremde einundzwanzigmal in Schutz genommen wird. Nur die Verse Lev 25,45.47 verraten eine negative Haltung[150] ihm gegenüber: V. 45 besagt, dass Kinder von Fremden als dauerhafte Sklaven in Israel dienen dürfen; V. 47 steht in seiner Art als (rein sozialrechtlicher) Text, in dem der Fremde als ökonomisches Gegenüber im negativen Sinne – fast als ökonomische Bedrohung – dargestellt wird, überhaupt allein.[151]

Der תּוֹשָׁב oder Halbbürger erscheint weder im Bundesbuch noch im Deuteronomium. Im Heiligkeitsgesetz ist er – außer im kultischen Rechtssatz Lev 22,10 – ausschließlich in Lev 25 belegt, und zwar siebenmal.[152] Davon wird er wiederum zweimal metaphorisch verwendet,[153] sodass fünf hier zu beachtende Belege übrig bleiben. Da תּוֹשָׁב in V. 47 zweimal vorkommt, verteilt sich seine

---

[147] Diese Bestimmung könnte aber auch anders gedeutet werden, nämlich als dem Fremden gewährte ‚Religionsfreiheit', indem er nicht an die kultischen Bestimmungen der Israeliten gebunden wird (vgl. *Braulik*, „Menschenrechte", 8f).

[148] Vgl. hierzu die Behandlung dieses Aspekts bei *Ebach*, *Fremde*, 57, anhand der Analyse von *Steymans*, *Deuteronomium 28*.

[149] Lev 17,8.10.12f.15; 18,26; 19,10.33f; 20,2; 22,18; 23,22; 24,16.22; 25,6.23.35.45.47.

[150] Die beiden negativen Sätze im Deuteronomium können nicht als sozialrechtlich eingestuft worden – ihre Gattungen sind vielmehr kultisches Recht resp. Fluchtext.

[151] An ihn kommt nur noch Dtn 28,43 heran, doch soll dieser Vers poetisch-sanktionierend und nicht normativ wirken.

[152] Lev 25,6.23.35.40.45.47$^{(2x)}$.

[153] Lev 25,23.40.

Darstellung auf je zwei Verse. Dabei wird er zweimal positiv,[154] zweimal negativ[155] präsentiert.

Auch im Falle des תושב bleiben also nur die Verse Lev 25,45.47 als negative Belege für dessen Gebrauch. Aufgrund dieser textimmanenten Beobachtung kann jedenfalls gesagt werden, dass der גר, obwohl er (wie auch der תושב) meist nicht ‚Bruder' *ist*,[156] sozialrechtlich durchaus – mit der einen Ausnahme im Paragraphen Lev 25,47-55 – dem ‚Bruder' gleichgestellt ist.

Lev 25,36 Du darfst von ihm keinerlei Zins und Wucher nehmen: Die beiden fast synonymen Termini נשך und תרבית, hier mit ‚Zins' und ‚Wucher' übersetzt (man könnte auch von ‚Mehrung' sprechen), sind – verlässt man sich ausschließlich auf die biblischen Zeugnisse – nur schwer voneinander zu unterscheiden. Bereits der Talmud konstatiert, dass es keinen wirklichen Unterschied zwischen den beiden gebe.[157] Wörtlich bedeutet נשך aber ‚Biss', was einige Autoren[158] dazu veranlasst zu glauben, der נשך wäre ein Abzug, den sich der Schuldherr im Voraus vom ausgeborgten Betrag zurückbehalten habe, während der Schuldner jedoch den ganzen (nominalen) Wert des Kredits zurückzahlen musste. Demgegenüber bedeutet תרבית soviel wie ‚Zunahme' bzw. ‚Mehrung' und wäre damit eigentlich der eindeutigere Terminus für Zinsen im herkömmlichen Sinn.[159] Der Talmud verwendet dafür das damit

---

[154] Lev 25,6.35.

[155] Lev 25,45.47$^{(2x)}$.

[156] Vgl. aber die eindeutigen Formulierungen in Dtn 24,14 und Lev 25,35. Besonders aber auch Lev 19,33f wird in diesem Zusammenhang oft als Schlüsseltext in der Literatur erwähnt – mehr dazu unten in den theologischen Schlussfolgerungen Kap. 7.

[157] Vgl. *Neufeld*, "Prohibitions", 356. *Milgrom*, *Leviticus 23-27*, 2210, erwähnt, dass die Kantillationszeichen der Masoreten andeuten, dass die beiden Worte zusammen gelesen werden müssen, als wären sie ein Hendiadyoin. *Raschi*, *Kommentar*, 396, merkt zu Lev 25,36 an: „Zins und Mehrung, die Weisen erklären es für dasselbe ..." *Holladay*, 395, erklärt zu תרבית: "distinction from *nešek* not completely clear". *Koehler/Baumgartner* 2004 I, 689, sowie *Gesenius/Donner*, 856.1457, weisen beide darauf hin, dass die zwei Begriffe oft zusammen verwendet werden. *Koehler/Baumgartner* 2004 II, 1644f, zitieren Plöger mit der folgenden Definition: „תרבית könnte den Aufpreis bedeuten, der einem Darlehen zugeschlagen wird, während mit נשך ein um die Zinsen verringertes Darlehen gemeint ist". Ferner nach Gamoran: "תרבית Zins auf Darlehen von Lebensmitteln, נשך dagegen Zins auf Darlehen von Geld" (ebd., 1645).

[158] Vgl. *Neufeld*, "Prohibitions", 357 (sich auf Buhl berufend), sowie *Milgrom*, *Leviticus 23-27*, 2210 (der auf Rabbi Elieser aus Beaugency, ferner auch auf Poznanski, Buhl, Neufeld und Speiser verweist).

[159] Vgl. *Hieke*, *Levitikus 16-27*, 1019.

verwandte תירבית.[160] In den Exodus- und Deuteronomiumparallelen[161] wird jedoch ausschließlich נשך verwendet, um Zinsen zu bezeichnen.

Wenden wir uns jetzt der Frage zu, wie sich der Übergang von einer auf der Agrarwirtschaft basierenden Gesellschaft zu einer kommerziellen, handelsbasierten Gesellschaft für Israel / Juda vollziehen konnte. Zunächst: Inwieweit die sozialrechtliche Gesetzgebung des Bundesbuches, des Deuteronomiums und des Heiligkeitsgesetzes zwischen produktiven und unproduktiven Krediten bzw. Zinsen unterscheidet, ist eine Frage der Interpretation. So glaubt etwa *Christensen* nicht, dass es im damaligen Israel einen nennenswerten Geldmarkt gab bzw. kommerzielle Kreditvergabe bereits üblich war.[162] Da alle drei Versionen des Zinsverbots[163] Silber (bzw. Geld) als Zahlungsmittel des Kredits erwähnen,[164] leitet *Neufeld* daraus ab, dass kommerzielle Geschäfte wohl bereits zur Entstehungszeit dieser Texte üblich waren, wenngleich nur in einer einfachen Form.[165]

Einen schlüssigen Beweis für eine blühende, auf Handel basierende Wirtschaft Judas bringt B. *Halpern* dann für das 7. Jh. aufgrund archäologischer Funde aus der Zeit Manasses.[166] Er datiert für Juda den Übergang von der Existenzlandwirtschaft zur kommerziellen Landwirtschaft, unterstützt von einer handels- und industrieorientierten Wirtschaft, in die Zeit von Hiskija und Manasse:

---

[160] Vgl. *Neufeld*, "Prohibitions", 382 Anm. 99.

[161] Ex 22,24; Dtn 23,20f.

[162] Vgl. *Christensen*, *Deuteronomy 21-34*, 555 (unter Berufung auf Tigay, obwohl dieser selbst meint, dass manche Textverweise, etwa Ex 22,24 und Dtn 24,12, implizieren, dass nicht alle Schuldner zugleich auch Arme waren. Die beiden von ihm erwähnten Texte weisen jedoch lediglich auf arme Schuldner hin und sagen nichts über eventuelle Wohlhabende [d. h. etwaige Bezieher von Krediten für Handelszwecke] aus). Diese Methode der rein textbezogenen Argumentation scheint also noch nicht viel Aufschlussreiches bieten zu können.

[163] Ex 22,24; Lev 25,36f; Dtn 23,20f.

[164] Deuteronomium und Levitikus fügen auch Lebensmittel hinzu.

[165] *Neufeld*, "Prohibitions", 355: "Thus we are dealing here with a community which is familiar with standardized measures of silver which served as a kind of currency and which already takes the place of cattle or other goods, as a more convenient medium of exchange and in which loans at interest become an important factor within the simple commercial transactions illustrated in these laws." Weder *Christensen* noch *Neufeld* argumentieren allerdings auf archäologischer Basis, die aber in dieser Frage aufschlussreich wäre.

[166] Vgl. *Halpern*, "Lineages", 61ff. Ihm zufolge war vor allem der Negev im Süden ein Tor zu wichtigen Handelsrouten. Als Handelsware erwähnt er u. a. Kräuter, Sesam, Wein und Olivenöl, abgesehen von diversen anderen für den Verkauf bestimmten Feldfrüchten.

> Under (Hezekiah and) Manasseh, Judah crossed over from a traditional economy based in extensive agriculture to a cash-cropping, industrial economy, a transition that implied and produced a centrally-directed state.[167]

Zum selben Schluss kommt auch M. *Steiner* aufgrund bisher unpublizierten archäologischen Materials, u. a. aus der Grabung in Jerusalem von K. Kenyon 1961-67.[168] Ihr zufolge war Jerusalem im 10./9. Jh. v. Chr.[169] ein administratives Zentrum von nur lokaler Bedeutung, während die Stadt erst im 7. Jh. zu einem kommerziellen Zentrum von außerordentlichem Umfang anwuchs. So hatte nach der 50 ha großen Grundfläche von Jerusalem im ganzen judäischen Gebiet und in seinem Umfeld lediglich Ekron eine Fläche von 20 ha, während keine weitere Siedlung eine Fläche von 7 ha überschritt.[170] Wie *Halpern* verbindet auch *Steiner* den Anfang der raschen Entwicklung Jerusalems mit dem Umbruch nach der assyrischen Invasion des Landes.[171] Die archäologisch reiche Schicht zwischen dem assyrischen und dem babylonischen Einfall in Jerusalem liefert Hinweise auf Werkstätten, ein Archiv sowie – anders als für das 10./9. Jh. – viele Objekte, die auf das Familienleben der Bewohner deuten. Drei Ostraka in einer Werkstätte erwähnen die wichtigen Exportprodukte Getreide und Olivenöl. Importiert wurden Luxusgegenstände: Holzmöbel, Elfenbein, dekorative Muschelschalen, Weinkrüge, feine Keramik, Skarabäen aus Ägypten und Bronzeartikel.[172] Für Jerusalem zeichnete sich also ein Aufschwung in Einwohnerzahl, Gewerbe und Handel ab.

Obwohl *Steiner* die Ergebnisse von *Halpern* scheinbar nicht kennt, bestätigen ihre (späteren) Wahrnehmungen aus den von ihr zitierten archäologischen Berichten diejenigen von *Halpern*, dass nämlich das Landgebiet Judas nach der Invasion und dem Abzug der Assyrer nicht mehr in einem bedeutenden Maß

---

[167] *Halpern*, "Lineages", 64.

[168] Vgl. *Steiner*, "Jerusalem", 280ff.

[169] Je nach Interpretation der schwierig zu datierenden Scherbenfunde aus diesem größeren Zeitraum.

[170] Vgl. *Steiner*, "Jerusalem", 285. *Halpern*, "Lineages", 46.60, arbeitet mit ähnlichen Angaben: ein plötzlicher Aufschwung im Olivenhandel ließ Ekron zu einer Stadt mit einer Fläche von 50 Acre (= 20,25 ha; 1 Acre = 0,405 ha) anwachsen. Für die übrigen ländlichen Siedlungen erwähnt er Flächen von lediglich 0,5-1 ha. Zu einer früheren Besprechung der schnellen Entwicklung Jerusalems ab Hiskija vgl. *Ahlström*, *Administration*, 78f.

[171] Vgl. *Steiner*, "Jerusalem", 284; ebenfalls *Bieberstein/Bloedhorn*, *Jerusalem 1*, 73ff. *Finkelstein*, "Settlement", vertritt die These eines massiven Wachstums von Jerusalem aufgrund von Flüchtlingsbewegungen bereits aus dem Nordreich nach dessen assyrischer Invasion 721 v. Chr. Dass dieses Wachstum auch im 7. Jh. nicht mehr rückgängig gemacht wurde, behauptet er gegen die von ihm ausführlich behandelten diesbezüglichen Argumente von Nadav Na'aman.

[172] Vgl. *Steiner*, "Jerusalem", 284f.

wiederbesiedelt worden ist. Beide Autoren bestätigen, dass in Jerusalem die wichtigsten Verwaltungs-, Handels-, politischen, sozialen sowie wahrscheinlich auch religiösen Institutionen zentralisiert wurden.[173]

Dass Zentralisation im Verwaltungsbereich auch im Umfeld Israels eine Rolle spielte, beschreibt *Richardson*,[174] besonders mit Bezug auf die staatliche Fürsorge gegen Nahrungsengpässe in Mesopotamien:

> ... through security traded for autonomy, urban communities were founded and flourished. The wolf of hunger seems to lurk by the door of the entire enterprise of the early state.[175]

Seine Untersuchung zeigt, dass Landwirtschaft, Handel und auch Politik in ihrer Entwicklung in Mesopotamien eng miteinander verbunden waren. Dennoch weist er gleichzeitig darauf hin, dass archäologische Beweise für große Getreidespeicher zwar vorhanden sind (etwa auf Tell Brak, in Fara und Ur), wenngleich weniger weit verbreitet und weniger umfangreich als erwartet. Er interpretiert dies als Indiz dafür, dass die größten Veränderungen nicht sosehr im Bereich der Erweiterung von Technologie oder Infrastruktur als auf symbolischer Ebene lagen.[176] Der Staat setzte seine Kapazitäten also einerseits zur tatsächlichen Fürsorge und Sicherheit für die Bevölkerung ein, war andererseits aber auch darum bemüht, seine eigene Legitimation durch ebendiese Kapazitäten möglichst aufrechtzuerhalten und sogar auszuweiten.

Angenommen, ein derartiger Umschwung zum Handel wäre zu dieser Zeit in Juda ähnlich – wenn auch nicht genauso ausgeprägt – wie mehrere Jahrhunderte zuvor in Mesopotamien verlaufen,[177] dann wäre für die Zeit Hiskijas und vor allem Manasses mit einer ähnlichen Umbruchssituation, die u. a. Standardisierungen bzw. die Einführung von Zahlungsmitteln einschließen würde, zu rechnen.[178]

---

[173] Vgl. *Steiner*, "Jerusalem", 285; *Halpern*, "Lineages", 64: "Still, even meticulous central planning could not resuscitate the status quo ante-bellum. Under Manasseh, Jerusalem remained bloated, the lineages off the land." *Na'aman*, "Sojourners", 238 Anm. 2, führt demgegenüber umfangreiche Literatur zur von ihm vertretenen These an, dass sich das judäische Umland sehr wohl mit der Zeit erholte.

[174] Vgl. *Richardson*, "Hunger".

[175] *Richardson*, "Hunger", 753.

[176] Vgl. *Richardson*, "Hunger", 753.

[177] Vgl. *Hudson*, "Origins", 13, wie oben in der Exegese von Dtn 23,20f besprochen. *Chirichigno*, *Debt-Slavery*, 35, meint zur Bildung von Stadtstaaten in Mesopotamien: "... one of the negative results of the process of centralization that took place among city- and national states was an increase in social stratification, characterized by an increase in debt-slavery and the alienation of land among free citizens."

[178] Bezüglich der Zentralisation und der Bürokratie Judas schreibt *Röllig*: „... nicht nur die zahlreichen Funde von Originalsiegeln, sondern auch die gegenüber anderen Ländern ungewöhnlich hohe Zahl von Siegelbullen belegt, daß eine entwickelte Bürokratie auf eine große Anzahl von Siegelbesitzern zugeschnitten war. Das dürfte in anderen

Die Implikation dieser archäologischen Daten für die Interpretation der sozialrechtlichen Brudertexte liegt darin, dass sie das Vorhandensein eines intakten (zentralisierten) Handelssystems für Juda bestätigen. Dieses liefert die Kulisse für die in den Brudergesetzen geschilderten wirtschaftlich geprägten Situationen. Dass der Handel laut archäologischem Befund auch auf der Landwirtschaft beruhte, erklärt das Zusammenspiel zwischen agrarischen und wirtschaftlichen Termini, die den Begriff ‚Bruder' im Deuteronomium und auch im Heiligkeitsgesetz stets begleiten. Dies bedeutet aber noch nicht, dass die biblischen Brudergesetze auch in der Zeit Manasses verfasst wurden, sondern vorerst nur, dass an der Glaubwürdigkeit der geschilderten Situationen nicht zu zweifeln ist.

Lev 25,37 Dein Geld sollst du ihm nicht gegen Zins geben, und gegen Wucher gib ihm nicht deine Nahrung: Dieser Satz ist kunstvoll in der Form eines chiastischen Parallelismus aufgebaut. Hier steht aber statt des תרבית von V. 36 nun מרבית im b'-Teil des Parallelismus. Da beide Worte sich von der Wurzel רבה herleiten, bleibt die Grundbedeutung stets ‚Vermehrung', ‚Zuschlag' oder ‚Wucher' und ist eine Korrektur im Sinne des Samaritanischen Pentateuchs, der תרבית liest, nicht notwendig.[179]

6.6 Die Sklavenfreilassung und Prävention sklavenähnlicher Arbeitsverhältnisse

6.6.1 Lev 25,39-46

Übersetzung

39 Und wenn dein Bruder bei dir verarmt und dir verkauft wird, darfst du ihn nicht den Dienst eines Sklaven verrichten lassen. 40 Wie ein Lohnarbeiter, wie ein Halbbürger soll er bei dir sein. Bis zum Jobeljahr soll er dir dienen. 41 Dann darf er von dir fortgehen, er und seine Söhne mit ihm, und er kann zu seiner Sippe und zum Erbbesitz seiner Väter zurückkehren. 42 Denn sie sind meine Knechte, die ich aus

---

Staaten des Alten Orients im 8. bis 6. Jh. v. Chr. nicht grundsätzlich anders gewesen sein, ist aber bisher nur hier in großer Vielfalt belegt. Auch das durch die *lmlk*-Siegel dokumentierte zentral organisierte Verteilungssystem von Gütern ist außerhalb Judas bisher nicht nachweisbar" (*Renz/Röllig, Epigraphik II/2*, 81). Zum von den *lmlk*-Siegeln bezeugten judäischen Zentralismus vgl. ebd., 101f.

179 Auch *Neumann*, „Studien", 8, hält מרבית für die richtige Lesart. *Gesenius/Donner*, 1457, bezeichnen die beiden Formen als gleichbedeutend.

dem Lande Ägypten herausgeführt habe. Sie sollen nicht wie ein Sklave verkauft werden. 43 Du sollst nicht mit Härte über ihn herrschen. Fürchte deinen Gott!

44 Dein Sklave und deine Sklavin, die du haben willst, sollen aus den Völkern kommen, die um euch herum wohnen. Aus denen kauft euch Knecht und Dienstmagd. 45 Auch von den Kindern der Halbbürger und der Fremden bei euch, auch aus ihnen kannst du kaufen, und aus ihren Sippen, die bei euch sind, die in eurem Land geboren wurden, die sollen für euch als Erbteil da sein. 46 Ihr könnt sie eure Söhne nach euch erben lassen, um (sie) als ewigen Besitz zu erhalten; sie sollen für euch arbeiten. Aber für eure israelitischen Brüder gilt, dass kein Mann mit Härte über seinen Bruder herrschen darf.

Auch Lev 25,39-46 beginnt mit der Bruderformel: *Wenn dein Bruder verarmt …* Jede der drei in Lev 25,39-46 vorkommenden paränetischen Formeln findet sich auch in den anderen Paragraphen von Kapitel 25, die den ‚Bruder' erwähnen, wieder.[180] Der Lohnarbeiter und der Halbbürger werden ebenso erwähnt wie die Familie bzw. Sippe des ‚Bruders', seine Ahnen (Väter) und seine Kinder. Das Familieneigentum (אחזה), zu dem er zurückkehren darf, bildet wie in V. 23-34 ein Thema. Dieser Paragraph, der auch das Jobeljahr einmal erwähnt (V. 40), kann sowohl mit Ex 21,2 als auch mit Dtn 15,12 verglichen werden.

Lev 25,39 Und wenn dein Bruder bei dir verarmt und dir verkauft wird: Beim dritten Vorkommen der Formel כי־ימוך אחיך hat der ‚Bruder' die vorletzte Stufe seiner Verarmung erreicht. Er hat nicht nur seinen Besitz abgegeben, sondern muss nun (vorläufig) seine Freiheit einbüßen und dem Haushalt seines Kreditgebers beitreten.[181]

נמכר wird oft reflexiv[182] gelesen und damit die Entscheidung über das eigene Schicksal in die Hand des Verarmten selbst gelegt. Bereits die Exegese von Dtn 15,12 machte deutlich, dass nicht eindeutig ist, ob diese Verbalform passiv oder reflexiv übersetzt werden soll. Im Zusammenhang des gesamten Kapitels 25 scheint es, dass in Lev 25,39 eine passive Bedeutung vorliegt,[183] während das Deuteronomium das Verkaufsvorgehen reflexiv versteht. Die hier

---

[180] Zur Formulierung: *Denn sie sind meine Knechte; ich habe sie aus Ägypten herausgeführt*, vgl. V. 38.55; zu: *Du sollst nicht mit Gewalt/Härte über ihn herrschen*, vgl. V. 53; und zu: *Fürchte deinen Gott*, vgl. V. 17.36; vgl. auch Anhang 4.

[181] Dazu *Hieke, Levitikus 16-27*, 1027: „Es handelt sich nicht um einen Tagelöhner (שׂכיר, *śākīr*) der nachts in sein Haus und zu seiner Familie zurückkehrt. Das Hendiadys aus *śākīr* und *tôšāb* drückt vielmehr aus, dass der Arbeiter »niedergelassen« ist, ein »fremder Hausgenosse«, also langfristig mit seiner engeren Familie *im Haushalt des Gläubigers* beschäftigt ist".

[182] Ähnlich der Situation in Dtn 15,12 (vgl. die Exegese dazu).

[183] So *Milgrom, Leviticus 23-27*, 2219f.

vorgelegten Übersetzungen von Dtn 15,12 und Lev 25,39 reflektieren jeweils diese beiden Möglichkeiten in den unterschiedlichen Versen. *Milgrom*[184] bemerkt nämlich, dass ein reflexives Verständnis die Bestimmungen von Lev 25,39ff annullieren würde, da jeder Schuldner es in einem solchen Fall vorziehen würde, sich einem Nichtisraeliten zu verkaufen, um bald darauf vom verwandten Löser freigekauft zu werden, anstatt einem Mitisraeliten bis zum Jobeljahr als Lohnarbeiter dienen zu müssen.

Lev 25,39 darfst du ihn nicht den Dienst eines Sklaven verrichten lassen: Er dient nicht als Sklave, sondern *wie ein Lohnarbeiter, wie ein Halbbürger* (Lev 25,40).[185] Dies wird auch in Lev 25,53 bestätigt: *Jahr für Jahr wird er* (d. h. der losgekaufte ‚Bruder') *wie ein Lohnarbeiter bei ihm* (d. h. beim Verwandten, der den ‚Bruder' aus der Hand eines reich gewordenen Fremden oder Halbbürgers freigekauft hat) *sein*. In der Paränese Dtn 15,18 (*lass es aber nicht schwer sein in deinen Augen, ihn als Freigelassenen von dir fortzuschicken, denn doppelt wäre der Lohn eines Lohnarbeiters gewesen, hätte dieser dir sechs Jahre lang dienen müssen*) wird auch deutlich, dass in den Augen des Kreditgebers die Arbeit des ‚Bruders' dieselbe Qualität wie die eines bezahlten Lohnarbeiters besitzen soll. Das, was der ‚Bruder' als Lohnarbeiter verdient hätte, fließt sozusagen direkt in die Kasse des Gläubigers und tilgt nach und nach die Schulden des ‚Bruders'. In Lev 25 dient der ‚Bruder' allerdings nicht *sechs Jahre lang* (Dtn 15,18) bis zu seiner Freilassung, sondern *bis zum Jobeljahr* (V. 40.54).[186]

Lev 25,42 Denn sie sind meine Knechte: Nicht nur bezüglich des Bodens (Lev 25,23) gilt das privilegrechtliche Prinzip, dass das Land dem Herrn gehört und deswegen nicht endgültig verkauft werden darf, sondern auch für die Israeliten gilt, dass alle wesentlich Knechte Gottes sind und deshalb nicht wie Sklaven verkauft werden dürfen.

---

[184] Vgl. *Milgrom*, *Leviticus 23-27*, 2220.

[185] *Milgrom*, *Leviticus 23-27*, 2213, erklärt das Fehlen einer Unterscheidung zwischen dauerhafter Sklaverei und Schuldsklaverei in Lev 25 folgendermaßen: "For Israelites, both kinds of slavery, chattel and debt, are prohibited: chattel-slavery is abolished, and debt-slavery is transformed into work for hire. The two terms, therefore, coalesce."

[186] *Milgrom*, *Leviticus 23-27*, 2216, hält es für grotesk, dass der Schuldner bis zum Jobeljahr dient, und postuliert, dass er, da er für einen Lohn arbeitet, auch irgendwann vielleicht genügend Mittel versammelt haben könnte, um sich selbst loszukaufen (vgl. V. 49). Auch den Terminus ‚loskaufen' will *Milgrom* nicht gelten lassen, sondern will eher nur von einem entstandenen Überschuss (als Resultat seiner Arbeit) wissen, mit dem der Schuldner seine Schulden tilgen kann.

Um die relative Datierung von diesem Text und Dtn 15,12-18 bestimmen zu können, müssen einige Merkmale beider Texte beachtet werden. Aufgrund seiner Stellung innerhalb der Tora meint B. *Kilchör* zur Bestimmung Dtn 15,12ff: „Das letzte Wort zur Sklavenfreilassung ist ... nicht in Lev 25, sondern in Dtn 15 gesprochen".[187] In der Literatur wird die Parallele Ex 21,1-6 / Dtn 15,12-18 / Lev 25,39-46 als Paradebeispiel eines dreifachen Textvergleichs zwischen den drei Korpora Bundesbuch, Deuteronomium und Heiligkeitsgesetz ausführlich diskutiert.[188] Die folgenden Argumente verdienen besondere Aufmerksamkeit:

(a) Die Sprache von Dtn 15,12-18 steht jener von Ex 21,1-6 wesentlich näher als Lev 25,39ff.[189] Dtn 15 teilt mit Ex 21 das temporale Schema ‚*sechs Jahre ... im siebenten Jahr*' sowie die Möglichkeit, dass ein Sklave den Wunsch äußern darf, beim Herrn zu bleiben, und in Verbindung damit die Beschreibung des Pfriemrituals. Die materielle Fürsorge für jenen Sklaven, der seinen Herrn verlässt, stellt eine Innovation des Deuteronomiums gegenüber der Exodusregelung dar.

(b) In der Levitikusparallele fehlen die Elemente ‚sechs plus eins' sowie die Option des Verbleibens im Haus, bestätigt durch das Pfriemritual. Der ‚Bruder' arbeitet nicht als Sklave, sondern als Lohnarbeiter (Lev 25,40). Dies bildet wiederum eine Innovation des Heiligkeitsgesetzes gegenüber dem Deuteronomium. Die deuteronomische Innovation der materiellen Vorsorge bleibt in der Form erhalten, dass der ‚Bruder' zum Erbbesitz seiner Väter zurückkehren darf und seine Söhne (als Arbeitskräfte) mit ihm weggehen dürfen.[190] In einem ersten Lesegang klammert *Kilchör* das Deuteronomium aus und vergleicht Ex 21,2-11 mit Lev 25,39-46. Für ihn liegt die Fürsorge darin, dass die Rückkehr an das Jobeljahr gekoppelt wird:

> Dann wird er nicht nur frei – aber ohne jeglichen Besitz – sein, sondern er erhält zusammen mit seiner Freiheit auch wieder seine Existenzgrundlage zurück.[191]

Im Text (konkret Lev 25,41) gibt es allerdings keinen Hinweis darauf, dass von einem Landverkauf die Rede ist. Es handelt sich in Lev 25,39-46 ausschließlich um einen Personenverkauf (vgl. V. 39), und auch die Erwähnung des Jobeljahres wird ausschließlich mit der Erlangung der Freiheit der betreffenden Personen verbunden (vgl. V. 40f). Im Gesamtkontext des Kapitels ist das Land

[187] *Kilchör, Mosetora*, 2; *ebd.*, 137-153, bringt er eine ausführliche und genaue Analyse aller drei Parallelen.

[188] Vgl. zuletzt u. a. *Nihan, Torah*, 520ff; *Stackert, Torah*, 113ff; *Kilchör, Mosetora*, 137ff. Bei *Stackert, Torah*, 113 Anm. 1, findet sich eine Übersicht zur Literatur über fast 30 Jahre Forschung auf diesem Gebiet.

[189] Vgl. hierzu ausführlich oben die Exegese von Dtn 15,12ff.

[190] Vgl. *Kilchör, Mosetora*, 143.

[191] *Kilchör, Mosetora*, 143.

grundsätzlich nicht veräußerbar. Darum kann der Schlüsselvers (V. 23) mit der Formel ‚ein privilegrechtliches Prinzip' beschrieben werden: *Das Land darf nicht endgültig verkauft werden, denn das Land gehört mir.* Im gesamten Kapitel 25 behält das Land diese Souveränität: es bleibt von den Jobeljahrregelungen unberührt, weil es ohnehin unverkäuflich ist.[192] V. 10 (und ebenso V. 13) definieren das Jobeljahr nicht derart, dass das Land zu den Menschen zurückkehrt, sondern umgekehrt, die Menschen zu ihrem Land zurückkehren[193]: יובל הוא תהיה לכם ושבתם איש אל־אחזתו ואיש אל־משפחתו תשבו.

Wer Lev 25 strukturanalytisch liest, erkennt, dass sich V. 1-13 in einem rein agrarischen Kontext abspielen. V. 14 führt sowohl den menschlichen als auch den fiskalischen Faktor ein: dort ist erstmals von ‚kaufen' und ‚verkaufen' (und vom ‚Bruder'!) die Rede. V. 16 stipuliert aber, dass es Jahreserträge sind und nicht der Boden selbst, die verkauft werden. V. 23 bestätigt dies noch einmal mit dem erwähnten ‚privilegrechtlichen Prinzip'. V. 24 gestattet zwar den Rückkauf von Land, doch scheint bereits veräußertes Land gemeint zu sein. Neu ist, dass ab der Einführung der privilegrechtlichen Jobeljahrregelung kein Land mehr verkauft werden darf.

Die Stipulationen von V. 25-28 erwähnen zwar Verkaufsgut, bestimmen aber dessen Natur nicht näher. Im Lichte der direkt vorangegangenen Verse darf logischerweise das Land dabei aber ausgeschlossen werden. V. 29-34 lassen Raum für das Kaufen und Verkaufen von Häusern, unter Umständen sogar auf Dauer und sogar mit Leviten als Handelspartnern (vgl. Dtn 18,1f). Das Weideland ist aber definitiv von diesen Regelungen ausgeschlossen (V. 34). V. 35-38 behandeln das Zinsverbot, sodass bis V. 39-46 im Text keine Spur davon gefunden werden kann, dass es im Rahmen seiner Bestimmungen überhaupt möglich sein könnte, dass ein Freigelassener „ohne jeden Besitz", wie *Kilchör* formuliert, hätte sein können. Der familiäre Grundbesitz als Grundabsicherung läuft gerade wie ein roter Faden durch den Text. Alle Jobeljahrbestimmungen, inklusive der noch zu behandelnden (V. 47-55) beziehen sich ausschließlich auf die Relationen zwischen Menschen: nur dort, wo Menschen

---

[192] Vgl. auch *Nihan*, "Holiness Code", 85.

[193] *Nihan*, "Holiness Code", 87, versteht ähnlich wie *Kilchör*, *Mosetora*, 143, unter Berufung auf Lev 25,10.13.41 die Jobeljahrregelung als ein Zurück*erhalten* des Landes und nicht als eine Rück*kehr* zum Land: "... the Israelite simply recovers at the jubilee his ancestral land which he had to mortgage". Problematisch ist bei dieser Interpretation, dass gerade in diesen drei Versen von einer Verpachtung des Landes keine Rede ist (wohl aber in V. 16.23-28.29-31), sondern dass Formen der Wurzel שׁוב diese Verse stark prägen. Solche erscheinen zweimal in V. 10, einmal in V. 13 und wieder zweimal in V. 41 – dort auch noch einmal verstärkt durch die Redewendung ויצא מעמך. In den Perikopen 25,8-13.39-42 wird nicht das Verpachten des Ertrages des Landes, sondern der Arbeitskraft des Bruders thematisiert.

gezwungenermaßen in irgendeiner Form als ‚Handelsgut' fungieren, greifen die Bestimmungen des Jobeljahres ein.

6.6.2 Lev 25,47-55

Übersetzung

47 Und wenn die Hand eines Fremden oder eines Halbbürgers bei dir stark wird, während dein Bruder neben ihm verarmt und sich dem Fremden oder Halbbürger bei dir oder auch einem Mitglied seiner Sippe verkauft, 48 hast du, nachdem er sich verkauft hat, eine Lösepflicht ihm gegenüber: einer aus seinen Brüdern soll ihn freikaufen. 49 Entweder sein Onkel oder ein Sohn seines Onkels oder auch ein enger Verwandter aus seiner Sippe soll ihn freikaufen, oder wenn seine Hand wieder stark wird, kann er auch sich selbst freikaufen. 50 Und zusammen mit seinem Käufer soll er die Jahre, seit er sich verkauft hat, bis zum Jobeljahr berechnen. Das Geld seines Selbstverkaufes wird berechnet, indem man diese Jahre zählt, und die Zeit seines Verbleibens wird wie die eines Tagelöhners berechnet. 51 Wenn noch viel Zeit bis zum Jobeljahr übrig ist, soll seine Lösung mit entsprechend viel Geld erkauft werden. 52 Wenn von diesen Jahren nur noch wenig übrig sind bis zum Jobeljahr, soll er für ihn entsprechend seiner Dienstjahre berechnen und danach für seine Lösung erstatten. 53 Jahr für Jahr wird er wie ein Lohnarbeiter bei ihm sein. Er darf vor deinen Augen nie mit Härte über ihn herrschen. 54 Falls er aber von all dem nicht losgekauft wird, soll er im Jobeljahr zurückkehren, er und seine Söhne mit ihm. 55 Denn mir gehören die Israeliten als Knechte, meine Knechte sind sie, die ich aus dem Lande Ägypten herausgeführt habe. Ich bin JHWH, euer Gott.

Lev 25,47 Und wenn die Hand eines Fremden oder eines Halbbürgers bei dir stark wird: Für Israeliten sind klare Regeln gegeben: ein Volksgenosse darf nicht auf Dauer als Sklave gehalten werden (V. 39-46). Jetzt aber wird der Fall eines reichen Fremden oder Halbbürgers behandelt, den die Regelung von Lev 25,39-46 nicht betrifft. Deswegen müssen die Israeliten auch wissen, wie einem ‚Bruder' gegenüber einem (stark gewordenen) Fremden oder Halbbürger zu helfen ist. Die Hand des Fremden oder Halbbürgers, die „stark wird", verweist auf seine wirtschaftliche Kraft.[194] Dem Vers steht Lev 25,35 gegenüber: *Wenn dein Bruder verarmt und seine Hand bei dir schwach wird, sollst du ihn – auch einen Fremden oder Halbbürger – stärken*. Die Hand, von der gesprochen wird, ist hier noch eine schwache, die auf Armut deutet. Eine ‚geschwächte' brüderliche Hand soll gestärkt werden – auch wenn diese die schwache Hand eines Fremden oder Halbbürgers ist.

[194] Vgl. ausführlich oben zur Exegese von Dtn 15,2.

Lev 25,47 während dein Bruder neben ihm verarmt: Zum vierten und letzten Mal folgt die Verarmungsformel, jedoch in abgewandelter Form: ומך אחיך עמו. *Milgroms* Übersetzung von עמו mit "under his authority"[195] überzeugt, wie bereits erwähnt, nicht. Zweifellos handelt dieser Paragraph insgesamt davon, dass ein Israelit ‚unter' die Macht eines Fremden oder Halbbürgers gerät. In V. 47b handelt es sich allerdings noch um eine bloße Gegenüberstellung: Der Fremde wird reich, während gleich „neben ihm" der Bruder verarmt. Erst in V. 47c, wenn der ‚Bruder' sich dem Fremden verkauft, kann man von einer Unterordnung des ‚Bruders' unter die wirtschaftliche Macht des Fremden sprechen. Allerdings wird die Übersetzung *Milgroms* auch der dreifachen Verwendung von עם in V. 47 nicht gerecht. In V. 47a und c kann עמך (*bei dir*) auf keinen Fall mit ‚unter dir' übersetzt werden[196], denn es geht ausgerechnet um eine Person, die (wirtschaftlich) kräftig geworden und niemandem untergeordnet ist.

Lev 25,47 und sich dem Fremden oder Halbbürger bei dir oder auch einem Mitglied seiner Sippe verkauft: Der Bruder hat den Tiefpunkt seiner Verarmung erreicht: er verkauft sich nicht mehr an einen Israeliten, sondern an einen Fremden oder Halbbürger.[197] Aus mesopotamischen Rechtstexten, allen voran Kodex Hammurapi (KH) § 117, wissen wir von zwei Wegen, auf denen ein Schuldner sich oder einen Angehörigen ‚verkaufen' konnte. Die beiden diese Vorgänge beschreibenden Termini sind *ana kaspim (iddin)* (*für Geld [geben]*) und *ana kiššātim (ittandin)* (*als Pfand/Bürgschaft/Sicherheit [geben]*). Aus KH § 118 wird deutlich, dass ein Schuldner, der einen Angehörigen *ana kiššātim* gegeben hat, diesen nur während einer befristeten Zeitspanne wieder freikaufen konnte. Verfehlte er die Frist, war der *tamkārum*, d. h. derjenige, der das Pfand in Empfang genommen hatte, berechtigt, es *ana kaspim* weiterzuverkaufen. Der *tamkārum* (Händler), der in KH § 118 erwähnt wird, konnte der ursprüngliche Schuldherr, aber auch eine Art Makler gewesen sein. Dieser hätte den Kredit übernommen, sodass der Schuldner von seiner Verpflichtung dem ursprünglichen Schuldherrn gegenüber freigekommen wäre, dafür aber in ein Schuld-

---

195 *Milgrom*, *Leviticus 23-27*, 2233.

196 So übersetzt *Milgrom*, *Leviticus 23-27*, 2148, durchgehend. Dies impliziert, der Fremde sei hierarchisch ‚unter' das ‚Du', der Bruder wiederum ‚unter' den Fremden gestellt. Auf theologischer wie logischer Ebene ist diese Interpretation nicht stichhaltig. Auch ist eine solche Bedeutung sonst semantisch nirgends belegt – vgl. *Gesenius/Donner*, 974-976. Eine Übersetzung mit ‚unter' ist höchstens im Sinne von ‚sich unter (zwischen) einer (Menschen-)Menge befinden' möglich. Das ist aber nicht der Sinn, den *Milgrom* hier anpeilt. Ebenso argumentiert *Nihan*, *Torah*, 523 Anm. 506, gegen diese Übersetzungsmöglichkeit.

197 Vgl. zum Folgenden *Chirichigno*, *Debt-Slavery*, 67-72.

verhältnis dem *tamkārum* gegenüber getreten wäre. Die Bestimmung der Weitergabe eines *ana kiššātim* Gegebenen galt allerdings nur, wenn das Pfand ein Sklave oder eine Sklavin war. Eine Ehefrau, ein Sohn oder eine Tochter des Schuldners konnte vom *tamkārum* nicht *ana kaspim* weiterverkauft werden. Offenbar war ursprünglich wohl vorgesehen, dass, wenn ein Schuldner seine Angehörigen nicht freikaufen konnte, auch sie in den (dauerhaften) Besitz des Kreditherrn gerieten. Dass Hammurapi nun eine dreijährige Dienstzeit für freie Personen vorgesehen hatte, war offenbar eine Art Reform, um von der Praxis der dauerhaften Versklavung freier Personen wegzukommen.

Lev 25,48 einer aus seinen Brüdern soll ihn freikaufen: Milgrom widerspricht hier der Sicht Cardellinis, dass der ‚Bruder' generell einen Mitisraeliten bezeichnet, sondern will den ‚Bruder' auf die Verwandtschaft beschränken.[198] Er begründet seine Interpretation mit den Bestimmungen in V. 49 (*Entweder sein Onkel oder ein Sohn seines Onkels oder auch ein enger Verwandter aus seiner Sippe soll ihn freikaufen*) und dürfte mit seinem Argument Recht haben. Wenn er aber V. 48 auf den leiblichen Bruder allein einengen und die größere Verwandtschaft (V. 49) damit ausklammern will,[199] führt er seine Interpretation unnötig eng. Der Sinn der Beschränkung der Lösepflicht auf die Verwandtschaft dürfte mit dem Sinn der Regelung der Leviratsehe in Dtn 25,5-10 vergleichbar sein: ein positives Eingreifen in das Schicksal eines engen Familienmitgliedes beschützt nicht nur das Individuum, sondern verstärkt indirekt die innerfamiliären Bezüge, was der Gruppe auf Dauer zugutekommen dürfte.

Exkurs: Gewonnene Einsichten zur relativen Datierung der untersuchten Brudertexte im Heiligkeitsgesetz und Deuteronomium

Zu der in dieser Untersuchung immer wiederkehrenden Frage nach der Verbindung zwischen dem deuteronomischen Ämter- und Sozialgesetz auf der Ebene der Brudertexte muss jetzt auf das mögliche Verhältnis zwischen dem Text in seinen postulierten Werdungsphasen und seiner Endgestalt hingewiesen und dies mit einer theologischen Interpretation verbunden werden. Ferner müssen die Probleme der in Kapitel 3 skizzierten relativen Datierung der Brudertexte im Heiligkeitsgesetz und Deuteronomium im Lichte der vorliegenden Exegese betrachtet werden.

Im Lesegefälle des Endtextes des Deuteronomiums begegnet das sozialrechtliche Thema dem Leser als erstes in Dtn 15, das sich in der Exegese als Schlüsselkapitel für das Sozialgesetz herausgestellt hat. Diese Thematik wird

[198] Vgl. *Milgrom, Leviticus 23-27*, 2237.
[199] Vgl. *Milgrom, Leviticus 23-27*, 2237.

zunächst von einem Kapitel mit liturgischem Schwerpunkt (Dtn 16) unterbrochen, gefolgt vom Textblock der deuteronomischen Ämtergesetze (Dtn 17f). Ab Dtn 19 wird das sozialrechtliche Thema fortgesetzt. Der historische Rundblick (Kapitel 3) hat gezeigt, dass im Blockmodell N. Lohfinks der sozialrechtliche Teil im Vergleich zum Ämtergesetz als jünger gilt.

Das Ämtergesetz hat seinen sprachlichen wie thematischen Sitz im Umfeld von gehobeneren sozialen Schichten.[200]

Der Hintergrund des deuteronomischen Sozialgesetzes, mit seiner Auseinandersetzung mit Armut und Gerechtigkeit, ist eher im prophetischen Bereich[201] zu suchen.

Theologisch wie lesetechnisch verhalten sich die beiden Gesetzesblöcke aber umgekehrt: zuerst begegnet man dem ‚Bruder' in Dtn 15 als einem Armen und Hilfsbedürftigen und erst danach im Ämtergesetz als einem dem deuteronomischen ‚Du' Gleichgestellten. Daraus entsteht der in dieser Untersuchung beschriebene Eindruck einer Bruderethik,[202] die sich in die Richtung einer zunehmenden Erhebung des Status des ‚Bruders' entwickelt. Es stellt sich die Frage, ob dies eine künstliche oder natürliche gedankliche Bewegung ist. Wurde eine solchermaßen sich entwickelnde Bruderethik ‚im Nachhinein' beiden Schichten hinzugefügt oder war die Bruderidee mit dem ‚Bruder' als Gleichberechtigtem bereits in der Entstehungszeit des Ämtergesetzes ausgereift? Dazu kann angemerkt werden:

(a) Die Verwendungen des Bruderbegriffes im Deuteronomium selbst sind derart subtil und tief im Text verwoben, dass man daraus nicht den Eindruck gewinnt, sie seien nachträglich dem Text hinzugefügt worden. Wir sahen allerdings, dass Dtn 13,7 die historisch früheste Verwendung des Bruderwortes enthält. Dtn 13 sowie Dtn 28 gelten als Schlüsseltexte, in denen das Verhältnis zwischen der neuassyrischen Vertragssprache und dem Deuteronomium erkennbar wird.[203] Die Verwendung des Wortes ‚Bruder' in den neuassyrischen Vergleichstexten[204] dürfte den Anstoß dazu gegeben haben, das Wort in die Sprache des Deuteronomiums einzuführen und theologisch weiterzudenken. Dabei wurde durchaus bekanntes Material, etwa aus dem Bundesbuch, überarbeitet und wurden Wörter wie רע oder auch איב durch den Bruderterminus ersetzt.

(b) Andererseits kommt אח im Heiligkeitsgesetz hoch konzentriert in einem Kapitel (Lev 25) und einem Vers in einem weiteren (Schlüssel-)Kapitel

[200] Sie begegnen bereits im Kapitel "The Scribal Role in the Crystallization of Deuteronomy" bei *Weinfeld*, *School*, 158ff. Vgl. ausführlich *Braulik*, „Reform", 164-166; *ders.*, „Buch", 161f.

[201] Gut zusammengefasst bei *Houston*, *Justice*, 52-98.

[202] Vgl. auch unten Kapitel 7.

[203] Vgl. *Steymans*, *Deuteronomium 28*; *Braulik*, „Buch", 172.

[204] Vgl. hierzu oben Kap. 3.3.

(Lev 19,17) vor. Innerhalb von Lev 25 begegnet אח in strukturierter und formelhafter Weise[205] mit einer genauen Trennung zwischen den Bereichen, in denen er fehlt (die agrarische Situation), und jenen, in denen er auftritt (die Handelssituation). Es kann durchaus sein, dass Lev 25 einen agrarisch situierten Kern (V. 1-13.18-22.23f) hatte, der dann in V. 14-17.25-55 um das Bruderthema erweitert wurde. Andererseits haben wir gesehen, dass die Abschnitte von Lev 25 mit rein agrarischer Thematik einfach Teil eines von Beginn an einheitlich komponierten Kapitels gewesen sein könnten. Dann würde das Landthema auf eine Rückbesinnung der nachexilischen Gemeinde auf frühere Zeiten hindeuten.[206]

(c) In der Exegese von Lev 19,17f hat sich gezeigt, dass gerade dieses Kapitel und diese Verse eine zentrale Position innerhalb des Heiligkeitsgesetzes einnehmen und auch eine breite Wirkungsgeschichte aufweisen. Textvergleiche mit anderen, diese beiden Verse aufgreifenden Texten (Qumran, Jubiläenbuch) haben gezeigt, dass das Bruderwort im neuen Kontext beliebig weggelassen oder auch hinzugefügt wurde – je nach der Verfassung und thematischen Sensibilität des jeweiligen Autors bzw. Redaktors.

In der Forschung herrschen unterschiedliche Meinungen über die redaktionelle Stufe, auf der sich Lev 19 im Vergleich zu seinen Parallelen findet. So versteht *Barbiero* Lev 19,17f als eine *relecture* sowohl von Ex 23,4f als auch von Dtn 22,1-4.[207] Rein textimmanent gelesen, ist in diesen Versen ein direkter lexemischer Bezug schwer zu erkennen – dieser liegt auf der Bedeutungsebene. Gerade wegen der Eigenart von Lev 19,17f bezüglich seiner Stellung innerhalb des Kapitels, des Heiligkeitsgesetzes, des Levitikusbuches und der Tora ist zu überlegen, ob es gerechtfertigt ist, diesen Vers in seinen Bezügen zu Ex 23,4f und Dtn 22,1-4 einzuengen. Wenngleich *Barbiero* viele für unser Thema theologisch wichtige Beobachtungen bringt,[208] überzeugt jedoch die in dieser Hinsicht von ihm vorgeschlagene Leserichtung nicht zwingend. Er analysiert zwar seine drei Vergleichstexte Ex 23,4f, Dtn 22,1-4 und Lev 19,17f präzise auf lexemischer und thematischer Ebene, aber sein Kernargument, dass Ex 23,4f einen frühen Sonderfall, Lev 19,17f dagegen ein später einzustufendes generelles Prinzip beschreibt,[209] ist auch für alternative Interpretationen offen. Gerade der allgemeine Charakter von Lev 19,17f und die (auch von *Barbiero* erwähnte)

---

[205] Vgl. Anhang 4.

[206] Vgl. *Hieke*, *Levitikus 16-27*, 988. *Russell*, "Jubilee Laws", plädiert für eine späte, bis in die Achämenidenzeit reichende Datierung von Lev 25.

[207] Vgl. *Barbiero*, *L'asino*, 297.336.

[208] Vgl. bes. *Barbiero*, *L'asino*, 299f.

[209] Vgl. *Barbiero*, *L'asino*, 300.

strukturelle Sonderposition könnten die Levitikusverse auch als zumindest mündlich bereits früh überliefertes Gedankengut identifizieren.[210]

Die redaktions-, literar- und theologiegeschichtliche Beziehung zwischen dem Heiligkeitsgesetz (besonders Lev 19, aber auch 25,35-38) und der späten Schicht des deuteronomischen Gesetzes (Dtn 19-25) wurde von G. *Braulik* eingehend untersucht.[211] In seinen diesbezüglichen Beiträgen hebt er insbesondere die zeitliche Priorität von Lev 19 gegenüber dem sozialethischen Gesetzesblock Dtn 19-25 hervor. Als wichtige Nuancierung ist zu beachten: Wenn „Lev 19 als eine Art Basistext der dekalogischen Redaktion des Deuteronomiums“[212] identifiziert wird, schließt dies trotzdem nicht aus, „daß einzelne Gesetze des Kodex Dtn 12-26 älter als ihre dekalogische Redigierung sind und auch parallelen Bestimmungen in Lev 19 bereits vorgegeben waren“.[213] Ferner: „Die Abhängigkeitsrichtung zwischen Deuteronomium und Heiligkeitsgesetz ist von Text zu Text zu prüfen und dürfte mehrmals gewechselt haben“.[214] Trotz dieser Vorsichtshinweise kann im Anschluss an *Braulik* festgehalten werden, dass Lev 19 *generell* als Vorlage für die Gesetzesreihe Dtn 19-25 gedient haben könnte. Er gründet sein Argument besonders auf die dekalogische Anordnung der Klauseln innerhalb von Lev 19. Dieses Ordnungsprinzip wurde dann für die redaktionelle Anordnung der Gesetze innerhalb des Gesetzesblockes Dtn 19-25 angewendet.[215]

Zeitlich liegt die dekalogische Komposition von Lev 19 möglicherweise auch *vor* der bruderbezogenen Komposition von Lev 25 – einem Kapitel, das auf Wortebene massive Strukturierungsmerkmale aufweiset, die auf eine einheitliche Komposition zu einem wahrscheinlich späten Zeitpunkt deuten.[216] Während die Bruderthematik innerhalb des Deuteronomiums breit gestreut vorkommt, mit seinem frühesten Vorkommen in Dtn 13,7, und weiter innerhalb des Ämtergesetzes und darauf folgend im deuteronomischen Sozialgesetz entfaltet wird, wird das Wort ‚Bruder‘ in Lev 25 hoch konzentriert und strukturiert verwendet.

Eine mögliche Abfolge für die zeitliche Anordnung jener Textblöcke bzw. Textteile, die sich mit einer Bruderethik befassen, wäre somit:

---

[210] Vgl. hierzu für das gesamte Kapitel Lev 19 in seinem Bezug zu Dtn 19-25 *Braulik*, „Redaktion“, 4-25, und für das Verhältnis zwischen Lev 19,17f und Dtn 22,1-4 ebd., 11f.

[211] Vgl. *Braulik*, „Redaktion“, *passim*, sowie *ders.*, „Weitere Beobachtungen“, 33ff.

[212] *Braulik*, „Redaktion“, 3.

[213] *Braulik*, „Redaktion“, 3 Anm. 13.

[214] *Braulik*, „Redaktion“, 3 Anm. 13.

[215] So *Braulik*, „Redaktion“, 23f: „Wenn die dekalogische Redaktion des deuteronomischen Kodex von Lev 19 abhängt, darf man vermuten, daß dieser Spitzentext alttestamentlicher Rechtskodifikation ihr nicht nur material, sondern auch formal als Vorlage gedient hat. Das Deuteronomium hat sich offenbar von der Verwendung des Dekalogs in Lev 19 für seine Systematisierung des Gesetzeskodex anregen lassen“.

[216] Vgl. hierzu oben Kap. 6.2 – 6.6.

(a) Dtn 13
(b) das deuteronomische Ämtergesetz
(c) Lev 19
(d) das deuteronomische Sozialgesetz
(e) Lev 25

Die hier angedeuteten gedanklichen Entwicklungen können sich dabei durchaus zeitnah abgespielt und einander gegenseitig beeinflusst haben. Es ist noch einmal zu betonen, dass unter Umständen zwischen dem Alter einzelner Bestimmungen innerhalb dieser Textblöcke und der Abfolge größerer theologisch-ethischer Entwicklungen, welche diese Textblöcke repräsentieren, unterschieden werden muss.

Unsere Exegese führte, in Kombination mit der Annahme des Blockmodells der redaktionellen Abfolge innerhalb des deuteronomischen Gesetzes nach Lohfink, zu folgender Konklusion:

Das deuteronomische Ämtergesetz weiß um eine egalitäre Bruderkonzeption, die davon ausgeht, dass innerhalb Israels alle ‚Brüder' gleichwertig für die Ausübung der Ämter eines Königs und Propheten in Frage kommen. Innerhalb des Priesterstammes Levi gelten ebenfalls alle Mitglieder des Stammes als gleichberechtigt, und männliche Leviten dürfen ihren Priesterdienst entsprechend frei ausüben. Diese egalitäre Vorstellung ist für das deuteronomische Gesetz die ältere.

Ihr folgte, als Reaktion auf politische Geschehnisse, welche die Gesellschaftsstruktur Israels tiefgehend verändert haben, die Bruderkonzeption *des deuteronomischen Sozialgesetzes*. Ihr liegt eine Gesellschaft zugrunde, die in den Gruppierungen ‚wohlhabend' und ‚hilfsbedürftig' aufgespalten war. Das Bruderwort wurde dann erneut aufgegriffen, um den privilegierten Vollisraeliten, das ‚Du' des Sozialgesetzes, daran zu erinnern, dass der arme, elende und hilfsbedürftige ‚Bruder' genauso wie er ein Volksgenosse ist, der seinen Beistand verdient. Zusammen gelesen, ergibt dies eine Konzeption, in der ein Armer die Gelegenheit bekommt, sich zu rehabilitieren und wieder zu seiner idealen Funktion in der Gesellschaft als gleichberechtigter Vollisraelit zurückzufinden.

Dieses Ideal wird in Lev 25 auf die Spitze getrieben, wenn ein verarmter ‚Bruder' gar nicht mehr als Sklave dienen darf, sondern nur mehr als Lohnarbeiter behandelt werden darf (Lev 25,39f.53), oder wenn der verarmte ‚Bruder' die Gelegenheit bekommt, von einem Löser, ebenfalls ‚Bruder' genannt, ausgelöst und somit rehabilitiert zu werden (Lev 25,48f). Stets wird damit gerechnet, dass der verarmte ‚Bruder' seine Situation selbst wieder in den Griff bekommt und in seine eigenen Geschäfte eingreifen bzw. an Verhandlungen über sein zukünftiges Geschick teilnehmen darf (Lev 25,49-51). Sollten alle zwischenzeitlichen Rehabilitationsversuche fehlschlagen, erlangt dieser ‚Bruder' spätestens im Jobeljahr wieder seine Freiheit (Lev 25,54). Alle Vorkehrungen, die in Lev 25 für den ‚Bruder' getroffen werden, gelten auch für das Land.

Auch dieses darf nicht endgültig verkauft werden (Lev 25,23), vielmehr muss ein Rückkauf- (V. 24) bzw. Löserecht (V. 25) darauf gewährt werden, genauso wie der ‚Bruder' nicht endgültig zum Sklaven gemacht werden darf. Wenn für das Land eine vorzeitige Lösung nicht gefunden wird, fällt auch dieses spätestens im Jobeljahr an seinen ursprünglichen Besitzer, den verarmten ‚Bruder', zurück – oder genauer gesagt: darf der ‚Bruder' zu seinem ursprünglichen Grundbesitz zurückkehren (Lev 25,28). Diese Regelungen für Land und Leute beruhen stets darauf, dass beide prinzipiell JHWH gehören – dieses Eigentumsverhältnis wird mit dem sogenannten ‚privilegrechtlichen Prinzip' von Lev 25,23 bezeichnet.

In diesem Kapitel, das nach dem oben angeführten Vorschlag für eine Chronologie das bruderethische Schlusskapitel bildet, erreicht die Bruderethik nach dem Muster der theologischen Konzeption des Heiligkeitsgesetzes (Land und Menschen gehören ausschließlich JHWH) ihren Höhepunkt. Die deuteronomische Konzeption einer Bruderethik dürfte jener des Heiligkeitsgesetzes vorausgegangen sein, wenngleich der *zeitliche* Unterschied nicht besonders groß sein muss. Auch die *theologischen* Unterschiede zwischen Deuteronomium und Heiligkeitsgesetz sind in unserem Zusammenhang zwar nicht besonders groß, aber dennoch in ihren Nuancierungen klar voneinander zu unterscheiden. Während das theologische Prinzip, das der Bruderethik im Heiligkeitsgesetz zu Grunde liegt, schlicht auf den Nenner des ‚Privilegrechtlichen' gebracht werden kann, ist die theologische Grundlage der deuteronomischen Bruderethik facettenreicher. Diese wollen wir im Folgenden formulieren.

7 Theologische Grundlagen einer deuteronomischen Bruderethik

In der Exegese wurde nach der Verbindung zwischen den *sozialrechtlichen Brudertexten des Deuteronomiums* und dessen *Ämtergesetzen* gefragt. Diese Frage will die Theologien hinter diesen beiden großen Textblöcken miteinander ins Gespräch bringen. Zudem wurde der Begriff *Privilegrecht* mit seinen Implikationen für die Bruderethik untersucht, vor allem in seiner Rolle im *Heiligkeitsgesetz*. Die deuteronomische *Kultzentralisation* berührt die Bruderthematik am Rande – und dies buchstäblich, vor allem in den Einleitungsworten zum deuteronomischen Sozialrecht Dtn 14,28f und in ihren Bezügen zum Priestergesetz Dtn 18,1-8. Wir sahen, dass die Verbindung zwischen Kultzentralisation und deuteronomisch geprägter Brüderlichkeit ihren Höhepunkt (wahrscheinlich nachträglich) an einer unerwarteten Stelle fand: in Psalm 133. Es machten sich also bereits im exegetischen Teil der Arbeit einige theologische Themen bemerkbar. In diesem vorletzten Kapitel wird noch einmal nach untermauernden Begriffen (dem deuteronomischen ‚*Du*' und seinem Verhältnis zum *Bruder als Armer*; dem *Volk*; dem *Fremden*; dem *Staat*) gefragt. In einem ausführlichen hierauf folgenden Schlusskapitel werden einige Meilensteine auf dem Weg der Wirkung der deuteronomischen Bruderidee nachgezeichnet: die Ideen der Reziprozität, Solidarität und Brüderlichkeit, deren Entwicklung besonders in der Scholastik, danach der Weg über die Renaissance und den in ihr entstehenden Humanismus in seinen italienischen und deutschen Ausprägungen bis zur Wende zum 20. Jh. Die neutestamentliche Konzeption der Brüderlichkeit wird aufgrund ihres Umfangs bewusst ausgeklammert, in der Hoffnung, dass sie bald von einem Kollegen in diesem Fachbereich als Untersuchungsgegenstand aufgegriffen werden wird.

7.1 Das ‚Du' des Deuteronomiums und sein Bruder, der Arme und der Elende

In der Exegese von Dtn 15,2.7; 24,10ff sowie Lev 25,25-34 wurde klar, dass in den sozialrechtlichen Brudertexten der ‚Bruder' eindeutig mit dem Armen, Elenden oder Hilfsbedürftigen gleichzusetzen ist. Es besteht die Option zu versuchen, die historische Situation dieses Armen (אביון) oder Elenden (עני)[1] zu

[1] Wobei es im Hebräischen auch noch andere Termini gibt, Personen in einer ähnlichen Lage zu beschreiben. Vgl. eine Übersicht verschiedener Ansätze dazu (ausgeführt im Kontext mehrerer prophetischer Texte, insbesondere des Buches Amos) bei *Houston, Justice*, 61ff.

rekonstruieren. Jedenfalls resümiert W. *Houston* bezüglich dieser Personengruppe: "They all refer, obviously, to people lacking in material resources and therefore in power".[2] Es scheint, als ob das Deuteronomium behutsam daran arbeitet, sowohl die Situation der Mittellosigkeit des ‚Bruders' als auch die seiner Machtlosigkeit zu ändern. ‚Behutsam' deswegen, weil auch in der theologischen Diskussion immer wieder erwähnt wird, dass die Versuche einer solchen Beseitigung als ‚utopisch' gesehen werden können.[3] Die Formulierung לא־יחדל אביון מקרב הארץ in Dtn 15,11 deutet bereits auf der Textebene an, dass das אפס כי לא יהיה־בך אביון in Dtn 15,4 nicht leicht umzusetzen sein wird.[4]

In den Ämtergesetzen – im Bereich der potentiellen Machthaber, würde man in heutiger Sprache formulieren – herrscht ein anderer Sprachgebrauch vor: dort bilden die ‚Brüder' stets jene Gruppe, aus der die Vertreter der jeweiligen Ämter gewählt werden sollen. Während das deuteronomische ‚Du' den israelitischen Vollbürger bezeichnet[5] und somit in den sozialrechtlichen Texten dem armen, in seinen gesellschaftlichen Möglichkeiten offenbar begrenzten ‚Bruder' gegenübersteht, ändern sich seine Aussichten im Ämtergesetz: in ihm erhält der Bruder ebenfalls den Status eines Vollbürgers.

Etwas anders sieht dies A. *Hagedorn*. Er betont zwar, ähnlich wie vor ihm U. *Rüterswörden*, den Aspekt der Autonomie des ‚Du', dass dieses also eine politisch aktive Gruppe repräsentiert, übersieht dann aber in der Verbindung von ‚Du' und אח die theologischen Implikationen des Gebrauchs von אח im deuteronomischen Sozialgesetz. Für ihn ist der אח im Ämtergesetz mit dem politisch aktiven und tatkräftigen ‚Du' gleichzusetzen. Von der direkten Assoziation des ‚Bruders' mit den Armen und Hilfsbedürftigen und deren radikal demokratisierender Wirkung ist in *Hagedorns* Schlussfolgerungen nichts zu finden, zumal die sozialrechtlichen Brudertexte auch nicht zum Bestand seiner ausgewählten untersuchten Texte gehören.[6] Dennoch verursacht seine Fokussierung auf das Ämtergesetz allein die einseitige Betonung eines ‚starken' Charakters des ‚Du' (und dann auch des ‚Bruders'). Sein Fazit betont noch einmal sein Hauptanliegen: einerseits die Wechselwirkung zwischen Individualität und Gesellschaftlichkeit im Deuteronomium und andererseits die Übereinstimmungen mit altgriechischem Recht zu illustrieren. Für ihn ist die grammatikalische Singularität des ‚Du' die Vorstufe zu einer späteren Übertragung

---

[2] *Houston, Justice*, 62.
[3] Vgl. hierzu u. a. *Braulik*, „Reform“, 163.171ff; *Otto, Ethik*, 196; A. *Friedl*, "Reception", 180-182.
[4] Vgl. A. *Friedl*, "Reception", 188-190.
[5] Vgl. *Rüterswörden, Gemeinschaft*, 94f.
[6] Vgl. *Hagedorn, Moses*, 279ff, bes. 281.

auf eine ganze Gemeinschaft.[7] Gleichzeitig betont er aber auch, dass im Deuteronomium Individualität stets von einem Gemeinschaftsbewusstsein geprägt ist. Textgeschichtlich dürfte es interessant und wichtig sein, nach Individualismus im Deuteronomium zu fragen, theologisch ist es jedoch nicht zwingend notwendig, eine besondere Betonung der Individualität in diesen Texten zu suchen, zumal bereits deutlich wurde, dass sich das Deuteronomium als gemeinschaftsorientiertes Gesamtdokument versteht.[8] Seine Endgestalt ist derart sozial ausgerichtet, dass eine eventuelle ursprünglich individualistische Ausrichtung, falls es eine solche überhaupt je gegeben haben sollte, stark in den Hintergrund gedrängt wird.

An dieser Stelle sei auch an die Diskussion im Rahmen der Exegese von Lev 25,25ff erinnert. Auch dort ging es um die Wechselwirkung zwischen Individualität und Kollektivität in den Sozialgesetzen des Heiligkeitsgesetzes wie des Deuteronomiums. Wir sahen, dass anstelle eines *Entweder-Oder* (*entweder* herrscht in diesen Gesetzen Kollektivität *oder* Individualismus vor) die Einführung einer von J. Assmann identifizierten dritten Kategorie hilfreich sein kann. Er spricht von einer *personalen Identität*, welche sich auf das Individuum im Kontext seiner gesellschaftlichen Zugehörigkeit bezieht.[9] Dazu stellten wir für die Zwecke der Bruderethik fest: *das ‚Du' des Deuteronomiums sowie des Heiligkeitsgesetzes ist weder ein reines Individuum noch ein bloß identitätsloser Teil eines größeren Ganzen, sondern eine Person, die individuell nach den Prinzipien ihrer Zugehörigkeit handeln soll.*[10]

R. *Ebach*[11] beleuchtet drei in der gesamtdeuteronomisch-deuteronomistischen Literatur konstante Eigenschaften des ‚Du': Obwohl das ‚Du' eine singularische Anrede ist, bezeichnet es ein sich im Einzelnen zeigendes Kollektiv,[12] das „jegliche Binnendifferenzierung"[13] entfallen lässt. Zweitens ist „das ‚Du' immer der, der aktuell die Handlungs*möglichkeiten* hat"[14]. Diese Beobachtung ist von großer Bedeutung für die Bruderethik des Deuteronomiums. Die dritte Eigenschaft des ‚Du', die *Ebach* hervorhebt, ist die Offenheit bezüglich des Geschlechts des Angesprochenen, die in den ‚Du'-Anreden herrscht. Dies gilt besonders für strafrechtliche Gesetze (sie nennt das Beispiel des Tötungsverbots)

---

[7] Vgl. *Hagedorn*, *Moses*, 280. Auch für *Rüterswörden*, *Gemeinschaft*, 94, bezeichnet das ‚Du' im liturgischen Gesetz Dtn 16,11 nicht eine kollektive Größe, sondern eine einzelne Person.

[8] Vgl. hierzu auch *Schellenberg*, „Einzelne", 394-398, sowie oben die Diskussion der Individualität im Heiligkeitsgesetz in der Exegese von Lev 25,25.

[9] Vgl. *Schellenberg*, „Einzelne", 374-378, bes. 375 Anm. 8.

[10] Vgl. oben Kap. 6.4 (*Der Bruder als Armer II*) zur Exegese von Lev 25,25-34.

[11] Vgl. *Ebach*, *Fremde*, 132f.

[12] *Ebach*, *Fremde*, 132 Anm. 464, spricht vom „kollektiven Raum", den das ‚Du' im Deuteronomium bildet.

[13] *Ebach*, *Fremde*, 133.

[14] *Ebach*, *Fremde*, 133.

oder auch für manche Aussagen der kultischen Gesetze.[15] In einer kurzen Zusammenfassung bringt *Ebach* die drei Aspekte der geschlechtlichen Offenheit, der Kollektivität und der Individualität (d. h. der Handlungsfähigkeit) des ‚Du' miteinander in Verbindung. Aus der fehlenden geschlechtlichen Fokussierung „ergibt sich, dass das ‚Du' im Deuteronomium das *potentielle Handlungssubjekt* ist, und damit zugleich ganz Israel als Gesellschaft korrespondiert. Prägnant formuliert ist also der Tenor: ‚Du bist Israel'."[16] Daraus folgt, dass die Frage, *wer* zu diesem Israel, zu diesem ‚Du' gehört, offen ist: die *Situation* sowie die *Aufgabe* des ‚Du' bestimmen jeweils, wer damit gemeint ist.[17] Obwohl *Ebach* zur Bestätigung ihrer Beobachtung sich völlig anderen Texten im Deuteronomium wie im Deuteronomistischen Geschichtswerk widmet, stimmt ihr Fazit mit der in dieser Untersuchung wahrgenommenen Differenzierung zwischen dem ‚Du' im Sozialgesetz und dem ‚Du' im Ämtergesetz überein. Das ‚Du' des Sozialgesetzes kann vor allem dadurch identifiziert werden, dass dieses den ‚Bruder' *nicht* einschließt bzw. ihm gegenübersteht, während im Ämtergesetz der ‚Bruder' im ‚Du' integriert ist.

U. *Rüterswörden* definiert den Vollbürger (im Kontext der Ämtergesetze) als einen, „dessen wesentliches Recht … darin besteht, als Richter zu fungieren."[18] Wird aufgrund ihres geteilten Wortschatzes (d. h. des gemeinsamen Vorkommens des Bruderbegriffs) das soziale Recht parallel zum Ämterrecht gelesen, impliziert das Bruderkonzept, dass ein ‚Bruder', ob Reich oder Arm, berechtigt ist, ohne Beeinträchtigung am gesellschaftlichen Leben teilzunehmen. Während der ‚Bruder' im deuteronomischen Sozialrecht dem handlungsfähigen ‚Du', gäbe es nicht genau dieses Recht, einigermaßen machtlos gegenüberstünde, weil er nicht die materiellen Mittel zum Handeln zur Verfügung hätte, ist er im Ämtergesetz Teil des ‚Du' genannten Israel, aus dem ein Amtsträger hervorgehen soll. Die parallele Lesung dieser beiden großen Textblöcke erschließt für den ‚Bruder' den Zugang zu jener Gruppe, die Handlungsmöglichkeit besitzt. Seine finanzielle bzw. soziale Stellung soll ihn von der Ausübung eines Amtes prinzipiell nicht ausschließen. Zwischen Dtn 15 und Dtn 17 findet auf Leserebene eine große Bewegung statt: Der (verarmte) ‚Bruder' wird von einer Position der Ausgeschlossenheit aus dem alltäglichen Handel und Wandel des Volkes genommen und zum *potentiellen Handlungssubjekt*[19] gemacht.

---

[15] Vgl. *Ebach, Fremde*, 133f. Hier kann sie auf die Arbeiten von G. Braulik, K. Finsterbusch und F. Crüsemann zurückgreifen.

[16] *Ebach, Fremde*, 135.

[17] Vgl. *Ebach, Fremde*, 135.

[18] *Rüterswörden, Gemeinschaft*, 94.

[19] Vgl. *Ebach, Fremde*, 135.

Diese Bewegung widerspricht jeder Theorie, nach der literargeschichtlich zum älteren Kultgesetz (Dtn 12.14.16) und Ämtergesetz (Dtn 17f) das Sozialrecht (Dtn 15.19-25) später hinzugefügt wurde. In seiner Bruderethik scheint im Deuteronomium das Ämtergesetz fortschrittlicher als das Sozialgesetz zu sein. Auch im Heiligkeitsgesetz hat der ‚Bruder‘ eine bessere rechtliche Stellung als im deuteronomischen Sozialgesetz. In der Leserichtung verläuft die Entwicklung des brüderlichen Schicksals logisch fortschreitend: es scheint, als ob ein armer ‚Bruder‘ durch die Sozialgesetzgebung gesellschaftlich aufsteigt, dass ihm im Ämtergesetz sogar ein passives Wahlrecht zugesprochen wird. De facto war es historisch wahrscheinlich aber anders: die Idee des (älteren) Ämtergesetzes war, dass alle Israeliten grundsätzlich gleichgestellt sind. Soziale Umwälzungen führten zu vermehrter Armut, sodass später im Sozialgesetz auf nahezu ‚prophetische‘ Art daran erinnert werden musste, dass es in Israel eigentlich gar keine Armen geben sollte (Dtn 15,4), um wieder zum ursprünglichen Gleichheitsideal zurückzukehren.[20]

Auf welche Weise wird die Schicksalswende des ‚Bruders‘ zuwege gebracht? Hauptsächlich durch die Verteilung materieller Güter in Form des Schuldenerlasses (Dtn 15,1-11) oder auch der Ausstattung freigelassener Sklaven mit Startkapital für ein neues Leben (Dtn 15,12-15). Anfangs ist der Verarmte wegen des engen Zusammenhangs zwischen materieller und ideeller Kraft ausgeschlossen. W. *Houston* resümiert in seiner Studie zur Gerechtigkeit bezüglich der Personengruppe des אביון und עני:

> They all refer, obviously, to people lacking in material resources and therefore in power.[21]

Auch *Ebach* verbindet den sozialen und politischen Aspekt theologisch miteinander:

> Aus der Handlungs*fähigkeit* des ‚Du‘ leitet sich direkt seine Verantwortung für die Gemeinschaft ab. Aus seiner Position der Stärke erwächst die Notwendigkeit des sozialen Engagements.[22]

Trotz der offensichtlich geschwächten Position des armen ‚Bruders‘ im deuteronomischen Sozialrecht sowie im Heiligkeitsgesetz muss besonders für Lev 25 gegen die Sicht von *Schellenberg* festgehalten werden, dass es hier gerade *nicht* darum geht, „dass die Armen primär als zu schützende »Objekte« gesehen sind und nicht als selbständige (und direkt angesprochene) Rechtssubjekte“.[23] Diesem Zitat folgt unmittelbar eine Formulierung, die im Kontext eine Assoziation mit den israelitischen Brüdern „als minderwertig geltenden Menschen“

---

[20] Diese Problematik wurde oben im Exkurs *Gewonnene Einsichten zur relativen Datierung der untersuchten Brudertexte aus Heiligkeitsgesetz und Deuteronomium* besprochen.

[21] *Houston, Justice*, 62.

[22] *Ebach, Fremde*, 135.

[23] *Schellenberg*, „Einzelne“, 381.

erweckt.[24] Die Synthese der Brudertexte des deuteronomischen Sozialrechts, des Heiligkeitsgesetzes und des deuteronomischen Ämterrechts deutet genau auf das Gegenteilige hin. Der arme ‚Bruder' ist keineswegs bloß ein ‚primär zu schützendes *Objekt*'. Gerade die nuancenreiche Verwendung des Wortes יד in Dtn 15,2 sowie in Lev 25,14.26.28 impliziert, dass auch der arme ‚Bruder' zum Handeln hingeführt wird, dessen *Hand* in der Sicht vor allem des Heiligkeitsgesetzes als Symbol seiner *Handlungsfähigkeit* bzw. seiner *Kaufkraft* gilt.[25] Wo Lev 25 sich bemüht, die Würde des ‚Bruders' hochzuhalten (er ist selbst Verkäufer seiner Arbeitskraft bzw. seines Besitzes [vgl. Lev 25,14.25-29.39.47f]; er darf nicht als Sklave behandelt werden [vgl. Lev 25,39]; er nimmt aktiv an Verhandlungen bezüglich seiner eigenen Geschäftstätigkeiten teil [vgl. Lev 25,26-28.29.49f]), ist es die kombinierte Sicht des deuteronomischen Ämterrechts *wie* des deuteronomischen Sozialrechts, die uns seine inhärente Würde vor Augen führt. Die Vorstellung einer Minderwertigkeit des armen ‚Bruders' steht der Bruderethik sowohl des Deuteronomiums als auch des Heiligkeitsgesetzes fern.

7.2 Das Deuteronomium: Ein Buch des Volkes Israel?

In einer Studie, die sich direkt mit sozialen Fragestellungen auseinandersetzt, darf N. *Gottwalds* Monographie *The tribes of Yahweh: a sociology of the religion of liberated Israel, 1250-1050 BCE*, nicht ignoriert werden, auch wenn es sich darin um eine andere Zeitspanne als die im Deuteronomium abgedeckte handelt. Es geht hier allerdings um die Auseinandersetzung unserer heutigen Gesellschaft mit biblischen Gegebenheiten im Licht von Begriffen, die in der Neuzeit geprägt wurden und, so behauptet *Gottwald*, die Bibelwissenschafter früherer Zeiten prägten – Begriffe wie ‚Aristokratie', ‚Bourgeoisie', ‚Proletariat' und ‚Industrie'.[26] *Gottwalds Tribes* entwickelte sich zum Symbol eines Umdenkens in Richtung einer soziologischen Textlektüre in der Alttestamentlichen Wissenschaft, nachdem seine Wirkung sich in weite Kreise der alttestamentlichen Fachwelt verbreitet hatte.[27] Sein hermeneutischer Ansatz bietet nach wie vor viel Gesprächsstoff. Er erwähnte bereits 1999, dass sich in der Bibelwissenschaft

---

[24] *Schellenberg*, „Einzelne", 381.

[25] Vgl. hierzu oben Kap. 4.1.1 zur Exegese von Dtn 15,2.

[26] Vgl. *Gottwald*, *Tribes*, 8ff.

[27] So widmete sich etwa 1999 zum 20. Jahrestag des Erscheinens dieses Werkes eine Tagungsgruppe der jährlich in den USA abgehaltenen *SBL*-Konferenz der *relecture* des Buches. *Gottwald*, *Tribes*, xxix, schreibt selbst im Vorwort zum Nachdruck nach zwei Jahrzehnten: "The reception of *Tribes* has been controversial in the extreme, as one should expect for a book that tries a new way of studying textual issues on which informed readers hold decidedly strong opinions." Vgl. auch *Fowl*, "Texts", 15 Anm. 1.

so viel geändert habe, dass auch ihm *Tribes* jetzt in vielen Hinsichten ‚prähistorisch' vorkomme.[28] Auch die Bruderfrage will unter anderem mit Hilfe soziologischer Ansätze betrachtet werden, zumal Untersuchungen, die sich sozialwissenschaftlicher Instrumente der Analyse bedienen, nach wie vor erscheinen.[29] Dennoch soll hier bedacht werden, dass sich neben den von *Gottwald* genannten Kategorien für die Brudertexte eine andere Perspektive anbietet, aus der sie gelesen werden können: die des *Volkes.*

Warum wurde für diese Studie ‚Volk' und nicht etwa ‚Demokratie', ‚Proletariat', ‚die Armen' schlechthin oder allgemeiner, die ‚Gemeinschaft' als Paradigmenwort gewählt? Die Antwort auf diese Frage bildet zugleich die Kehrseite der oben in der Einleitung gestellten Frage, ob *Gottwalds* Wortwahl heute noch als angemessen gelten kann. Die Antwort lautet, dass, so notwendig es vielleicht seinerzeit auch war, die Bibelwissenschaften zum Weiterdenken herauszufordern, *Gottwald* nicht in theologischen, sondern in ideologischen Kategorien denkt, während ‚Volk' ein im Deuteronomium präsentes Wort mit persuasivem oder rhetorischem[30], vor allem aber mit theologischem Charakter ist. Die anderen erwähnten Alternativen, wie sie teilweise *Gottwald* verwendet, sind typisch für ein Denken in nicht-theologischen, soziologisch-deskriptiven Kategorien. S. *Fowl* argumentiert im Gespräch mit u. a. Norman *Gottwald*, Gerald West, Jeffrey Stout und M.G. Cartwright, dass, analog zum Argument, dass ein Text *in sich* keine Bedeutung *besitzt*,[31] er auch keine Ideologie *in sich trägt*. ‚Ideologie' definiert er als "a consensual collection of beliefs, attitudes and convictions that is related in certain specifiable ways to a whole range of social, political, and material artifacts and practices."[32]

Die Einführung eines Paradigmenwortes in den Titel dieser Studie, das heißt, eines Wortes, das darauf abzielt, das Denken der Leser in eine bestimmte – in diesem Fall, eine theologisch wie gemeinschaftlich geprägte – Richtung zu lenken, wirft eine nächste Frage auf: Dürfen die Brudertexte vor dem Hintergrund des Paradigmenwortes ‚Volk' gelesen werden?

Sie dürfen es, insofern sie als Teil eines damaligen wie heutigen Denkkonstruktes begriffen werden: ‚damals' entstanden sie innerhalb eines Kreises, der

---

[28] Vgl. *Gottwald, Tribes*, xxvi.

[29] Vgl. z. B. diesbezügliche (meist einleitende oder auch abschließende) Bemerkungen bei *Schäfer-Lichtenberger, Josua*, 12-36; *Braulik*, „Reform", 164; *Öhler* (Hg.), *Religionsgemeinschaft, passim*; ausführlich *Ebach, Fremde*, 9-33.

[30] Vgl. *Houston, Justice*, 11 Anm. 42: "In popular and journalistic usage, 'rhetoric' has a pejorative sense, of speech that is empty or deceptive. But here it simply means speech that is designed to persuade."

[31] Vgl. hierzu *Steins*, „Bibelkanon", 189.

[32] *Fowl*, "Texts", 17.

sich als Teil einer von Gott konstituierten Gemeinschaft, ‚Volk' genannt, begriff.[33] Wenn sie ‚heute' innerhalb des kirchlichen Kontextes gelesen werden, beinhaltet das ekklesiologische Verständnis des sich in diesem Kontext verwurzelt begreifenden Lesers, dass sich Kirche als Fortsetzung (eines Teiles) des Gottesvolkes versteht und diese nach wie vor vom ‚damaligen' Volksbegriff genährt werden kann.

A. *Berlejung* argumentiert,[34] dass sich in der Ethnologie die Volksidee gewandelt hat. Statt auf Kulturunterschiede hinzuweisen, wird immer mehr betont, dass Zusammengehörigkeit von einer konstruierten Identität abhängt. Gruppierungen nehmen also kulturelle Gegebenheiten nicht passiv hin, sondern wirken aktiv daran mit, sich selbst zu definieren. Grenzziehungsprozesse vollziehen sich subjektiv; kulturelle Grenzen werden immer weniger als objektive, feststehende Fakten gesehen. Natürlich schreiben sich Gruppen nicht alle Definitionen selbst, sondern sie werden ihnen in einem gewissen Maß auch zugeteilt, d. h., sie werden auch fremdbestimmt. *Berlejung* ferner: soziales Handeln besitzt eine „konstruktive Kraft".[35] Daraus ergibt sich der Vollzug des Grenzziehungsprozesses. Wir haben es mit zwei interaktiven Bewegungen zu tun: mit einer ideellen Entscheidung einer Gruppe, sich als solche zu sehen und zu benennen (d. h. zu konstruieren), sowie mit einem praktischen Handlungsmuster, innerhalb und mit Hilfe dessen diese (neu) konstituierte Gruppe ihre Grenzen nachzieht und verfestigt.

Umgelegt auf die Bruderthematik ist diese soziologisch fundierte Volkstheorie von *Berlejung* bedeutungsvoll. Das im biblischen Sozialrecht begründete soziale Handeln am (armen) ‚Bruder' schafft einen Raum, in dem sich die Kraft ebendieses Handelns entfaltet. Die Kraft, die dieses Handeln generiert, bewirkt dann wiederum eine Verfestigung der Gruppengrenzen. Identitätskonstituierung ist ein wiederholter Prozess, der sich ideell wie manuell – handelnd – vollzieht. Der so geschaffene Raum nennt sich ‚Volk Israel'.

Obwohl nicht direkt von ihr zitiert, trägt der Zugang von *Berlejung* Züge der Wissenssoziologie von *Berger & Luckmann*.[36] A. *Langenohl* beschreibt diese folgendermaßen:

> [S]ie [stellen] Wissen nicht als realitätsverbunden, sondern *als soziale Realität konstituierend* [vor]. Dies erfordert, Wissen nicht als intellektuelle Weltdeutungen, sondern als interaktional gesichertes Alltagswissen zu begreifen. Der individuelle Erwerb von Wissen (‚Internalisierung') in strukturell verfestigten Interaktionsabläufen (‚Institutionalisierung') ermöglicht routinierte Orientierung im sozialen Raum (‚Typisierung') und

---

[33] Vgl. *Berlejung*, „Volk", 412: „Der Begriff V[olk] oder Ethnos bezeichnet eine Gemeinschaft und ist als solches ein soziales Konstrukt."

[34] Vgl. *Berlejung*, „Volk", 412f.

[35] *Berlejung*, „Volk", 413.

[36] Vgl. *Berger/Luckmann*, *Construction*.

reproduziert damit gleichzeitig die Bedingungen dieses Wissens. Diesem Ansatz ist vorgeworfen worden, strukturell einseitige Realitätskonstruktionen (‚Ideologie', ‚falsches Bewusstsein') nicht thematisieren zu können.[37]

Soziologisch gesehen beherbergt also jede sozial handelnde Gemeinschaft eine ihr innewohnende konstruktive Kraft. Wird diese Gemeinschaft aber in ihrer Selbsteinschätzung von Gott legitimiert, potenziert sich die Kraft bis in den Bereich des möglicherweise Gefährlichen. Eine von Gott legitimierte, sich selbst als Volk definierende und aneinander sozial handelnde Gemeinschaft bedarf also einer als Korrektiv fungierenden Gegenkraft. Diese kann nur die Gelehrsamkeit bieten.

Es ist *Gottwald* zugleich zuzustimmen und zu widersprechen, wenn er das Verhältnis zwischen Theologie und Gelehrsamkeit, hier zunächst auf die Neuzeit bezogen, bespricht. Einerseits kritisiert er zu Recht, dass Theologen heute nicht mehr eine breite allgemeine Bildung besitzen bzw. sich der Überspezialisierung und Zersplitterung hingegeben haben. So sei eine Situation der *Entfremdung* ('alienation', nach Karl Marx) und der *Rationalisierung* (Max Weber) entstanden. Die Aufgabe der Geisteswissenschaftler bestehe darin, unser umfangreiches Kulturerbe zu beschützen, zu organisieren und einer breiten Öffentlichkeit zugänglich zu machen. Der Mensch sei ein rationales, ästhetisches und spirituelles Wesen und würde die Gesellschaft durch diese Geistesgüter in eine gerechte und erfüllende transformieren. Das klingt gut, und dem ist leicht beizupflichten – nur: man bekommt den Eindruck, dass diese (tatsächlich idealistischen) Ideale *Gottwald* zum Objekt des Spottes werden. In die obige Zusammenfassung wurde so manche andere beschreibende Formulierung, die er beimischt, nicht aufgenommen: Die Ideale der Antike, wie sie in der Renaissance wiederbelebt wurden, seien teilweise von ‚heroischen Proportionen' gewesen, und die humanistischen Ideale beschreibt er als ‚Pedanterie und Archaismen'. Die Aufgaben der Geisteswissenschaften seien von der Realität entfernt wegen der Überspezialisierung, die dazu geführt habe, dass sowohl der Bibelwissenschaftler als auch sein Stoff eine gesunde Einheitlichkeit und auch eine Gesamtvision eingebüßt hätten. Es bestünde kein Gespür mehr für die herrschende menschliche Erlebniswelt.[38] Mit diesen Bemerkungen möchte er die Beweggründe für die Wahl seines Ansatzes beschreiben. Seine Hermeneutik ist ein frühes Beispiel einer soziologisch begründeten ganzheitlichen Interpretation bzw. eines '*reading with*', um die zurückblickenden, diesbezüglich neutraler gehaltenen Formulierungen von U. *Luz* aufzugreifen.[39] Dieser blickt als

---

[37] *Langenohl*, „Wissenssoziologie", 812.

[38] Vgl. *Gottwald, Tribes*, 9; *ebd.*, 11, fügt er hinzu: "The logic of integrated human experience is so much stronger than the logic of discrete academic inquiry".

[39] Vgl. *Luz, Hermeneutik*, 11, dem frühen *Gottwald*, den er in seine Literaturliste nicht aufgenommen hat, sehr ähnlich: „An der Universität wird die Bibel weitgehend isoliert

erfahrener Exeget allerdings mit einem kritischen, doch loyalen Auge auf sein eigenes Lebenswerk und das seiner Kollegen. Sein Ansatz zum Thema, das sich mit dem Anliegen *Gottwalds* überschneidet, wirkt daher schließlich etwas anders – positiver und hoffnungsvoller – als der von *Gottwald* angebotene.

Gottwald dagegen geht kämpferischer mit den von ihm vorgefundenen Gegebenheiten der westlichen Exegese um. Er datiert die von ihm beschriebene grundsätzliche Problematik in den Zeitraum von der Renaissance bis zum 19. Jh.[40] In dieser Zeit seien die Bibelwissenschafter den Klasseninteressen der Monarchien, der Aristokratie sowie des Klerus intellektuell verbunden gewesen.[41] Dieses Faktum wertet *Gottwald* als eine Art Schande – zumindest können seine Formulierungen den Eindruck erwecken, dass er dies impliziert. Seine Wortwahl[42] impliziert Subordination sowie Hörigkeit und seine Worte wollen den Bibelwissenschaftern offenbar kein Kompliment machen. Ab dem 19. Jh., so *Gottwald*, wandelte sich ihre Position zu einer gegen die Aristokratie gerichteten, der bourgeoisen Revolution verpflichteten Haltung. Doch damit sind sie in seinen Augen längst nicht rehabilitiert. Denn jetzt richteten sie sich sowohl gegen die schwindende Oberschicht als auch gegen die an Einfluss gewinnenden unteren Schichten.[43]

---

vom »wirklichen Leben« studiert. Akademische Theologen in Westeuropa oder in Nordamerika sind meist weit entfernt von der Erfahrung des »reading with«, d.h. der Bibellektüre *zusammen* mit sogenannten »gewöhnlichen Leuten«, wie sie von lateinamerikanischen und afrikanischen Theologinnen und Theologen praktiziert und theologisch reflektiert wird. Der akademische Standard der westlichen Bibelwissenschaft, die Masse der Quellentexte und der Sekundärliteratur, die wir lesen müssen, und die Vielfalt der Methoden, die wir zu beherrschen haben, fordern uns Exegeten so sehr, dass die meisten von uns kaum Zeit und Kraft haben, aus dem Elfenbeinturm der Universität auszubrechen. So, wie wir sie praktizieren, ist aber solche wissenschaftliche Exegese das pure Gegenteil von dem, was die biblischen Texte von ihren Leser/innen wollen: Wissenschaftliche Exegese *distanziert* die Texte von unseren eigenen Erfahrungen und unserem eigenen Kontext.“

[40] Wir werden diesen Zeitraum anschließend auch im Lichte der Bruderthematik und ihrer kulturellen Weiterwirkung betrachten (vgl. u. Kap. 8).

[41] Vgl. *Gottwald, Tribes*, 10. *Luz, Hermeneutik*, 101-103, verfolgt diesen Prozess auf intellektueller Ebene über die Moderne hinaus bis hinein in die Postmoderne. Die Termini, die zum Einsatz kommen, sind wiederum jenen von *Gottwald* verwendeten sehr ähnlich. Politik und Geistesgeschichte vermischen sich hier, vor allem ab dem Anfang der postkolonialen Exegese (vgl. *ebd.*, 103).

[42] *Gottwald, Tribes*, 10: “Biblical scholars ... were generally the intellectual adjuncts of monarchic [etc.] ... class interests”.

[43] *Gottwald, Tribes*, 10: “In contrast to the formerly dominant classes they were liberative and progressive, but toward the classes below them they were conservative and reactionary. ... An informed guess is that [they were] ... drawn ... from groups shaped by a petty-bourgeois outlook”.

Dass eine den Machthabern nahestehende Bildungsschicht bereits zur Zeit der Entstehung des Deuteronomiums bestand und einige aus ihr direkt an der Entstehung des Buches beteiligt waren, wird etwa von M. *Weinfeld* oder G. *Braulik* nicht geleugnet.[44] *Braulik* erwähnt gesellschaftliche „Entscheidungsträger und unterschiedliche Gruppierungen der maßgeblichen judäischen Bevölkerung – juristisch geschulte Hofbeamte, Aristokraten und Intellektuelle, die traditionsbewusste Jerusalemer Tempelpriesterschaft, einzelne Propheten, die Manager der judäischen Landwirtschaft ebenso wie Teile der Mittelschicht“[45], die alle in einer „*nationalen und religiösen Erneuerungsbewegung*“[46] federführend waren, welche aktiv wurde, als die assyrische Herrschaft gerade zur Zeit König Joschijas begann, Schwäche zu zeigen. Dass diese Bewegung „Autorität mit theologischer Bildung“[47] verband und politische wie theologische Ziele vor Augen hatte, steht für *Braulik* außer Zweifel. Mehr noch, diese Restaurationsgruppe bestand aus Idealisten, deren Nachfolger in der Exilszeit teilweise utopische Zustände anstrebten.[48]

---

[44] Vgl. *Weinfeld*, *Deuteronomy*, 158ff, bzw. *Braulik*, „Reform“, 164f, und *ders.*, „Buch“, 161f, der von einer ‚Bildungselite‘ oder einer ‚Führungselite‘ spricht. Diese Bezeichnungen begründet er u. a. mit sprachlichen Argumenten: die Sprache des Deuteronomiums ist von Merkmalen geprägt, die für theologische wie juristische Kompetenzen charakteristisch sind und auch Bezüge zum „höfischen Redestil und zur Sprache der Weisheitsliteratur“ („Buch“, 162) aufweisen.

[45] *Braulik*, „Reform“, 165.

[46] *Braulik*, „Reform“, 165.

[47] *Braulik*, „Reform“, 165.

[48] *Houston*, *Justice*, 14f, verweist auf die 1936 erschienene Studie *Ideology and Utopia* von Karl Mannheim und erklärt: “both [i.e., ideology and utopia] are ideas ‘incongruent with reality’, but an ideology does not threaten the status quo, however sincerely it may be believed … a utopia ‘breaks the bonds of the existing order’ and actually serves to bring a new order into being.” Mannheims Studie wurde in den späteren Entwicklungen der Wissenssoziologie aufgegriffen (vgl. dazu *Berger/Luckmann*, *Konstruktion*, 9-12; ferner auch *Ermecke*, „Ideologie und Utopie“). *Houston* (*ebd.*) bringt eine etwas undeutliche Unterscheidung zwischen Utopien, die eine neue Ordnung bewirken, und solche, die dies nicht erreichen. Er unterscheidet zwischen einer utopischen Darstellung von gegenwärtigen Gegebenheiten und einer utopischen Vision der Zukunft. Es scheint, als ob er nur die Zukunftsutopien für tatsächlich wirkungsvoll hält: “The latter [i.e., a utopian vision of the future] does not serve to justify the existing social order: on the contrary, it undermines it by admitting its inadequacy.” Er verweist auf N. Lohfinks Bezeichnung des deuteronomischen Verfassungsentwurfs als Utopie, die in der Exilszeit zwar praktisch nicht verwirklichbar, aber „grundsätzlich auf Verwirklichung angelegt“ und somit eine Realutopie war. Einen anderen Zugang, welcher die Probleme, die zur Konstruktion der Realutopie führen, beschreiben will, bietet *Pahl*, „Politische Philosophie“, 76f: „Der Utopismus abstrahiert gewissermaßen von den konkreten gesellschaftlichen Verhältnissen und bietet eine Alternative des Gemeinschaftslebens an, wie es sein sollte … So verstanden, gilt jede *umfassende* Gesellschaftskonzeption, die sich aus einer

Der Unterschied zwischen *Gottwald* und *Braulik* besteht darin, dass der eine aus dem sozialen Rang der Theologen früherer Zeiten einen Skandal macht, während der andere ihn als eine neutral bis positiv gefärbte Gegebenheit erachtet. *Braulik* verwendet das Wort ‚konservativ'[49] oder auch ‚technokratisch'[50] sachlich, während diese beiden Termini bei einem Autor, der gerne einen Ideologieverdacht hegt, schnell als negativ – als Teil eines Machtspiels – eingeschätzt werden können.[51]

Dasselbe gilt für die Aussagen beider über den gesellschaftlichen Aspekt des biblischen Stoffes. Wenn *Braulik* die Worte ‚Volk Israel' in den Mund nimmt, dann wird sein Reden darüber zu Theologie und Lyrik.[52] Für ihn ist die Volksidee bei Israel von der Liebe determiniert:

---

universell gültigen Idee des Guten und damit gewissermaßen aus einem höchsten Ziel heraus legitimieren möchte, als utopistisch". Pahl hebt das Problem der Praktikabilität hervor und kontrastiert dann damit den Realismus – im heutigen Kontext als ein Gesellschaftsmodell, dem es gelingt, die Akzeptanz der Gesellschaft zu gewinnen. Dieser ist aber in sich unstabil, da rein pragmatisch. Ändern sich die herrschenden Machtverhältnisse, so ändern sich leicht auch die Kompromisse, auf denen die ‚realistischen' Gesellschaftsverträge aufbauen (vgl. ebd., 78f). Die realistische Utopie (John Rawls) soll die beiden Kontraste auflösen und eine „arbeitsfähige" Alternative bieten. Rawls formuliert, auf den Punkt gebracht: „Nimm die Menschen so wie sie sind, und die Gesellschaft so wie sie sein kann" (ebd., 80). Noch einmal soll hier allerdings betont werden, dass diese Analogie ein Kunstgriff ist, der eine zeitgenössische Konzeption auf die in der Bibel dargestellte Situation zurückprojiziert. Dies entspricht der "utopian representation of current realities" von *Houston, Justice*, 15. Weil nach *Braulik* und *Lohfink* die exilzeitliche Realutopie auch nachexilisch nicht verwirklicht wurde, obwohl es in dieser Zeit dann praktisch möglich gewesen wäre, blieb der ganze Verfassungsentwurf eine utopistische Utopie. Wurde er dadurch zur Houstonschen "utopian vision of the future" und somit wirkungsvoll(er), weil er die Unzulänglichkeiten des Systems bloßlegte? Möglicherweise ja, weil die Nichtrealisierung eines Ideals und damit seine Verlegung in die Zukunft das Ideal in den Gemütern derjenigen, die es vielleicht sogar über Generationen hinweg weitergereicht bekommen, doch hoffnungsvoll lebendig hält.

[49] „Sie (d. h. die literarische Fiktion der Moserede) war also *mosaisch-‚konservative*' Theologie im authentischen Sinn, die das uralte, genuine Anliegen des Jahweglaubens bewahrte" (*Braulik*, „Reform", 165).

[50] „Um den Gesellschaftswandel zugunsten des Jahweglaubens durchzusetzen, griff man jetzt zum ersten Mal in der Geschichte Israels geradezu technokratisch zum ‚Lernen'" (*Braulik*, „Reform", 165; vgl. ebd., 167f).

[51] Vgl. etwa den oben zitierten Satz von *Gottwald, Tribes*, 10, mit Bezug auf die früheren Bibelwissenschafter, in dem das Wort "conservative" fällt, jedoch mit einer kritisch gedachten Konnotation: "[T]oward the classes below them they were conservative and reactionary."

[52] Das gilt besonders für *Braulik*, „Liebe", 562f.

> Die deuteronomische ‚Bundestheologie' läßt sich vielleicht am besten an ihrem *Grundprinzip* illustrieren, das auch für die christliche Kirche maßgeblich geworden ist. Es lautet: ‚Als Volk, als Kirche Gott lieben'. ... Israel soll seinen Gott dadurch lieben, dass es seine Sozialordnung, das ... deuteronomische Gesetz, erfüllt. Gott fordert diese gesellschaftliche Liebe, weil nur so jener Raum entsteht, in dem das Sozialgefüge nicht mehr gewaltabgestützt und nach Klassen geschichtet, sondern von geschwisterlichen Strukturen bestimmt wird, wo also in der Öffentlichkeit jenes Verhalten gilt, das sonst nur innerhalb der Familie zu Hause ist.[53]

Hier schimmert auch der von *Berlejung* geschilderte Raum der konstruktiven Kraft durch. Demgegenüber formuliert *Gottwald* mit einem geradezu destruktiven Ansatz:

> If my line of reasoning about the relation of biblical theology and biblical sociology is correct, the most important contribution of a sociological analysis of early Israel to contemporary religious thought and practice is to close the door firmly and irrevocably on the idealist and supernaturalist illusions still permeating and bedeviling our religious outlook. Yahweh and 'his' people must be demystified, deromanticized, dedogmatized and deidolized. Only as we carry through this sociological demythologization of Yahwistic faith, and of its Jewish and Christian derivatives, will those of us who have been formed and nurtured by those curiously ambiguous Jewish and Christian symbols be able to align heart and head, to combine theory and practice. It is at [*the critical intersection between lawful social process and human freedom*] ... where missed and realized opportunities ... emerge for ever larger numbers of us to struggle toward meeting our genuine human needs and actualizing our repressed human potentialities.[54]

Was *Gottwald* beschreibt, klingt nach einer schweren Geburt, voll des Streits ("to struggle toward meeting our genuine human needs"), des Ringens um eine der Menschheit stets entfliehende Freiheit ("our repressed human potentialities"), voll der Enttäuschung ("missed and realized opportunities"), geprägt von Dekonstruktion ("demystified, deromanticized, dedogmatized and deidolized"). Seine Anklage richtet sich gegen "Yahweh and 'his' people", als seien sie die Urheber dieses ewigen Ringens, als handle es sich um ein Gerichtsverfahren: ‚die Menschheit gegen Gott und sein Volk'.

---

[53] *Braulik*, „Reform", 167.

[54] *Gottwald*, *Tribes*, 708. Ähnlich zitiert *Luz*, *Hermeneutik*, 103, A.K.M. Adam: postmoderne Bibelkritik sei "antifoundational, antitotalizing and demystifying" und kommentiert dazu (*ebd.*): „Für mich bleibt unklar, *was* solche postmoderne Bibelkritik eigentlich »entfundamentalisieren«, »enttotalisieren« und »entmystifizieren« will, und aus was für Gründen".

Es scheint, als würden die Termini ‚Gelehrsamkeit' und ‚Volk' (im Englischen 'people', 'peasantry' bei *Gottwald*) einander ausschließen. Während *Gottwald* Theorie und Praxis mittels der Demythologisierung des Jahweglaubens verbinden möchte, zeigt uns die soziologisch fundierte Synthese von *Berlejung*, dass eine theoretische Betrachtung der Identitätsmerkmale einer Gemeinschaft, die sich als Volk versteht, und soziales Handeln innerhalb von Identitätsgrenzen befruchtend aufeinander wirken. Dieser *fruchtbare Kreis* kann durchaus innerhalb von glaubensdefinierten Grenzen vollzogen werden, ohne die Teilnehmer an diesem Prozess gleich zu ‚verteufeln' (*Gottwald*). *Braulik* beleuchtet die ideale – nicht idealistisch-utopische, sondern durchaus realisierbare – Verbindung zwischen ‚Volk' und ‚Lernen' in einer Bemerkung zu Dtn 6,6-9: diese „zielt nicht auf die Ausbildung einer Elite, sondern wendet sich an ganz ‚Israel', bezweckt also eine Gedächtniskultur aller Generationen und Geschlechter."[55]

Es sei noch einmal darauf hingewiesen, dass es sich bei *Gottwalds* scharfer Kritik an der Gelehrsamkeit und den sozialen Kreisen, in der sie bewahrt wird, um prägende Begriffe auf zwei Ebenen handelt: einerseits wurden die *Bibelwissenschafter* kulturell geprägt, und dieses Faktum verursachte ein gewissermaßen gefärbtes Bild (oder eine Interpretation) von biblischen *Inhalten* (deren Autoren wiederum ebenfalls kulturell geprägt sind). Implizit bedeutet diese doppelte Beobachtung, dass gewisse Einsichten oder Gegebenheiten der Bibel unbeachtet bleiben, soweit ihre Leser eine bestimmte Brille tragen. Eine Auseinandersetzung mit dieser Gefahr ist also für eine Besinnung über das Bruderkonzept dringend notwendig, zumal es sich hier um ein eminent gesellschaftliches Konzept handelt.

Luz will in seinem 2014 erschienenen Buch *Theologische Hermeneutik des Neuen Testaments* gerne ein Förderer des Dialogs sein.[56] Als Neutestamentler will er die Texte, mit denen er arbeitet, als Mitteilungen verstehen, weil dieses Verstehensmodell dynamischer als jenes ist, welches den Text als Gewebe auffasst. Darüber geht es im gesamten 4. Kapitel seiner Hermeneutik: *Der Text: »Gewebe« oder »Mitteilung«?*[57]. Er zieht den Schluss, dass der Text als Mitteilung (a) mit seinem Sprecher verbunden bleibt, (b) konkrete Adressaten hat, die in frühen Zeiten hauptsächlich Hörer eines gesprochenen bzw. vorgetragenen Textes waren, (c) stets einen Weltbezug sowie (d) einen Kontextbezug hat.[58]

---

[55] *Braulik*, „Reform", 168. Vgl. auch *Fischer/Lohfink*, „Worte", 70: „Der tägliche Kontakt des Königs mit der Urkunde der Tora wird … allen ohne Ausnahme geschenkt."

[56] Vgl. *Luz, Hermeneutik*, VI, bes., 97: „In diesem Sinn möchte ich eine »*Hermeneutik des offenen Dialogs« zwischen den Texten und ihren Interpreten* vertreten, in dem kein Gesprächspartner sich dem anderen unterordnen muss und jeder seine Sache sagen kann".

[57] Vgl. *Luz, Hermeneutik*, 149-203.

[58] Vgl. *Luz, Hermeneutik*, 201f.

Als ekklesiologisch bewegter Bibelinterpret[59] möchte er auch jene Leser, die sich von der Autorität des Textes befreien wollen, stets zur Auseinandersetzung mit dem Text einladen.[60]

Der Leser *sozialrechtlicher* Bibeltexte, der an seine Aufgabe *ethisch-theologisch* statt ideologisch herangeht, ist sich einiger Merkmale einer sozialethisch-theologisch ausgerichteten Lektüre bewusst, die korrigierend auf ihn einwirken:

(a) Er weiß, dass seine heutige Realität von Problemen im Sozialbereich geprägt ist, die ihn dazu veranlassen, Bibelaussagen erneut zu hinterfragen. Hier spielen Stichworte und Reizthemen eine zentrale Rolle: Machtverhältnisse, Arbeitsgestaltung und Missbrauch von menschlichen wie natürlichen Ressourcen sind nur einige Beispiele aktueller sozialer Probleme.

(b) Um die Bibel sozial-theologisch lesen zu können, erkennt der Leser, dass es unterschiedliche Kategorien gibt, denen sich Menschen selbst zuteilen. Der theologisch Lesende versteht sich als einer Kategorie zugehörig, die sich ‚Volk Gottes' nennt. Seine Heranziehung der konstituierenden wie legitimierenden Kraft, die aus seinem Gottesbegriff herausfließt, soll ihn im Idealfall nicht selbstsicher, sondern achtsam stimmen.

(c) Diese notwendige Achtsamkeit wird durch das fortdauernde Studium gepflogen. Das Lernen lässt den Lernenden nicht unberührt. Ausgerichtet auf Gott, lernt das Mitglied des Gottesvolkes, ihn zu lieben und zu respektieren (im Deuteronomium wird der letztgenannte Aspekt ‚Gott fürchten' genannt). Liebe und Gottesfurcht führen ihrerseits wiederum zum (sozialen) Handeln.

Eine nicht immer geglückte Menschheitsgeschichte hat Personenkategorien wie die ‚Aristokratie' oder die verschiedensten ‚Eliten' in Verruf gebracht. ‚Adel verpflichtet' ist ein Prinzip, das oft genug nur Ideal geblieben ist. Wenn Dtn 6,6-9 die Lernkultur für ein ganzes Volk freigeschaltet hat, wurde damit bis zum heutigen Tag eine ganze Palette an neuen Handlungsmöglichkeiten eröffnet. Nicht mehr die Eliten sind ‚verpflichtet', ‚sozial' zu handeln. Die Lernenden selbst sind jetzt verpflichtet: Das Lernen befreit zum sorgsamen Denken und Handeln.

Es spricht für die damalige Arbeit von *Gottwald* und ist für sie bezeichnend, dass *Tribes* noch in einer in viel geringerem Maße globalisierten Welt entstand und er seine Beobachtungen auf Europa (und Nordamerika) beschränkte.[61] Gesellschaftliche Fragen, die Macht und Armut betreffen, haben sich in unserem Bewusstsein inzwischen auch nach Osten und Süden verlagert. Wenn hier formuliert wird, dass ‚ein Bruder, ob Reich oder Arm, berechtigt ist, ohne Beeinträchtigung am gesellschaftlichen Leben teilzunehmen', muss, analog zur

---

[59] *Luz, Hermeneutik*, VI: „Die Kirche ist mir wichtig. Meine Hermeneutik kreist ständig um die Kirche."

[60] Vgl. *Luz, Hermeneutik*, 203.

[61] Vgl. *Gottwald, Tribes*, 9f.

Frage des Schriftgelehrten an Jesus bezüglich des Nächsten, nachgefragt werden, *wem* diese Aussage gilt. Wer ist heute ‚mein' Bruder?

7.3 Das Deuteronomium: ein Buch der Abgrenzung? Zum Verhältnis von Israel zu den Fremden

E. *Nicholson* argumentiert, dass das Deuteronomium Züge der Gattung Krisen- und Widerstandsliteratur[62] trägt und die Exilszeit von ihren Rahmenbedingungen her eine passende Erklärung für die Herkunft dieser Krise bietet.[63] Somit grenzt es sich von einer Welt (der assyrischen oder auch der neubabylonischen) ab, die von der ikonographischen Darstellung mehrerer Gottheiten geprägt ist.[64] Dennoch sind es laut *Nicholson* nicht an erster Stelle die Einflüsse von außen, die im deuteronomischen Modell die größte Herausforderung für Israels Treue zu Gott bilden:

> The most profound threat to Israel's survival is posed by »indigenous outsiders«, that is, »bad insiders«.[65]

---

[62] Vgl. *Nicholson*, "Provenance", 532.

[63] Vgl. *Nicholson*, "Provenance", 529f; ebenso *Ebach*, *Fremde*, 21 Anm. 78: „Gerade in dem Moment des Verlustes der Heimat wird das Pochen auf etwas die Gruppe Verbindendes stärker. Dabei kann die Betonung des Eigenen die verlorene Heimat ein Stück weit wiederherstellen." Vgl. auch die Diskussion gerade der im Folgenden zu behandelnden, von *Nicholson* und *Stulman*, "Encroachment", angesprochenen Aspekte bei *Crouch*, *Making*, 107-110.

[64] Vgl. *Nicholson*, "Provenance", 532ff.

[65] *Nicholson*, "Provenance", 534, beruft sich auf *Stulman*, "Encroachment" (bes. 615: "In fact, the most profound threat to Israel's survival, as this analysis will attempt to demonstrate, is posed not by enemies who live far away but by 'indigenous outsiders' [i.e., bad insiders] who coinhabit the land"). Diese von *Stulman* stark herausgearbeitete Idee findet sich auch bei *Assmann*, *Gedächtnis*, 212, in schärferer Form: „Das ausgrenzende Reinheitspathos wendet sich nicht nur gegen das eigene Volk, es wendet sich auch gegen die eigene Seele. Die Vorschriften der Amixia … wären nicht so scharf …, wenn sie sich nicht gegen den ‚Kanaanäer in der eigenen Brust' richteten." Er analysiert die Abgrenzung weiter anhand eines psychologischen Zugangs, in dem die ‚Eifersucht' JHWHs der „Angst vor der eigenen Verführbarkeit" entspreche. Dtn 20,10-18 liefert ein typisches Beispiel dieser Sicht des ‚gefährlichen geographisch nahen Außenstehenden' bzw. des ‚ungefährlichen weit entfernten Außenstehenden'. Dieselbe Idee findet sich bei *Snijders*, זר, 559f: „In Hos 5,7 sind die ‚fremden Kinder' *bānim zārim* nicht die ausländischen, sondern die einheimischen Feinde: Die Abtrünnigkeit von JHWH … und das Praktizieren heidnischer Fruchtbarkeitsriten schaffen ein neues Geschlecht, das sich als gefährlich für das Fortbestehen Israels erweist. Diese neue Generation wendet sich wie ein *zār* gegen das eigene Volk."

Dieser Einsicht nach, bei der es sich, positiv ausgedrückt, um die Stärkung des inneren Zusammenhalts und vor allem des volksinternen Haltens zu Gott handelt, würde der Bruderterminus als Erinnerungssignal für die Einhaltung ebendieses inneren Zusammenhalts auftreten. Trotzdem ist, wie L. *Stulman* hervorhebt, damit auch keine eindeutige Grenze gezogen, denn innerhalb des Deuteronomiums wird zwischen unterschiedlichen Gruppierungen von Außenstehenden differenziert: zwischen denjenigen, die absolut zu meiden sind (anachronistisch etwa den Hethitern, Amoritern und Kanaanitern), und denjenigen, die *Stulman* sachlich stimmig, den Text allerdings etwas abwandelnd „Halbbrüder" nennt (Edomiter, Moabiter und Ammoniter).[66] Eine dritte, positiv besetzte Gruppe von Außenseitern bilden die schutzwürdigen גרים.[67]

Die theologisch bei weitem am meisten ausgereiften Sätze, die hier exegetisch untersucht wurden, sind Lev 19,17f. Wir haben gesehen, dass diese Verse nicht nur die ethische Mitte des Buches Levitikus, sondern der gesamten Tora bilden. Ihr Inhalt ist ihrer Position entsprechend gewichtig. Wir sahen ferner, dass die Verse Lev 19,17f die Bezeichnungen אח und עמית sowie בני עמך und רע als Synonyme verwenden. Damit wird der ‚Bruder' als strikt dem Volk Israel zugehörig definiert.

Ferner sahen wir im exegetischen Abschnitt, dass Lev 19,17f nicht zwingend von Dtn 22,1-4 abhängen muss. Hierzu brachte G. *Barbiero* das Argument einer späteren Verallgemeinerung in Lev 19 von den früheren besonderen Bedingungen in Ex 23,4f, das allerdings nicht ganz überzeugte. Die Behauptung, in Lev 19 sei der Verweis auf die Tiere aus Ex/Dtn zugunsten einer Verallgemeinerung *entfernt* worden,[68] ist nicht nachvollziehbar, und man findet diese Meinung auch nicht bei anderen Kommentatoren. Vielmehr sollen die Ergebnisse der Untersuchungen von G. *Braulik* festgehalten werden, die auf die zeitliche Priorität von Lev 19 gegenüber den Bestimmungen von Dtn 22 deuten.[69] Der absolute Vorrang der Parallele aus dem Bundesbuch bleibt dabei unbestritten.

---

[66] Vgl. *Stulman*, "Encroachment", 615 Anm. 8; *Ebach, Fremde*, 19, identifiziert mit Saul Olyan wieder andere Unterscheidungskriterien: „beschnitten/unbeschnitten, Einheimischer/Außenstehender, Exilsgemeinde/Landbewohner."

[67] Vgl. *Stulman*, "Encroachment", 615 Anm. 8. Gründlich erforscht wurde der גר im Dtn von *Ebach, Fremde*, sowie von *Awabdy, Immigrants.* Diese beiden Studien sind die zurzeit umfassendsten Monografien zum Thema Fremdsein/Abgrenzung/eigene Identität im Deuteronomium. Die soziologischen Hintergründe dieser Phänomene werden bei *Ebach, Fremde*, 9-23, und bei *Awabdy, Immigrants*, 6f, besprochen. Einen (auch forschungsgeschichtlichen) Überblick über die mögliche Identität und Herkunft des גר bietet *Braulik*, „Fremdenliebe", 44ff. Für eine Analyse des גר im Heiligkeitsgesetz vgl. Joosten, *Holiness Code*, 54-72; für גר im Allgemeinen aber auch besonders in Lev 19,34 vgl. *Akiyama, Love of Neighbour*, 43-55.

[68] Vgl. *Barbiero, L'asino*, 300.

[69] Vgl. *Braulik*, „Redaktion", 4-25, bes. 11f.

Was wohl überzeugt, sind die Überlegungen zu den gedanklichen Vorgängen, die von den Bezeichnungen ‚Feind' und ‚Gegner' in Ex 23,4f zum ‚Bruder' in Dtn 22,1-4 geführt haben könnten. Unter der Berücksichtigung der Beobachtung von L. *Schwienhorst-Schönberger*, es handle sich beim ‚Feind' oder ‚Gegner' in Ex 23,4f auch, aber nicht ausschließlich, um einen Rechtsgegner,[70] ist der Vorschlag von *Barbiero* umso interessanter. Er fragt, analog zum Gleichnis vom Barmherzigen Samariter (Lk 10,25-37), nicht, *wer mein Nächster* bzw. mein Feind *ist*, sondern, *wem gegenüber* ich ein Nächster bzw. Gegner bin. Es soll sich um eine Selbstuntersuchung handeln: Wessen Gegner bin ich? Gerade demjenigen soll tatkräftig geholfen werden. Von diesem Blickpunkt aus ist der Schritt zur Bruderformulierung Dtn 22,1-4 ein kleiner. Ähnlich formuliert *Schwienhorst-Schönberger*: „Keine wie auch immer eingefärbte Form von Feindschaft oder Abneigung [ist] ein Hinderungsgrund für die in einer alltäglichen Notsituation geforderte Hilfe"[71], und bereits früher *von Rad*, dass der Unterschied zwischen Ex 23,4f und Dtn 22,1-4 sich nicht daraus erklärt, dass „die strengere, schwerer zu erfüllende Forderung im Laufe der Zeit einer bequemeren Auffassung gewichen sei, der zufolge solche Dienste nur dem ‚Bruder' zu leisten seien."[72] *Von Rad* betont ebenfalls den Rechtskontext von Ex 23,4f und dass es sich dort um eine „Prozessgegnerschaft" handelt.[73]

Die Brüderlichkeit, so *Barbiero*,[74] erlaubt es nicht, die ‚Bänder der Solidarität' zu durchbrechen, auch wenn persönliche Abneigungsgefühle berechtigt sein sollten. Im Grunde ist die von *Barbiero* beschriebene ‚positive Inversion' zur eigenen inneren Haltung dem Anderen gegenüber nicht nur ein Charakteristikum von Lev 19,17f, sondern zugleich von allen drei behandelten Gesetzen: Ex 23,4f, Lev 19,17f sowie Dtn 22,1-4.

Die gerade besprochenen Kommentierungen von *Barbiero* sowie *Schwienhorst-Schönberger* liegen bereits ungefähr dreißig Jahre in der Vergangenheit. Von ihrer theologischen Gültigkeit haben sie nichts eingebüßt, an Brisanz haben ihre Implikationen eher noch zugenommen. In einer Analyse einiger biblischer Gesichtspunkte betreffs der Flüchtlingskrise in Europa und ihrer ethischen Implikationen weist *Schwienhorst-Schönberger* darauf hin, dass neben dem Prinzip des ethischen Universalismus auch die ebenso gültigen und „zum Kern der katholischen Moraltheologie"[75] gehörenden Vorzugsregeln bei Hilfeleistungen zum Einsatz kommen dürfen bzw. sollen:

---

[70] Vgl. *Schwienhorst-Schönberger*, *Bundesbuch*, 384.
[71] *Schwienhorst-Schönberger*, *Bundesbuch*, 384.
[72] *Von Rad*, *Deuteronomium*, 101.
[73] *Von Rad*, *Deuteronomium*, 101.
[74] Vgl. *Barbiero*, *L'asino*, 300.
[75] *Schwienhorst-Schönberger*, „Nächste", 41.

So gesehen *ist* nicht jeder Mensch mein Nächster, sondern jeder Mensch *kann* (unter ganz bestimmten Umständen) mein Nächster werden.[76]

Ferner zitiert er E. Schockenhoff: Liebestaten seien „auf den abgestuften Kreis derer beschränkt, die der Hilfe am meisten bedürfen und für deren Wohl der Handelnde am besten zu sorgen imstande ist".[77] Verbunden mit der in unserer Studie vielfach betonten *Volksbezogenheit* der Bruderidee im Deuteronomium, muss auch für Dtn 22,1-4 festgehalten werden, dass der Bruderterminus die Verpflichtung zur Hilfeleistung zunächst auf die Grenzen des Volkes Israel beschränkt. Hier sei noch einmal an das bereits oben wiedergegebene Zitat[78] von *Schwienhorst-Schönberger* erinnert, es werde

in zahlreichen antiken Gesellschaften Solidarität zunächst einmal nur gegenüber den eigenen (realen oder fiktiven) Verwandten geübt. Solidarisches Handeln war abgestuft nach den Graden der Verwandtschaft auf der agnatischen, d.h. männlichen Linie: Bruder – Vatersbruder – Vatersbruderssohn.[79]

Das Zerbrechen der Gesellschaft verursachte Probleme, denn damit löste sich das ‚verwandtschaftliche' bzw. ‚soziale' Netzwerk, das dem Individuum Sicherheit verschaffte. Der Fremde jedoch hatte kein verwandtschaftliches Netz, das ihm Halt gab.[80]

Damit entsteht folgendes Problem: Wenn Solidarität sich nur in verwandtschaftlichen Kategorien denken und ‚begründen' läßt, ist dann Solidarität gegenüber dem Nicht-Verwandten überhaupt möglich?[81]

H.-P. *Mathys* bringt ein für die Problematik der Ethik unter Einsatz der Vorzugsregeln interessantes Zitat von Martin Buber.[82] Es handelt sich in diesem Zusammenhang vor allem um das Wort רע in Lev 19,17f.33f:

... das von der Septuaginta mit ‚der nah daneben, der Nahe' übersetzte Nomen re$^{a'}$ bedeutet alttestamentlich zunächst einen, zu dem ich in einer

[76] *Schwienhorst-Schönberger*, „Nächste", 41, vgl. ebenso *ders.*, „Staatsvolk". Die Differenzierung zwischen ‚Nahem', ‚Näherem' und ‚Nächstem' und die Nuancen ihrer Implikation für die moralischen Verpflichtungen anderen gegenüber bespricht ausführlich *Schüller*, *Urteile*, 107-115.

[77] *Schwienhorst-Schönberger*, „Nächste", 42.

[78] Vgl. oben Kap. 3.1.

[79] *Schwienhorst-Schönberger*, „Fremde", 110.

[80] Vgl. *Schwienhorst-Schönberger*, „Fremde", 110f.

[81] *Schwienhorst-Schönberger*, „Fremde", 110f. Er spricht (ebd., 110) von einem „Prinzip abgestufter Pflichtenzuteilung", auf das er in seinem späteren Beitrag (vgl. *ders.*, „Nächste") mit der Bezeichnung „Vorzugsprinzip" verweist. Beide Bezeichnungen seien der katholischen Moraltheologie seit langem geläufig (vgl. *ders.*, „Nächste"; *ders.*, „Fremde", 110). Sowohl *Schwienhorst-Schönberger*, „Fremde", 111, als auch *Braulik*, „Gesellschaft", 568, und ebenso *Otto*, *Deuteronomium 12-23*, 1317, verwenden allerdings die Bezeichnung ‚Schutzbürger' als Wiedergabe des hebräischen גר.

[82] Aus M. Buber, *Zwei Glaubensweisen*, Zürich 1950.

> unmittelbaren und gegenseitigen Beziehung stehe, und zwar durch irgendwelche Lebensumstände, durch Ortsgemeinschaft, durch Volksgemeinschaft, durch Werkgemeinschaft, durch Kampfgemeinschaft, besonders auch durch Wahlgemeinschaft oder Freundschaft; es überträgt sich auf den Mitmenschen überhaupt und sodann auf den andern überhaupt. ‚Liebe deinen re$^{a'}$‘ bedeutet also in unserer Sprache: sei liebreich zugewandt den Menschen, mit denen du je und je auf den Wegen deines Lebens zu schaffen bekommst ... Damit sich aber im Volksbewußtsein keine Einschränkung des Begriffs vollziehe, wozu die erste Hälfte des Satzes (‚Heimzahle nicht und grolle nicht den Söhnen deines Volkes‘) leicht verführen könnte, wird bald darauf im selben Kapitel (Vers 33) das Gebot nachgetragen, auch dem ger, dem unter Israel wohnenden nichtjüdischen ‚Gastsaßen‘, liebreich zu begegnen.[83]

Es fällt auf, dass Buber 1950 in seiner Definition den Fremden als den „unter Israel wohnenden *nichtjüdischen* ‚Gastsaßen‘“ versteht. Von dieser Sicht hängt vieles ab. Wir haben in der Exegese verschiedene Beobachtungen zum Begriff des Fremden gemacht, die nun zusammengefügt werden müssen, um zu einer dem heutigen Forschungsstand entsprechenden Definition des גר zu kommen.[84]

(a) Zunächst gab es die Beobachtung der Häufigkeit, mit dem der גר im Deuteronomium als Aktant gemeinsam mit dem יתום und der אלמנה auftritt. G. *Braulik* beobachtet hierzu:

> Der Doppelausdruck ‚Waise und Witwe‘ steht im Deuteronomium niemals allein, sondern fordert vor sich den ‚Fremden‘. Dagegen ist das Wort ‚Fremder‘ nicht notwendig an ‚Waise und Witwe‘ gebunden.[85]

Obwohl der גר nie gemeinsam mit dem עני oder dem אביון erwähnt wird und somit nicht als Armer gilt, der ‚Bruder‘ aber wohl, gilt er als Mitglied der Gruppe גר - יתום - אלמנה sehr wohl als einerseits schutz- und unterstützungswürdig, andererseits (eingeschränkt[86]) als Eingeladener in den Kreis der feiernden Israelgemeinschaft[87]. Der גר gehört aber ausdrücklich *nicht* zu den Brüdern.[88]

---

[83] Vgl. *Mathys*, *Nächstenliebe*, 29.

[84] Vgl. bes. die Untersuchung des Gebrauchs des Begriffs ‚Fremder‘ im Bundesbuch, Deuteronomium und Heiligkeitsgesetz oben in der Exegese von Lev 25,35 (Abschnitt 6.5).

[85] *Braulik*, „Fremdenliebe“, 47 Anm. 30.

[86] Die Differenzierungen werden u. a. von *Crouch*, *Making*, 220, besprochen; vgl. grundlegend bereits *Braulik*, „Leidensgedächtnisfeier“, 350f; *ders.*, „Freude“, 40-43.

[87] Vgl. Dtn 16,11.14.

[88] Vgl. *Braulik*, „Fremdenliebe“, 45f.

(b) Ein weiterer Beweis für das Naheverhältnis des גר zum als ‚Du' angesprochenen israelitischen Vollbürger findet sich in jenen vier[89] Deuteronomiumstellen, in denen das Wort גר mit dem Pronominalsuffix der 2. P. Sg. m. verbunden ist.

(c) Ferner wurde deutlich, dass es im Hebräischen eine andere Bezeichnung für einen Fremden gibt, bei dem ein solches Naheverhältnis ausdrücklich nicht gegeben ist, sondern explizit eine Abgrenzung gefordert wird – das Wort זר.[90]

(d) Schließlich gibt es noch das historische, archäologisch gut untermauerte Argument für ein Naheverhältnis zwischen den Adressaten des Deuteronomiums und dem dort immer wiederkehrenden גר. Es ist archäologisch belegt, dass es nach dem Jahr 721, nachdem das Nordreich von Assyrien zerstört worden war, zu Fluchtbewegungen aus dem Norden in den Süden, spezifisch nach Jerusalem, gekommen ist. Die Bevölkerung Jerusalems wuchs nach 721 stark an, sodass es erstmals zu Zentralisierungsregelungen zur Bewältigung der damaligen Flüchtlingssituation sowie der auch für Juda geltenden Bedrohung von Seiten Assyriens kam.[91]

Diese Neuankömmlinge waren der judäischen Bevölkerung *fremd* – und auch nicht. Sie gehörten alle dem ursprünglichen Zwölfstämmeverband Israels an, sprachen dieselbe Sprache und teilten miteinander im Grunde dieselbe Religion, wenngleich es auch lokale Unterschiede in der Religionsausübung

[89] Dtn 5,14; 24,14; 29,10; 31,12.

[90] Vgl. oben zur Exegese von Dtn 25,5-10.

[91] Vgl. *Römer*, „Fremde", 163; *Na'aman*, "Sojourners", 237; *Finkelstein*, "Settlement", 499; vgl. ferner hierzu oben die Exegese von Lev 25,36. Allerdings gibt es auseinandergehende Fachmeinungen zu den Details des Wachstums und eventuellen Rückgangs der Jerusalemer Bevölkerung. In diesem Punkt vertreten etwa I. *Finkelstein* und N. *Na'aman* unterschiedliche Meinungen sowohl hinsichtlich des Zeitpunkts des Anfangs dieses Wachstums als auch in Bezug auf die spätere Wiederbesiedlung des judäischen Landes. Einig sind sie sich aber bezüglich der Auswirkung des Untergangs des Nordreiches direkt nach 701 v. Chr. auf die Demographie Jerusalems. Eine ausführliche Bibliographie zum Thema findet sich bei *Crouch*, *Making*, 77 Anm. 273. Weitere alternative Zuordnungen des Fremden mit den dazugehörenden Fachmeinungen bespricht ausführlich *Awabdy*, *Immigrants*, 110-116. Auch *Braulik*, „Fremdenliebe", 44f, erwähnt, dass dieser „nicht-israelitischer und nicht-judäischer Immigrant" oder demgegenüber Volksgenosse sein kann, der nur inner-israelitisch seinem Aufenthaltsort fremd ist. Er fasst daraufhin zusammen: „Vielleicht kann man den Fremden … als ‚resident outsider' bezeichnen, wobei seine Abkunft offen bleibt und er außerhalb der Gastgesellschaft steht" (ebd., 45). Diese Sicht schließt also nicht die Option des Flüchtlings aus dem Nordreich, für die aufgrund von archäologischen Daten hier plädiert wird, aus.

gab, die ebenfalls archäologisch belegt sind.[92] Ihre Beschreibung passt also gut zu den exegetischen Resultaten für das Wort גר.[93]

E. *Otto* rechnet mit einer dieser Entwicklung verwandten Situation als bereits früh einsetzendem Anstoß für ein Aufkeimen der deuteronomischen Bruderethik:

> Sanheribs Deportation von Teilen der Bevölkerung der im Feldzug 702/1 v.Chr. eroberten Landstriche … ließ die Jerusalemer Stadtbevölkerung zu einem Quell der Neubesiedlung der landjudäischen Gebiete unter den Königen Manasse und Josia werden … Auf das Zerbrechen von gentiler Sippen- und Familiensolidarität … reagiert das deuteronomische Deuteronomium mit einem Programm des Bruderethos, das alle Judäer zu »Brüdern« erklärt und die traditionelle, genealogisch begründetet[(sic!)] Solidaritätsverpflichtung über die Familiengrenzen auf alle Judäer ausdehnt.[94]

Da es *Otto* hier nicht um die Eroberung des Nordreiches durch Salmanassar V. bzw. Sargon II. (721 v. Chr.) geht, sondern um den Jerusalemfeldzug Sanheribs (701 v. Chr.), rechnet er in diesem Zitat nicht mit einer Einbeziehung des *Fremden*, sondern spricht ausschließlich von *Judäern* als Brüdern. Mehr noch: *Otto*

---

[92] Vgl. *Keel/Uehlinger*, *Göttinnen*, 199-321, sowie 322ff.

[93] *Sparks*, *Ethnicity*, 236-245, arbeitet sogar mit der Idee "that the origins of Deuteronomy should be sought in circles that sympathized with the plight of Northerners. First, it calls upon those in the South to accept each other, and also their fellow Yahwists from the North, as brothers. And second, it legislates proper care and compassion toward the less fortunate of these brethren, particularly the Northern refugees" (*ebd.*, 238). Nicht in der von *Sparks* dargebotenen Form akzeptiert wird die Nordreichhypothese von *Ebach*, *Fremde*, 48f Anm. 161, in Anlehnung an die Ergebnisse einer 1992 erschienenen Studie zum Fremden von C. Bultmann. In *Ebachs* Anmerkung hierzu verbindet sie zunächst ihre Ablehnung der Nordreichhypothese mit den Fakten rund um das 2008 von Garfinkel und Ganor aufgefundene Ostrakon von Khirbet Qeiyafa (10./9. Jh. v. Chr.), welches Aussagen von generellem Interesse für die deuteronomischen Sozialgesetze liefert, jedoch nur indirekt über die Frage des Flüchtlingsstromes ab 721 v. Chr. Einsicht gibt. *Ebach* bestätigt eine teilweise Ablehnung der Nordreichhypothese aufgrund von Argumenten, die auf einer generell im Deuteronomium fehlenden Aussage über die Volkszugehörigkeit des גר beruhen. Sie benutzt vor allem ein öfters von ihr gebrachtes Argument aus Dtn 24,14 (vgl. *ebd.*, 45.51), um den (volkseigenen) Bruder mit dem (volksfremden) גר zu kontrastieren. Ob in Dtn 24,14 או adversativ verstanden werden soll (so *Ebach*) oder herkömmlich als nebenordnende Konjunktion, ist offen für weitere Diskussion. Zuzustimmen ist ihrer Beobachtung gegen *Sparks*, dass die Hinzufügung des גר in die Reihe der *personae miserae* nicht unbedingt eine deuteronomische Innovation sein muss. Auch wenn diese nicht eine Reaktion auf die Ereignisse im Nordreich gewesen war, ist ihre Vorsicht zu begrüßen, die Hypothese beizubehalten, „dass durch die Flüchtlinge aus dem Nordreich das Problem der גרים in Juda drängender wurde" (*ebd.*, 48 Anm. 161).

[94] *Otto*, *Deuteronomium 12-23*, 1351.

sieht das Deuteronomium sehr wohl als ein Buch der Abgrenzung. Seine jahrelange Beschäftigung mit den Ansichten Max Webers spielt darin sicher keine unbedeutende Rolle. Dies spricht er auch selbst an:

> Ein derartiger »Dualismus von Binnen- und Außenmoral« ..., wie ihn die Ethik des Deuteronomiums mit der Abgrenzung von den Ausländern zeigt, ist in Babylonien und in Assyrien unbekannt.[95]

Gerade jene historische Situation, die einerseits als Begründung der *Nähe* Israels zu ‚seinen' גרים angeboten werden kann, nämlich die politischen Geschehnisse am Ende des 8. Jhs im Nord- und Südreich, nimmt *Otto* als Anlass, um den Blick auf die innerjudäische Position und die Beziehung zum נכרי (Dtn 15,3) zu richten. Dadurch, dass er den Feldzug von Salmanassar V./Sargon II. um 721 v. Chr. gegen Samaria und das Nordreich ausklammert und jenen von Sanherib gegen Judäa im Jahr 701 v. Chr. betont, kann er den Fokus auf die innenpolitische Situation im Südreich richten. Obwohl er hierin zustimmend mit den Argumenten B. *Halperns* arbeitet[96], besteht bei *Otto* anscheinend eine Präferenz für die *Halpern* entgegengesetzte Auffassung von N. *Na'aman* zur Wiederbesiedlung des judäischen Landesgebietes nach dieser Krise. *Halpern* vertritt die Meinung:

> Still, even meticulous central planning could not resuscitate the status quo ante-bellum. Under Manasseh, Jerusalem remained bloated, the lineages off the land.[97]

Na'aman argumentiert gegen *Halpern* und *Finkelstein*, dass das judäische Umland später sehr wohl erneut besiedelt wurde,[98] und so sieht es auch *Otto* im bereits oben angeführten Zitat:

> Sanheribs Deportation ... ließ die Jerusalemer Stadtbevölkerung zu einem *Quell der Neubesiedlung der landjudäischen Gebiete* unter den Königen Manasse und Josia werden.[99]

Er spricht ferner davon, dass diese Neubesiedlung zugunsten von „Jerusalemer Handelsinteressen" erfolgte und dadurch eine Art ‚sekundäre' Zentralisation in den „Landstädten" der judäischen Provinz stattfand.[100] In diesem buchstäblich ‚provinziellen' und explizit innerjudäischen Kontext nennt *Otto* die Bewegung von einer frühen, ausschließlich ländlichen, sippen- bzw. familienorien-

---

[95] *Otto*, *Deuteronomium 12-23*, 1351. Die Formulierung „Dualismus von Binnen- und Außenmoral" geht hier direkt auf Max Weber zurück.

[96] Vgl. *Otto*, *Deuteronomium 12-23*, 1350.

[97] *Halpern*, "Lineages", 64.

[98] Vgl. *Na'aman*, "Sojourners", 238. Vgl. ferner hierzu oben zu Lev 25,18-22.

[99] *Otto*, *Deuteronomium 12-23*, 1351 (Hervorhebung JF).

[100] Vgl. *Otto*, *Deuteronomium 12-23*, 1351.

tierten Ausrichtung des Bruderwortes hin zum innerjudäischen Kontext bereits eine *Universalisierung* des Bruderethos.[101] Die hier hervorgehobenen Details der Argumentation *Ottos* weichen nur geringfügig ab von der vorher etwas breiter angelegten Sicht, welche die Bevölkerung des Nordreichs bei dieser Entwicklung einschließen will. Der Unterschied liegt hauptsächlich darin, dass die Inkludierung der Israeliten aus dem Nordreich jene brüderliche Verpflichtung, die auf der Bevölkerung des Südreichs ruhte, steigert und auch ethnisch ausweitet (‚Israel' kommt zu ‚Juda' hinzu).

Dieses unter den genannten vier Aspekten deutlich gewordene Fremdenbild unterscheidet sich also von jenem, das noch bei Buber vorzufinden ist: der Fremde, wie wir ihn jetzt verstehen, ist Israel weniger fremd als vielleicht noch von Buber angenommen. Dass der גר dem Volk so nahe steht, dass er *Teil* des Gottesvolkes wird, ist hiermit allerdings nicht gesagt. Er bleibt gewissermaßen eben das, was seine Bezeichnung aussagen will: ein ‚Fremdkörper' innerhalb der Gemeinschaft Israels.[102]

C. *Crouch* weist darauf hin, dass die Verwendung des Wortes גר innerhalb des Deuteronomiums eine Entwicklung durchläuft und in der nachdeuteronomischen bis hin zur chronistischen Zeit (mit Wirkung bis in die Septuaginta hinein) der Terminus sich zunehmend für die Bezeichnung eines Proselyten innerhalb Israels eignete.[103] Das Ringen der Exegeten, einen eindeutigen Umriss für das Profil der גרים zu finden, spiegelt sich treffend in der (kritisch gemeinten) Formulierung bei *Crouch* wider, die גרים seien "not-really-quite-Israelites"[104]. Auch *Ebach* betont:

---

[101] Vgl. *Otto, Deuteronomium 12-23*, 1351. Zu seiner vollständigen Beschreibung des möglichen historischen Kontextes der frühen Anfänge der Entwicklung des Bruderethos vgl. *ebd.*, 1350f.

[102] *Crouch, Making*, 217, legt offenbar *Veijola, 5. Buch Mose*, 26, Wörter in den Mund, wenn sie meint, er hätte die Schlussfolgerung geäußert, "that 'brothers' in Deut. 1:16 includes 'foreigners'". So wie *Crouch* es formuliert, bekommt man den Eindruck, *Veijola* hätte die Fremden und die ‚Brüder' unterschiedslos unter einen Nenner gestellt. In Wahrheit sagt *Veijola* hier auch nichts anderes zur Situation des Fremden in Dtn 1,16 als *Braulik, Deuteronomium 16-34*, 182, den sie an dieser Stelle kommentarlos anführt, dass nämlich für den Fremden und ‚Bruder' in Dtn 1,16 *das gleiche Recht gilt* und dies eine Neuerung im Vergleich zum altorientalischen Umfeld darstellt.

[103] Vgl. *Crouch, Making*, 217. Sie formuliert allerdings ungenau, wenn sie sagt, "the גר is of an economic status which prompts *his inclusion among other poor* and socially marginalised persons" (*ebd.*, 218; Kursive JF). Wir sahen, dass es sich bei der klassischen Trias nicht primär um einen wirtschaftlichen, sondern um einen sozialen Status handelt (den zweiten Aspekt übersieht *Crouch* nicht, sondern führt nur den ersten überflüssigerweise an).

[104] *Crouch, Making*, 219 Anm. 300. *Otto, Deuteronomium 1-4*, 345, übersetzt das Wort גר in Dtn 1,16 ungewöhnlich mit „[dem] nicht zur Familie gehörigen Bediensteten".

> Dass es sich um eine Personengruppe handelt, die innerhalb der Grenzen der Gemeinschaft erscheint und doch nicht ganz dazugehört, ist bei allen Spezifizierungen des גר unstrittig.[105]

In diesem Zusammenhang ist ein weiterer Beitrag, in dem Fall von einer Sozialethikerin, aufzugreifen: M. *Heimbach-Steins* bemerkte bei einem Kongress der *European Society for Catholic Theology* im September 2015 in Leuven (Belgien) in einem Vortrag mit dem Titel „'Canon and Community': Zur sozialethischen Relevanz der Heiligen Schrift" im Kontext einer Auslegung von Lev 19,33f:

> Durch die Metapher ‚Schöpfung'/Geschöpflichkeit als Aussage über die Grundkonstitution jedes Menschen wird eine fundamentale Gemeinsamkeit zwischen den Angehörigen des Volkes Israel und den ‚Fremden' erschlossen, die als Kindschaftsbeziehung zu dem einen himmlischen Vater oder als Geschwisterbeziehung aller Menschen ausgelegt werden kann.[106]

Im deuteronomischen Gesetzeskorpus, das für die Brüderlichkeitsidee grundlegend ist, wird die Brüderlichkeit nie schöpfungstheologisch begründet. In den entsprechenden Levitikuskapiteln ist die Situation etwas nuancierter. Vor allem in Lev 25 könnte die starke Bezogenheit auf das *Land* auf eine Beeinflussung durch schöpfungstheologisches Gedankengut deuten. Die Hinweise dazu bleiben in diesem Kapitel aus ‚brudertheologischer' Sicht jedoch sehr dezent und erfolgen nie so explizit, dass daraus eine primäre Begründung der Identität des Fremden wie des Israeliten als ‚Kind eines einzigen himmlischen Vaters' abgeleitet werden könnte.

Auch *Heimbach-Steins* argumentiert in ihrem Teil des Leuvener Beitrags mithilfe von Lev 19,33f und spricht in direktem Zusammenhang mit diesem Passus von einer „echten Universalisierung: In der Person des oder der Fremden soll das Menschsein als solches entdeckt und die Beziehung an der fundamentalen Gleichheit ausgerichtet werden."[107] An derselben Stelle argumentiert sie nahtlos weiter anhand des in dieser Diskussion fast allgegenwärtigen Gleichnisses vom barmherzigen Samariter: „Eine weitere Stufe der Universalisierung finden wir in der Ratifizierung des Gebotes der Fremdenliebe im Gleichnis vom barmherzigen Samariter ...". Da die Samariter ihre historischen Wurzeln in ebendieser Vertreibung der Bevölkerungsmitglieder des Nordreiches 721 v. Chr. haben, kann auch hier nicht von einer „Universalisierung" die Rede sein. Die im Gleichnis beschriebene Auseinandersetzung, obschon mit einem fremden Element und mit der Überwindung von kulturellen Grenzen,

---

[105] *Ebach, Fremde*, 51.

[106] *Heimbach-Steins/Steins*, "Canon and Community", 150f. Vgl. aber erläuternd auch *Heimbach-Steins, Grenzverläufe*, 62f. Für eine Bruderschaft aller Menschen argumentiert bereits R. Bultmann 1969: vgl. *Perlitt*, „Volk", 52.

[107] *Heimbach-Steins/Steins*, "Canon and Community", 151.

findet nach wie vor innerhalb der historischen Grenzen Altisraels statt. Überspitzt und anachronistisch gesagt, ist im Gleichnis nicht von einem barmherzigen Phönizier, Assyrer oder gar Edomiter die Rede – wobei die Erwähnung des letztgenannten Volkes noch am ehesten der Intention des Gleichnisses entsprechen würde.

Wie sehr und wie gerne man auch als heutiger Exeget für eine großzügige Hilfeleistung plädieren möchte: mit Lev 19,17f.33f lässt sich diese exegetisch nicht auf sachliche Weise begründen – oder doch?

Die Aktualität des Themas der Hilfeleistung an Brüdern/Fremden/Nächsten oder auch Feinden/Gegnern aufgrund der innereuropäisch herrschenden Flüchtlingsdebatte zeigt sich unter anderem auch an den jungen Erscheinungsdaten der relevanten Sekundärliteratur.[108] In ihrer 2016 erschienenen Monographie[109] zum Thema Migration (unter anderem unter dem Aspekt der Zugehörigkeit und Integration) begründet *Heimbach-Steins* ein von ihr „Migrationsethik" genanntes Konzept zunächst bibeltheologisch unter den Kategorien *Schöpfung*, *Exodus*, *Fremdenliebe*, *Fremdsein* und *Kenosis*. Ihre Behandlung dieser Themen fasst sie unter dem gemeinsamen Nenner „Geschwisterlichkeit unter Fremden" zusammen.[110] Zum bibeltheologischen Abschnitt ihres Beitrags einige Bemerkungen. Ihr *schöpfungstheologisches* Argument basiert auf Gen 1,26-28 und dessen Rezeption in Gal 3,28. Zu Recht erwähnt sie die paulinische Betonung des Gemeinsamen aller Menschen „in Christus", da es sich in den Aussagen von Gal 3,23-29 in der Tat um die Situation *innerhalb der christlichen Glaubensgemeinschaft* handelt. Bei ihrer Berufung auf Mt 6,9 (*„unser Vater im Himmel"*) und Mt 23,8f (*„ihr alle aber seid Brüder ... einer ist euer Vater, der im Himmel"*), wenn sie von einer *„Geschwisterbeziehung* aller Menschen untereinander"[111] spricht, muss allerdings noch einmal nachgefragt werden: Ist es sachgemäß, diese Texte auf ‚alle Menschen untereinander' zu verallgemeinern? Im Evangelium ist eindeutig nur der Jüngerkreis Jesu angesprochen und bei weitem nicht die ganze Menschheit.[112]

---

[108] Eine Ausgabe des Periodikums *Internationale Katholische Zeitschrift Communio (IKaZ)*, Jahrgang 44: Juli/August 2015, wurde z. B. sehr zeitnah dem Thema „Flucht und Vertreibung" gewidmet. Vgl. auch *Fonk*, „Fremdling".

[109] Vgl. *Heimbach-Steins*, *Grenzverläufe*.

[110] Vgl. *Heimbach-Steins*, *Grenzverläufe*, 59-72.

[111] *Heimbach-Steins*, *Grenzverläufe*, 63.

[112] Vgl. hierzu *Lohfink*, *Gemeinde*, 59ff, bes. 64: „Der Adressat der ethischen Unterweisung Jesu ist weder einfach der für sich stehende Einzelne noch die Menschheit als Ganze. Der Adressat seiner Unterweisung ist Israel beziehungsweise der Israel repräsentierende Jüngerkreis. Leider wird diese klare Abgrenzung der Adressaten der Bergpredigt in der Theologie allzu häufig unterlaufen ... weil man ... zu schnell und ohne die spezifische Funktion Israels beziehungsweise der Kirche genügend zu beachten, die gesamte Menschheit zum Adressaten machen möchte."

Ferner ist *Heimbach-Steins* der Meinung, es verbiete sich, „die vielfältigen Differenzen zwischen Menschen als angeblich ‚natürlich' festzuschreiben".[113] Doch ist ihr mit G. *Braulik* entgegenzuhalten:

> Dieses von Gott begründete brüderliche Verhältnis … widerspricht zwar einer Ungleichheit, beseitigt aber nicht einfach gesellschaftliche Mehrschichtigkeit.[114]

Hiermit soll nicht impliziert werden, dass *Braulik* die von ihm angesprochene Mehrschichtigkeit, unter welcher auch der Begriff menschlicher Differenzen verstanden werden kann, ‚naturalisiert'. Über ihre Herkunft macht er keine Aussage – er will, so verstehe ich ihn, sie bloß nicht wegdiskutieren.

Wenn *Heimbach-Steins* von essentialisierten Grenzen spricht, die „historisch oder ideologisch bedingte Konstrukte asymmetrischer Machtverhältnisse"[115] als „natürliche Gegebenheiten"[116] darbieten, erinnert dies an die oben geführte Diskussion mit *Gottwald*. In der Argumentation von *Heimbach-Steins* fällt auf, dass sie ohne Angabe von Beispielen, wessen ‚naturalistischer Fehlschluss'[117] gemeint ist, einem postulierten Gegner entgegentritt, den sie einerseits als naturalistisch denkend, andererseits als mit ideologisch bedingten Konstrukten arbeitend darstellt. Ihr Wunsch nach einer „Geschwisterbeziehung aller Menschen"[118] beruht auf keiner biblisch tragfähigen Basis – doch mutet gerade das wie ein ‚naturalistischer Fehlschluss' an.[119]

Mehr theologischen Spielraum bietet das von ihr an zweiter Stelle angesprochene Motiv des Exodus, den sie zu Recht „die Konstitution einer neuen Gesellschaft"[120] nennt. Den ethischen Imperativ des Exodus formuliert sie folgendermaßen: Da Israel auf „völlig unwahrscheinliche Weise"[121] aus Ägypten befreit wurde, soll seine Lebensweise diese Befreiung fortan widerspiegeln. Es

---

[113] *Heimbach-Steins*, *Grenzverläufe*, 63.
[114] *Braulik*, „Freude", 46.
[115] *Heimbach-Steins*, *Grenzverläufe*, 63.
[116] *Heimbach-Steins*, *Grenzverläufe*, 63.
[117] Vgl. *Heimbach-Steins*, *Grenzverläufe*, 63.
[118] *Heimbach-Steins*, *Grenzverläufe*, 63.
[119] Damit will ich sie nicht irgendeiner bestimmten ideologischen Richtung zuordnen. Ich möchte vielmehr mit dem Fach Sozialethik ins Gespräch kommen und den Wunsch äußern, dass sich die theologischen Disziplinen grenzübergreifend um der Sache Willen bereichern sollten. Ein solches Gespräch führt etwa auch *Fonk*, „Fremdling", 298ff. Gerade *Heimbach-Steins* tritt als Sozialethikerin oft mit der Bibelwissenschaft ins Gespräch. Dass ein solches Gespräch immer im gegenseitigen Einklang verläuft, ist nicht notwendigerweise vorprogrammiert.
[120] *Heimbach-Steins*, *Grenzverläufe*, 64; vgl. auch *Crouch*, *Making*, 238-240, ferner die Behandlung von Lev 19,33f bei *Gass*, „Problem", 209-213, der nirgends schöpfungstheologisch, sehr wohl aber dem Text gemäß von Ägypten her argumentiert.
[121] *Heimbach-Steins*, *Grenzverläufe*, 65.

handelt sich um eine „Leben stiftende und sichernde Dynamik“[122], die jetzt an den Witwen, Waisen und Fremden unter dem Volk realisiert wird. Diese Personen sind auf die Gerechtigkeit und Barmherzigkeit Israels für ihr Weiterleben genauso angewiesen, wie es Israel damals auf Gottes Befreiungsakt war.[123] In der Theologie, auch außerhalb der exegetischen Disziplinen, argumentiert man gerne mit dem Ägyptenmotiv aus der Errettungsperspektive, wie etwa *Heimbach-Steins* formuliert, dass „das Volk Israel als Ganzes seine Existenz dem Leben stiftenden Akt der Befreiung durch Gott verdankt.“[124] Wir sahen,[125] dass in den Büchern Exodus, Levitikus und Deuteronomium besonders zwei Ägyptenformeln in paränetischen Kontexten verwendet werden. In der einen (*denke daran, dass du Sklave warst in Ägypten*) wird Israel aufgrund einer Errettungsperspektive ermahnt. In der anderen (*denn ihr wart Fremde im Land Ägypten*) argumentiert man nach den Grundsätzen der Goldenen Regel[126] – jenem Argumentationstyp, der dann von Israel (und von heutigen Lesern) im Umgang mit den Fremden (inklusive Waisen und Witwen) verlangt wird:

> Denn diese *personae miserabiles* sind ebenso auf befreiende Praxen der Gerechtigkeit und der Barmherzigkeit angewiesen, um leben zu können.[127]

Es ist diese zweite Argumentationsweise, dieses „ebenso“, das noch einmal zum Nachdenken über die Vorzugsregeln einlädt und auf eine Antwort auf die oben gestellte Frage: „oder doch?“ drängt. Wenn diese weder die *Identität des Fremden* noch ein *schöpfungstheologisches Argument*, das sich auf eine Universalisierung nach außen hin richtet, bietet, dann muss man doch aufgrund der eigenen Erfahrung Israels argumentieren: sein ethisches Handeln basiert für Lev 19,34 auf der gebotsbegründenden Formel כי־גרים הייתם בארץ מצרים.

---

[122] *Heimbach-Steins*, *Grenzverläufe*, 65.

[123] Vgl. *Heimbach-Steins*, *Grenzverläufe*, 65. Das Exodusmotiv wird natürlich immer wieder von vielen Theologen auf diese Art aufgegriffen; vgl. etwa *Lohfink*, „Armut“, 249.

[124] *Heimbach-Steins*, *Grenzverläufe*, 65. *Otto*, *Deuteronomium 4-11*, 740, verbindet für Dtn 5,12-15 das deuteronomische Armenethos mit der וזכרת כי עבד-Formel, wobei auch er aus einer heilsgeschichtlichen Perspektive argumentiert: „Die deuteronomische und dekalogische Begründung des Armenethos arbeitet mit einer Rollenparallelisierung, wobei JHWHs Handeln im Exodus Vorbildfunktion für die Adressaten des Dekalogs zukommen soll. Sie befinden sich nun den *personae miserae* gegenüber in der Rolle, die JHWH einnahm, als sie Sklaven in Ägypten waren, und so wie JHWH ihnen gegenüber Retter war, sollen sie nun zu Rettern der *personae miserae* werden, indem sie allerdings nicht Wunder vollbringen sollen, sondern nur das Privilegrecht JHWHs des siebenten Tages als Ruhetag erfüllen“.

[125] Vgl. oben Kap. 3.4.

[126] Diese Differenzierung der beiden Ägyptenformeln und ihrer grundlegenden Argumentationsweisen stammt, wie bereits oben in Kap. 3.4 dargelegt, von *Schwienhorst-Schönberger*, *Bundesbuch*, 347-349. Vgl. ferner *Braulik*, „Fremdenliebe“, 58.

[127] *Heimbach-Steins*, *Grenzverläufe*, 65.

So beantwortet *Schwienhorst-Schönberger* auch selbst die bereits oben zitierte von ihm gestellte Frage:

> Wenn Solidarität sich nur in verwandtschaftlichen Kategorien denken und ‚begründen' läßt, ist dann Solidarität gegenüber dem Nicht-Verwandten überhaupt möglich?[128]

Er argumentiert mit dem Gebot in Ex 22,20a*.22b: *Einen Fremden sollst du nicht ausbeuten, denn falls er zu mir schreit, werde ich sein Klagegeschrei erhören* sowie mit der bereits dort angeführten Ergänzung und Gebotsbegründung V. 20a*b: *und du sollst ihn nicht unterdrücken, denn Fremde seid ihr gewesen* (כי־גרים הייתם) *im Lande Ägypten.*[129] So entsteht eine Beziehung zwischen dem alten Ausbeutungsverbot Ex 22,20a, das wort- und sinngemäß mit Lev 19,33 verglichen werden kann (das in beiden Fällen verwendete Verb ist ינה), und der gebotsbegründenden Formel Ex 22,20b, die sich in Lev 19,34 wiederfindet. Da es sich in beiden Fällen um die *gebotsbegründende* Formel handelt, gilt sowohl für das Bundesbuch als auch für das Heiligkeitsgesetz:

> Die Begründung bedient sich der Argumentationsfigur der Goldenen Regel.[130]

Israels *Erfahrung* bzw. sein *Erlebnis* des eigenen Fremdseins in Ägypten – gerade dort handelte es sich wirklich um ein geographisches, kulturelles wie religiöses Fremdsein – ist es, welches nach Lev 19,33f zur Grundeinstellung der Freundlichkeit dem Fremden gegenüber führen soll. – Soweit ein kurzer Überblick über die Bedeutung des Exodus für die Sozialethik.

Heimbach-Steins beginnt ihren nächsten bibeltheologischen Abschnitt, der den Titel „Fremdenliebe – die Neubestimmung von Zugehörigkeit" trägt, mit dem deuteronomischen Satz: „Auch ihr sollt die Fremden lieben ..." (Dtn 10,19 – auch hier folgt unmittelbar die gebotsbegründende Ägyptenformel כי־גרים הייתם בארץ מצרים). Dtn 10,19 verweist in der Tat auf den soeben besprochenen Passus Lev 19,33f zurück[131] und führt „in den normativen Kernbereich der biblischen Sozialethik"[132]. Bei aller Vorsicht gegenüber vorschnellen

---

[128] *Schwienhorst-Schönberger*, „Fremde", 111.

[129] Vgl. *Schwienhorst-Schönberger*, „Fremde", 111.

[130] *Schwienhorst-Schönberger*, „Fremde", 112. Die lexemische Nähe zwischen Ex 22,20 und Lev 19,33f bestätigt vielleicht auch auf diese Weise teilweise die im Exkurs *Gewonnene Einsichten zur relativen Datierung der untersuchten Brudertexte aus Heiligkeitsgesetz und Deuteronomium* vorgeschlagene Chronologie der größeren ‚Bruder'-Textblöcke, indem sie Lev 19 in die Nähe des Bundesbuches rückt.

[131] Vgl. *Otto, Deuteronomium 4-11*, 1028f. *Kraljic, Hauptgebot*, 85, betont für Dtn 10,19, dass die Motivation für Israels Handeln in der Nachfolge Gottes, der selbst den Fremden liebt (Dtn 10,18), liegt. Dtn 10,19 teilt mit Lev 19,34 sowohl das Liebesmotiv als auch die כי־גרים הייתם בארץ מצרים-Formel. Allerdings ist die theologische Perspektive in Lev 19, anders als in Dtn 10, nicht die *Liebe* Gottes zum Fremden, sondern seine *Selbstoffenbarung* (אני יהוה) und *Heiligkeit* (Lev 19,1.18.34.36f).

[132] *Heimbach-Steins, Grenzverläufe*, 65.

breitgefächerten bzw. universalisierenden Konklusionen kann man nicht leugnen, dass hier sehr wohl eine „Ausweitung des Liebesgebots auf den Fremden“[133] stattfindet. Wie *Heimbach-Steins* zu Recht betont[134] (dies schließt an die Diskussion um Ex 23,4f par Dtn 22,1-4 und ihren sachlichen Zusammenhang mit Lev 19 an), ist bereits die Liebe zum Nachbarn, der zur selben Gemeinschaft wie ‚ich selbst‘ gehört (so lässt sich der ‚Bruder‘ letztendlich auch umschreiben), keine Selbstverständlichkeit. Dennoch ist gerade dies aufgrund einer gewissen Reziprozität bzw. Gemeinsamkeit möglich: „die Verpflichtung auf die gleichen Normen des Zusammenlebens *und das geteilte Bekenntnis zu dem Gott des Bundesvolkes*“[135] stabilisiert die Gesellschaft. *Heimbach-Steins* schlägt daher vor, „den Außenstehenden in den Innenraum der Gesellschaft hineinzunehmen“[136].

Dies klingt, je nach Interpretation,[137] nach der auch in der aktuellen westlichen Politik als Allheilmittel verkündeten *Integration*, die, wenn ich die Konturen der Gesellschaft richtig lese, im säkularen Bereich des heutigen Europa zunehmend schwerer wird. Ein einladendes Gespräch vonseiten der Kirche an Außenstehende, ihre Glaubensinhalte und Bekenntnisse zu einem Zusammenleben *coram Deo* kennenzulernen, ist aus christlicher Sicht zurzeit anscheinend die einzige Lösung für diese Problematik. Nur innerhalb eines geteilten normativen Rahmens, nämlich jenes des gemeinsamen Glaubensbekenntnisses, sind die Forderungen der drei Gesetze Ex 23,4f, Dtn 22,1-4 sowie Lev 19,17f.33f zu erfüllen. Dies ist kein Plädoyer für eine aggressive Missionierung, sondern ausschließlich für eine demütige Bereitschaft zum Gespräch, und wenn es sein muss, für eine einseitige Bereitwilligkeit seitens der Kirche als Glaubensgemeinschaft, zu allen anderen hin die angebotenen Kommunikationsmöglichkeiten nicht abzubrechen.[138] Dennoch darf eine *demütige* Gesprächsbereitschaft nicht in den Verzicht auf die kirchlichen Werte münden, um sich um jeden Preis Gehör verschaffen zu wollen. Die Beachtung der gesellschaftlichen Grenzen, welche die brüderliche Identität nicht nur des historischen Volkes Israel, sondern auch der Kirche konstituieren, schützt vor einer Verwässerung dieser Werte. Wiederum zu Recht konstatiert *Heimbach-Steins* daher, dass es

---

[133] *Heimbach-Steins*, *Grenzverläufe*, 66.

[134] Vgl. *Heimbach-Steins*, *Grenzverläufe*, 66.

[135] *Heimbach-Steins*, *Grenzverläufe*, 66 (Kursive JF).

[136] *Heimbach-Steins*, *Grenzverläufe*, 66.

[137] Die Autorin selbst präzisiert im direkten Kontext bis auf ihren Hinweis auf den Gott des Bundesvolkes nicht näher, wie diese zu erreichen ist.

[138] Diese Einstellung entspricht auch der oben erwähnten (hermeneutischen) Dialogbereitschaft bei *Luz*, *Hermeneutik*, 97.

sich in diesem Zusammenhang nicht um eine angestrebte „Überwindung oder Einebnung aller Differenz“[139] handelt.[140]

7.4 Das Deuteronomium: Ein Buch des Staates? Zu einem aktuellen Verständnis des deuteronomischen Königsgesetzes

Das deuteronomische Königsgesetz stellte sich als besonders wichtig für die Entwicklung einer Synthese der deuteronomischen Bruderethik heraus. In der Exegese von Dtn 17,14-20 sahen wir, dass

(a) das Königsgesetz zunächst *nicht* als eine staatlich-politische Ordnung für ein Israel der Zukunft, zurück in seinem Land, konzipiert ist, sondern

(b) das Bild eines idealen Israeliten entwirft[141], der sich lernend mit der Tora Gottes beschäftigt und dadurch seinen Platz inmitten seiner Brüder findet.

Entsteht damit nicht eine Lücke für Israel als Größe? Wenn das Königsgesetz dahingehend verstanden wird, dass es die Politik als Teil von Israels Lebenswirklichkeit aufgibt, wie würde Israels konkretes, alltägliches Leben nach seiner Rückkehr ins Verheißungsland aussehen? Drücken die deuteronomischen Ämtergesetze somit unausgesprochen einen Wunsch nach einer Theokratie aus, getragen von Gelehrten, Priestern und Propheten? Oder muss man sich, mit den Worten L. *Perlitts*, ein „Volk ohne Raum und ohne Zeit“[142], ein „heiliges Volk ohne ‚Bodenberührung‘, immer nur auf kultische Zeiten und Praktiken ausgerichtet“[143], vorstellen? W. *Oswald* kritisierte, dass bei Autoren wie *Rüterswörden*, *Perlitt* und anderen Staat und Monarchie zu sehr miteinander identifiziert werden.[144]

Zu Recht lesen wir bei *Perlitt*, dass Überlegungen zu einem staatlich geordneten Gemeinwesen deshalb wichtig sind, weil „im alten Orient jede Änderung oder Besserung der Verhältnisse nur über die verantwortlichen und maßgeblichen Schichten oder Kreise erreichbar war“[145]. Dass er gleich am Anfang seines Beitrags bewusst darauf verzichtet, den Begriff ‚Staatsgedanke‘ für das

---

[139] *Heimbach-Steins*, *Grenzverläufe*, 67.

[140] Hiermit schließt die Diskussion mit Heimbach-Steins, da ihre weiteren Beobachtungen zum Thema Fremdsein, auch unter dem Aspekt der Kenosis, in den Bereich des Spätalttestamentlichen wie des Neutestamentlichen und daher weg von den hierher gehörenden gesetzesgeprägten Themen führen.

[141] Vgl. *Braulik*, *Deuteronomium 16-34*, 129: „Der König ist deshalb vor allem Musterisraelit“.

[142] *Perlitt*, „Staatsgedanke“, 192.

[143] *Perlitt*, „Staatsgedanke“, 194.

[144] Vgl. *Oswald*, „Gesetz“, 97.

[145] *Perlitt*, „Staatsgedanke“, 183.

Alte Testament zu definieren, ihn nichtsdestotrotz im Titel seiner Ausführungen verwendet, kann unter Umständen zu gedanklichen Verwirrungen führen. Er weist darauf hin, dass ‚Staatsgedanke' ein neuzeitlicher Begriff ist und historisch am ehesten in den antiken westlichen Kulturen der Griechen und Römer verankert ist.[146] Auch zitiert er R. Smend, der das Wort ‚Staat' für das alte Israel unscharf verwendet. Smend will den Staatsbegriff problemlos auf Israel anwenden, weil „es auf eine exakte komparative Beschreibung nicht ankommt"[147]. Schließlich beschreibt *Perlitt* einige Handlungen von Königen in Israel und stellt damit die später von *Oswald* kritisierte Identifizierung von Monarchie und ‚Staat' – bewusst anachronistisch eingesetzt – her.

Oswald beschreibt sein eigenes Verständnis des Verhältnisses zwischen Monarchie und Staat in Israel folgendermaßen:

> Gemäß der Darstellung des Hexateuchs beginnt die Staatlichkeit Israels lange vor der Einrichtung der Monarchie, und insbesondere die mosezeitliche Staatlichkeit übertrifft die israelitische und judäische Monarchie, wie sie in den Samuel- und Königsbüchern dargestellt wird, hinsichtlich ihres Institutionalisierungsgrades bei weitem.[148]

Auf die oben gestellte Frage, ob bezüglich der Verhältnisse in Israel überhaupt von ‚Staat' und ‚Politik' die Rede sein kann, antwortet *Oswald* in Anlehnung an Assmann und Berlejung positiv.[149] Er erkennt in Israel jene Züge, die sich aufgrund von archäologischen Indizien für einen Staatsgedanken konstituierend erweisen, u. a. eine eigene Verwaltungssprache und Schrift, steinerne Monumente, staatliche Funktionalbauten, eine zentrale Organisation, Grenzsicherungen, Vorratshaltung.[150] Für ihn hat der König sowohl in Israel als auch bezüglich Dtn 17,14-20[151] grundsätzlich eine begrenzte praktische Bedeutung im Staatsgefüge. Er sieht den König prinzipiell bloß als einen von mehreren innerstaatlichen Rollenspielern, der trotz ideologischer Gegendarstellungen politische Entscheidungen nicht autonom treffen kann. Stets spielen dabei verschiedene Interessengruppen eine Rolle, sodass Herrschaft im Alten Orient kollektiv gestaltet wird. Damit schwindet für *Oswald* die in der Sekundärliteratur bezüglich der Staatsfrage wahrgenommene Kluft zwischen Bibel und Neuzeit, West und Ost.[152] Ferner sieht er keine Möglichkeit, aus Pentateuchtexten eine vorstaatliche Situation zu rekonstruieren.[153] Für ihn ist somit die

---

[146] Vgl. *Perlitt*, „Staatsgedanke", 183.
[147] *Perlitt*, „Staatsgedanke", 183.
[148] *Oswald*, „Königtum", 198.
[149] Vgl. *Oswald*, „Königtum", 197.
[150] Vgl. *Oswald*, „Königtum", 197.
[151] Ein Abschnitt, auf den er in seinem gesamten Beitrag mit nur einem einzigen Satz eingeht (vgl. *Oswald*, „Königtum", 206).
[152] Vgl. *Oswald*, „Königtum", 197.
[153] Vgl. *Oswald*, „Königtum", 199.

Idee eines Königs sekundär, während ‚Staat' als organisatorisches Konzept sehr wohl und bereits früh in Israel eine zentrale Rolle spielt. Auch der Zusammenbruch der Monarchie bedeutet für ihn daher längst nicht das Ende der Staatlichkeit in den nunmehr als Provinzen in ein fremdes Großreich eingegliederten Gebieten Samaria und Juda.[154] *Oswald* formuliert dabei einen Satz, dessen Implikation dem in der vorliegenden Studie vertretenen Verständnis der Intention des Deuteronomiums wie des Heiligkeitsgesetzes absolut widerspricht:

> Als religiöse Gemeinschaft hat sich Israel zu keinem Zeitpunkt der alttestamentlichen Zeitgeschichte verstanden.[155]

Eine solche Sicht führt zu einer Reihe von hermeneutischen Problemen:

(a) Sie verschärft die kognitive Dissonanz, die bei diesem Thema entsteht, trotz aller Bemühungen, für Israel eine nach unserem Verständnis ‚herkömmliche' Staatlichkeit zu konstruieren. Diese nicht zu leugnende ‚kognitive Dissonanz' beruht auf der zeitlich-geographischen Differenz zwischen „Orient und Okzident wie auch zwischen Altertum und Neuzeit"[156], die eine Gegebenheit ist.

(b) Sie verschließt sich der Bedeutung, welche die objektiv wahrgenommenen Strukturen (etwa Monumentalarchitektur, staatliche Funktionalbauten, Zentralisierung) für die religiöse Gemeinschaft Israel hatten. Dadurch leugnet sie die in der Bibel vorgegebenen Glaubensaussagen, welche die Beschreibungen solcher Strukturen bzw. die Erzählungen, in denen sie eine Rolle spielen, begleiten.

(c) Sie widerspricht daher Aussagen, die *Oswald* selbst noch innerhalb des Rahmens seines eigenen Beitrags mit Angabe von grundlegenden Textbelegen macht, etwa: „Auch in Juda galt der König als Sohn Gottes"[157] oder: „Gott erwählt den König und die Dynastie"[158]. Der Kontext, in den *Oswald* diese auch altorientalisch allgemein gültigen Sätze stellt, verrät, dass er darin nichts mehr als Ideologie bzw. Rhetorik erkennen will, die rein auf das Funktionieren des ‚Staates' abzielt. Wenn dadurch der Begriff ‚Gott' zu einem rhetorischen Kunstgriff wird, verlieren ganze Textkorpora ihre Bedeutung. Vor allem seine Sicht der Rolle der Propheten wird hierdurch unklar, etwa in der folgenden Aussage:

> Die Einbindung des Propheten löst ein staatstheoretisches Problem, nämlich die von Gott hergeleitete Setzung gesellschaftlicher Normen

---

[154] Vgl. *Oswald*, „Königtum", 199.
[155] *Oswald*, „Königtum", 199. Er wiederholt seine Sicht ebd., 208: „... wenn man unter »Gemeinde« nicht eine religiöse Gruppe versteht".
[156] *Oswald*, „Königtum", 197.
[157] *Oswald*, „Königtum", 203.
[158] *Oswald*, „Königtum", 203.

> und politische Wegweisung, die traditionellerweise durch den König bewerkstelligt wird ... Nach dem Wegfall des Königs und der Priester kann dies nur durch Propheten geleistet werden ...[159]

Mit diesem Problembewusstsein betreffs der Umrisse einer ‚Staats'idee im Alten Testament, insbesondere im Deuteronomium, und mit den bekannten exegetischen Ergebnissen im Hintergrund, ist es hilfreich, eine gegenwärtige Vorstellung von ‚Staat', nämlich jene der katholischen Soziallehre, näher zu betrachten. Dies ist abermals ein bewusst anachronistischer Vorgang, um es dem Exegeten zu ermöglichen, anhand von auch heute bestehenden sozialen Funktionen zu erkennen, welche Beziehung ‚Staat' und ‚Monarchie' idealerweise zueinander haben können. Dabei muss stets beachtet werden, dass für das Alte Testament vor allem der Begriff ‚Staat', ebenso wie ‚Privilegrecht', ein künstlich in die Fachdiskussion eingeführter Begriff ist, der so im Wortschatz des Alten Testaments nicht vorkommt.

Vorweg ist klarzustellen, dass die hier skizzierte Sicht der ‚Staats'idee sich ausschließlich am Königsgesetz Dtn 17,14-20 orientiert und dezidiert religiös ist. Damit wendet sie sich bewusst von der eben dargebotenen Sicht *Oswalds* ab. Die hier vertretene These lautet, dass in Dtn 17,14-20 nicht primär ein Staatsentwurf, sondern ein Königreichsentwurf angeboten wird, wobei ‚Königreich' nicht im Sinne des herkömmlichen altorientalischen Königtums verstanden wird, sondern als Entwurf dessen, das später im Neuen Testament als βασιλεία τοῦ θεοῦ begegnet.

Wenn aufgrund exegetischer Beobachtungen angenommen wird, dass das deuteronomische Königsgesetz einen zeitlosen Idealzustand beschreiben möchte, ist es die Aufgabe eines Exegeten, der eine theologische Anwendung dieser Regelung formulieren will, die theologischen Möglichkeiten dieses Textes auszuschöpfen, ohne die gegebene (damalige wie heutige) Wirklichkeit gänzlich aus den Augen zu verlieren. Dies bedeutet, dass der heutige Leser zunächst akzeptieren muss, dass es nicht mehr möglich ist, die genauen historischen Gegebenheiten, die sich hinter dem deuteronomischen Königsgesetz verbergen, zu rekonstruieren. Vollkommen von einer physischen Realität abgehoben war Israel dennoch nicht – weder im Exil, noch danach. Also muss auch dieses Gesetz eine gewisse Verbundenheit mit Israels physischer Wirklichkeit reflektieren. Als Abschluss der ‚bruderbezogenen' Exegese des Königsgesetzes stellten wir daher fest:

> *Dass Geistliches und Weltliches in Israel eben nicht getrennt waren, weder im Exil, und viel wichtiger, noch danach, zeigt auf der narrativen wie theologischen Ebene die Esra-Nehemia-Geschichte mit ihren Mauer- und Tempelbauprojekten und ihre Anbindung an das deuteronomische (Sozial-)Gesetz (Neh 5). Sobald sozial*[160] *gehandelt wird, entsteht innerhalb einer Gemeinschaft*

---

[159] *Oswald*, „Königtum", 205.

[160] Im Sinne von gemeinschaftlich, auf die Gemeinschaft hin ausgerichtet.

auch ein Bedürfnis nach Ordnungsprinzipien, nach einer Organisierung dieses Handelns, das unter Umständen bald staatsähnliche Züge annehmen kann und sich auch geographisch (‚weltlich') ausdrückt.

Das christliche Staatsverständnis erkennt dem Staat die Funktion der Organisation bzw. Ordnung menschlichen Zusammenlebens zu.[161] Ferner trägt dieser die Eigenschaft in sich, ein Bündnis zu sein, das auf zwei Prinzipien beruht: nämlich auf der *Solidarität* seiner Angehörigen und auf einer *Befehlshierarchie* – dies impliziert somit den Gehorsam der sich solidarisierenden Staatsangehörigen dieser Hierarchie gegenüber.[162]

Wir sahen, dass die mit למען angeführte Reihe der Verben in Dtn 17,19f, welche die Folgen der Toralektüre des Königs beschreibt, mit jenen Verben übereinstimmt, die stets auch in den allgemeinen Gesetzesparänesen des Deuteronomiums vorkommen.[163] In Dtn 17,19f steht nicht eine Menschengruppe dem König als ihm untergeben gegenüber, sondern der König steht *gemeinsam* mit seinen ‚Brüdern' *Gott* gegenüber. Beide, der König und seine ‚Brüder', sind ihm *gemeinsam* – man könnte auch mit der modernen katholischen Soziallehre formulieren: *solidarisch – untergeben*. Dem König obliegt es, genauso wie jedem anderen Israeliten, die durch die aufgelisteten Stichwörter in Erinnerung gerufenen Gesetzesparänesen zu befolgen.

Ist hiermit die Einhaltung einer mit irdischer Gewalt etablierten sozialen Ordnung aufgehoben bzw. ins Geistige verflüchtigt? Bei weitem nicht.[164] Nur: Wer hat laut Königsgesetz die Gewalt inne, die Einhaltung dessen, wozu ermahnt wird, zu verordnen bzw. zu gewährleisten? Laut dem Bibeltext wohl

---

[161] So *Kunze*, „Rechtsstaat", mit Berufung auf J. Höffner. Die Beschreibung einer *Funktion* ist aber noch keine *Definition*. *Isensee*, „Staat", 741, erachtet den Begriff ‚Staat' als schwer definierbar – diese Aussage tätigt er nicht im Kontext der Bibelexegese, sondern der katholischen Soziallehre. Seine Beobachtung beruht auf „der Komplexität und der raum-zeitlichen Mutabilität der staatlichen Erscheinungen" (ebd.). Die Folge dessen sei eine Relativität aller Staatsbegriffe sowie die Entstehung multipler Staatsbegriffe (vgl. ebd.).

[162] Vgl. *Isensee*, „Staat", 742. *Oswald*, „Königtum", 203, verweist auf J. Assmanns Begriff der ‚vertikalen Solidarität', welche „Verantwortung und Schutz von oben nach unten, Loyalität und Gehorsam von unten nach oben" (ebd.) impliziert.

[163] Vgl. *Braulik*, „Gesetzesparänese", 31.

[164] Auch *Isensee*, „Staat", 741, weist für sein Fach auf die Gefahr hin, das ‚zeitlose' Wesen des Staates überzubetonen und somit „sich ins Inhaltsleere und Gemeinplätzige zu verlieren oder aber bestimmte historische Gegebenheiten unhistorisch zu verallgemeinern und zu verabsolutieren". Diese Warnung passt ausgezeichnet zur Situation, in die das Nachdenken über das Königsgesetz leicht führen kann: seine Exegese darf eine mögliche *staatsähnliche* Situation in Israel, vor und nach dem Exil, nicht aus den Augen verlieren, andererseits aber nicht westlich geprägte moderne Vorstellungen von ‚Staat' über die postulierte Situation des Königsgesetzes stülpen.

kaum der deuteronomische König selbst. Das im Deuteronomium zum Lernen befähigte Volk soll aus dieser Tätigkeit heraus hinreichend darauf vorbereitet sein, die Verordnungen Gottes auf sein Geheiß hin selbst einzuhalten. Es ist also die Tora, in welcher der König lesen soll, die diese Gewalt in sich trägt, um durch das ausgebildete Gewissen aller Volksmitglieder in Israel wirksam zu werden.

Es ist also möglich, auf einer hohen Abstraktionsebene zu einem biblisch fundierten Verständnis des Staates zu finden. Was im deuteronomischen Königsgesetz entworfen wird, nämlich die Idee eines idealen Königs, der inmitten seiner Brüder die Tora studiert und deren Forderungen umsetzt, ist nicht ausschließlich der Entwurf eines Amtes innerhalb eines *Staates*, geschweige denn eines Staates nach westlichem Verständnis, sondern vielmehr Teil der alttestamentlichen Anfänge dessen, was in zwei synoptischen Evangelien βασιλεία τῶν οὐρανῶν (Mt) bzw. βασιλεία τοῦ θεοῦ (Lk) genannt wird.[165]

Hier muss jetzt in Gespräch mit N. und G. *Lohfink* genau auf die verwendeten Begriffe Staat, Königtum und βασιλεία geachtet werden.[166] Gegen eine vorschnelle Theologisierung und Verinnerlichung dieser Begriffe argumentiert N. *Lohfink* zunächst für eine enge Anbindung des Begriffes βασιλεία an jenen des Staates:

> Der Begriff *basileia tou theou* ist einfach durch die Tatsache, daß er auf die Wirklichkeit ‚König' verweist, an den Erfahrungsraum von ‚Gesellschaft' und ‚Staat' gebunden, und nicht etwa an irgendwelche seelischen oder privaten Erfahrungsbereiche. Daher konnte er auch niemals ohne Bezug auf Gesellschaft gedacht werden.[167]

Der Bezug des Königsgesetzes Dtn 17,14-20 zum Bruderbegriff bestätigt diese Wahrnehmung. Darum sollte ממלכה in Dtn 17,20 nicht sosehr auf *Herrschaft* hin übersetzt, sondern vielmehr der Aspekt des König*reiches* betont werden – versinnbildlicht im *Sitzen* des Königs auf seinem Königsthron (שׁבתו על כסא ממלכתו [Dtn 17,18]), wo die Tora kopiert und studiert wird, oder in der Wiedergabe von למען יאריך ימים על־ממלכתו in Dtn 17,20 durch die EÜ mit *... damit er lange als König ... lebt.* Dieses aktive *Leben* inmitten Israels, inmitten der Brudergemeinschaft, ist schließlich das, worum es in der gesamten Bruderethik des Heiligkeitsgesetzes wie des Deuteronomiums geht.

---

[165] Vgl. allgemein zum Begriff ‚Königreich' im Alten wie im Neuen Testament *Klappert*, „Reich", 1480-1497.

[166] Zur inneralttestamentlichen theologischen Entwicklung des Gottesreichsbegriffs vgl. *N. Lohfink*, „Gottesreich"; für eine vergleichbare Studie neutestamentlicher Entwicklungen vgl. *G. Lohfink*, „Reich Gottes".

[167] *N. Lohfink*, „Gottesreich", 35.

7.5 Das Deuteronomium: Ein Buch der Liturgie? Zur Rezeption der deuteronomischen Bruderethik durch Ps 133

Im exegetischen Teil dieser Arbeit wurde in der Betrachtung von Ps 133 (im Kontext der Leviratsehe Dtn 25,5-10) deutlich, dass für die dort beschriebene Brüderlichkeit die Zionsgemeinde ausschlaggebend ist.[168] Es sei an dieser Stelle noch einmal an die bereits oben zitierte Formulierung von *Keel* erinnert:

> Auf das Zusammensein der Brüder *auf dem Zion* hat Jahwe seinen Segen entboten, nicht auf das bloße Zusammensein der Brüder als solchem, nicht auf den Zion als Ort, sondern auf die brüderliche Versammlung an der von Jahwe erwählten Stätte.[169]

Ähnlich dann später *Zenger*:

> Von dieser auf Zion gelebten und erlebten geschwisterlichen Gemeinschaft und Einheit, die ihre »Hochform« in der Zionsliturgie realisiert, sagt V. 1b, sie sei טוב »gut, gut tuend, nützlich« und נעים »angenehm, lieblich, schön«. Während die Qualifikation »gut« hervorhebt, dass das brüderliche Zusammenleben und Zusammenfeiern lebensförderlich ist ... betont das Adjektiv »angenehm, lieblich, schön«, dass gerade dieses Zusammensein die Schönheit und den Glanz des Lebens sehen lässt. Beide Aspekte gelten sowohl für die, die dauerhaft in der Zionsgemeinschaft leben, als auch für die, die sie nur zeitweise erleben oder sogar nur von außen auf sie schauen.[170]

Das Bild des herabfließenden Öls in Ps 133,2, das auf den vom Zion hinunterfließenden Segen JHWHs deutet, evoziert ferner auch die Assoziation mit einem festlichen Mahl.[171] Bei dieser Gelegenheit wurden Gäste mit einer Salbung mit reichlich Öl begrüßt und willkommen geheißen. Dies ist aus dem Alten wie Neuen Testament bekannt.[172] Im Kontext eines solchermaßen gefeierten Festmahls greift *Zenger* auch das Wort ‚Familie' auf:

> Wer daran [scl. an Gastmählern und Tempelliturgien] teilnimmt, wird nicht nur von der belebenden und berauschenden Feststimmung ergriffen, sondern erlebt sich zugleich als Teil einer das Fest gemeinsam feiernden Festfamilie.[173]

Dieses das Innere des Menschen wandelnde Geschehen ist „die geheimnisvolle Kraft des Festes"[174]. Die zweite Assoziation, die das Öl-Motiv hervorruft, ist

---

[168] Dies haben besonders *Keel*, „Brüderlichkeit", und *Zenger*, „Psalm 133", erarbeitet.
[169] *Keel*, „Brüderlichkeit", 80.
[170] *Zenger*, „Psalm 133", 642f.
[171] Zum Folgenden vgl. *Zenger*, „Psalm 133", 643ff.
[172] Vgl. etwa Ps 23,5; Jes 25,6; Lk 7,36-50 par.
[173] *Zenger*, „Psalm 133", 644.
[174] *Zenger*, „Psalm 133", 644.

jene eines hohepriesterlichen Salbungsrituals. Auch darin findet *Zenger* besondere Anknüpfung an die Brüderlichkeit, indem das Salböl von Aarons Bart über die am Ephod befestigten, in Stein eingravierten Namen der zwölf Stämme Israels fließt und somit eine Erinnerung an die Brüderlichkeit bereits der zwölf Stämme hervorruft. Hier soll sich der Blick aber auf eine Offenheit nach außen richten: der Segen soll ‚weiterfließen' und seine Wirkung, die Verbreitung der wohltuenden Folgen einer gelebten Brüderlichkeit, überallhin entfalten.[175] Trotz der hier verwendeten üppigen Sprache und Bilder handelt es sich nicht um den Universalismus einer allgemeingültigen Brüderlichkeit bzw. das Wohlwollen zwischen Menschen generell, sondern um eine tiefe Verbundenheit mit dem Zion, der die gelebte, einladende Beispielhaftigkeit der Brüderlichkeit erst ermöglicht, und dies stets innerhalb von Israel, wenngleich vor ‚anderen' praktiziert.[176]

In seiner Auslegung dieses Psalms betont *Zenger*, dass es die *deuteronomische* Brudertheologie ist, die am Zion des Psalms umgesetzt wird.[177]

Dasselbe (gemeindebezogene) Prinzip wurde besonders von G. *Lohfink* für den neutestamentlichen Kontext dargelegt.[178] Obwohl dieses zunächst wie eine Einengung klingt, handelt es sich in Wirklichkeit um eine Erweiterung der

---

[175] Vgl. *Zenger*, „Psalm 133", 646.

[176] *Pace* der bei *Zenger*, „Psalm 133", 649, zitierten Formulierung von K. Schaefer, in der von einer Harmonie zwischen *allen* Menschen gesprochen wird. Schaefer spricht in dem Zitat auch von Gottes Sorge für alle Menschen, und *Zenger* etabliert in seinen Schlussworten einen Bezug zum auch sonst in dieser Arbeit hervorgehobenen sozialen Aspekt der Bruderethik, wenn er (ebd.) von der Verteilung der Gottesgaben zwischen Reich und Arm spricht. So gerne ein jeder wohlgesinnte Mensch diese Worte auch liest, hört oder praktisch aufgreift: die *deuteronomische* Brüderlichkeit weitet ihre sozialen Maßnahmen nicht wahllos auf ‚alle' aus, sondern beschränkt sie stets auf die vom Deuteronomium selbst definierte (d. h. innerisraelitische) Gemeinschaft. Um die Schlussbemerkungen *Zengers*, inklusive seines Rekurses auf Schaefer, geltend machen zu können, darf eine kurze Phrase von *Zenger* (ebd.) nicht übersehen werden. Er verbindet seine Aussage mit „der Schöpfungstheologie des Wallfahrtspsalters". Nur in ihrem Licht und nur im Kontext dieses Bruderpsalms kann von einer eventuellen Universalisierung gesprochen werden. Rein deuteronomisch lässt sich diese noch nicht rechtfertigen.

[177] So *Zenger*, „Psalm 133", 647. Eine *explizite* Harmonisierung der deuteronomischen Bruderethik und der Schöpfungstheologie des Wallfahrtspsalters bleibt in seiner Besprechung aus – beide Aspekte stehen dort nebeneinander und werden nur skizzenhaft erwähnt (siehe die vorige Anm.). Eine solche Harmonisierung findet sich aber bei *Janowski/Zenger*, „Alltag", 65-72.100-102. Schöpfungstheologie spielt in der innerdeuteronomischen Entwicklung der Bruderidee nirgends eine Rolle. Sollte eine *implizite* Harmonisierung, wie sie bei *Zenger*, „Psalm 133", vorzufinden ist, angestrebt werden, zählt diese bereits eindeutig zur Wirkungsgeschichte des deuteronomischen Brudergedankens.

[178] Vgl. *G. Lohfink*, *Gemeinde*, 64f.152ff; zur altkirchlichen Entfaltung vgl. *ebd.*, 215ff.

Möglichkeiten der Wirkung der Brüderlichkeit. *Lohfink* identifiziert zwei Modi der Nachfolge Christi, die einander ergänzen: Einerseits gibt es diejenigen, die in radikaler Nachfolge alles verlassen und Jesus wandernd, umherziehend, heim- und heimatlos nachfolgen. Andererseits gibt es auch eine Gruppe von Menschen, die seine Botschaft annimmt, aber dennoch ‚vor Ort', d. h. in ihrer ursprünglichen Lebenssituation, bleibt. Diese zweite Gruppe bildet ein Zuhause für die erste: wo auch immer die umherziehenden Jünger Jesu hinkommen, finden sie Häuser und Familien, in denen sie freundlich und brüderlich aufgenommen werden. Dies entspricht der Zusage Jesu, dass jeder, der seinetwillen alles verlässt, immanent das Hundertfache dafür erhält: Häuser, Brüder, Schwestern, Mütter, Kinder und Äcker.[179] Hier hat der ‚Bruder' noch einmal eine Wandlung durchgemacht: vom Schutzbedürftigen (deuteronomisches Sozialgesetz) zum Gleichberechtigten (deuteronomisches Ämtergesetz) wird er neutestamentlich zum Schutzbietenden, zu einem, der etwa so wie David gegenüber Mefiboschet, ein Gefühl der Sicherheit und Gastfreundlichkeit vermitteln will.

Die Wechselwirkung zwischen Freude, nein, Lust am gottgeschenkten Überfluss und gleichzeitig an eingehaltener sozialer Verantwortung führt zu den modernen Interpretationen der Brüderlichkeitsidee, die im Folgenden zu untersuchen ist. Sie hat Implikationen für modernes Wirtschaften, für den heutigen Umgang mit natürlichen Ressourcen und Kulturgütern.

---

[179] Vgl. *G. Lohfink*, *Gemeinde*, 68, ausführlich 55-58.66-72.82-84.

8 Außerbiblische ideelle Nachwirkung des Bruderkonzeptes

Im Folgenden geht es um die wirtschaftlich-politische wie ideelle (Nach-)Wirkung der Bruderidee in der Antike, in der Scholastik und im italienischen Humanismus, in der deutschen Klassik und bis zur Wende zum 20. Jahrhundert.

Die gesellschaftlichen Aspekte, welche generell vom deuteronomischen Sozialrecht und Ämtergesetz berührt werden, können heute mit den Schlagwörtern ‚Gesellschaft' und ‚Politik' zusammengefasst werden. Die ebenso sehr wie der Begriff ‚Staat' anachronistische Bezeichnung ‚Politik' steht in ihrem deuteronomischen Äquivalent der ‚Gesellschaft' nicht fern: im Ämtergesetz wie im Sozialgesetz handelt man für das ‚Gemeinwohl', für die brüderliche Gemeinschaft.

Die beiden italienischen Wirtschaftswissenschafter *Luigino Bruni* und *Stefano Zamagni* bieten eine erfrischende Alternativperspektive für den heute unter Wirtschaftslaien oft nur noch als ‚harte Marktwirtschaft' wahrgenommenen Stand der Dinge[1] im von Krisen heimgesuchten Westen. Sie schlagen vor, dass die Märkte wieder zu Orten der Begegnung und der Mitmenschlichkeit werden sollten. Aus biblischer Sicht wäre es möglich, anstatt vom „Mangel in der Welt" auszugehen, wie dies die heutige globale Wirtschaftstheorie macht, das deuteronomische „Wirtschaften aus der Fülle des Segens"[2] zu praktizieren. Der Ansatz von *Bruni & Zamagni* enthält sowohl einen wirtschaftlichen als auch einen (im oben genannten Sinn des Gemeinwohls definierten) politischen Aspekt. Sie begründen ihre Aussagen mit heute kaum noch wahrgenommenen historischen Entwicklungen von der Antike bis zum italienischen Zivilhumanismus.

Bruni & Zamagni bringen das Verständnis von Zivilökonomie, die als ein politisch-wirtschaftlicher Vorschlag einer sozialen Wirklichkeitsgestaltung definiert werden kann, auf den Punkt:

> Die zentrale Idee und demzufolge der Ansatz der Zivilökonomie ist ein Verständnis, das die Erfahrungen der sozialen Dimension des Menschen und der Reziprozität *innerhalb* des normalen Lebens in der Wirtschaft in den Blick nimmt, weder nebenher, noch vorher, noch später. Sie sagt uns, dass ‚andere' Prinzipien als Profit und instrumenteller Austausch *im Inneren* wirtschaftlicher Aktivitäten ihren Platz finden können – wenn man nur will.[3]

---

[1] Eine Zusammenfassung der gemeinten Situation findet sich z. B. bei *Gabriel*, „Beitrag", 133ff. Vgl. auch *Stiglitz*, *Inequality*, 1-27; *Bruni/Zamagni*, *Zivilökonomie*, 31-113; *Papst Franziskus*, „Brüderlichkeit", 17.

[2] *Braulik*, „Gesellschaft", 575.

[3] *Bruni/Zamagni*, *Zivilökonomie*, 47.

Hier führen die Autoren erstmals den ihnen überaus wichtigen Begriff der ‚Reziprozität' (und gleich anschließend auch der ‚Gratuität') ein. Der Begriff gehört zum Grundvokabular der Zivilökonomie der italienischen Aufklärung[4] und deutet auf ein gegenseitiges Miteinander von Menschen hin. Zivilität besteht nicht ohne Reziprozität, die folgende Beziehungen einschließen kann: Zusammenarbeit, Freundschaft, Verträge, Pakte, Familienleben, Liebe, Konflikt.[5] Bereits diese wenigen Beziehungen deuten darauf hin, dass Reziprozität vielfältig und vielgestaltig ist. Aus dem Lateinischen abgeleitet, trägt ‚Reziprozität' die Elemente ‚*re-*' (zurück) und ‚*pro-*' (vorwärts) in sich[6]: sie meint eine Bewegung ‚hin und her' resp. ‚vorwärts und zurück' zwischen den Teilnehmern der Beziehung. *Bruni & Zamagni* besprechen drei Regulationsprinzipien einer zukunftsfähigen Sozialordnung, die nicht nur in der Dreiergruppe untereinander, sondern auch in einem Geflecht anderer Begriffe verknüpft sind. Es sind dies die Prinzipien (a) des Austausches von Äquivalenten (bzw. des Vertrags), (b) der Vermögensverteilung und (c) der freien Gabe oder Gratuität, welche sich in der Reziprozität ausdrückt.[7]

Der *Austausch von Äquivalenten* hängt eng mit den Begriffen des *Vertrags* und der *Effizienz* zusammen. Eine These von Adam Smith besagt, dass gut funktionierende Märkte auf einer Beziehung zwischen individuellen Handelspartnern beruhen. Diese Handelspartner bewegen sich innerhalb der ihnen von einem *Vertrag* auferlegten Beschränkungen, die es ihnen ermöglichen, ihre eigenen Interessen zu verfolgen. Fest steht, dass ein solcher Austausch von Äquivalenten (d. h. Waren oder Dienstleistungen) Effizienz anpeilt. Demnach würde Handelspartner X für sein Angebotenes im Gegenzug etwas Gleichwertiges von Handelspartner Y erhalten. So kann Verschwendung, aber auch Ungerechtigkeit (*injustice*) vermieden werden. Gerechtigkeit (*justice*) ist dann auch tatsächlich jener Aspekt, auf den das *Verteilungsprinzip* abzielt. Wenn die Ideale der Französischen Revolution in Erinnerung gerufen werden, passt wohl das Prinzip der *Gleichheit* zu diesem ökonomischen Regulationsprinzip. Auch das Verteilungs- bzw. Gleichheitsprinzip bildet ein Echo von dem, was wir unter ‚Brüderlichkeit' in der Exegese des deuteronomischen Sozialrechts kennengelernt haben. Wie gefährlich ein Auseinanderklaffen der Einkommensschere damals wie heute für eine gesunde Gesellschaftsordnung werden kann, formulieren *Bruni & Zamagni*[8] folgendermaßen:

---

[4] Vgl. *Bruni/Zamagni*, *Zivilökonomie*, 90ff.
[5] Vgl. *Bruni*, *Reciprocity*, ix.
[6] Vgl. *Bruni*, *Reciprocity*, ix.
[7] Vgl. zum Folgenden *Bruni/Zamagni*, *Zivilökonomie*, 49ff.
[8] *Bruni/Zamagni*, *Zivilökonomie*, 50; vgl. dazu auch *Stiglitz*, *Inequality*, bes. 1-27; *Papst Franziskus*, „Brüderlichkeit", 17.

> Das Marktsystem selbst kann auf Dauer nicht funktionieren, wenn ein erheblicher Teil seiner Teilnehmer aus Mangel an Kaufkraft keinen Zugang dazu hat.

Diese Erkenntnis wird scharfsinnig bereits sowohl vom deuteronomischen Sozialgesetz als auch vom Heiligkeitsgesetz vorweggenommen – allerdings aus theologisch-ethischen und nicht aus wirtschaftlichen Beweggründen. Wie *Bruni & Zamagni* darlegen, treffen aber theologische Ideale mit wirtschaftlichen Nebenwirkungen im frühen abendländischen Mönchtum aufeinander, ohne (wenigstens anfangs) dabei in Konflikt miteinander zu geraten:[9]

> So erklärte Clemens von Alexandrien Ende des 2. Jahrhunderts, Reichtum sei lediglich ein ‚Werkzeug': Mit jedem Werkzeug kann man bei fachgerechtem Einsatz ein Kunstwerk fertigen; wenn man es aber schlecht gebraucht, liegt das dilettantische Resultat nicht am Werkzeug, sondern an dem, der damit hantiert hat. Vor allem das Nicht-Teilen der Güter mit den anderen (insbesondere mit den Armen) war Anlass zur Kritik am Besitz. Archetyp für die Mönchserfahrung waren die Aussagen über die ‚Gütergemeinschaft' in der Apostelgeschichte: ‚Die Gemeinde der Gläubigen war ein Herz und eine Seele. Keiner nannte etwas von dem, was er hatte, sein Eigentum, sondern sie hatten alles gemeinsam' (Apg 4,32ff). Von den ganz frühen Theologen wurde dieser Abschnitt im Zusammenhang mit dem zweiten Brief des Paulus an die Christen in Korinth gelesen; er beschreibt die Gläubigen als jene, die ‚nichts haben und doch alles haben' (2 Kor 6,10); dieses Nichts-Haben ist spirituelle Vorbedingung, um alles zu haben.[10]

Auch das geerdete Alte Testament – Gesetz, Propheten und Schriften – kennt keine Berührungsängste mit der von Gott und Mensch (natürlich wie kulturell) konkret gestalteten Welt. Was in einem Szenario der extremen wirtschaftlichen Ungleichheit zu kurz kommt, ist gerade die Freiheit der Lebensgestaltung, die im Folgenden unter der Perspektive der freien Gabe (d. h. der *Gratuität*) untersucht wird.

Dieses dritte Prinzip wird, wiederum in Assoziation mit den Prinzipien der Französischen Revolution, sowohl mit der *Freiheit* als auch mit der *Brüderlichkeit* in Verbindung gebracht. Die Idee der freien Gabe, die zur Einhaltung des *Gerechtigkeitsprinzips* führt, wurde bereits von Aristoteles in seiner *Nikomachischen Ethik* unter dem Aspekt der Reziprozität formuliert.[11] Die Gratuität wird

---

[9] Vgl. *Bruni/Zamagni*, *Zivilökonomie*, 56.

[10] *Bruni/Zamagni*, *Zivilökonomie*, 56f.

[11] Vgl. *Theocarakis*, *"Antipeponthos"*, 30: "In fact, it is in Book 5 ["On Justice"] of *NE* where the philosopher used the concept of reciprocity, indeed justice according to reciprocity, as the basis of a theory of value in exchange. There exchange and reciprocity go hand in hand."

auch von *Bruni & Zamagni* direkt unter der Überschrift *Reziprozität*[12] behandelt und ist das facettenreichste der drei ökonomischen Regulierungsprinzipien. Sie beschreiben den *Freiheitsaspekt* dieses Prinzips als „die Möglichkeit für jeden Einzelnen, den eigenen Lebensplan und damit auch die Möglichkeit des Glücks im Sinne der aristotelischen *Eudaimonie* zu verwirklichen ... die Freiheit zur Selbstverwirklichung".[13] Dies entspricht auch dem Grundgedanken von *Amartya Sen*, der in seinem Werk *Development as Freedom* durchgehend formuliert, dass es ihm darum geht, dass alle die Möglichkeit haben sollen, jene Lebensentscheidungen zu treffen, die sie selbst für wichtig halten. Damit entkoppelt er seine Definition von Freiheit (und auch Entwicklung) von manchen klassischen Entwicklungsparametern (etwa pro-capita-Einkommen) zugunsten eines Blickes auf individuell definierte Lebensqualität.[14]

Bruni & Zamagni wählen in ihren Ausführungen bewusst den Terminus *Brüderlichkeit* anstelle von *Solidarität*, wobei sie betonen, dass beide Begriffe oft miteinander verwechselt werden. Für sie ist Brüderlichkeit weit mehr persönlich gefärbt, beziehungsorientiert und reziprok als die abstraktere Solidarität[15] – eine Sichtweise, die aus exegetischer Sicht nur bestätigt werden kann. Warum die Brüderlichkeit eine auch aus ökonomischer Sicht wichtige Kategorie bildet, zeigen *Bruni & Sugden* in dem 2008 publizierten Aufsatz "Fraternity: Why the market need not be a morally free zone". Der Optimismus, den *Bruni & Sugden* hegen, nämlich dass Marktverhältnisse (theoretisch) reziprok gestaltet werden können (dieser Ansatz findet seine Gestalt im Ideal einer zivil gestalteten Ökonomie, kurz: Zivilökonomie), ist in den Ideen des italienischen Humanisten Antonio Genovesi verwurzelt, hat jedoch seine Ursprünge bereits im spätmittelalterlichen franziskanischen Gedankengut.

Die Zivilökonomie wird von *Bruni & Zamagni* als eine Wirtschaftslehre beschrieben, die auf jener italienischen Denktradition beruht, die ihre Blütezeit während der italienischen Aufklärung in Mailand und Neapel erlebte, ihre Wurzeln jedoch bereits in der Antike hat und im Mittelalter sowie im Zivilhumanismus des 14. und 15. Jhs aufgegriffen worden war.[16] *Bruni* erwähnt Aristoteles, der mit dem Ausdruck ἀντιπεπονθός sowohl auf kommerzielle als auch auf bürgerliche Beziehungen hinweist.[17]

Die Reziprozität oder Wiedervergeltung hat ihre gedanklichen Wurzeln im Wort ἀντιπεπονθός. Dieses ist ein Partizipium Perfekt Neutrum vom Verbum compositum ἀντιπάσχω, das in dieser Form und hauptsächlich bei *Aristoteles*

---

[12] Vgl. *Bruni/Zamagni*, *Zivilökonomie*, 50.
[13] *Bruni/Zamagni*, *Zivilökonomie*, 50.
[14] Eine Übersicht über seine Thesen bietet *Sen* in Kapitel 1: *The Perspective of Freedom* (vgl. *Sen*, *Development*, 13-34).
[15] Vgl. *Bruni/Zamagni*, *Zivilökonomie*, 50.
[16] Vgl. *Bruni/Zamagni*, *Zivilökonomie*, 43.
[17] Vgl. *Bruni*, *Reciprocity*, ix.

in seiner *Nikomachischen Ethik* (besonders *NE* V.8) auf ein reziprokes Verhältnis deutet, in der Grundform aber soviel wie ‚erdulden, wieder erleiden' bedeutet bzw. bei nominaler Verwendung auch ‚Wiedervergeltung, was als Vergeltung zugefügt wird' bedeuten kann.[18] Allgemein wird ἀντιπεπονθός in den deutschen Übersetzungen von *NE* V.8 mit ‚Wiedervergeltung' (so *Rolfes*, *Dirlmeier*, *Gigon*) wiedergegeben. *Litzinger* verwendet ‚reciprocation',[19] einen Terminus, der in der späteren semantischen Entwicklung der Wiedergabe von ἀντιπεπονθός eine wichtige Rolle spielte. In seinem Kommentar zur Nikomachischen Ethik (*Sententia Libri Ethicorum* [*SLE*]) übersetzt *Thomas von Aquin* ἀντιπεπονθός mit *contrapassum* (‚Vergeltung'). Wie sein griechisches Äquivalent besteht das Wort *contrapassum* aus der Präposition *contra*, die ebenso wie ἀντί sowohl ‚gegen' als auch ‚wieder' bedeuten kann, und dem Partizipium Perfekt Neutrum von *patior*, das ebenso wie πάσχω die Bedeutung ‚leiden, erleiden' haben kann. Daher wäre für beide zusammengesetzte Termini wohl ‚das Wiedererleiden' die naheliegende Grundbedeutung. Da beide Präpositionen aber auch die Bedeutungsmöglichkeit ‚anstelle von', ‚im Tausch für'[20] enthalten, wird ersichtlich, woher bei beiden Begriffen die Idee der ‚Wiedervergeltung' stammt. Ein Ersatz (etwa Geld) wird also angeboten, um Erlittenes wiedergutzumachen.

Hier müssen wir allerdings beachten, dass die Wiedergabe von ἀντιπεπονθός bei *Thomas von Aquin* mit *contrapassum* zwar dem Griechischen grammatikalisch äquivalent ist, jedoch in späteren Übersetzungen, etwa ins Englische, mit ‚reciprocation' wiedergegeben wird. Das Verbum ‚reciprocate' bedeutet im Englischen erstens ‚to return or requite (affection etc.)', zweitens ‚to offer or give something in return', und drittens ‚to give and receive mutually; interchange'.[21] Im Englischen ist das Verbum somit grundsätzlich positiver besetzt als sein deutsches Gegenstück ‚(wieder)vergelten', bei dem die Bedeutung ‚sich rächen', im Gegensatz zu den englischen Alternativen, auch mitschwingt.[22]

Im fünften Buch der *Nikomachischen Ethik* behandelt *Aristoteles* die Gerechtigkeit (δικαιοσύνη). In *NE* V.1 definiert er diese, während er in Buch V.2 zwei Arten der Gerechtigkeit identifiziert: die Beobachtung des Gesetzes und die Bewahrung der Gleichheit. Zunächst umschreibt er beide Formen negativ anhand der Person des *Gesetzesübertreters* (παράνομος) einerseits und des *Habsüchtigen* (πλεονέκτης) sowie des *Feindes der Gleichheit* (ἄνισος) andererseits.[23]

---

[18] Vgl. *Liddell/Scott* sowie *Passow*, *s. v.* ἀντιπάσχω.
[19] Vgl. *Aquinas*, *Comm. NE*, Text der *NE* V.8, 1132b21-1133a18.
[20] Vgl. *Liddell/Scott*, *s.v.* ἀντί; *Niermeyer et al.*, *s. v. contra* (6).
[21] Vgl. *Tulloch*, *OWF*, *s. v.*
[22] Vgl. *Wahrig-Burfeind*, *DW*, *s. v.*
[23] *NE* 1129a-b; Personenbezeichnungen nach *Rolfes*.

Im vierten Kapitel unterscheidet er dann zwischen besonderer und allgemeiner Gerechtigkeit (1130a-b).

Diese Gedanken bahnen ihm den Weg dazu, in Buch V, Kapitel 8, das Konzept des ἀντιπεπονθός einzuführen. Das Kapitel eröffnet er mit dem Satz: „Einige Philosophen vertreten aber auch die Ansicht, die *Wiedervergeltung* [ἀντιπεπονθός] sei das Recht schlechthin."[24] Es geht also in diesem Kapitel über ἀντιπεπονθός in Relation zum Recht als Weiterentwicklung des Gerechtigkeitsgedankens. In den vorangehenden Kapiteln 6 und 7 führt *Aristoteles* auch das Konzept der *Proportionalität* (ἀναλογία) ein, die er sowohl mit dem Recht verbindet als auch im mathematischen Sinne erklärt: „Das Recht ist ... etwas *Proportionales* ... Proportionalität ist Gleichheit der Verhältnisse"[25]. Nach genaueren mathematischen Ausführungen über zwei Arten von Proportionalität, die *kontinuierliche* und die *diskrete* (deren Beschreibung den Rahmen unserer Darstellung sprengt), schließt *Aristoteles* mit dem Gedanken:

> Das *Recht* ist also dieses Proportionale, das *Unrecht* aber ist was wider die Proportionalität anläuft.[26]

Aus dieser Hinführung in Kap. 6 und 7 wird ersichtlich, warum *Aristoteles* am Beginn von Kapitel 8 jene Philosophen, welche die Wiedervergeltung für das Recht schlechthin halten, als die mathematisch orientierten Pythagoreer identifizieren kann. Allerdings bemerkt Schmidt[27] hierzu, dass heute nichts Einschlägiges mehr zu einer solchen pythagoreischen Lehre bekannt ist. Am Beginn von Kapitel 8 geht es um die Widerlegung jenes Konzeptes, das bis heute nicht nur in der Jurisprudenz, sondern auch in der Theologie unter dem Begriff *lex talionis* bekannt ist und in seiner alttestamentlichen Form bereits oben besprochen wurde.

Aristoteles widerlegt zunächst einen bekannten Spruch des mythischen idealen Richters Rhadamanthys: „Decken sich Strafe und Tat, so ist der Richtspruch gerade".[28] Danach erläutert er, wann die Wiedervergeltung einen Sinn hat, nämlich vordergründig „in jedem auf Gegenseitigkeit beruhenden Verkehr"[29], womit wohl vor allem Geschäftsbeziehungen zwischen Menschen gemeint sind.[30] Darin „begreift die Wiedervergeltung das fragliche Recht in sich, jedoch eine Wiedervergeltung nach Maßgabe der Proportionalität, nicht nach

---

[24] *NE* 1132b21 nach *Rolfes*.
[25] *NE* 1131a29f nach *Rolfes*.
[26] *NE* 1131b24 nach *Rolfes*.
[27] Vgl. *NE* nach *Dirlmeier* (RUB 8586), 325 Anm. 35 zu Buch V.
[28] *NE* 1132b24-27 nach *Dirlmeier*; vgl. zur Person des Rhadamanthys in *Dirlmeier* (RUB 8586), 326 Anm. 36, sowie in der *Grumach-Flaschar*-Edition, 412 Anm. 105,4.
[29] *NE* 1132b31 nach *Rolfes*.
[30] Vgl. *ebd.* nach *Dirlmeier*.

Maßgabe der Gleichheit."[31] Diese Umpolung des Begriffs ἀντιπεπονθός aus seinem anfänglichen Sitz im Rechtsbereich auf den Bereich der Wirtschaft ermöglicht seinen späteren Einsatz durch *Bruni & Zamagni*, deren heutige Gedanken ihre Entwicklung vor allem dem italienischen Humanisten Antonio Genovesi verdanken. Noch im selben Kapitel (*NE* V.8, 1133a) führt *Aristoteles* das *Geld* (νόμισμα) als „Stellvertreter des Bedürfnisses"[32] ein. Dieses wird zum Platzhalter oder zur Messlatte für Überschuss und Mangel, wobei vor allem der *Mangel* oder *Bedarf* (χρεία) auf einer noch tieferen Ebene als Maßeinheit gilt:

> Es müssen sich also alle Dinge durch eine bestimmte Einheit messen lassen, wie wir vorhin sagten. Nun, diese Einheit ist in Wahrheit der Bedarf: er hält alles zusammen [τοῦτο δέ ἐστι τῇ μὲν ἀληθείᾳ ἡ χρεία, ἣ πάντα συνέχει] – hätten die Bürger keinen Bedarf oder nicht in gleicher Weise, so könnte es einen Austausch überhaupt nicht geben oder er liefe nicht auf Gleichheit hinaus – als eine Art austauschbarer Stellvertreter des Bedarfs aber ist das Geld geschaffen worden, auf Grund gegenseitiger Übereinkunft.[33]

Der Übergang zwischen dem juristischen und dem gesellschaftlich-wirtschaftlichen Bereich findet in der Diskussion bei *Aristoteles* auf zweifache Weise statt. Nach der Beschreibung von strafrechtlichen Vorgängen, die Böses mit Bösem vergelten sollen (dies findet im juristischen Bereich statt), wendet er sich der Vergeltung von Gutem mit Gutem zu, welche Gegenseitigkeit ermöglicht (dies entspricht dem geschäftlichen Bereich).[34] Daraufhin bringt er Beispiele aus dem gesellschaftlichen Bereich, die illustrieren, dass es ihm vor allem um die Gesellschaft stiftende *proportionale* Wiedervergeltung geht:

> Wenn nun zuerst die Gleichheit im Sinne der Proportionalität bestimmt ist, und dann der Ausgleich nach diesem Verhältnis stattfindet, so geschieht das, was wir meinen. Geschieht jenes aber nicht, so ist keine Gleichheit da, und ein geordneter Verkehr und Austausch kann nicht stattfinden.[35]

Soweit die Aussagen in der *Nikomachischen Ethik* über die Wiedervergeltung. Der moderne Begriff der Reziprozität ist aber inhaltlich vom Gebrauch des Wortes ἀντιπεπονθός bei *Aristoteles* bereits einigermaßen entfernt.[36] Dennoch bezieht man sich in der Literatur gerne auf dessen aristotelische Wurzeln. Wie verlief diese gedankliche Entwicklung?

Die Kommentierung von *NE* V.8 beginnt *Thomas von Aquin* in Par. 965 seines bereits erwähnten Werkes *Sententia Libri Ethicorum*. In 967 spricht er

---

[31] *NE* 1132b31-33 nach *Rolfes*.
[32] *NE* 1133a25-31 nach *Rolfes*.
[33] *NE* 1133a25-31 nach *Dirlmeier*.
[34] Vgl. *NE* 1132b33-1133a5.
[35] *NE* 1133a5-14 nach *Rolfes*.
[36] Vgl. *Theocarakis*, "*Antipeponthos*", 30.

über jene Philosophen, die Gerechtigkeit mit Reziprozität gleichsetzen, und verweist indirekt zurück auf *NE* V.6f, zwei Kapitel, die beide von der kommutativen Gerechtigkeit handeln. Diese gilt in Handelssituationen, kann daher auch ‚Tauschgerechtigkeit' genannt werden, gilt zwischen Gleichgeordneten bzw. ohne Ansehen der Person, kann aber auch in strafrechtlichen Fällen als wiederherstellende Gerechtigkeit gelten, indem, wie die Pythagoräer behaupteten (*NE* V.8), Gleiches einfach mit Gleichem vergolten wird.[37] *Aristoteles* beschreibt den Richter als lebendige Gerechtigkeit, der gleichzeitig die Mitte verkörpert.[38]

Thomas von Aquin bemerkt eine scheinbare Unebenheit in der Argumentation von *Aristoteles*[39]: Einerseits beschreibt der Philosoph die kommutative Gerechtigkeit als eine solche, die ohne Ansehen der Person gilt,[40] andererseits aber bringt er das Beispiel eines Herrschers (ἀρχὴν ἔχων), der einen unbedeutenden Mann attackiert und dafür nicht bestraft wird, während umgekehrt jedoch ein gewöhnlicher Mann, der einen Machthaber attackiert, schwere Bestrafungen zu erwarten hat.[41] *Thomas* macht darauf aufmerksam, dass *Aristoteles* in Wahrheit sagen wollte, dass das Recht lediglich auf die Qualität des zugefügten Schadens schaut: ist dieser materiell, gilt das Recht ohne Ansehen der Person; handelt es sich allerdings um Körperverletzung, ist die gesellschaftliche Stellung des Opfers von Bedeutung. Der Grund für diesen Unterschied liegt darin, dass die Verletzung eines Herrschers gleichzeitig eine Verletzung des vom Herrscher verkörperten Gemeinwohls bedeutet. Deshalb ist eine vereinfachte Sicht der Wiedervergeltung im zweiten Fall ungenügend, um wahre Gerechtigkeit zu beschreiben.[42]

In Par. 973-974 untersucht *Thomas* jene Beispiele für das *contrapassum*, die in *NE* V.8.6f (1132b31-1133a5) vorkommen. Hier spricht er insbesondere aus einer gesellschaftlich orientierten Perspektive. Sein Fokus liegt weniger auf den spezifisch juristischen und wirtschaftlichen Bereichen als auf dem generellen zwischenmenschlichen Zusammenleben. Ausgehend vom Argument eines gerechten Austausches spricht er über jene proportionale Reziprozität, die *Aristoteles* einer „mechanischen Gleichheit"[43] (ἡ ἰσότης) gegenüberstellt. Die proportionale Reziprozität ermöglicht das zivile Zusammenleben. Die Paragraphen 973f der *SLE* schließen sich thematisch an ein Zitat aus *Pol.* 1261a-30 an. Es steht nämlich in *NE* 1132b eine Formulierung, die sich in abgewandelter Form in der aristotelischen *Politik* (*Pol.*) wiederfindet: „Denn

37 Vgl. hierzu *NE* 1131b25-32.
38 Vgl. *NE* 1132a19-25.
39 Vgl. *Aquinas*, *Comm. NE*, Par. 969.
40 *NE* 1131b32-1132a7; vgl. bei *Aquinas*, *Comm. NE*, Par. 951.
41 NE 1132b28-30; vgl. bei *Aquinas*, *Comm. NE*, Par. 968.
42 Vgl. *Aquinas*, *Comm. NE*, Par. 969.
43 Vgl. *NE* 1132b33 nach *Dirlmeier*.

proportionale Vergeltung ist es, die Zusammenhalt des Gemeinwesens gewährleistet“ (τῷ ἀντιποιεῖν γὰρ ἀνάλογον συμμένει ἡ πόλις).[44] In *Pol.* 1261a-30 (Buch B.2) heißt es, mit Rückverweis auf ebendiesen Abschnitt der *NE*: τὸ ἀντιπεπονθὸς σῴζει τὰς πόλεις.[45]

In seiner Kommentierung[46] dieser Zeile der aristotelischen *Politik* greift *Thomas von Aquin* wiederum auf die parallelen Inhalte aus *NE* 1132b21-1133a5 zurück. Er argumentiert gegen Sokrates für eine Diversität in der zivilen Bevölkerung (in moderner Sprache würde sein Argument antikommunistisch anmuten):

> Therefore, since it belongs to the nature of a political community to be composed of dissimilar human beings, it is clearly not true that the political community should be unified to the greatest extent, as Socrates thought. For if the dissimilarity of citizens should be taken away, there will no longer be a political community. And this diversity seems most to be taken away when property, wives, and sons become common.[47]

Ermöglicht wird dieses Denken durch den Unterschied zwischen gleicher und proportionaler Reziprozität:[48] *Thomas* spricht zunächst von einer gleichen bzw. äquivalenten Reziprozität (“equal reciprocity, i.e., a proportionally equal return for what one has done”[49]), welche die politische Gemeinschaft stabilisiert, weil es sich in diesem Fall um das Zusammenleben freier und gleicher Individuen handelt. Daraufhin geht er, indem er sich auf *NE* 1132b34 beruft, genauer auf die Implikationen absoluter Gleichheit ein: Ungleiches Tun und Ergehen würde zu einer Art Sklaverei führen. Doch ist andererseits die Handhabung proportionaler Gleichheit in Situationen des Austausches zwischen gesellschaftlich Ungleichen notwendig.

Auch hier bleibt *Thomas* bei seiner generell gesellschaftlich ausgerichteten Sichtweise und argumentiert weder auffällig aus juristischer noch aus wirtschaftlicher Sicht, wie es bei *Aristoteles* selbst der Fall ist. *Thomas* erwähnt die zwischenmenschliche Freundlichkeit, wobei seine Formulierung wie jene der Goldenen Regel anmutet: “By reason of this all men can live together because they do for one another what they themselves seek”[50] (*per hoc enim*

---

[44] *NE* 1132b33f nach *Dirlmeier*.

[45] Griechischer Text der *Pol.* unter http://www.perseus.tufts.edu/hopper/text?doc=Perseus%3Atext%3A1999.01.0057%3Abook%3D2%3Asection%3D1261a (Stand: 12.12.2020).

[46] Vgl. *Aquinas*, *Comm. Pol.* zu Buch II, Kap. 1, Kommentierung Par. 8 (vgl. S. 84 bei *Regan*).

[47] *Aquinas*, *Comm. Pol.* zu Buch II, Kap. 1, Kommentierung Par. 8 (S. 84f bei *Regan*).

[48] Zum Folgenden vgl. *ebd.*

[49] *Ebd.*

[50] *Aquinas*, *Comm. NE*, Par. 973 nach *Litzinger*.

commanent homines adinvicem, quod sibiinvicem faciunt quod quaerunt).[51] Es ist somit ersichtlich, dass man über den Theologen *Thomas* leicht sowohl zur biblischen Bruderthematik als auch zu den für die italienischen Humanisten wie modernen Ökonomen interessanten wirtschaftsethischen Inhalten gelangen kann. Allerdings gibt es bezüglich der Wiedervergeltung sowohl bei *Aristoteles* als auch bei *Thomas von Aquin* in der Kommentierung wesentliche Unterschiede zu den biblischen Prinzipien. So schreibt letzterer:

> Therefore, they never seek in regard to evil that corresponding requital be done to them proportionately. But if they do not seek this in regard to evil, for example, when one man does not take vengeance on another who injures him, a kind of servility seems to result. (*Numquid ergo hoc male quaerunt, quod scilicet eis proportionaliter contrafiat? Si autem non quaerunt hoc male, videtur esse servitus, si uni facienti, alius non contrafaciat proportionaliter*).[52]

Diese Worte sind *Thomas von Aquins* Wiedergabe des von *Aristoteles* formulierten Prinzips:

> (By reason of proportional reciprocation the state continues to exist), for either the citizens seek to return evil (for evil) – if not, a kind of servitude seems to be present …[53] (ἢ γὰρ τὸ κακῶς ζητοῦσιν εἰ δὲ μή δουλεία δοκεῖ εἶναι).

Die nächsten Schritte in der Entwicklung des Denkens über ökonomische Werte[54] taten nicht nur die Scholastiker,[55] sondern auch Proponenten der monastischen Theologie und Praxis.[56] Während man in der Scholastik (wie wir gesehen haben, einerseits bei Thomas von Aquin[57] oder in einer parallelen Entwicklung bei Bernhardin von Siena und Antonius von Florenz)[58] über ökonomische Prinzipien und Werte nachdachte, wurde in Klöstern aktiv gewirtschaftet. Diese Wertschöpfung führte ebenso zu ethischen Überlegungen im Umgang mit zunehmenden Gütermengen, d. h. mit Reichtum.[59] Es

---

[51] Lateinischer Text unter https://www.documentacatholicaomnia.eu/03d/1225-1274,_Thomas_Aquinas,_Aristotelis_Libri._Sententia_Libri_Ethicorum,_LT.pdf (Stand: 12. 12.2020).

[52] *Ebd*, vgl. *Aquinas*, *Comm. NE*, Par. 973 nach *Litzinger*.

[53] *NE* 1132b33f nach *Litzinger*. Nach *Dirlmeier*: „Die Bürger suchen nämlich Böses mit Bösem zu vergelten und wenn sie es nicht können, so erscheint ihnen ihr Gemeinwesen als Sklavengemeinschaft".

[54] Damit sind sowohl *Werte* im Sinne von abstrakten menschlichen Entscheidungen über erstrebenswerte Lebensmodi als auch *Werte* im Sinne von konkreten Resultaten menschlicher Arbeit und Aktionen gemeint.

[55] Vgl. *Theocarakis*, "*Antipeponthos*", 31.

[56] Vgl. *Bruni/Zamagni*, *Zivilökonomie*, 56ff.

[57] Vgl. auch *Papst Franziskus*, „Brüderlichkeit", 16.

[58] Vgl. *Theocarakis*, "*Antipeponthos*", 31.

[59] Vgl. *Bruni/Zamagni*, *Zivilökonomie*, 56ff.

waren dann auch die Aktivitäten des westlichen Mönchtums, die eine Ordnung und Struktur zu Stande brachten, welche für die spätere ökonomische Entwicklung im Westen prägend waren.[60]

Im (italienischen) zivilen Leben vollzogen sich im Zeitraum vom 11. bis zum 15. Jh., parallel zum und genährt vom klösterlichen Leben, einige wesentliche Entwicklungen:[61] ab dem 11. Jh. entwickelten sich Stadtstaaten in größerer Offenheit als die bisherigen befestigten Städte des feudal geprägten Mittelalters, und es gelang einigen Handelsstädten, sich überhaupt von der feudalen Herrschaft zu befreien – daher der Spruch: „Stadtluft macht frei".[62] Das Phänomen Stadtstaat ermöglichte die Entstehung einer bürgerlichen Kultur. Man wurde als Bürger eines Stadtstaates zu einem Individuum mit persönlichem Wert und Potential, unter anderem mit dem Potential, Handel treiben zu können.

Ab dem 15. Jh. setzte eine nächste große Bewegung ein: die nur augenscheinlich paradoxerweise auf franziskanischer Spiritualität[63] beruhende Entwicklung kreditgebender Körperschaften in der Form des von franziskanischen Mönchen gestifteten *Monte di Pietà*. Die sogenannten *Monti* waren Institutionen der Barmherzigkeit, ursprünglich dazu gedacht, den Ärmsten auf sichere, streng geregelte Weise Zugang zu Krediten zu verschaffen[64] (nicht unähnlich der Idee der heutigen Mikrokredite). Bald breiteten sich die Aktivitäten der *Monti* derart aus, dass sie die Kreditvergabe an Städte und Staaten, die

---

[60] *Bruni/Zamagni*, *Zivilökonomie*, 57, zitieren den Mediävisten Giacomo Todeschini: „Die Bürger in den Städten ‚profitierten' nicht nur von den Erfahrungen der Mönche, sondern erlernten auch ‚einen schlüssigen Kodex wirtschaftlichen Verhaltens, der sich ins Alltagsleben von Laien übertragen ließ'".

[61] Vgl. zum Folgenden *Bruni/Zamagni*, *Zivilökonomie*, 58, deren italienische Perspektive eine Entwicklung beschreibt, die sich, unter anderem auch geographisch bedingt (Lage einiger wichtiger Städte am Meer mit entsprechendem Zugang zu internationalen Handelsrouten), in einigen Aspekten früher vollzieht als in Resteuropa. Eine gesamteuropäische, spätmittelalterliche Perspektive bietet das Kapitel *Die herlewing van die Middeleeuse ekonomie* (Die Wiederbelebung der mittelalterlichen Wirtschaft) in *Kapp et al.*, *Geskiedenis*, 175-182.

[62] *Kapp et al.*, *Geskiedenis*, 178.

[63] Einsicht in die spirituellen Hintergründe dieser Bewegung bietet *Schallenberg*, „Einführung", 25-28. Auch bei *Bruni/Zamagni*, *Zivilökonomie*, 60, ist eine knappe Erklärung dieses nur scheinbaren Paradoxons zu finden: „Die Mönche lebten die Armut; die Armen ihrerseits rechtfertigten die Besitztümer der Kirche dadurch, dass sie daraus Hilfe erfuhren, sie waren der Maßstab für die Legitimität kaufmännischen Handelns. … Todeschini … vertritt die Auffassung, dass gerade die vollständige Loslösung von den Gütern die kulturelle und spirituelle Voraussetzung für die Bedeutung der Wirtschaft im Sinne eines Ortes der Reziprozität und Gratuität schuf."

[64] Vgl. *Orelli et al.*, "Credit", 273; *Bruni/Zamagni*, *Zivilökonomie*, 61-64.

Organisation von Wohltätigkeitsorganisationen und die Hilfe an Mädchen in Notsituationen einschlossen.[65]

Die nächste Station in der Entwicklung der Zivilökonomie liegt im 18. Jh. und bildet den Höhepunkt der bisher skizzierten Bewegung.[66] In einem Zeitraum, der das 15.-18. Jh. umfasst, entwickelte sich der Humanismus in Italien in einer besonderen Ausprägung. Bis Mitte des 15. Jhs war die humanistische Denkrichtung gemeinschaftlich orientiert und verdiente somit die Bezeichnung ‚Zivilhumanismus'. Ab der zweiten Hälfte des 15. Jhs individualisierte sich das Denken und wechselte die Grundorientierung von einer an Aristoteles ausgerichteten zu einer eher platonischen. Vertreter des ‚echten', frühen Zivilhumanismus inkludieren Francis Hutcheson, Paolo Mattia Doria und später, in wiederbelebter Form, vor allem Antonio Genovesi. ‚Aristotelisch' ist der Zivilhumanismus deshalb, weil er von Aristoteles die Überzeugung aufgreift, es gäbe kein wirklich ‚gutes Leben' ohne Freundschaft und Reziprozität. Das so gewonnene ‚Glück' bleibt allerdings eine verletzliche Größe, denn

> Glück ist auf eine Antwort des anderen in der wechselseitigen Beziehung extrem angewiesen; das hat man allerdings nicht selbst in der Hand. Die Antwort des anderen bleibt immer freiwillig, und deshalb unterliegt auch die Fülle des Glücks der Ungewissheit. Die zivile Tradition hatte diese Fragilität akzeptiert, um nicht generell auf die Möglichkeit eines erfüllten menschlichen Lebens zu verzichten.[67]

Aufgrund der Intensität der potentiellen Enttäuschung einer ausbleibenden Antwort des Anderen wählte der platonisch orientierte, individualisierte Humanismus die Flucht vor dem Anderen. Ein angestrebtes gemeinschaftliches Leben ohne Gegenseitigkeit, das sich den Instrumenten der Politik und des rein von Verträgen geregelten Marktes bedient, bildet im Grunde eine *contradictio in terminis*.[68] Eine solche Gesellschaft ist zwar vom Risiko der Enttäuschung befreit, öffnet sich aber den multiplen Risiken, die einer blutleeren, später nicht einmal mehr von Verträgen bestimmten (Stichwort ‚Deregulierung') Gesellschaftsform innewohnen.

Nach dem Niedergang des Zivilhumanismus lag die Aufgabe im 18. Jh. bei Antonio Genovesi (1713-1769), dem neapolitanischen Professor für Zivilökonomie und Mechanik, diese Tradition wieder zu beleben.[69] Anders als sein Zeitgenosse Adam Smith, dessen Wirkungsgeschichte dahin geführt hat, dass Märkte als unpersönliche Instrumente, losgelöst von zwischenmenschlichen

---

[65] Vgl. *Orelli et al.*, "Credit", 274.
[66] Vgl. zum Folgenden *Bruni/Zamagni*, *Zivilökonomie*, 72f.
[67] *Bruni/Zamagni*, *Zivilökonomie*, 80.
[68] Vgl. *Bruni/Zamagni*, *Zivilökonomie*, 80.
[69] Vgl. *Bruni/Zamagni*, *Zivilökonomie*, 89f.

Beziehungen gesehen wurden,[70] betonte Genovesi erneut die Reziprozität unter dem Stichwort der *Brüderlichkeit*.[71]

In Neapel und auch in Mailand entstanden zwei humanistisch orientierte ökonomische Denkrichtungen oder Schulen, geführt von Antonio Genovesi in Neapel und seinem Zeitgenossen Pietro Verri in Mailand. Die neapolitanische Schule betonte den sozialen Charakter des menschlichen Wesens als Motor für effektives und gerechtes Wirtschaften und arbeitete mit den Stichwörtern ‚Handel treiben' (als Instrument der Schaffung von Glück und Freiheit, jedoch nicht als oberstes Ziel an sich), ‚Interessen', ‚Vertrauen', ‚Zivilisierung', ‚Reziprozität' und ‚Glück'.[72] Bezüglich der Interessen, die sich mit dem Problem der *Heterogenität der Zwecke* (heute würde man von einem Interessenkonflikt oder *clash of interests* sprechen) auseinandersetzen, formuliert Giambattista Vico, der Lehrer Genovesis, dass die Gesetzgebung (allerdings nur unter dem Wirken der göttlichen Vorsehung) imstande ist, die menschlichen Laster der Grausamkeit, der Habsucht und des Ehrgeizes in den Nutzen der Kriegskunst, des Handels und der Staatskunst zu verwandeln.[73] Das *Vertrauen* hängt eng mit dem auch bereits erwähnten Begriff des *Vertrags* zusammen, während der Aspekt der *Zivilisierung* der Betonung der Mailänder Schule am ehesten nahe kommt. Genovesi widmete sich nämlich auch dem Nutzen der Wissenschaft, der Technologie und der Mechanik (worauf bereits der Name seines Lehrstuhls hinweist), während man in Mailand den Wert des Menschen (sein inneres Wachstum, seine Bildung, seine Intelligenz, seine Kreativität) in den Mittelpunkt von Gesellschaft und Wirtschaft stellte.[74]

Zusammenfassend lässt sich sagen, dass die italienische Zivilökonomie des 18. Jhs die Verbindung zwischen dem *absoluten Wert des Menschen* und dem *absoluten Wert der menschlichen Sozialität* in Schutz nahm.[75] Die humanistische

---

[70] Allerdings muss betont werden, dass es vor allem die *Auslegung* Smiths durch spätere Interpreten, allen voran Jeremy Bentham (vgl. *Bruni/Zamagni, Zivilökonomie*, 111), ist, die verstärkt zu diesem Eindruck geführt hat. In seiner *Theorie der ethischen Gefühle* (1759) weist Smith auf einige zivile Tugenden (exklusive der Liebe und Freundschaft) hin, die für das Funktionieren des Marktes notwendig sind. Für Smith befreit die Unpersönlichkeit des Marktes, die in *Der Wohlstand der Nationen* (1776) stärker betont wird, zur echten Freundschaft (vgl. *Bruni/Zamagni, Zivilökonomie*, 105-111). „Das Bestehen eines Marktes bewirkt in jedem Fall, dass man hinsichtlich der Bedürfnisse eine gewisse gegenseitige Hilfe *selbst* dann erfährt, wenn die Liebe fehlt – aber nicht, weil die Liebe fehlt. Durch den Markt können wir auf friedlichem Wege von den anderen jene Dinge bekommen, die wir brauchen, auch wenn nicht alle unsere Freunde sind" (ebd., 107).

[71] Vgl. *Bruni/Sugden*, "Fraternity", 36.

[72] Vgl. *Bruni/Zamagni, Zivilökonomie*, 90-101.

[73] Vgl. *Bruni/Zamagni, Zivilökonomie*, 93.

[74] Vgl. *Bruni/Zamagni, Zivilökonomie*, 96.101.

[75] Vgl. *Bruni/Zamagni, Zivilökonomie*, 103.

Betonung des hohen menschlichen Wertes und deren Spezialform in Neapel, welche die Zwischenmenschlichkeit hervorhob, haben gerade für heutige Verhältnisse wieder an Aktualität gewonnen. Genovesi formulierte folgendermaßen:

> [W]ir [sind] so beschaffen, dass wir – ebenso wie aus Freude an der Musik – vom Wohlgefallen und von innerer Befriedigung berührt werden, sobald wir einen anderen Menschen sehen.[76]

Hier ist längst von einer Partikularität des Bruderbegriffs abgerückt worden. Seine Wurzel im Deuteronomium ist aber im italienischen Humanismus unverkennbar gegenwärtig und gültig – in seiner Wirkungsgeschichte ausgereift gegenwärtig und gültig. Der Grund dafür, dass die italienische Humanitätsidee noch mit biblischem Gedankengut harmonisiert werden kann, liegt darin, dass im italienischen Kulturraum der Einfluss der Kirche nicht problematisiert wurde.

Anders stellt sich die Situation aber im deutschen Raum, vornehmlich (aber nicht ausschließlich) unter protestantischem Einfluss, dar. Von einem Universalismus im Sinne des „Alle Menschen werden Brüder" der Beethovenvertonung der schillerschen Ode *An die Freude* kann im Deuteronomium keine Spur wahrgenommen werden. Überhaupt besteht bis heute dasselbe Potential der Begriffsverwirrung als zu Schillers und Beethovens Zeiten, wenn es um die Bedeutung des Bruderbegriffs geht. Beethoven und Schiller standen einander gedanklich nahe. J. *Rohls* erklärt, dass sie eine „jenseits der konfessionellen Grenzen angesiedelte Humanitätsreligion"[77] verband. Diese ‚Religion' – dabei ist debattierbar, ob eine Gedankenrichtung, die sich primär an der Humanität orientiert, überhaupt ‚Religion' genannt werden soll bzw. darf – hatte ihre Wurzeln in der Aufklärung. Der protestantisch aufgewachsene Schiller, der gerne Theologie studiert hätte, wurde durch eine Einmischung des (katholischen) Herzogs Carl Eugen in die von ihm gestiftete Karlsschule gesandt, wo ein protestantisches Theologiestudium unmöglich war. Der Herzog schlug das Rechtswesen als zukünftiges Betätigungsfeld des jungen Schiller vor; dieser wählte schließlich Medizin. Früh (noch an der Karlsschule) begann er aber auch philosophische Aufsätze zu schreiben. Es ging ihm motivisch um menschliches Glück, moralische Vollkommenheit, Liebe, Sympathie.[78] Hierin wurde er vor allem von Herders Schrift *Liebe und Selbstheit: Ein Nachtrag zum Briefe des Hr. Hemsterhuis über das Verlangen* inspiriert.[79] Es sei die Freundschaft und nicht, wie Platon meinte, der Eros, die imstande ist, die Menschheit zu

---

[76] *Bruni/Zamagni*, *Zivilökonomie*, 99.

[77] *Rohls*, „Schiller", 277. Zur letztendlich doch zutiefst christlich geprägten Religiosität Beethovens vgl. ausführlich *Pfeiffer*, „Pantheist, Freigeist, Christ".

[78] Vgl. *Rohls*, „Schiller", 278f.

[79] Vgl. *Herder*, *Zerstreute Blätter I*, 93-104.

vereinen. Dabei geht es *Herder* primär um die Freundschaft zwischen zwei Individuen und gerade nicht um eine allgemeine zwischenmenschliche *Geselligkeit*, die für ihn „lange noch nicht Freundschaft ist".[80] Demgegenüber sagt er über echte Freundschaft:

> Die Schöpfung kennt nichts Edleres, als zwey freywillig- und unauflöslich zusammengeschlungene Hände, zwey freywillig Einsgewordne Herzen und Leben.[81]

Im Deuteronomium ist und bleibt ‚Bruder' ein Volksbegriff, der in den hier untersuchten Texten (mit Ausnahme vom Sonderfall Dtn 23,8) rein auf innerisraelitischer Ebene verwendet wird. Deshalb steht der Begriff ‚Volk' stets im Hintergrund unseres gewonnenen Verständnisses der Brudertexte. Höchstwahrscheinlich ungewollt oder zufällig steht jedoch die ursprüngliche Fassung der Schillerhymne dem deuteronomischen Gebrauch des Bruderbegriffes sehr nahe. Die Phrase „Alle Menschen werden Brüder" kommt in der Originalversion Schillers (1785) in der ersten Strophe (und wörtlich auch sonst in dieser Version) nicht vor. An ihrer Stelle steht vielmehr: „Bettler werden Fürstenbrüder"[82] – und genau darin besteht die gesuchte ‚Brücke' zwischen den sozialrechtlichen Brudertexten und den Ämtergesetzen: auch der ärmste Israelit ist Bruder und potentieller Amtsinhaber. Der ‚Bruder' wechselt, so haben wir gesehen, von einer anfänglichen Position der Armut und Hilfsbedürftigkeit innerhalb der deuteronomischen Sozialgesetzgebung in eine Position der vollständigen Teilnahme an allen Funktionen des ‚Du' genannten Vollisraeliten. Innerhalb der vom Deuteronomium so gut behüteten Glaubensgemeinschaft wird der anfängliche ‚Bettler' des Sozialgesetzes im Ämtergesetz tatsächlich zum ‚Fürstenbruder'.

Schiller schwächte in einer späteren Überarbeitung (1808) diesen so aussagekräftigen gesellschaftskritischen Satz ab und ersetzte ihn mit jener Formulierung, die durch Beethoven in seiner Popularität soviel wie einen ‚Schlagerstatus' erreichte und bis heute innehat: „Alle Menschen werden Brüder".[83] Diese Änderung bedeutet für die aus der Exegese hervorgetretene biblische

---

[80] *Herder, Zerstreute Blätter I*, 96.

[81] *Herder, Zerstreute Blätter I*, 96f.

[82] Vollständig zitiert bei *Rohls*, „Schiller", 283.

[83] Vgl. *Rohls*, „Schiller", 283. Schiller selbst war mit seinem Gedicht unzufrieden und wertete es später ab, während Beethoven davon begeistert blieb. Das Gedicht begleitete ihn schließlich ein Leben lang. Motivisch ließ sich Beethoven für seine Vertonung der Ode von der Mozartmotette *Misericordias Domini* inspirieren, deren Text den 89., 95. und 97. Psalm umfasst und die liturgisch in der Weihnachtszeit (sie drückt Freude über die Geburt Christi aus) verortet ist. Die musikalische Einkleidung der Ode spiegelt die Hauptmotive des persönlichen Gedankenguts von Schiller und Beethoven wider: dass Ästhetik zu Moral und diese wiederum zur Humanität hinführt (vgl. ebd., 305-307).

Bruderidee einen geradezu fatalen Rückschlag. Aus sozialer Kritik wurde allgemeingültige Humanität.[84] *Rohls* beschreibt die Hintergründe bei Schiller folgendermaßen:

> Was Schiller in der Ode ‚An die Freude' vor Augen steht, ist die Idee einer durch soziale Gleichheit und Brüderlichkeit charakterisierten menschlichen Gesellschaft. Den Hintergrund der Hymne bildet die Utopie eines friedlichen Zusammenlebens aller Menschen, zwischen denen die Standesgrenzen weggefallen sind und deren Handeln allein durch das moralische Gesetz bestimmt ist. Schiller konnte dabei auf zeitgenössische Freimaurerlieder zurückgreifen.[85]

Die geistesgeschichtlichen Hintergründe der Phrase „Alle Menschen werden Brüder" sind also andere als jene von Aussagen wie *Wenn dein Bruder verarmt* ... oder *Jeder Schuldherr ... soll seinen Nächsten und seinen Bruder nicht bedrängen* ... Es sei nochmals an die Worte G. *Brauliks* zur deuteronomischen Brudertheologie erinnert:

> In diese Bruderschaft sind auch die Personen an den äußersten Rändern der israelitischen Gesellschaft integriert. So ist einerseits der König Bruder unter Brüdern, ja beispielgebender Bruder, andererseits aber ebenso der Sklave ... Dieses von Gott begründete brüderliche Verhältnis ... widerspricht zwar einer Ungleichheit, beseitigt aber nicht einfach gesellschaftliche Mehrschichtigkeit.[86]

So nebeneinander gestellt klingt die biblische Vorstellung hart, die humanistische erhaben und feinfühlig. Dennoch ist es die biblische, die aufgrund ihrer Nüchternheit Tragkraft hat, weil sie in der Realität verankert ist und eine tatsächliche praktische Reaktion fordert.

Aus Schillers Biographie (seine anfänglichen Berufsideale waren ja in der Theologie verwurzelt) lässt sich der ‚Vater' seiner angesprochenen ‚Brüder' schwierig eruieren. Bei ihm findet man: „Brüder – überm Sternenzelt / muß ein lieber Vater wohnen" (Ode ‚An die Freude', Chor zu Strophe 1), während ein Freimaurerlied aus einer Sammlung aus Halle (1784) diese Zeilen enthält: „Oben überm Sternenheer / Herrschet unser Meister".[87]

Fest steht, dass Schiller sich zunehmend vom traditionellen Christentum entfernte und sogar den biblischen Schöpfer zugunsten der griechischen Götter in Menschengestalt abwertete.[88] Dabei ging es ihm vor allem um eine Kritik

---

[84] Vgl. auch *Rohls*, „Schiller", 283: „An die Stelle der sozialkritischen tritt die allgemeinmenschliche, humanitäre Version."

[85] *Rohls*, „Schiller", 285. Eine Übersicht über das Phänomen erträumter gesellschaftlicher Utopien bietet *Jenkins*, *Sozialutopien*.

[86] *Braulik*, „Freude", 46.

[87] *Rohls*, „Schiller", 285.

[88] Vgl. *Rohls*, „Schiller", 287f. Vgl. aber ebd. bezüglich einiger kritischer zeitgenössischer Reaktionen auf Schillers Gedicht *Die Götter Griechenlands* (1788), in dem diese

an einer aufklärerischen Entfremdung von der Natur oder, synonym, an einer rationalisierten Welt der Moderne, deren Wurzeln er im jüdisch-christlichen Monotheismus ortete.[89] Zurückblickend über einen ‚gesicherten' historischen Abstand liegt die Frage nahe, ob die von Schiller dermaßen kritisierte Entfremdung zwischen Mensch und Natur nicht gerade in der von der Aufklärung erst ermöglichten Entfremdung vom jüdisch-christlichen Gott beheimatet ist. Anders fiele es schwer einzusehen, wie ein Prozess, der zum Ziel hat, zu einer (in einer gewissen Weise erlebten) Gottheit Abstand zu gewinnen (allerdings zugunsten der Annäherung an ein anders definiertes Gottesverständnis), gleichzeitig auch seine Inspiration (zur Entfremdung von der Natur) von dieser Gottheit bekäme. So aber scheint die Argumentation bei Schiller verlaufen zu sein.[90]

Zurück zum deuteronomischen Brüderlichkeitsbegriff. Wer jenen Gott, der ein Volk konstituieren will, verwirft, kann sich nicht mehr aufrichtig diesem Volk (hier dem kirchlichen Gottesvolk als Miterben des alttestamentlichen Gedankenguts[91]) zugehörig fühlen. Wer dann vom ‚Bruder' spricht, kann nicht dasselbe meinen wie ein Text, der den ‚Bruder' streng diesem Volk zuordnen will.

Mit den oben beschriebenen Hintergrunddifferenzen im Auge, können die beiden von Schiller verwendeten Metaphern „Bettler werden Fürstenbrüder" und „Alle Menschen werden Brüder" sachlich dennoch miteinander verglichen werden. Im Ideal von Bettlern, die zu Fürstenbrüdern werden, verbirgt sich eine schwerer zu realisierende Wirklichkeit als im Ideal einer pauschalen

---

Idee entwickelt wird, und Schillers Verteidigung desselben sowie seine Relativierung seiner Aussagen. 1795 wendete er sich allerdings wieder, inspiriert durch seine intensive Kant-Lektüre ab 1791, einigermaßen positiv manchen christlichen Grundsätzen zu. Goethe gegenüber sprach er 1795 vom „Vorzug des Christentums". Diesen Vorzug beschrieb er mit Hilfe von seinen dazugewonnenen Ideen im Bereich der Ästhetik (vgl. *Rohls*, „Schiller", 290f). Seine Argumentationen in der bei *Rohls* zitierten Goethe-Kommunikation bilden gewiss ein aufregendes Leseerlebnis; sie hier weiter zu verfolgen, fällt aber außerhalb des thematischen Rahmens dieser Studie. Hier kann höchstens bemerkt werden, dass die Erfahrung des Ästhetischen für ihn zu moralischer Freiheit führt, die ihrerseits wiederum zu einer allgemeinen Humanität hinführt. Das Entsetzliche der Französischen Revolution findet einen Kontrapunkt im ästhetischen Ideal der Freiheit, Gleichheit und Brüderlichkeit (vgl. ebd., 291). Vor ihm vertrat bereits Herder (vgl. *Maurer, Herder*, 9), nach ihm auch Beethoven (s. u.) die Position, dass Ästhetik und Ethik aufs Engste miteinander verbunden seien.

[89] Vgl. *Rohls*, „Schiller", 287.

[90] Anders war es bei Herder: er bemühte sich durchgehend, Aufklärung, Menschlichkeit, Sinnlichkeit, Intellekt und auch Religion miteinander zu versöhnen und diese Harmonisierung gedanklich in seinem Umfeld zu verbreiten (vgl. dazu *Maurer, Herder*, 8).

[91] Vgl. hierzu *Schwienhorst-Schönberger*, „Rückkehr", bes. 294-299.

menschlichen Verbrüderung. Der Bettler ist arm, dürftig bekleidet, hungrig, hohläugig und nicht wohlriechend. Der Fürst, reich, stattlich gekleidet, satt und gepudert, müsste sich wohl sehr überwinden, in einem solchen Gegenüber einen ‚Bruder' zu finden. Täte er es dennoch, würde es ihm unter Umständen teuer kommen und könnte es ihm auch unerwünschte politisch-strategische Spätfolgen bescheren. Denn einen Bettler in einen Thronsaal zu erheben, ohne dass er eine Vorbildung oder sonstige Vorbereitung dazu genoss, kann sich mitunter als sehr töricht erweisen. Und dennoch schreibt das Deuteronomium gerade diese Möglichkeit gesetzlich-paränetisch vor. Das Bildungsprogramm des deuteronomischen Fürsten beginnt erst, wenn er bereits auf seinem Thron Platz genommen hat (Dtn 17,18-20). Als gewöhnliches Mitglied seines Volkes genoss er aber nach dem Plan des Deuteronomiums sehr wohl eine Vorbildung (Dtn 6,4-9).[92]

Obwohl *Rohls* die Änderung der Formulierung bei Schiller zu „Alle Menschen werden Brüder" positiv als „die … *Überwindung* gesellschaftlicher Trennungen, die Brüderlichkeit aller Menschen"[93] beschreibt, muss dazu kritisch gefragt werden, ob die diesen Satz aufgreifende Leser- bzw. seit Beethoven Hörerschaft nicht vom Bild des Bettlers und des Fürsten zu einem stärkeren Bewusstsein seiner Implikationen herausgefordert worden wäre.

Für die Rückbindung an den deuteronomischen Bruderbegriff ist es hier wichtig, noch einmal festzuhalten, dass generell dort, wo das Deuteronomium oder das Heiligkeitsgesetz den Bruderbegriff im Singular anwendet, was meistens in den sozialrechtlichen Texten geschieht, es sich um ein hilfsbedürftiges Individuum handelt – den ‚Bettler'. Im Sozialgesetz steht diesem eine privilegierte Gruppe von israelitischen Vollbürgern gegenüber, welche kollektiv mit dem Personalpronomen ‚Du' bezeichnet und auch appellierend angeredet wird. Wo das Wort אח im Plural auftritt, nämlich zumeist im deuteronomischen Ämtergesetz, ist von der (Volks-)Gruppe, die sich in einer (finanziell oder politisch) neutralen oder privilegierten Position befindet, die Rede. Gewissermaßen vergegenwärtigen die *‚Brüder'* (Pl.) im deuteronomischen Ämtergesetz die ‚Fürsten' – diejenigen, aus denen ein Individuum für eine positive

---

[92] Vgl. hierzu *Fischer/Lohfink*, „Worte", sowie *Braulik*, „Gedächtniskultur".

[93] *Rohls*, „Schiller", 283 (Kursive JF). Er bespricht später auch weitere Werke Schillers wie Beethovens, welche diese allgemeine Humanität und deren soziale Gleichmachungsfunktion feiern: Schillers *Wilhelm Tell* (vgl. *Rohls*, „Schiller", 292), dessen Eidverpflichtungsszene alttestamentlich anmutet und *Perlitt*, „Volk", für den Titel seines Beitrags inspirierte; sein *Don Carlos* (vgl. *Rohls*, „Schiller", 299); Beethovens *Fidelio* mit dem Gefangenenchor: „Es sucht der Bruder seine Brüder / und kann er helfen, hilft er gern" (ebd., 299f). Auch in Beethovens privaten Überlegungen und Korrespondenzen findet sich wie bei Schiller die Idee der Verbundenheit von Ästhetik und Moralität, die zur generellen Natur- und Menschenliebe hinführt (vgl. ebd., 301f), wieder. Indirekt gehört auch seine *Missa solemnis* der Gruppe so zu interpretierender Werke an (vgl. ebd., 303f).

Aufgabe (Ausübung des Königs- oder Prophetenamtes) gewählt bzw. berufen wird. Das Ämtergesetz betrachtet die *Gruppe* der ‚Brüder' als Kulisse, als Symbol eines gut funktionierenden Volkssystems. Die deuteronomische Bruderethik gilt nicht universell und versprüht kein allgemeines Wohlwollen, sondern ist partikulär, präzise und fokussiert. Für das Deuteronomium gilt: nicht „alle Menschen werden Brüder", sondern schärfer, eindringlicher, herausfordernder: „Bettler werden Fürstenbrüder".

Die Frage nach einem partikulären vs. universalen Blick auf den Bruderbegriff stellt sich bis in die heutige Zeit, vor allem in der hermeneutischen Diskussion alttestamentlicher Exegese. Es scheint, als hätten viele Probleme rund um ein gewisses Uferlosigkeitsgefühl des heutigen säkulären Menschen ihre Wurzel in der Reformation und den darauf folgenden kulturhistorischen Entwicklungen im christlichen Westen, vor allem auf dem west- und zentraleuropäischen Festland. Die Reformation ermöglichte eine Öffnung nach außen, die sowohl positive als auch negative Nachwirkungen hatte. Von dieser Öffnung nach außen bekamen wir in der Untersuchung der Gedankenentwicklung in der deutschen Klassik etwas zu spüren: Sowohl Johann Gottfried von Herder als auch Friedrich Schiller hatten theologisch einen protestantischen Hintergrund. Dass sie in der Humanität eine ‚Religion' sahen, stellt eine *contradictio in terminis* dar, denn Religion sollte an erster Stelle auf eine gesunde vertikale Dimension des menschlichen Daseins hindeuten, aus der erst an zweiter Stelle eine mit ihr harmonisierte horizontale Dimension folgt. M. *Maurer* erinnert an Wilhelm Dobbeks Analyse von Johann Gottfried von Herder im Kontext der Nachkriegszeit:

> Seine Humanitätsidee trat gewissermaßen in einem säkularisierten Zeitalter an die Stelle der Religion: ‚Immer blieb Humanität die letzte Rettung für Menschen, die sich nicht in Jenseitshoffnungen flüchten konnten und wollten, für die das Leben auf dieser Erde aber trotzdem einen Sinn bekommen mußte'. Eine solche Art des Gebrauchs spiegelt die Wirren des 20. Jahrhunderts; Herder selbst, der ohne Zweifel im philosophischen wie auch im christlichen Sinne an die Unsterblichkeit der Seele glaubte, hätte sich wahrscheinlich gegen eine solche Ausdeutung seiner Lehre verwahrt.[94]

Aus diesem Zitat wird deutlich, wie sehr die *Wirkung* dieser Autoren in kulturgeschichtlichen Entwicklungen eine Rolle spielte.

Einen nächsten Schritt auf dem Weg dieser Entwicklung ortet G. *Lohfink* in einem Phänomen, das er „das Erbe des Individualismus" nennt und das vor allem in einer Vorlesungsreihe des evangelischen Theologen *Adolf von Harnack* im Wintersemester 1899/1900 an der Berliner Universität deutlich wird. Diese

---

[94] *Maurer*, „Herder", 15f.

fand Eingang in sein weit beachtetes und rezipiertes Buch *Das Wesen des Christentums*.[95] *Harnack* stand zwar unter dem Einfluss der Nachwirkungen der eben beschriebenen kulturellen Vorgänge, doch führten ihn diese in eine der Humanitäts‚*religion*' entgegengesetzte Richtung. Er beschreibt den Zeitgeist selbst als religiösen Individualismus und Subjektivismus[96] und spricht vom Reich Gottes, das „zu den *einzelnen* kommt", und von der Herrschaft Gottes „in den einzelnen Herzen".[97]

Obwohl wir uns, zugegebenermaßen, mit einem undurchdachten Individualismus auf gefährlichem Terrain befinden und es auf den ersten Blick so scheint, als müsse in einer Ausführung über die Brüderlichkeit automatisch eine dezidierte Abweisung eines individualistischen Standpunkts folgen, ist mit einer solchen Reaktion Vorsicht geboten. Die Volksidee resp. die Gemeinschaftlichkeit muss trotzdem für ein individuelles Glaubensempfinden Raum lassen. So gesehen verdient *Harnacks* Sicht auf die Armen und die Armut wohl Beachtung. Er beginnt seine Abhandlung darüber mit einer Beschreibung der damals schon entwickelten Armutstheologie, wie sie bis in die heutige Zeit weithin vertreten wird. Es gab zu seiner Zeit bereits viele theologische Abhandlungen, die Jesus als ‚großen sozialen Reformer' darstellten, der „die in tiefem Elend schmachtenden unteren Stände habe befreien wollen"[98]. Jesus habe ein soziales Programm aufgestellt, das eben gerade das war: sozial. Zu Recht erkennt *Harnack*, dass ein solches rein soziales Programm wenig Tiefgang hat. Daher beschreibt er auch die Kehrseite des Phänomens: es gab damals bereits Stimmen, die das Evangelium „für ein ganz utopisches, unbrauchbares Programm"[99] erklären wollten. Auch diese Gruppe von Theologen hält das Evangelium grundsätzlich für ein *soziales* Programm – allerdings ein unpraktikables.

In einer kurzen *relecture* dieser Aspekte bei *Harnack* wollen wir zu einer für heute durchdachten Synthese von Individualismus und Kollektivismus, einer nach innen wie nach außen gerichteten Betrachtung der Gesellschaft vordringen. Seine Sicht der Armut, die *Harnack* in seiner fünften Vorlesung darlegt, ist von Sanftheit geprägt.[100] Er beschreibt eine Volksmenge, für welche die Worte ‚Elend' und ‚Leben' synonym sind, die sich aber inbrünstig und unerschütterlich an Gottes Zusagen sowie Trost festklammert und in Demut und Geduld auf deren Erfüllung wartet. Ihre Haltung machte sie für Gott aufgeschlossen und empfänglich – ja, in der alttestamentlichen Lyrik werden „»die Armen« geradezu eine Bezeichnung für die Empfänglichen, die auf den Trost

[95] Vgl. *Lohfink*, *Gemeinde*, 10; *Harnack*, *Wesen*.
[96] Vgl. *Lohfink*, *Gemeinde*, 10.
[97] *Harnack*, *Wesen*, 40.
[98] *Harnack*, *Wesen*, 57.
[99] *Harnack*, *Wesen*, 57.
[100] Vgl. hierzu *Harnack*, *Wesen*, 58f.

Israels warteten."[101] Daher sei es eine Engführung, die ‚Armen' bloß mit den wirtschaftlich Armen zu assoziieren, vielmehr gehören die religiöse Demut und Aufgeschlossenheit zu diesem Begriff hinzugedacht.[102]

Zu Beginn seiner sechsten Vorlesung knüpft er mit einem Hinweis auf Mt 5,3 par Lk 6,20 an die Idee der geistlichen Armut an.[103] Darauf folgt dann aber eine Fokussierung auf die physische Armut und die Intensität, mit der Jesus gegen diese ankommen möchte.[104] Doch finden sich innerhalb derselben Vorlesung, unweit voneinander, widersprüchliche Sätze wie: „Ein soziales Programm in Bezug auf Überwindung und Beseitigung von Armut und Not ... hat Jesus nicht aufgestellt", dann aber: „Niemals, selbst im Buddhismus nicht, ist eine Religion mit einer so thatkräftigen sozialen Botschaft aufgetreten und hat sich so stark mit ihr identifiziert wie im Evangelium"[105]. Das Bruderwort fällt in diesem Kontext erstmals bei *Harnack* in einer Nacherzählung der Überlieferung vom reichen Jüngling im außerbiblischen Hebräerevangelium: „Siehe, viele deiner Brüder, Söhne Abrahams, liegen in schmutzigen Lumpen und sterben Hungers, und dein Haus ist voll von vielen Gütern, und nichts kommt aus ihm zu ihnen heraus."[106] Er hebt ein Evangelium hervor, das „Solidarität und Hülfeleistung" predigt, aber auch „im Tiefsten sozialistisch" ist, „wie es im Tiefsten individualistisch ist, weil es den unendlichen und selbständigen Wert jeder einzelnen Menschenseele feststellt."[107] Hier wird seine Nähe zu den Vertretern des oben besprochenen Humanismus der Weimarer Klassik deutlich; auch folgt diesem Zitat unmittelbar die Formulierung „Zusammenschluß und Brüderlichkeit"[108]. Ganz deuteronomisch mutet aber bald darauf eine eindeutig biblisch fundierte Aussage an: „Und nicht als unseren Knechten sollen wir den Armen helfen, sondern als unseren *Brüdern*".[109] Darauf folgt noch einmal eindeutig:

[101] *Harnack*, *Wesen*, 59.
[102] Vgl. *Harnack*, *Wesen*, 59.
[103] Vgl. *Harnack*, *Wesen*, 59. Allerdings passt diese Idee besser zur matthäischen als zur lukanischen Fassung der Seligpreisungen.
[104] Vgl. *Harnack*, *Wesen*, 60. Leider zeigt er an dieser Stelle implizit und auch explizit großes Unverständnis für die franziskanische Spiritualität. Der Askese steht er generell eher skeptisch gegenüber (vgl. *ebd.*, 51ff).
[105] *Harnack*, *Wesen*, 61f.
[106] *Harnack*, *Wesen*, 62. Er verbindet diese Erzählung mit seiner Erläuterung des Gebotes zur Nächstenliebe, das er allerdings nicht explizit auf Lev 19,17f zurückführt.
[107] *Harnack*, *Wesen*, 62f.
[108] *Harnack*, *Wesen*, 63.
[109] *Harnack*, *Wesen*, 63.

> Das Evangelium ist eine soziale Botschaft von heiligem Ernst und erschütternder Kraft; es ist die Verkündigung der Solidarität und Brüderlichkeit zu Gunsten der Armen.[110]

Es ist also auch einseitig, in dieser Hinsicht bei *Harnack* bloß eine gefährliche Individualisierung des christlichen Glaubens finden zu wollen.[111] Ohne die Schärfe mancher seiner individualisierenden Aussagen leugnen zu wollen, muss aber auch anerkannt werden, dass er vom ‚Reich Gottes', von ‚den Demütigen', ‚den Armen', ‚den Jüngern' und nicht zuletzt von *‚Brüdern'* redet.[112] Dies sind gruppenbezogene Bezeichnungen, und intuitiv versteht man, dass diese Gruppen mehr sind als eine Summe von allein funktionierenden Individuen.

Nach über 100 Jahren ist es nicht unmöglich, eine Synthese der oben genannten, nach innen wie nach außen gerichteten Sichtweisen aufzustellen. Trotz seiner ‚sozialskeptischen' Einleitung zu seiner Armentheologie erreicht *Harnack* im Grunde genau eine solche Synthese. Deshalb ist hier kurz noch einmal festzuhalten, dass die ‚Option für die Armen' durchaus im deuteronomischen Bruderprogramm (wie im Evangelium) enthalten ist und heute situationsbedingt (Stichworte: globalisierte Weltwirtschaft, Übermacht der Konzerne, moderne Sklaverei, ökologische Krise – und am Ende des Jahres 2020: globale Pandemie mit ihren wiederum ökologischen, wirtschaftlichen, politischen, sozialen und individuell-psychologischen Folgen) aktueller denn je ist. In Papst Franziskus hat dieses synthetische Denken einen notwendigen und willkommenen Befürworter gefunden.[113]

---

[110] *Harnack*, *Wesen*, 63. *Lohfink* übersieht scheinbar diese starke und eindeutig biblische Linie bei ihm, wenn er *Harnacks* Bruderaussagen darauf reduziert, dass „die Kirche doch nur ein ‚Bruderbund' aller gutgesinnten Menschen in der ganzen Welt ..., genauer: eine brüderliche Verbindung vieler Einzelner" (*Gemeinde*, 12) sei.

[111] Obwohl *Lohfink*, *Gemeinde*, 10, *Das Wesen des Christentums* für lesenswert hält und *Harnacks* Stil und seine Größe lobt, betont er seinen Individualismus in der gesamten Einleitung doch sehr. Ein ausgeglichener theologischer Zugang lässt idealerweise gleichermaßen Raum für die Sicht eines *Harnack* wie eines *Lohfink*, weil beide Stimmen gehört werden *müssen*. Es geht mir in diesen Bemerkungen ausschließlich um einen *Harnack*, der über Armut und Brüderlichkeit spricht. Das klassische *Harnack*-Zitat aus dem Schluss seiner dritten Vorlesung, das vom Kommen des Gottesreiches *„zu den Einzelnen, in ihre Seele"* bzw. von *„Gott und die Seele, die Seele und ihren Gott"* (*Wesen*, 40) spricht, sollte heute wieder mit neuer Aufmerksamkeit und Offenheit gelesen werden, da dies nicht absolut und allein gültig ist, wohl aber als Teil einer Synthese mit dem Gemeinschaftsgedanken gültig und wichtig.

[112] Vgl. etwa *Harnack*, *Wesen*, 43.57ff.63. Dies übersieht *Lohfink* auch nicht, sondern hebt es hervor (vgl. *Gemeinde*, 11).

[113] Vgl. *Papst Franziskus*, „Brüderlichkeit", und zuletzt *ders.*, *Fratelli tutti.* Vgl. ferner *Gabriel et al.*, *Wirtschaft*, 14f, zu den vier „Nein!"-Aussagen, die Papst Franziskus in *Evangelii Gaudium* (EG 50-61) formuliert: 1. Das Nein zu einer Wirtschaft, die Menschen

Ja, es gab zu biblischen Zeiten Machthaber (und auch dies gilt sowohl für die postulierte Welt des Alten Testamentes als auch des Evangeliums), die „wenig Herz für die Not des armen Volkes“[114] besaßen. Es war notwendig, deren Augen wieder für die Barmherzigkeit[115] zu öffnen. Aber gerade dieses Wort beinhaltet bereits mehr als ein bloßes Engagement für die Armen. Barmherzigkeit ist viel mehr als bloßer Aktivismus. Eine Option für die Armen ohne חסד, ohne die neutestamentlich begründete Barmherzigkeit,[116] ist blutleer. Die Barmherzigkeit hat sowohl eine soziale als auch eine individuelle Dimension: „Tatsächlich muss Barmherzigkeit eine lebendige Praxis *im Volk Gottes* sein“.[117]

---

marginalisiert und soziale Ungleichheit schafft; 2. das Nein zu einer Wirtschaft mit einer ausschließlichen Fokussierung auf materielle Werte, was einer „Ökonomisierung aller Lebensbereiche“ (*ebd.*, 15) gleichkommt; 3. das Nein zu einem auf (teilweise künstlich konstruierten) Finanzprodukten statt auf einer Realökonomie fixierten Finanzsystem – dies impliziert eine Absage an die berühmte, in ihren Ursprüngen Thatcher-Reagan zugeschriebene Deregulierung des Finanzsystems; eine Folge dieser Deregulierung ist die Überbelastung des Systems durch das Anstreben von Renditen, deren Wert niemals im Zuge eines auf (landwirtschaftlicher und industrieller) Produktion beruhenden Wirtschaftens erreichbar gewesen wäre; eine weitere Folge ist die Beeinträchtigung der Unabhängigkeit von Politik und Justiz zugunsten von Finanzriesen, die ihre ohnehin großen Gewinne auf Kosten dieser beiden Größen zu maximieren versuchen; 4. das Nein zu einem sozialen Ungleichgewicht, das junge, von Armut gefährdete Bevölkerungsgruppen in die Verzweiflung und somit in die Gleichgültigkeit oder auch in die Radikalisierung treibt.

[114] *Harnack*, *Wesen*, 58.

[115] *Harnack*, *Wesen*, 58, setzt dieses Wort bewusst ein. Darin liegt das Erfrischende seiner Beobachtung: er verbindet damit die notwendige soziale Kritik mit einem spirituellen Aspekt, ohne den der Diskurs gegen die Unterdrückung der Armen kein theologischer sein kann. *Söding*, „Barmherzigkeit“, 19f, spricht von der „inneren Verbundenheit“ zwischen „Menschlichkeit und Frömmigkeit, Religion und Ethik, Gottes- und Nächstenliebe“. Diese hängt nicht vom guten Menschenwillen ab, sondern von Gottes Willen und Macht. Obwohl *Söding* auch Möglichkeiten sieht, den theologischen Inhalt der Barmherzigkeit außerhalb der jüdisch-christlichen Tradition zu kommunizieren, und er diese „nicht exklusiv an den Glauben gebunden“ sehen will, ist es notwendig, gerade das Umgekehrte zu machen: die Barmherzigkeit als zutiefst glaubensgebunden und theologisch begründet festzuhalten. *Södings* Sicht auf die Barmherzigkeit mutet wie alttestamentliche Weisheitserzählungen (über Josef, Daniel, Ester oder Judit) an, die Gottes Werk im Hintergrund des gesamten Geschehens erkennen möchten, auch wenn dieses sich im ‚säkulären‘ Bereich abspielt: „Vielmehr kommt es darauf an, noch den kleinsten Fingerzeig, der ein gutes Herz erkennen lässt, mit Gott zu verbinden – so wie Jesus den Becher Wasser, den jemand einem seiner Jünger reicht, mit himmlischem Lohn prämiert“ (ebd., 20).

[116] Vgl. *Söding*, „Barmherzigkeit“, 20f, für eine Besprechung der lexikalischen Grundlagen des Begriffs in der Bibel. Weitere den Begriff erläuternde neutestamentliche Beispiele ebd., *passim*.

[117] *Söding*, „Barmherzigkeit“, 19 (Kursive JF).

Für ihren individuellen Aspekt ist etwa an das klassische Beispiel des Gleichnisses vom barmherzigen Samariter zu denken.[118]

Mit diesem Gleichnis leitet Papst Franziskus auch ganz klassisch den bewusst bibeltheologisch ausgerichteten Abschnitt seiner Enzyklika *Fratelli tutti* ein.[119] Ferner zitiert er die Frage Gottes an Kain: „Wo ist Abel, dein Bruder?" (Gen 4,9). Eine nächste Frage, aus dem Buch Ijob, führt ihn zu einer Beobachtung, die sich aus den Gesetzeskorpora so nicht machen lässt: zur Ableitung universaler Rechte aufgrund der Schöpfungstheologie. Tatsächlich bietet Ijob 31 *die* schöpfungstheologische Brücke zu unserer Thematik mit seiner Frage: „Hat nicht er, der mich im Mutterleib gemacht hat, ihn gemacht, hat nicht Einer uns im Mutterschoß geformt?" (31,15). Kontext ist die Unschuldsbeteuerung Ijobs in seiner Schlussrede (29,1-31,40). Ijob findet nicht nur bei sich keine moralische Schuld (31,1-12), sondern wird auch den Anforderungen des (sozialen) Rechts gerecht: er missachtet nicht das Recht seines Knechtes (31,14) – und dies ist jener „er", auf den er in V. 15 verweist. Ijob und dieser Knecht sind beide von einem Schöpfer im Mutterschoß geformt. In Ijob 31,16f folgt eine uns überaus bekannte Sprache: es geht um die Armen, die Witwen, das Waisenkind. Wie auch in Dtn 24 thematisiert wird, sorgt Ijob für die Bekleidung und Bedeckung des Verlorenen und des Verarmten (31,19). Ijob setzt seine Hoffnung nicht auf Gold (31,24f) und hält sich kultisch rein (31,26f). Schließlich ist er dem Fremden gegenüber aufgeschlossen: „Kein Fremder musste draußen übernachten, ich hielt meine Tore zur Straße hin offen" (31,32).

Papst Franziskus begeht nicht den Fehler, eine schöpfungstheologische Herleitung des *Bruderbegriffs* erreichen zu wollen. Das soeben erwähne Kapitel Ijob 31 verbindet zwar die Schöpfungsmotivik mit sozialethischem Verhalten, das Wort ‚Bruder' fällt aber in diesem Kapitel nicht. Vielmehr gilt seine Aufmerksamkeit in Par. 59 und 61 der Exodusmotivik, die in Ex 22,20, Ex 23,9 und für Lev 19,17f in Verbindung mit Lev 19,33f dazu dient, Israel dazu aufzufordern, den Fremden zu lieben, und zwar nicht, weil dieser ein und denselben himmlischen Vater hätte, sondern aufgrund von Israels ehemaligem Fremdsein in Ägypten.

In Par. 59 scheint ein gewaltiger Gedankensprung von Lev 19,18 zu Tob 4,15 und daraufhin zu Rabbi Hillel zu erfolgen. Es geht Papst Franziskus dabei aber um das bekannte Argumentationsmuster der Goldenen Regel, wie wir dies auch in den exegetischen wie theologischen Abschnitten dieser Untersuchung für die Ägyptenformeln beobachtet haben. Obwohl Papst Franziskus die Verse Dtn 10,18f nicht anführt, in denen dazu aufgerufen wird, die Fremden in der Nachahmung Gottes zu lieben, verwendet er den Vers Sir 18,13, der

[118] Vgl. *Söding*, „Barmherzigkeit", 23f.

[119] Vgl. im Folgenden *Fratelli tutti*, 61-67 (Par. 56-62).

nicht unähnlich argumentiert, dass das Erbarmen Gottes allen Lebewesen gilt (vgl. ebenfalls die in Par. 60 angeführte Stelle Lk 6,36).

Es wird also deutlich, dass bei dieser Thematik der zunächst geltende, auf Israel bezogene *Partikularismus* der Gesetzeskorpora sich erst wirkungsgeschichtlich entfalten und entwickeln muss, um zu einer *universalistisch ausgerichteten* Offenheit ‚für alle' zu gelangen. Schließlich verlangt ein bibeltheologischer Gesamtblick aber genau diese Synthese, die in *Fratelli tutti* erreicht wird. An dieser Stelle seien noch einmal die Brüder und Schwestern vom Fach Neues Testament eingeladen, sich mit den von Papst Franziskus in Par. 61 erwähnten (und zahlreichen weiteren) neutestamentlichen Textstellen aus Bruderperspektive auseinanderzusetzen.[120]

Schlussbemerkungen

Weder *der ‚Bruder'* (im Singular) des deuteronomischen Sozialgesetzes und des Heiligkeitsgesetzes noch *die ‚Brüder'* (im Plural) der deuteronomischen Ämtergesetzgebung ist bzw. sind allein maßgeblich für das Verständnis der deuteronomischen Bruderethik (sowie jene des Heiligkeitsgesetzes). Die Synthese dieser im Grunde drei Sichtweisen des ‚Bruders' vermittelt uns das umfassendste Bild einer Bruderethik der alttestamentlichen Rechtskorpora. Die Leserichtung, in der uns diese drei ‚Bruder'gestalten begegnen, unterscheidet sich von der postulierten Chronologie, nach der sie zum Text hinzugekommen sind. Zunächst lesen wir vom ‚Bruder', der im Herzen nicht gehasst, sondern im Konfliktfall schlicht zurechtgewiesen werden soll, ohne nachtragend zu sein und ohne sich an ihm zu rächen. Diese Hinweise in Lev 19,17.18a gipfeln im klassischen Satz mit seiner enormen Nachwirkung: *Du sollst deinen Nächsten lieben wie dich selbst* (Lev 19,18b). Bereits in diesem Doppelvers bildet der ‚Bruder' dem durchgehend in unseren Texten angesprochenen ‚Du' ein Gegenüber. Obwohl dieser Text nicht als der überhaupt älteste der untersuchen ‚Bruder'verweise gilt (diese Ehre kommt, wie wir sahen, dem ‚Bruder' von Dtn 13,7 zu), nimmt er innerhalb der Tora einen zentralen und daher auch programmatischen Platz ein. Die Texteinheit Lev 19,17f gilt auch als die zeitliche Mitte unserer fünf postulierten ‚Bruder'textblöcke. Ihr gehen Dtn 13,7 und die Texte

---

120 Den Rest des bibeltheologischen Abschnittes (Par. 62-86) widmet Papst Franziskus einer eher pastoraltheologisch-erzählenden Auslegung des Gleichnisses vom barmherzigen Samariter.

des deuteronomischen Ämtergesetzes voran. Ihr folgen wiederum die Bruderverweise des deuteronomischen Sozialgesetzes sowie des großen ‚Bruder'kapitels im Heiligkeitsgesetz, Lev 25. Der ‚Bruder' von Lev 19,17 ist weder ein Armer (im Unterschied zum Sozialgesetz) noch ein potentieller Amtsinhaber innerhalb Israels (wie es im deuteronomischen Ämtergesetz der Fall ist). Er ist höchstens Mitbürger, Volksgenosse, Mitmensch – und dies in allen möglichen Konstellationen, auch in jener des Gegners in einer Konfliktsituation. So gesehen knüpft seine paränetische Funktion thematisch an jene des ‚Bruders' von Dtn 22,1-4 an. Auch dieser ‚Bruder' gehört zu keiner der in dieser Studie immer wieder definierten Großgruppen (‚Bruder' als Armer resp. ‚Bruder' als potentieller Amtsinhaber). Auch der ‚Bruder' von Dtn 22,1-4 ist einfach ein Nächster bzw. Mitmensch, der im Laufe des täglichen Lebens direkt oder indirekt mit dem ‚Du' zu tun bekommt, dadurch, dass eines seiner Nutztiere dem ‚Du' über den Weg läuft oder das ‚Du' in eine Situation gerät, in der es sich um den sonstigen Besitz dieses Bruders kümmern soll. Aus der Bundesbuchparallele Ex 23,4f wissen wir, dass es sich bei diesem ‚Bruder' ebenfalls um einen Gegner im Konflikt handeln kann, dem ohne Ansehen der Person geholfen werden soll.

Einige andere ‚Brüder' bzw. ‚Bruder'texte des deuteronomischen Sozialgesetzes lassen sich ebenfalls schwer unserem postulierten Ordnungsprinzip (‚Bruder' als Armer bzw. ‚Bruder' als potentieller Amtsinhaber) unterordnen. Dazu gehört der ‚Bruder' von Dtn 25,5-10, der kinderlos gestorben ist und dessen Nachkommenschaft auf brüderlicher Basis innerhalb der direkten Verwandtschaft gesichert werden soll. Die Betonung liegt in diesem Text abermals auf einem gemeinsamen Zusammenleben mitten im normalen Verlauf des alltäglichen Lebens. Dieses ist von Konfliktsituationen, Situationen der praktischen Problemlösung sowie der Planung für die Zukunft und des Eingreifens in bestehende Notsituationen geprägt. Ps 133 entwickelt diese Aspekte auf lyrische Weise, wobei es in diesem Psalm um eine theologisch hochwertige Entfaltung dieses Zusammenlebens *aufgrund einer gemeinsamen liturgischen Erfahrung*, symbolisiert durch den Gottesberg Zion, geht.

Diese schwer einzuordnenden Einzeltexte schließen sich alle gewissermaßen thematisch dem Schlüsseltext Lev 19,17f an. Von diesem Zentrum aus weist die Bruderthematik *zurück* auf die frühen Anfänge der Bruderidee in Dtn 13,7 sowie in den Ämtergesetzen Dtn 17,14-20 (Königsgesetz), Dtn 18,1-8 (Priestergesetz) und Dtn 18,15-22 (Prophetengesetz). Unter den drei wichtigsten Ämtergesetzen ragt besonders das nahezu ‚rätselhafte' Königsgesetz hervor, wiederum aufgrund seines gewissermaßen programmatischen Charakters. Gerade das historisch schwer einzuordnende, jedoch theologisch hochwertige Königsgesetz verweist Israel auf seinen Grundsatz Dtn 6,4-9 zurück. Der die Tora studierende König erinnert Israel motivisch daran, dass es nicht ein Volk der in Eliten und Benachteiligte Gespaltenen, sondern der gemeinsam unter und vor dem Gesetz stehenden Gleichberechtigten ist. Das Königsgesetz stilisiert

Israel nicht nur zu einem ‚einzig Volk von Brüdern', sondern zu einem ‚Volk der emsig Studierenden'. Das geteilte Privileg der Gelehrsamkeit schützt Israel vor Hochmut. Sein König ist der erste, der weiß, dass er ‚sein Herz nicht über seine Brüder erheben' darf (Dtn 17,20).

Aus dem Zentrum Lev 19,17f weist die Bruderthematik auch *nach vorne* auf den großen sozialethischen Textblock Lev 25 sowie Dtn 15.22-25. Die Texte dieses ‚kombinierten' sozialethischen Blockes überschneiden sich größtenteils thematisch, etwa in den Regelungen für ein Erlass- bzw. Brachjahr (Dtn 15,1-6 par Lev 25,1-7), die Sklavenfreilassung (Dtn 15,12-18 par Lev 25,39-46.47-55) oder das Verbot, vom ‚Bruder' Zinsen zu verlangen (Dtn 23,20f par Lev 25,35-38). In diesem sozialethischen Bereich verdichtet sich die Problematik der historisch-kritischen Fragestellung nach dem relativen Verhältnis dieser Parallelstellen zueinander stark. In der Forschung wurden wiederholt zahlreiche Argumente für und gegen die historische Priorität des einen oder des anderen Textes gebracht. Dabei wurden immer wieder exegetische Spitzenleistungen geliefert, nicht selten mithilfe von synchronen Analysen. Die Ergebnisse dieser exegetischen Übungen und vor allem die wissenschaftlichen Auseinandersetzungen darüber waren oft so doppeldeutig, dass sich allmählich eine dritte Option zeigte: gerade bei den sozialrechtlichen Texten des Deuteronomiums wie des Heiligkeitsgesetzes könnte es so gewesen sein, dass zwei ‚Schulen' bzw. ‚Kreise' sich zeitnah mit derselben Thematik auseinandersetzten. Ihre Ergebnisse waren verblüffend ähnlich und zogen ihre theologischen Schlussfolgerungen mit geringfügig unterschiedlichen Nuancierungen. In beiden Fällen war für diese Kreise der ‚Bruder' eindeutig der Arme und Hilfsbedürftige, dem inmitten Israels unbedingt geholfen werden muss. Im Falle des Heiligkeitsgesetzes, besonders Lev 25, bietet sich aber eine kompaktere Sicht des sozial gefärbten Bruderethos. Dieses ist besonders vom Grundsatz Lev 25,23 geprägt: *Das Land darf nicht endgültig verkauft werden; denn das Land gehört mir und ihr seid nur Fremde und Beisassen bei mir.* Land und Menschen werden somit eindeutig und endgültig unter Gottes Jurisdiktion gestellt: er ist Eigentümer des Landes, die Menschen genießen lediglich Besitzrecht. Hier finden sich in abgewandelter Form die einzigen Spuren einer schöpfungstheologischen *Begegnung* mit der Bruderethik. Eine schöpfungstheologische *Begründung* der Brüderlichkeit fehlt aber in der deuteronomischen Behandlung des Themas vollkommen. Dort bleibt die Fokussierung auf Israel als *brüderlichem Volk.* Auch Lev 25 bleibt der Idee einer ausschließlich innerisraelitischen Applikation der Brüderlichkeit treu. Darin stehen die beiden sozialethischen Textblöcke aus dem Buch Deuteronomium und dem Heiligkeitsgesetz einander abermals nahe. Dies hat auch Implikationen für die Offenheit dem Fremden gegenüber. Obwohl das Deuteronomium großzügige Maßnahmen für den Umgang mit dem Fremden (teilweise ‚dein Fremder' genannt) vorschreibt, sind es die Verse Lev 19,33f, mit denen am ehesten für eine offene Hilfeleistung für alle Fremden argumentiert werden kann. Dies gelingt aber ausschließlich durch die Beachtung der Gebotsbegründungsformel „denn Fremde wart ihr in Ägypten" und wiederum nicht auf schöpfungstheologischer Basis.

Gibt es eine konzeptuelle ‚Brücke' zwischen dem deuteronomischen Ämtergesetz und dem Sozialgesetz des Deuteronomiums (sowie des Heiligkeitsgesetzes)? Eine solche wird nicht direkt und eindeutig auf textueller Ebene formuliert. Die drei bruderethischen Hauptlinien (‚Bruder' als Armer und Hilfsbedürftiger, ‚Bruder' als potentieller Amtsinhaber und auch ‚Bruder' als Volksgenosse, mit dem das ‚normale' Leben gestaltet werden soll) stehen gewissermaßen kommentarlos nebeneinander und wollen gleichermaßen beachtet werden.[121]

Dennoch will gerade dieses Nebeneinander der Texte und Ideen uns vielleicht doch subtil zu einer Synthese einladen. Friedrich Schiller hätte nie erahnen können, dass ein früh verworfener Satz eines von ihm nicht besonders geliebten eigenen Gedichts über 230 Jahre später von einem unerwarteten Ort her Beachtung und hohe Wertschätzung erfahren würde. Nicht „*Alle Menschen werden Brüder*" soll uns in den Ohren nachhallen, sondern vielmehr „*Bettler werden Fürstenbrüder*" – und dieser ungeliebte Satz soll uns stets irritieren und dazu animieren, auf gefährlich selbstlosen Wegen mit dem ‚Bruder' zu gehen.

---

[121] Erst im Neuen Testament wird der ‚Bruder' zu einem, der nicht des Schutzes *bedarf*, sondern diesen anderen *verleiht*.

Anhang 1: Das Vorkommen des Wortes אח im gesamten Alten Testament

	Absolute Zahl der Verwendungen	Verwendung pro 100 Wörter (= % des Wortgebrauchs im Buch)[1]	אח als leiblicher Bruder	אח als Volksgenosse (*inkl. איש אחיו ...)	אח in der Wendung איש ... אחיו mit/ohne Präposition
AT (gesamt)	**630**	**0,21**	**341**	**290**	**[38]**
Gen	178	0,86	151	27	[5]
Ex	17	0,1	8	9	[5]
Lev	**23**	**0,19**	8	15	[4]
Num	19	0,12	7	12	[1]
Dtn	**48**	**0,34**	5	43	[1]
Jos	13	0,13	4	9	—
Ri	29	0,29	9	20	—
Rut	2	0,15	—	2	—
1 Sam	12	0,09	11	1	—
2 Sam	34	0,31	28	6	—
1 Kön	11	0,08	6	5	—
2 Kön	5	0,04	2	3	[1]
1 Chr	99[2]	0,92	60	40	—
2 Chr	26	0,2	11	15	—
Esra	12	0,32	—	12	—
Neh	28	0,53	2	26	[1]
Est	1	0,03	—	1	—
Ijob	9	0,11	4	5	[1]
Ps	7	0,04	5	2	—
Spr	9	0,13	9	—	—
Koh	1	0,03	1	—	—
Hld	1	0,08	1	—	—

[1] Vgl. *Andersen/Forbes*, *Vocabulary*, 271.
[2] Vgl. o. S. 29 Anm. 67 für eine Erklärung der hier von *Andersen/Forbes* abweichenden Zählung 60+40=100.

	Absolute Zahl der Verwendungen	Verwendung pro 100 Wörter (= % des Wortgebrauchs im Buch)[3]	אח als leiblicher Bruder	אח als Volksgenosse (*inkl. איש אחיו ...)	אח in der Wendung איש ... אחיו mit/ohne Präposition
Jes	6	0,04	2	4	[3]
Jer	16	0,07	4	12	[5]
Klgl	—	—	—	—	—
Ez	9	0,05	1	8	[5]
Dan	—	—	—	—	—
Hos	3	0,13	1	2	—
Joël	1	0,1	—	1	[1]
Am	2	0,1	—	2	—
Obd	2	0,69	—	2	—
Jona	—	—	—	—	—
Mi	2	—	—	2	[1]
Nah	—	—	—	—	—
Hab	—	—	—	—	—
Zef	—	—	—	—	—
Hag	1	0,17	—	1	[1]
Sach	2	0,06	—	2	[2]
Mal	2	0,23	1	1	[1]

3 Vgl. *Andersen/Forbes*, *Vocabulary*, 271.

Anhang 2: Gesetzesparagraphen des Deuteronomiums[4]

Bruder	§	**Dtn**	**Thema**	Land	segnen	Ägypten
		12,1	Überschrift			
	§1	12,2-3	Vernichtung fremder Kultstätten			
	§2	12,4-7	Eine einzige Kultstätte für Israel			
	§3	12,8-12	Zeitpunkt des Inkrafttretens			
	§4	12,13-19	Unterscheidung von Opfer und Schlachtung			
	§5	12,20-28	Das Blut bei Opfer und Schlachtung			
	§6	12,29-31	Verbot kanaanitischer Kultbräuche			
	§7	13,1	Verbot einer Änderung dieses Gesetzes			
	§8	13,2-6	Anstiftung zum Abfall durch Propheten und Traumseher			
B	§9	13,7-12	Geheime Anstiftung zum Abfall			
	§10	13,13-19	Abfall einer Stadt			
	§11	14,1-2	Verbot kanaanitischer Trauerbräuche			
	§12	14,3-21	Speiseverbote			
	§13	14,21b	Verbot eines Fruchtbarkeitszaubers			
	§14	14,22-27	Jährliche Abgaben an das Heiligtum			
	§15	14,28-29	Der Zehnte für die Armen in jedem 3. Jahr			
BB	§16	15,1-6	Verzicht auf Forderungen in jedem 7. Jahr	**L**	**ss**	
BBBB	§17	15,7-11	Kredithilfe an arme Israeliten	**LLL**	**s**	
B	§18	15,12-18	Selbstverknechtung		**s**	**Äg**
	§19	15,19-23	Erstgeburt des Viehs			
	§20	16,1-8	Das Frühlingsfest			
	§21	16,9-12	Das Wochenfest			
	§22	16,13-15	Das Laubhüttenfest			
	§23	16,16-17	Verpflichtung zu Wallfahrten			
	§24	16,18-20	Verhalten der Richter in den Ortschaften			
	§25	16,21-22	Verbot nichtjahwistischer Kultsymbole			
	§26	17,1	Verbot fehlerhafter Opfer			
	§27	17,2-7	Verfahren beim Abfall zu Gestirnsgöttern			
	§28	17,8-13	Sakrales Gerichtsverfahren			
BBB	§29	17,14-20	Der König	**L**		**Äg**

[4] Nach der Einteilung *Lohfinks*, EÜ[1].

BB	§30	18,1-8	Die Einkünfte der Priester			
BB	§31	18,9-22	Zauberer und Propheten	L		
	§32	19,1-10	Asylstädte			
	§33	19,11-13	Auslieferung eines Mörders aus einer Asylstadt			
	§34	19,14	Grenzverrückung			
	§35	19,15	Zahl der Zeugen			
BB	§36	19,16-21	Falsche Aussage vor Gericht			
B	§37	20,1-9	Aufgebot des Volksheeres			
	§38	20,10-18	Krieg gegen Städte			
	§39	20,19-20	Schonung des Baumbestands			
	§40	21,1-9	Mord durch einen unbekannten Täter			
	§41	21,10-14	Heirat einer Kriegsgefangenen			
	§42	21,15-17	Erbrecht des erstgeborenen Sohnes			
	§43	21,18-21	Verstoßung eines Sohnes			
	§44	21,22-23	Bestattung von Hingerichteten			
BBBBB	§45	22,1-3	Gefundenes Gut			
B	§46	22,4	Nachbarschaftliche Hilfe			
	§47	22,5	Kleidung und Geschlecht			
	§48	22,6-7	Aushebung von Vogelnestern			
	§49	22,8	Schutzgeländer an Gebäuden			
	§50	22,9-11	Verbot von Vermischung			
	§51	22,12	Quasten			
	§52	22,13-21	Beschuldigung der Ehefrau des vorehelichen Verkehrs			
	§53	22,22	Ehebruch mit einer verheirateten Frau			
	§54	22,23-27	Beischlaf mit der Verlobten eines anderen			
	§55	22,28-29	Beischlaf mit einer noch nicht Verlobten			
	§56	23,1	Blutschande			
B	§57	23,2-9	Aufnahme in die Versammlung des Herrn			
	§58	23,10-15	Reinheit des Heerlagers			
	§59	23,16-17	Verbot der Auslieferung von Flüchtlingen			
	§60	23,18-19	Verbot sakraler Prostitution			
BB	§61	23,20-21	Zinsen	L	s	
	§62	23,22-24	Gelübde			
	§63	23,25-26	Früchte am Weg			
	§64	24,1-4	Wiederaufnahme der geschiedenen Ehefrau			
	§65	24,5	Befreiung Neuvermählter vom Kriegsdienst			
	§66	24,6	Verbotenes Pfandgut			

B	§67	24,7	Menschenraub			
	§68	24,8-9	Aussatz			
	§69	24,10-13	Pfandeinbringung und Pfandbehandlung			
B	§70	24,14-15	Lohnauszahlung an den Tagelöhner	**L**		
	§71	24,16	Verbot der Sippenhaftung			
	§72	24,17-18	Sozial Schwache			
	§73	24,19	Eine vergessene Garbe			
	§74	24,20-22	Die Nachlese			
B	§75	25,1-3	Prügelstrafe			
	§76	25,4	Der Ochse beim Dreschen			
BBBB	§77	25,5-10	Die Schwagerehe			
B	§78	25,11-12	Übergriff beim Streit			
	§79	25,13-16	Falsches Gewicht und Maß			
	§80	25,17-19	Vergeltung an den Amalekitern			
	§81	26,1-11	Darbringung der Erstlingsfrüchte			
	§82	26,12-15	Gebet nach Ablieferung der Zehnten für die Armen			
	Schl.	26,16-19	Grund, das Gesetz zu halten			

Anhang 3: Das Vorkommen von aus dem Wortfeld ‚Schulden/Handel' stammenden Termini im Bundesbuch, Heiligkeitsgesetz, Deuteronomium sowie im Buch Nehemia

	לוה borgen, leihen	מכר ‚verkaufen'	עבט gegen Pfand ausleihen	קנה ‚kaufen'	חבל als Pfand annehmen	נשה leihen	נשא leihen
Ex (BB)	22,24	21,7 21,8 21,16 21,35 21,37 22,2		21,2	22,25$^{bis\ (fig.et.)}$	22,24	
Levi (HG)		25,14^{bis} 25,15 25,16 25,23 25,25^{bis} 25,27^{bis} 25,28 25,29^{bis} 25,33 25,34 25,39 25,42^{bis} 25,47 25,48 25,50^{bis}		22,11 25,14 25,15 25,16^{bis} 25,28 25,30 25,44 25,45 25,50 25,51			

	לוה borgen, leihen	מכר ‚verkaufen‘	עבט gegen Pfand ausleihen	קנה ‚kaufen‘	חבל als Pfand annehmen	נשה leihen	נשא leihen
Dtn	28,12$^{\text{bis – vgl. 15,6}}$ 28,44^{bis}	14,21 15,12 18,8 21,14^{bis} 24,7 28,68 32,30	15,6$^{\text{bis – vgl. 28,12}}$ 15,8^{bis} 24,10^{bis} 24,11 24,12 24,13	28,68	24,6^{bis} 24,17	15,2^{bis} 24,10 24,11	24,10
Nehemia	5,4	5,8^{ter} 10,32 13,15 13,16^{bis} 13,20^{bis}		5,8 5,16		5,10 5,11	5,7^{bis} 5,10 10,32

Anhang 4: Die Gliederung von Lev 25 sowie dessen Stichwort- und Formelverwendung auf synchroner Ebene

Vers	Stichwort	Kommentar	
1 – 7	ארץ insgesamt 6x erwähnt שׁבת insgesamt 7x erwähnt	Einleitungsformel ארץ als Eröffnung ארץ als Schluss	
8 – 13	שׁנה insgesamt 9x erwähnt יובל insgesamt 4x erwähnt	‚Zahlenspiel': sechs, sieben, neunundvierzig, fünfzig Jahre das Jobeljahr eingeführt	
14 – 17		Wirtschaftstermini eingeführt	מכר insgesamt 4x erwähnt קנה insgesamt 2x erwähnt עמית insgesamt 4x erwähnt אח 1x erwähnt
14	אח		
17	יראת מאלהיך	ירא-Formel	
	אני יהוה אלהיכם	אני יהוה-Formel	
18 – 22	zurück zur Thematik von V. 1-13	Einleitungsformel: ועשׂיתם את־חקתי ואת־משׁפטי תשׁמרו ועשׂיתם אתם ‚Zahlenspiel': (7, 6, 3, 8, 9)	
23 – 24	Perikope mit Brückenfunktion; privilegrechtlicher Grundsatz 1x מכר		
25 – 34			
25	כי־ימוך אחיך	1. Vorkommen der אח-Formel	
	אח	insgesamt 2x: Formel + 1x	
	אח + Wirtschaftstermini	9x מכר; 2x קנה; 10x גאל	
35-38			
35	כי־ימוך אחיך	2. Vorkommen der אח-Formel	Zinsverbot: insgesamt sechs verschiedene Formeln
36	יראת מאלהיך	ירא-Formel	
	אח	insgesamt 2x: Formel + 1x	
38	אני יהוה אלהיכם	אני יהוה-Formel	
	הוצאתי אתכם מארץ מצרים	Herausführungsformel	
	לתת לכם את־ארץ	Landgabeformel	
	להיות לכם לאלהים	Bundesformel	עמך insgesamt 7x

			in V. 35-43
39 – 46			
39	כי־ימוך אחיך	3. Vorkommen der אח-Formel	
42	הוצאתי אתם מארץ מצרים	Herausführungsformel	3x מכר 6x עבד
43	לא־תרדה בו בפרך	Nicht-Unterdrückungsformel	
	יראת מאלהיך	ירא-Formel	
46	2x אח		
	לא־תרדה בו בפרך	Nicht-Unterdrückungsformel	
47 – 55			
47	ומך אחיך עמו	4. Vorkommen der אח-Formel (abgewandelt)	
48	אח	insgesamt 2x: Formel + 1x	4x מכר 1x קנה
53	לא־ירדנו בפרך	Nicht-Unterdrückungsformel	
55	הוצאתי אותם מארץ מצרים	Herausführungsformel	
	אני יהוה אלהיכם	אני יהוה-Formel	

Literaturverzeichnis

Bibelausgaben (nach Erscheinungsdatum geordnet)

D. Martin Luthers Deutsche Bibel (1522 – 1546) – Achter Band – Die Übersetzung des ersten Teils des Alten Testaments (Die 5 Bücher Mose). Weimarer Ausgabe der Luther-Gesamtausgabe (Weimar: Hermann Böhlaus Nachfolger, 1934 [Unveränderter Abdruck, Graz: Akademische Druck- und Verlagsanstalt, 1972]). [Abk. WA 8]

Die Bybel in Afrikaans: Naslaan-uitgawe (Kaapstad: Bybelgenootskap van Suid-Afrika, 1933 / [3]1957). [Abk. AB1933]

Die Bibel: Altes und Neues Testament. Einheitsübersetzung (Stuttgart: Katholische Bibelanstalt, [1]1974). [Abk. EÜ[1]]

New American Standard Bible (La Habra, Calif.: The Lockman Foundation, 1977). [Abk. NASB]

Die Bibel: Altes und Neues Testament. Einheitsübersetzung (Freiburg/Br.: Herder, 1980). [Abk. EÜ]

The Holy Bible: New King James Version (Nashville etc.: Thomas Nelson, 1982). [Abk. NKJV]

Die Bybel: Nuwe Vertaling (Kaapstad: Bybelgenootskap van Suid-Afrika, 1983). [Abk. NAV]

Die Bibel nach Martin Luthers Übersetzung: Neu bearbeitet (Stuttgart: Deutsche Bibelgesellschaft, 1985). [Abk. NLB]

New Revised Standard Version Bible (New York: Oxford University Press, 1989). [Abk. NRSV]

Biblia Hebraica Stuttgartensia (Hg. v. K. Elliger, W. Rudolf; Stuttgart: Deutsche Bibelgesellschaft, [4]1990). [Abk. BHS[4]]

Biblia Hebraica Quinta, Fascicle 5: Deuteronomy (prepared by C. McCarthy; Stuttgart: Deutsche Bibelgesellschaft, 2007). [Abk. BHQ]

Bible Works for Windows 7.0 (Norfolk, VA: BibleWorks, 2007). Daraus die Bibelausgaben *Bible Works Greek LXX/BNT* [Abk. LXX]; *Leidse Vertaling* 1994 [Abk. LEI]; *New International Version* 1984 [Abk. NIV]; *Statenvertaling* 1637 [Abk. STA].

Zürcher Bibel (Zürich: Genossenschaft Verlag der Zürcher Bibel beim Theologischen Verlag Zürich, 2007). [Abk. ZB]

The New American Bible (Revised Edition) (New York: Harper Collins, 2012). [Abk. NAB]

Die Bibel: Einheitsübersetzung der Heiligen Schrift, vollständig durchgesehene und überarbeitete Ausgabe (Stuttgart: Katholisches Bibelwerk, 2016). [Abk. EÜ 2016]

Die Bibel nach Martin Luthers Übersetzung: Lutherbibel Revidiert (Stuttgart: Deutsche Bibelgesellschaft, 2017). [Abk. NLB2017]

Nachschlagewerke

Andersen, F.I. & Forbes, A.D., *The Vocabulary of the Old Testament* (Roma: Editrice Pontificio Istituto Biblico, 1989).

Borger, R., *Babylonisch-Assyrische Lesestücke: Heft II – Elemente der Grammatik und der Schrift – Glossar – Die Texte in Keilschrift* (AnOr 54; Roma: Editrice Pontificio Istituto Biblico, ^{2}1979 / Nachdruck 1994).

Bühlmann, W. & Scherer, K., *Sprachliche Stilfiguren der Bibel: Von Assonanz bis Zahlenspruch. Ein Nachschlagewerk* (Giessen: Brunnen, ^{2}1994).

Caplice, R., *Introduction to Akkadian* (StP.SM 9; Rome: Biblical Institute Press, ^{3}1988).

Gesenius, W. (Hg. von H. Donner unter Mitarbeit von U. Rüterswörden & J. Renz), *Hebräisches und Aramäisches Handwörterbuch über das Alte Testament* (Heidelberg u. a.: Springer-Verlag, ^{18}2013).

Gesenius, W. & Kautzsch, E., *Hebräische Grammatik* (Darmstadt: Wissenschaftliche Buchgesellschaft, ^{28}1991).

Holladay, W.L., *A concise Hebrew and Aramaic lexicon of the Old Testament: Based upon the lexical work of Ludwig Koehler and Walter Baumgartner* (Leiden: Brill /Grand Rapids: Eerdmans, ^{10}1988).

Keel, O. & Küchler, M. (Hg.), *Herders großer Bibelatlas* (Freiburg/Br.: Herder, Sonderausgabe 2002).

Koehler, L. & Baumgartner, W., *Lexicon in Veteris Testamenti Libros* (Leiden: Brill, 1958).

Koehler, L. & Baumgartner, W., *Hebräisches und Aramäisches Lexikon zum Alten Testament, Band I & II* (Leiden/Boston: Brill, 2004; unveränderter Nachdruck der dritten Auflage, 1967-1995).

Lewandowski, Th., *Linguistisches Wörterbuch 1-3* (UTB 1518; Heidelberg/Wiesbaden: Quelle & Meyer, ^{5}1990).

Liddell & Scott, A Lexicon: Abridged from Liddell and Scott's Greek-English Lexicon (Oxford: Oxford University Press, [1871] 1990).

Niermeyer, J.F. et al., Mediae Latinitatis Lexicon Minus vol. I & II (Darmstadt: Wissenschaftliche Buchgesellschaft, ²2002).

Passow, F., Handwörterbuch der griechischen Sprache (Darmstadt: Wissenschaftliche Buchgesellschaft, [Leipzig 1841] 1993).

Schwertner, S.M., IATG²: Internationales Abkürzungsverzeichnis für Theologie und Grenzgebiete: Zeitschriften, Serien, Lexika, Quellenwerke mit bibliographischen Angaben (Berlin: Walter de Gruyter, ²1992). [Abk. *IATG²*]

Soden, W. von, Akkadisches Handwörterbuch: Band I – III (Wiesbaden: Harrassowitz, ²1985 / 1972 / 1981). [Abk. *AHw*]

Tulloch, S. (ed.), The Readers Digest – Oxford Wordfinder (Oxford: Clarendon Press, 1993).

Wahrig-Burfeind, R., Wahrig Deutsches Wörterbuch: Mit einem Lexikon der Sprachlehre (Gütersloh: Brockhaus, ⁹2011).

Artikel, Kommentare, Monographien und Textausgaben

Ahlström, G.W., Royal administration and national religion in ancient Palestine (Studies in the history of the Ancient Near East 1; Leiden: E.J. Brill, 1982). [Abk. *Administration*]

Akiyama, K., The Love of Neighbour in Ancient Judaism. The Reception of Leviticus 19:18 in the Hebrew Bible, The Book of Jubilees, the Dead Sea Scrolls, and the New Testament, (*Ancient Judaism and Early Christianity 105*; Leiden/Boston: Brill, 2018). [Abk. *Love of Neighbour*]

Albertz, R., „Die Tora Gottes gegen die wirtschaftlichen Sachzwänge: Die Sabbat- und Jobeljahrgesetzgebung Lev 25 in ihrer Geschichte," *ÖR* 44/3 (1995) 290-310. [Abk. „Tora Gottes"]

Anderson, B.A., Brotherhood and Inheritance: A canonical reading of the Esau and Edom traditions (Library of Hebrew Bible/Old Testament Studies 556 [formerly JSOT.S]; New York: T&T Clark, 2011). [Abk. *Brotherhood*]

Aquinas, St. Th., Commentary on Aristotle's Nicomachean Ethics. Translated by C.I. Litzinger, O.P. Foreword by Ralph McInerny (Notre Dame, Ind.: Dumb Ox Books, 1993).

_____, *Commentary on Aristotle's Politics.* Translated by Richard J. Regan. (Indianapolis, Ind.: Hackett Publishing Company, 2007).

Aristoteles, *Werke in deutscher Übersetzung*. Begründet von Ernst Grumach. Herausgegeben von Hellmut Flaschar. *Band 6 : Nikomachische Ethik*. Übersetzt und kommentiert von Franz Dirlmeier (Berlin: Akademie Verlag, 10. Aufl., 1999).

_____, *Die Nikomachische Ethik*. Griechisch-deutsch. Übersetzt von Olof Gigon, 1951, neu herausgegeben von Rainer Nickel (Düsseldorf: Artemis & Winckler, ²2007).

_____, *Nikomachische Ethik*. Aus dem Griechischen übersetzt und herausgegeben von Eugen Rolfes, 1911 (Köln: Anaconda, 2009).

_____, *Nikomachische Ethik*. Übersetzung und Nachwort von Franz Dirlmeier, 1969. Anmerkungen von Ernst A. Schmidt (RUB 8586; Stuttgart: Reclam, 2015).

_____, *Politik. Schriften zur Staatstheorie*. Übersetzt und herausgegeben von Franz F. Schwarz, 1989. (RUB 8522; Stuttgart: Reclam, 2010 [Bibliographisch ergänzte Ausgabe]).

Assmann, J., *Das kulturelle Gedächtnis: Schrift, Erinnerung und politische Identität in frühen Hochkulturen* (München: Beck, 1999). [Abk. *Gedächtnis*]

Augustin, G. (Hg.), *Barmherzigkeit leben: Eine Neuentdeckung der christlichen Berufung* (Freiburg/Br.: Herder, 2016). [Abk. *Barmherzigkeit*]

Awabdy, M.A., *Immigrants and Innovative Law. Deuteronomy's Theological and Social Vision for the* גר. (FAT II 67; Tübingen: Mohr Siebeck, 2014). [Abk. *Immigrants*]

Barbiero, G., *L'asino del nemico: Rinuncia alla vendetta e amore del nemico nella legislazione dell'Antico Testamento* (AB 128; Roma: Editrice Pontificio Istituto Biblico, 1991). [Abk. *L'asino*]

Barkay, G., "'Your poor brother': A note on an inscribed bowl from Beth Shemesh," *IEJ* 41 (1991) 239-241. [Abk. "Brother"]

Bartelmus, A., "*Talīmu* and the Relationship between Assurbanipal and Šamaš-šumu-ukīn," *SAAB* VXI (2007) 287-302. [Abk. "*Talīmu*"]

Becker, J., *Esra/Nehemia* (NEB.AT 25; Würzburg: Echter Verlag, 1990). [Abk. *Esr/Neh*]

Beckman, G., *Hittite Diplomatic Texts* (SBL Writings from the Ancient World 7; Atlanta: Scholars Press, ²1999). [Abk. *Texts*]

Berger, K., *Das Buch der Jubiläen* (Jüdische Schriften aus hellenistisch-römischer Zeit Band II [Unterweisung in erzählender Form] Lieferung 3; Gütersloh: Gütersloher Verlagshaus Gerd Mohn, 1981). [Abk. *Jubiläen*]

Berger, P.L. & Luckmann, T., *Die gesellschaftliche Konstruktion der Wirklichkeit: Eine Theorie der Wissenssoziologie.* Mit einer Einleitung zur deutschen Ausgabe von Helmuth Plessner. Übers. Monika Plessner (Frankfurt/Main: Fischer, [26]2016). [Abk. *Konstruktion*]

Bergman, J., Haldar, A., & Wallis, G., אהב, G.J. Botterweck & H. Ringgren (Hg.), *Theologisches Wörterbuch zum Alten Testament I* (Stuttgart: Kohlhammer, 1973) 105-128. [Abk. אהב]

Bergsma, J.S., *The Jubilee from Leviticus to Qumran: A History of Interpretation* (VT.S 115; Leiden: Brill, 2007). [Abk. *Jubilee*]

Berlejung, A., „Volk," *A. Berlejung & Chr. Frevel (Hg.)*, *Handbuch theologischer Grundbegriffe zum Alten und Neuen Testament* (Darmstadt: Wissenschaftliche Buchgesellschaft, [3]2013) 412-415. [Abk. „Volk"]

Berman, J., "God's alliance with Man," *Azure* 25 (2006) 79-113. [Abk. "Alliance"]

Bianchi, F., „Das Jobeljahr in der hebräischen Bibel und in den nachkanonischen jüdischen Texten," *G. Scheuermann (Hg.)*, *Das Jobeljahr im Wandel: Untersuchungen zu Erlaßjahr- und Jobeljahrtexten aus vier Jahrtausenden* (fzb 94; Würzburg: Echter Verlag, 2000) 55-104. [Abk. „Jobeljahr"]

Bieberstein, K. & Bloedhorn, H., *Jerusalem: Grundzüge der Baugeschichte vom Chalkolithikum bis zur Frühzeit der osmanischen Herrschaft, Band 1* (BTAVO.B 100/1; Wiesbaden: Dr. Ludwig Reichert Verlag, 1994). [Abk. *Jerusalem 1*]

Braulik, G., „Weisheit, Gottesnähe und Gesetz – Zum Kerygma von Deuteronomium 4,5-8," *ders. (Hrsg.)*, *Studien zum Pentateuch. Walter Kornfeld zum 60. Geburtstag* (Wien: Herder, 1977) 165-195. [Abk. „Weisheit"]

_____, „Leidensgedächtnisfeier und Freudenfest. ‚Volksliturgie' nach dem deuteronomischen Festkalender (Dtn 16,1-17)" *ThPh* 56 (1981) 335-357. [Abk. „Leidensgedächtnisfeier"]

_____, „Die Freude des Festes. Das Kultverständnis des Deuteronomium – die älteste biblische Festtheorie," *W. Ernst u. a. (Hrsg.)*, *Theologisches Jahrbuch 1983* (Leipzig: St. Benno-Verlag, 1983) 13-54. [Abk. „Freude"]

_____, *Deuteronomium 1-16,17* (NEB.AT 15; Würzburg: Echter Verlag, 1986). [Abk. *Deuteronomium 1-16*]

_____, „Das Deuteronomium und die Menschenrechte," *ThQ* 166 (1986) 8-24. [Abk. „Menschenrechte"]

_____, *Die deuteronomischen Gesetze und der Dekalog: Studien zum Aufbau von Deuteronomium 12-26* (SBS 145; Stuttgart: Kath. Bibelwerk, 1991). [Abk. *Gesetze*]

_____, *Deuteronomium II: 16,18-34,12* (NEB.AT 28; Würzburg: Echter Verlag, 1992). [Abk. *Deuteronomium 16-34*]

_____, „Das Deuteronomium und die Gedächtniskultur Israels. Redaktionsgeschichtliche Beobachtungen zur Verwendung von למד," *G. Braulik, W. Groß, S. McEvenue (Hg.), Biblische Theologie und gesellschaftlicher Wandel. Für Norbert Lohfink SJ* (Freiburg/Br.: Herder, 1993) 9-31. [Abk. „Gedächtniskultur"]

_____, „Die dekalogische Redaktion der deuteronomische Gesetze. Ihre Abhängigkeit von Levitikus 19 am Beispiel von Deuteronomium 22,1-12; 24,10-22 und 25,13-16," *ders. (Hg.), Bundesdokument und Gesetz: Studien zum Deuteronomium* (Freiburg/Br.: Herder, 1995) 1-25. [Abk. „Redaktion"]

_____, „Das Deuteronomium und die Bücher Ijob, Sprichwörter, Rut. Zur Frage früher Kanonizität des Deuteronomiums," *E. Zenger (Hg.), Die Tora als Kanon für Juden und Christen* (HBS 10; Freiburg/Br.: Herder, 1996) 61-138 [Abk. „Kanonizität"]

_____, „Weitere Beobachtungen zur Beziehung zwischen dem Heiligkeitsgesetz und Deuteronomium 19-25," *T. Veijola (Hg.), Schriften der Finnischen Exegetischen Gesellschaft* 62 (Göttingen: Vandenhoeck & Ruprecht, 1996) 23-55. [Abk. „Weitere Beobachtungen"]

_____, „Durften auch Frauen in Israel opfern? Beobachtungen zur Sinn- und Festgestalt des Opfers im Deuteronomium," *LJ* 48 (1998) 222-248. [Abk. „Frauen"]

_____, „‚Konservative Reform': Das Deuteronomium in wissenssoziologischer Sicht," *P.M. Zulehner & A. Heller (Hg.), Kirchenreform* (AfkS-Dossier 18; Wien: Verlag Zeitpunkt, 1998) 163-177. [Abk. „Reform"]

_____, "The Book of Ruth as Intra-Biblical Critique of the Deuteronomic Law," *Acta Theologica* 19 (1999) 1-20. [Abk. "Ruth"]

_____, „Von der Lust Israels vor seinem Gott. Warum Kirche aus dem Fest lebt," *I. Baumgartner, C. Friesl, A. Máté-Tóth (Hg.), Den Himmel offen halten. Ein Plädoyer für Kirchenentwicklung in Europa. Festschrift für Paul M. Zulehner* (Innsbruck/Wien: Tyrolia, 1999) 92-112. [Abk. „Lust"]

_____, „‚Worauf ich euch heute eidlich verpflichte'. Beobachtungen zur Verpflichtungsformel des Deuteronomiums," *E. Gaß & H.-J. Stipp (Hg.), „Ich werde meinen Bund mit euch niemals brechen!" (Ri 2,1): Festschrift für Walter Groß zum 70. Geburtstag* (HBS 62; Freiburg/Br.: Herder, 2011) 29-54. [Abk. „Verpflichtungsformel"]

_____, „Die Liebe zwischen Gott und Israel: Zur theologischen Mitte des Buches Deuteronomium," *IKaZ* 41 (2012) 549-564. [Abk. „Liebe"]

_____, „Liebe und Gotteserkenntnis: Zu einer Besonderheit deuteronomischer Theologie," *G. Braulik, L'esegesi anticotestamentaria e la liturgia. Nuovi sviluppi negli ultimi decenni* (Leiturgia. Lectiones Vagagginianae 5; Assisi: Citta della Editrice, 2014) 258-291. [Abk. „Gotteserkenntnis"]

_____, „Die allgemeine Gesetzesparänese und das ‚paränetische Schema' im Buch Deuteronomium," *S. Attard & M. Pavan (red.), "Canterò in eterno le misericordie del Signore" (Sal 89,2): studi in onore del prof. Gianni Barbiero in occasione del suo settantesimo compleanno* (AnBibSt 3; Roma: G&BP, 2015) 21-50. [Abk. „Gesetzesparänese"]

_____, „Eine Gesellschaft ohne Arme: Das altorientalische Armenethos und die biblische Vision," *IKaZ* 44 (2015) 563-576. [Abk. „Gesellschaft"]

_____, „Das Buch Deuteronomium," *E. Zenger u. a., Einleitung*, 152-182. [Abk. „Buch"]

_____, „Theorien über das Deuteronomistische Geschichtswerk (DtrG) im Wandel der Forschung" *E. Zenger u. a., Einleitung*, 233-254. [Abk. „Theorien"]

_____, „Lohnverweigerung und Sippenhaftung. Zu Schuld und Strafe im Buch Deuteronomium," *T. Fornet-Ponse (Hg.), Überall und immer – nur hier und jetzt. Theologische Perspektiven auf das Spannungsverhältnis von Partikularität und Universalität* (Jerusalemer Theologisches Forum 29; Münster: Aschendorff, 2016) 13-37. [Abk. „Lohnverweigerung"]

_____, „Das Ende einer Karriere? Zum Dekalog in Deuteronomium 5 nach der revidierten Einheitsübersetzung," *BiLi* 90 (2017) 138-148. [Abk. „Karriere"]

_____, „Der blinde Fleck – das Gebot, den Fremden zu lieben. Zur sozialethischen Forderung von Deuteronomium 10,19," *I. Klissenbauer u. a.* (Hg.), *Menschenrechte und Gerechtigkeit als bleibende Aufgabe. Beiträge aus Religion, Theologie, Ethik, Recht und Wirtschaft. Festschrift für Ingeborg G. Gabriel* (Göttingen: Vandenhoeck & Ruprecht / V & R unipress, 2020) 41-63. [Abk. „Fremdenliebe"]

_____, „Die ‚ekklesiologischen' Begriffe des Deuteronomiums. Ein Beitrag zur biblischen Theologie des Gottesvolks" *ThPh* 95/2 (2020) 161-183. [Abk. „Theologie des Gottesvolks"]

Bruni, L., Reciprocity, Altruism and the Civil Society: In praise of heterogeneity (Routledge Advances in Game Theory 4; Oxon: Routledge, 2008). [Abk. *Reciprocity*]

Bruni, L. & Sugden, R., "Fraternity: Why the market need not be a morally free zone," *Economics and Philosophy* 24 (2008) 35-64. [Abk. "Fraternity"]

Bruni, L. & Zamagni, S., *Zivilökonomie: Effizienz, Gerechtigkeit, Gemeinwohl* (Christliche Sozialethik im Diskurs 1; Paderborn: Ferdinand Schöningh, 2013). [Abk. *Zivilökonomie*]

Budd, P.J., *Numbers* (WBC 5; Waco, Texas: Word Books, 1984). [Abk. *Numbers*]

Cardellini, I., *Die biblischen „Sklaven"-Gesetze im Lichte des keilschriftlichen Sklavenrechts: Ein Beitrag zur Tradition, Überlieferung und Redaktion der alttestamentlichen Rechtstexte* (BBB 55; Königstein/Ts.: Peter Hanstein Verlag, 1981). [Abk. *„Sklaven"-Gesetze*]

Chirichigno, G.C., *Debt-Slavery in Israel and the Ancient Near East* (JSOT.S 141; Sheffield: Academic Press, 1993). [Abk. *Debt-Slavery*]

Christensen, D.L., *Deuteronomy 1:1 – 21:9* (WBC 6A; Nashville: Thomas Nelson Publishers, ²2001). [Abk. *Deuteronomy 1-21*]

_____, *Deuteronomy 21:10 – 34:12* (WBC 6B; Nashville: Thomas Nelson Publishers, 2002). [Abk. *Deuteronomy 21-34*]

Cooper, A., "The Plain Sense of Exodus 23:5," *HUCA* 59 (1988), 1-22. [Abk. "Plain Sense"]

Craigie, P.C., *The Book of Deuteronomy* (NICOT; Grand Rapids: Eerdmans, 1976). [Abk. *Book*]

Crouch, C., *The Making of Israel: Cultural Diversity in the Southern Levant and the Formation of Ethnic Identity in Deuteronomy* (VT.S 162; Leiden: Brill, 2014). [Abk. *Making*]

Crüsemann, F., „‚… damit er dich segne in allem Tun deiner Hand …' (Dtn 14,29): Die Produktionsverhältnisse der späten Königszeit, dargestellt am Ostrakon von Meṣad Ḥashavjahu, und die Sozialgesetzgebung des Deuteronomiums," *L. & W. Schotroff (Hg.)*, *Mitarbeiter*, 72-103. [Abk. „Hand"]

_____, *Die Tora: Theologie und Sozialgeschichte des alttestamentlichen Gesetzes* (Gütersloh: Chr. Kaiser/Gütersloher Verlagshaus, ²1997). [Abk. *Tora*]

Dahmen, U., *Leviten und Priester im Deuteronomium: Literarkritische und redaktionsgeschichtliche Studien* (BBB 110; Bodenheim: Philo, 1996). [Abk. *Leviten*]

De Vaux, R., *Ancient Israel: Its Life and Institutions* (London: Darton, Longman & Todd, ³1973). [Abk. *Institutions*]

Deutsch, R., "Six new, unrecorded Israelite Hebrew Seals," *C. Gottlieb, Ch. Cohen & M. Gruber (Eds.)*, *Visions of Life in Biblical Times: Essays in Honor of Meir Lubetski* (Sheffield: Phoenix Press, 2015) 59-69. [Abk. "Seals"]

Dever, W.G., *The Lives of Ordinary People in Ancient Israel: Where Archaeology and the Bible intersect* (Grand Rapids, Mich./Cambridge, U.K.: Eerdmans, 2012). [Abk. *Lives*]

DeVries, S.J., *I Kings* (WBC 12; Nashville: Thomas Nelson, ²2003). [Abk. *I Kings*]

Dion, P.E., "Deuteronomy 13: The Suppression of Alien Religious Propaganda in Israel during the Late Monarchical Era," *B. Halpern & D.W. Hobson (eds.)*, *Law*, 147-216. [Abk. "Deuteronomy 13"]

Dobbs-Allsopp, F.W., "The Genre of the Meṣad Ḥashavyahu Ostracon," *BASOR* 295 (1994) 49-55. [Abk. "Ostracon"]

Dohmen, C., *Exodus 19-40* (HThK.AT; Freiburg/Br.: Herder, 2004). [Abk. *Exodus 19-40*]

Douglas, M., "Poetic Structure in Leviticus," *D.P. Wright, D.N. Freedman, A. Hurvitz (Eds.)*, *Pomegranates and Golden Bells: Studies in Biblical, Jewish, and Near Eastern Ritual, Law, and Literature in Honor of Jacob Milgrom* (Winona Lake: Eisenbrauns, 1995) 239-256. [Abk. "Structure"]

Driver, S.R., *A critical and exegetical commentary on Deuteronomy* (ICC; Edinburgh: T & T Clark, ³1901 [latest impression: 1996]). [Abk. *Deuteronomy*]

Ebach, R., *Das Fremde und das Eigene: Die Fremdendarstellung des Deuteronomiums im Kontext israelitischer Identitätskonstruktionen* (BZAW 471; Berlin/Boston: Walter de Gruyter, 2014). [Abk. *Fremde*]

Ermecke, G., „Ideologie und Utopie," *JCSW* 10 (1969) 259-271. [Abk. „Ideologie und Utopie"]

Fabry, H.-J., „Deuteronomium 15: Gedanken zur Geschwister-Ethik im Alten Testament," *ZAR* 3 (1997) 92-111. [Abk. „Deuteronomium 15"]

Finkelstein, I., "The Settlement History of Jerusalem in the Eighth and Seventh Centuries BC," *RB* 115/4 (2008) 499-515. [Abk. "Settlement"]

Finsterbusch, K., *Deuteronomium: Eine Einführung* (UTB; Göttingen: Vandenhoeck & Ruprecht, 2012). [Abk. *Deuteronomium*]

Fischer, G. & Lohfink, N., „»Diese Worte sollst du summen«. Dtn 6,7 *wᵉdibbartā bām* – ein verlorener Schlüssel zur meditativen Kultur in Israel," *ThPh* 62 (1987) 59-72. [Abk. „Worte"]

Fonk, P., „‚...und der Fremdling, der in deinen Toren ist.' Das gemeinsame Wort der Kirchen und die Situation von Flüchtlingen und Migranten heute – Eine Herausforderung für Caritas und Diakonie," *G. Augustin (Hg.)*, *Barmherzigkeit*, 291-310. [Abk. „Fremdling"]

Fowl, S., "Texts don't have ideologies," *BI* 3 (1995) 15-34. [Abk. "Texts"]

Frahm, E., „Warum die Brüder Böses planten," *W. Arnold, M. Jursa, W.W. Müller, S. Procházka (Hrsg.)*, *Philologisches und Historisches zwischen Anatolien und Sokotra: Analecta Semitica in Memoriam Alexander Sima* (Wiesbaden: Harrassowitz, 2009) 27-49. [Abk. „Brüder"]

_____, "And his Brothers were Jealous of him: Surprising Parallels between Joseph and King Esarhaddon," *BAR*, May/June 2016, 43-64. [Abk. "Brothers"]

Papst Franziskus, „Brüderlichkeit – Fundament und Weg des Friedens: Botschaft des Heiligen Vaters Papst Franziskus zur Feier des 47. Weltfriedenstags," *Amtsblatt der Österreichischen Bischofskonferenz* Nr. 61 (2014) 13-20. [Abk. „Brüderlichkeit"]

_____, *Fratelli tutti. Enzyklika über die Geschwisterlichkeit und die soziale Freundschaft* (Rom: Libreria Editrice Vaticana / Freiburg/Br.: Herder, 2020) [Abk. *Fratelli tutti*]

Frese, D.A., "A Land of Gates: Covenant Communities in the Book of Deuteronomy," *VT* 65 (2015) 33-52. [Abk. "Gates"]

Friedl, A., "The Reception of the Deuteronomic Social Law in the Primitive Church of Jerusalem according to the Book of Acts," *Acta Theologica Suppl* 23 (2016) 176-200. [Abk. "Reception"]

Friedl, J., "Kingship and 'State' in Torah, History, and Poetry: Exploring the risk of terminological anachronism in Old Testament scholarship" *OTE* 33/2 (2020) 232-249. [Abk. "Kingship and 'State'"]

Gabriel, I., „Der Beitrag der Kirchen: Eine Provokation für die Ökonomie?" *S. Lederhilger (Hg.), Gerechtigkeit will ich. Christliche Provokation für die Ökonomie* (LPTB 23; Frankfurt: Peter Lang, 2011) 133-152. [Abk. „Beitrag"]

Gabriel, I., Kirchschläger, P.G. & Sturn, R. (Hg.), Eine Wirtschaft, die Leben fördert. Wirtschafts- und unternehmensethische Reflexionen im Anschluss an Papst Franziskus (Ostfildern: Matthias Grünewald Verlag, 2017). [Abk. *Wirtschaft*]

García Martínez, F., & Trebolle Barrera, J., The People of the Dead Sea Scrolls: Their Writings, Beliefs and Practices (Leiden: Brill, 1995). [Abk. *People*]

Gass, E., „Zum syntaktischen Problem von Lev 19,18," *E. Gass & H.-J. Stipp (Hg.), „Ich werde meinen Bund mit Euch niemals brechen!" (Ri 2,1): Festschrift für Walter Groß zum 70. Geburtstag* (HBS 62; Freiburg/Br.: Herder, 2011). [Abk. „Problem"]

Gerstenberger, E.S., Das 3. Buch Mose: Leviticus (ATD 6; Göttingen: Vandenhoeck & Ruprecht, 1993). [Abk. *Leviticus*]

Gertz, J.C., Die Gerichtsorganisation Israels im deuteronomischen Gesetz (FRLANT 165; Göttingen: Vandenhoeck & Ruprecht, 1994). [Abk. *Gerichtsorganisation*]

Gertz, J.C., Levinson, B., Ron-Shiloni, D. & Schmid, K. (Eds.), The Formation of the Pentateuch: Bridging the Academic Cultures of Europe, Israel and North America (FAT 111; Tübingen: Mohr Siebeck, 2016). [Abk. *Formation*]

Gottwald, N., *The tribes of Yahweh: A sociology of the religion of liberated Israel, 1250-1050 BCE* (BiSe 66; Sheffield: Academic Press, 1999). [Abk. *Tribes*]

Grant, J.A., *The King as Exemplar: The Function of Deuteronomy's Kingship Law in the Shaping of the Book of Psalms* (SBL.AB 17; Leiden: Brill, 2004). [Abk. *King*]

Graulich, M., „Naturrecht – Menschenrechte – Positives Recht: Der Beitrag der katholischen Kirche zur Rechtskultur in pluralistischer Gesellschaft," *A. Rauscher (Hg.)*, *Handbuch*, 786-799. [Abk. „Naturrecht"]

Gross, W., „Die alttestamentliche Gesetze zu Brache-, Sabbat-, Erlaß- und Jubeljahr und das Zinsverbot," *ThQ* 180/1 (2000) 1-15. [Abk. „Gesetze"]

_____, *Richter* (HThK.AT; Freiburg/Br.: Herder, 2009). [Abk. *Richter*]

Grünwaldt, K., *Das Heiligkeitsgesetz Leviticus 17-26: Ursprüngliche Gestalt, Tradition und Theologie* (BZAW 271; Berlin: De Gruyter, 1999). [Abk. *Heiligkeitsgesetz*]

Hagedorn, A., *Between Moses and Plato: Individual and Society in Deuteronomy and Ancient Greek Law* (FRLANT 204; Göttingen: Vandenhoeck & Ruprecht, 2004). [Abk. *Moses*]

Halbe, J., *Das Privilegrecht Jahwes Ex 34,10-26: Gestalt und Wesen, Herkunft und Wirken in vordeuteronomischer Zeit* (Göttingen: Vandenhoeck & Ruprecht, 1975). [Abk. *Privilegrecht*]

Hallo, W.W. & Simpson, W.K., *The Ancient Near East: a history* (Fort Worth etc.: Harcourt Brace Jovanovich, 1971). [Abk.: *A.N.E.*]

Halpern, B., "The Centralization Formula in Deuteronomy," *VT* 31/1 (1981) 20-38. [Abk. "Formula"]

_____, "Jerusalem and the lineages in the seventh century BCE: Kinship and the rise of individual moral liability," *B. Halpern & D.W. Hobson (eds.)*, *Law*, 11-107. [Abk. "Lineages"]

Halpern, B. & Hobson, D.W. (eds.), *Law and ideology in monarchic Israel* (JSOT.S 124; Sheffield: Academic Press, 1991). [Abk. *Law*]

Hamilton, J.M., *Social justice and Deuteronomy: The case of Deuteronomy 15* (SBL.DS 136; Atlanta: Scholars Press, 1992). [Abk. *Justice*]

Harnack, A. von, *Das Wesen des Christentums: Sechzehn Vorlesungen vor Studierenden aller Fakultäten im Wintersemester 1899/1900 an der Universität Berlin gehalten von Adolf v. Harnack*, hg. von Claus-Dieter Osthövener (Tübingen: Mohr Siebeck, ³2012). [Abk. *Wesen*]

Heimbach-Steins, M., *Grenzverläufe gesellschaftlicher Gerechtigkeit: Migration – Zugehörigkeit – Beteiligung* (Gesellschaft – Ethik – Religion, Neue Folge Bd. 5; Paderborn: Ferdinand Schöningh, 2016). [Abk. *Grenzverläufe*]

Heimbach-Steins, M. & Steins, G., „'Canon and Community': Zur sozialethischen Relevanz der Heiligen Schrift // On the Social-Ethical Relevance of Scripture," *P. van Hecke (ed.)*, *"The Soul of Theology": On the Role of Scripture in Theology* (Congress Programme and Abstracts, International Congress of the European Society for Catholic Theology, Leuven, 17-20 September 2015) 139-166. [Abk. "Canon and Community"]

Herder, J.G. von, *Zerstreute Blätter: Band I* (o.O.: The Perfect Library, [1785] 2015). [Abk. *Zerstreute Blätter I*]

Hieke, T., *Levitikus: Zweiter Teilband: 16-27* (HThK.AT; Freiburg/Br.: Herder, 2014). [Abk. *Levitikus 16-27*]

Hoeschen, A., „Ideengeschichte," *A. Nünning (Hg.)*, *Literatur- und Kulturtheorie*, 320-322. [Abk. „Ideengeschichte"]

Houston, W.J., *Contending for justice: Ideologies and theologies of social justice in the Old Testament* (Library of Hebrew Bible/Old Testament Studies [formerly JSOT.S] 428; London: T&T Clark, 2006). [Abk. *Justice*]

Hudson, M. & Van de Mieroop, M. (Hg.), *Debt and economic renewal in the Ancient Near East* (ISCANEE 3; Bethesda, Maryland: CDL Press, 2002). [Abk. *Debt*]

Hudson, M., "Reconstructing the origins of interest-bearing Debt and the logic of clean Slates," *M. Hudson & M. van de Mieroop (Hg.)*, *Debt*, 7-58. [Abk. "Origins"]

Isensee, J., „Staat," *A. Rauscher (Hg.)*, *Handbuch*, 741-774. [Abk. „Staat"]

Janowski, B. & Zenger, E., „Jenseits des Alltags: Fest und Opfer als religiöse Kontrapunkte zur Alltagswelt im alten Israel," *JBTh* 18 (2003) 63-102. [Abk. „Alltag"]

Jenkins, H., *Sozialutopien – barbarische Glücksverheißungen? Zur Geistesgeschichte der Idee von der vollkommenen Gesellschaft* (Philosophische Schriften 6; Berlin: Duncker & Humblot, 1992). [Abk. *Sozialutopien*]

Joosten, J., *People and Land in the Holiness Code: An Exegetical Study of the Ideational Framework of the Law in Leviticus 17-26* (VT.S 67; Leiden: Brill, 1996). [Abk. *Holiness Code*]

Josephus Flavius, *Antiquitates Judaicae*, verwendete Ausgabe: *Des Flavius Josephus Jüdische Altertümer*. Übersetzt und mit Einleitung und Anmerkungen versehen von Dr. Heinrich Clementz. I. Band, Buch I bis X (Wiesbaden: Fourier, 1987). [Abk. *Ant. Jud.*]

Kaiser, O. (Hg.), Texte aus der Umwelt des Alten Testaments I: Rechts- und Wirtschaftsurkunden; Historisch-chronologische Texte (Gütersloh: Verlagshaus Gerd Mohn, 1982-85). [Abk. *TUAT I*]

Kapp, P.H., et al. (red.), Geskiedenis van die Westerse Beskawing: Deel 1 – Oorsprong tot Intellektuele Rewolusie (Pretoria: HAUM, 1985). [Abk. *Geskiedenis*]

Keel, O., „Kultische Brüderlichkeit – Psalm 133," *FZPhTh* 23 (1976) 68-80. [Abk. „Brüderlichkeit"]

Keel, O. & Küchler, M., Orte und Landschaften der Bibel: Ein Handbuch und Studienreiseführer zum Heiligen Land; Band 2: Der Süden (Köln: Benzinger/Göttingen: Vandenhoeck & Ruprecht, 1982). [Abk. *Landschaften*]

Keel, O. & Uehlinger, Ch., Göttinnen, Götter und Gottessymbole: Neue Erkenntnisse zur Religionsgeschichte Kanaans und Israels aufgrund bislang unerschlossener ikonographischer Quellen (QD 134; Freiburg/Br.: Herder, [4]1998). [Abk. *Göttinnen*]

Kessler, R., „*Gôjim* in Dtn 15,6; 28,12: ‚Völker' oder ‚Heiden'?" *M. Augustin/K.-D. Schunck (Hgg.), „Dort ziehen Schiffe dahin …" Collected Communications to the XIVth Congress of the International Organisation for the Study of the Old Testament, Paris 1992* (BEATAJ 28; Frankfurt/Main u. a., 1996) 85-89. [Abk. „Gôjim"]

_____, „Das Wirtschaftsrecht der Tora," *K. Füssel / F. Segbers (Hg.) „… so lernen die Völker des Erdkreises Gerechtigkeit". Ein Arbeitsbuch zu Bibel und Ökonomie* (Luzern/Salzburg: Edition Exodus, 1995) 78-94. [Abk. „Wirtschaftsrecht"]

_____, „Das Erlassjahrgesetz Dtn 15,1-11: Ein Gebot und seine Umsetzung," *ThGl* 100 (2010) 15-30. [Abk. „Erlassjahrgesetz"]

_____, *Der Weg zum Leben: Ethik des Alten Testaments* (Gütersloh: Gütersloher Verlagshaus, 2017). [Abk. *Weg zum Leben*]

Kilchör, B., Mosetora und Jahwetora: Das Verhältnis von Deuteronomium 12-26 zu Exodus, Levitikus und Numeri (BZAR 21; Wiesbaden: Harrassowitz, 2015). [Abk. *Mosetora*]

Klappert, B., „Reich," *L. Coenen & K. Haacker, Theologisches Begriffslexikon zum Neuen Testament Bd. II* (Wuppertal: Brockhaus, 2000) 1480-1497. [Abk. „Reich"]

Koch, C., „Bundestheologie und autoritativer Text im Deuteronomium: Das Tafelmotiv in Deuteronomium 5.9-10 vor dem Hintergrund altorientalischer Vertragspraxis," *N. MacDonald (ed.), Covenant and Election in Exilic and Post-Exilic Judaism: Studies of the Sofja Kovalevskaja Research Group on Early Jewish Monotheism Vol. V* (FAT.2 79; Tübingen: Mohr Siebeck, 2015) 29-48. [Abk. „Bundestheologie"]

Kornfeld, W., *Levitikus* (NEB.AT 6; Würzburg: Echter Verlag, [2]1986). [Abk. *Levitikus*]

Koschaker, P., *Babylonisch-Assyrisches Bürgschaftsrecht: Ein Beitrag zur Lehre von Schuld und Haftung* (Berlin: B.G. Teubner i. Leipzig, 1911). [Abk. *Bürgschaftsrecht*]

Kraljic, A., *Deuteronomium 10,12-11,32: Gottes Hauptgebot, der Gehorsam Israels und sein Land. Eine Neuuntersuchung* (ÖBS 49; Berlin: Peter Lang, 2018). [Abk. *Hauptgebot*]

Kratz, R.G., "The Idea of Cultic Centralisation," *R.G. Kratz & H. Spieckermann (Eds.)*, *One God – One Cult – One Nation: Archaeological and Biblical Perspectives* (BZAW 405; Berlin/New York: De Gruyter, 2010). [Abk. "Idea"]

Kraus, F.R., *Ein Edikt des Königs Ammi-Ṣaduqa von Babylon* (SDIO 5; Leiden: Brill, 1958). [Abk. *Edikt*]

_____, *Königliche Verfügungen in altbabylonischer Zeit* (SDIO 11; Leiden: Brill, 1984). [Abk. *Verfügungen*]

Kraus, H.-J., *Psalmen 60-150* (BK.AT XV/2; Neukirchen-Vluyn: Neukirchener Verlag, [5]1978). [Abk. *Psalmen 60-150*]

Kunze, A.B., „Wird der Rechtsstaat noch verstanden? Sozial- und bildungsethische Überlegungen zu einem konstitutiven Merkmal unseres Gemeinwesens" *A. Dietz u. a.*, *Wiederentdeckung des Staates in der Theologie* (Leipzig: Evangelische Verlagsanstalt, 2020) 139-175. [Abk. „Rechtsstaat"]

Langenohl, A., „Wissenssoziologie," *A. Nünning (Hg.)*, *Literatur- und Kulturtheorie*, 811-813. [Abk. „Wissenssoziologie"]

Lauinger, J., "Esarhaddon's Succession Treaty at Tell Tayinat: Text and Commentary," *JCS* 64 (2012) 87-123. [Abk. "EST"]

Lefebvre, J.-F., *Le jubilé biblique: Lv 25 – exégèse et théologie* (OBO 194; Fribourg: Editions Universitaires/Göttingen: Vandenhoeck & Ruprecht, 2003). [Abk. *Jubilé*]

Levine, B.A., *Numbers 1-20: A new translation with introduction and commentary* (AncB 4A; New York: Doubleday, 1993). [Abk. *Numbers*]

Levinson, B.M., *Deuteronomy and the Hermeneutics of Legal Innovation* (New York/Oxford: Oxford University Press, 1997). [Abk. *Deuteronomy*]

_____, "The Reconceptualisation of Kingship in Deuteronomy and the Deuteronomistic History's Transformation of Torah," *VT* 51/4 (2001) 511-534. [Abk. "Kingship"]

_____, "Textual Criticism, Assyriology, and the History of Interpretation: Deuteronomy 13:7a as a Test Case in Method," *JBL* 120/2 (2001) 211-243. [Abk. "Textual Criticism"]

_____, "The First Constitution: Rethinking the Origins of Rule of Law and Separation of Powers in Light of Deuteronomy," *Cardozo Law Review* 27/4 (2006) 1853-1888. [Abk. "Constitution"]

_____, "The Manumission of Hermeneutics: The Slave Laws of the Pentateuch as a Challenge to Contemporary Pentateuchal Theory," *A. Lemaire (ed.), Congress Volume Leiden 2004* (VTSup 109; Leiden: Brill, 2006) 281-324. [Abk. "Manumission"]

Lipiński, E., עם, *H.-J. Fabry & H. Ringgren (Hg.), Theologisches Wörterbuch zum Alten Testament VI* (Stuttgart: Kohlhammer, 1989) 178-194. [Abk. עם]

Lohfink, G., „Die Korrelation von Reich Gottes und Volk Gottes bei Jesus," *ThQ* 165/3 (1985) 173-183. [Abk. „Reich Gottes"]

_____, *Wie hat Jesus Gemeinde gewollt? Kirche im Kontrast* (Stuttgart: Katholisches Bibelwerk, 2015). [Abk. *Gemeinde*]

_____, *Im Ringen um die Vernunft: Reden über Israel, die Kirche und die Europäische Aufklärung* (Freiburg/Br.: Herder, 2016). [Abk. *Vernunft*]

Lohfink, N., „Darstellungskunst und Theologie in Dtn 1,6-3,29," *Bib* 41 (1960) 105-134. [Abk. „Darstellungskunst und Theologie"]

_____, „Wie stellt sich das Problem Individuum – Gemeinschaft in Deuteronomium 1,6-3,29" *Scholastik* 35 (1960) 403-407. [Abk. „Individuum – Gemeinschaft"]

_____, „Beobachtungen zur Geschichte des Ausdrucks עם יהוה," *H.W. Wolff (Hg.), Probleme biblischer Theologie. Gerhard von Rad zum 70. Geburtstag* (München: Kaiser, 1971) 275-305. [Abk. עם]

_____, „Die Sicherung der Wirksamkeit des Gotteswortes durch das Prinzip der Schriftlichkeit der Tora und durch das Prinzip der Gewaltenteilung nach den Ämtergesetzen des Buches Deuteronomium (Dt 16,18-18,22)," *H. Wolter (Hg.), Testimonium Veritati. FS Wilhelm Kempf* (FTS 7; Frankfurt: Knecht, 1971) 143-155. [Abk. „Sicherung"]

_____, *Unsere großen Wörter: Das Alte Testament zu Themen dieser Jahre* (Freiburg /Br.: Herder, 1977). [Abk. *Wörter*]

_____, „Gottesvolk: Alttestamentliches zu einem Zentralbegriff im konziliaren Wortfeuerwerk," *ders., Wörter*, 111-126. [Abk. „Gottesvolk"]

_____, חפשי, *G.J. Botterweck & H. Ringgren (Hg.), Theologisches Wörterbuch zum Alten Testament III* (Stuttgart: Kohlhammer, 1982) 123-128. [Abk. חפשי]

_____, „Zur deuteronomischen Zentralisationsformel," *Bib* 65 (1984) 297-328. [Abk. „Zentralisationsformel"]

_____, „Gewaltenteilung: Die Ämtergesetze des Deuteronomiums als gewaltenteiliger Verfassungsentwurf und das katholische Kirchenrecht," *ders.*, *Wörter*, 57-75. [Abk. „Gewaltenteilung"]

_____, *Das Jüdische am Christentum: Die verlorene Dimension* (Freiburg/Br.: Herder, 1987). [Abk. *Das Jüdische*]

_____, „Der Begriff des Gottesreiches vom Alten Testament her gesehen," *J. Schreiner (Hrsg.)*, *Unterwegs zur Kirche. Alttestamentliche Konzeptionen* (QD 110; Freiburg/Br.: Herder, 1987) 33-86. [Abk. „Gottesreich"]

_____, „Der Glaube und die nächste Generation. Das Gottesvolk der Bibel als Lerngemeinschaft," *ders.*, *Christentum*, 144-166. [Abk. „Glaube"]

_____, „Das deuteronomische Gesetz in der Endgestalt – Entwurf einer Gesellschaft ohne marginale Gruppen," *BN* 51 (1990) 25-40. [Abk. „Entwurf"]

_____, „Gibt es eine deuteronomistische Bearbeitung im Bundesbuch?," *C. Brekelmans & J. Lust (Eds.)*, *Pentateuchal and Deuteronomistic Studies: Papers read at the XIIIth IOSOT Congress Leuven 1989* (BEThL 94; Leuven: Peeters/University Press, 1990) 91-113. [Abk. „Bearbeitung"]

_____, „Armut in den Gesetzen des alten Orients und der Bibel," *ders.*, *Studien zur biblischen Theologie* (SBAB 16; Stuttgart: Bibelwerk, 1993) 239-259. [Abk. „Armut"]

_____, „Fortschreibung? Zur Technik von Rechtsrevisionen im deuteronomischen Bereich, erörtert an Deuteronomium 12, Ex 21,2-11 und Dtn 15,12-18," *T. Veijola (Hg.)*, *Das Deuteronomium und seine Querbeziehungen* (SESJ 62; Göttingen: Vandenhoeck & Ruprecht, 1996) 133-181. [Abk. „Fortschreibung"]

_____, *Im Schatten deiner Flügel: große Bibeltexte neu erschlossen* (Freiburg/Br: Herder, 1999). [Abk. *Schatten*]

Lohse, E. (Hg.), *Die Texte aus Qumran: Hebräisch und Deutsch: Mit Masoretischer Punktation, Übersetzung, Einführung und Anmerkungen* (München: Kösel, ^{4}1986). [Abk. *Qumran*]

Luz, U., *Das Evangelium nach Matthäus (Mt 18-25)* (EKK I/3; Zürich/Düsseldorf: Benziger; Neukirchen-Vluyn: Neukirchener Verlag, 1997). [Abk. *Mt 18-25*]

_____, *Theologische Hermeneutik des Neuen Testaments* (Neukirchen-Vluyn: Neukirchener Verlag, 2014). [Abk. *Hermeneutik*]

Maier, J., *Die Qumran-Essener: Die Texte vom Toten Meer, Band I* (UTB 1862; München: Reinhardt, 1995). [Abk. *Essener*]

Markl, D., „Moses Prophetenrolle in Dtn 5; 18; 34: Strukturelle Wendepunkte von rechtshermeneutischem Gewicht," *G. Fischer, D. Markl & S. Paganini (Hg.), Deuteronomium – Tora für eine neue Generation* (BZAR 17; Wiesbaden: Harrassowitz, 2011). [Abk. „Prophetenrolle"]

_____, *Gottes Volk im Deuteronomium* (BZAR 18; Wiesbaden: Harrassowitz, 2012). [Abk. *Volk*]

_____, „Rezension: B. Kilchör, Mosetora und Jahwetora. Das Verhältnis von Deuteronomium 12-26 zu Exodus, Levitikus und Numeri. BZAW 21," *ZAR* 22 (2016) 300-304. (Abk. „Rezension Kilchör").

_____, "Deuteronomy's 'Anti-King': Historicised Etyology or Political Program?," *A. Gianto & P. Dubovský (eds), Changing Faces of Kingship in Syria-Palestine 1500-500 BCE* (AOAT 459; Münster: Ugarit, 2018) 165-186. [Abk. "Anti-King"]

Mathys, H.-P., Liebe Deinen Nächsten wie Dich Selbst: Untersuchungen zum alttestamentlichen Gebot der Nächstenliebe (Lev 19,18) (OBO 71; Freiburg/Schweiz: Universitätsverlag/Göttingen: Vandenhoeck & Ruprecht, 1986). [Abk. *Nächstenliebe*]

Maurer, M., Johann Gottfried Herder: Leben und Werk (Köln: Böhlau, 2014). [Abk. *Herder*]

May, N.N., "The Comeback of *talīmu*: A Case of the Invention of a Word-Meaning by Neo-Assyrian Scribes," *SAAB* XIX (2011-2012) 153-174. [Abk. "Comeback"]

_____, "Gates and their Functions in Mesopotamia and Ancient Israel," *N.N. May & U. Steinert (eds.), Cities*, 77-121. [Abk. "Gates"]

May, N.N. & Steinert, U. (eds.), The Fabric of Cities: Aspects of Urbanism, Urban Topography and Society in Mesopotamia, Greece and Rome (Leiden: Brill, 2014). [Abk. *Cities*]

May, N.N. & Steinert, U., "Introduction: Urban Topography as a Reflection of Society?" *N.N. May & U. Steinert (eds.), Cities*, 1-41. [Abk. "Topography"]

Milgrom, J., Leviticus 1-16: A New Translation with Introduction and Commentary (AncB 3; New York: Doubleday, 1991). [Abk. *Leviticus 1-16*]

_____, *Leviticus 17-22: A New Translation with Introduction and Commentary* (AncB 3A; New York: Doubleday, 2000). [Abk. *Leviticus 17-22*]

_____, *Leviticus 23-27: A New Translation with Introduction and Commentary* (AncB 3B; New York: Doubleday, 2001). [Abk. *Leviticus 23-27*]

Morrow, W.S., Scribing the Center: Organisation and Redaction in Deuteronomy 14:1-17:13 (SBL.MS 49; Atlanta: Scholars Press, 1995). [Abk. *Center*]

Mulder, M.J., שמט, *H.-J. Fabry & H. Ringgren (Hg.), Theologisches Wörterbuch zum Alten Testament VIII* (Stuttgart: Kohlhammer, 1995) 198-204. [Abk. שמט]

Müller, R., *Königtum und Gottesherrschaft: Untersuchungen zur alttestamentlichen Monarchiekritik* (FAT 2. Reihe 3; Tübingen: Mohr Siebeck, 2004). [Abk. *Königtum*]

_____, „Theologie jenseits der Königsherrschaft," *ZThK* 104 (2007) 1-24. [Abk. „Theologie"]

Na'aman, N., "Sojourners and Levites in the Kingdom of Judah in the Seventh Century BCE," *ZAR* 14 (2008) 237-297. [Abk. "Sojourners"]

Neufeld, E., "The Prohibitions against Loans at Interest in Ancient Hebrew Laws," *HUCA* 26 (1955) 355-412. [Abk. "Prohibitions"]

Neumann, W.A., „Studien über zwei Blätter aus einer alten Samar. Pentateuch-Handschrift," *Abhandlungen aus dem Jahrbuche der Leo-Gesellschaft, Wien* (1896) 1-21. [Abk. "Studien"]

Nicholson, E., "Reconsidering the Provenance of Deuteronomy," *ZAW* 124/3 (2013) 528-540. [Abk. "Provenance"]

_____, *Deuteronomy and the Judaean Diaspora* (Oxford: Oxford University Press, 2014). [Abk. *Diaspora*]

Nielsen, E., *Deuteronomium* (HAT I/6; Tübingen: J.C.B. Mohr [Paul Siebeck], 1995). [Abk. *Deuteronomium*]

Nihan, C., "The Holiness Code between D and P: Some Comments on the Function and Significance of Leviticus 17-26 in the Composition of the Torah," *E. Otto & R. Achenbach (Hrsg.), Das Deuteronomium zwischen Pentateuch und Deuteronomistischem Geschichtswerk* (FRLANT 206; Göttingen: Vandenhoeck & Ruprecht, 2004) 81-122. [Abk. "Holiness Code"]

_____, *From Priestly Torah to Pentateuch* (FAT II/25; Tübingen: Mohr Siebeck, 2007). [Abk. *Torah*]

North, R., "*Yâd* in the Shemitta-Law," *VT* 4 (1954) 196-199. [Abk. "*Yâd*"]

Noth, M., *Das 4. Buch Mose: Numeri* (ATD 7; Göttingen: Vandenhoeck & Ruprecht, ^{4}1982). [Abk. *Numeri*]

Nünning, A. (Hg.), *Metzler Lexikon Literatur- und Kulturtheorie: Ansätze – Personen – Grundbegriffe* (Stuttgart: Verlag J.B. Metzler, ^{5}2013). [Abk. *Literatur- und Kulturtheorie*]

Öhler, M. (Hg.), *Religionsgemeinschaft und Identität: Prozesse jüdischer und christlicher Identitätsbildung im Rahmen der Antike* (BThSt 142; Neukirchen-Vluyn: Neukirchener Verlagsgesellschaft, 2013). [Abk. *Religionsgemeinschaft*]

Olivier, H., “Restitution as economic redress: The fine print of the Old Babylonian *mēšarum* edict of Ammiṣaduqa,” *JNSL* 24/1 (1998) 83-96. [Abk. “Restitution”]

_____, “Babylonian and Assyrian edicts of economic redress and their impact on the Old Testament,” *J.A. Loader & H.V. Kieweler (Hg.), Vielseitigkeit des Alten Testaments: FS Georg Sauer* (Wiener alttestamentliche Studien 1; Frankfurt/Main: Peter Lang, 1999) 263-279. [Abk. “Edicts”]

Orelli, R.L., del Sordo, C. & Fornasari, M, “Credit and accounting in early modern Italy: the case of the Monte di Pietà in Bologna,” *Accounting History Review* 23/3 (2013) 273-293. [Abk. “Credit”]

Oswald, W., „Das Gesetz, das Volk und der König: Zum gesellschaftlichen Status und zur Funktion der Gesetze im Pentateuch,“ *WO* 44 (2014) 76-108. [Abk. „Gesetz“]

_____, „Königtum und Staat,“ *W. Dietrich (Hrsg.), Die Welt der Hebräischen Bibel: Umfeld – Inhalte – Grundthemen* (Stuttgart: Kohlhammer, 2017) 197-210. [Abk. „Königtum“]

Otto, E., *Theologische Ethik des Alten Testaments* (Stuttgart: Kohlhammer, 1994). [Abk. *Ethik*]

_____, *Kontinuum und Proprium: Studien zur Sozial- und Rechtsgeschichte des Alten Orients und des Alten Testaments* (OBC 8; Wiesbaden: Harrassowitz, 1996). [Abk. *Kontinuum*]

_____, *Das Deuteronomium: Politische Theologie und Rechtsreform in Juda und Assyrien* (BZAW 284; Berlin: Walter de Gruyter, 1999). [Abk. *Deuteronomium*]

_____, *Gottes Recht als Menschenrecht: Rechts- und literaturhistorische Studien zum Deuteronomium* (BZAR 2; Wiesbaden: Harrassowitz, 2002). [Abk. *Gottes Recht*]

_____, *Deuteronomium 1-11: Erster Teilband: 1,1-4,43* (HThK.AT; Freiburg/Br.: Herder, 2012). [Abk. *Deuteronomium 1-4*]

_____, *Deuteronomium 1-11: Zweiter Teilband: 4,44-11,32* (HThK.AT; Freiburg/Br.: Herder, 2012). [Abk. *Deuteronomium 4-11*]

_____, *Deuteronomium 12-34: Erster Teilband: 12,1-23,15* (HThK.AT; Freiburg/Br.: Herder, 2016). [Abk. *Deuteronomium 12-23*]

_____, *Deuteronomium 12-34: Zweiter Teilband: 23,16-34,12* (HThK.AT; Freiburg/Br.: Herder, 2017). [Abk. *Deuteronomium 23-34*]

Pahl, T., „Politische Philosophie als die ‚Kunst des Möglichen‘. John Rawls’ Konzeption einer realistischen Utopie in Abgrenzung zum Entwurf Utopias bei Thomas Morus,“ *U. Arnswald* & *H.-P. Schütt* (Hrsg.), *Thomas Morus’*

Utopia und das Genre der Utopie in der politischen Philosophie (Karlsruhe: KIT Scientific Publishing, 2010) 75-103. [Abk. „Politische Philosophie"]

Perlitt, L., „Der Staatsgedanke im Deuteronomium," *S. Balentine; J. Barton* (eds.), *Language, Theology and the Bible: Essays in Honour of James Barr* (Oxford: Clarendon Press, 1994) 182-198. [Abk. „Staatsgedanke"]

_____, „‚Ein einzig Volk von Brüdern': Zur deuteronomischen Herkunft der biblischen Bezeichnung ‚Bruder'," ders., *Deuteronomium-Studien* (FAT 8; Tübingen: Mohr, 1994) 50-73. [Abk. „Volk"]

Pfeiffer, H., „Pantheist, Freigeist oder Christ?", *Wiener Zeitung extra*, 12./13. Dezember 2020, 33. [Abk. „Pantheist, Freigeist, Christ"]

Preuss, H. D., *Theologie des Alten Testaments: Band 1, JHWHs erwählendes und verpflichtendes Handeln* (Stuttgart: Kohlhammer, 1991). [Abk. *Theologie I*]

_____, *Theologie des Alten Testaments: Band 2, Israels Weg mit JHWH* (Stuttgart: Kohlhammer, 1992). [Abk. *Theologie II*]

Rad, G. von, *Das fünfte Buch Mose: Deuteronomium)* (ATD 8; Göttingen: Vandenhoeck & Ruprecht, 1983). [Abk. *Deuteronomium*]

Raschi (Salomo ben Isaak), רש״י על התורה *Raschis Pentateuchkommentar: Vollständig ins Deutsche übertragen und mit einer Einleitung verse*hen von S. Bamberger (Basel: Victor Goldschmidt, [4]1994). [Abk. *Kommentar*]

Rauscher, A. (Hg.), *Handbuch der Katholischen Soziallehre* (Berlin: Duncker & Humblot, 2008). [Abk. *Handbuch*]

Renz, J. & Röllig, W., *Handbuch der Althebräischen Epigraphik: Band I, Die Althebräischen Inschriften Teil 1, Text und Kommentar* (Darmstadt: WBG, 1995). [Abk. *Epigraphik I*]

_____, *Handbuch der Althebräischen Epigraphik: Band II/1, Die Althebräischen Inschriften Teil 2, Zusammenfassende Erörterungen, Paläographie und Glossar* (Darmstadt: WBG, 1995). [Abk. *Epigraphik II/1*]

_____, *Handbuch der Althebräischen Epigraphik: Band II/2, Materialien zur Althebräischen Morphologie; Siegel und Gewichte* (Darmstadt: WBG, 2003). [Abk. *Epigraphik II/2*]

Richardson, M.E.J., *Hammurabi's laws: Text, translation and glossary* (BiSe 73; Sheffield: Academic Press, 2000). [Abk. *Laws*]

Richardson, S., "Obedient Bellies: Hunger and Food Security in Ancient Mesopotamia," *JESHO* 59 (2016) 750-792. [Abk. "Hunger"]

Ringgren, H., אָח, *G.J. Botterweck & H. Ringgren (Hg.)*, *Theologisches Wörterbuch zum Alten Testament I* (Stuttgart: Kohlhammer, 1973) 205-210. [Abk. אח]

Rohls, J., „Schiller, Beethoven und die Humanitätsreligion,“ *M. Pietsch & D. Schmid, Geist und Buchstabe: Interpretations- und Transformationsprozesse innerhalb des Christentums: FS Günter Meckenstock* (TBT 164; Berlin: De Gruyter, 2013) 275-310. [Abk. „Schiller“]

Römer, T., „Fremde“, *M. Fieger, J. Krispenz & J. Lanckau (Hrsg.), Wörterbuch alttestamentlicher Motive* (Darmstadt: Wissenschaftliche Buchgesellschaft, 2013) 162-166. [Abk. „Fremde“]

Russell, S.C., "Biblical Jubilee Laws in Light of Neo-Babylonian and Achaemenid Period Contracts" *ZAW* 130/2 (2018) 189-203. [Abk. "Jubilee Laws"]

Rüterswörden, U., Von der politischen Gemeinschaft zur Gemeinde: Studien zu Dt 16,18-18,22 (BBB 65; Frankfurt/Main: Athenäum, 1987). [Abk. *Gemeinschaft*]

_____, *Das Buch Deuteronomium* (NSK-AT 4; Stuttgart: Bibelwerk, 2006). [Abk. *Buch*].

Ruwe, A., „Heiligkeitsgesetz“ und „Priesterschrift“: Literaturgeschichtliche und rechtssystematische Untersuchungen zu Leviticus 17,1-26,2 (FAT 26; Tübingen: Mohr Siebeck, 1999). [Abk. *„Heiligkeitsgesetz“*]

Schäfer-Lichtenberger, C., Josua und Salomo: Eine Studie zu Autorität und Legitimität des Nachfolgers im Alten Testament (VT.S 58; Leiden/New York/Köln: Brill, 1995). [Abk. *Josua*]

_____, „Beobachtungen zur Rechtsstellung der Frau in der alttestamentlichen Überlieferung,“ *WuD* 24 (1997) 95-120. [Abk. „Beobachtungen“]

_____, „Der deuteronomische Verfassungsentwurf: Theologische Vorgaben als Gestaltungs-prinzipien sozialer Realität,“ *G. Braulik (Hg.), Bundesdokument und Gesetz: Studien zum Deuteronomium* (HBS 4; Freiburg/Br.: Herder, 1995) 105-118. [Abk. „Verfassungsentwurf“]

Schallenberg, P., „Einführung zur Deutschen Ausgabe: Die Franziskanische Spiritualität und eine Christliche Moralökonomie,“ *L. Bruni & S. Zamagni, Zivilökonomie: Effizienz, Gerechtigkeit, Gemeinwohl* (Christliche Sozialethik im Diskurs 1; Paderborn: Ferdinand Schöningh, 2013) 13-29. [Abk. „Einführung“]

Schellenberg, A., „Der Einzelne und die Gemeinschaft nach den Rechtstexten des Alten Testaments,“ *A. Wagner & J. van Oorschot (Hg.), Individualität und Selbstreflexion in den Literaturen des Alten Testaments* (Leipzig: Evangelische Verlagsanstalt, 2017) 373-398. [Abk. „Einzelne“]

Schotroff, L. & W. (Hg.), Mitarbeiter der Schöpfung: Bibel und Arbeitswelt (München: Chr. Kaiser, 1983). [Abk. *Mitarbeiter*]

Schotroff, W., „Arbeit und sozialer Konflikt im nachexilischen Juda," *L. & W. Schotroff (Hg.), Mitarbeiter*, 104-148. [Abk. „Arbeit"]

Schüller, B., Die Begründung sittlicher Urteile: Typen ethischer Argumentation in der Moraltheologie (Düsseldorf: Patmos, ²1980). [Abk. *Urteile*]

Schulmeister, I., Israels Befreiung aus Ägypten: Eine Formeluntersuchung zur Theologie des Deuteronomiums (ÖBS 36; Frankfurt/Main: Peter Lang, 2010). [Abk. *Befreiung*]

Schunck, K.-D., שׁטר, *H.J. Fabry & H. Ringgren (Hg.), Theologisches Wörterbuch zum Alten Testament VII* (Stuttgart: Kohlhammer, 1993) 1255-1258. [Abk. שׁטר]

Schwienhorst-Schönberger, L., Das Bundesbuch (Ex 20,22–23,33): Studien zu seiner Entstehung und Theologie (BZAW 188; Berlin: Walter de Gruyter, 1990). [Abk. *Bundesbuch*]

_____, „‚... denn Fremde seid Ihr gewesen im Lande Ägypten': Zur sozialen und rechtlichen Stellung von Fremden und Ausländern im alten Israel," *BiLi* 63/2 (1990) 108-117. [Abk. „Fremde"]

_____, „Das Verhältnis von Dekalog und Bundesbuch," *C. Frevel, M. Konkel & J. Schnocks (Hg.), Die Zehn Worte. Der Dekalog als Testfall der Pentateuchkritik* (QD 212; Freiburg/Br.: Herder, 2005) 57-75. [Abk. „Verhältnis"]

_____, „Die Rückkehr Markions," *IKaZ* 44/3 (2015) 286-302. [Abk. „Rückkehr"]

_____, „Das Buch der Sprichwörter," *E. Zenger u. a., Einleitung*, 456-466. [Abk. „Sprichwörter"]

_____, „Der Nahe, der Nähere und der Nächste: Die Bibel und die Flüchtlingspolitik," *HerKorr Spez* 2 (2018) 41-44. [Abk. „Nächste"]

_____, „Ein Exeget ortet seine Wissenschaft. Norbert Lohfink zum 90. Geburtstag," *StZ* 144/1 (2019) 17-27. [Abk. „Exeget"]

_____, „Vom Staatsvolk zum Gottesvolk. Alttestamentliche Perspektiven," *A. Dietz u. a., Wiederentdeckung des Staates in der Theologie* (Leipzig: Evangelische Verlagsanstalt, 2020) 67-101. [Abk. „Staatsvolk"]

Seebass, H., Numeri: 2. Teilband, Numeri 10,11-22,1 (BKAT IV/2; Neukirchen-Vluyn: Neukirchener Verlag, 2003). [Abk. *Numeri II*]

Segal, M., "The Dynamics of Composition and Rewriting in Jubilees and Pseudo-Jubilees," *RdQ* 26 (2014) 555-577. [Abk. "Dynamics"]

Sen, A., Development as Freedom (Oxford: Oxford University Press, 1999). [Abk. *Development*]

Snijders, L.A., זוּר/זָר, *G.J. Botterweck & H. Ringgren (Hg.), Theologisches Wörterbuch zum Alten Testament II* (Stuttgart: Kohlhammer, 1977) 555-564. [Abk. זָר]

Söding, T., „Barmherzigkeit – Gottes Gabe und Aufgabe: Neutestamentliche Orientierungen in einem zentralen Begriffsfeld," *G. Augustin (Hg.), Barmherzigkeit*, 19-34. [Abk. „Barmherzigkeit"]

Sparks, K.L., Ethnicity and Identity in Ancient Israel: Prolegomena to the Study of Ethnic Sentiments and Their Expression in the Hebrew Bible (Winona Lake: Eisenbrauns, 1998). [Abk. *Ethnicity*]

Stackert, J., Rewriting the Torah: Literary Revision in Deuteronomy and the Holiness Legislation (FAT 52; Tübingen: Mohr Siebeck, 2007). [Abk. *Torah*]

Stager, L.E., "The archaeology of the family in ancient Israel," *BASOR* 260 (1985) 1-35. [Abk. "Archaeology"]

Steiner, M., "Jerusalem in the tenth and seventh centuries BCE: From administrative town to commercial city," *A. Mazar (Ed.), Studies in the archaeology of the Iron Age in Israel and Jordan* (JSOT.S 331; Sheffield: Academic Press, 2001) 280-288. [Abk. "Jerusalem"]

Steiner, R.C., "The Aramaic Text in Demotic Script," *W.W. Hallo (Ed.), The Context of Scripture, Volume 1: Canonical Compositions from the Biblical World* (Leiden: Brill, 2003) 309-327. [Abk. "Aramaic Text"]

Steins, G., „Der Bibelkanon als Denkmal und Text," *J.-M. Auwers & H.J. de Jonge (Hg.), The Biblical Canons* (BEThL 163; Leuven: University Press, 2003) 177-198. [Abk. „Bibelkanon"]

_____, „Die Bücher Esra und Nehemia," *E. Zenger u. a., Einleitung*, 331-349. [Abk. „Esr/Neh"]

Steymans, H. U., Deuteronomium 28 und die adê *zur Thronfolgeregelung Asarhaddons: Segen und Fluch im Alten Orient und in Israel* (OBO 145; Freiburg/Schweiz: Universitätsverlag/Göttingen: Vandenhoeck & Ruprecht, 1995). [Abk. *Deuteronomium 28*]

_____, „Die neuassyrische Vertragsrhetorik der ‚Vassal Treaties of Esarhaddon' und das Deuteronomium," *G. Braulik (Hrsg.), Das Deuteronomium* (ÖBS 23; Frankfurt/Main: Peter Lang, 2003) 89-152. [Abk. „Vertragsrhetorik"]

_____, "Deuteronomy 28 and Tell Tayinat," *Verbum et Ecclesia* 34/2 (2013), Art. #870, 13 pages. http://dx.doi.org/10.4102/ve.v34i2.870 [Abk. "Tayinat"]

_____, "Review of: C.L. Crouch, *Israel and the Assyrians: Deuteronomy, the Succession Treaty of Esarhaddon, and the Nature of Subversion*," RBL 16/2, (2016), 7 pages. http://www.bookreviews.org [Abk. "Review Crouch"]

_____, “Deut. 13 as Reflecting Hittite and Assyrian Treaty Tradition,” unpublizierter Vortrag beim *SBL Annual Meeting*, San Antonio, Texas, 19-22 November 2016, 6 Seiten. [Abk. “Deut. 13”]

Stiglitz, J.E., *The Price of Inequality: How today's divided society endangers our future* (New York: W.W. Norton & Company, 2012). [Abk. *Inequality*]

Stulman, L., “Encroachment in Deuteronomy: An analysis of the social world of the D code,” *JBL* 109/4 (1990) 613-632. [Abk. “Encroachment”]

Theocarakis, N.J., “*Antipeponthos* and reciprocity: The concept of equivalent exchange from Aristotle to Turgot,” *Int. Rev. Econ.* 55 (2008) 29-44. [Abk. “*Antipeponthos*”]

Tigay, J.H., *Deuteronomy* דברים: The traditional Hebrew text with the new JPS translation (JPSTC; Philadelphia/Jerusalem: Jewish Publication Society, 1996). [Abk. *Deuteronomy*]

Tigchelaar, E.J.C., “The Qumran *Jubilees* manuscripts as evidence for the literary growth of the book (1)” *RdQ* 26 (2014) 579-594. [Abk. “*Jubilees*”]

Van de Mieroop, M., “A history of Near Eastern debt?,” *M. Hudson & M. van de Mieroop (Hg.)*, *Debt*, 59-94. [Abk. “History”]

Veijola, T., *Das 5. Buch Mose: Deuteronomium: Kapitel 1,1-16,17* (ATD 8,1; Göttingen: Vandenhoeck & Ruprecht, 2004). [Abk. *5. Buch Mose*]

Vogt, H.C.M., *Studie zur Nachexilischen Gemeinde in Esra-Nehemia* (Werl: Kommissionsverlag Dietrich-Coelde-Verlag, 1966). [Abk. *Studie*]

Watanabe, K., *Die* adê-*Vereidigung anlässlich der Thronfolgeregelung Asarhaddons* (BaM Bh 3; Berlin: Gebr. Mann, 1987). [Abk. *adê*]

_____, “Innovations in Esarhaddon's Succession Oath Documents considered from the Viewpoint of the Document's Structure,” *N.N. May & S. Svärd (Eds.)*, *Change in Neo-Assyrian Imperial Administration: Evolution and Revolution* (*SAAB* XXI; Padua: SARGON Editrice e Libreria, 2015) 173-215. [Abk. “Innovations”]

Weinfeld, M., *Deuteronomy and the Deuteronomic school* (Winona Lake: Eisenbrauns, 1992 [Oxford: University Press, 1972]). [Abk. *Deuteronomy*]

_____, “Sabbatical year and jubilee in the Pentateuchal laws and their Ancient Near Eastern background,” *T. Veijola (Ed.)*, *The law in the Bible and in its environment* (SESJ 51; Helsinki: The Finnish Exegetical Society/Göttingen: Vandenhoeck & Ruprecht, 1990) 39-62. [Abk. “Sabbatical Year”]

Westermann, C., *Genesis: 2. Teilband, Genesis 12-36* (BKAT I/2; Neukirchen-Vluyn: Neukirchener Verlag, ²1989). [Abk. *Genesis II*]

Williamson, H.G.M., Ezra, Nehemiah (WBC 16; Nashville: Thomas Nelson, 1985). [Abk. *Ezr/Neh*]

Wiseman, D.J., The Vassal-Treaties of Esarhaddon (Iraq 20/1; London: The British School of Archaeology in Iraq, 1958). [Abk. *VTE*]

Zenger, E., Das Buch Ruth (ZBK.AT 8; Zürich: Theologischer Verlag, 1992). [Abk. *Ruth*]

_____, „Psalm 133," *F.-L. Hossfeld & E. Zenger, Psalmen 101-150* (HThK.AT; Freiburg/Br.: Herder, 2008) 631-649. [Abk. „Psalm 133"]

Zenger, E. u. a., Einleitung in das Alte Testament (KStTh 1,1; Stuttgart: Kohlhammer, [9]2016; hg. von Christian Frevel). [Abk. *Einleitung*]

Zenger, E. / Frevel, C., „Die Tora/der Pentateuch als Ganzes," *E. Zenger u. a., Einleitung*, 67-86. [Abk. „Tora"]

_____, „Theorien über die Entstehung des Pentateuch im Wandel der Forschung," *E. Zenger u. a., Einleitung*, 87-135. [Abk. „Theorien"]

Zobel, H.-J., חסד, *G.J. Botterweck & H. Ringgren (Hg.), Theologisches Wörterbuch zum Alten Testament III* (Stuttgart: Kohlhammer, 1982) 48-71. [Abk. חסד]

Deutsche Zusammenfassung

In der vorliegenden Arbeit wird die These vertreten, dass die Anwendung des deuteronomischen Bruderbegriffs *innerhalb* des Volkes Israel seinen Platz hat und insbesondere *für* das Volk Israel gilt. Die Studie befasst sich mit den ‚wirtschaftlichen' und ‚politischen' Hintergründen der untersuchten Texte, wie sie sich in den relevanten sozialrechtlichen Teilen (grob angedeutet als in Dtn 15 sowie Dtn 22-25 vorkommend) des deuteronomischen Gesetzes (Dtn 12-26) und des Heiligkeitsgesetzes (Lev 17-26, hier Lev 19,17f sowie Lev 25) einerseits und im deuteronomischen Ämterrecht (Dtn 17-20) andererseits zeigen.

Die Hauptfragestellung lautet: *Gibt es eine theologische Verbindung zwischen dem sozialrechtlichen und ämterrechtlichen Gedankengut der untersuchten Brudertexte?* Diese Frage ist der Leitfaden, der über einen anfänglichen Überblick über alle Brudertexte des gesamten hebräischen Alten Testamentes führt (Kapitel 1) und in einem zweiten Kapitel fortgesetzt wird, das die ‚Textlandschaft' besagter Rechtstexte aus der Bruderperspektive beleuchtet

Das dritte Kapitel behandelt einige auch sonst aus der Deuteronomiumexegese bekannte Themen und Motive, die das Bruderthema beeinflussen, sowie eine erste Verortung historisch-kritischer Probleme, die sich im Laufe der durchgeführten Textvergleiche zeigen. Dieses Kapitel geht darüber hinaus einer zweiten wichtigen Leitfrage nach: *Warum wählten das Deuteronomium und das Heiligkeitsgesetz gerade das Wort ‚Bruder' und nicht ein sich anbietendes Synonym wie ‚Nachbar', ‚Freund' oder ‚Volksgenosse', um als Träger einer israelspezifischen Ethik zu dienen? Wo hat die biblische Verwendung der Bezeichnung ‚Bruder' in den genannten Rechtskorpora historisch gesehen also ihren Ursprung?* Diese Frage wird mithilfe von altorientalischen Vergleichstexten untersucht.

Kapitel vier enthält die (hauptsächlich synchron gehaltene) Exegese der Sozialgesetzgebung des Deuteronomiums aus dem Blickwinkel der Brüderlichkeit. Kapitel fünf bespricht ebenfalls auf synchronem Weg die deuteronomische Ämtergesetzgebung, während Kapitel sechs sich mit den Brudertexten des Heiligkeitsgesetzes exegetisch auseinandersetzt. In einem Exkurs folgt daraufhin ein Vorschlag für eine relative zeitliche Anordnung der unterschiedlichen Textblöcke, in denen das Wort ‚Bruder' vorkommt, verbunden mit Überlegungen zu den Implikationen einer solchen Anordnung, unter anderem auch im Hinblick auf die Unterschiede zwischen einem deuteronomischen Bruderethos und einem im Heiligkeitsgesetz formulierten Umgang mit dem ‚Bruder' aus dem Volk Israel.

Kapitel sieben zieht einige theologische Schlussfolgerungen aus der Exegese. Dabei geht es um den ‚Bruder' als Armen und Elenden innerhalb Israels, um die Frage, ob das Deuteronomium in seinem Umgang mit dem ‚Fremden' ein Buch der Abgrenzung ist, um die Frage nach einer Staatsidee im Deuteronomium (untersucht anhand des deuteronomischen Königsgesetzes [Dtn 17,

14-20]) sowie um die Weiterwirkung der deuteronomischen Bruderidee in Ps 133. Kapitel acht fragt schließlich nach der ideellen Wirkung bzw. Nachwirkung des Bruderbegriffs außerhalb der Bibel, in der Antike (mit bewusster Übergehung des Neuen Testaments), in der Scholastik, im italienischen Humanismus und in der deutschen Klassik bis in das 20. und 21. Jahrhundert hinein. Dabei kommen Denker und Autoren wie Aristoteles, Thomas von Aquin, Antonio Genovesi, Johann Gottfried von Herder, Friedrich Schiller, Ludwig van Beethoven, Adolf von Harnack, Luigino Bruni und nicht zuletzt Papst Franziskus zu Wort.

English Abstract

In this investigation, the concept of the People of Israel serves as a paradigm for the understanding of the usage of the word 'brother' within the book of Deuteronomy. The study investigates those biblical references within the Deuteronomic code of Law (Dt 12-26) as well as the Holiness Code (Lev 17-26) containing the word 'brother', also looking into the 'economical' and 'political' backgrounds of the texts under consideration (contained in two major textual units, that of Social Law, the applicable texts here roughly spanning Dt 15; Dt 22-25; Lev 19:17f; Lev 25 and of the Deuteronomic Law of the Offices, Dt 17-20).

Its leading question is: *Can any conceptual 'bridge' be distinguished between these two main textual units within the book of Deuteronomy containing this term?* This question guides us through an initial overview over all Old Testament texts containing the word 'brother' (chapter 1), continued in a second chapter describing the 'textual landscape' of those texts forming the focus of our study.

In preparation for the exegetical section of the study, a number of known themes and motifs influencing our understanding of the theme of brotherhood is investigated in chapter three, alongside with a first identification of some historical-critical difficulties encountered in the course of the closer scrutiny of the texts. Additionally, the chapter wishes to enquire into the *origin* of the usage of the word 'brother' in Deuteronomy and in the Holiness Code – that is, into the *reason* for the choice of this word above other possible synonyms such as 'friend', 'neighbour' or 'countryman'. Comparison with texts from the Ancient Near East proves itself helpful in this quest.

In chapter four, the exegesis of those texts contained in the Deuteronomic Social Law is carried out with a specific focus on its relevance to the concept of brotherhood, and that mainly along synchronic lines. Chapter five likewise discusses the Deuteronomic Law of the Offices from a predominantly synchronic 'brotherhood' perspective, whereas chapter six exegetically deals with the brotherhood texts of the Holiness Code. An excursus then provides a proposal for a possible relative chronological order of the relevant textual units, combined with some thoughts on the implication of that specific relative chronology, especially with a view towards distinguishing between the manner in which the Deuteronomic Law and the Holiness Code respectively formulate their brotherly ethics.

The study closes in chapter seven with a number of theological-ethical insights that have been gained during the exegetical process. These include thoughts on the 'brother' as a poor and needy member of the People of Israel and on the question whether Deuteronomy (and the Holiness Code) promote the idea of segregation in their dealing with the question of the 'stranger' in Israel's midst. An enquiry into the idea of the 'state' within Deuteronomy, with specific reference to the Kingship Law (Dt 17:14-20) and the further development of the Deuteronomic brotherhood concept in Ps 133 subsequently follow. A final chapter visits some milestones along the road of the extra-biblical development of concepts including reciprocity and solidarity in its interaction with 'brotherhood', with this train of thought traced from antiquity (Aristotle) through scholastic thought (Thomas Aquinas), the Italian Renaissance and its resulting Humanism (Antonio Genovesi), its German counterpart in the Weimar school (Johann Gottfried von Herder, Friedrich Schiller), and ultimately certain German as well as Italian twentieth and twenty-first century scholars dealing with the theme of brotherhood. The study closes with short glance towards the works of Pope Francis, whose papacy is epitomised by the idea of human brotherhood, reaching its current zenith with the release of the encyclical *Fratelli tutti*.

Textstellenindex

ÖSTERREICHISCHE BIBLISCHE STUDIEN

Herausgegeben von Georg Braulik

Band 1 bis 13 sind erschienen im Verlag Österreichisches Katholisches Bibelwerk.

Band 1 Wilhelm Egger: Nachfolge als Weg zum Leben. Chancen neuerer exegetischer Methoden, dargelegt an Mk 10,17-31. (vergriffen)

Band 2 Herbert Migsch: Gottes Wort über das Ende Jerusalems. Eine literar-, stil- und gattungskritische Untersuchung des Berichtes Jeremia 34,1-7; 32,2-5; 37,3-38,28.

Band 3 Walter Kirchschläger: Jesu exorzistisches Wirken aus der Sicht des Lukas. Ein Beitrag zur lukanischen Redaktion.

Band 4 Roland Schwarz: Bürgerliches Christentum im Neuen Testament? Eine Studie zu Ethik, Amt und Recht in den Pastoralbriefen.

Band 5 Roman Kühschelm: Jüngerverfolgung und Geschick Jesu. Eine exegetisch-bibeltheologische Untersuchung der synoptischen Verfolgungsankündigung Mk 13,9-13 par und Mk 23,29-36 par.

Band 6 Ryszard Rubienkiewicz: Die Eschatologie von Henoch 9-11 und das Neue Testament (aus dem Polnischen übersetzt von Herbert Ulrich).

Band 7 Birgit Langer: Gott als "Licht" in Israel und Mesopotamien. Eine Studie zu Jes 60,1-3,19f.

Band 8 Gerhard Langer: Von Gott erwählt – Jerusalem. Die Rezeption von Dtn 12 im frühen Judentum.

Band 9 Ursula Struppe: Die Herrlichkeit Jahwes in der Priesterschrift. Eine semantische Studie zu kebôd YHWH.

Band 10 Ingeborg Gabriel: Friede über Israel. Eine Untersuchung zur Friedenstheologie in Chronik I 10 - II 36.

Band 11 Gottfried Glaßner: Vision eines auf Verheißung gegründeten Jerusalem. Textanalytische Studien zu Jesaja 54.

Band 12 Martin Stowasser: Johannes der Täufer im Vierten Evangelium. Eine Untersuchung zu seiner Bedeutung für die johanneische Gemeinde.

Band 13 Michael Weigl: Zefanja und das "Israel der Armen". Eine Untersuchung zur Theologie des Buches Zefanja.

Seit 1996 erscheint die Schriftenreihe bei der Peter Lang GmbH, Internationaler Verlag der Wissenschaften in Berlin.

Band 14 Alfred Friedl: Das eschatologische Gericht in Bildern aus dem Alltag. Eine exegetische Untersuchung von Mt 24,40f par Lk 17,34f. 1996.

Band 15 Herbert Migsch: Jeremias Ackerkauf. Eine Untersuchung von Jeremia 32. 1996.

Band 16 Gianni Barbiero: Das erste Psalmenbuch als Einheit. Eine synchrone Analyse von Psalm 1-41. 1999.

Band 17 Reginaldo Gomes de Araújo: Theologie der Wüste im Deuteronomium. 1999.

Band 18 Jean-Marie Carrière: Théorie du politique dans le Deutéronome. Analyse des unités, des structures et des concepts de Dt 16,18-18,22. 2001.

Band 19 Agnethe Siquans: Der Deuteronomiumkommentar des Theodoret von Kyros. 2002.

Band 20 Markus Tiwald: Wanderradikalismus. Jesu erste Jünger – ein Anfang und was davon bleibt. 2002.

Band 21 Michael P. Maier: Ägypten – Israels Herkunft und Geschick. Studie über einen theo-politischen Zentralbegriff im hebräischen Jeremiabuch. 2002.

Band 22 Georg Braulik / Norbert Lohfink: Osternacht und Altes Testament. Studien und Vorschläge. Mit einer Exsultetvertonung von Erwin Bücken. 2., durchgesehene Auflage. 2003.

Band 23 Georg Braulik (Hrsg.): Das Deuteronomium. 2003.

Band 24 Miroslav Kocúr: National and Religious Identity. A Study in Galatians 3,23-29 and Romans 10,12-21. 2003.

Band 25 Rudolf Kutschera: *Das Heil kommt von den Juden* (Joh 4,22). Untersuchungen zur Heilsbedeutung Israels. 2003.

Band 26 Jerzy Seremak: Psalm 24 als Text zwischen den Texten. 2004.

Band 27 Hans Ulrich Steymans: Psalm 89 und der Davidbund. Eine strukturale und redaktionsgeschichtliche Untersuchung. 2005.

Band 28 Georg Braulik / Norbert Lohfink: Liturgie und Bibel. Gesammelte Aufsätze. 2005.

Band 29 Johannes Marböck: Weisheit und Frömmigkeit. Studien zur alttestamentlichen Literatur der Spätzeit. 2006.

Band 30 Ulrich Fistill: Israel und das Ostjordanland. Untersuchungen zur Komposition von Num 21, 21-36,13 im Hinblick auf die Entstehung des Buches Numeri. 2007.

Band 31 Theodor Seidl / Stephanie Ernst (Hrsg.): Das Buch Ijob. Gesamtdeutungen - Einzeltexte - Zentrale Themen. 2007.

Band 32 Blažej Štrba: *Take off your sandals from your feet!* An Exegetical Study of Josh 5,13-15. 2008.

Band 33 Georg Braulik / Norbert Lohfink: Osternacht und Altes Testament - Ergänzungsband. Vertonung des Vigilvorschlags durch Godehard Joppich. 2008.

Band 34 Dieter Böhler: Jiftach und die Tora. Eine intertextuelle Auslegung von Ri 10,6-12,7. 2008.

Band 35 Elisabeth Birnbaum: Das Juditbuch im Wien des 17. und 18. Jahrhunderts. Exegese - Predigt - Musik - Theater - Bildende Kunst. 2009.

Band 36 Irene Schulmeister: Israels Befreiung aus Ägypten. Eine Formeluntersuchung zur Theologie des Deuteronomiums. 2010.

Band 37 Herbert Migsch: Studien zum Jeremiabuch und andere Beiträge zum Alten Testament. 2010.

Band 38 Jaroslav Rindoš: *He of Whom It Is Written.* John the Baptist and Elijah in Luke. 2010.

Band 39 Hermann-Josef Stipp (Hrsg.): Das deuteronomistische Geschichtswerk. 2011.

Band 40 Georg Braulik: Psalmen beten mit dem Benediktinischen Antiphonale. 2011.

Band 41 Herbert Migsch: Die Kohärenzstörung in Jeremia 35,8-10. Eine exegesegeschichtliche Studie. 2011.

Band 42 Veronika Tropper: Jesus Didáskalos. Studien zu Jesus als Lehrer bei den Synoptikern und im Rahmen der antiken Kultur- und Sozialgeschichte. 2012.

Band 43 Gottes Wort im Menschenwort. Festschrift für Georg Fischer SJ zum 60. Geburtstag. Herausgegeben von Dominik Markl, Claudia Paganini und Simone Paganini. 2014.

Band 44 Marco Pavan: "He remembered that they were but flesh, a breath that passes and does not return" (Ps 78,39). The Theme of Memory and Forgetting in the Third Book of the Psalter (Pss 73-89). 2014.

Band 45 Michael Kodzo Mensah: *I turned back my feet to your decrees* (Psalm 119,59). Torah in the Fifth Book of the Psalter. 2016.

Band 46 Edmond Léonce Vieyra: L'Écriture dans la dynamique argumentative de 1 Corinthiens 1-4. 2016.

Band 47 Ludger Schwienhorst-Schönberger (Hrsg.): Das Hohelied im Konflikt der Interpretationen. 2017.

Band 48 Augustinus Friedbert Weber: Der Psalter als ein Weg des Aufstiegs in Gregor von Nyssas „In inscriptiones Psalmorum". 2017.

Band 49 Alexander Kraljic: Deuteronomium 10,12-11,32: Gottes Hauptgebot, der Gehorsam Israels und sein Land. Eine Neuuntersuchung. 2018.

Band 50 Melanie Peetz / Sandra Huebenthal (Hrsg.): Ästhetik, sinnlicher Genuss und gute Manieren. Ein biblisches Menü in 25 Gängen. Festschrift für Hans-Winfried Jüngling SJ. 2018.

Band 51 Konrad Kremser: Die Hochzeit des Königs. Exegetisch-theologische Untersuchungen zu Psalm 45. 2019.

Band 52 Johanna Friedl: Ein brüderliches Volk. Das ‚Bruder'-Konzept im Heiligkeitsgesetz und deuteronomischen Gesetz. 2021.

www.peterlang.com